Faulenbach / Leo / Weberskirch – Zweierlei Geschichte



Klartext

## Geschichte und Erwachsenenbildung

Die von Bernd Faulenbach und Franz-Josef Jelich herausgegebene Reihe im Klartext Verlag publiziert Beiträge zur
- Geschichte der Erwachsenenbildung
- Didaktik von Geschichte und Politik in der Erwachsenenbildung
- Geschichtskultur der Vergangenheit und Gegenwart.

Bd. 1 *Faulenbach, Bernd; Jelich, Franz-Josef (Hg.):* Probleme der Musealisierung der doppelten deutschen Nachkriegsgeschichte, Essen 1993

Bd. 2 *Faulenbach, Bernd; Jelich, Franz-Josef (Hg.):* Reaktionäre Modernität und Völkermord. Probleme des Umgangs mit der NS-Zeit in Museen, Ausstellungen und Gedenkstätten, Essen 1994

Bd. 3 *Faulenbach, Bernd; Jelich, Franz-Josef (Hg.):* Kann man aus Kriegen lernen? Zur Bedeutung von Kriegen im 20. Jahrhundert. Europäisches Gespräch zu den Ruhrfestspielen 1994, Essen 1995

Bd. 4 *Jelich, Franz-Josef; Lütgert, Gert; Petri, Roland (Hg.):* Kritisches Bewußtsein und engagiertes Handeln. Zur Geschichte und Aktualität der Landesarbeitsgemeinschaft Arbeit und Leben Hessen, Essen 1995

Bd. 5 *Faulenbach, Bernd:* Erfahrungen des 20. Jahrhunderts und politische Orientierung heute. Zur Auseinandersetzung mit Geschichte in Erwachsenenbildung und Öffentlichkeit, Essen 1996

Bd. 6 *Ciupke, Paul; Jelich, Franz-Josef (Hg.):* Soziale Bewegung, Gemeinschaftsbildung und pädagogische Institutionalisierung. Erwachsenenbildungsprojekte in der Weimarer Republik, Essen 1996

Bd. 7 *Faulenbach, Bernd; Jelich, Franz-Josef; Schütte, Helmuth (Hg.):* Deutschland, Israel und der Holocaust. Zur Gegenwartsbedeutung der Vergangenheit, Essen 1998

Bd. 8 *Ciupke, Paul; Jelich, Franz-Josef (Hg.):* Experimentiersozietas Dreißigacker. Historische Konturen und gegenwärtige Rezeption eines Erwachsenenbildungsprojektes der Weimarer Zeit, Essen 1997

Bd. 9 *Behrens-Cobet, Heidi (Hg.):* Bilden und Gedenken. Erwachsenenbildung in Gedenkstätten und an Gedächtnisorten, Essen 1998

Bd. 10 *Ciupke, Paul; Jelich, Franz-Josef (Hg.):* Ein neuer Anfang. Politische Jugend- und Erwachsenenbildung in der westdeutschen Nachkriegsgesellschaft, Essen 1999

Bd. 11 *Faulenbach, Bernd; Leo, Annette; Weberskirch, Klaus (Hg.):* Zweierlei Geschichte. Lebensgeschichte und Geschichtsbewußtsein von Arbeitnehmern in West- und Ostdeutschland, Essen 2000

Bd. 12 *Jelich, Franz-Josef; Haußmann, Robert (Hg.):* Fritz Borinski. Zwischen Pädagogik und Politik – ein historisch-kritischer Rückblick, Essen 2000 (i.E).

Bernd Faulenbach / Annette Leo /
Klaus Weberskirch

# Zweierlei Geschichte

## Lebensgeschichte und Geschichtsbewußtsein von Arbeitnehmern in West- und Ostdeutschland

Geschichte- und Erwachsenenbildung, Band 11
Hrsg. v. Bernd Faulenbach und Franz-Josef Jelich

Gedruckt mit Unterstützung der Volkswagen-Stiftung

Die Deutsche Bibliothek – CIP-Einheitsaufnahme

**Zweierlei Geschichte** : Lebensgeschichte und Geschichtsbewußtsein von Arbeitnehmern in West- und Ostdeutschland / Bernd Faulenbach / Annette Leo / Klaus Weberskirch – 1. Aufl. – Essen, Klartext-Verl., 2000
(Geschichte und Erwachsenenbildung ; Bd. 11)
ISBN 3-88474-757-6

1. Auflage April 2000
Umschlaggestaltung: Leoni Buscher-Ciupke
Gesamtausstattung: Klartext Verlag

ISBN 3-88474-757-6

# Inhaltsverzeichnis

## Vorwort

Zehn Jahre nach dem Umbruch in der DDR und in Osteuropa wird vielfältig in das Epochenjahr 1989 zurückgeblickt. Damit verbunden sind Versuche gegenwärtiger Ortsbestimmung im Prozeß der Einheitsbildung.

Dieses Buch ist kein Beitrag zur Jubiläumsliteratur. Dennoch gibt es Hinweise zum Verständnis der gegenwärtigen Situation in Deutschland. Sein Interesse zielt auf das Beziehungsverhältnis von Lebensgeschichte und Geschichtsbewußtsein, in dem Vergangenheit und Gegenwart, erlebte und erlernte Geschichte, Erinnerungen und Interessen, individuelle und kollektive Erfahrungen, geronnene Geschichte und aktuelle Probleme ineinandergreifen.

„Zweierlei Geschichte“ faßt Ergebnisse eines von der Volkswagen-Stiftung geförderten Projektes zusammen, in dem Dr. Annette Leo, Klaus Weberskirch M.A. und Ilse Ritzeler (Transkriptionsarbeiten) unter meiner Verantwortung gearbeitet haben. Das Buch basiert auf Intensivinterviews, die wir mit Menschen in Brandenburg und Nordrhein-Westfalen geführt haben. Ihnen sei an dieser Stelle für ihre Mitwirkung herzlich gedankt. Das Endmanuskript wurde von Elke Waßner erstellt, der hier besonders zu danken ist. Wie das eigentliche Projekt wurde auch der Druck von der Volkswagen-Stiftung gefördert; der Stiftung sind wir zu großem Dank verpflichtet.

Mit dem Buch hoffen die Autoren nicht nur einen Beitrag zur wissenschaftlichen Diskussion über das Verhältnis von Lebensgeschichte und Geschichtsbewußtsein, sondern auch zum differenzierten Verständnis von Ost- und Westdeutschen und ihrer geschichtlichen Prägungen zu leisten.

Recklinghausen/Bochum im November 1999 Bernd Faulenbach

# I) Zu Fragehorizont und Fragestellungen
*Bernd Faulenbach*

Dieses Buch setzt sich mit dem Geschichtsbewußtsein von West- und Ostdeutschen der verschiedenen Generationen in den Jahren drei bis sechs nach der friedlichen Revolution 1989 und der Vereinigung 1990 am Beispiel von unter bestimmten Kriterien ausgewählten Gruppen auseinander. In ihm finden die Ergebnisse eines Projektes des Forschungsinstitutes für Arbeiterbildung an der Ruhr-Universität Bochum ihren Niederschlag, das von der Stiftung Volkswagenwerk gefördert wurde. Einleitend sind der Fragehorizont, die Fragestellungen und die Vorgehensweise zu erläutern.

## *Der Begriff „Geschichtsbewußtsein"*

Der Begriff „Geschichtsbewußtsein", über den in den letzten Jahren vielfach gehandelt worden ist, wird hier verstanden als die Gesamtheit der Formen und Inhalte des Denkens, mit denen sich eine Gruppe von Menschen in die Zeit einordnet, mit der Vergangenheit in Beziehung setzt, sich in der Gegenwart und im Hinblick auf die Zukunft orientiert. Jörn Rüsen hat Geschichtsbewußtsein, das im Kern ein lebensweltliches Phänomen ist und sich in den unterschiedlichsten Ausprägungen historischen Denkens manifestiert, als „Inbegriff der mentalen Operationen [definiert], mit denen Menschen ihre Erfahrungen vom zeitlichen Wandel ihrer Welt und ihrer selbst so deuten, daß sie ihre Lebenspraxis in der Zeit absichtsvoll orientieren können".[1]

Geschichtsbewußtsein entfaltet sich und wird immer wieder umgestaltet „in dem breiten Vorgang, durch den jede Gesellschaft sich in ein Verhältnis zu ihrer Vergangenheit setzt – auf Grund ihrer bestimmten Erfahrungen und Erkenntnisse – und damit zugleich ihr eigenes, gegenwärtiges Selbstverständnis fundiert".[2] Geschichtsbewußtsein entwickelt sich mithin in einem überindividuellen Prozeß

1 Jörn Rüsen: Historische Vernunft. Grundzüge einer Historik. Bd. I: Die Grundlagen der Geschichtswissenschaft. Göttingen 1984, S. 48 ff.

2 Karl-Ernst Jeismann: „Geschichtsbewußtsein". Überlegungen zur zentralen Kategorie eines neuen Ansatzes der Geschichtsdidaktik. In: Hans Süßmuth (Hrsg.): Geschichtsdidaktische Positionen. Bestandsaufnahme und Neuorientierung. Paderborn 1980, S. 179-222, hier S. 187; Ders.: Geschichtsbewußtsein als eine zentrale Kategorie der Geschichtsdidaktik. In: Gerhard Schneider (Hrsg.): Geschichtsbewußtsein und historisch-politisches Lernen. Pfaffenweiler 1988, S. 1-24. Siehe auch Joachim Rohlfes: Geschichtsbewußtsein. Leerformel oder Fundamentalkategorie? In: Ursula Becher/Klaus Bergmann (Hrsg.): Geschichte – Nutzen und Nachteil für das Leben? Düsseldorf 1986, S. 92-95.

und greift in seiner Perspektive weit über den Lebenszusammenhang des Einzelnen hinaus, wird gleichwohl in seiner konkreten Ausformung durch individuelle oder Gruppenerfahrungen beeinflußt. Geschichtsbewußtsein ist zweifellos sozial und temporal bedingt und kann auf verschiedene Größen (Nation, Staat, Region, soziale Gruppe, Partei etc.) bezogen sein, ist mehr oder weniger fragmentiert, verhält sich in jedem Fall aber im Hinblick auf Vergangenheit selektiv, indem es aus dieser bestimmte Komplexe (Ereignisreihen, Gestalten, eventuell auch Mythen) mit der Gegenwart im Hinblick auf die Zukunft in Beziehung setzt.

Geschichtsbewußtsein hat in einem weiteren Sinne eine handlungsorientierende Funktion. Rüsen spricht von einem „Bewußtseinsprozeß, in dem Zeiterfahrungen im Hinblick auf Handlungsabsichten gedeutet werden und als gedeutet in die Sinnbestimmung des Menschen eingehen, die ihm zur Orientierung des Handelns und Leidens dienen".[3] Geschichtsbewußtsein impliziert Aussagen über Identitäten, die individueller, sozialer, regionaler oder nationaler Art sein können, Identitäten, die sich in der Geschichte herausbilden, verändern oder wieder auflösen. Keine Frage, daß das Geschichtsbewußtsein von der jeweiligen Gegenwart abhängig ist und Handeln in dieser Gegenwart zu beeinflussen vermag.

### *Die Gegenwartskonstellation*

Geschichtsbewußtsein ist in der Regel kein willkürliches, mit der Vergangenheit nur manipulatorisch umgehendes Konstrukt, sondern ausgewählten, akzentuierten, elementaren Interessen – sei es der Identifikation einer sich nur geschichtlich verstehenden Gemeinschaft, sei es den Legitimationsinteressen der bestehenden oder einer gegen das Bestehende gesetzten Ordnung, sei es dem Orientierungsbedürfnis – dienende Deutung von Geschichte.[4] Dementsprechend wird das Geschichtsbewußtsein durch die jeweilige Gegenwart in vielfältiger Weise geprägt. Offensichtlich ist, daß die letzten historischen Zäsuren vielfach eine herausragende Bedeutung haben und die jüngste Vergangenheit, deren Nachwirkungen in die Gegenwart hineinreichen, besonderes Gewicht besitzt.[5] Diese jüngste Vergangenheit wird nur schrittweise „bewältigt"; ihre Interpretation ist vielfach umkämpft, im politischen Raum, in der Gesellschaft, zwischen den Generationen, in Kultur

3 Rüsen: Historische Vernunft, S. 51.
4 Jeismann: Geschichtsbewußtsein, S. 187.
5 Vgl. Jürgen Kocka: 1945 nach 1989/90. Zur sich wandelnden Bedeutung des Endes von NS-Diktatur und Krieg. In: Christian Jansen/Lutz Niethammer/Bernd Weisbrod (Hrsg.): Von der Aufgabe der Freiheit. Politische Verantwortung und bürgerliche Gesellschaft im 19. und 20. Jahrhundert. Festschrift für Hans Mommsen zum 5. November 1995. Berlin 1995, S. 599-608.

und Wissenschaft.[6] Legitimations- und De-Legitimationsinteressen von Individuen, politischen und gesellschaftlichen Gruppen spielen dabei eine erhebliche Rolle.

Hier wird das Geschichtsbewußtsein nach dem Umbruch 1989/90, nach dem Ende der DDR und der Wiedervereinigung untersucht. Zweifellos hat der Umbruch Deutschland und die Welt verändert. Uns interessiert hier, wie das Geschichtsbewußtsein nach diesem Umbruch „strukturiert"[7] ist, welchen Einfluß der Umbruch auf das Geschichtsbewußtsein ausgeübt hat, inwieweit der Umbruch selbst „verarbeitet" worden ist.

Im Hinblick auf die jüngste Geschichte stellen sich u.a. folgende Fragen:

- Wie wird jetzt die Epoche der Zweistaatlichkeit gesehen, welchen Stellenwert hat sie im Geschichtsbewußtsein, gilt sie als eine Episode?
- War die DDR von Anfang an und in jeder Phase ein von außen aufgezwungenes zum Scheitern verurteiltes System?
- Ist die Geschichte der Bundesrepublik eine einzige success-story?

Nicht nur die Nachkriegsgeschichte, sondern auch das Bild der vorhergehenden NS-Zeit ist zu untersuchen, wobei zu fragen ist:

- Hat die Geschichte der NS-Zeit nach wie vor eine besondere Bedeutung für die Deutschen?
- Inwieweit wird das gegenwärtige Geschichtsbewußtsein durch die Negation der in einer beispiellosen Katastrophe endenden NS-Geschichte geprägt?
- In welcher Weise werden die Geschichte des Dritten Reiches und die Geschichte des SED-Systems bzw. die Geschichte der Bundesrepublik in eine Beziehung gesetzt?

Die Fragen sind an West- und Ostdeutsche zu richten, die seit dem Zweiten Weltkrieg unterschiedliche „Geschichten" erlebt haben. Hintergrund der Untersuchung ist die gegenwärtige Konstellation in Deutschland, die man in den letzten Jahren häufig als „Vereinigungskrise" bezeichnet hat.[8] Gemeint sind damit nicht nur die enormen ökonomischen Probleme im vereinigten Deutschland, insbesondere in den neuen Ländern, die massive Deindustrialisierung und die hohe Arbeitslosigkeit. Unter dem Begriff werden auch die beträchtlichen kulturellen und mentalen Unterschiede, die als Gegensätze betrachtet werden, gefaßt.[9] Es scheint,

6 Vgl. Bernd Faulenbach: Erfahrungen des 20. Jahrhunderts und politische Orientierung heute. Essen 1996.

7 „Struktur" kann auch Fragmentierung oder Strukturlosigkeit heißen; es ist nicht anzunehmen, daß es eine konsistente Struktur aufweist.

8 Jürgen Kocka: Vereinigungskrise. Zur Geschichte und Gegenwart. Göttingen 1995; Lothar Fritze: Irritationen im deutsch-deutschen Vereinigungsprozeß. In: Aus Politik und Zeitgeschichte 1995, B 27, S. 3-9; Hans J. Misselwitz: Nicht länger mit dem Gesicht nach Westen. Das neue Selbstbewußtsein der Ostdeutschen. Bonn 1996.

9 Siehe zusammenfassend Bernd Faulenbach: Ost-West-Unterschiede als Herausforderun-

daß in den Jahren seit 1990 die Distanz zwischen Ost- und Westdeutschen, wenn nicht gewachsen, so doch bewußter geworden ist. Inwieweit hat diese Distanz in einem geteilten Geschichtsbewußtsein seine zusätzliche Abstützung? Resultiert aus den unterschiedlichen „Geschichten“ ein unterschiedliches Selbstbewußtsein? Differieren die Wertorientierungen? Haben die Ostdeutschen Ressentiments oder Komplexe gegenüber den Westdeutschen? Wie beurteilen die Westdeutschen die „Identität“ der Ostdeutschen? Sind die Ostdeutschen und die Westdeutschen bereit und in der Lage, die Unterschiede und Probleme historisch zu erklären und damit psychologisch zu entschärfen, gleichsam partiell aufzulösen bzw. diese anzuerkennen und produktiv zu machen? Wie ist die Nostalgie – teilweise als „Ostalgie“ bezeichnet – zu erklären?[10]

*Die Arbeitnehmer als Untersuchungsgruppe*

Hier wird versucht, das Geschichtsbewußtsein von Arbeitnehmern in Ost- und Westdeutschland vergleichend zu untersuchen. Die Entscheidung für die Untersuchung von Arbeitnehmergruppen läßt sich wie folgt begründen:

- Es geht um die Analyse des Geschichtsbewußtseins breiterer Bevölkerungsschichten.
- Die DDR definierte sich als Arbeiter- und Bauernstaat. Gerade die Untersuchung der Arbeitnehmer scheint geeignet, Unterschiede zwischen West- und Ostdeutschen in den Blick zu bekommen.

Die gegenwärtige Lage und Rolle der Arbeiter und Angestellten im vereinigten Deutschland, in der alten Bundesrepublik wie in der ehemaligen DDR, bilden den Hintergrund der Untersuchung. Inwieweit welche Erfahrungen das Bewußtsein prägen, gilt es zu untersuchen. Dabei sind verschiedene Tatbestände in Rechnung zu stellen:

gen politischer Bildungsarbeit im vereinigten Deutschland. In: Jahrbuch Arbeit, Bildung, Kultur 15/16, 1997/98, S. 89-101.

10 Vgl. Lothar Fritze: Die Gegenwart des Vergangenen. Über das Weiterleben der DDR nach ihrem Ende. Weimar/Köln/Wien 1997, insbesondere S. 93-114; Ders.: „Ostalgie“ – Das Phänomen der rückwirkenden Verklärung der DDR-Wirklichkeit und seine Ursachen. Expertise im Auftrag der Enquete-Kommission des Deutschen Bundestages „Überwindung der Folgen der SED-Diktatur im Prozeß der deutschen Einheit“. Manuskript, dessen Veröffentlichung mit den übrigen Materialien der Kommission erfolgen wird. Die Literatur zum Transformationsprozeß hat inzwischen einen bedeutenden Umfang erreicht. Genannt seien Klaus von Beyme: Systemwechsel in Osteuropa. Frankfurt 1994; Wolfgang Dümcke/Fritz Vilmar (Hrsg.): Kolonialisierung der DDR. Kritische Analysen und Alternativen des Vereinigungsprozesses. Münster 1996.

- Der prozentuale Anteil der Arbeiter/Angestellten zu der Gesamterwerbstätigenzahl war in der DDR ungleich höher als in der alten Bundesrepublik. Die Bundesrepublik war viel weiter in Richtung auf eine Dienstleistungsgesellschaft entwickelt, während die DDR-Gesellschaft den älteren Typus einer „industriellen Arbeitsgesellschaft" repräsentierte.[11] Die DDR-Struktur mußte und muß im Transformationsprozeß stark verändert werden, mit schwerwiegenden Konsequenzen für die Arbeitnehmer (Arbeitslosigkeit, Entwertung von Erfahrungen und darauf gegründeten Verhaltensmustern und Lebensstilen).
- Die Lage und Rolle der Arbeitnehmer in der Bundesrepublik war schon in den 50er Jahren durch Überwindung der „Proletarität" gekennzeichnet.[12] Bis in die 70er Jahre hinein wuchsen – abgesehen von der Rezession Mitte der 60er Jahre – die Einkommen; die Arbeitsbeziehungen wurden immer weiter verrechtlicht (wobei die Arbeitnehmerschutzrechte durchweg weiterentwickelt wurden); der Sozialstaat wurde ausgebaut. Seit der Weltwirtschaftskrise, die seit Mitte der 70er Jahre auch auf Deutschland übergriff, hat sich die Position der Arbeitnehmer wieder verschlechtert: Arbeitslosigkeit wurde wieder zu einer realen Bedrohung für breite Arbeitnehmerschichten. Gleichzeitig wurde der Ausbau des Sozialstaates gestoppt, dieser sogar – wenn auch im Vergleich etwa zu Großbritannien – in einer eher gemäßigten Form begrenzt und zurückgeführt.[13] Die Arbeitnehmerexistenz wurde zunehmend wieder durch Unsicherheit mit bestimmt – trotz der verrechtlichten Arbeitsbeziehungen und einer relativ starken Position der Gewerkschaften.
- Die Lage der Arbeiter in der DDR war nicht zuletzt durch ein hohes Maß sozialer Sicherheit gekennzeichnet. Bedeutsam war zugleich, daß ihre Rolle ideologisch überhöht wurde. Angesichts der Tatsache, daß sich das politische System der DDR als Herrschaft der Arbeiterklasse zu legitimieren suchte, verfolgte die SED, die sich als Avantgarde der Arbeiterklasse definierte, das Ziel, „die Arbeiterschaft als quantitativ und sozialkulturell bedeutendste Sozialgruppe ihres Staates zu inszenieren". Dies führte – wie Peter Hübner gezeigt hat[14] – dazu, daß die SED

11 Siehe Peter Hübner: Arbeiterklasse als Inszenierung? Arbeiter und Gesellschaftspolitik in der SBZ/DDR. In: Richard Bessel/Ralph Jessen (Hrsg.): Die Grenzen der Diktatur. Staat und Gesellschaft in der DDR. Göttingen 1996, S. 199-223; Martin Kohli: Die DDR als Arbeitsgesellschaft? Arbeit, Lebenslauf und soziale Differenzierung. In: Hartmut Kaelble/Jürgen Kocka/Hartmut Zwahr (Hrsg.): Sozialgeschichte der DDR. Stuttgart 1994, S. 31-61.

12 Josef Mooser: Arbeiterleben in Deutschland 1900-1970. Klassenlagen, Kultur und Politik. Frankfurt a.M. 1984; Ders.: Abschied von der „Proletarität". Sozialstruktur und Lage der Arbeiterschaft in historischer Perspektive. In: Werner Conze/M. Rainer Lepsius (Hrsg.): Sozialgeschichte der Bundesrepublik Deutschland. Beiträge zum Kontinuitätsproblem. Stuttgart 1986, S. 143-186.

13 Vgl. Eric Hobsbawm: Das Zeitalter der Extreme. Weltgeschichte des 20. Jahrhunderts. München/Wien 1995, S. 503 ff.

14 Peter Hübner: Arbeiterklasse als Inszenierung? (Anmerkung 11); Ders.: Konsens, Konflikt

- die Entwicklung der Dienstleistungskomponente in der DDR-Gesellschaft verzögerte,
- sozialstatistische Kategorien bewußt politisch konstruierte, um hohe Arbeiteranteile, insbesondere auch in der SED, zu errechnen,
- anachronistische „Arbeiter der Faust“ symbolisch zu stilisieren und ikonographisch zu verfestigen suchte,
- die Arbeiter, die sich am 17. Juni 1953 gegen das System erhoben hatten, vor allem durch sozialpolitische Maßnahmen ruhig zu stellen suchte,
- es hinnahm, daß die Brigaden der „sozialistischen Arbeit“ zur Basisform der Interessenvertretung wurden.

- In der Bundesrepublik ist der Arbeiter-Begriff nicht nur nicht überhöht sondern teilweise auch im Arbeitnehmer-Begriff aufgelöst worden, der zu der Interpretation der Gesellschaft als einer nivellierten Mittelstandsgesellschaft paßt. Gleichwohl kann kein Zweifel bestehen, daß Arbeiter und kleine Angestellte zu den Gruppen mit eher niedrigem sozialem Status in der Gesellschaft der Bundesrepublik gehört haben und gehören.

Es ist zu klären, inwieweit die verschiedenen historischen Phänomene im Bewußtsein konkreter Menschen in den 90er Jahren nachwirken, d.h. bewußt verarbeitet werden oder doch ihren Niederschlag finden.

Die gegenwärtige Situation vieler Arbeitnehmer ist in Deutschland – wie schon festgestellt – durch Unsicherheit gekennzeichnet. Dies gilt für zahlreiche Arbeitnehmergruppen im Westen wie im Osten. Dabei gibt es trotz dieser allgemeinen Verunsicherung spezifische Asymmetrien zwischen den Arbeitnehmern in den alten und den neuen Ländern:

- Die Arbeitslosenzahlen im Osten sind wesentlich höher als im Westen;
- Die Arbeitnehmer im Osten sind aus einer Gesellschaft, die durch ein „vormundschaftliches“ System „durchherrscht“[15] war, das individuelle Freiheit nicht prinzipiell garantierte und praktisch nur begrenzt zuließ, doch andererseits soziale Sicherheit bot[16], in eine Gesellschaft transformiert worden, in der der „Markt“ regiert, sich Gruppen und einzelne behaupten müssen, eine Gesellschaft, die ebenfalls eine beachtliche sozialstaatliche Absicherung bietet, und

und Kompromiß. Soziale Arbeiterinteressen und Sozialpolitik in der SBZ/DDR 1945 – 1970. Berlin 1995; Ders.: Die Zukunft war gestern: Soziale und mentale Trends in der DDR-Industriearbeiterschaft. In: Kaelble/Kocka/Zwahr (Hrsg.): Sozialgeschichte der DDR, S. 171-187.

15 Der Begriff „vormundschaftlicher Staat“ bei Rolf Henrich: Der vormundschaftliche Staat. Vom Versagen des real existierenden Sozialismus. Hamburg 1989. Zur „durchherrschten Gesellschaft“ siehe Jürgen Kocka: Eine durchherrschte Gesellschaft. In: Kaelble/Kocka/Zwahr (Hrsg.): Sozialgeschichte der DDR, S. 547-553.

16 Hans-Günter Hockerts: Grundlinien und soziale Folgen der Sozialpolitik in der DDR. In: Kaelble/Kocka/Zwahr (Hrsg.): Sozialgeschichte der DDR, S. 519-544.

zwar auf einem hohen Niveau, das absolut gesehen höher ist als das der DDR jemals war. Aufs Ganze gesehen sind die Lebensverhältnisse der Menschen im Osten grundlegend verändert worden.

Selbstverständlich wirken sich auch die Gegenwartserfahrungen auf das geschichtliche Bewußtsein aus, so daß zu fragen ist:

- Inwieweit können die gegenwärtigen Erfahrungen im Geschichtsbewußtsein verarbeitet werden?
- In welchem Licht erscheinen heute frühere Erfahrungen?
- Gibt es Grundkategorien, die das Geschichtsbewußtsein im Hinblick auf Vergangenheit, Gegenwart und Zukunftserwartung strukturieren?

Insgesamt gesehen sind die Arbeitnehmer wegen ihrer spezifischen Rolle in der DDR und ihrer davon deutlich verschiedenen Rolle in der alten Bundesrepublik auf der einen Seite und angesichts ihrer gegenwärtigen Lage im vereinigten Deutschland in besonderer Weise geeignet, die Verarbeitung der jüngsten Vergangenheit im vereinigten Deutschland zu analysieren. Da entsprechende Untersuchungen zu anderen Bevölkerungsteilen weitgehend fehlen, kann allerdings kein Vergleich mit der übrigen Gesellschaft durchgeführt werden. Vieles, was für die Gruppe der Arbeitnehmer festzustellen ist, dürfte jedoch in ähnlicher Form für die gesamte Gesellschaft zutreffen.

### *Determinanten des Geschichtsbewußtseins*

Die Herausbildung von Geschichtsbewußtsein läßt sich nur schwer rekonstruieren. Doch kann untersucht werden, welche Faktoren in welchen Hinsichten das Geschichtsbewußtsein beeinflussen. Sicherlich prägen soziale Faktoren nicht unmittelbar das Bewußtsein und doch ist zu untersuchen, ob sie nicht – zusammen mit subjektiven Faktoren bzw. in subjektiver Verarbeitung – das Geschichtsbewußtsein mit bestimmen:

1) Zu fragen ist, ob die – die Arbeitnehmerexistenz nicht unwesentlich bestimmenden – unterschiedlichen Tätigkeitsbereiche, Branchen oder Tätigkeitsniveaus Einfluß auf die Einschätzung etwa des „Fortschritts" haben – was im Hinblick auf das Geschichtsbewußtsein durchaus relevant wäre. Wie werden Erfahrungen des technologischen Wandelns oder auch des individuellen Aufstiegs bzw. Abstiegs verarbeitet?
   Gerinnen die Arbeitserfahrungen – die die Menschen als Gruppe und als einzelne machen – zu einem Bild des Wandels von Arbeit, zu einem Stück bewußt erlebter und reflektierter Sozialgeschichte der Arbeit? Neigen die in altindustriellen Branchen Tätigen zu einer anderen Geschichtssicht als diejenigen, die in neueren Branchen, die zeitweilig als „Wachstumsbranchen" gelten, arbeiten?
2) Zu untersuchen ist, inwieweit Geschichtsbewußtsein generationell geprägt

ist – eine Frage, die sich in die Diskussion der Bedeutung der Generationen in der Sozialgeschichte einfügt.[17] Vieles spricht dafür, daß die generationellen Prägungen in der Jugendzeit, im Alter zwischen etwa 14 und 18 Jahren und die gemeinsamen weiteren Erfahrungen das Geschichtsbewußtsein der jeweiligen Generation in erheblichem Maße beeinflussen.[18] Allerdings sind die vorherrschenden Generationentypologien sozial recht unspezifisch, so daß zu fragen ist, ob sie tatsächlich für alle soziale Gruppen – auch auf Arbeiter und Angestellte – anwendbar sind.

3) Selbstverständlich ist auch nach der Relevanz des Geschlechtes als determinierendem Faktor zu fragen. Führen unterschiedliche Sozialisationsprozesse und spezifische Erfahrungen zu Differenzen im geschichtlichen Bewußtsein? Inwieweit unterscheiden sich die verschiedenen Frauengenerationen?
4) Fragen läßt sich weiterhin, inwieweit die regionale Herkunft das Geschichtsbewußtsein bestimmt. Welche Rolle spielen Region, Heimatort, Wohnort? In den letzten Jahren scheint sich das regionale Bewußtsein gleichsam als Gegenbewegung zur ubiquitären Zivilisation wieder verstärkt zu haben; gilt dies auch für das Geschichtsbewußtsein von Arbeitnehmern? Fragen läßt sich auch, inwieweit die Erfahrungen auf betrieblicher Ebene von einer Arbeitnehmergeneration auf die andere weitergegeben werden, ob es so etwas wie ein betriebsgeschichtlich geprägtes Arbeitnehmerbewußtsein gibt. Die Frage nach der Relevanz des lokalen und regionalen Geschichtsbewußtseins schließt dessen Verhältnis zum nationalen Geschichtsbewußtsein ein.
5) Von Interesse ist auch die Frage, welche Bedeutung der Bildungsgang und der Bildungsabschluß für das Geschichtsbewußtsein haben. Allerdings werden in dieser Untersuchung Geschichtsbewußtsein und historisches Wissen nicht gleichgesetzt, wozu manche Untersuchungen neigen.[19] Unabhängig vom Wissen könnten die Kategorien differieren und allenfalls mit höherem Bildungsgrad differenzierter sein; die Verarbeitungsmöglichkeit von erlebten Erfahrungen könnte jedoch mit höherem Bildungsgrad eine andere sein.

17 Zur Generationentheorie siehe Karl Mannheim: Das Problem der Generationen (Erstdruck 1928). In: Martin Kohli (Hrsg.): Soziologie des Lebenslaufs. Darmstadt 1978, S. 38-53. Zum Stand der Diskussion über die Generationentheorie vgl. Alan B. Spitzer: The Historical Problems of Generations. In: The American Historical Review 78, 1973, S. 1353-1385.

18 Siehe Helmut Fogt: Politische Generationen. Opladen 1982, S. 68-73; Rolf Oerter: Moderne Entwicklungspsychologie. 19. Aufl. Donauwörth 1982, S. 25-27. Schon bei Dilthey ist die Prägungshypothese formuliert: Wilhelm Dilthey: Über das Studium der Geschichte der Wissenschaft vom Menschen, der Gesellschaft und dem Staat. In: Ders.: Gesammelte Schriften. Bd. 5. Die geistige Welt. Erstdruck 1875. 3. Aufl. Stuttgart/Göttingen 1971, S. 31-73, hier S. 37.

19 In manchen seiner Untersuchungen tendiert Bodo von Borries dazu, dem Geschichtswissen einen hohen Rang für das Geschichtsbewußtsein einzuräumen. Vgl. unten Anmerkung 29.

Eine grundlegende Frage ist die nach den Faktoren, die die Herausbildung des Geschichtsbewußtseins prägen. Welche Rolle spielen

- individuelle Erfahrungen, lebensgeschichtliche Brüche?
- Gruppenerfahrungen?
- die großen nationalen Umbrüche und Zäsuren, die großen Kollektiverfahrungen?

Es ist davon auszugehen, daß kollektive und individuelle Erfahrungen das Geschichtsbewußtsein entscheidend prägen. Die Analyse bezieht die soziale und individuelle Erfahrungsebene deshalb bewußt mit ein.

Reinhard Koselleck hat folgendes Definitionsangebot für den Begriff „Erfahrung" gemacht: „Erfahrung ist gegenwärtige Vergangenheit, deren Ereignisse einverleibt worden sind und erinnert werden können. Sowohl rationale Verarbeitung wie unbewußte Verhaltensweisen, die nicht oder nicht auch im Wissen präsent sein müssen, schließen sich in der Erfahrung zusammen. Ferner ist in der je eigenen Erfahrung, durch Generationen und Institutionen vermittelt, immer fremde Erfahrung enthalten und aufgehoben."[20] Die Untersuchung zielt auf die im Geschichtsbewußtsein präsente(n) Erfahrung(en).

Im Geschichtsbewußtsein, das Vergangenheit, Gegenwart und Zukunft zu verknüpfen sucht, spielen neben den Erfahrungen auch Erwartungen eine Rolle, die Koselleck, die Asymmetrie zur Erfahrung betonend, mit dem Satz charakterisiert hat: „... auch sie [die Erwartung] ist personengebunden und interpersonal zugleich, auch Erwartung vollzieht sich im Heute, ist vergegenwärtigte Zukunft, sie zielt auf das Noch-Nicht, auf das nicht Erfahrene, auf das nur Erschließbare. Hoffnung und Furcht, Wunsch und Wille, die Sorge, aber auch rationale Analyse, rezeptive Schau oder Neugierde gehen in die Erwartung ein, indem sie diese konstituieren."[21]

Wir fragen in der Untersuchung im Hinblick auf das Geschichtsbewußtsein nach persönlichen Erfahrungen und Momenten der individuellen Lebensgeschichte,

- um Hinweise auf entscheidende Schlüsselerlebnisse und daraus gewonnene Erfahrungen zu gewinnen, und um Konditionierungen des Geschichtsbewußtseins durch die Lebensgeschichten zu entschlüsseln,
- um von individuellen Erfahrungen her Gruppenerfahrungen und dadurch bestimmtes Gruppenbewußtsein zu ermitteln,
- um nach dem Ineinander von persönlicher Erinnerung und kollektivem Gedächtnis, nach dem – in der Terminologie Jan Assmanns formuliert[22] – Zusam-

20 Reinhard Koselleck: Vergangene Zukunft. Zur Semantik geschichtlicher Zeiten. Frankfurt a.M. 1979, hier S. 354 f.

21 Ebd.

22 Jan Assmann: Die Katastrophe des Vergessens. Das Deuteronomium als Paradigma kultu-

menhang von „kommunikativer, d.h. gelebter" und „kultureller, d.h. institutionell geformter und gestützter Erinnerung" im Spiegel des Geschichtsbewußtseins zu fragen.

## *Aspekte des Geschichtsbewußtseins*

Näher zu untersuchen sind hier sowohl Inhalte als auch Strukturen des Geschichtsbewußtseins. Was die Inhalte des Geschichtsbewußtseins angeht, so ist von Interesse, wie die jüngste Geschichte in den Blick kommt. Dabei stellen sich insbesondere Fragen zur Geschichte der Nachkriegsperiode:

- Wie werden die Geschichte der Bundesrepublik und die Geschichte der DDR gesehen? Gelten sie als mehr oder weniger gleichwertige, gleichsam symmetrische Geschichten? Waren beide Wege gleich legitim?[23]
- Wie wird der Verlauf der Geschichte der DDR betrachtet? Inwieweit werden verschiedene Phasen gesehen, gab es vielleicht einen guten Anfang und eine spätere Fehlentwicklung oder werden eher die frühen Phasen mit ihren stalinistischen Verhältnissen als negativ, die späteren Verhältnisse zunehmend als erträglicher dargestellt, was die Frage nach den Ursachen des Scheiterns tangiert?
- Wird die Geschichte der Bundesrepublik als eine Erfolgsgeschichte gesehen oder werden auch Schattenseiten registriert? Wird zwischen verschiedenen Phasen unterschieden?
- Wie wird heute das Verhältnis zwischen den beiden deutschen Staaten in der Nachkriegszeit, die Deutschlandpolitik der Parteien beurteilt? Gab es aus der Sicht der Befragten frühere Möglichkeiten für eine (Wieder-)Vereinigung?
- Wie werden die Bundesrepublik und die DDR in die Geschichte eingeordnet? Wie wird ihr Verhältnis zur vorhergehenden Epoche, insbesondere auch die jeweilige Auseinandersetzung mit der NS-Zeit und ihrem Erbe beurteilt?

reller Mnemotechnik. In: Aleida Assmann/Dietrich Harth (Hrsg.): Mnemosyne. Formen und Funktionen kultureller Erinnerung. Frankfurt a.M. 1991, S. 337-355, hier S. 338 f.; Ders.: Das kulturelle Gedächtnis. Schrift, Erinnerung und politische Identität in frühen Hochkulturen. München 1992. Vgl. Kristin Platt/Mihran Dabag: Generation und Gedächtnis. Erinnerungen und kollektive Identitäten. Opladen 1995.

23 Siehe z.B. Rolf Badstübner: DDR – zeitgeschichtlich erforschen oder „aufarbeiten"? In: Dietmar Keller/Hans Modrow/Herbert Wolf (Hrsg.): Ansichten zur Geschichte der DDR. Bd. IV. Bonn/Berlin 1994, S. 87-108; Stefan Doernberg: Zur Legitimität der beiden deutschen Wege nach 1945, ebd. S. 123-135; Günter Benser: Möglichkeiten und Grenzen einer antifaschistisch-demokratischen Erneuerung in Deutschland nach dem Zweiten Weltkrieg, ebd. S. 137-152; Dietmar Keller: Minderheitenvotum der PDS zum Bericht der Enquete-Kommission des Deutschen Bundestages „Aufarbeitung von Geschichte und Folgen der SED-Diktatur in Deutschland", ebd. S. 9-86, insbesondere S. 13 ff.

– Werden Analogien zwischen SED-System und NS-System gesehen? Werden beide unter dem – in der publizistischen Diskussion wieder aktuellen – Begriff des „Totalitarismus“ subsumiert?[24]

Bei der Beurteilung der Nachkriegsentwicklung sind in besonderer Weise die Unterschiede von West- und Ostdeutschen zu untersuchen. Zu fragen ist, inwieweit es Tendenzen zur Apologetik der jeweils „eigenen“ Geschichte gibt, die durch die Vereinigung und die damit gegebene „Konfrontation“ entstanden oder gefördert sein könnten. Insbesondere bei den Ostdeutschen ist zu berücksichtigen, daß de facto die Vereinigung als Ausweitung der westdeutschen Ordnung auf Ostdeutschland vollzogen wurde.

In der Beurteilung der Wende und der Zeit danach verknüpfen sich jedenfalls unmittelbar das Bild der Vergangenheit und die Beurteilung der Gegenwart. Generell ist zu fragen, inwieweit und in welchen Hinsichten Gegenwartserfahrungen und -probleme das Bild der Vergangenheit prägen.

Sicherlich kommt der allerjüngsten Geschichte besondere Bedeutung zu. Zu fragen ist jedoch auch nach der Beurteilung des Dritten Reiches und der nationalistischen Politik. Stellt es das Zentrum des Geschichtsbewußtseins der Westdeutschen, nicht aber der Ostdeutschen dar? – wie Werner Weidenfeld und Felix Philipp Lutz glauben.[25] Genauer zu untersuchen ist, welche Aspekte der NS-Zeit in den Blick kommen, in besonderer Weise akzentuiert werden, etwa die Politik gegenüber den Juden, die NS-Verbrechen oder auch der Krieg. Basiert das Bild auf genaueren Kenntnissen und wo wurden diese erworben? Keine Frage, daß die NS-Zeit in der Öffentlichkeit seit vielen Jahren in Ost- und Westdeutschland – wenn auch jeweils auf spezifische Weise – sehr kritisch gesehen wird.[26] Hat dies seine

24 Vgl. Eckhard Jesse (Hrsg.): Totalitarismus im 20. Jahrhundert: Eine Bilanz der internationalen Forschung. Bonn 1996; Wolfgang Uwe Friedrich (Hrsg.): Totalitäre Herrschaft. Totalitäres Erbe. German Studies Review. Sonderheft. 1994; Bernd Faulenbach/Martin Stadelmaier (Hrsg.): Diktatur und Emanzipation. Zur russischen und deutschen Entwicklung 1917-1991. Essen 1993; Bernd Faulenbach: Erfahrungen des 20. Jahrhunderts und politische Orientierung heute, S. 15-36.

25 Felix Philipp Lutz: Vergangenheit als politischer Faktor. Zum Geschichtsbewußtsein in Deutschland. In: BISS public 2, 1992, H. 8, S. 25-34; Ders.: Verantwortungsbewußtsein und Wohlstandschauvinismus. Die Bedeutung historisch-politischer Einstellungen nach der Einheit. In: Werner Weidenfeld (Hrsg.): Deutschland. Eine Nation – doppelte Geschichte. Materialien zum deutschen Selbstverständnis. Köln 1993, S. 157-173; Werner Weidenfeld/Felix Philipp Lutz: Die gespaltene Nation. Das Geschichtsbewußtsein der Deutschen nach der Einheit. In: Aus Politik und Zeitgeschichte 1992, B 31-32, S. 3-22.

26 Zur Entwicklung der Beurteilung der NS-Zeit in der Bundesrepublik vgl. Bernd Faulenbach: NS-Interpretationen und Zeitklima. Zum Wandel der Aufarbeitung der jüngsten Vergangenheit. In: Aus Politik und Zeitgeschichte 1987, B 22, S. 19-30; zur Beurteilung der NS-Zeit in der DDR und in der Bundesrepublik: Ulrich Herbert/Olaf Groehler: Zweierlei Bewältigung. Vier Beiträge über den Umgang mit der NS-Vergangenheit in den bei-

Entsprechung im popularen Geschichtsbewußtsein, auf das diese Untersuchung zielt?

Bezogen auf die hier untersuchte Gruppe ist von Interesse, inwieweit heute für Arbeitnehmer die Arbeiterbewegung noch eine historische Bezugsgröße darstellt. Sicherlich war das klassenbewußte Geschichtsbewußtsein in Deutschland immer auf eine Minderheit beschränkt; auch ist es durch den Ersten Weltkrieg, die NS-Zeit und den Zweiten Weltkrieg erheblich destruiert worden. Dennoch bleiben Fragen:

1) Was ist vom Geschichtsbewußtsein der SED geblieben, das dem klassenbewußten Proletariat eine besondere historische Rolle zugeschrieben hat?
2) Werden die Arbeiter bzw. die Arbeiterbewegung – Gewerkschaften, die historisch der Arbeiterbewegung zuzurechnenden Parteien – als bedeutsame Subjekte in Geschichte und Gegenwart heute gesehen?

Bei diesem Themenfeld ist wiederum der Ost-West-Vergleich von besonderem Interesse. Die Analyse verspricht Hinweise zu liefern, inwieweit in der gegenwärtigen Gesellschaft ein durch soziale Großgruppen geprägtes Geschichtsbewußtsein noch vorhanden ist.

Zu untersuchen ist auch die Tiefendimension des Geschichtsbewußtseins: Wie weit reicht in der gegenwärtigen deutschen Gesellschaft das Geschichtsbewußtsein zurück? Vieles spricht dafür, daß das Gedächtnis in Deutschland – im Vergleich zu anderen Gesellschaften[27] – nur sehr bedingt über das 20. Jahrhundert hinaus zurückreicht. Jedenfalls ist dieser Frage ebenso nachzugehen wie der Frage, ob es im deutschen Geschichtsbewußtsein der Gegenwart positive Identifikationsfiguren gibt und inwieweit diese den verschiedenen Generationen, Ost- und Westdeutschen etc. gemeinsam ist.

Die Frage nach den Inhalten des Geschichtsbewußtseins ist eng mit der nach seiner Struktur, nach seinen Kategorien und leitenden Hinsichten verbunden. Letztgenannte Frage ist ihrerseits verwoben mit der Frage nach politischen Grundorientierungen in der Gegenwart. Wichtig ist z.B. der Bezugsrahmen des Ge-

den deutschen Staaten. Hamburg 1992; Bernd Faulenbach: „Bewältigung der jüngsten Vergangenheit" als Aufgabe der historisch-politischen Bildung in den beiden deutschen Staaten und im vereinigten Deutschland. In: Jahrbuch Arbeit, Bildung, Kultur, 14, 1996, S. 241-263.

27 Peter Burke unterscheidet Nationen mit „kurzen" von Nationen mit „langen" Gedächtnissen: Für Iren, Polen, Serben und insbesondere Juden wäre demnach ein Gedächtnis langer Dauer, Engländer, Franzosen und insbesondere Deutschen ein kurzes Gedächtnis charakteristisch. Siehe Peter Burke: Geschichte als soziales Gedächtnis. In: Assmann/Harth (Hrsg.): Mnemosyne, S. 289-304. – Vgl. auch Dan Diner: Ereignis und Erinnerung. Über Variationen historischen Gedächtnisses. In: Bernd Faulenbach/Helmuth Schütte (Hrsg.): Deutschland, Israel und der Holocaust. Zur Gegenwartsbedeutung der Vergangenheit. Essen 1998, S. 55-70.

schichtsbewußtseins; wird er durch die Nation, die DDR, die Bundesrepublik, die Region, den Ort, die soziale Gruppe etc. gebildet? Wahrscheinlich ist, daß sich Menschen verschiedenen Einheiten zugehörig fühlen, was die Frage nach der Priorität zur Konsequenz hat. Zu überprüfen ist u.a. die These, daß in den neuen Ländern der nationalen Zugehörigkeit eine größere Bedeutung eingeräumt werde.[28]

Fragen läßt sich auch nach Einschätzungen des Geschichtsverlaufes und des Ortes, an dem man sich in diesem selbst sieht: Inwieweit herrscht die Vorstellung eines linearen oder eines zyklischen Modells vor, überwiegt Optimismus oder Pessimismus, sieht man sich selbst als Objekt oder als Subjekt der Geschichte und hat dies seine Entsprechung in einem mehr passiven oder mehr aktiven Politikverständnis?

Es geht dabei um empirisch ermittelte Befunde. Ihre Relevanz für Politik und Bildungsarbeit liegt auf der Hand, auch wenn sie hier nicht näher zu diskutieren ist.

### *Zur Forschungslage*

Über das Geschichtsbewußtsein ist in der geschichtsdidaktischen Diskussion seit den ausgehenden 60er Jahren vielfach gehandelt worden, doch mangelt es unübersehbar an empirisch fundierten Arbeiten.

Eine Reihe von Studien sind in den letzten Jahren entstanden, die das Geschichtsbewußtsein von Jugendlichen untersuchen. Zu nennen sind insbesondere die Arbeiten von Bodo von Borries, von Jörn Rüsen u.a.[29] Sie fassen Geschichtsbewußtsein nicht oder nicht ausschließlich als Geschichtswissen auf, sondern versuchen, zu Kategorien des Geschichtsbewußtseins, des Gesellschaftsbildes und des politischen Bewußtseins vorzustoßen. Hervorzuheben an empirischen Untersuchungen sind insbesondere die Arbeiten von Bodo von Borries, die Jugendliche in verschiedenen Regionen in Deutschland, insbesondere in Ost- und Westdeutsch-

28 Dieser Befund wird durch Ergebnisse von Umfragen abgestützt; vgl. Elisabeth Noelle-Neumann: Demoskopische Geschichtsstunde. Vom Wartesaal der Geschichte zur Deutschen Einheit. Zürich/Osnabrück 1991.

29 Bodo von Borries: Geschichtslernen und Geschichtsbewußtsein. Empirische Erkundungen zu Erwerb und Gebrauch von Historie. Stuttgart 1988; Ders.: Kindlich-jugendliche Geschichtsverarbeitung in West- und Ostdeutschland. Ein empirischer Vergleich. Pfaffenweiler 1992; Bodo von Borries/Hans-Jürgen Pandel/Jörn Rüsen (Hrsg.): Geschichtsbewußtsein empirisch. Pfaffenweiler 1991; Klaus Remus: Nationalbewußtsein und Geschichtsbewußtsein. Eine empirische Untersuchung. In: Gerhard Schneider (Hrsg.): Geschichtsbewußtsein und historisch-politisches Lernen. Jahrbuch für Geschichtsdidaktik, Bd. 1. Pfaffenweiler 1988, S. 191-211.

land, doch auch in den europäischen Ländern vergleichen.[30] Ihre Ergebnisse sind mit den Ergebnissen der Untersuchung des Geschichtsbewußtseins von Erwachsenen in Beziehung zu setzen.

Das Geschichtsbewußtsein von Erwachsenen wird – so lautet die Hypothese dieser Arbeit – von lebensgeschichtlichen Erfahrungen mitbestimmt. Die Untersuchung des Geschichtsbewußtseins von Erwachsenen muß deshalb die Frage nach der Verarbeitung lebensgeschichtlicher Erfahrungen einschließen. Methodisch bedeutet dies, daß vieles dafür spricht, die Untersuchung des Geschichtsbewußtseins mit der Untersuchung des biographischen Bewußtseins bzw. biographischer Erfahrungen zu verknüpfen, wozu qualitative Interviews geeigneter sind als standardisierte.

Empirische Studien zum Geschichtsbewußtsein Erwachsener sind noch seltener als Studien zum Geschichtsbewußtsein von Jugendlichen. Zu nennen ist hier vor allem das Projekt von Werner Weidenfeld und Felix Philipp Lutz, das das Geschichtsbewußtsein von nach dem Schneeballprinzip ermittelten West- und Ostdeutschen in der Phase der Wende untersucht hat.[31] Im Gegensatz zu dem Projekt von Weidenfeld und Lutz wird hier bewußt versucht, das Geschichtsbewußtsein bestimmter Gruppen unter Einschluß generationeller und biographischer Erfahrungen zu analysieren. Wir fragen nach den Zusammenhängen von Lebenserfahrungen, die immer auch über das Individuum hinausweisen, und Geschichtsbewußtsein, das stärker durch die Sozialisationsagenturen und die politische Kultur vermittelt ist.

Die Untersuchung der Veränderung des Geschichtsbewußtseins wird erschwert durch den Mangel an Arbeiten, die vor 1989 das Geschichtsbewußtsein untersucht haben. Hinweise auf das Geschichtsbewußtsein in der DDR vor 1989 gibt Hartmut Meier, der sich auf nicht publizierte Arbeiten des Institutes für Gesellschaftswissenschaften beim ZK der SED stützt.[32] Von Interesse im Rahmen dieses Projektes sind auch die lebensgeschichtlichen Interviews, die Lutz Niethammer, Alexander von Plato und Dorothee Wierling kurz vor der „Wende" in der DDR durchgeführt und deren Ergebnisse sie unter dem Titel „Die volkseigene Erfahrung" veröffentlicht haben.[33]

30 Siehe auch Joke van der Leeuw-Roord (Ed.): The State of History. Education in Europe. Challenges and Implications of the Youth and History-Survey. Hamburg 1998.

31 Siehe Weidenfeld/Lutz: Die gespaltene Nation (Anmerkung 25).

32 Hartmut Meier: Geschichtsbewußtsein und historische Identität in der DDR. Versuch einer kritischen Bilanz. Berlin 1996. Methodisch sind die Untersuchungen, auf die Meier sich stützt, anfechtbar; gleichwohl können sie Anhaltspunkte im Hinblick auf das Geschichtsbewußtsein vor 1989 geben; dies gilt auch für Meiers Sekundäranalyse.

33 Lutz Niethammer/Alexander von Plato/Dorothee Wierling: Die volkseigene Erfahrung. Eine Archäologie des Lebens in der Industrieprovinz der DDR. 30 biographische Eröffnungen. Berlin 1991.

Es kann keine Frage sein, daß die methodisch schwierige Analyse des Geschichtsbewußtseins der Gegenwart in vieler Hinsicht noch am Anfang steht. Auch diese Studie ist nicht mehr als ein Beitrag zu seiner Erforschung, der geradezu die Aufforderung nach weiteren empirischen Studien zur Konsequenz hat.

### *Zur Vorgehensweise*

Untersucht wird in dieser Studie das Geschichtsbewußtsein von Arbeitnehmern am Beispiel von Arbeitnehmergruppen in West- und Ostdeutschland, genauer gesagt im Ruhrgebiet (in Dortmund und Bochum) und in Brandenburg (in Hennigsdorf bei Berlin und in Frankfurt/O.).

Sehr bewußt wurde die Untersuchung auf Arbeitnehmer vergleichbarer Betriebe jeweils der gleichen Branche in Ost- und Westdeutschland bezogen, und zwar auf

- das Stahlwerk Hennigsdorf bei Berlin und das Stahlwerk Krupp-Hoesch in Dortmund,
- auf das Halbleiterwerk in Frankfurt/O. und das Nokia-Werk in Bochum.

Als Kontrastgruppe wurden Lehrer interviewt in Bochum und in Berlin/Potsdam; eine einlässige Auswertung der Interviews dieser Gruppe muß einer weiteren Studie vorbehalten sein.

Die Auswahl der Unternehmen erfolgte unter pragmatischen Gesichtspunkten, wobei bewußt neben Betrieben der Stahlindustrie Betriebe der verarbeitenden Industrie, die elektrotechnische Produkte herstellen, ausgewählt wurden, um eventuelle Unterschiede zwischen Arbeitnehmern älterer und neuer Industrien in den Blick zu bekommen. Lehrer waren ursprünglich als Kontrastgruppe vorgesehen, um die Relevanz der Bildung und des fehlenden Arbeitsplatzrisikos im Hinblick auf das Geschichtsbewußtsein erörtern zu können, wurden dann jedoch für eine Sonderuntersuchung ausgeklammert.

Die Interview-Partner wurden mit Hilfe der Betriebsräte (bei Information der Betriebsleitungen, die den Interviews zustimmte)[34] jeweils nach einem bestimmten Schlüssel vorgenommen, der die verschiedenen Alterskohorten, Männer und Frauen (etwa entsprechend ihrem Anteil in der Belegschaft), Arbeiter und Angestellte (ebenfalls gemäß ihrem Anteil) berücksichtigte.

Was die Alterskohorten angeht, so wurden jeweils mindestens drei Intensivinterviews durchgeführt

- für die Jahrgänge 1927 und älter, die am Zweiten Weltkrieg noch aktiv teilgenommen haben und zum Zeitpunkt der Interviews bereits im Ruhestand waren,
- für die Jahrgänge 1928 bis 1937, die das Dritte Reich und den Krieg als Kinder

34 Bei der Firma Nokia gab es keine derartige Zustimmung durch die Firmenleitung, deshalb mußten die Gespräche außerhalb des Werkes geführt werden.

und Jugendliche noch bewußt erlebt haben (HJ-Generation); in der Nachkriegszeit hat man sie – im Westen – als „skeptische Generation“ (Schelsky), im Osten als FDJ-Generation bezeichnet[35],

- für die Jahrgänge 1938-1947, die in der Nachkriegszeit aufwuchsen, zwar von den Nachkriegsnöten noch etwas mitbekommen haben, doch dann (im Westen) den wirtschaftlichen Aufstieg – „das Wirtschaftswunder“ – erlebten; in der Literatur werden diese Jahrgänge häufig bezogen auf den Westen als 68er–Generation gekennzeichnet (in der Tat wurde die Studentenbewegung im Westen von diesen Jahrgängen getragen)[36],
- für die Jahrgänge 1948-1957, die man als zweite Nachkriegsgeneration bezeichnen mag; diese Generation ist im Kontext bereits recht fester politisch-gesellschaftlicher Strukturen aufgewachsen, in der DDR hat sie den 17. Juni 1953 überwiegend nicht mehr unmittelbar erlebt; bezogen auf den Westen hat man von „78ern“, von der Generation der „Zaungäste“ (Mohr) gesprochen, die sich damit abfinden mußte, im Schatten der vorhergehenden Generationen zu stehen[37],
- für die Jahrgänge 1958 und jünger, die bislang im öffentlichen Bewußtsein relativ wenig profiliert sind und in der heutigen Gesellschaft die Jungen darstellen. Anders als die vorhergehenden Altersgruppen hatten sie (im Westen) angesichts der Krisenphänomene seit Ende der 70er Jahre teilweise Schwierigkeiten beim Eintritt in die Berufswelt.

Die kurze Charakterisierung läßt erkennen, daß unsere Generationencharakterisierungen vorrangig vom Westen her entwickelt wurden. Manches spricht dafür, daß die Generationenunterschiede in Ostdeutschland als weniger ausgeprägt zu betrachten sind.[38] Das Projekt ging jedoch von der Hypothese aus, daß der Erfah-

35 Siehe Helmut Schelsky: Die skeptische Generation. Eine Soziologie der deutschen Jugend. Köln 1957. Neuausgabe Frankfurt/Berlin/Wien 1975. Zur Generationenfolge und dem Profil der Generationen vgl. Werner Jaide: Generationen eines Jahrhunderts. Wechsel der Generationen im Jahrhunderttrend. Zur Sozialgeschichte der Jugend in Deutschland 1871-1985. Opladen 1988; Werner Klose: Stafetten-Wechsel. Fünf Generationen formen unsere Welt. Zürich 1983.

36 Die Frage, ob sich auch bezogen auf die DDR – etwa durch die Erfahrung des Scheiterns des „Prager Frühlings“ – eine gleichfalls spezifisch geprägte Generation ausmachen läßt, ist bislang kaum untersucht worden; zur 68er Generation in der DDR vgl. Annette Simon: „Kluge Kinder sterben früh.“ Die Achtundsechziger in der DDR. In: Die Zeit Nr. 24, 6. Juni 1997, S. 42.

37 Reinhard Mohr: Zaungäste. Die Generation, die nach der Revolte kam. Frankfurt a.M. 1992.

38 Martin Greiffenhagen: Politische Legitimität in Deutschland. Gütersloh 1997, S. 57 ff., vertritt z.B. die Ansicht, daß es in Westdeutschland nach dem Zweiten Weltkrieg mehr Generationen gegeben hat als in jedem anderen europäischen Land, weil Veränderungen der politischen Kultur sich deutlicher und rascher vollzogen als anderswo. Die Entwicklung in

rungshintergrund auch im Osten generationell differiert und dementsprechend ebenfalls bei der Rekrutierung das skizzierte kleinschrittige Generationenschema anzuwenden war, insbesondere auch um Vergleiche zum Westen durchführen zu können. Es soll also versucht werden, die Generationen im Westen und im Osten jeweils untereinander zu vergleichen, zugleich aber durch die parallelen Gruppen im Westen und im Osten komparativ zu betrachten.

Basis der Untersuchung sind 92 Intensivinterviews, die in den Jahren 1993-1996 in Dortmund, Hennigsdorf, Bochum, Frankfurt/O. sowie Potsdam bzw. Ost-Berlin – in der Mehrheit der Fälle von einem, in der Minderheit von zwei Interviewern – überwiegend in den Unternehmen, doch wo dies nicht möglich war, in den Privatwohnungen der Interviewpartner durchgeführt wurden. Bemerkenswert ist, daß es im Osten leichter als im Westen war, Interviewpartner zu gewinnen, hier auch Meister und Ingenieure keine Bedenken hatten, sich für Interviews zur Verfügung zu stellen.

Den Interviews lag ein informeller Interviewleitfaden zu Grunde, der die Befragten in den lebensgeschichtlichen Teilen bewußt frei erzählen ließ. Ausgegangen wurde von lebensgeschichtlichen Fragen, von Herkunft, Kindheit und Jugend, die bei Nachfragen bewußt mit späteren Lebensphasen in Beziehung gesetzt wurden; die Interviews wurden fortgesetzt mit Fragen zur beruflichen Entwicklung und zur Veränderung der Arbeit, der betrieblichen Strukturen und des Betriebsklimas im Laufe der Jahre, wobei Fragen der Verbundenheit mit dem Betrieb und der Bewahrung von Erfahrungen in einem Gruppengedächtnis angezielt wurden.

Nachgefragt wurde, falls die Interviewten diesen Themenbereich nicht von sich aus ansprachen, zu den Komplexen der politischen Erfahrung, des politischen Interesses und der politischen Orientierung; dabei wurde insbesondere versucht, die Erfahrungsebene in den Blick zu nehmen. Fragen (Nachfragen) lauteten etwa:

- Lohnt sich die Beschäftigung mit Politik?
- Gibt es (aspektbezogen) Unterschiede zwischen früheren Zeiten und heute?
- Ist aktive Einmischung in der Politik sinnvoll?
- (Bei Ost-Interview-Partnern) Hattest Du Angst vor Repression, hast Du bei Deinen Äußerungen darauf Rücksicht nehmen müssen? Welche Erfahrungen hast Du in der Demokratie seit 1990 gemacht?
- Identifizierst Du Dich mit der politischen Ordnung der Bundesrepublik Deutschland?
- Wer bestimmt die Politik in der Bundesrepublik?

der DDR aber habe eine andere Generationenlagerung als in Westdeutschland hervorgebracht; auf jeden Fall seien die Generationen in Ostdeutschland weniger deutlich konturiert.

Manche Fragen (Nachfragen) zielten auf den Zusammenhang von gegenwärtiger Orientierung und Erfahrungen der jüngsten Vergangenheit:
- Welche bedeutsamen politischen Ereignisse gab es in Deiner bisherigen Lebenszeit?
- Welche beeinflußten Dein Leben?

Folgende Stichworte wurden genannt, um persönliche Urteile (inklusive eventuell vorhandener Erinnerungen) zu ermitteln:
- 30.1.1933 (Machtübernahme Hitlers); 1.9.1939 (Kriegsbeginn); 8.5.1945 (Kapitulation, Befreiung);
- Bei West-Interview-Partnern: Juni 1948 (Währungsreform); bei Ost-Interview-Partnern: 7.10.1949 (Gründung der DDR);
- Bei allen Interviewpartnern: 17.6.1953 (Arbeiteraufstand in der DDR); bei Ost-Interview-Partnern zusätzlich: Februar 1956 (XX. Parteitag der KPdSU).
- Bei allen Interviewpartnern: 13.8.1961 (Bau der Mauer);
- Bei West-Interview-Partnern: Ostern 1968 (Studentenbewegung; Attentat auf Rudi Dutschke);
- Bei allen Interviewpartnern: 21.8.1968 (Einmarsch der Warschau-Paktstaaten in der CSSR; Ende des „Prager Frühlings"); 19.3.1970 (Willy Brandt in Erfurt); bei Ost-Interview-Partnern; 3.9.1971 (Rücktritt Ulbricht);
- Bei West-Interview-Partnern: Oktober 1982 (Ende der sozialliberalen Regierungszeit/Kohl Bundeskanzler);
- Bei allen Interviewpartnern: 9. November 1989 (Maueröffnung); 3. Oktober 1990 (Vereinigung).

Zum Geschichtsbewußtsein enthielt der Interviewleitfaden neben Fragen zum Interesse an Geschichte und seinen Begründungen u.a. folgende Fragen:
- Gibt es eine Tradition, die Dir etwas bedeutet?
- Welche historischen Persönlichkeiten imponieren Dir, welche lehnst Du ab?
- Stimmst Du dem Satz zu: „Männer machen Geschichte?"

Gezielt gefragt wurde auch nach dem Zugehörigkeits-, dem Identitätsbewußtsein – dem lokalen, regionalen Bewußtsein, der Identifikation mit der DDR, mit der Bundesrepublik, mit Deutschland? In diesem Kontext wurde auch die Frage nach der sozialen Bezugsgruppe aufgeworfen. Selbstverständlich wurde auch das Verhältnis von Ost- und Westdeutschen angesprochen.

Wichtige weitere Fragen des Leitfadens zielten auf das Bild der NS-Zeit und die Gegenwartsbedeutung des Nationalsozialismus/Faschismus. Aufgeworfen wurde auch die Frage der Vergleichbarkeit des NS-Systems und der kommunistischen Systeme und die Frage der Zukunft sozialistischer Ideen nach dem Ende des sogenannten „real-existierenden Sozialismus". Angesprochen werden sollte dabei die Frage, ob es Bewahrenswertes aus der DDR-Zeit gebe.

Einige Fragen versuchten zu ermitteln, inwieweit die Sicht im Kern optimistisch oder pessimistisch, das Bild der Geschichte eher linear oder zyklisch war, worin die Antriebskräfte der Geschichte zu sehen seien und welches Zukunftsbild man hegte.

Der Interviewleitfaden wurde nicht als starres Schema gehandhabt, sondern diente dazu, für das Projekt bedeutsame Fragen anzusprechen. Manche der explizit formulierten Fragen wurden von den Interviewten schon im Kontext ihrer lebensgeschichtlichen Erzählungen aufgeworfen. Die offenen Fragen führten vielfach zu sehr ausführlichen und differenzierten Antworten. Bei der Interpretation mußte deshalb versucht werden, Antworttypen herauszuarbeiten.

Implizierte damit die Methode der offenen Intensivinterviews auch im Hinblick auf die Verarbeitung einer größeren Zahl von Interviews Schwierigkeiten, so bot sie doch zugleich in besonderer Weise die Möglichkeit, den Zusammenhängen von biographischen Erfahrungen und Geschichtsbewußtsein, von erfahrener Geschichte und „gelerntem" historischen Wissen nachzuspüren.

Im Arbeitsprozeß bewährte sich die gemischte Zusammensetzung des Forscherteams: Dr. Annette Leo wurde in der DDR, Klaus Weberskirch M.A. in der Bundesrepublik sozialisiert, Prof. Bernd Faulenbach, der Projektleiter und Verfasser dieser Einleitung, wuchs in Westdeutschland auf, hat sich aber seit 1989, nochmals verstärkt seit 1992, als er in die Bundestagsenquete-Kommission berufen wurde, intensiv bemüht, deutsch-deutsche Befindlichkeiten kennenzulernen. Der Arbeitsprozeß war aus pragmatischen Gründen in beträchtlichem Maße arbeitsteilig zu leisten – Interviews wurden in den neuen Ländern von Dr. Annette Leo, in der Bundesrepublik von Klaus Weberskirch durchgeführt, wobei sich – trotz anfänglicher gemeinsamer Interviews und kontinuierlicher Kommunikation – hier und da Unterschiede hinsichtlich der Schwerpunkte eingeschlichen haben, die freilich angesichts der offenen Gesprächsform nicht als gravierend zu betrachten sind.

### *Zum Aufbau des Buches*

Das Buch gliedert sich in 5 Komplexe, die sich in ihrem Charakter sehr deutlich unterscheiden, gleichwohl aufeinander aufbauen.

Einleitend werden die Betriebe und die Konstellation, in der die Untersuchung durchgeführt wurde, beleuchtet.

Im ersten Hauptteil wird – auf einer ersten Ebene der Betrachtung – in acht nach Generationszugehörigkeiten ausgewählten Biographien, die in mancher Hinsicht exemplarisch für die jeweilige Generation zu betrachten sind, versucht, Zusammenhänge zwischen Lebensgeschichten und Geschichtsbewußtsein aufzuhellen, wobei auch die Formen der erzählerischen Vergegenwärtigung der Vergangenheit behandelt werden.

Im zweiten Hauptteil wird – in einer zweiten Untersuchungsstufe – eingehend die Beurteilung ausgewählter historischer Komplexe behandelt, insbesondere der NS-Zeit, der Geschichte der DDR, der Bundesrepublik, der Geschichte der Arbeiterbewegung, historischer Zäsuren wie 1933, 1945, 1989/90 sowie bekannter historischer Persönlichkeiten.

Der dritte Hauptteil geht – eine dritte Untersuchungsstufe bildend – den Kategorien des Geschichtsbewußtseins nach, den Antriebskräften des historischen Prozesses aus der Sicht der Befragten, den Gruppenidentifikationen, den Formen historischer Sinnbildung, den Einschätzungen der Richtung des historischen Prozesses. In diesem Kontext ist auch die Frage nach der Konsistenz des Geschichtsbewußtseins zu beantworten.

Am Ende wird resümierend die Frage nach den Determinanten des Geschichtsbewußtseins aufgeworfen: Mit welchen Merkmalen korrelieren die Hauptunterschiede: inwieweit sind Geschlecht, Generationenzugehörigkeit, Bildungsniveau, Tätigkeitsniveau usw. relevant. Ganz zum Schluß wird noch die Frage nach der weiteren Entwicklung aufgeworfen.

# II) Zur Situation der Betriebe und der Arbeitnehmer nach der deutschen Vereinigung

*Bernd Faulenbach*

Die Interviews, die dieser Untersuchung zu Grunde liegen, wurden nach der deutschen Vereinigung in den Jahren 1993 bis 1996 in Dortmund und Hennigsdorf, Bochum und Frankfurt/O. durchgeführt. Bevor wir in die Analyse der Interviews eintreten, ist zunächst kurz die Situation zum Zeitpunkt der Interviews zu charakterisieren, da sie selbstverständlich den Hintergrund der Gespräche bildet, sodann sind die Betriebe, in denen die befragten Arbeitnehmer tätig waren, kurz vorzustellen.

## *Die Situation in Deutschland zur Zeit der Interviews*

Nach der Vereinigung 1990 wurde rasch deutlich, daß die „innere Vereinigung" ein sehr schwieriger Prozeß sein würde. Angesichts ungelöster Probleme und einer breiten öffentlichen Debatte darüber begann man von der „Vereinigungskrise" zu sprechen.[39]

Die Vereinigung mit der Übertragung des westdeutschen ökonomisch-gesellschaftlichen Systems, samt dem Versuch einer möglichst raschen Privatisierung der Staatsbetriebe der DDR durch die Treuhand, hat zu einer starken Reduzierung der Industrien in den neuen Ländern, die in nicht wenigen Regionen geradezu als Deindustrialisierung zu begreifen ist, mit der Folge von Massenarbeitslosigkeit geführt. Die Arbeitslosigkeit hat dabei Arbeitnehmer, die bis dahin in einem System gelebt hatten, das – trotz aller Nachteile – Arbeitsplatzsicherheit garantierte, völlig unvorbereitet getroffen. Verschärft wurde die Situation durch den Tatbestand, daß mit der Umstrukturierung im Osten auch die mit den Betrieben verbundenen sozialen Einrichtungen destruiert wurden. Dies alles hat eine tiefe Verunsicherung der Arbeitnehmer in den neuen Ländern hervorgerufen, die als Background der Interviews mitzusehen ist.

Die westdeutschen Arbeitnehmer sind ihrerseits seit vielen Jahren mit dem Phänomen von Arbeitslosigkeit konfrontiert, im Ruhrgebiet verschärft durch den Strukturwandel einer altindustriellen Region.[40] Daß die Vereinigung zwar zu-

39 Vgl. Jürgen Kocka: Vereinigungskrise. (Siehe Anmerkung 8).

40 Vgl. Dietmar Petzina: Von der industriellen Führungsregion zum Krisengebiet: Das Ruhrgebiet in historischer Perspektive. In: Rainer Schulze (Hrsg.): Industrieregionen im Umbruch. Historische Voraussetzungen und Verlaufsmuster des regionalen Strukturwandels im europäischen Vergleich. Essen 1993, S. 246-274.

nächst die Konjunktur in Westdeutschland anregte, doch bald zu verschärften Verteilungskämpfen führte, wurde den Arbeitnehmern in Westdeutschland zunehmend klar. Auch dies mußte zwangsläufig in den Befragungen vorkommen.

Schwerwiegende Probleme des Transformationsprozesses in Ostdeutschland und seine Auswirkungen auf das vereinigte Deutschland spielten auch in der politischen Debatte im Untersuchungszeitraum eine bedeutsame Rolle. Daß im Prozeß der Vereinigung auch vermeidbare Fehler gemacht wurden, war bald offensichtlich. Man denke etwa an das Prinzip „Rückgabe vor Entschädigung", das die Restauration alter Eigentumsverhältnisse förderte, den ökonomischen Neuanfang vielfach erschwerte und zu erheblichen sozialen Spannungen, insbesondere zwischen Ost- und Westdeutschen, führte.

Neben den ökonomischen Problemen wurden kulturelle Probleme bewußt. Von den Ostdeutschen wurde de facto eine weitgehende Anpassung an die westdeutschen Lebensbedingungen gefordert. Bisherige Orientierungen, Qualifikationen, Verhaltensweisen wurden wertlos, das Selbstbewußtsein vieler Ostdeutscher hat darunter gelitten. Sie vermißten soziale Anerkennung und begannen, sich als „Deutsche zweiter Klasse" zu fühlen. Psychologische Gegensätze zwischen „Ossis" und „Wessis" waren die Folge, zumal viele Westdeutsche die Unzufriedenheit der – mit dem bösen Wort der „Jammerossis" belegten – Ostdeutschen nicht recht verstehen konnten. Die Gegensätze mußten sich auch in unseren Interviews auswirken.

1994 fanden die zweiten Bundestagswahlen nach der Vereinigung statt. Seit Frühjahr 1994 war permanenter Wahlkampf, zunächst zur Europawahl, dann zur Bundestagswahl. Dieser Wahlkampf, in dem es eben auch um die Fragen der inneren Vereinigung ging, bildet einen weiteren Aspekt der Konstellation, in der wir die meisten Interviews durchführten. Die Atmosphäre war partiell politisiert und ließ parteipolitische Optionen bei den Befragten ebenso erkennen wie die prinzipielle Haltung zum Parteienstaat. Eine gewisse Rolle im Wahlkampf spielte die Beurteilung des SED-Systems vor 1989: die CDU/CSU warf der SPD vor, zum SED-System nicht hinreichend Distanz gewahrt und bei Honecker teilweise um Wahlkampfhilfe nachgesucht zu haben. Die „rote Socken"-Kampagne hatte das Ziel, die PDS und ihr nahestehende Positionen zu isolieren. Generell wurde im Befragungszeitraum vielfältig in der Öffentlichkeit über die DDR-Vergangenheit diskutiert, u.a. im Kontext der Enquete-Kommission des Deutschen Bundestages „Aufarbeitung von Geschichte und Folgen der SED-Diktatur".[41]

41 Zur Enquete-Kommission siehe Materialien der Enquete-Kommission „Aufarbeitung von Geschichte und Folgen der SED-Diktatur in Deutschland". 12. Wahlperiode des Deutschen Bundestages. Hrsg. v. Deutschen Bundestag. 9 Bde. Baden-Baden 1995. Vgl. Bernd Faulenbach: Erfahrungen des 20. Jahrhunderts, S. 235-246.

Zu den Fragen der internationalen Politik, die zum Zeitpunkt der Interviews aktuell waren, gehörten der Bosnien-Krieg und die Frage der deutschen Beteiligung an multilateralen Militäraktionen, wobei die Bedeutung der historischen Hypotheken durch NS-Zeit und Zweiten Weltkrieg eine Rolle spielten. Diskutiert wurden auch Fragen nach der Rolle der Nation und des Nationalismus auf dem Hintergrund der Transformationsprozesse in den Staaten des früheren Ostblocks, insbesondere in der ehemaligen DDR, auch Probleme der Weiterentwicklung der Europäischen Union. Nicht zuletzt waren in dieser Zeit fremdenfeindliche Aktionen in Deutschland ein wichtiges öffentliches Thema.

Die genannten Aspekte lassen eine Konstellation sichtbar werden, die durch Unübersichtlichkeit, Unruhe und Unsicherheit gekennzeichnet war. In ihr war die jüngste Vergangenheit durchaus ein Thema.

### *Die Lage der Betriebe*

Knapp sei die Lage der Betriebe hier angesprochen, in denen die Interviews durchgeführt wurden, wobei die Geschichte der Betriebe, die teilweise zur Ausbildung von Traditionen geführt hatte, mitzusehen ist. Die Betriebe sind der Rahmen, in dem die Arbeitnehmer nicht nur einen beträchtlichen Teil ihrer Lebenszeit verbringen, sondern der auch wesentlich ihre ökonomischen Verhältnisse bestimmt.

Das Dortmunder Hoesch-Stahlunternehmen gehört zu den bekannten Montanunternehmen mit Reviertradition. 1871 gegründet wuchs das Eisen- und Stahlwerk, zu dem dann auch Walzanlagen gehörten und dem Bergwerke angegliedert wurden, bis zum Ersten Weltkrieg zu einem Unternehmen, in dem 11.000 Beschäftigte 600.000 t Rohstahl produzierten.[42] Der Erste Weltkrieg ließ die Stahlproduktion weiter wachsen und auch in der Weimarer Zeit florierte alles in allem der Betrieb, der vor Ausbruch der Weltwirtschaftskrise 31.000 Beschäftigte hatte und zu den wichtigsten Arbeitgebern in der Stadt Dortmund gehörte. In der Weltwirtschaftskrise sank die Zahl der Beschäftigten auf 19.000.

Wie andere Montanunternehmen des Ruhrgebietes engagierte sich die Hoesch AG schon in der Zeit des Kaiserreichs im Werkswohnungsbau; auch wurden – unter dem direkten oder indirekten Druck der Arbeitnehmerorganisationen – Sozialeinrichtungen geschaffen, die das Ziel verfolgten, die Arbeitnehmer an den Betrieb zu binden. Der Bau von Sozialeinrichtungen, Sportanlagen usw. wurde in den

42 Zur Geschichte von Hoesch, zu der hier auf Einzelbelege verzichtet werden muß, vgl. Horst Mönnich: Aufbruch ins Revier. Aufbruch nach Europa. Hoesch 1871-1971. München 1971; Ottfried Dascher/Christian Kleinschmidt (Hrsg.): Die Eisen- und Stahlindustrie im Dortmunder Raum. Wirtschaftliche Entwicklung, soziale Strukturen und technologischer Wandel im 19. und 20. Jahrhundert. Dortmund 1992.

20er und 30er Jahren fortgesetzt. Bemerkenswerterweise trat Hoesch 1926 nicht den Vereinigten Stahlwerken bei, sondern behielt seine Unabhängigkeit.

1918-1920 war Dortmund eines der Zentren revolutionärer Ereignisse im Ruhrgebiet. Parteipolitisch war Dortmund im Gegensatz zu den meisten Ruhrgebietskommunen schon in der Weimarer Zeit eine Hochburg der Sozialdemokratie.[43]

In der NS-Zeit profitierte Hoesch von der Rüstungspolitik des Dritten Reiches. Während des Zweiten Weltkrieges, in dem Tausende von Fremdarbeitern bei Hoesch eingesetzt waren, wurde das Werk zusammen mit der Stadt mehrfach bombardiert. Die Werksgeschichte und die Geschichte des Landes waren in dieser Zeit besonders eng miteinander verwoben.

Dies gilt auch für die Nachkriegszeit, in der es um den Wiederaufbau und die Abwehr von Demontagen ging, bei der die Betriebsräte eine führende Rolle spielten. Es gelang in diesem Kontext – wie in den entflochtenen Betrieben der Vereinigten Stahlwerke – die qualifizierte Mitbestimmung der Arbeitnehmer durchzusetzen. Hier wie in anderen Stahl- und später auch Bergbauunternehmen bildete sich die Montanmitbestimmung heraus, die Voraussetzung einer regelrechten Mitbestimmungskultur wurde.[44] Diese ermöglichte den Arbeitnehmern und ihren Vertretungen eine Beteiligung an Unternehmensentscheidungen, Mitwirkungs- und Gestaltungsmöglichkeiten in der Personalpolitik und in der betrieblichen Sozialpolitik; letztere hat erst im Kontext der Strukturkrise und des Strukturwandels an Bedeutung verloren. Die starke Stellung der Arbeitnehmer bzw. der Arbeitnehmervertreter und ihrer Gewerkschaften bei Hoesch kam und kommt u.a. darin zum Ausdruck, daß Tätigkeit bei Hoesch und gewerkschaftliche Mitgliedschaft miteinander verbunden sind.

Parteipolitisch konnte die Sozialdemokratie in Dortmund nach 1945 ihre starke Position ausbauen, indem sie zunehmend auch die anderen Milieus eroberte.[45]

43 Siehe Uwe Schledorn: Für die soziale Republik. Die westlich westfälische Sozialdemokratie in der Zeit der Weimarer Republik. In: Bernd Faulenbach/Günther Högl/Karsten Rudolph (Hrsg.): Vom Außenposten zur Hochburg der Sozialdemokratie. Essen 1993, S. 77-91; Norbert Ranft: Sozialdemokratie und Kommunalpolitik im Revier in der Zeit der Weimarer Republik. In: Bernd Faulenbach/Günther Högl (Hrsg.): Eine Partei in ihrer Region. Zur Geschichte der SPD im Westlichen Westfalen. Essen 1988, S. 88-95.

44 Vgl. Bernd Faulenbach: Mitbestimmung und politische Kultur im Ruhrgebiet. In: Helmut Mertens/Gerd Peter (Hrsg.): Mitbestimmung und Demokratisierung. Stand und Perspektiven der Forschung. Wiesbaden 1989, S. 216-228; Ders.: Montanindustrielle Struktur und politische Kultur im Ruhrgebiet. Zur neueren Diskussion. In: Jahrbuch Arbeit und Technik in NRW 1987, S. 411-422.

45 Siehe Rainer Bovermann: Das „rote" Rathaus. Die Sozialdemokratisierung des Ruhrgebietes am Beispiel Dortmund 1945-1964. Essen 1995; Bernd Faulenbach: Die Sozialdemokratisierung des Ruhrgebietes in der Nachkriegszeit: „naturwüchsiger Prozeß" oder „Ergebnis

Die Hegemonialposition der Sozialdemokratie, die sich im westlichen Ruhrgebiet und in der Emscher-Lippe-Region erst im Laufe der 50er oder der 60er Jahre herausbildete,[46] stand in Dortmund nie in Frage. Dortmund ist manchmal die heimliche Hauptstadt der SPD genannt worden.

An dem wirtschaftlichen Wiederaufstieg in den 50er Jahren hatte auch Hoesch Anteil. 1966 kam es zur Fusion mit den Werken Phönix und Union, die beide seit 1926 in den Vereinigten Stahlwerken und dann wieder in der Dortmund-Hörder-Hütten-Union verbunden waren. Ausdruck des Selbstbewußtseins des Hoesch-Konzerns um 1970 ist die von Horst Mönnich verfaßte recht opulent ausgestattete Festschrift „Aufbruch ins Revier. Aufbruch nach Europa".[47] Das Arbeitnehmerselbstbewußtsein manifestierte sich 1969 in sogenannten „wilden Streiks", d.h. unorganisierten Arbeitsniederlegungen; von der Westfalenhütte ausgehend breitete sich eine Welle „wilder Streiks" in der Bundesrepublik aus, nach deren Spuren im Geschichtsbewußtsein der Arbeitnehmer wir geforscht haben, Streiks, die damals bei linken Intellektuellen die Hoffnung auf ein neues Arbeiterbewußtsein stimulierte.[48]

Der Prozeß der Rationalisierung und Konzentration ging auch an Hoesch nicht spurlos vorüber. 1972 fusionierte Hoesch mit dem niederländischen Stahlunternehmen Hoogovens en Staalfabrieken; diese Fusion wurde 1982 wieder rückgängig gemacht. Die Hoesch-Unternehmensleitung versuchte die Strukturkrise durch forcierte Rationalisierungsmaßnahmen, die mit einem erheblichen Arbeitsplatzabbau verbunden waren, zu bewältigen.[49] 1992 fusionierten dann

ehrlicher Arbeit"? In: Bernd Faulenbach/Günther Högl (Hrsg.): Eine Partei in ihrer Region, S. 142-149.

46 Vgl. Bernd Faulenbach: Merkmale und Entwicklungslinien der politischen Kultur des Ruhrgebietes. In: Rainer Bovermann/Stefan Goch/Heinz-Jürgen Priamus (Hrsg.): Das Ruhrgebiet – Ein starkes Stück Nordrhein-Westfalen. Politik in der Region 1946-1996. Essen 1996, S. 365-377; Rainer Bovermann: Wahlen im Ruhrgebiet in vergleichender Perspektive. Ebd. S. 336-364.

47 Siehe Anmerkung 42.

48 Zu den sog. „wilden Streiks" 1969 vgl. Der Spiegel 23 (1969) Nr. 39, S. 29-33 („wilde Streiks") und 24 (1970) Nr. 42, S. 102-115 („Was kam, war schon lange fällig". Ursachen der Septemberstreiks 1969 und ihre Folgen für das Bewußtsein der Arbeiter); IMSF (Hrsg.): Die Septemberstreiks 1969. Darstellung, Analyse, Dokumente der Streiks in der Stahlindustrie, im Bergbau, in der metallverarbeitenden Industrie und anderen Wirtschaftsbereichen. Köln 1969; Michael Schumann u.a.: Am Beispiel des Septemberstreiks – Anfang der Rekonstruktionsperiode der Arbeiterklasse? Frankfurt/M. 1970.

49 Vgl. zur Entwicklung aus der Sicht der Arbeitnehmer: Tätigkeitsbericht des Betriebsrates 1978-1981. Werk Westfalenhütte. o.O. o.J.; Wir berichten über unsere Arbeit. Gesamtbetriebsrat Hoesch Stahl AG. Betriebsrat Westfalenhütte. Tätigkeitsbericht 1987-1990. o.O., o.J.; Eine Brücke der Solidarität – Nur gemeinsam sind wir stark. Tätigkeitsbericht 1990-1994. Gesamtbetriebsrat Krupp-Hoesch Stahl AG/Gesamtbetriebsrat Hoesch Stahl AG, o.O., o.J.

Hoesch und Krupp, was bei den Belegschaften beider Unternehmen, die um ihre Arbeitsplätze fürchteten, auf erhebliche Widerstände und Proteste stieß. In der Tat hatte die Fusion eine starke Rückführung der Beschäftigtenzahlen zur Konsequenz. Der Versuch der „feindlichen Übernahme" von Thyssen durch Krupp-Hoesch und der dann einvernehmliche Zusammenschluß der Stahlbetriebe 1996 fällt nicht mehr in den Zeitraum, in dem wir unsere Interviews durchgeführt haben.

Zum Zeitpunkt der Interviews war die Frage der Konsequenzen der Fusion von Krupp und Hoesch, bei der aus der Sicht der „Hoeschianer" das gesunde Hoesch-Unternehmen vom maroden Krupp-Konzern übernommen worden war, für die Hoesch-Arbeitnehmer noch keineswegs erledigt, zumal die Stahlkrise anhielt und die Frage im Raum stand, ob nicht bestimmte Walzwerksteile stillgelegt würden. Frühpensionierungen, Ausscheiden über den Sozialplan und auch Entlassungen standen ebenso auf der Tagesordnung wie Rationalisierungsmaßnahmen mit weiteren Schritten zur Arbeitsverdichtung. Insgesamt gesehen war die Stimmung in diesem Ruhr-Unternehmen zum Zeitpunkt der Interviews eher gedrückt und von Sorgen über die weitere Zukunft geprägt.

Das Stahlwerk Hennigsdorf ist zwar deutlich jünger als das Werk von Hoesch, stellt heute aber ebenfalls einen Betrieb mit Tradition dar.[50] 1917 errichtet, erfolgte der erste Stahlabstich kurz vor der Novemberrevolution; die Arbeiter beteiligten sich an den revolutionären Aktionen in Berlin 1918/19. Das Werk, das zunächst zum AEG-Konzern gehörte, dann aber nicht nur mit diesem, sondern auch mit der Linke-Hoffmann AG und der AG Lauchhammer Riesa verbunden war, wurde in der Weimarer Zeit erweitert. 1926 wurde es Teil der Mitteldeutsche Stahlwerke AG, die von Friedrich Flick beherrscht wurde.

1929 streikten die Stahlwerker 100 Tage lang gegen eine 30-prozentige Kürzung der Akkordzuschläge. Dieser Streik sollte später im SED-Traditionsverständnis des Werkes eine erhebliche Rolle spielen. Es wird zu untersuchen sein, inwieweit dieser Streik heute im Geschichtsverständnis der Arbeitnehmer in Hennigsdorf noch relevant ist.[51]

1935 wurde das Werk in den Flick-Konzern integriert, seit 1937 war das Stahlwerk ein Betrieb der „Mitteldeutschen Stahl- und Walzwerke Friedrich Flick KG". In den 30er Jahren produzierte das Werk – zunächst noch unter Umgehung der Bestimmungen des Versailler Vertrages – zunehmend für die Rüstungsproduktion: Karosseriebleche für die Flugzeug- und Kraftwagenproduktion, Platinen für Munition, Stahlgußteile für U-Boote, Bomben u.a.

50 Zur Geschichte des Stahlwerks Hennigsdorf vgl. Beiträge zur Betriebsgeschichte des VEB Stahl- und Walzwerks „Wilhelm Florin" Hennigsdorf. Unv. Manuskript der Betriebsgeschichtskommission der ZBPO 1982; Gespräche mit dem stellv. Betriebsratsvorsitzenden Eckehard Hinke und dem Leiter des Archiv- und Ausstellungszentrums Hennigsdorf Uli Jainz.

51 Siehe Kapitel IV, 6 a.

Während des Krieges wurden an Stelle der deutschen Arbeiter mehr und mehr ausländische Zwangsarbeiter, sowjetische Kriegsgefangene und Häftlinge aus dem KZ Sachsenhausen eingesetzt; ihr Anteil betrug schließlich knapp 70% der Belegschaft. Dem Gedenken an die Häftlinge und Zwangsarbeiter, die während des Krieges in Hennigsdorf ihr Leben verloren, dient ein bereits 1948 errichtetes ziemlich monumentales Denkmal auf dem Bahnhofsvorplatz. Nicht zuletzt durch dieses Denkmal war die NS-Zeit in Hennigsdorf in der Nachkriegszeit visuell präsent.

1945 wurde das Werk unter Berufung auf das Potsdamer Abkommen demontiert – Zeitzeugen sprechen sogar von einer erneuten Demontage nach dem Wiederaufbau. Gleichwohl fanden bald zur bisherigen Belegschaft zahlreiche Flüchtlinge und Heimatvertriebene hier Arbeit. 1947 begann der Wiederaufbau, 1948 wurde die Produktion im Stahlwerk wie in der Walzstraße und Stahlformgießerei wieder aufgenommen, 1950 bereits das Produktionsniveau des Jahres 1936 erreicht.

Am 17. Juni 1953 beteiligten sich die Hennigsdorfer Stahlarbeiter fast geschlossen an dem Marsch nach Berlin, was für einen Teil der Belegschaft bittere Folgen haben sollte. Die „Verarbeitung" dieses Ereignisses im Geschichtsbewußtsein der Hennigsdorfer wird zu untersuchen sein.[52]

1951 wurde dem volkseigenen Betrieb der Name des KPD-Funktionärs Wilhelm Florin verliehen.[53] Im Laufe der Jahre errichtete man einen Sportplatz – die Rugby-Mannschaft des Werkes machte sich einen Namen –, 1959 wurde das Kulturhaus fertiggestellt, 1964 eine Sporthalle eingeweiht.

Ausgebaut wurden in dieser Zeit auch die Produktionsanlagen, 1960 dem Werk neun Mittel- und Kleinbetriebe angegliedert; 1969 avancierte das Werk zum Stammbetrieb des Qualitäts- und Edelstahlkombinats, dessen Produktionsanlagen kontinuierlich erweitert wurden: 1976 nahm man das – mit Technik von Krupp ausgestattete – Walzwerk in Betrieb. 1974 und 1975 wurde der Betrieb mit dem „Karl-Marx-Orden" und dem Ehrentitel „Betrieb der sozialistischen Arbeit" ausgezeichnet.

Zum Werk in Hennigsdorf gehörten in den 80er Jahren beachtliche Sozialeinrichtungen: Werkswohnungen, Betriebsferienheime und -lager mit Kapazitäten von 5.100 bzw. 1.050 Betten, ein Jugendclubhaus, ein Sportzentrum. Der Betrieb verfügte 1980 über 110 Krippen- und 216 Kindergartenplätze. Insgesamt beschäftigte das Werk 1982 9.390 „Werktätige", davon 25% Frauen und 25% Jugendliche. 18% der Belegschaft, d.h. fast jeder Fünfte, war SED-Mitglied.

52 Siehe ebd.

53 Siehe Alfred Daniel/Hubert Heinrich: Wilhelm Florin, unser Vorbild. Hrsg. von der Geschichtskommission der Zentralen Betriebsparteileitung des VEB Stahl- und Walzwerkes „Wilhelm Florin". Hennigsdorf 1989.

Die Wende 1989/90 hatte für das Werk Hennigsdorf und seine Arbeiter gravierende Konsequenzen. Es kam zunächst in die Verwaltung der Treuhand, wobei ältere Arbeitnehmer in den Vorruhestand geschickt, die Verwaltung reduziert, einzelne Betriebsteile ausgegliedert wurden, mit der Intention, diese selbständig zu machen. Geschlossen oder verkauft wurden die sozialen Einrichtungen, so das Kulturhaus, der Sportplatz, die Poliklinik, die Ferienheime. Nach langem Hin und Her wurde das Unternehmen vom italienischen Stahlkonzern Riva übernommen, eine Entscheidung, die auf den Widerstand der Belegschaft stieß, die eine Übernahme durch Thyssen oder Krupp vorgezogen hätte, in der Hoffnung, daß diese eine größere Zahl von Arbeitskräften erhalten würden; zeitweilig besetzten die Arbeiter den Betrieb.[54] Im Zusammenhang mit der Übernahme durch Riva wurde der größte Teil der Arbeitnehmer entlassen oder in Beschäftigungsgesellschaften aufgefangen, die vor allem damit befaßt wurden, die alten Hallen und Produktionsanlagen abzureißen. Zum Zeitpunkt der Interviews waren nur noch 860 Arbeitnehmer im Betrieb beschäftigt, die Belegschaft praktisch dezimiert worden. Die Schließung weiterer Betriebsteile war bereits vorgesehen. Diesen Hintergrund muß man berücksichtigen, wenn man die in den Interviews geäußerten Einschätzungen richtig einordnen will.

Das heutige Nokia Werk wurde erst 1956 als Zweigwerk der Graetz KG gegründet. Eine Betriebstradition hat sich dementsprechend nicht in vergleichbarer Weise wie bei den deutlich älteren Montanunternehmen herausbilden können. Symptomatisch ist, daß Material zur Betriebsgeschichte nicht wie bei den Montanunternehmen bereit liegt.[55]

Das Werk produzierte zunächst ausschließlich Fernsehgeräte. Die Belegschaft setzte sich von Anfang an mehrheitlich aus Frauen zusammen, da für die Arbeit vor allem Fingerfertigkeit benötigt wurde. Der Anteil der Angelernten (mit anderer Berufsausbildung) und Ungelernten dominierte. Die Arbeit, zumeist Bandarbeit, war – so berichten die Frauen – hart, doch war die Bezahlung im Vergleich zu anderen Frauenarbeitsplätzen ausgesprochen gut.

Schon 1962 verkauften die Gebrüder Graetz bedeutende Aktienanteile an Standard Electrik Lorenz (SEL), eine Tochter des multinationalen Konzerns ITT.

54 Auch beim 1994 von der IG Metall ausgerufenen Streik beteiligten sich die Hennigsdorfer Arbeiter besonders engagiert.

55 Vgl. Rainer Schulze: „Alles in Bochum"? Stichworte zum sozioökonomischen Wandel seit den fünfziger Jahren. In: Peter Friedemann/Gustav Seebold (Hrsg.): Struktureller Wandel und kulturelles Leben. Politische Kultur in Bochum 1860-1990. Essen 1992, S. 412-438; Friedhelm Schrooten/Michael Krummacher/Hans Wupper: Neustrukturierung der Arbeit in Bochum. Projekt Stadt im Umbruch. Beispiel Bochum. Arbeitsbericht 2, S. 66-72. Nokia schließt zwei Werke in Deutschland. Fernsehgeräteproduktion am Ende / 1.200 Beschäftige betroffen. In: Frankfurter Allgemeine Zeitung, 2.4.1996, S. 27. Unsere Skizze basiert teilweise auch auf Gesprächen mit Beschäftigten.

Im Laufe der Zeit übernahm SEL die Aktienmehrheit, mit der Konsequenz der Eingliederung des Werkes in die Konzernstrategien von ITT, innerhalb derer die deutsche Zentrale jedoch bald Handlungsspielräume zurückgewann. Das Bochumer Werk wurde Teil der Abteilung Audio, Video, Elektronik der SEL; hier wurde die gesamte Fernsehproduktion von SEL und ITT konzentriert.

Neben Fernsehgeräten wurden in Bochum seit den 60er Jahren auch andere Produkte gefertigt, etwa militärische Feldtelefone, Videorecorder und Radios – die Produktion von Radios wurde jedoch schon in den siebziger Jahren nach Malaysia ausgelagert (wenn auch der Vertrieb größtenteils weiter über Bochum lief).

Die Beschäftigtenzahlen blieben über die Jahre relativ konstant bei 2.000-2.600 Mitarbeitern, von denen 1985 75% Frauen, 12% Ausländer und 10% Angestellte waren. Der Facharbeiteranteil war in den 80er Jahren tendenziell rückläufig; benötigt wurden angelernte Arbeiterinnen für die Produktion sowie hochqualifizierte Techniker zur Überwachung der Maschinen – zwischen beiden Gruppen gab es eine beträchtliche Kluft.

Der harte Konkurrenzkampf in der Elektronik-Branche führte Mitte der 80er Jahre dazu, daß der französische Konzern Alcatel die Mehrheit an SEL übernahm, allerdings schon ein Jahr später das Bochumer Werk zusammen mit dem gesamten Unterhaltungselektronik-Bereich an das finnische Unternehmen Nokia weiter verkaufte, was erhebliche Beunruhigung in der Belegschaft verursachte. In der Folgezeit wurde jedoch eine Produktionslinie für Kleinfernsehgeräte aus Asien nach Bochum zurückgeholt, außerdem baute der finnische Konzern eine Produktionslinie (samt Forschungs- und Entwicklungsabteilung) in Bochum auf, für die – rechtlich gesehen – eine neue Firma (Mobiltelefone) gegründet wurde, der auch die neuen Maschinen gehören.

Die Belegschaft ist ganz überwiegend gewerkschaftlich organisiert, ein Tatbestand, der für einen Betrieb mit einem hohen Frauenanteil an der Belegschaft keineswegs selbstverständlich ist; dieser hohe Organisationsgrad verleiht dem Betriebsrat eine recht starke Stellung. Gleichwohl agierte dieser bis in die 70er Jahre eher unauffällig, konnte aber immerhin innerbetriebliche Weiterqualifizierungen für Beschäftigte durchsetzen. Die verstärkten Rationalisierungsmaßnahmen, Befürchtungen, der Betrieb könne im Kontext der Übernahme durch Nokia geschlossen werden, auch eine kämpferische Betriebsratsvorsitzende, veränderten die innerbetrieblichen Beziehungen und ließen die Belegschaft in der Öffentlichkeit für ihre Interessen demonstrieren.

Trotz einer gewissen Konsolidierung durch den Bau der Mobiltelefone war in der Phase unserer Interviews die Unsicherheit nicht völlig gewichen. So verhandelte der Betriebsrat mit der Firmenleitung einerseits über Neueinstellungen im Telefonbau und andererseits über Kurzarbeit in der Fernsehgeräteproduktion. Während die Beschäftigtenzahlen im Mobiltelefonbau erheblich zunahmen, wurden diese in der Fernsehgeräteproduktion reduziert. Inzwischen – am 30.9.1996 – ist die Fernsehgeräteproduktion eingestellt worden. Alles in allem herrschte zum Zeitpunkt der Interviews eine zwar von Sorgen nicht freie, doch eher durch gewisse Zuversicht geprägte Stimmung vor. Die anfänglichen Bedenken gegenüber der Konzernleitung waren geschwunden, zumal die Unternehmensleitung erfolgreich um die Stärkung der „corporate indentity" des Werkes bemüht war.

Was das politische Umfeld des Betriebes angeht, so ist festzustellen, daß in Bochum die ganze Zeit über eine pragmatisch geprägte Sozialdemokratie regiert hat, die um die Wahrung von Arbeitnehmerinteressen bemüht war.[56]

Auch das Halbleiterwerk Frankfurt/O. entstand erst seit den 50er Jahren, es ist mithin eine DDR-Gründung ohne lange Tradition.[57] Entsprechend einer Direktive des Zentralkomitees der SED begann man seit 1957 mit der Produktion von Halbleiterelementen in der Garnisons- und Beamtenstadt unmittelbar an der Grenze zu Polen. Anfangs noch in vorhandenen Räumen untergebracht, zog man seit 1961 in neugebaute Hallen um, 1962 stand das Werk in seiner Grundstruktur, doch wurde es bis 1989 vielfach erweitert und umgebaut.

Als Arbeitskräfte warb man von Anfang an vor allem Frauen an, die dann ausgebildet und qualifiziert wurden. Die Zahl der Beschäftigten nahm rasch zu: 1963 2.000 Beschäftigte, 1971 3.700, 1989 8.000 Beschäftigte. Seit 1967 arbeiteten auch Frauen aus Polen in dem Werk. Schon 1964 wurde in Zusammenarbeit mit dem Halbleiterwerk eine Spezialschule der physikalisch-technischen Richtung gegründet, aus dem das Werk bald seine Facharbeiter und Ingenieure rekrutierte; 1971 wurde eine neue Betriebsberufsschule eingeweiht.

Das 1974 mit dem Karl-Marx-Orden ausgezeichnete Halbleiterwerk wurde innerhalb des 1978 gegründeten Kombinats Mikroelektronik Erfurt Leitbetrieb. Die Produkte des Werkes wurden vielfach in die sozialistischen Länder, vor allem in die Sowjetunion, kaum in die kapitalistischen Länder – dazu reichte wohl das Qualitätsniveau nicht aus – exportiert.

Das Werk galt als ein „Hätschelkind" der SED-Führung. Hier wurden besonders hohe Löhne gezahlt; die Versorgung mit Wohnraum war günstig, Autos und andere Konsumgüter konnten bevorzugt über das Werk bezogen werden. Zwischen 1971 und 1975 wurden 1.280, zwischen 1976 und 1980 1.895 neue Wohnungen vergeben. Zu den Einrichtungen des Betriebes zählten eine Poliklinik, drei kombinierte Kinderkrippen und Kindergärten sowie zwei weitere Kindergärten,

56 Vgl. Bernd Faulenbach: Die Herausbildung eines neuen sozialdemokratischen Milieus nach dem Zweiten Weltkrieg. In: Peter Friedemann/Gustav Seebold (Hrsg.): Struktureller Wandel und kulturelles Leben, S. 450-458.

57 Zur Geschichte des Halbleiterwerkes siehe: Menschen, Maschinen, Mikroelektronik. Zur Geschichte des VEB Halbleiterwerk Frankfurt/O. Hrsg. von der Betriebsparteiorganisation der SED im Halbleiterwerk Frankfurt/O., Bd. 1-3: 1963 – 1981. Weiterhin stützt sich unsere Skizze auf ein Gespräch mit dem Betriebsratsvorsitzenden von SMI, Achim Leopold.

ein Kinderferienlager; der Betrieb besaß Bungalows an verschiedenen Seen und an der Ostsee, in denen der Urlaub verbracht werden konnte; sowohl für Kinder als auch für Erwachsene gab es Austauschprogramme mit polnischen Einrichtungen.

Die vergleichsweise guten Arbeits- und Lebensbedingungen für „Werktätige" des Halbleiterwerkes wirken heute als Dispositionen für eine nostalgische Betrachtung der Vergangenheit nach, zumal die Entwicklung seit der Wende für die Arbeitnehmer des Werkes sehr schwierig war. Die meisten verloren ihren Arbeitsplatz in dem von der Treuhand verwalteten Betrieb, der nicht konkurrenzfähig war und deshalb dringend modernisiert und umstrukturiert werden mußte. 1993 fand sich ein amerikanischer Investor, der zusammen mit dem Land Brandenburg ein Joint-Venture bildete und das Werk unter dem Namen SMI (System Mikroelectronik Innovation GmbH) weiterführte. Heute arbeiten im Werk noch 450 Mitarbeiter – gut 5% der Belegschaft des Jahres 1989. Die übrigen gingen in den Vorruhestand, wurden zusammen mit einzelnen Produktionsstätten ausgegliedert, die sich größtenteils freilich nicht halten konnten; die größte Gruppe wurde von einer Beschäftigungsgesellschaft übernommen, die u.a. Abbruch- und Aufräumungsarbeiten auf dem Werksgelände durchführt, doch auch Möglichkeiten der Gründung kleinerer Unternehmen schaffen will. Insgesamt wurde die Lage als ziemlich trostlos empfunden, als wir unsere Interviews durchführten.

Die jetzt noch im Betrieb Tätigen weisen ein hohes Qualifikationsniveau auf. Sie haben verschiedene Entlassungswellen überstanden, die zweifellos Selbstbewußtsein und Nerven tangiert haben. Zwar sind Entlassungen wenig wahrscheinlich, weil die Rationalisierungsmöglichkeiten zunächst einmal erschöpft sind; doch lebten die Mitarbeiter zum Zeitpunkt der Interviews in der Angst, der Investor könnte sich zurückziehen oder das Land seine Subventionen kürzen mit der Konsequenz, daß das Werk schließen müßte. 1996 bestätigten sich die Befürchtungen: das Werk ging in Konkurs; zwei Betriebsabteilungen wurden zu selbständigen Tochtergesellschaften von SMI.

*

Insgesamt gesehen unterscheiden sich die Betriebe nicht unerheblich. Nicht nur die Geschichte differiert, sondern auch die gegenwärtige Lage, die zum Zeitpunkt der Interviews im Westen deutlich günstiger war als im Osten, obgleich sich auch die Arbeitnehmer im Westen Sorgen machten und dafür Grund hatten. Im Osten trafen wir auf Belegschaften, die extrem dezimiert worden waren, was die Arbeitnehmer als existentielle Verunsicherung erleben mußten. Wir fragen auf diesem Hintergrund nach der Beurteilung von Geschichte und Gegenwart zugleich, wozu die Frage gehört, inwieweit die Zugehörigkeit zu dem Betrieb im Geschichtsbewußtsein der Arbeitnehmer spezifische Spuren hinterlassen hat.

# III) Lebensgeschichte und Geschichtsbewußtsein – Fallstudien

*Annette Leo*

Im Folgenden werden Porträts von acht ausgewählten Interviewpartnern vorgestellt. Vier von ihnen sind aus den alten Bundesländern, vier aus den neuen Bundesländern, vier von ihnen waren oder sind Stahlwerker, die anderen vier arbeiten oder arbeiteten in der Elektronikbranche. Sie repräsentieren vier Generationen:

- die Kriegsgeneration,
- die HJ/FDJ-Generation,
- die erste Nachkriegsgeneration und
- die zweite Nachkriegsgeneration.

Wir lehnen uns mit dieser Einteilung an die Generationentheorie von Karl Mannheim an, die davon ausgeht, daß Generationen nicht automatisch im dreißig-, zwanzig- oder zehnjährigen Rhythmus aufeinanderfolgen, sondern daß sie sich voneinander durch ihr unterschiedlich geprägtes Bewußtsein unterscheiden. Dabei ist es wesentlich, „welche Erlebnisse als 'erste Eindrücke', 'Jugenderlebnisse' sich niederschlagen und welche als zweite, dritte Schicht hinzukommen".[58] Mannheim spricht von einer „Erlebnisschichtung" sowie einer „Prädominanz" der ersten Eindrücke, die erste Erlebnisschicht habe entscheidende Bedeutung für die weitere Gestaltung der Bewußtseinsgehalte: „Die ersten Eindrücke haben die Tendenz, sich als natürliches Weltbild festzusetzen."[59]

Die prägende Erfahrung der beiden hier dargestellten Vertreter der Kriegsgeneration (1916 und 1920 geboren) bildete zweifellos der Zweite Weltkrieg. Vor allem auf die Männer dieser Generation trifft zu, daß sie in einer für ihre Entwicklung entscheidenden Zeit jahrelang als Soldaten bzw. Kriegsgefangene unter extremen Bedingungen (fast ohne eigenen Handlungsspielraum, unter Todesbedrohung) lebten, die es ihnen schwer machten, nach ihrer Rückkehr den Anschluß an die Vorkriegsentwicklung zu finden.

Die Vertreter der zweiten Generation, die wir HJ/FDJ-Generation nennen, waren während des Krieges Kinder und Jugendliche, wurden meist in den nationalsozialistischen Jugendorganisationen erzogen und erlebten 1945 einen plötzlichen Umbruch der Verhältnisse. Entsprechend den auseinanderstrebenden politischen Orientierungen, die sich in Ost- und Westdeutschland herausbildeten, paßten sie sich an die jeweiligen Systeme an. Die beiden Frauen (1928 und 1930 gebo-

58 Karl Mannheim: Das Problem der Generationen. In: Kölner Vierteljahreshefte für Soziologie, 7, 1928, H. 2, S. 157-185, Zitat S. 181; H. 3, S. 309-330. Wieder abgedruckt in: Ders.: Wissenssoziologie Auswahl aus dem Werk. Neuwied-Berlin 1964, S. 509-565.

59 Ebd., S. 181 (Kölner Zeitschrift) bzw. 536 f. (Wissenssoziologie).

ren), deren Biographien hier vorgestellt werden, haben sich in dieser Zeit in ganz besonderer Weise politisch und beruflich engagiert und können auf erstaunliche Erfolge verweisen. Man kann davon ausgehen, daß gerade die Vertreter dieser Generation in Ost und West maßgeblich den Wiederaufbau des zerstörten Landes getragen haben und daß sich vor allem im Osten, aufgrund des radikalen Elitenwechsels, besondere Möglichkeiten für politische und berufliche Karrieren ergaben.

Die erste Nachkriegsgeneration, das sind die Kinder der aus dem Krieg bzw. aus der Gefangenschaft heimgekehrten Soldaten. Kindheit und Jugend wurden von den Folgen des Krieges geprägt, aber auch vom Wiederaufbau und einer – in Ost und West unterschiedlich schnellen – Entwicklung des Wohlstandes. In der Bundesrepublik wird diese Generation häufig als „68er“ Generation bezeichnet, für die DDR hat man keine entsprechende Charakteristik gefunden. Wir haben für dieses Kapitel die Biographien zweier Stahlwerker (1948 geboren) ausgewählt, die beide eine enge Verbindung zu den Kriegserlebnissen ihrer Väter bezeugen, die aber eine ganz unterschiedliche berufliche Entwicklung genommen haben.

Die zweite Nachkriegsgeneration schließlich, das sind die Kinder der Hitlerjungen und BDM-Mädchen, die in den fünfziger Jahren geboren wurden und Nachkriegshunger und zerstörte Städte nicht mehr kennenlernten. Die beiden Elektronikarbeiterinnen aus Bochum und Frankfurt/Oder (1954 und 1955 geboren), deren Biographien hier vorgestellt werden, haben in ihrer Jugend und der Zeit als junge Erwachsene keine einschneidenden politischen Ereignisse erleben müssen, die ihren Lebensverlauf entscheidend beeinflußten. Das Gemeinsame dieser Generation ist vielleicht das allmähliche Verschwinden einer kollektiven Biographie, die Selbstverständlichkeit von Wohlstand und Frieden und ein Raum für Privates, für Individualität.

In einer jeweils ganz unterschiedlichen „Erlebnisschichtung“ haben die Vertreter dieser vier Generationen die Wende in der DDR und die deutsche Vereinigung 1989/90 erlebt und rezipiert.

Die acht Porträts stehen paarweise für vier Generationen (in Ost und West), sie sind sogar in manchen Merkmalen typisch für die jeweilige Generation, aber gehen nicht völlig darin auf. Die Personen wurden unter dem Gesichtspunkt der Vergleichbarkeit der Biographien ausgewählt. Es handelt sich um individuelle Lebenserzählungen, Lebensdeutungen, die von vielen anderen Faktoren beeinflußt werden: von den unterschiedlichen Lebensbedingungen in Ost und West ebenso wie von den unterschiedlichen Sichtweisen von Männern und Frauen, von Bildungswegen, Berufsbiographien und vielem anderen mehr, das hier nicht im einzelnen ausgeführt werden kann.

Die vorliegenden „Porträts“ rekonstruieren aus den Interviews den Verlauf der Lebensgeschichten, fragen nach markanten Brüchen und Schlüsselerlebnissen und versuchen die „Sinnzentren“ der Erzählungen herauszuarbeiten. Wir haben die Interviewpartner u.a. danach befragt, wie sie ihre Biographie sehen und deuten. Weiterhin wollten wir wissen, auf welche Weise eine Entwicklung in dem jeweiligen Lebensweg deutlich wird und welche historischen Lernprozesse die Erzähler für sich in Anspruch nehmen. Schließlich interessierte uns, ob und inwieweit die eigene Lebensgeschichte in welche historischen und politischen Zusammenhänge eingebettet wurde.

Es versteht sich von selbst, daß derartige Untersuchungen lebensgeschichtlicher „Erzählungen“ nur für eine sehr begrenzte Zahl von „Fällen“ möglich ist, die hier bewußt in essayistische biographische Skizzen gekleidet werden. Auch wenn dabei manches sehr Individuelle sichtbar wird, tritt doch zugleich das jeweilige Generationenprofil hervor, das die Erlebnisschichtungen und damit das Geschichtsbewußtsein prägen.

## 1) Die Kriegsgeneration: Kurt Panitz – Günter Beckers

### a) Die Machtlosigkeit des kleinen Mannes: Kurt Panitz, Jahrgang 1920, Rentner

Die erste Verabredung mit Kurt Panitz im Januar 1994 wäre beinahe gescheitert. Er hatte zum Büro des Betriebsrates kommen wollen, war dann aber in das falsche Haus und in das falsche Büro geraten. So vieles hatte sich auf dem Gelände des Hennigsdorfer Stahlwerkes verändert, seitdem er 1985 in Rente gegangen war, daß er sich dort nicht mehr zurechtfand. Einen Betriebsrat hatte es damals noch nicht gegeben, auch keine Beschäftigungsgesellschaft, keine ausgegründeten Betriebsteile und erst recht keinen italienischen Eigentümer des Stahlwerkes. So war Kurt Panitz schließlich zurück in sein Haus gegangen, in dem er mit Ehefrau, erwachsener Tochter und Enkelsohn wohnt. Dort traf ich ihn zwei Stunden später an. Frau Panitz, eine rundliche Blondine in Kittelschürze, öffnete und führte mich herein. Der Mann sei wahrscheinlich im Schuppen, ich möge doch im Wohnzimmer Platz nehmen. Durch die kleine Veranda, an deren Wänden überall die Farbe abblätterte, gingen wir über einen dunklen Korridor in das Zimmer, das vollgestellt war mit Tischen, Stühlen, Schränken, auf denen Vasen, Blumentöpfe, Stapel von Zeitungspapier standen und lagen. Auf dem Sofa gegenüber dem großen Fernsehapparat sollte ich zwischen Decken und Kissen Platz nehmen. Dann kam Kurt Panitz herein, ein schlanker, mittelgroßer Mann mit einem sehr markant geschnittenen Gesicht. Trotz seiner 74 Jahre war sein Haar voll und kaum ergraut. Er begrüßte mich höflich und mit großem Ernst. Unverkennbar das rollende R des schlesischen Dialekts. Erstaunlich war, daß er kaum etwas über den Zweck der Befragung und über meine Person wissen wollte. Er setzte sich neben mich auf das Sofa, legte seine Hände auf die Knie und begann mit sehr konzentriertem, beinahe feierlichen Ausdruck, seine Lebensgeschichte zu erzählen. Schon nach kurzer Zeit verstand ich, warum er lieber hatte in das Büro des Betriebsrates kommen wollen. Seine Frau unterbrach alle paar Minuten seinen Redefluß, indem sie Kaffee hereinbrachte, selbstgebackenen Kuchen auftrug, an den Decken herumzupfte oder leise fragte, ob noch etwas benötigt würde. Mit nur mühsam verhaltenem Unwillen quittierte Kurt Panitz diese fürsorgliche Belagerung seines Gastes. Ein lautloser Kampf der Blicke und Gesten entspann sich zwischen den Eheleuten, aus dem der Mann schließlich als Sieger hervorging. Erst zum Abschied trat Frau Panitz noch einmal ins Zimmer und drückte mir verstohlen ein Paket mit Kuchen und eine Packung Eier aus dem eigenen Hühnerstall in die Hand. Für die nächste Verabredung bestand Kurt Panitz darauf, daß man sich an einem anderen Ort traf, wo er „in Ruhe" sprechen könne.

Im Zentrum seiner Lebenserzählung stand die Erfahrung des Krieges und vor allem der Gefangenschaft. Kurt Panitz wurde 1920 in Tarnowitz/Oberschlesien als drittes von fünf Geschwistern geboren. Von seinen drei Brüdern, so ergänzte er sofort, seien zwei im Krieg gefallen, der eine in Frankreich und der andere in Ostpreußen. Sein Vater arbeitete als Meister im Labor einer Kohlengrube, die Mutter war Hausfrau. Im Geburtsjahr von Kurt Panitz, als Tarnowitz gemäß dem Versailler Vertrag zu Polen kam, zog die Familie nach Stillersfeld/Kreis Beuthen. Und dort, sagte er, „haben wir nachher gewohnt, in Stillersfeld, solange bis ich dann auch eingezogen wurde". Kindheit, Jugend, Berufsausbildung usw., das alles überging er, um direkt auf sein Schlüsselerlebnis sprechen zu kommen. Erst auf dringliche Nachfrage war er bereit, noch mehr über die Jahre davor mitzuteilen: daß die Familie katholisch war, daß er bereits 1933 die achte Klasse abschloß, weil er aufgrund seiner guten Leistungen ein Jahr hatte überspringen können. Eine Bäckerlehre brach er ab, weil der Meister zu streng war. Danach wurde er Bergmann in der Kohlengrube, in der auch sein Vater arbeitete. Nebenbei machte er Musik, spielte jede Woche in einer Tanzkapelle Saxophon und Schlagzeug. Gern hätte er Musik studiert, aber der Vater gestattete es nicht. Erst einmal sollte der Junge einen richtigen Beruf lernen. Kurt Panitz ist es wichtig zu betonen, daß er in die Hitlerjugend nur widerwillig eintrat, er wollte lieber Saxophon spielen als Krieg. „Das war die schönste Zeit", sagte er, worüber zu reden ihm offenbar schwerer fiel als über die schweren Jahre, die folgen sollten.[60] Für ihn war es die Zeit des Friedens, in der die Welt noch heil war, die Hoffnungen noch nicht zerbrochen. Aber entscheidend wurden für ihn die folgenden Jahre.

60 Hennigsdorf 16, S. 12.

*„Ich habe keinen Russen erschossen!"*

1940 wurde Kurt Panitz zur Wehrmacht einberufen und in Frankreich ausgebildet. Da sein Betrieb ihn reklamierte, kehrte er danach für zwei Monate nach Stillersfeld zurück. Doch im Sommer 1941 kam er an die Ostfront im Kaukasus. Die Fahrt in den Krieg markiert einen tiefen Bruch in seiner Entwicklung, trennte sie ihn doch unwiderruflich von seiner Familie und seiner Heimat, die er später nicht mehr wiederfinden sollte. Das Soldatsein bildete jedoch nur eine kurze Episode im Leben von Kurt Panitz im Vergleich zur Gefangenschaft, die fast acht Jahre währte. Er diente bei einer Aufklärungsabteilung, wo er bald zum Gefreiten befördert und nach einem Kampf, bei dem sein Kompaniechef fiel, zum Unteroffizier vorgeschlagen wurde. Die Bestätigung der Beförderung erfuhr er nicht mehr, zu diesem Zeitpunkt war er schon Gefangener. Kurt Panitz schildert sich selbst als pflichtbewußten, disziplinierten Soldaten. In seinen Äußerungen spart er den Kampf, das eigentliche „Geschäft" des Soldaten, fast völlig aus. Pflichtbewußtsein, sagt er, bedeutete für ihn, nicht nur auf die eigene Sicherheit bedacht zu sein, sondern mit Besonnenheit auch das Leben der Kameraden zu schützen.

*Interviewerin:* „Sie waren ja noch sehr jung? Haben Sie sich über den Sinn dieses Krieges Gedanken gemacht, warum Sie da in die Sowjetunion reinmüssen und Ihr Leben aufs Spiel setzen. Haben Sie da mal überlegt?"

*Panitz:* „Da war man noch jung. Und man hat [...] damals als Junge, als junger Mann noch nicht in diesem Sinne so überlegt, wie man das heute macht. Das hieß damals, ja, es ist Krieg und wenn Krieg ist, dann muß jeder hin. Und wer nicht hingeht, der ist ein Vaterlandsverräter und der wird erschossen. Hieß es doch damals. (I: so war es ja auch) Ja, und da hat man sich nicht viel Gedanken gemacht. Selbstverständlich. Warum sollte ich denn da hingehen. Ich hab ja da nichts zu suchen gehabt. Wenn es danach ginge ... Und ich habe auch in Rußland viel erlebt. Ich habe Russen erlebt, die über uns Tränen geweint haben und die, sagen wir mal, zwei Stücken Brot gehabt haben, dann hat er ein Stückchen noch mir schnell hinterrücks gegeben oder mal eine Handvoll Tabak. Und ich hab auch welche gehabt, „Hej", haben sie gesagt „Fritz", das war so der übliche Ausdruck, und den nächsten Stein, den sie gefunden haben, den haben sie geworfen. War auch. Also, wie in Deutschland SS gewütet hat und die normale Armee, sagen wir mal, humaner war, human war. Denn ich hab auch keinen Russen also, ehrlich, gesagt, mein Ehrenwort, ich habe keinen Russen erschossen, direkt. Was ich mit dem Granatwerfer gemacht habe, konnte ich ja nicht sehen. Ich hab auch den Befehl gekriegt und wenn ich den nicht ausgeführt hätte, hätten sie mich vor's Kriegsgericht gebracht, denn das war ja der Chef, der mir den Befehl gegeben hatte."[61]

61 Hennigsdorf 16, S. 11 f.

Mit meiner Frage, die – so meinte ich jedenfalls – keinen Vorwurf enthielt, sondern nur auf seine eigene Gefährdung im Krieg zielte, hatte ich ihn offenbar in Rechtfertigungsnot gebracht. Um seinen Worten Nachdruck zu verleihen, schaute er mich fest an und legte mir seine Hand auf den Arm. Ich sollte ihn von einer Verantwortung freisprechen, die er empfand und auch wiederum nicht empfand. Offensichtlich weigerte er sich, eine Unterscheidung zwischen den beiden Kriegsparteien vorzunehmen, etwa zwischen Angreifern und Angegriffenen, zwischen Recht und Unrecht. Der Krieg erscheint in seiner Wahrnehmung als ein allgemeines Schicksal, dessen Zwängen, die mit Befehlen und Todesdrohung einhergehen, niemand entrinnen kann. Im Rahmen dieser Zwänge unterscheidet Panitz aber zwischen guten und schlechten Menschen, zwischen freundlichen und feindseligen Russen, ebenso wie zwischen der schlechten SS und der guten Wehrmacht. Sich selbst zählt Kurt Panitz zu den anständigen Menschen, das wollte er damit zum Ausdruck bringen.

### *Die Gefangenschaft – ein Buch mit 2000 Seiten*

Von seiner Gefangenschaft erzählte Kurt Panitz in einem Atemzug. Das war seine Schlüsselerfahrung, von der aus er sein Leben in „Davor" und „Danach" einteilte. Irritierend war, daß er seinen Bericht über die Jahre in verschiedenen Gefangenenlagern mit dem Aufenthalt in einem Sanatorium begann, der ganz gewiß nicht am Anfang dieser Zeit gelegen hatte:

> „Ich war meistenteils in Gorki in einem großen Stahlwerk. Und in dieser Gefangenschaftszeit war ich sozusagen mal so runtergekommen, daß ich wohl ... ich hatte schätzungsweise so, als ich eingezogen wurde, achtzig Kilo und in Gefangenschaft bin ich runtergekommen auf 90 Pfund und dann war ich sozusagen ... die nannten sich Dystrophiker, ... hatte also Dystrophie, was so bedeutet, ist wohl ein ärztlicher Ausdruck oder so was. Ja, und da habe ich in einem Sanatorium schätzungsweise ein halbes Jahr verbracht. Und nach dem Sanatorium haben sie mir die ... habe ich mich wieder einigermaßen erholt und da mußt ich wieder raus ins Lager. Das Lager war ja ... ich weiß jetzt nicht den Namen, wie das hieß, also das Sanatorium, aber da kam ich wieder zurück nach Gorki in mein Lager und von meinem Lager wurde ich wieder in ein anderes Lager, in so ein Waldlager transportiert und dort haben wir im Wald gearbeitet, Bäume schlagen, bis zum Bauchnabel im Schnee und da mußte man praktisch eine Norm erfüllen. Und ja, wenn man die Norm nicht erfüllt hat, was war dann? An die schlechten Zeiten erinnert man sich ja, heute, sagen wir mal, nicht so gut, lieber an die besseren Zeiten, aber, wenn wir abends nach Hause gekommen sind, hat der Russe gesagt: Norma jest? Nje. Das erste – mit dem Gewehrkolben gleich eine ins Kreuz und dann haben sie uns in Keller gesperrt.

Im Keller stand ungefähr 50 cm Wasser in sonem ... (unverständlich) Und frühmorgens ging's dann wieder raus, gleich wieder rein in Reih und Glied und wieder ab in Wald. Ohne was zu essen, ohne was zu trinken. Tja, so, wenn ich über meine Gefangenschaft, die sieben Jahren, die ich da mitgemacht habe, alles Böse schreiben sollte, dann würde ein Buch zusammenkommen ... zwei Bücher, die zusammengehören, sagen wir mal: „Ben Hur" und „Quo Vadis", das sind ja auch die beiden Bücher, die zusammengehören, also die Geburt Christi und was alles dann ist, von den Römern, was alles dann ... ja, wären bald 2000 Seiten."[62]

Warum war dieser Sanatoriumsaufenthalt so wichtig, daß er ihn voranstellte? Auf jeden Fall war er für einen deutschen Kriegsgefangenen in der Sowjetunion ziemlich ungewöhnlich. Aber Kurt Panitz erzählte es so selbstverständlich, als ob der Sanatoriumsaufenthalt eben die logische Folge seiner körperlichen Schwäche gewesen sei, daß ich es versäumte, ihn danach zu fragen. Er stellt hier zwei Situationen unmittelbar nebeneinander: das Sanatorium und das Waldlager. Auf die Geschichte von der nicht erreichten Norm und dem nächtlichen Martyrium im nassen Keller kommt er übrigens im Verlaufe des Interviews noch zweimal zurück. Offenbar stellt sie für ihn den Höhepunkt der Leiden in der Gefangenschaft dar, den Moment tiefsten Ausgeliefertseins und der Verzweiflung. Die beiden Bücher „Ben Hur" und „Quo Vadis", auf die er sich in diesem Zusammenhang bezieht, erwähnt er wohl nicht nur wegen der 2000 Seiten, die sie enthalten und die auch er über „alles Böse" in den sieben Jahren schreiben könnte. Die beiden Bücher schildern die grausamen Leiden der frühen Christen in der Römerzeit, mit denen Kurt Panitz im Rückblick seine eigenen Qualen vergleicht, vielleicht um ihnen einen Sinn zu verleihen, um irgendwie damit fertigzuwerden. Tatsächlich fühlte er sich, dies brachte er an einer anderen Stelle zum Ausdruck, als gläubiger Christ in einer gottlosen, barbarischen Umgebung. Er betonte, wie schockiert er war, daß Kirchen beispielsweise in Pferdeställe umfunktioniert worden waren.

Mit Sanatorium und dem schlimmen Waldlager stellt Panitz die beiden Extremsituationen seiner Gefangenschaft nebeneinander. In dieses schlimme Waldlager war er – so seine Erzählung – nach seiner Entlassung aus dem Sanatorium geraten, was wiederum mit der Vorzugsbehandlung vorher nicht zusammenzupassen schien. Oder gab es den zeitlichen Zusammenhang so nicht? Sind hier nur die beiden Extremsituationen seiner Gefangenschaft nebeneinandergestellt? Die Zeitabläufe sind aus der Erzählung schwer zu rekonstruieren. Dem Erzähler kommt es auf einen anderen Zusammenhang an, den seines Überlebens, seiner großen Leistung, die er vollbracht hat. Unmittelbar im Anschluß an das vorhergehende Zitat fährt Kurt Panitz fort:

62 Hennigsdorf 16, S. 3.

„Ich hab mich ja dann auch der Sprache bemächtigt, wenn man dann da drinne ist, dann will man ja auch hören, wissen, was die erzählen, dann hat man ja [...] auch, sagen wir mal, seine Vorteile. Und ich hab mich dann sehr intensiv der Sprache bemächtigt bzw. gelesen, Alphabet erstmal studiert und ... Nu war ich dann der Sprache fast 90 Prozent mächtig. Und da ich, sagen wir mal, gut russisch nachher konnte, hab ich 'ne Brigade gekriegt, Brigadier gemacht und sie haben dann, es gab ja mehrere Brigaden in dem Lager auch, und dann haben sie mich vom Wald von der Brigade rausgenommen und dann hab ich paar Mann gehabt, Maurer und Stukkateure, Maler und dann sind wir nachher arbeiten gegangen, überall [...] Und da gab es dann einen sogenannten 'Nariat' nannte sich das, also das heißt eine Arbeitsbescheinigung: die Brigade hat so und so mit Namen, hat eine Norm mit 80, 100, 110 oder 150 Prozent erarbeitet und danach hat auch der Betrieb an unser Lager einen Teil gezahlt. Und wir haben dann auch ein klein bißchen davon gehabt, dann haben wir mal ab und zu von unserem Lager bißchen Geld gekriegt, also, also man war schon in der Lage, man konnte sich mal zusätzlich ein Stück Brot kaufen oder so was. Haben wir so Art Kantine eingerichtet, naja, und die Leute, die dann was erarbeitet haben, die gut gearbeitet haben und dann ein bißchen Geld gekriegt haben, die konnten sich dann ein zusätzliches Stück Brot kaufen oder Margarine so was."[63]

Es fällt auf, wie oft innerhalb weniger Sätze die Worte „mächtig" und „bemächtigt" gebraucht werden. Damit will er wohl zum Ausdruck bringen, welche enorme Kraftanstrengung vonnöten war, um wenigstens ein Minimum an Verfügung über das eigene Leben wiederzuerlangen. Im Rahmen seines Gefangenenschicksals konnte er die rohe Willkür, der er ausgeliefert war, nur mit Disziplin und Anpassung sowie enormem Fleiß berechenbarer machen und etwas mildern. Daß ihm das gelang, ist sein ganzer Stolz und alle vorhergehenden und folgenden Lebenssituationen werden an diesem Erfolg gemessen.

Allerdings hatte die Anpassungsbereitschaft von Kurt Panitz Grenzen. Den Leuten vom Nationalkomitee Freies Deutschland, die ihn hatten werben wollen, habe er eine Absage erteilt:

„Na ja nun, wissen Sie, ich habe mir gedacht: Ist gut und schön. Ich bin Deutscher und ich bleibe Deutscher und kann mich niemals da jetzt auf die Seite von Russen begeben und mit den Russen sympathisieren."[64]

Einen solchen Schritt hätte Kurt Panitz wohl als Überlaufen betrachtet, als Seitenwechsel. Gewiß spielte der Druck der Gruppe der Kameraden in diesem Zusammenhang eine wichtige Rolle. Das Gefühl der nationalen Zugehörigkeit wog für ihn schwerer als eine mögliche Distanzierung vom Krieg der Nazis. Seine Abgrenzung gegenüber den Russen begründet er anschließend in einer langen Beschrei-

63 Ebd.
64 Ebd., S. 13 f.

bung dessen, was er in Rußland gesehen und kennengelernt hat. In dozierendem Ton macht er mir klar, daß die Russen auf einer viel niedrigeren Kulturstufe gelebt hätten als die Deutschen, was er daran festmacht, daß sie immer in Wattejacke und Stiefel herumgelaufen wären, oft zerlumpt und schmutzig und daß sie werktags und sonntags, Sommer wie Winter ihre Kleidung nicht wechselten. Das Wort Armut verwendet er in diesem Zusammenhang nicht, sondern seine Argumentation läuft eher drauf hinaus, daß die Leute dort eben nicht wüßten, daß man auch anders leben könne. In diesem Zusammenhang führt er die schon erwähnte Religionsfeindlichkeit der Sowjets an, die Entweihung von Kirchen durch Umwandlung in Pferdeställe, um deutlich zu machen, daß er sich mit solchen Menschen unmöglich gegen die eigenen Kameraden verbünden konnte.

Zu berücksichtigen ist, daß Kurt Panitz im deutschen Grenzland zu Polen aufgewachsen ist, in einer Region, in der Polen, Juden, Deutsche, Ukrainer jahrhundertelang miteinander gelebt und das Bewußtsein ihrer Unterschiedlichkeit gepflegt haben. Das Gefühl einer kulturellen Überlegenheit gegenüber den anderen Volksgruppen war Kurt Panitz von daher vertraut. In der DDR standen seine Erfahrungen der Gefangenenzeit und seine Schlußfolgerungen allerdings im krassen Gegensatz zum offiziellen Geschichtsbild. Die Sowjetunion wurde dort als die Gesellschaft der Zukunft beschrieben, der nachgeeifert werden sollte. Außerdem galt während des Krieges die Zusammenarbeit mit dem Nationalkomitee Freies Deutschland als die einzig mögliche Haltung für einen guten Deutschen. Kurt Panitz wird sich in DDR-Zeiten darüber nur selten geäußert haben. Das mag der Grund sein, warum er dieses Bild – eine Mischung aus nüchternem Blick auf die Armut der sowjetischen Gesellschaft der Kriegszeit und dem Gefühl nationaler Überlegenheit – 50 Jahre später noch ganz unbearbeitet und unhinterfragt präsentiert.

### *Heimkehr in die Fremde*

Die ersehnte Entlassung aus der Gefangenschaft im April 1949 war für Kurt Panitz mit großen Unsicherheiten verbunden. In all den Jahren hatte er keinerlei Briefkontakt mit seinen Angehörigen gehabt. Er hatte keine Ahnung, ob sie noch lebten, wo sie lebten. Gewiß war nur, daß sie nicht mehr in Stillersfeld zu finden waren, weil das Gebiet östlich der Oder jetzt zu Polen gehörte. Er war also ein Vertriebener, ohne die Vertreibung selbst erlebt zu haben, seit Jahren herausgerissen aus dem zivilen Leben, ohne den geringsten Besitz und ohne Hoffnung, noch seine Berufswünsche aus der Vorkriegszeit erfüllen zu können.

Die Szene, die er auf dem Rücktransport nach Deutschland während eines Aufenthaltes auf einem polnischen Bahnhof erlebte, war für ihn wohl symptomatisch für seine Situation als machtloses Objekt gegenüber den Siegern. Minutiös schildert Kurt Panitz, wie es beinahe zu einer Schießerei zwischen den sowjetischen

Transportbegleitern und polnischen Militärs gekommen wäre, weil die Polen verbieten wollten, was die Russen ihren beinahe schon freigelassenen Gefangenen erlaubt hatten: sich an einem Wasserhahn auf dem Bahnsteig ein wenig zu waschen.

Zwei Tage blieb Panitz im Entlassungslager in Frankfurt/Oder, dann wollte er nicht länger „herumlungern" und verdingte sich bei einem Bauern in der Nähe. Bis er erfahren würde, wo er seine Familie finden konnte, wollte er Geld verdienen, um sich „ein bißchen was zu schaffen". Beinahe zornig beschreibt er seine Kleidung zum Zeitpunkt der Entlassung: Holzschuhe und die alten Militärsachen, die er so schnell wie möglich loswerden wollte, um wieder Mensch zu werden.

In seiner Erzählung läßt Kurt Panitz im Unklaren, zu welchem Zeitpunkt er schließlich erfuhr, daß ein Bruder in Wittenau (Westberlin) und Mutter und Schwester in Bochum lebten. Wahrscheinlich war es Anfang der fünfziger Jahre. Jedenfalls konnte er sich nicht mehr zum Weggang aus der DDR entschließen. Inzwischen hatte er ein Mädchen kennengelernt, die mit ihrer Familie aus Ostpreußen vertrieben worden war, hatte Arbeit im Stahlwerk Hennigsdorf gefunden und begonnen, sich „ein bißchen was zu schaffen". So blieb er eben. Aber über diesen Punkt rechtet er heute mit sich, wo es die DDR nicht mehr gibt und dieses Dableiben eine Erklärung erfordert:

*Panitz:* „Meine Frau hat zu mir gesagt, weißt du was, sagt sie, du bist ja auch dumm gewesen. Guck mal, wenn du nach drüben gegangen wärst, die haben die ... zum Beispiel du warst fast acht Jahre in Gefangenschaft in Rußland, du ... – Ja, weiß ich, sag ich, hast ja recht, sag ich. Aber, mein Gott, wo soll ich nach drüben, sag ich, hab ja auch keinen drüben im Anfang gehabt. Ich wußte doch nicht, daß die da drüben sind, das wußte ich doch alles nicht. Naja dann hab ich doch hier die Möbel gekauft, schon, wie ich schon das Schlafzimmer gekauft habe ... ich hab mich doch nicht damit abgefunden, nach drüben zu gehen."

*Interviewerin:* „Das wollten Sie nicht?"

*Panitz:* „Naja einerseits ... also ich hab gedacht, drüben mußt du arbeiten, hier mußt du arbeiten. Ja, bloß wenn ich nach hier [drüben I.] gegangen wäre, hätte ich es besser gehabt."

*Interviewerin:* „Das konnte man doch auch sehen, wenn Sie nach Westberlin gefahren sind, haben Sie doch gesehen, daß es da besser war?"

*Panitz:* „War besser, ja klar, bloß, wenn man da auch keinen Anhang hat, wissen Sie und das ist dann ... ich stand auf dem Standpunkt, ich weiß, wie das ist, wie es hier war. Ich hab hier keinen Anhang gehabt, zu dem ich da hätte gehen können und dort hätte ich auch keinen Anhang gehabt. Also..."

*Interviewerin:* „Also, dieses Fremdsein, Neuanfangen das war zu schwer für Sie?"

*Panitz:* „Gut, die hätten ... ich hätte drüben vorteilhafter gehabt, denn die haben erstens die in Gefangenschaft waren, die haben sie von Kopf bis Fuß eingekleidet, das haben sie drüben gemacht alles. Die haben sie drei Monate zu einer Kur hingeschickt und die haben auch drüben eine Arbeitsstelle gleich gekriegt. So, ich hätte es besser gehabt, vielleicht, wer weiß. Naja, sag ich, du hast ja recht, dann hätte ich dich nicht kennengelernt, dann wäre ich da gewesen, oder was, ich sage, das ist alles gehopst wie gesprungen. Ich stehe auf dem Standpunkt: ich muß hier arbeiten, ich hätte auch da arbeiten müssen. Gut, drüben hätte ich es leichter gehabt, besser gehabt, hätte vielleicht mehr verdient oder hätte mir mehr schaffen können, aber ich hab mir hier auch was geschaffen, durch Sparsamkeit, und wenn ich drüben nicht sparsam wäre, hätte ich auch nichts gekriegt und geschaffen."

Kurt Panitz bleibt gespalten in seiner Argumentation. Letztlich aber will er die Unzufriedenheit über sein Dableiben nicht hochkommen lassen, denn damit würde er seine eigene Lebensgeschichte in Frage stellen und die Leistung schmälern, die er nach dem Krieg vollbracht hat und auf die er stolz ist. Gleichzeitig hindert ihn wohl eine gewisse Resignation daran, im Nachhinein Alternativen, Scheidewege in der eigenen Entwicklung zu erkennen und die eigene Entscheidung dafür oder dagegen zu begründen. Er leugnet ja geradezu, daß es überhaupt Entscheidungsmöglichkeiten gegeben habe.

In seinen widersprüchlichen Worten kommt aber noch etwas anderes zum Ausdruck. Diese Unentschlossenheit und die Scheu vor dem Weggehen, die Angst vor einem Neubeginn – wieder in der Fremde – sind wohl die doppelten Folgen sowohl der jahrelangen Lagerhaft als auch der Vertreibung. Direkt thematisiert Kurt Panitz den Verlust der Heimat nicht. Daß dieser Verlust für ihn ein Problem darstellt, mit dem er bis heute nicht umgehen kann, zeigt sich u.a. in seiner anfänglichen Weigerung, über Kindheit und Jugend zu sprechen. Auf meine Frage, welches Verhältnis er heute zur alten Heimat Oberschlesien habe, antwortet er rasch, er habe gar keines, um wenige Sätze später zu präzisieren: „Das will ich auch nicht". Und er begründet diese Distanz – wie viele ehemalige Vertriebene – mit der heutigen Verwahrlosung seiner Heimatstadt:

„Ich war ja mal da, ich sagte schon. Meine Heimatstadt kennt man kaum wieder. Wir hatten da ... Beuthen ist eine gute Stadt und war eine schöne Stadt gewesen. Also gab es kein Papier auf der Straße, so was gab's nicht. Und da waren auch die Menschen so erzogen. Wir hatten da so Teiche angelegt und so was, wir hatten 'ne Eisbahn, ja und Rodelbahn so was alles extra ja für Kinder. Ja, jetzt war ich mal dagewesen, also jetzt, das heißt ... wann war ich denn da, also vor zehn Jahren ungefähr, war ich mal da. Und da war ich auch mit meinem Freund ... die Straßenbahn verkommen, alles so so lodderich, so so, also nichts mehr gepflegt oder so was ähnliches. Dann – die Straßen auch nicht viel besser, liegt Papier rum, und so richtig so ... nee. Wir hatten ein gutes Café gehabt, das Café ... 's ist polnische Wirtschaft, sagen wir mal, wenn Sie sich da vorstellen können, was das ist. Also das ist so so eine ... unter Umständen ... bei uns hätte man das früher Kaschemme genannt, ja. Das war früher eines von den den besten Hotels. Also hin zieht es mich überhaupt nicht, wie ich das alles so gesehen hab."[65]

Die Trauer über den Verlust der Heimat hat Kurt Panitz offenbar niemals zugelassen, aber in dem Bedauern über den heutigen Zustand steckt sehr viel gewollte Distanz. Auf der Suche nach der raschen Normalisierung des Lebens seit der Rückkehr aus der Gefangenschaft mußte dieser Bruch in seinem Leben mit rastloser Arbeit verdeckt und verleugnet werden. Dieses Abgetrenntsein von seinem früheren Leben mag auch erzwungen worden sein durch die Tabuisierung der Vertreibung im offiziellen Gedächtnis der DDR. Es gab keinen gesellschaftlichen Rahmen, innerhalb dessen Kurt Panitz sich seiner Heimatstadt, der Landschaft und der verlorenen Jugend erinnern konnte, ohne in politische Konflikte zu geraten.

### *Aktivist und „politisch untragbar"*

Dem DDR-System, in das Kurt Panitz unbeabsichtigt geriet, nachdem er sich nicht hatte entschließen können, in den Westen zu gehen, versuchte er mit seinem Überlebens-Rezept aus der Kriegsgefangenschaft beizukommen: durch fleißige und zuverlässige Arbeit und Sparsamkeit bei gleichzeitiger politischer Distanz.[66] Im Stahlwerk Hennigsdorf wechselte er bald von der mechanischen Werkstatt, wo er als Facharbeiter beschäftigt war, als Ungelernter in die Gießerei, weil man dort, wie er sagt, dreimal soviel verdiente. Und er wollte sich doch schließlich „was schaffen". In der Gießerei qualifizierte er sich zum Facharbeiter, wurde erster Gießer, absolvierte einen Gabelstapler-Lehrgang, bekam den „Hebe-Paß" und brachte es bis Anfang der siebziger Jahre zum Meister einer Gießhalle. Ein beeindruckender Aufstieg. Auf die Frage, ob er stolz auf seinen Beruf gewesen sei, antwortete er:

„Naja, klar, sehen Sie, wenn einer Bäcker lernt, und dann in seinem Beruf arbeiten tut, muß er ja auch dran Freude haben. Und wenn er keine Freude daran hat, und, sagen wir mal, nicht pflichtbewußt ist bei seiner Arbeit, das heißt jetzt, wenn der Bäcker nicht aufpassen tut, verbrennt er die Brötchen und die Brote. Und der Enderfolg ist, entweder er geht bankrott oder der Meister schmeißt ihn raus. Das ist im Stahlwerk auch. Ich meine, gut, ich hab mich damit abfinden müssen, mit meinem Stahlwerk-Leben, was sollte ich nach dem Krieg nun machen? In der Werkstatt hätte ich nicht weiter arbeiten können,

65 Hennigsdorf 16, S. 49.

66 Anfang der fünfziger Jahre heiratete er das aus Ostpreußen vertriebene Mädchen, das war die Frau, die ich auch kennengelernt hatte, ihnen wurde eine Tochter geboren. Später zogen die Eltern seiner Frau zu ihnen. Aber außer dieser kurzen Erwähnung taucht seine Familie in der Erzählung seines Lebens kaum auf.

was verdienen denn die heute schon … gut die Schlosser damals haben wenig verdient, vielleicht haben sie schon mehr, aber damals nicht … mir ging's doch nicht, daß ich jetzt als alter Mann mehr habe, denn ich war doch damals jung, ich wollte mir doch was schaffen."

*Interviewerin:* „Also, Sie haben es gemacht, weil es sich so ergeben hat …"

*Panitz:* „… und weil ich dann trotzdem Freude dran haben mußte, wenn es danach geht."

*Interviewerin:* „Sie sind wahrscheinlich ein Mensch, der an jeder Arbeit Freude hat?"

*Panitz:* „Ohne Arbeit kann man nicht leben, ist meine Auffassung, man muß immer, und wenn man noch so alt ist, sich mit was beschäftigen, damit man noch die Lebensfreude kriegt…"[67]

Er habe sich abfinden müssen mit seinem Stahlwerk-Leben. Der eigentliche Berufswunsch des Musikers – das vergißt er nie – blieb unverwirklicht. Aber das Sichfügen in die Gegebenheiten ist keine Resignation. Pflichterfüllung, Disziplin und Fleiß bilden für ihn doch wieder eine Quelle von Freude.

Sein Berufsstolz, den er anfangs geleugnet hatte, stellt er in der folgenden Episode unter Beweis. Weil in einer Gießpfanne ein Loch war und 100 t Stahl in den Sand geflossen waren, hatte ihn die Konfliktkommission des Betriebes zur Zahlung einer Geldstrafe von 150 Mark verurteilt. Über dieses Urteil ist Kurt Panitz noch heute aufgebracht. Er habe doch nichts dafür gekonnt, daß der Kollege sich eine defekte Pfanne holte, er habe gerade das Pfannentrocknungsfeuer eingestellt, eine Aufgabe, die sehr große Aufmerksamkeit verlangte, weil bei einem Fehler leicht eine Explosion ausgelöst werden konnte. Schließlich konnte er nicht an zwei Stellen zur gleichen Zeit sein. Diese Kränkung in seiner Berufsehre ließ Kurt Panitz nicht auf sich sitzen. Er ging vor Gericht und bekam recht, das Urteil der Konfliktkommission wurde aufgehoben.

Ein anderes Urteil über seine Person nahm Kurt Panitz hin, weil er daran nichts ändern konnte oder wollte. Und heute, wo sich die Verhältnisse geändert haben, spricht er davon sogar mit einem gewissen Stolz. Er sei zwar mehrfach zum Aktivisten ausgezeichnet worden, auch zum Bestarbeiter, habe die Qualitätsmedaille bekommen. Politisch sei er jedoch von seiten der Werksleitung als „untragbar" eingeschätzt worden. Warum politisch untragbar, frage ich ihn. Er lächelt stolz:

„Tja, weil ich dann auch oft kritisiert hab, so wie ich heute die Regierung kritisiere, so hab ich damals auch kritisiert. Was mir nicht gefallen hat, hab ich gesagt. Und ich konnte das sagen, weil ich … eh … wie soll ich Ihnen das sagen. Ich hatte auch viel, ein bißchen Hinterhalt. Ich bin … ich hab aus der Gefangenschaft, hab ich noch heute zu Hause, eine Urkunde als guter Arbeiter und

67 Hennigsdorf 16, S. 31 f.

> für hervorragende Führung, von Rußland habe ich die mit, hab ich von unserem Lagerkommandanten mitgekriegt. Und da hat der Lagerkommandant zu mir gesagt: du kommen nach Deutschland und du vorzeigen hier Dokument, gleich Wohnung kriegen, Arbeit kriegen. – Deshalb hab ich kritisiert. Wenn mir jemand was gesagt hat, hab ich gesagt: ‚Hör zu. Ich war acht Jahre in Rußland, ich hab gesehen, wie es da aussieht und ich hab da ganz was anderes kennengelernt. Weil ihr hier so 'ne Politik macht, nur alle für die Brieftasche da, sag ich, ihr seid nur alle jetzt hier Genossen, damit hier die Brieftasche stimmt und ihr einen Posten habt.' So, deshalb war ich politisch untragbar. Hab ich kein Blatt vor den Mund genommen. Dafür konnten sie mir ja nichts, denn es war doch Tatsache."[68]

Eine seltsame Verquickung der verschiedensten Argumente bringt Kurt Panitz hier zusammen, die sein Verhältnis zur DDR-Gesellschaft beleuchten. Er habe sich seine kritischen Äußerungen leisten können, denn schließlich habe er aus der Gefangenschaft eine Urkunde des Lagerkommandanten mitgebracht, in der ihm gute Arbeit und hervorragende Führung bescheinigt worden sei. Es fällt schwer zu glauben, daß die Urkunde des sowjetischen Lagerkommandanten ihn noch in den siebziger Jahren (denn zu der Zeit spielte sich die obengenannte Geschichte ab) vor irgendwelchem Unbill bewahrt hätte. Was Kurt Panitz hier zum Ausdruck bringen möchte, ist wohl eher sein Selbstbewußtsein als guter Arbeiter, den die Vorgesetzten schon damals im Kriegsgefangenenlager und auch später in der DDR respektierten, weil sie auf seine Arbeit angewiesen waren.

Die Anspielung auf seine Zeit der Gefangenschaft kommt jedoch nicht von ungefähr. Diese acht Jahre seines Lebens sind sein wichtigster Bezugspunkt, die Quelle seiner prägenden Erfahrungen, auf die er immer wieder zurückkommt. Jegliche Anwürfe habe er mit dem Hinweis auf seine Erlebnisse dort zurückweisen können. Nicht nur, weil er sagen möchte, daß er die großen Schwierigkeiten dieser Zeit gemeistert hat, vielmehr bezieht er sich in diesem Zusammenhang auch auf seine genaue Kenntnis der sowjetischen Gesellschaft, deren Wirklichkeit im krassen Gegensatz zu den Propaganda-Parolen gestanden habe. „Ich hab gesehen, wie es da aussieht", sagt er, und nun wendet er sich direkt an die SED-Funktionäre, mit denen er es im Stahlwerk wohl zu tun hatte und sagt: Wenn ihr hier etwas anderes vertretet, dann nur, „damit die Brieftasche stimmt und ihr einen Posten habt". Diese beiden Komponenten – das Selbstbewußtsein als guter, unentbehrlicher Fachmann, der es sich leisten kann, auch ein paar kritische Worte zu sagen, und das völlige Unverständnis für ein politisches Engagement für Sozialismus, das ihm nur verlogen erscheinen muß, bilden zusammen seine Haltung zur DDR.

68 Hennigsdorf 16, S. 35.

Wie viele Vertreter seiner Generation war sich Kurt Panitz bewußt, daß er mit seiner engagierten und verantwortungsvollen Arbeit zu den Stützen der Gesellschaft gehörte. Mit der Politik, die in sein Leben mehr als einmal grob eingegriffen hatte, wollte er aber nie etwas zu tun haben. Man könne sowieso nichts ausrichten, so lautete schon die Lehre seines Vaters, der ihm seinerzeit von seinem katholischen Standpunkt aus Skepsis gegenüber den Nazis beigebracht hatte. Dieser Maxime ist er sein Leben lang treugeblieben. Sie wird an keiner Stelle angezweifelt. Politik ist für ihn eine Art Schicksal, dem man zwar nicht entrinnen, das man aber kaum beeinflussen könne. Politisch sei er immer „neutral" gewesen, sagt Kurt Panitz stolz – unter Hitler, in der DDR und auch jetzt, nach der Wende.

### *Der 17. Juni – „sich ein wenig Luft machen"*

Es gibt einen Moment in seinem Leben, an dem er sich nicht heraushielt, sondern mitten hineinstürzte. Der 17. Juni 1953 nimmt einen besonderen Platz in der Lebenserzählung von Kurt Panitz ein. Als wir zu diesem Ereignis kamen, veränderte sich selbst seine Art zu sprechen. Sie wurde fast skandierend, zeitweilig sprach er wie in Trance und der sonst so zurückhaltende, beherrscht wirkende Mann ließ sich in der Erinnerung noch einmal von den Ereignissen fortreißen.

Am Anfang spricht noch der besonnene, pflichtbewußte Arbeiter. Er kommt morgens ins Stahlwerk und alles ist in Aufruhr, weil es heißt, in der Stalinallee haben alle gestreikt und die Arbeiter wollen sich anschließen. Er spricht von keinem Zögern und keinem Überlegen, obwohl er noch nie in seinem Leben gestreikt hatte. Allerdings betont er, daß er die Arbeit nicht gleich niederlegte, sondern noch eine Pfanne abzugießen hatte:

> „... haben wir die Pfanne abgegossen, die kann man ja nicht stehenlassen, die Pfanne, das wäre ja ... ginge ja nicht, das friert ja alles ein. Soviel Vernunft muß man schon haben. Und dann habe ich die Pfanne abgegossen und abgelegt und dann – raus aus dem Stahlwerk auf die Straße da, an die Werkstraße hier. Und da standen schon die ganzen Leute. Da kamen vom Walzwerk, kamen welche rüber, haben gesagt: wir streiken alle und ihr schließt uns doch an oder? Ja klar! [...] Nun ging das hin und her und dann haben sie erzählt, eins ins andere. Und nun, der Werkleiter hat dann nachher gesprochen, wir sollen wieder anfangen zu arbeiten, das würde sich alles doch wieder geben. Wir werden dann Versammlungen machen und eins ins andere. Wir sollen bloß Ruhe bewahren und die Arbeit wiederaufnehmen. Naja, aber da war [Pause] keiner wollte. Dann ist eingefallen auf einmal: Also wir marschieren nach Berlin. Wir wollen nach Berlin und zwar folgendermaßen: wir wollen keine Normerhöhung mehr haben, wir wollen freie Wahlen haben und daß sie praktisch die Rentner bißchen besser versorgen. Das waren die drei Hauptdinge, die gestellt werden sollten: keine

Normerhöhungen, freie Wahlen und das Ding. Ja, na gut, wir marschieren nach Berlin. Alle los! Die Polizei Tor aufgemacht und alles, keiner hat was gesagt von der Polizei, die waren alle also: wir halten uns aus allem raus, so ungefähr."[69]

Bemerkenswert die Stelle, wo er erzählt, daß der Werksleiter – immerhin eine Autoritätsperson – sie überreden wollte, wieder an die Arbeit zu gehen. Da ist eine kurze Pause, vielleicht ein kurzes Zögern, wo er schaut, was die anderen machen. Und dann das erleichterte: „keiner wollte". Von diesem Moment an bewegt Kurt Panitz sich im Strom der Masse, die ihn schützt und die ihn zu Handlungen ermutigt, die er sich kurz zuvor wahrscheinlich nicht hätte vorstellen können.

Für einen kurzen Moment steigt er noch einmal aus seinem Erzählfluß aus, um über das Video zu sprechen, das einige Monate vor unserem Interview im Auftrag der Stadt Hennigsdorf über den 17. Juni gedreht worden war. Dort hätten Kollegen das große Wort geführt, die man damals überhaupt nicht gesehen habe, die nur, wie er meinte, „ungefähr" dabei gewesen waren:

„Ich wollte denen schon damals sagen, wo *wir* waren. Aber dann hab ich mir gedacht, laß sie doch erzählen..."[70]

Das Gruppeninterview, an dem sowohl Kollegen aus dem Stahlwerk als auch aus dem LEW Hennigsdorf teilnahmen, war für Kurt Panitz offenbar die erste Gelegenheit gewesen, ohne Scheu von seinen Erlebnissen vom 17. Juni zu sprechen. Aber er ließ diese Gelegenheit vorbeigehen und machte sich noch einmal klein, so wie er es bisher gewohnt war, sei es, weil die anderen sich so aufspielten, sei es auch, weil er sich dem Ansturm seiner Erinnerungen nicht gewachsen fühlte. Als er sich zum Gespräch mit mir bereit erklärte, hatte er sich jedoch entschlossen und bei unserem zweiten Treffen, das wie gesagt nicht zu Hause stattfand, stürzte er sich geradezu in die Erzählung.

Wir saßen in einer Ecke des Versammlungsraumes des Hennigsdorfer „Hauses der Demokratie", das in Wirklichkeit eine häßliche Baracke war, in der ursprünglich die nach der Wende gegründeten Parteien Büroräume bezogen hatten. Der Raum war vollgestellt mit Stühlen und Tischen. Auf den Tischen lagen Tischdecken und darauf standen Vasen mit künstlichen Blumen. Offenbar fanden hier vor allem Rentnerfeiern des nebenan residierenden Kulturbundes statt. Aber Kurt Panitz störte dieses seltsame Ambiente überhaupt nicht. Er schien nicht einmal zu bemerken, wenn Leute aus den Büros mit Kaffeetassen an uns vorbeiliefen. Seine skandierende Stimme hallte durch den leeren Raum:

„Die ersten waren wir vom Stahlwerk, wir, die wir losgehen und hinterher kamen die LEW. Und wir haben den Balken da rausgerissen aus dem Ding und haben den zur Seite weggeworfen. Und da am Westzoll, da war doch noch so

69 Hennigsdorf 16, S. 20 f.
70 Ebd., S. 21.

ein, so ein Häuschen da, an der Grenze, aber schon in Heiligensee, hinter der Grenze, da war gar nichts, da war kein Balken, da war nichts. Wir sind durchgegangen und wir kamen nach Heiligensee. Unterwegs haben wir noch, kam die S-Bahn vorbei: wo wollt ihr denn hin? Wir wollen zum Spitzbart hin! Naja und denn ... die S-Bahn fuhr ja weiter. Und wir sind weitergegangen. Wir kamen nach Tegel, von Heiligensee sind wir durch. Da war noch nichts, wir sind nach Tegel gekommen, da standen die Leute schon vor ... auf den Straßen. Gut, die haben welche Zigaretten hinge ... also hingeworfen zum Rauchen und eins ins andere. Aber wir haben uns ja praktisch nicht beirren lassen, wir wollten ja nach Berlin hin. Können Sie sich vorstellen: in Holzschuhen und Arbeitsklamotten nach Berlin rein. Nu sind wir in Berlin am Walter-Ulbricht-Stadion gekommen, da wissen Sie Dimitroffstraße, Walter-Ulbricht-Stadion sind dann welche hin – ich war dabei – und die haben versucht, die Buchstaben da abzureißen von dem Walter-Ulbricht-Stadion. Aber wir sind weiter und kamen in die Friedrichstraße und in der Friedrichstraße haben dann welche, die von Berlin waren, da stand ein ... ist ein Trabi gewesen, der stand da, wo wir rankamen. Und die haben immer gesagt, der soll da aussteigen und der wollte nicht aussteigen, und dann haben wir dem gesagt: Also gut und schön, wenn er nicht aussteigt, weil die dazugekommen sind, die mußten den wohl gekannt haben, die Berliner hier, ich weiß nicht, wer es war, weiß ich auch nicht, kann ich heute nicht sagen. Bloß der sollte eben aussteigen. Und mit nem Mal kamen die ran und haben sie wieder erzählt, er soll aussteigen hier. Naja wieso? Naja, der soll aussteigen, der soll auch mitmachen. Ja und [Pause], der wollte nicht aussteigen. Da haben wir ihm ge ... haben ihm gesagt, wenn du nicht aussteigst, schmeißen wir dir den Trabi um mit dir selber. Waren ja eine ganze Horde, alles Männer. Na, ist er nachher ausgestiegen. So, na haben wir dann gesagt, jetzt kannst du dich doch hier mit einreihen und machst du mit uns mit. Ja, und der muß mit sonst, sonst ... also die müssen ihn wohl gekannt haben, wer das war, weiß ich nicht. Der muß wohl irgendwie Genosse, Staats ... irgendwas, weiß ich nicht[71]. So, ja wir sind ja immer weiter. Da kamen wir in die Leipziger Straße. Nicht ganz in die Leipziger, durch die Friedrichstraße. Da haben wir gesehen, da waren schon unten Panzer. Also wo wir langmarschiert sind, da kam da hinten kam Polizei und vorne Russen und hinten Russen und in der Mitte die Polizei mit Wagen. Die sind auch da rangezogen. Jetzt kamen wir nachher ran, da waren zwei Polizeigürtel, die Pistolen geschossen haben, wenn wir uns denen genähert haben. So – und dann haben wir uns alle zwischen Ecken und Mauern

71 Bei dem Mann, der von den Demonstranten aus dem Auto gezerrt und schließlich mit nach Westberlin geschleppt wurde (in anderen Berichten wurde er zusammen mit seinem Auto hinübergeschoben), handelte es sich wohl um den damaligen stellvertretenden Ministerpräsidenten Otto Nuschke. Siehe auch das Kapitel IV, 6a über den 17. Juni 1953.

hingestellt und dann haben wir die auch mit Steine beworfen, weil die auf uns geschossen haben."[72]

Diese Erzählung, die Kurt Panitz, beinahe ohne Atem zu holen, hervorbringt, hat einen Rhythmus von sich steigernder Erregung. Es ist die Erinnerung an die Dynamik der Gewalt, die sich an diesem Tag in der Männer-Masse entfaltete, und die in der Erzählung wieder aufscheint. Man achte auf das „Wir", wie es immer wieder betont ausgesprochen wird, dieses berauschende „Wir", das ist die Masse, die wie ein Körper fühlt und handelt. Nur einmal sagt er „ich" und zwar als sie am Walter-Ulbricht-Stadion angekommen sind (das übrigens nicht in der Dimitroffstraße liegt). Da will er eigentlich nur als Beobachter berichten, daß einige Leute die Buchstaben vom Tor abgerissen haben, doch plötzlich wechselt er die Erzählweise und sagt: „ich war dabei". Dieses Eingeständnis, das jahrzehntelang gefährlich war, es kommt ihm schwer über die Lippen. Aber dann gibt es kein Halten mehr, mit den anderen zusammen zerrt er den Mann, dessen Namen er nicht kennt, aus dem Auto, zwingt ihn, mit ihnen zu gehen, und er bewirft zum Schluß die Polizisten mit Steinen. Was hier zum Ausbruch gelangte, war wohl weit mehr als die Empörung über Normenerhöhungen und die Unzufriedenheit mit dem Regime. Es ist ein elementares Ereignis, das er „sich ein wenig Luft machen" nennt.

Die emotionale Heftigkeit sagt etwas aus über die Situation. Die Leute in Kurt Panitz Alter und jünger hatten Derartiges noch nie erlebt. Sich gemeinsam auf diese Weise zu manifestieren, war immer verboten, solange sie denken konnten. Sie kannten aus Krieg und Gefangenschaft nur eine andere Form von körperlicher Gemeinsamkeit, die mit Gewalt und mit Demütigungen verbunden war. Seit ihrer Einberufung in die Wehrmacht hatten sie keine Gelegenheit mehr gehabt, „sich Luft zu machen", was ja letztlich bedeutet, Druck loszuwerden, sich auszudehnen, sich zu befreien. Sie hatten sich immer nur abfinden, anpassen, disziplinieren müssen. Erst während dieser Demonstration in der Gruppe war es für einen kurzen Moment möglich, Grenzen zu überschreiten, die eigenen widersprüchlichen Gefühle zu entdecken. Dies alles schwingt in den erregten Worten von Kurt Panitz mit.

Die Ernüchterung folgt rasch. Nachdem die ersten Panzer auffahren und zu schießen beginnen, beschließt die Gruppe um Panitz, nach Hause zurückzukehren:

„Und in Hennigsdorf hat man schon ... war eine ganze Kette durch, alles durch die ganze Grenze voll Polizei und Russen und Armee. Die Kasernierte Volkspolizei war doch damals. So, nun und dann haben sie uns alle gleich in Empfang genommen, ins Werk. Im Werk sind wir gekommen, haben sie gleich hier die Namen aufgeschrieben und so, naja. Und da war die Herrlichkeit zu Ende.

72 Hennigsdorf 16, S. 21.

Noch drei Tage waren wir zu Hause, hat keiner noch gearbeitet. Und dann hieß es, so, also wir sollen uns alle im Werk einfinden, da war doch Ausgangssperre, da durfte keiner raus und rein, abends um achte war doch Ruhe, nicht. Durfte sich keiner auf der Straße zeigen. Nach drei Tagen hieß es dann: alle mal ins Werk. Ein Auto rumgefahren, alle nach dem Stahlwerk hin und der LEW! Naja, und da haben sie halt so eine Versammlung gemacht: Ja, wir sollen arbeiten und die Regierung wird sich schon drum kümmern und eins ins andere, Versprechungen da gemacht."[73]

Die Angst, die nur für einen kurzen Moment verschwunden war, ist wieder da. Kurt Panitz erzählt, daß auf der Versammlung einer, „der so den Anführer gemacht" habe, noch einmal die Forderungen der Streikenden wiederholt habe:

„Naja – und dann mit einem Mal war der Mann war wohl verschwunden. Ich weiß nicht, wo der hingekommen ist. Irgendwo ... irgendwo, also wo sie ihn hingebracht haben, und das war ... durfte keiner was viel fragen ... Sie wissen ja, wie die ganze Sache war. Wo der hinkam, oder was mit dem geschehen ist, kann ich nicht sagen, das weiß ich nicht."

*Interviewerin:* „Wissen Sie noch, wie er hieß?"

*Panitz:* [Pause] „Wie der hieß? Kann ich mich nicht ... wissen Sie, das sind solche Dinge, wo man sich damals ... die hat man aus dem Kopf geschaltet, weil – dadurch hätte man viel Ärger kriegen können."

Kurt Panitz macht deutlich; man hat diese Erlebnisse bewußt verdrängt. Seine Erzählweise hat sich geändert, er ist wieder abwägend, vorsichtig. Der Moment der Grenzüberschreitung ist vorüber, es beginnt wieder der Alltag der Anpassung, eine Erfahrung, die offenbar langandauernder und mächtiger war als die Erlebnisse dieses einen Tages. Deshalb gilt sein Fazit, das er zum Schluß gibt, auch über den 17. Juni hinaus für sein gesamtes Leben, ein Fazit der Ohnmacht, des Ausgeliefertseins. Die Erinnerung an den 17. Juni blieb lange Zeit eingekapselt in Schweigen, unberührt und wurde kaum über das Scheitern hinaus gedeutet:

„Viel verbessert hat sich das auch nicht, davon abgesehen. Denn, gut, die haben nicht mehr die Normerhöhung in diesem Sinne getrieben, wie sie vorher hatten, ja. Aber mit freien Wahlen und so was, das war ja sowieso tote Sache, nicht. Der Staat hat ja gemacht, was er wollte und da waren wir ja – Null."[74]

### *„Es kommt immer auf dasselbe 'raus"*

35 Jahre vergingen, bis die nächste Gelegenheit zu einer Demonstration kam. Doch die Ereignisse der Wende konnte Kurt Panitz nur von weitem verfolgen. Im

73 Hennigsdorf 16, S. 22.
74 Ebd., S. 23.

Sommer 1989 war er an einer Hennigsdorfer Kreuzung auf seinem Moped von einem Trabantfahrer angefahren worden. Das Knie war kaputt, außerdem bekam er eine Lungenembolie und mußte siebzehn Wochen im Krankenhaus bleiben. Das Zusammentreffen dieses schweren Unfalls und des „Umschwungs“, wie Kurt Panitz sich ausdrückt, in der Gesellschaft, verschmolzen für ihn zu einem außerordentlichen Erlebnis. Für ihn, der sein ganzes Leben nur gearbeitet hatte, weder Urlaub noch Krankheit kannte, war diese erzwungene Muße, die Tatsache, daß sich jemand um ihn kümmerte, offenbar eine ungewohnte Erfahrung. Und draußen brach derweil die Welt zusammen, in der er gelebt hatte und die von ihm niemals so ganz als die seine angesehen worden war.

Über die Demonstrationen, die Runden Tische, die Bewegungen des Herbstes äußert sich Kurt Panitz nicht. Er spricht von seiner anfänglichen Begeisterung für die CDU, offenbar bezieht er sich auf den Besuch von Helmut Kohl in der DDR, im Zusammenhang mit den Wahlen im März 1990. Auch die Währungsunion und die Vereinigung fanden noch seine Zustimmung:

> „Ja, ich war erst begeistert von der CDU und dann hab ich mir gedacht, mein Gott, endlich mal! Du kannst frei gehen, wo du willst, fahren, wo du willst, wann du willst. Und du kannst auch sagen, was du willst. Denn da weißt Du, daß dich keiner einsperrt. Gut, sagen kann man ja vieles, wenn es danach geht. Aber die Wirtschaft, die sie jetzt hier haben, da bin ich gar nicht zufrieden mit, überhaupt nicht.“[75]

So groß wie seine Begeisterung war, so groß ist jetzt seine Enttäuschung. Kurt Panitz wird nicht müde, auf die jetzigen Verhältnisse zu schimpfen. Er hatte mehr Gerechtigkeit erhofft – CDU, das sei doch schließlich eine christliche Partei – statt dessen jedoch würden die Reichen reicher und die Armen immer ärmer. Er vergleicht die winzige Rente, die seine Frau bekommt mit dem Gehalt, das ein Minister bekommt und das ihm schwindelerregend hoch erscheint. Sein Vertrauen in die Politiker ist jedenfalls sehr schnell wieder auf dem Nullpunkt angelangt. Die da oben machen ihre Politik und das Volk werde bloß verdummt, meint er. Deshalb überlegt er ernsthaft, ob es überhaupt Sinn hat, zur Wahl zu gehen. Seine Schwester aus Bochum sei ja der Meinung, ob CDU oder SPD, das sei völlig egal. Ihm sei aber die SPD lieber als die CDU und noch lieber sei ihm Bündnis 90/Grüne, weil die wenigstens mal den Mund aufmachen würden. Aber die Demokratie will er nicht so abtun, wie es viele seiner enttäuschten und verbitterten Landsleute inzwischen tun. Er möchte sie doch als einen Fortschritt gegenüber dem DDR-System ansehen:

> „Und demokratisch ist der … ob das der Direktor oder der Arbeiter, die haben beide vor Gericht das gleiche Recht. Das ist Demokratie. Und wenn mir was

75 Hennigsdorf 16, S. 25.

nicht paßt, daß ich jetzt sagen kann, wenn mir jetzt jemand kommt, und der erzählt, paß mal auf, also so und so ist die Sache und dies und jenes, da kann ich ihm sagen, hör zu, das stimmt nicht, die Sache sieht so und so aus. Ist demokratisch und ich muß das sagen können, was ich denke. Ich darf zwar niemanden beleidigen und nicht beschimpfen, ja, aber, was ich denke, kann ich sagen."[76]

Man hat den Eindruck, daß sich Kurt Panitz bemüht, um an den demokratischen Rechten Gefallen zu finden. Das kann ihm nicht über seine tiefe Enttäuschung helfen. Er fühlt sich betrogen um seine Lebensleistung, um seinen Fleiß und seine Gewissenhaftigkeit, mit der er Woche für Woche den Stahl gegossen hat. Auf einmal tauge das alles nichts mehr, sei alles nichts wert, sagt er verbittert. „Die haben auf einmal alles kaputtgemacht". „Die", das sind für ihn die Politiker und das Kapital, gegen die man eben nichts machen könne. Wie so viele DDR-Bürger fühlt er sich im vereinigten Deutschland als Bürger zweiter Klasse. Diese Unterschiede werden in zehn Jahren noch nicht überwunden sein, prophezeit er düster.

Tatsächlich scheint Panitz doch mehr geprägt von seinem Leben in der DDR-Gesellschaft, als er sich eingestehen will. Auch er hatte, dies stellt sich im Gespräch heraus, nicht auf Marktwirtschaft oder Einführung des Privateigentums gehofft, sondern auf einen verbesserten Sozialismus, von dem er recht genaue Vorstellungen entwickelt:

„... wenn das so wäre, wie die Urlehre, wie das geschrieben wurde, von den beiden [er spricht von Marx und Engels – Interviewerin], dann wäre das gut, dann hätten wir auch nicht soviel Kapitalisten heute, Millionäre, denn dann wären wir heut ... gut und schön, dann wäre das hier anders, dann heißt es: der Arbeiter verdient im Jahr, im Monat tausend Mark und du als Direktor, du hast zweitausend Mark, weil du alles führen mußt, alles nachdenken mußt, alles sorgen mußt. So, gut. Und die unteren, mittleren Organe jetzt hier, Abteilungsleiter und und noch weiter, teilweise bis zum Meister, du hast tausendfünfhundert Mark, als Abteilungsleiter, denn du mußt ja mithelfen denken und eins ins andere, und du als Meister hast 1.200 Mark. Ja, so wäre das im Sozialismus. Aber nicht, weil du jetzt hier Minister bist – gut, du hast 2.500 Mark, geben wir dir, aber keine 20.000, nee, und für jedes bißchen, wo du hinfährst, alles frei."[77]

Kurt Panitz erklärt uns hier sein Sozialismus-Modell, sozusagen im Stahlwerksformat, auf der Ebene, die er noch überschauen, über die er sich ein Urteil erlauben kann. Die Staffelung sowohl von Vergütung als auch von Verantwortung, die ihm als ideale Lösung erscheint, muß man sowohl als eine Auseinandersetzung mit der organisierten Verantwortungslosigkeit des DDR-Sozialismus verstehen, als auch mit den enorm gewachsenen sozialen Unterschieden seit der Wende, für die unser Gesprächspartner kein Verständnis aufbringen kann.

76 Hennigsdorf 16, S. 39.
77 Ebd., S. 46.

Was er jetzt erleben muß, ist für Kurt Panitz in vieler Hinsicht schwer überschaubar, beunruhigend, mit den bisherigen Wertvorstellungen nicht mehr faßbar: Arbeitslosigkeit, wachsende Kriminalität, die vielen Asylbewerber. Mit seinen Ängsten kommen auch die alten Ressentiments hoch, wenn er auf die Polen schimpft, die ihm nicht nur sein Schlesien weggenommen haben, sie haben es auch noch verkommen lassen und jetzt kommen sie hierher und wollen am Wohlstand der Deutschen teilhaben. Kurt Panitz fühlt sich doppelt und dreifach betrogen, doch im Grunde genommen wird er in der Schlüsselerfahrung seines Lebens bestätigt: der Ohnmacht des kleinen Mannes, der die Gewalt der Herrschenden irgendwie hinnehmen und sich darin einrichten muß. Nur daß er jetzt zu alt ist, um sich noch einmal anzupassen und darauf einzustellen:

> „Ich bin jetzt 75, da kann man nicht mehr viel erwarten und man kann auch nicht mehr viel was mitmachen. Denn da ist die Zeit zu kurz. Und die Mißerfolge, die man jetzt schon in seinem, in meinem ganzen Leben mitbekommen hat, dann kommt es immer auf dasselbe raus: wir haben bei Hitler nichts machen können, erstmal hatten wir schon vorher bei Hindenburg '28 die Arbeitslosigkeit, ja und so, und dann bei Hitler nicht, gut. Hitler, was war damit, der hat für den Krieg gerüstet, da hat das Kapital mal wieder eine Rolle gespielt, die haben ihn unterstützt, deshalb hat er Autobahnen gebaut und alles und die Arbeitslosen weggenommen von der Straße. Da waren die Leute dafür, weil sie Arbeit hatten, teilweise. So, und dann nach Hitler, wie der Krieg vorbei war, dann hatten wir die DDR – machen konnten wir da auch wieder nichts, und jetze haben wir das Kapital und können auch wieder nichts machen. Oder?"[78]

„Kommt immer auf dasselbe heraus", sagt er. Das heißt, es gibt keine Entwicklung, weder in der Geschichte noch im eigenen Handeln. Die einmal getroffene Feststellung von der Ohnmacht des kleinen Mannes, die schon der Vater als Lebensregel übermittelte, bewahrheitet sich immer wieder auf neue Weise. Kurt Panitz, dessen Erzählung kaum Privates enthält, weil er den Eingriff der Politik in sein Leben wohl als übermächtig empfunden hat, sieht den Gang der Geschichte als ewigen Kreislauf an, in den der Einzelne hineingerät und zusehen muß, daß er darin nicht zerrieben wird.

### b) „Meine Heimat ist die Gewerkschaft" – Günter Beckers, Jahrgang 1916, Rentner

„Stellen Sie Fragen, Sie kriegen alle Antworten von mir", versprach Günter Beckers wenige Minuten nach dem Beginn des Gesprächs. Der kleine, korpulente Mann lehnte sich in dem ausladenden Sessel seines Wohnzimmers zurück und

78 Ebd., S. 48.

musterte seine Interviewpartner unter schweren Augenlidern. Zu diesem Zeitpunkt hatte er die 79 Jahre seines Lebens bereits in kürzester Form abgehandelt und erwartete nun offenbar Fragen zu allgemeineren Problemen, wie Arbeitslosigkeit, Gewerkschaft, Inflation oder Krieg, über die er gern Auskunft geben wollte. Die Haltung von Günter Beckers war die eines Lehrers, der gewohnt ist, über seine Erfahrungen zu dozieren, während die anderen zuhören. Bereitwillig hatte er sich auf ein Interview eingelassen. Seit er sich vor mehr als zehn Jahren aus fast allen beruflichen und gesellschaftlichen Verpflichtungen zurückgezogen hatte, gab es für ihn nur noch selten Gelegenheit, vor Publikum zu sprechen, wie er es früher als Betriebsrat, als Arbeitsrichter und SPD-Ortsvereinsvorsitzender oft und gern getan haben mochte. Im Wohnzimmer seiner kleinen Dortmunder Hoesch-Wohnung waren die Einsamkeit und Langeweile mit Händen zu greifen. Die sehr energisch wirkende Ehefrau, die wohl für gewöhnlich seine einzige Zuhörerin abgeben mußte, durchquerte etwa alle zehn Minuten das Zimmer in Richtung Küche und zurück und versuchte mit den verschiedensten Äußerungen des Unmuts, den Redefluß ihres Mannes abzukürzen oder in eine andere Richtung zu lenken. Während ihr Gebaren auf uns Besucher irritierend wirkte, zeigte sich Günter Beckers davon ziemlich unbeeindruckt. Er wollte sich die Gelegenheit zu einem ausführlichen Vortrag nicht nehmen lassen.

Im Verlaufe unseres Gesprächs sah er sich jedoch mit Erwartungen konfrontiert, die er nicht vorausgesehen hatte. Wir wollten über die kurzen Stichworte hinaus etwas über sein Leben erfahren, fragten nach konkreten Erlebnissen, nach einzelnen Situationen. Offenbar war Günter Beckers überhaupt nicht gewohnt zu erzählen, am wenigsten über die ersten, die dramatischen Jahrzehnte seines Lebens bis 1945. Mit allgemeinen Erläuterungen über „den Wehrdienst“ oder „den Arbeitsdienst“ schirmte er sich gegen solche Zumutungen ab und der aggressive Unterton seiner Antworten ließ ahnen, welche Emotionen die Erinnerungen für ihn enthielten.

1916 war Günter Beckers als jüngstes von fünf Kindern in der Familie eines Dortmunder Schmiedes geboren worden. Die Eltern waren streng katholisch, der Vater Sozialdemokrat. Vom katholischen Glauben sagte sich Beckers schon als Jugendlicher los, der sozialdemokratischen Tradition des Vaters folgte er jedoch erst später. Seine ersten Erinnerungen sind mit dem Hunger des Ersten Weltkrieges, dem „Steckrübenkrieg“, verbunden. 1923 kam er zur Schule, die er 1930 nach der 8. Klasse abschloß. Zu diesem Zeitpunkt näherte sich die Weltwirtschaftskrise ihrem Höhepunkt. Der Vater und die Brüder waren bereits arbeitslos. Beckers mußte es deshalb als ein besonderes Glück erscheinen, daß er eine Lehrstelle bei einem Schreiner erhielt, die er nach vier Jahren mit einem guten Abschluß beenden konnte. Er hatte ein Handwerk erlernt, auf das er stolz war, stets habe er seinen Beruf gern ausgeübt, betonte er. Nach zwei Jahren Arbeit als Schreiner brach für ihn das normale, zivile Leben ab, an das er erst neun Jahre später wieder anknüpfen konnte.

1936 mußte Günter Beckers für ein Jahr zum Arbeitsdienst, nach Stubbenroden im Sauerland, und danach wurde er für zwei Jahre zum Wehrdienst bei der Marine eingezogen. Das Schiff, auf dem er diente, war während des Bürgerkrieges in den spanischen Küstengewässern eingesetzt und hatte den Auftrag, die Blockade der republikanischen Häfen zu sichern. Zwei Monate nach Beendigung seines Wehrdienstes begann der Zweite Weltkrieg. Günter Beckers wurde erneut eingezogen. Bis 1943 war er auf einem Minensuchboot (Sperrbrecher) eingesetzt, später kam er als Ausbilder an eine Schule für U-Boot-Jäger, wo er bis zum Obermaat befördert wurde. „War 'ne schöne Zeit für mich“, sagte er. Nach kurzer Kriegsgefangenschaft in Norwegen kam er schon im Juni 1945 wieder nach Hause zurück. Seine Heimatstadt war zerstört. Seine Frau, die er während eines Kurzurlaubs kennengelernt und während eines folgenden Heimatbesuchs 1943 geheiratet hatte, fand er auf einem Bauernhof in der Nähe. Sie war dorthin evakuiert worden zusammen mit seinem 1944 geborenen Sohn, den er noch nicht kannte. Auch die Eltern lebten, doch einer der Brüder war in Rußland gefallen.

### *„Soldaten sind Mörder“ – eine ritualisierte Erzählung*

Günter Beckers vermittelt zunächst den Eindruck, daß er seine Kriegszeit in guter Erinnerung hat. Da ist von den „schönen Fahrten“ die Rede, von den vielen Meeren und Häfen, die er gesehen hat, in die er sonst als Sohn einer armen Arbeiterfamilie nie gelangt wäre. Seine beste Zeit erlebte er offenbar in der letzten Phase des Krieges von 1943 bis 45 an der Schule in Norwegen, wo die Besatzungen von U-Boot-Jägern an elektronischen Geräten ausgebildet wurden. Als die Matrosen im weiteren Kriegsverlauf nicht mehr zu Wiederholungslehrgängen an die Schule kommen konnten, fuhr Beckers mit zwei Kollegen und einem Kapitänleutnant in die entsprechenden Häfen, wo die Schiffe lagen, um an Bord die Lehrgänge abzuhalten. Stolz zählt er auf, wohin ihre Reisen sie führten: Nordnorwegen, Rumänien, Bulgarien, Italien, Afrika, Spanien:

> „War 'ne schöne Zeit für mich. Da hab ich immer gesagt, wenn so'n Kapitänleutnant, der war früher bei der 'Christlichen' Seefahrt, der hatte immer den schönen Spruch: Genießet den Krieg, der Frieden wird grausam sein ...“[79]

Der zitierte Satz vom Krieg, den es zu genießen galt, war damals eine stehende Redewendung und sie drückt eigentlich das Gegenteil von „schöner Zeit“ aus. Das war trotzig-fröhliche Weltuntergangsstimmung, im Vordergrund natürlich der Unglaube an den „Endsieg“, aber im Hintergrund auch die Angst vor der Niederlage, Angst vor der Vergeltung der Sieger, die sich rächen würden für die Verbrechen, von denen niemand etwas wußte.

79 Hoesch 19, S. 2.

An einer anderen Stelle vergleicht Beckers sein Leben auf dem Schiff, wo ihm sein gutes Essen und die warme Koje stets sicher war und wo ein Angriff nicht länger als eine Stunde dauerte, mit dem Schicksal des Soldaten an der Ostfront, der bei Minusgraden Wache stehen und wochenlang im Schützengraben liegen mußte und fährt fort:

> „Das war ja auch Marine, das war auch immer was Besonderes. Die fuhren ja raus, konnten Länder sehen. War ja mehr so'n ... ich hab die Mariner nie als Soldaten gesehen [...] Also [bei der] Marine gab es ja morgens nur einmal grüßen, dann war die Sache erledigt. Bei den Soldaten, wenn der über'n Kasernenhof ging, der konnte ja die Hand von der Mütze gar nicht mehr loswerden. Bei der Marine war das ja nicht so. Das waren ja mehr so Arbeitskommandos, weil, das waren ja weniger Soldaten hier, eigentlich mehr Techniker."[80]

Bei der Marine war es also nicht nur angenehmer als an der Ostfront in der Kälte und unter dem Geschützfeuer, sondern es ging auch geradezu unmilitärisch zu. Eigentlich hatte Beckers, so jedenfalls kann man seine Worte verstehen, mit diesem Krieg nur wenig zu tun. Er ist ein beinahe Unbeteiligter, der alles letztlich gut überstanden hat. Sein Verhältnis zur Vergangenheit erscheint unkompliziert.

Im Verlaufe des Gesprächs stellte es sich jedoch als fast unmöglich heraus, dieses freundliche verschwommene Bild noch mit Einzelheiten, mit konkreten Schilderungen aus den verschiedenen Phasen seiner Militärzeit zu füllen. Beinahe alle Nachfragen beschied Beckers mit dem Hinweis auf den Film „Das Boot"[81]. „Wenn Sie den Film 'Das Boot' gesehen haben, dann können Sie sich dran erinnern", sagte er mehrmals. Nicht er, sondern wir sollten uns erinnern und zwar an einen Film, der das darstelle, was er zum Ausdruck bringen wollte:

> „... dann haben die Wasserbomben geworfen, wie da 'Das Boot' hier. Die Wasserbomben, das sind heute wie diese Metallfässer, wie Bierfässer. So groß war'n diese Bomben. Dann wurden die auf verschiedene Tiefen eingestellt. Und das ist schlimm, Sie haben, wenn Sie 'das Boot' gesehen haben ..."[82]

Ganz ohne Zweifel hatte Beckers sich mit den Bildern aus diesem Film in einem Maße identifiziert, obwohl er ja nicht auf einem U-Boot eingesetzt gewesen, sondern nur einige Male zu Übungszwecken mitgefahren war. Vielleicht hatte er in den Filmszenen Erlebnisse und Gefühle wiedergefunden, die er selbst nicht ausdrücken konnte. Der Film stand so stellvertretend für alles Traurige und Schwere aus der Kriegszeit, während er sich selbst auf die schönen Erinnerungen konzentrieren konnte.

80 Hoesch 19, S. 56.

81 „Das Boot", ein 1979-1981 gedrehter Kinofilm, der in den vergangenen Jahren wiederholt als mehrteiliger Fernsehfilm ausgestrahlt wurde, erzählt nach dem Roman von Lothar Buchheim das Schicksal einer deutschen U-Boot-Besatzung, die zermürbende Angst in dem häufig unter Wasser ausgetragenen Kampf u.a., Aspekte des U-Boot-Krieges werden sichtbar.

82 Hoesch 19 a, S. 15.

Widersprüchlich und rätselhaft, weil viel Unausgesprochenes über den Krieg darin enthalten ist, bleibt auch die Szene, die Beckers von seinem Besuch auf dem Arbeitsamt nach seiner Heimkehr Ende 1945 erzählt. Dies ist übrigens die einzige konkrete Geschichte in seiner ansonsten sehr zeitgerafften und allgemein gehaltenen Lebenserzählung am Anfang unseres Gesprächs:

„Dann sind wir, glaube ich, Ende des Jahres wieder nach Dortmund gekommen. Ja, dann hab ich wieder 'ne Stellung gefunden. Das war, das war so'ne schöne Begebenheit, interessant für mich, weil ich das ja gelernt hatte: Zum Arbeitsamt, Überweisung, wollt' ich ja einen Überweisungsschein haben und damals, bis 1949 galten ja noch die alten Gesetze, nicht, von den Nazis her. Da sagt der: Nee, sagt er – war damals üblich – Sie gehen in Pütt. Ich sag: Passen Sie mal auf, wenn Sie das noch mal sagen, ich spring über'n Tisch und dreh Ihnen die Krawatte zu. Wenn Sie noch mal sagen Pütt, ich komm grade da wieder, wo ich das Morden gelernt habe, und wenn Sie das noch nicht mitgemacht haben, dann werden Sie das jetzt hier lernen. Und dann hab ich ihn an die Krawatte genommen und hab' ich zugedreht hier, nicht. Da schrie der um Hilfe. Da kam jemand und sagte: Was ist denn hier los? Ja, ich sag, ich wollt' den grade umbringen, hab ich gelernt. Komme da grade her, wo ich's gelernt habe. – Was wollen Sie eigentlich? – Ich wollte 'ne Überweisung haben nach dahin, wo ich hinwollte, in die Schreinerei. – Ja, na und? – Ja, ich sag, der sagt zu mir, ich soll in den Pütt gehen. Ich geh' nicht dahin, wo keine Fenster sind. Ja, sagt der (Vorgesetzte), machen Sie den mal sofort fertig. Dann fragt der [unverständlich]: Warum haben Sie den an der Krawatte geschnappt? – Der hat zu mir gesagt, das entscheide ich und Sie geh'n in den Pütt hier, nicht. Da wollte ich … da bin ich böse geworden. Das kann der mit mir ja nicht machen. Der hat sich ja mit'm dicken Arsch hier im Krieg rumgedrückt hier."[83]

In dieser Erzählung steckt eine ungeheure Wut und Aggressivität. Auf den ersten Blick ist es die Wut eines jungen Mannes, der sich nicht länger reglementieren lassen möchte, der nach neun Jahren Eingezwängtsein in Befehl und Gehorsam endlich wieder über sein Leben selbst entscheiden will. Das Thema der Erzählung ist jedoch nicht nur die Selbstbestimmung, sondern auch die Gewalt – die Gewalt, die für ihn nach den Kriegsjahren zur Normalität geworden ist. Beinahe genüßlich erzählt Beckers – und er wiederholt es noch einmal – daß er dem Arbeitsamtangestellten „die Krawatte zudrehen", ihn also erwürgen wollte, weil der die Absicht hatte, ihn ins Bergwerk zu schicken. Und sein Handeln erscheint in seiner Darstellung auch ganz folgerichtig, weil er doch „das Morden gelernt" habe im Krieg, aus dem er gerade kam. Es klingt, als wollte Beckers damit ausdrücken, daß er für seine Taten letztlich nicht verantwortlich zu machen sei, denn schließlich sei er so ge-

83 Hoesch 19, S. 3.

worden, wie die Gesellschaft ihn ausgebildet habe und in dieser Erklärung steckt eine Drohung an diese Gesellschaft. Dabei ist es aber unerheblich, ob sich diese Szene Ende 1945 so abgespielt hat, ob Beckers tatsächlich über den Schreibtisch gesprungen ist und den Angestellten an der Krawatte gezogen, ob er es ihm nur angedroht oder ob sich diese Drohung auch nur in seiner Phantasie abgespielt hat. Auch die Gewaltphantasie sagt ja etwas über das Verhältnis von Günter Beckers zu seinen Kriegserlebnissen aus und sie spricht eine andere Sprache als die Erzählungen von der „schönen Zeit". Offenbar überlagern sich in dieser Erzählung ganz widerstreitende Emotionen sowie damalige und spätere Bewertungen. Wie leitmotivisch diese Episode vieles Unausgesprochene über den Krieg enthält, kann man auch daran ermessen, daß er sie im Verlaufe des Gesprächs noch zweimal wiederholt. Seltsamerweise siedelt er sie einmal im Jahre 1939 an, als Beckers den Wehrdienst beendet hat und in seine Schreinerei zurück möchte, statt an den Westwall dienstverpflichtet zu werden. Beim dritten Mal findet sie wieder 1945 statt, diesmal noch ein bißchen ausgeschmückter im Detail.

Auf die Frage, ob er vielleicht ein besonders cholerischer Typ sei, der öfter den Leuten an die Kehle gehe, wenn ihm etwas nicht passe, war er empört, wie man seine Erzählung so mißverstehen konnte. Er bestand auf einer politischen Deutung des Vorgangs, schließlich sei er ein „grundsätzlich humaner Mensch" und verdoppelte seine Erklärungsanstrengungen:

> „Das Morden ... wir haben das Morden doch kennengelernt. Wenn man heute sagt: Soldaten sind Mörder ... Soldaten sind Mörder. Soldaten sind für mich Mörder ..."

Und er fügte hinzu, dieser Angestellte, der habe doch all die Jahre ein schönes Leben gehabt, während er neun Jahre lang „Dienst für's Vaterland" leisten mußte:

> „Ja, glauben Sie mir, dem hätt ich, dem hätt ich den Hals zugedreht, Das wär mir ganz leicht gefallen, ich hab's doch gelernt. Ja, das sag ich doch immer: Soldaten sind Mörder ..."[84]

Diese Geschichte in ihrer aufgeladenen Emotionalität bleibt ambivalent. Er, Beckers, sei durch den Krieg so verroht und abgestumpft gewesen, daß es ihm gar nichts ausgemacht hätte, einen Menschen wegen einer Meinungsverschiedenheit umzubringen, vielleicht war das seine Botschaft. Das Interview fand zu der Zeit statt, als das Bundesverfassungsgericht kurz zuvor die Aufkleber mit dem Satz von Kurt Tucholsky „Soldaten sind Mörder" als Ausdruck der Meinungsfreiheit für zulässig erklärt und eine Kontroverse darüber in den Medien ausgelöst hatte. Zweifellos hatte diese öffentliche Debatte auch ihre Spuren in der Erzählung von Günter Beckers hinterlassen. Doch in seine betonte Distanzierung vom Krieg und vom Handwerk des Soldaten, die er damit zum Ausdruck bringen wollte, mischt

84 Hoesch 19 a, S. 23 f.

sich noch eine andere, offenbar historisch frühere Argumentation, daß nämlich jemand, der nicht im Krieg war, der „mit seinem Arsch auf dem Stuhl" gesessen hatte, während er seinen „Dienst für's Vaterland" leistete, ihm nichts zu sagen habe. Die ganze Verachtung des damaligen Unteroffiziers für diesen Zivilisten, der seiner Meinung nach nichts geleistet hatte (der nicht gemordet hatte, warf ich vorsichtig ein, ohne daß dieser Einwand von Günter Beckers auch nur zur Kenntnis genommen wurde) steckt in diesen wütenden Worten ebenso wie das Gefühl von Einsamkeit, vom Unverstandensein eines heimgekehrten Soldaten, der sich in der Normalität des Alltags noch nicht wieder zurechtfindet.

Nach diesem zornigen Ausbruch kann Günter Beckers seine damaligen Ängste als Matrose auf dem Schiff zumindestens andeuten: wenn sie über die Minen fuhren, um sie zur Explosion zu bringen, oder wenn sie von Flugzeugen angegriffen wurden. Eigentlich, sagt er, ganz im Gegensatz zu seinen vorherigen Behauptungen, sei diese Situation noch schlimmer gewesen als an Land, weil man sich nirgendwo vor den Bomben verstecken konnte.

Der Krieg spielt in Günter Beckers Lebensgeschichte eine dominante Rolle. Das ist sein Schlüsselerlebnis, mit dem er offenbar nie richtig fertiggeworden ist. Sein Versuch, sich davon zu distanzieren und persönliche wie politische Lehren daraus zu ziehen, prägt sein Leben von 1945 bis zur Gegenwart. Andere Ereignisse aus der Nazi-Zeit, die nicht unmittelbar mit dem Krieg in Zusammenhang stehen, werden von ihm – darin ist er ein charakteristischer Vertreter seiner Generation – kaum berührt: Der Kristallnachtpogrom 1938, dessen Auswirkungen er als Wehrpflichtiger in Kiel sehen konnte, die Konzentrationslager, von denen man nichts wissen durfte. Die Frage nach der Gegenwartsbedeutung des Nationalsozialismus bezog Günter Beckers deshalb fast ausschließlich auf den Krieg: die Millionen Toten könne man doch nicht vergessen. Er zählte Russen, Franzosen, Deutschen und Italiener auf, fügte noch die Zivilisten hinzu, die dem Bombenterror zum Opfer fielen, aber die KZ-Häftlinge, die ermordeten Juden werden von ihm nicht erwähnt.

Zwischen seiner damaligen Haltung zum Krieg und seiner späteren Beurteilung, die sein politisches Engagement der Nachkriegszeit offenbar geprägt hatte, gibt es jedoch große Unterschiede, die im Verlaufe des Interviews immer wieder angesprochen wurden. Auf die Frage, ob er das Kriegsende 1945 als Zusammenbruch empfunden habe, antwortete er überraschenderweise: „Nein, mein Vater ist auch Sozialdemokrat gewesen."[85] Der Rückgriff auf den sozialdemokratischen Vater erstaunt insofern, als unser Gesprächspartner bei mehreren Gelegenheiten angedeutet hat, daß es damals zwischen ihm und dem Vater Differenzen gab. Der Vater habe 1933 schon davor gewarnt, daß es Krieg geben würde und er habe sich

85 Hoesch 19 a, S. 21.

nicht darum gekümmert. Hier muß also ein Gesinnungswandel stattgefunden haben, den der Erzähler in einen engen Zusammenhang mit der Landung der Alliierten in der Normandie stellte. Zu diesem Zeitpunkt habe er nämlich begriffen, daß der Krieg verloren war (Die Deutschen könnten zwar Schlachten gewinnen, nicht aber einen Krieg, sagt er an anderer Stelle):

> „Gut, daß sie ... gut, daß sie das erobert haben, daß sie Deutschland besetzt haben. War immer froh, wie ich das hörte. Weil, zuletzt war ich ja nicht mehr überzeugt, daß wir den Krieg gewinnen. Jeder Tote, der da kam, war überflüssig hier, ne. Ich bin aber auch ziemlich spät dahintergekommen, [Pause] denn ich hab, wie ich eingezogen wurde, die Marine mehr gesehen, so wie Abenteuer, was erleben hier ...“[86]

Die Erkenntnis der bevorstehenden Niederlage muß in Günter Beckers einen tiefen Umdenkungsprozeß ausgelöst haben: Wenn es keinen Sieg mehr geben konnte, dann war plötzlich alles sinnlos geworden, Entbehrungen, Opfer, Gefahren. „Jeder Tote, der hier kam, war überflüssig“ und nur noch das schnelle Ende des Krieges schien wünschenswert. Hier erklärt sich auch sein spontaner Verweis auf die sozialdemokratische Gesinnung des Vaters in diesem Zusammenhang. Dessen Äußerungen, die er wohl jahrelang mißachtet hatte, erlangten wieder Bedeutung für ihn, sie erwiesen sich wahrscheinlich geradezu als ein Rettungsanker, nach dem er greifen konnte, um sich vor Desorientierung und Verzweiflung zu bewahren. Diesen Erkenntnisprozeß, der sein Nachkriegsleben entscheidend beeinflußte, reflektiert Günter Beckers jedoch nicht bewußt oder zumindest nicht direkt. Deswegen erfahren wir auch nicht, ob er vorher ein überzeugter Nationalsozialist gewesen ist oder ob er nur abenteuerlustig oder naiv war. In seiner Erzählung fällt es ihm schwer, die frühere Haltung und spätere Erkenntnis voneinander zu trennen. So geistern noch solche Äußerungen wie der „Dienst für's Vaterland“ unreflektiert durch seine heutige Rede.

### *1945 – unbestimmte Hoffnung auf Änderungen*

Günter Beckers Lebensgeschichte nach dem Krieg steht ganz im Zeichen seines Engagements in der Gewerkschaft und in der SPD und dies wiederum wird von ihm ganz betont als „Lehre“ aus den Erfahrungen des Krieges ausgewiesen. In seiner Erzählung spielen die Familie, seine Frau und sein Sohn kaum eine Rolle.

Ende 1945, nach der denkwürdigen Szene auf dem Arbeitsamt, konnte er als Schreiner bei einer kleinen Firma anfangen, die Inneneinrichtungen hauptsächlich für Kaufhäuser herstellte. 1946 trat er in die Gewerkschaft ein und ein halbes

86 Hoesch 19, S. 56.

Jahr später wurde er von seinen Kollegen zum Betriebsrat gewählt. Über die Gewerkschaft wurde er 1953 auch als Laienrichter an das Arbeitsgericht geschickt, später wechselte er zum Sozialgericht und danach zur Strafkammer des Landgerichtes. 1955 kündigte er seine Arbeit in der Inneneinrichtungsfirma, weil der Sohn des bisherigen Unternehmers mit der Gewerkschaft nicht zusammenarbeiten wollte. Günter Beckers ging zur Westfalenhütte, wo er zunächst drei Jahre Moniereisen herstellte, dann aber zu seiner großen Freude in seinen alten Beruf in die Schreinerei des Werkes wechseln konnte, wo er bis zu seiner Berentung blieb. 20 Jahre lang war er in der Dortmunder Westfalenhütte Vertrauensmann. 1966 wurde er Mitglied der SPD, übernahm auch zeitweise Parteifunktionen im Stadtbezirk, zog sich aber in den letzten Jahren desillusioniert zurück. 1969 starb seine erste Frau. 1972 lernte er während eines Urlaubsaufenthaltes seine jetzige Frau kennen, die er 1975 heiratete. Nach dem Eintritt in die Rente 1980 gab Günter Beckers bald darauf fast alle seine ehrenamtlichen Funktionen auf. Sein Sohn ist Informatiker bei der Stadtverwaltung. Günter Beckers ist stolz darauf, daß er ihn hat „Beamten lernen lassen", weil er dadurch einen sicheren Arbeitsplatz hat.

Zwei einander widersprechende Bemerkungen machte Günter Beckers über seine Hoffnungen und Pläne in der Nachkriegszeit. So wie die meisten Soldaten habe auch er mit Politik zunächst nichts mehr zu tun haben wollen. Er wollte arbeiten, Geld verdienen, erstmal wieder leben. Für sich und seine Familie richtete er eine halbzerbombte Wohnung wieder her, baute alle Möbel selbst und arbeitete in seiner Firma oft zehn, zwölf Stunden am Tag. Gleichzeitig verband Günter Beckers mit dem Kriegsende Hoffnungen auf eine nicht näher bezeichnete bessere Gesellschaft, die durchaus nicht unpolitisch klingen:

> „... da hatte ich gedacht, jetzt wird ja alles besser werden. Jetzt haben wir den Krieg verloren, jetzt werden hier die Menschen ja vernünftiger geworden sein. Aber da ging das ja, ging das schon los hier mit den Unternehmern, nicht: ich bin hier der Herr im Hause. Da hab ich mir gesagt: So, das will ich dir mal zeigen, wer der Herr im Hause ist. Dann bin ich schon 46 im Sommer in die Gewerkschaft reingegangen."[87]

An einer anderen Stelle kommt er noch mal darauf zurück:

> „Ich hab gedacht, wenn der Krieg aus ist, dieser schwere Krieg mit 52 Millionen Toten, nicht, da hat ich gedacht, nun müßte jetzt die Menschheit doch mal vernünftig werden. Ist ja nicht. Ist ja noch viel schlimmer geworden wie vor'm Krieg. Denn die Unterschiede heute in den Einkommen ... ist ja früher nicht so gewesen ..."[88]

Die erhoffte Änderung oder Besserung der Gesellschaft, als Lehre aus dem Krieg, dies läßt sich aus seinen Äußerungen schließen, sollte also im sozialen Bereich lie-

87 Hoesch 19, S. 27.
88 Ebd., S. 47.

gen: die Unternehmer dürften nicht soviel zu sagen haben, die Einkommensunterschiede nicht groß sein. Eine solche Perspektive, die durchaus sozialistische Züge trägt, wurde bei Kriegsende von vielen sozialdemokratischen, kommunistischen oder auch christlichen Arbeitern erstrebt. Am Schluß unseres Gesprächs, als es um Fragen von Fortschritt und Rückschritt geht, kommt Günter Beckers noch einmal auf die Nachkriegsjahre zurück und versucht, das Scheitern seiner Hoffnungen zu erklären:

> „Wir haben nur gearbeitet hier, zu damaliger Zeit. Wir haben doch, da hat sich doch keiner um Arbeiter und Politik gekümmert, nur wenig. Wir wollten ja alles, 'n Dach über'm Kopf, 'ne Wohnung haben, Möbel haben, Textilien haben. Wir wollten mal in Urlaub fahren, und wie das vorbei war, haben wir erst festgestellt, wo wir gelandet sind. Da haben die gewirtschaftet hier und haben die Betriebe schon wieder aufgebaut zu ihren Gunsten. Lagen sie wieder in deren Händen, weil wir gar keine Zeit dazu hatten. Das kann man sich gar nicht vorstellen, wie ich nach dem Krieg da in der Schreinerei war. Wir haben jeden Tag ungefähr zwölf/dreizehn Stunden gearbeitet, das war der Wiederaufbau. Wir nicht alleine, auf der Hütte auch, da hatten wir zu etwas anderem keine Zeit.“ [89]

Die Betriebe lagen also wieder (oder nach wie vor) in den Händen der Unternehmer und die Arbeiter hatten das Nachsehen. Weil diese sich um Politik nicht kümmerten, weil sie immer nur arbeiteten, wurden die Chancen für eine soziale Umwälzung verpaßt, die nach Meinung Beckers am Ende des Krieges bestanden hatten. Die Unternehmer behielten ihre Macht, aus der sie bis heute Nutzen ziehen. So muß man diese Sätze wohl verstehen. Sie drücken die tiefe Enttäuschung Beckers über die Entwicklung der Gesellschaft der Bundesrepublik aus. Seiner Meinung nach wurden also keine Lehren aus der Vergangenheit gezogen. Sein politisches Engagement, das ja entgegen seinen Erklärungen schon recht früh einsetzte, brachte er ausdrücklich in Zusammenhang mit den enttäuschenden Entwicklungen. 1946, als die Unternehmer wieder stark wurden, trat er in die Gewerkschaft ein und engagierte sich im Betriebsrat. Im Jahr 1966 trat er in die SPD ein, nachdem er, wie er sagte, „die Ungerechtigkeit gesehen“ hatte.

Von seinen Aktivitäten als Gewerkschafter und seiner jahrzehntelangen Tätigkeit als Laienrichter erzählte Beckers viel und gern: Wie er dafür sorgte, daß in der Inneneinrichtungsfirma die Sonn- und Feiertagsarbeit nicht mehr doppelt, sondern dreifach bezahlt wurde („Da hab ich schon Betriebsvereinbarungen geschlossen, wovon andere Betriebe heute noch träumen“[90]), wie er bei Hoesch den Prämienakkord für die Hilfsarbeiter ausrechnete und nachwies, daß sie bisher betrogen worden waren, wie er dem Richter am Landgericht klarmachte, daß er, Beckers, recht habe mit seinem Vorschlag:

89 Hoesch 19 a, S. 41.
90 Hoesch 19, S. 16.

> „Als Beispiel: Da hat der Staatsanwalt gesagt: sechs Jahre. Dann geht ja nachher … geht das Gericht, zieht sich zur Beratung zurück. Und die große Strafkammer sind ja drei Berufsrichter und zwei Schöffen hier. Und dann geht es ja rund, möcht' ja jeder seinen Senf dazugeben. Dann sagt er zu mir: Und Sie? – Zwei Jahre – Da fing der an zu brüllen. Ich sag, passen Sie mal schön auf. Das müssen Sie sich mal abgewöhnen, das Brüllen, dafür bin ich nicht hierhin gekommen. Und ich bleib bei den zwei Jahren und ich garantiere Ihnen, wenn wir gleich rausgehen, das hat so, ich glaube, anderthalb Stunden gedauert, wenn wir gleich rausgehen, einigen wir uns auf zwei Jahre. Genauso ist das gekommen. Sagt er: sowas hab ich noch nie erlebt. – Sehn Sie, sag ich, ich komme nicht hierher, um zu schlafen, ich komme hierher um mitzuarbeiten …"[91]

Das sind offenbar die Sternstunden seines Lebens gewesen: wenn er einem arroganten Vorgesetzten, einem Mächtigeren oder Gebildeteren zeigen konnte, daß man mit ihm, Beckers, rechnen müsse, obwohl er nur ein einfacher Arbeiter war. So wichtig erschien ihm seine ehrenamtliche Tätigkeit, daß er jahrzehntelang fast seine gesamte Freizeit dafür hergab und seine Frau oft mit Kino- oder Theaterkarten abends allein dasaß. Auch daß er seine Arbeitsstelle in der Inneneinrichtungsfirma kündigte, obwohl ihm die berufliche Arbeit dort große Freude gemacht hatte, weil der Sohn seines bisherigen Chefs die gewerkschaftliche Arbeit im Betrieb immer mehr erschwerte, ist ein Zeichen dafür, welchen Stellenwert die Gewerkschaft in seinem Leben einnahm. Als er in der Westfalenhütte zu arbeiten begann, habe er seiner Frau zwar „in die Hand versprochen, nie wieder in 'nem Betrieb hier eine Funktion zu übernehmen". Doch dann entdeckte er die Ungerechtigkeit mit den Akkordlöhnen und der zuständige Ingenieur wies ihn zurecht, er sollte ruhig sein, davon habe er keine Ahnung. Natürlich mußte er es „diesem jungen Spund" beweisen. Er bekam recht, seine Kollegen waren begeistert und wählten ihn zum Vertrauensmann, was er dann 20 Jahre lang blieb:

> „Hat mir aber Spaß gemacht. Das ist mein ganzes Leben gewesen, für andere. Auch am Arbeitsgericht ging es ja nur darum, dem kleinen Mann zu helfen oder am Sozialgericht, nicht. Das ist doch 'ne Freude im Leben, andern Menschen zu helfen, hier."[92]

Gewiß stellte sein Engagement „für den kleinen Mann" eine wesentliche Quelle von Selbstbewußtsein für Günter Beckers dar. Wichtiger Impuls für die Ernsthaftigkeit und Nachhaltigkeit seines Eintretens war aber zweifellos das Erlebnis des Krieges und die Lehren, die seiner Meinung nach daraus hätten gezogen werden müssen. Da die erhofften sozialen Veränderungen ausgeblieben waren, so wollte Beckers wenigstens im bescheidenen Umfang für Gerechtigkeit sorgen.

91 Hoesch 19, S. 32.
92 Ebd., S. 12.

*Die Partei – eine schmerzliche Verbundenheit*

„Ich bin ziemlich spät in die Partei gegangen, sehr spät, 1966. Mein Chef hat mir'n Aufnahmeschein vorgelegt, in die Partei zu gehen. Früher, wo ich dann noch hier am Bauhof war. Der Chef sagt: Der Betriebsratsvorsitzende sagt, du bist nicht in der Partei. Der hat mir gesagt, ich soll dir 'n Parteiaufnahmeschein vorlegen. – Ja, sag ich, ist gut, dann geh ich mal da rein. Ich bin immer Sozialdemokrat gewesen, auch wie ich nicht in der Partei war. Vielleicht war ich früher ein besserer Sozialdemokrat wie heute. Weil ich heute die ... in der Partei die Spielregeln kenne, was ich früher nicht wußte. Früher bin ich wählen gegangen, hab an der richtigen Stelle mein Kreuz gemacht. Heute kenn ich manchmal die Spielregeln. Das ist ja nicht alles Gold, was glänzt, so innerhalb der Parteien."[93]

Wir erinnern uns, daß Beckers in einem anderen Zusammenhang, als es um seine Hoffnungen 1945 ging, gesagt hatte, er sei in die SPD wegen der Ungerechtigkeiten in der Gesellschaft eingetreten. In dieser Szene stellt sich der Vorgang viel banaler dar. Der Betriebsratsvorsitzende läßt ihm – vermittelt über den Chef (es wird nicht gesagt, was für ein Chef) – einen Aufnahmeschein vorlegen, offenbar weil bei Hoesch so üblich ist, daß Betriebsratsmitglieder oder Vertrauensleute in der Partei organisiert sind. Auch Beckers Antwort („Ja, ist gut, dann geh ich mal da rein") klingt nicht gerade begeistert oder zumindest nach einer bewußten Entscheidung. Er hebt aber diesen Eindruck im folgenden Satz gleich wieder auf, weil er ja „immer Sozialdemokrat", auch als er nicht Mitglied der Partei war, gewesen sei. Der formale Akt des Parteieintritts war in seinen Augen also gar nicht nötig, er vollzog ihn nur, weil die anderen es wünschten. Inzwischen hat er sich von der Partei entfernt. Die heutige Distanz Beckers zu den innerparteilichen Entwicklungen wird deutlich, wenn er sagt:

„Das ist ja, ist ja nicht alles Gold was glänzt, so innerhalb der Parteien, nicht. Wenn so die Mandate aufgestellt werden, wie bei uns im Dortmunder Norden hier, was das für Reibereien war'n hier, schrecklich. Für mich ist das schrecklich. Lassen sich unsere Partei ... Ich bin ja meistens immer so, so aus dem Handgelenk immer vorgeschlagen worden. Ich war ja erst im Bürgerausschuß der Stadt Dortmund hier. Und später war ich erst in der Bezirksvertretung. Da bin ich so mit reingerutscht. Und Betriebsvertretung dann später auch hier. Und das hat mir da alles nicht so richtig gefallen, das hab ich eine Legislaturperiode mitgemacht, dann hab ich das nicht mehr weitergemacht. Da wird viel gelabert und geschrien."[94]

93 Hoesch 19, S. 38.
94 Ebd., S. 38.

Das Postengerangel innerhalb der Partei und die fruchtlosen, aufgeblasenen Diskussionen in den örtlichen Parlamenten, in denen er mitgearbeitet hat, sind die beiden wichtigsten Argumente, die Beckers anführt. Er selbst sei ja immer „aus dem Handgelenk" vorgeschlagen worden oder so „mit reingerutscht". Es ist ihm wichtig zu betonen, daß er sich nie um einen Posten bemüht habe, nie auf Karriere ausgerichtet gewesen sei, sondern nur versucht habe, die Erwartungen zu erfüllen, die in ihn gesetzt wurden. Ein Streit um die Mandate widerspricht völlig seinem Verständnis von Politik:

> „Um in den Rat da reinzukommen, was da 'n Theater gemacht wird, hier, damit sie sich da in den Parteien in die Wolle kriegen. Ja, sowas hätt ich ja nie mitgemacht, wenn ich nicht in der Partei mit aufgestellt werde, dann bin ich das eben nicht. Aber dieses Gerangel da, das hat mir nie gefallen. Man muß sich doch einig werden, so, heute muß ich mal sagen: das ist der Beste, den schicken wir dahin, hier und nicht dann das Gerangel, um da reinzukommen. Wie die sich vor die Kniescheiben treten."[95]

Beckers hält hier die alten Tugenden politischen Engagements gegen den Karrierismus der nachwachsenden Generationen und konstatiert einen allgemeinen Niedergang der Moral. Seine enttäuschenden Erfahrungen hat Beckers vor allem in der örtlichen SPD-Organisation gemacht, in der er immer noch – dies betont er stolz – eine wichtige Rolle spielt. Aber auch die Parteispitze wird von ihm mit Kritik bedacht: Die da oben machen keinen richtigen Wahlkampf, lassen den Spitzenkandidaten Scharping ganz allein kämpfen. Außerdem wenden sie sich nicht den richtigen Themen zu und verspielen damit alle Chancen auf einen Wahlsieg (zum Zeitpunkt des ersten Gesprächs mit Beckers stand die Bundestagswahl 1994 bevor):

> „Und solche Pfunde, die wir heute in der Hand haben, kriegen wir nie wieder. Die kriegen wir nie wieder. Wir brauchen doch ... die ganze CDU, da spricht keiner was von Arbeitslosen, haben Sie noch nie gehört hier, daß Kohl mal sagt: wir haben Arbeitslose. Ich glaub, manchmal hab ich das Gefühl, daß die Menschen von Arbeitslosen gar nichts wissen. Und wir haben doch Pfunde, die wir nie wiederkriegen, um diese Wahl zu gewinnen. Für mich ist das unerklärlich. Der Scharping rennt sich die Beine aus hier, und andere sitzen da und kriegen das Maul nicht auf. Die müssen doch tagtäglich unterwegs sein. Die brauchen nur immer zu sagen, wir haben sechs Millionen Arbeitslose und sieben Millionen, die Arbeit suchen und soundsoviel Sozialempfänger ..."[96]

Bei all seiner Kritik, bleibt Beckers beim „wir", wenn er von der SPD spricht. Obwohl er faktisch keinen Einfluß auf deren Politik hat, identifiziert er sich mit diesem „wir". Auch seine Meinung, das Thema Arbeitslosigkeit müßte im Wahl-

95 Hoesch 19, S. 39.
96 Ebd., S. 59.

kampf lediglich angesprochen werden und dann würde die SPD die Wahlen gewinnen, zeigt, daß zumindestens die Partei seines Glaubens und seiner Hoffnung die einzige Kraft ist, die aus der gegenwärtigen Misere herausführen kann. Nach seinem Verständnis müssen die Leute die SPD wählen, wenn die sozialen Probleme sich verschärfen. Die hohe Arbeitslosigkeit, über die er mehrfach spricht und sie immer wieder in Beziehung setzt zur Weltwirtschaftskrise Ende der 20er Jahre, ist für ihn das gravierendste soziale Problem der Gegenwart.

Beckers war – wie viele sozialdemokratische Arbeitnehmer des Ruhrgebietes – zunächst Gewerkschafter und ist erst später – als Konsequenz seines gewerkschaftlichen Engagements – zur SPD gestoßen, ohne hier in gleicher Weise heimisch zu werden wie in der Gewerkschaft. Sein widersprüchliches Verhältnis zur SPD kommt auch in seiner Antwort auf die Frage nach seinem Zugehörigkeitsgefühl zum Ausdruck:

> „Das will ich Ihnen ehrlich sagen, meine Heimat, wo ich mich zu Hause fühl', ist die Gewerkschaft. In der, in der Politik bin ich so in der letzten Zeit so, weiß ich nicht mehr, wo ich reingehöre, wo ich hingehöre, zwar SPD, aber, wo ich da richtig hingehöre … eigentlich, weil, ich fühl mich von der Partei so verlassen hier, nicht, weil da von … weil da von unten nichts mehr kommt …" [97]

Diese Äußerung bezeugt nicht nur Beckers emotionale Verbundenheit mit der Gewerkschaft, sondern auch seine Probleme mit der SPD. „Ich fühl' mich so verlassen hier", diese Klage signalisiert eine Isoliertheit, das Gefühl, nicht mehr dazuzugehören. Auch seine Verbundenheit mit der Gewerkschaft siedelt Beckers eher in einer Vergangenheit an, in der alles besser, klarer und hoffnungsvoller war. Früher habe es noch richtige Kämpfe gegeben, da hatten die Arbeiter noch Ziele, früher habe es auch noch Solidarität unter den Kollegen gegeben, so etwas wie Klassenbewußtsein würden die jungen Leute nicht mehr kennen:

> „Die Gewerkschaftsmitglieder werden ja immer weniger, nicht, das wissen Sie ja selber. Das ist ja nicht allein bei den Gewerkschaften … ist ja bei allen Jugendverbänden, gucken Sie in die Kirchen. Überall, was Vereine sind, die gehen mit der Zeit alle ein. Wir sind in unserer … wir nennen das ja Stadtteilgruppe, wir haben ja von der IG Metall in den Sommer … in den Nichtsommermonaten haben wir ja jeden zweiten Monat Versammlung. Wir sind zwischenzeitlich nur noch Rentner … Da sind 40 Rentner, höchstens noch zehn Aktive. Die Aktiven haben's nicht mehr nötig zu kommen. Die kommen nur, wenn's Lohnverhandlungen gibt. Die lassen sich dann mal sehen, sonst nicht …"[98]

Den Verlust der inneren Verbindung konstatiert Beckers auch in bezug auf die Gewerkschaftsorganisation. Er beklagt den Pragmatismus der jüngeren Jahrgänge, die nur kommen, wenn es einen konkreten Anlaß gibt, der sie interessiert, wäh-

97 Hoesch 19, S. 71.
98 Ebd., S. 28 f.

rend die Alten ein Bedürfnis nach Zusammensein, nach Gedankenaustausch im Rahmen der Gewerkschaft (natürlich auch mehr Zeit) haben. Die allgemeinen Klagen über die Gegenwart, die lange nicht so gut ist, wie die Vergangenheit war, ist natürlich eine Alterserscheinung. Ein alter Mann, der früher sehr aktiv gewesen ist, fühlt sich jetzt von den Ereignissen ausgeschlossen. Es ist aber auch die Ratlosigkeit eines Menschen, der mit der radikalen Veränderung von sozialen Beziehungen, von Wertmaßstäben nicht zurechtkommt, weil buchstäblich alle Säulen, auf denen sein Selbstverständnis ruhte, ins Wanken geraten sind.

### *Der Bruder im Osten – DDR, Sozialismus und Vereinigung*

Beinahe hätte er uns seinen Bruder im Osten ganz unterschlagen. Zuerst behauptete er nämlich, nach dem Tod seiner Geschwister, sei er heute der älteste Bruder. Doch dann fiel ihm sein Bruder in Dessau ein, der noch zwei Jahre älter sei. Dieser Bruder, der in Dessau, in der ehemaligen DDR lebt, ist wie ein weißer Fleck in Beckers biographischer Erzählung. Er erwähnte ihn nur zweimal ganz kurz. Am Anfang erzählte er, daß dieser Bruder die „Intelligenz" in der Familie gewesen sei und Ingenieur werden wollte, daß aber die Eltern das Geld für die Ausbildung nicht aufbringen konnten. Später sei der Bruder deshalb nach Dessau gegangen zu den Junkers-Werken. Dort konnte er (vermutlich während der Nazi-Zeit) an der Abendschule seinen Ingenieur machen. Ansonsten waren sowohl der Bruder als auch der Osten kein Thema für Günter Beckers. Als wir in Zusammenhang mit dem Mauerbau 1961 noch einmal das Gespräch auf den Bruder brachten, meinte Beckers nur kurz, sein Bruder habe sich „parteipolitisch" nie gekümmert, zur Goldenen Hochzeit der Eltern habe er mal in den Westen reisen können. „Ihm Pakete schicken, das war das Wichtigste", sagte er, wobei offenbleibt, ob die Pakete für den Bruder das Wichtigste waren oder für die Familie, die ihm die Pakete schickte. An dieser Stelle mischte sich die Ehefrau in das Gespräch ein und vermittelte uns eine Ahnung davon, daß es über den Bruder noch mehr zu erzählen gäbe. Der Kontakt sei auch deshalb niemals abgerissen, sagte sie, weil die beiden ältesten Söhne des Bruders im Westen aufgewachsen seien, der eine bei der Mutter von Günter Beckers und der andere bei dessen Schwester. Ihr Mann fiel ihr jedoch sogleich ins Wort und begann längere Zeit darüber zu räsonieren, ob der Mauerbau 1961 wirklich so überraschend kam oder ob die Geheimdienste die Vorbereitungen nicht hätten bemerken müssen. Ganz offensichtlich gehörten weder sein Bruder noch die Entwicklung der DDR zu den Themen, über die Günter Beckers mit uns sprechen wollte. Er kam noch einmal auf den Bruder zu sprechen, als er seiner Skepsis über die Vereinigung Ausdruck verlieh. Die Währungsunion sei viel zu schnell durchgeführt worden, meinte er, und mit dem Umtauschkurs Westmark zu Ostmark war er auch unzufrieden, wobei er offenkundig einiges durcheinander brachte. Die Wurzel allen Übels sei der Umtauschkurs eins zu drei gewesen, statt eins zu eins, wie der Bundesbankpräsident seinerzeit vorgeschlagen habe. Der Gewinn wäre dann folgerichtig in die Taschen der westdeutschen Wirtschaftsbosse geflossen. Einen Teil von seinem Unwillen bekam aber auch der Bruder, stellvertretend für die Leute im Osten ab, die mit ihrem vielen Geld den Wirtschaftsbossen beim Verdienen geholfen hatten:

„Die Leute hatten doch Geld, die hatten doch, bis unter die Arme hatten die doch Geld. Gucken Sie, meinen Bruder hab ich geschätzt mit 120 000 Mark, und der nicht alleine, die anderen auch. Die haben doch gesagt, die teure Ware, gab ja die ... die, wie hießen die Läden noch? HO-Läden, ja, da konnten sie doch alles kriegen. Konnten sie auch die schönsten westlichen Sachen kriegen. Haben sich dann gesagt, das teure Geld geben wir nicht aus, das legen wir auf die Kante und dann ging's ja richtig rund hier. Erstmal hier die ganzen Musikinstrumente [er meint wohl Phonogeräte – Interviewerin], erstmal die Stereoanlage, nicht, Videoanlage, was ich heute alles nicht hab, das haben die sich sofort ... die ganzen Läden ja aufgekauft, hier. Das ganze Geld haben die Wirtschaftsbosse alle sich eingesteckt hier."[99]

Es fällt auf, daß Beckers von den Verhältnissen in der DDR kaum etwas aus eigener Anschauung weiß, daß er in den gleichen Klischees denkt und spricht, wie viele seiner Landsleute in der alten Bundesrepublik, die die DDR früher nie besucht haben und ihre Vorbehalte gegen Währungsunion und Vereinigung fast ausschließlich aus dem eigenen Bezugssystem entnehmen, ohne ihr Bewußtsein auch nur ein Stückchen in Richtung Osten erweitert zu haben. In dem Vorwurf gegenüber den DDR-Bürgern, es sei ihnen ohnehin gut gegangen und nun hätten sie auch noch westliche Konsumgüter haben wollen, die er, Beckers, nicht einmal besitze, schwingen gewiß auch Ressentiments gegenüber dem Bruder in Dessau mit, dem älteren, erfolgreichen Bruder, der es bis zum Ingenieur gebracht hatte. Beckers benennt die mutmaßliche Höhe des Bankkontos seines Bruders wohl, um deutlich zu machen, daß ein Solidaritätsbeitrag völlig verfehlt sei, weil er erstens die Falschen treffe und überdies nur die Gewinne der Wirtschaftsbosse vermehre. Im Gegensatz zu anderen Vertretern seiner Generation, für die die Einheit der Nation einen wichtigen Wert darstellt, ist für Günter Beckers anscheinend die Vereinigung nur eine wirtschaftliche Rechnung, die nicht aufgegangen ist und die Staatsschulden enorm vermehrt hat.

In der Tat will er mit dem Begriff Nationalbewußtsein nichts zu tun haben:

„Also, da dürfen Sie mir nicht mit kommen. Ich kenn kein Vaterland, vor allen Dingen, das Nationale, was heute ... das ist ja der Kanzler doch gewesen ... Kohl sagt doch auch: Wir müssen endlich mehr ein Nationalbewußtsein

99 Hoesch 19, S. 62.

haben. Da hab ich nix mit am Hut hier. Ich kenne nur eines: Mein Zuhause. Wenn mich einer fragt: Wo ist dein Vaterland? Ich sage: Hören Sie bloß mit auf oder wat ... ich kann das Wort nicht hören. Was haben wir nicht mal gekämpft für Führer, Volk und Vaterland ..."[100]

Für Günter Beckers ist Nationalbewußtsein nur eine Propaganda-Formel, gegen die er allergisch ist, weil sie von Politikern für ihre wechselnden Zwecke benutzt wird. Die Absolutheit seiner Ablehnung deutet allerdings darauf hin, daß Vaterland oder Nation ihm wohl nicht immer gleichgültig waren, sondern daß da Gefühle der Enttäuschung, des Betrogenseins im Spiel sind. Wenn er davon spricht, daß er mal „für Führer, Volk und Vaterland" gekämpft habe, wird deutlich, daß das Ende des Zweiten Weltkrieges für ihn den entscheidenden Bruch darstellt. Vaterland und Nationalgefühl gehörten nicht zu den Werten, die er „danach" noch für gültig hielt. Seine Lehre aus der Geschichte war das soziale und demokratische Engagement im Rahmen der Bundesrepublik, und es gehörte gewiß zu dieser Lehre, jegliches Hinausdenken über diesen Rahmen suspekt zu finden. Günter Beckers wichtigster Bezugspunkt seines Lebens – so jedenfalls seine Darstellung – bleibt der Krieg. Kein noch so gravierendes Erlebnis in der Gegenwart vermag diese entscheidende Erfahrung in den Hintergrund zu rücken.

## 2) Die HJ/FDJ-Generation – Grete Lieser und Gertrud Michalke

### a) Von der Hausfrau zur Ingenieurin – eine Erfolgsgeschichte – Grete Lieser, Jahrgang 1928, Rentnerin

Ihren Namen hatte ich in der Betriebschronik des Halbleiterwerkes Frankfurt/Oder gelesen. Dort war in dem Kapitel über die Entstehung des Werkes Ende der fünfziger Jahre von einigen Frauen die Rede, „Aktivistinnen der ersten Stunde", die sich im Verlaufe der Geschichte des Halbleiterwerks Frankfurt/O. zu „profilierten sozialistischen Persönlichkeiten" entwickelt hätten. An zweiter Stelle, gleich hinter Margot Kowalewski, der Vorzeige-Frau des Werkes, wurde Grete Horn genannt, so hieß sie damals noch nach ihrem ersten Ehemann. Grete Horn/Lieser schien eine nicht ganz so „profilierte Persönlichkeit" gewesen zu sein wie Margot Kowalewski, die als Mitglied der Volkskammer und Trägerin der höchsten Auszeichnung der DDR, des Karl-Marx-Ordens, vorgestellt wurde. Sie war in allem politisch eine Stufe darunter plaziert, statt der Volkskammer gehörte sie dem Bezirkstag von Frankfurt/Oder an und anstelle des Karl-Marx-Ordens war ihr das „Banner der Arbeit" verliehen worden.

100 Hoesch 19, S. 74.

Ich schrieb an beide Frauen Briefe, in denen ich sie um ein Gespräch bat. Eine Antwort bekam ich nur von Grete Lieser, die mich einlud, sie in ihrem Bungalow in der Kleingartenanlage, nicht weit vom Halbleiterwerk, zu besuchen, wo sie während der Sommermonate wohne, wenn es in der Neubauwohnung in der Stadt zu heiß sei. Auch damals, als sie und ihr Mann noch im Werk gearbeitet haben, hätten sie in der warmen Jahreszeit den kurzen Weg zwischen Betrieb und Garten geschätzt, die schönen Abende auf der Terrasse unter Bäumen nicht nur am Wochenende genießen können.

Grete Lieser erwartete mich am Gartentor: eine schlanke, gutaussehende Frau, die kurzen grauen Haare blondiert, blaue, kühl blickende Augen, ein selbstsicheres Auftreten, jedoch sehr verhalten und kontrolliert. Ihr Mann, der, wie ich bald erfuhr, im Halbleiterwerk ebenfalls eine leitende Stelle als Planungschef innegehabt hatte, hielt sich während unseres Gespräches sehr zurück, soweit das in dem kleinen engen Bungalow möglich war. Zweifellos war er es gewohnt, daß sie im Mittelpunkt stand. Grete Lieser erzählte nicht zum ersten Mal über ihren Werdegang im Halbleiterwerk, der schließlich etwas Besonderes war und auf den sie bis heute stolz ist. Jedoch war nach einigen Sätzen spürbar, daß es auch Erinnerungen gab, deren Erwähnung ihr Schwierigkeiten bereiteten und an denen sie rasch vorbei wollte.

Im Jahre 1958 hatte die neunundzwanzigjährige Hausfrau und Mutter eines siebenjährigen Sohnes in Frankfurt/Oder eine Annonce in der Zeitung gelesen, wonach Arbeitskräfte für das neu zu errichtende Halbleiterwerk gesucht wurden. Zunächst habe sie gar nicht gewußt, was Halbleiter überhaupt seien, auch ihr erster Mann, ein kleiner Wirtschaftsfunktionär beim Rat der Stadt, habe mit dem Begriff nichts anfangen können. Grete Horn ließ jedoch der Gedanke nicht mehr los. Zu dieser Zeit fühlte sie sich nicht mehr recht ausgefüllt mit der Hausarbeit und der Sorge für das Kind. Wenn sie bei Betriebsveranstaltungen abends mit Kollegen und Kolleginnen ihres Mannes zusammengekommen sei, habe sie sich immer wie „Kleindoofchen“ gefühlt. Außerdem reichte das Gehalt des Mannes nicht aus, um sich etwas anschaffen zu können. Für die gelernte Putzmacherin gab es in Frankfurt/Oder wenig Arbeitsmöglichkeiten. Ohne ihrem Mann etwas davon zu sagen, meldete sie sich bei der in der Annonce angegebenen Stelle. Nach kurzer Zeit bekam sie die Aufforderung, zur Berufsschule zu kommen. Damals war das Halbleiterwerk, das später Tausenden Menschen Arbeit geben sollte, noch im Bau. Die erste kleine Produktionsstätte für Dioden und Gleichrichter wurde in einer ehemaligen Berufsschule in der Stadt eingerichtet.

Das Datum des ersten Arbeitstages weiß Grete Lieser bis heute. Es war der 19. Februar 1958. Den Ehemann hatte sie schließlich davon unterrichtet und ihm versprochen, sofort mit der Arbeit wieder aufzuhören, wenn der Junge in der Schule nicht richtig mitkommen würde, wenn er Hilfe benötigen sollte:

> „Naja, dann kam ich dahin, war natürlich wieder die Älteste, alle so jünger, ja, ein paar waren so vielleicht Mitte 20, dann bekamen wir jeder ein Stück Papier,

Bleistift in die Hand, dann ging es in einen Klassenraum und jetzt wurde eine Mathematikarbeit geschrieben. Also es war, erst einfache Additionen, Plus, Minus, Malnehmen, Teilen, sodann kamen Buchstabenrechnung, hatte ich ja gar keine Ahnung, dann kam Prozent, Bruchrechnung. Naja, das Ergebnis jedenfalls war so: Trotzdem ich die Buchstabenrechnung nicht gemacht hatte, hatte ich eine Zwei. Und ich traute meinen Augen nicht, wieviel Fünfen bei den Jungen dabei waren. Naja also jedenfalls hab ich erstmal ein bißchen Selbstbewußtsein ... denk ich Donnerwetter, bist hier die Älteste ja. Und es wurden nach diesen Leistungen die Arbeiten eingeteilt. Wer nun 'ne Fünf hatte, der kriegte vielleicht 'ne Tauchverzinnung oder so, wo man nicht viel überlegen muß. Und ich hatte das Glück, ich kam zum Typisieren. Da wurden eben die Dioden, wurden an Meßgerät praktisch eben in die Gruppen eingeteilt, welche Stromverstärkung usw ..."[101]

Grete Lieser ist sich sehr bewußt, welche Rolle diese Prüfung in ihrer Entwicklung spielte. Ängstlich und verunsichert setzte sie sich an die Mathematikaufgaben. Als Hausfrau fehlte ihr jede Herausforderung und jede Bestätigung der eigenen Qualität. Ihre letzte Prüfungssituation lag wahrscheinlich schon mehr als zehn Jahre zurück. Und dann die Erleichterung über den ersten Erfolg.

*Eine Bilderbuchkarriere*

Was dann folgte, kann man ruhig als Bilderbuchkarriere bezeichnen, die aber durchaus nicht ungewöhnlich für Frauen der Generation von Grete Lieser in der DDR war. Grete Liesers Selbstbewußtsein erhielt weiteren Zuwachs, als sie nach einem halben Jahr „Vertrauensmann" der Gewerkschaft wurde. Als sie kurz danach aus dem Urlaub wiederkam, saß eine andere Frau auf ihrem Platz und Grete erfuhr, daß sie nun als Brigadierin in einer anderen Abteilung eingesetzt war. Sie erschrak, weil ihr bewußt war, daß sie von den technischen Vorgängen, die sie ausführte, eigentlich keine Ahnung hatte. So begann sie, Fachbücher zu lesen und meldete sich für den ersten Facharbeiterlehrgang an. Als sie nach zwei Jahren die Prüfung bestanden hatte, war sie bereits zur Meisterin avanciert und schloß einen dreijährigen Meisterlehrgang an. Später folgte noch ein Ingenieurfernstudium in Glashütte. Im Alter von 47 Jahren beendete sie ihre Ausbildung schließlich und arbeitete bis zum Rentenalter als Abschnittsleiterin in verschiedenen Abteilungen des Werkes.

Der Eintritt in das Halbleiterwerk bildete zweifellos einen Wendepunkt im Leben von Grete Lieser, der ihre gesamte weitere Entwicklung bestimmte und auch

101 Frankfurt/O. 5, S. 3

ihr Selbstverständnis prägte. Sie erzählt diese Geschichte wie das plötzliche Erwachen aus einem zehnjährigen Dornröschenschlaf als Hausfrau und Mutter und es wird deutlich, welche Fähigkeiten und Stärken, aber auch ehrgeizigen Hoffnungen in ihr geschlummert hatten. In dem neu entstehenden Werk, wo überall Leute fehlten, in dem es noch keine festgefügten Hierarchien gab, eröffneten sich zur damaligen Zeit besondere Aufstiegschancen, gerade für Frauen. Grete Lieser erwies sich als zielstrebig genug, um diese Chancen zu nutzen, aber offensichtlich benötigte sie dazu auch immer den Anstoß von außen. Wenn sie, wie sie erzählte, aus dem Urlaub zurückkam und sich plötzlich in eine neue verantwortungsvollere Position versetzt sah, für die ihr eigentlich noch die fachlichen Voraussetzungen fehlten, mußte sie ihre ganze Kraft und ihren Mut zusammennehmen, um die Erwartungen zu erfüllen, die ihre Lehrer und Chefs in sie gesetzt hatten. Im Rückblick spricht sie nicht nur über die Erfolge, sondern auch über die Schwierigkeiten, die ihr Aufstieg mit sich brachte: die Dreifachbelastung mit Schichtarbeit, Ausbildung, der Sorge um den Sohn und den Pflichten im Haushalt, bei denen ihr der Ehemann, der im Krieg einen Arm verloren hatte, wenig helfen konnte. Da die bisherige Arbeitsteilung innerhalb der Familie einfach fortbestehen blieb, wie es in dieser Generation üblich war, mußten die Frauen zusehen, wie sie alles unter einen Hut bekamen, bzw. waren in hohem Maße auf gesellschaftliche Unterstützung angewiesen:

> „Also, ich muß Ihnen sagen, im Kapitalismus hätte ich das nicht geschafft. Die Möglichkeiten wären gar nicht gewesen. Ich kann mir nicht vorstellen, daß es da einen Meisterlehrgang oder einen Facharbeiterlehrgang gibt, wo man da vielleicht die Hälfte der Arbeitszeit hier machen kann. Sonnabends mußten wir immer noch gehen, aber auch einen halben Tag während der Arbeitszeit sind wir auch gegangen, ja. Ist natürlich auch ... wenn ich denn gerade wieder so 'ne Abteilung hatte, wo eben viel Neues war und viel Ausschuß ... bin manchmal auch hingekommen, und der Kopf noch voll von der Arbeit, ja. Ich kann mich noch erinnern, und dann kommt er gleich ran und fragt: was haben wir letztes Mal durchgenommen? Ja, da hab ich dagesessen, gesagt: ick weiß es nicht, also da mußte man erstmal umschalten, das war schon schwer."[102]

Grete Lieser verknüpft hier ihre persönliche Entwicklung ganz eng mit der gesellschaftlichen Situation: Im „Kapitalismus", sprich: ohne derartige Förderung und Freistellung von der Arbeit, hätte sie ihre Ziele nicht erreichen können. In diesem Satz kommt die Bindung von Grete Lieser an das sozialistische System zum Ausdruck. Es ist eine Bindung, die sie mit vielen Vertreterinnen und Vertretern ihrer Generation teilt, die sich während der Aufbauphase der DDR einzigartigen Möglichkeiten und Herausforderungen gegenübersahen. Gleichzeitig spricht sie jedoch auch über die Schwierigkeiten, die ganz unterschiedlichen Anforderungen

102 Frankfurt/O. 5, S. 18.

von Betrieb und Schule irgendwie zu bewältigen. Feierabend, Muße, Freizeit kannte sie wohl jahrelang nicht. Der berufliche Aufstieg hatte jedoch seinen Preis. Ihr Sohn war oft allein gelassen:

> „Ich konnte mich um den Jungen, möcht ich sagen, genauso wenig kümmern, wie sich meine Mutter um mich gekümmert hat. Ich hab vielleicht gerade noch gefragt: hast du Schularbeiten gemacht, ja, aber es hat eben geklappt, er war vielleicht doch ein bißchen fleißiger als ich.“[103]

In ihrer nüchtern-sachlichen Art will Grete Lieser den Mangel an Zuwendung, den ihr Sohn zweifellos erfuhr, nur auf die Aufmerksamkeit für seine schulischen Leistungen beschränken. Glücklicherweise habe es jedoch „geklappt“. Der Erfolg, nicht nur der eigene, sondern auch der des Sohnes, rechtfertigt also die damalige Entscheidung. Grete Lieser vergleicht in diesem Satz außerdem ihr eigenes Verhalten mit dem ihrer Mutter, die sich ebenfalls um ihr Kind kaum hatte kümmern können. Als alleinstehende Frau hatte die Mutter sich abgemüht, um mit Näharbeiten den Lebensunterhalt für sich und die Tochter zu verdienen.

Ihre entbehrungsreiche Kindheit als uneheliche Tochter einer kleinen Schneiderin deutet Grete Lieser als ein wichtiges Motiv für ihren späteren beruflichen Ehrgeiz. An einer anderen Stelle des Gesprächs beklagt sie sich darüber, daß die Mutter nie Zeit für sie gehabt habe und schreibt ihr die Schuld dafür zu, daß sie, Grete, seinerzeit eine so schlechte Schülerin gewesen sei. Schuld sei die Mutter in ihren Augen auch deshalb, weil sie sich geweigert hatte, Gretes Vater zu heiraten und sich und ihrer Tochter damit ein Leben in anerkannten und gesicherten materiellen Verhältnissen verwehrte. Der Impuls, es besser zu machen als die Mutter, das Bestreben, es einmal besser zu haben als sie, hatte offenbar zunächst zur Heirat und zur jahrelangen Beschränkung auf das Hausfrauen- und Mutterdasein geführt. Erst im zweiten Anlauf offenbarte sich, welcher berufliche Ehrgeiz auch in diesem Impuls steckte. Das Bestreben, es besser zu machen als die Mutter, bescherte Grete Lieser tatsächlich einen deutlich höheren Lebensstandard und ein hohes Maß an gesellschaftlicher Anerkennung. Gleichzeitig mußte sie jedoch eine Kontinuität konstatieren, die sie nicht beabsichtigt hatte: Für ihren Sohn hatte sie nicht mehr Zeit und Aufmerksamkeit wie ihre Mutter seinerzeit für sie.

Im Rückblick mischen sich bei Grete Lieser doch Zweifel in den Stolz auf das Erreichte:

> „Jedenfalls wollte ich immer mein Leben besser gestalten als das von meiner Mutter, ja. Ich weiß nicht, ob es richtig war, aber ich hab eben ... ist vielleicht gar nicht richtig, aber ich wollte eben immer mehr erreichen, ja, wirtschaftlich und in allem und es ist mir auch nu irgendwie geglückt, ja. Aber ob das nun das Richtige ist. Eben ein Auto und sonst was ... davon hängt ja nun das Leben

103 Ebd.

nicht ab. Aber irgendwie ist es vielleicht, weil ich wirklich ziemlich arm aufgewachsen, daß ich dadurch immer mehr erreichen wollte, so ja."[104]

Hier zieht Grete Lieser selbst die Verbindung zwischen den materiellen Bedingungen der Kindheit und ihrem Ehrgeiz. Heute zweifelt sie daran, ob es richtig war, „immer mehr erreichen" zu wollen. Das klingt ein wenig, als ob sie es bedauere, zu hoch hinaus gewollt, sich zu weit nach vorn gedrängelt zu haben, daß sie damit eine der Lebensregeln der kleinen Leute verletzt hat, die lautet: nur nicht auffallen. Sie habe immer mehr erreichen wollen, sagt sie, „wirtschaftlich und in allem" und dieses „in allem" meint offenbar die politische Karriere, die untrennbar mit ihrem beruflichen Aufstieg verknüpft war und deren Wert zum Zeitpunkt unseres Gesprächs im Jahr 1993, zumindest in Frage gestellt war.

*1945 und 1989 – ein Leben zwischen zwei Brüchen*

Grete Lieser war, wie schon am Anfang erwähnt, eine der Vorzeige-Frauen des Werkes. Sie war Mitglied der SED, zeitweise sogar hauptamtliche Parteisekretärin einer Abteilung, sie war Abgeordnete des Bezirkstages, arbeitete als Schöffin am Bezirksgericht, gehörte der Gewerkschaftsleitung des Betriebes an und war einige Jahre Vorsitzende der Gesellschaft für Deutsch-Sowjetische Freundschaft in ihrem Bereich. Als verdiente Arbeiterin war sie in den sechziger Jahren bei Walter Ulbricht zum Empfang eingeladen worden, in den achtziger Jahren hatte sie Erich Honecker bei seinem Besuch durch das Halbleiterwerk geführt. Wenn in Zeitungsartikeln oder Rundfunksendungen der Region von der führenden Rolle der Arbeiterklasse und von der Emanzipation der Frau im Sozialismus die Rede war, dann gehörte Grete Liesers Werdegang zu den zitierten Beispielen.

Der gesellschaftliche Bruch von 1989/90, der diese Erfolge in ein anderes Licht rückte, wurde von Grete Lieser in unserem Gespräch zunächst nicht direkt thematisiert, aber unausgesprochen schwang er in ihren Worten von Anfang an mit, denn ihre Lebenserzählung endete im Jahre 1989, als ob seitdem die Zeit stehengeblieben sei. Sie sprach zunächst von einem anderen Bruch, der zumindestens ebenso existentiell für sie gewesen war:

„Und nun hab ich noch was vergessen. Meine politische Entwicklung, die verlief so: Erst war ich Vertrauensmann, da hatten wir dann auch so politische Schulungen und so, und da hab ich überhaupt erstmal mitbekommen, ja, wie der Sozialismus sich entwickeln soll, und ich habe wirklich erstmal so richtig bedacht, ja, wie meine Kindheit verlief ... die ich verlebt habe im Kapitalismus, ich war im BDM gewesen, ja, war da auch ziemlich aktiv, keine hohe Funktion, aber so ein bißchen hab ich auch mitgemischt, nicht. Und als der

104 Frankfurt/O. 5, S. 24 f.

Krieg zu Ende ging, das war für mich so, als wenn die Welt zu Ende war, ich konnte mir gar nicht vorstellen, daß es überhaupt weitergeht und mit einem Mal höre ich, daß der Sozialismus da sein soll für uns kleine Leute, jedenfalls war ich da schon' bißchen eingenommen, ja, aber war noch nicht so weit, daß ich als Parteimitglied oder so, irgendwie ... Und als ich als Meister eingesetzt wurde, da wurde ich dann auch öfter angesprochen, ja, ob ich nicht Mitglied der Partei werden will, und so. Ja, dann hab ich mit meinem Mann gesprochen, mein Mann, der war inzwischen auch schon Mitglied der Partei. Naja, sagt er, mußt du wissen, und so. Naja, dann hab ich so gedacht, wenn ich denn als sozialistischer Leiter tätig bin, ja denn müßte ich auch versuchen, die Menschen auch darin zu überzeugen, nicht. Es ist ein staatlicher Betrieb und ... jedenfalls hab ich es eben als richtig angesehen, ja. Und bin 1961, bin ich Mitglied der Partei geworden. Und dann bin ich 1963, da spielte dann noch 'ne Rolle, daß ich auch in der Neuererarbeit aktiv war, auch im DFD bin ich dann gewesen, da war ich auch ziemlich aktiv, da haben sie mir dann die goldene Ehrennadel gegeben. Da wurde irgendwie im Bezirk 'ne Abgeordnete gesucht, Bezirkstagsabgeordnete, und da wurde ich nun vorgeschlagen ..."[105]

Diese Textpassage hat eine bemerkenswerte Struktur. Sie schließt unmittelbar an den Bericht des beruflichen Werdeganges an. Analog zum Aufbau der offiziellen Lebensläufe, die man für die Kaderakte schrieb, kommt Grete Lieser danach auf ihre politische Entwicklung zu sprechen, genauer gesagt auf ihre politische Entwicklung nach der Arbeitsaufnahme im Halbleiterwerk. Sie erzählt, daß sie als gewerkschaftlicher Vertrauensmann auf politischen Schulungen etwas über den Sozialismus erfuhr und bei diesem Anlaß – vielleicht zum ersten Mal – über die Vergangenheit nachdachte, über die Zeit, als sie Mitglied des BDM gewesen war. Es fällt auf, daß Grete Lieser nicht von Nationalsozialismus oder Faschismus spricht sondern von der „Kindheit im Kapitalismus". Dies ist zweifellos eine sehr verkürzte Form der Geschichtsideologie der DDR. Die ganze Spezifik des Dritten Reiches, die Einmaligkeit seiner Verbrechen verschwinden hier hinter dem Charakteristikum der Klassengesellschaft, zu der der Sozialismus die Alternative, das positive Gegenbild darstellt. Diese grobe Faschismustheorie ermöglicht zugleich Grete Lieser, von ihrer Sinneswandlung zu sprechen, ohne sich direkt mit Inhalten früherer Überzeugungen auseinandersetzen zu müssen.

Den von ihr beschriebenen Werdegang teilt sie mit einer ganzen Generation, die begeistert von den nationalsozialistischen Ideen war und 1945 nach einer neuen Identifikation, einem neuen Glauben suchte.[106] Vermutlich war ihr Engage-

105 Frankfurt/O. 5, S. 4.

106 Grete Lieser war Gefolgschaftsführerin des BDM gewesen. „Adolf Hitler war unser Idol", sagte sie auf meine direkte Frage. An mehr als an Heimabende und schöne Fahrten erinnert sie sich nicht.

ment im BDM bereits der erste Ausdruck des Ehrgeizes des jungen Mädchens gewesen, ihres Impulses, „mehr zu erreichen“ als die Mutter. Es fällt auch auf, daß sie ihren Wechsel vom BDM zur SED, der sich ja über einen längeren Zeitraum zwischen 1945 und 1961 abgespielt hat, in der Erzählung drastisch verkürzt, so daß er beinahe als nahtloser Übergang erscheint. Nur ein kurzes Verzögerungsmoment „da war ich noch nicht soweit, daß ich als Parteimitglied oder so ...“ bremst noch die Entwicklung und dann ist sie schon bei ihrem SED-Eintritt, ohne ihr beinahe zehnjähriges, vermutlich eher unpolitisches Hausfrauendasein zu erwähnen. Die Dramatik ihrer Erzählung, die letztlich das Tempo bestimmt, geht von dem Satz aus, mit dem sie ihre tiefe Verzweiflung beschreibt: 1945 war für sie so, „als wenn die Welt zu Ende war“, sie habe sich nicht vorstellen können, wie es überhaupt weitergehen sollte. Doch dann habe sie erfahren, daß der Sozialismus das Richtige für „uns kleine Leute“ sein sollte. Die so begonnene Geschichte einer Läuterung, wird dann aber eher beiläufig und lustlos fortgesetzt. Als sie später als Meisterin eingesetzt wurde – das war eine Funktion, in der Parteimitgliedschaft beinahe obligatorisch war – habe sie den Werbungen seitens der SED schließlich nachgegeben.

Vielleicht war es wirklich mehr pragmatische Anpassung als Begeisterung. Vielleicht aber hat diese nüchterne Beiläufigkeit der Erzählung etwas mit der Gegenwart zu tun, mit dem erneuten Bruch von 1989/90, der zwar nicht erwähnt wird, der aber dieser Geschichte ihren ganzen Schwung einer entscheidenden Wandlung von Böse zu Gut, von Falsch zu Richtig nimmt, weil ja auch der Sozialismus sich letztlich nicht als „das Richtige“ erwiesen hat. So bleibt nur das „Naja, mußt du wissen“, des Ehemannes und ihr „Es ist ein staatlicher Betrieb ... jedenfalls habe ich es als richtig angesehen ...“, das mehr die Rechtfertigung für ein Pflichtgefühl als eine Überzeugung zum Ausdruck bringt.

Das ganze Spannungsfeld ihres Lebens zwischen den beiden Brüchen 1945 und 1989 hat Grete Lieser in diesen wenigen Sätzen abgesteckt. Bemerkenswert, wie behutsam sie sich in diesem Feld bewegt, ohne etwas zu verdecken, aber auch möglichst ohne anzustoßen. Es geht darum, die eigene Integrität zu bewahren und ihre Geschichte des Erfolges über die gesellschaftlichen Umbrüche hinweg zu retten.

### *„... als wenn die Welt zu Ende war“*

Nur an einer Stelle dieses Panoramas der Umbrüche gibt Grete Lieser eine tiefe Verletzung zu erkennen. Das war, als sie vom Ende des Krieges spricht und von ihrem Gefühl der Verzweiflung, „als wenn die Welt zu Ende war“. Im weiteren Verlauf des Gesprächs zeichnet sich ab, daß damit offenbar nicht nur der Zusammenbruch aller bisherigen Ideale und Werte gemeint ist, sondern auch und vor allem ein traumatisches Erlebnis, über das sie nur indirekt und in Andeutungen sprechen kann.

Im Januar 1945 wurde die Stadt Frankfurt zur Festung erklärt, die Bevölkerung evakuiert. Grete und ihre Mutter zogen jedoch nicht mit den anderen in Richtung Westen, weil sie den alten kranken Großvater nicht allein zurücklassen wollten. In dem verlassenen Mietshaus, in dem sie als einzige Bewohnerinnen zurückgeblieben waren, gewährten sie fünf geflohenen polnischen Zwangsarbeitern Unterschlupf, die die Evakuierung in Richtung Norden nicht hatten mitmachen wollen, sondern auf eine Gelegenheit warteten, um in ihre schon befreite Heimat zu gelangen. Das Mädchen Grete stahl sogar Brotmarken beim Bäcker, damit die Männer etwas zu essen bekamen. Um auch weiterhin Anspruch auf Lebensmittelkarten zu haben, nahmen Mutter und Tochter eine Arbeit als Schneiderinnen in der Zitadelle auf. Sie besserten Uniformen aus. Täglich gingen sie unter Artilleriebeschuß zur Arbeit. Grete Lieser sah vom Fenster der Schneiderstube aus, wie junge Soldaten als Deserteure oder Plünderer zur Exekution geführt wurden:

> „So, da arbeiteten wir, bis Frankfurt aufgegeben wurde. Das war für uns natürlich ganz ganz schlimm, es hieß, entweder mit den Soldaten mitziehen nach Halbe und die sind alle in den Kessel in Halbe gekommen. Aber wir blieben bei unserem Großvater und haben eben ... naja, jetzt, jetzt müßten wir mal unterbrechen, ich weiß nicht, ob ich jetzt da ... das interessiert vielleicht jetzt nicht so, was? (I: Ja) Das alles, was jetzt kam? (I: Ich weiß ja nicht, was kommt, das war wohl sehr bewegend für Sie, sehr aufregend?) Ja, ja, jetzt nicht mehr ... (I: Doch erzählen Sie ruhig) Naja und wir haben dann eben diesen ganzen Bombenangriff, der noch stattfand, der dann aber nicht so war ... kleine Bomben, ja, es wurde vor unserem Haus fiel eine Bombe, da fielen eben die Türen und Fensterscheiben raus, es war ein Blindgänger ... gegen frühmorgens kamen dann die ersten sowjetischen Truppen, ja. [Pause] Naja, die Tage waren ebend schlimm, ja. Nach zwei Tagen so, suchte ich dann mal meine Lehrstelle auf, ich hatte da noch verschiedene Sachen. Es war auch alles kaputt, aber meine Sachen hingen noch da und ich beschloß da einige Holzköpfe mitzunehmen, daß man vielleicht zu Hause mal ein bißchen, ein paar Hüte machen kann, es lag ja nun alles rum ...“[107]

Zweimal innerhalb kurzer Zeit, erzählt Grete Lieser, blieben Mutter und Tochter wegen des Großvaters zurück, während die anderen die Stadt verließen. Das erste Mal ging die Zivilbevölkerung, die vor den Kampfhandlungen in Sicherheit gebracht werden sollte. Das zweite Mal, „das war ganz, ganz schlimm“, ging die Wehrmacht und überließ Frankfurt der Roten Armee. An dieser Stelle unterbrach Grete Lieser ihre Erzählung und fragte mich, sichtlich verstört, ob sie weitererzählen solle, ob das überhaupt interessiere. Ich bejahte, ohne zu wissen, worauf sie anspielte, und bat sie, mit der Erzählung fortzufahren. Sie kam dann zur Ankunft der

107 Frankfurt/O. 5, S. 1.

ersten sowjetischen Truppen und brachte nur heraus, daß die Tage „eben schlimm" waren, um dann sofort zu einem anderen Thema zu wechseln, zu ihrem Gang in den verlassenen Hutladen, aus dem sie einige Holzköpfe mitnehmen wollte, um zu Hause Hüte herzustellen. Als ob dieses Festhalten an der unterbrochenen Putzmacherausbildung inmitten des Chaos ein Gegengewicht zu dem „Schlimmen" bilden konnte, für das ihr die Worte fehlten.

Ich versuchte, das Gespräch noch einmal darauf zu bringen und fragte sie, ob sie Vergewaltigungen oder Gewaltszenen miterlebt habe. Ihre Antwort war, sie habe an und für sich noch Glück gehabt. Sie sei unter dem Bett versteckt gewesen, in dem ihre Mutter gelegen habe. Mimisch und gestisch führte sie mir dann die Auf- und Abbewegung des Bettes über ihr vor und beharrte darauf, Glück gehabt zu haben:

> „Bloß es ist möglich, daß jenseits der Oder, ja, da haben sie ja die Frauen und Mädchen immer noch mitgenommen, ja. Und es wurde ja hier ab Oder ... das war meine größte Sorge, daß ich vielleicht so ganz alleine da ... daß sie die Jungen vielleicht alle mitgenommen haben, nicht ... übrigens die Kowalewski, die ist in Halbe mitgegangen. Die ist immer so zwischen die Soldaten gewesen viel und die ist mit den Soldaten in Halbe gewesen und die ist bis zum Ural ... da haben sie sie mitgenommen. Die war mit den Soldaten. Und dann möchte ich sagen, wenn viele nu sagen, das war ebend sehr, sehr schlimm, das wird bestimmt jenseits der Oder noch schlimmer gewesen sein mit den Vergewaltigungen und so."[108]

Worin hatte eigentlich ihr „Glück" bestanden? Daß sie nicht vergewaltigt oder „nur" nicht verschleppt worden war? Östlich der Oder, hierauf spielt Grete Lieser an, hatten sich die Angehörigen die Rote Armee noch willkürlicher und brutaler verhalten als später in Frankfurt/Oder. Viele Frauen und Mädchen seien „bis zum Ural" verschleppt worden und die Kunde davon war schon bis Frankfurt gedrungen. Auch der Konkurrenz-Vorzeigefrau Margot Kowalewski, die mit der Wehrmacht bis in den Kessel von Halbe gelangte, sei es so ergangen.

Beide redeten wir vorsichtig aneinander vorbei. Ich wagte es nicht, sie direkt zu fragen, weil ich ihre Angst spürte und sie sprach von dem schlimmen Schicksal der „anderen". In einer Gesprächspause schlug sie mir vor, einen Text aus einem Buch vorzulesen, in dem sie ihre Geschichte niedergeschrieben habe. Ich begriff leider nicht. Warum sollte sie mir etwas vorlesen, was ich später selbst anschauen konnte? In der Bahn auf der Heimfahrt las ich dann, daß sie und ihre Mutter von sowjetischen Soldaten mehrfach vergewaltigt worden waren (sie nannte es: „aber mir und meiner Mutter wurde nichts Menschliches erspart") und daß sich beide Frauen danach aus Verzweiflung das Leben nehmen wollten. Auf dem Weg zur Oder habe

108 Ebd., S. 15.

sie ein freundlicher Mann, ein Deutscher, betont sie, von ihrem Vorhaben abgebracht und ihnen Zuflucht in seinem Haus gewährt.

Grete Lieser hatte sich also gewünscht, ich sollte wissen, was geschehen war, aber sie hatte das Geschehene nicht aussprechen können. Die Niederschrift für einen Sammelband von Erinnerungen, der 1992 erschien, war offenbar ihr bisher einziger Versuch des Umgangs mit der Vergewaltigung geblieben. Ein Versuch, an dem sie sich in unserem Gespräch festhalten wollte wie an einem Kompaß, der sie durch ihre bedrohlichen Erinnerungen hindurchführen sollte.

Damals war sie 16 Jahre alt. Zu den „normalen" Schwierigkeiten des Umgangs einer Jugendlichen mit einer solchen traumatisierenden Erfahrung in einer Gesellschaft, in der über Sexualität kaum gesprochen wurde, dürfte die politische Tabuisierung zu DDR-Zeiten noch erschwerend hinzugekommen sein. Die Vergewaltigung deutscher Frauen und Mädchen durch sowjetische Soldaten in den letzten Kriegs- und den ersten Friedenstagen war bis 1989 kein Thema, das in der Öffentlichkeit behandelt wurde. Es gab also für die Betroffenen jahrzehntelang keinen gesellschaftlichen Rahmen, innerhalb dessen sie sich hätten erinnern und ihre Verletzungen irgendwie bearbeiten können. Jede einzelne Frau blieb für sich und mußte irgendwie damit fertig werden. Die Chance, um weiterleben, Männer kennenlernen, heiraten, Familien gründen zu können, war offenbar die Verleugnung des Geschehenen. Auch Grete Liesers politische Karriere in der DDR mag eine Form des Umgangs mit dem Erlebnis gewesen sein. Daß sie, neben vielen anderen Funktionen, auch Vorsitzende der Gesellschaft für Deutsch-Sowjetische Freundschaft in ihrem Betriebsbereich wurde, scheint kein Zufall gewesen zu sein:

> *Grete Lieser:* „Naja, die alten Erinnerungen, möcht ich sagen, die verblassen, man muß sich ja überlegen, daß die Deutschen ja auch 'ne Menge gemacht haben, im Ausland und ist ja möglich, daß die Russen ... daß das schlimmer war, aber das verblaßt nachher, nicht. Und mit der sowjetischen Armee da hatten wir schon Verbindungen, ich war auch, das hab ich auch nicht gesagt, ich war die letzten Jahre auch noch DSF-Vorsitzende im Bereich und da haben wir auch im Wohngebiet, ja, da haben wir auch, wenn ein bestimmter sowjetischer Feiertag war, da haben wir uns denn auch so'ne Soldaten eingeladen und haben die denn beköstigt, ja, ach das war immer ganz niedlich. Die haben sich immer so richtig wohl gefühlt."
>
> *Interviewerin:* „Also, da ist denn gar nichts geblieben, an Groll oder an Trauer?"
>
> *Grete Lieser:* „Nee, das ist ja nun schon wieder eine andere Generation gewesen."[109]

Grete Lieser stellt hier ihre traumatischen Erlebnisse in einen historischen Kontext, der ihr hilft, das eigene Leid zu relativieren. Daher ihr Hinweis darauf, daß

109 Frankfurt/O. 5 a, S. 12.

die Deutschen im Ausland auch „eine Menge gemacht", also auch Verbrechen begangen haben. Die Gewalt, die ihr angetan wurde, erscheint so als Konsequenz vorausgegangenen Unrechts, mit dessen Opfern sie sich – u.a. in ihrem Engagement für die deutsch-sowjetische Freundschaft – identifizieren kann. Es ist ihr wichtig zu betonen, daß die eigenen Erinnerungen „verblaßt" sind und daß sie ein freundschaftliches Verhältnis zur nächsten Generation sowjetischer Soldaten entwickeln konnte. Nur im Nebensatz scheint der Einfluß einer anderen Geschichtssicht auf: „... ist ja möglich, daß die Russen ... daß das schlimmer war, aber ..." Aber daran will sie eigentlich nicht rühren. Die Erinnerung soll verblaßt bleiben, damit sie mit ihr umgehen kann.

*Vorbild oder Gegenbild*

Im Verlauf unseres Gesprächs kam Grete Lieser immer wieder auf jene Frau zu sprechen, die ihr im Betrieb in allem ein Stück voraus gewesen war, in deren Schatten sie, trotz ihrer Bilderbuchkarriere, offensichtlich gestanden hatte. Der leicht wegwerfende Ton, die offenkundige Distanz in der Erzählung lassen vergangene Konkurrenz, Eifersucht, Zurücksetzung vermuten. Margot Kowalewskis Biographie, so erfuhr ich nach und nach, weist in vieler Hinsicht Parallelen zu Grete Liesers Entwicklung auf. Aber jedesmal, wenn der Vergleich gezogen wird, schneidet Margot Kowalewski besser ab oder hat sich höhere Verdienste erworben oder hat Schlimmeres durchgemacht. Es wird nicht ganz deutlich, ob sie Grete Liesers Vorbild oder Gegenbild gewesen ist, auf jeden Fall ein Maßstab, an dem sie die eigene Entwicklung maß und mißt.

Das beginnt schon mit der Kindheit und Jugend. Während, sie, Grete aus bescheidenen-kleinbürgerlichen Verhältnissen kam, sei Margot Kowalewski mit sieben Geschwistern zusammen in einer Kellerwohnung im Proletarierviertel der Stadt aufgewachsen:

> „... da gab es nun wieder 'nen Abstand, da wollte meine Mutter denn nicht ... wir sind nun vielleicht noch ein bißchen mehr ... so, wissen Sie. Und dadurch hatte ich nie so den großen Kontakt."[110]

Die „proletarischere" Herkunft von Margot Kowalewski, über die Gretes Mutter die Nase rümpfte, weil sie sich als besser dünkte und dieses Gefühl des Abstandes offenbar auch ihrer Tochter vermittelte, erwies sich in der neuen Zeit nach 1945 gewiß als biographischer Vorteil, um den Grete Lieser sie manchmal beneidet haben könnte. Margot Kowalewski hatte, ebenso wie Grete, eine Funktion im BDM. Wie Grete, arbeitete sie nach der Evakuierung der Frankfurter Bevölkerung in der

110 Frankfurt/O. 5, S. 12.

Zitadelle und als die Wehrmacht in Richtung Halbe abzog, ging sie mit den Soldaten mit und wurde nach Gefangennahme der Einheit „bis zum Ural“ (der stets als geographische Schreckensangabe durch Liesers Erzählungen geistert) in ein Lager verschleppt:

> „Ja, aber da ist sie jetzt praktisch schuld, weil sie ja immer mit den Soldaten in Halbe war. Die haben sie ja angenommen, sie gehörte irgendwie dazu. Uniform hat sie zwar nicht gehabt, aber da haben sie sie mitgenommen.“[111]

Margot Kowalewski gehörte also zu jenen jungen Frauen, mit deren Schicksal Grete das eigene verglich, um zu dem Schluß zu kommen, sie habe noch einmal Glück gehabt. Aber Mitgefühl äußert sie nicht gegenüber dem Schicksal der anderen. Eher schon distanziert sie sich moralisch von dem jungen Mädchen, das „immer mit den Soldaten in Halbe“ war und deshalb eben mitgenommen wurde.

Ein weiteres Mal kommt Grete Lieser auf Margot Kowalewski zu sprechen, als es um die Zerstörung von Frankfurt/Oder am Ende des Krieges ging:

> *Grete Lieser:* „… viele, auch aus dem Halbleiterwerk, so bestimmt in meinem Alter, die konnten sich damit immer rühmen, daß sie nun auf dem Abriß waren und Frankfurt … also damit muß ick passen, weil ich ja gleich wieder weitergelernt habe, ja, also da … ich weiß nicht, haben Sie Kowalewski auch auf dem Plan, Margot Kowalewski?
>
> *Interviewerin:* „Die hat sich nicht gemeldet, ich hab sie angeschrieben, aber sie hat nicht geantwortet.“
>
> *Grete Lieser:* „Das war solche, die da als Trümmerfrau denn gegangen ist. Die konnte denn damit immer … also das hab ich noch vergessen … ich wurde ja denn im Halbleiterwerk genau wie die Margot Kowalewski, die ist ja dann als Volkskammerabgeordnete gewesen, ein bißchen als Paradebeispiel immer … und ich muß Ihnen sagen, das fand ich nicht so gut. Ich muß sagen, ich hab meine Arbeit gemacht, aber daß ich nun so gut war, daß ich nun überall genannt wurde und daß ich immerzu in der Zeitung stand … (I: Das war ja so … ) Also das fand ich nicht so schön. Meine Mutter hatte ja das alles gesammelt. Leider, als sie gestorben ist, hab ich das ja alles weggeschmissen (I: Das ist aber schade!) weil ich das einfach zuviel fand, irgendwie.“[112]

Trümmerfrau – das war also nach der proletarischen Herkunft noch ein Attribut, das Margot Kowalewski Grete Lieser voraus hatte. Die Trümmerfrauen galten in der DDR-Geschichtsschreibung als legendäre Aktivistinnen des sozialistischen Aufbaus. Daß sie zu dieser Tätigkeit in den meisten Fällen durch eine Art Dienstverpflichtung gekommen waren, geriet dabei mehr und mehr in den Hintergrund. „Also damit muß ich passen, weil ich ja gleich wieder weitergelernt habe“, sagt Grete Lieser offenkundig bedauernd, obwohl sie es in ihrer Putzmacherlehre be-

111 Ebd., S. 16.
112 Ebd., S. 12.

stimmt besser getroffen hatte als bei schwerer körperlicher Arbeit im Frankfurter Ruinenfeld. Doch im Hinblick auf die gesellschaftliche Reputation war Trümmerfrau ein Plus. „Die konnte denn damit immer ...“ sich damit rühmen, sich hervortun, wollte sie wohl sagen, und sie habe zurückstehen müssen. Und das offenkundige Bedauern, das darin schwingt, gibt eine Vorstellung davon, wie wichtig Grete Lieser solche Kriterien einmal gewesen sind.[113]

Im zweiten Teil des Zitats wird jedoch deutlich, daß Grete Lieser sich heute ambivalent zu dem Vorbild oder Gegenbild der anderen und zu ihrer eigenen Rolle verhält. Ebenso wie Margot Kowalewski sei auch sie „ein bißchen als Paradebeispiel“ vorgeführt worden, aber (offenbar im Gegensatz zur Konkurrentin) habe ihr das nicht gefallen, weil es einfach zuviel gewesen sei. Grete Lieser gibt zu verstehen, daß sie sich ihre Bescheidenheit und nüchterne Selbsteinschätzung bewahrt hat und den Rummel, der um ihre Person (und um die andere) veranstaltet wurde, durchschaute. Letztlich habe sie sich als Objekt im Rahmen der Propaganda gefühlt, und es als unangenehm empfunden, nach deren Gesetzen funktionieren zu müssen.

Hier bringt Grete Lieser einen Prozeß des Nachdenkens, des Sichentfernens von vorher akzeptierten Wertvorstellungen zum Ausdruck. Die so gewonnene Distanz ermöglicht es ihr heute, mit ihrer Vergangenheit umzugehen. Deshalb – auch das wollte sie wohl mit ihren Worten zum Ausdruck bringen – war sie in der Lage, auf meinen Brief zu antworten und sich zu einem Gespräch zur Verfügung zu stellen, während die andere vielleicht aus der ihr zugewiesenen Rolle nicht mehr herausfinden konnte.

### *„Man wurde dann schon irgendwie gleichgültig“*

Den Grund für ihren zunehmenden Abstand benennt Grete Lieser sehr genau. Das sozialistische System hielt letztlich nicht, was es versprochen hatte:

> „Ganz kurz ja, möcht ich ja noch sagen, daß ich ja wirklich die ersten Jahre voll Begeisterung gearbeitet habe, ja. Und nachher später, haben wir gesehen, wir haben Ausschuß produziert, ja, der im Weltmaßstab völlig unzureichend war

113 Im weiteren Verlauf des Gesprächs erfahre ich noch, daß Margot Kowalewskis Wendung nach dem Krieg radikaler gewesen sein muß als die von Grete Lieser. Offenbar nach ihrer Trümmerfrauen-Zeit arbeitete sie bei der Polizei und wurde von dort aus zum Halbleiterwerk delegiert, um gleich eine gesellschaftliche Funktion zu übernehmen. Sie war also offenbar von Anfang an für „höhere Aufgaben“ vorgesehen, während Grete Lieser sich ihre Anerkennung und Aufmerksamkeit erst im Laufe der Jahre erarbeiten mußte. Ein Foto von Margot Kowalewski in der Betriebschronik weist sogar äußerliche Ähnlichkeiten mit Grete Lieser auf: blonder Kurzhaarschnitt und kalt blickende Augen. Ihre Gesichtszüge sind hart und verschlossen.

und man hat eben gesehen, daß solche Fehler gemacht wurden, ja, da kaufte eben ein ehemaliger Doktor da eine englische Straße ein, ich weiß nicht, wie viele Millionen die da gekostet hat und dann war sie völlig veraltet, wurde anschließend verschrottet. Und alles solche Sachen, die waren dann so im Widerspruch. Auf der einen Seite wollte man den Sozialismus aufbauen, auf der anderen Seite wurde das Geld so verschleudert, ja. Wir haben Ausschuß produziert, die Technologie ... wir hatten das doch alles nicht so richtig in der Hand. Materialknappheit, wir sind manchmal selber schon nach Leipzig gefahren und haben Schiebebilder und Material geholt, weil das nicht weiterging und ... also das war wirklich ein richtiger Kampf. Und da hat man sich dann doch gesagt, meine Güte, irgendwas stimmt hier nicht. Und 1961 ... wurde die Mauer ja ... wurde die Mauer gebaut. Und wenn auch jetzt alle sagen, ja, die hätte nicht gebaut werden sollen, ja, aber damals hat man gemerkt, daß es doch danach irgendwie aufwärts ging, irgendwie, es wurde doch nicht mehr soviel rausgebracht. Es gab ja nischt. Jeder Imker, der Bienenhonig oder irgendsowas hatte oder Eier, die wurden alle nach Westberlin gebracht. Irgendwie hab ich selber gesagt, das ist richtig, so kann es nicht weitergehen, nicht. Und ich finde, danach hatten wir auch irgendwie so ein bißchen Aufschwung. Man dachte, jetzt, jetzt haben wir es geschafft. Aber dann nach den siebziger Jahren: in der Produktion wurde es dann auch nicht besser. Also die Materialknappheit, also das blieb. Ach, man mußte überall hinfahren ... nachher, das hab ich auch nicht erzählt, ja, ich war dann nachher APO-Sekretär[114], aber nicht hauptamtlich ... doch ... nee nicht direkt hauptamtlich, nebenbei gemacht. Und da bin ich dann auch wegen Material nach Ilmenau und überallhin gefahren, das kann man sich in einem kapitalistischen Betrieb gar nicht vorstellen, daß die Leute so was machen, ja ... das ist eben ein Unding gewesen. Naja und dann, die letzten Jahre, man wurde dann schon irgendwie gleichgültig. Man hat sich auch in der Leitungsebene so gesagt, also irgendwie kann das nicht mehr lange gehen, ja. Aber irgendwie ist es dann immer wieder weitergegangen, ja also man wurde irgendwie, ich weiß nicht, richtig abgestumpft so. Die Begeisterung war nicht mehr da. So der Kampfgeist."[115]

In dieser langen Passage vollzieht Grete Lieser ihre unterschiedlichen Haltungen in den verschiedenen Phasen der DDR-Geschichte nach und verknüpft damit ihre eigene Lebensgeschichte mit der historischen Entwicklung: Die anfängliche Begeisterung, das Engagement, auch die Hoffnung, nach dem Mauerbau würden die entscheidenden Probleme der Mangelwirtschaft gelöst werden. Die Vorstellung, daß sie es irgendwann „geschafft" hätten. Und dann in den achtziger Jahren die zunehmende Ernüchterung. Es wurde nicht besser. Ihr Grundgefühl bezieht sich

114 APO = Abteilungsparteiorganisation.
115 Frankfurt/O. 5, S. 5.

hier vor allem auf die ökonomische Situation, auf die Qualität der Produkte, auf Fehlentscheidungen der Leiter, aber letztlich im weiteren Sinne auf die Glaubwürdigkeit des Systems. An zwei verschiedenen Punkten macht sie eine Zäsur und meint, daß es so nicht habe weitergehen können, bzw. nicht mehr lange gehen konnte. Das erste Mal 1961, kurz bevor die Mauer gebaut wurde, als es nichts mehr zu kaufen gab, als „alles rausgebracht" wurde und sie begründet hier (zwar mit einem kleinen Entschuldigungssatz versehen, der der heutigen herrschenden Meinung geschuldet ist) ihre damalige Zustimmung zum Mauerbau. Die zweite Zäsur liegt „nach den siebziger Jahren", also im letzten Jahrzehnt der DDR. Unwillkürlich setzt sie damit beide Phasen in enge Beziehung miteinander, zweimal ein Endzeit-Gefühl, das jedoch beim ersten Mal durch den Mauerbau wieder aufgefangen wird, und einer Hoffnung Platz macht, die – so würden wir im Rückblick sagen – aus dem Elan des Wiederaufbaus gespeist war und sich noch nicht ganz verbraucht hatte. Beim zweiten Mal geht es weniger dramatisch zu, die Erkenntnis, daß es „nicht mehr lange gehen" könne, macht sich allmählich breit und führt schließlich zur Lähmung, zur Resignation. Grete Lieser spricht von Gleichgültigkeit und Abstumpfung. Obwohl man sich auch in der Leitungsebene darüber klar war, daß es „nicht mehr lange gehen" könne, sei es doch immer wieder weitergegangen, in einem Trott, in dem alle funktionierten, ohne aufzubegehren oder etwas zu verändern. Ihr Weg von der Begeisterung zur Resignation ist die Geschichte ihrer ganzen Generation, die mit ihrer hohen Anpassungsbereitschaft und Pflichterfüllung das DDR-System im wesentlichen getragen hatte. Als deren Elan und auch deren Lebenskraft verbraucht waren, kam auch die DDR an ihr Ende.

In den achtziger Jahren versuchte Grete Lieser, sich allmählich aus solchen politischen Verantwortlichkeiten herauszuziehen, mit denen sie sich am wenigsten identifizieren konnte: das Abgeordnetenmandat im Bezirkstag und der Posten als APO-Sekretärin. Als Schöffin am Bezirksgericht war sie sogar noch einige Zeit nach der Berentung aktiv und den Vorsitz der Gesellschaft für Deutsch-Sowjetische Freundschaft übernahm sie erst in dieser letzten Zeit. Wenn sie über die unangenehmen politischen Funktionen spricht, mischt sich ihr damaliges Unbehagen mit dem heutigen Blickwinkel. Die Zeit als Abgeordnete sei zwar sehr interessant gewesen, meint sie, aber letztlich habe sie doch wenig Handlungsspielräume gehabt, es ging „alles nach Programm, nach Protokoll", die freien Diskussionen hätten gefehlt, ihre Äußerungen seien zensiert worden, nicht selten bekam sie die Rede auch fertig vorgegeben. Schließlich sei es ihr gelungen, die Funktion loszuwerden mit der Begründung, sie sei „kein Redner" und könne nicht frei sprechen, was natürlich ein wenig absurd scheint, angesichts der Tatsache, daß gerade diese Fähigkeit für Abgeordnete in der DDR eher entbehrlich war. Ein anderer Grund klingt dagegen viel plausibler:

„... und inzwischen, da hatte ich nun Glück, hatte ich nun meinen Ingenieur schon gemacht, und da war ich ja nicht mehr Arbeiter und da war ich ja denn auch nicht mehr so gefragt und da hat es nach zwölf Jahren geklappt, daß ich da ausscheiden konnte ...“[116]

Sehr genau reflektiert Grete Lieser ihren veränderten Status nach dem Ingenieurabschluß, als sie den Nimbus der Arbeiterin verloren hatte, also nicht mehr in dem Maße wie vorher als „Paradebeispiel“ beansprucht wurde und deshalb in dieser Hinsicht mehr persönlichen Freiraum gewann. Beruflich schien Grete Lieser am Ziel ihrer Wünsche angelangt, zu einem höheren Posten hätte „mein Geist nicht gereicht“, meint sie nüchtern-humorvoll. Mit dem Glaubwürdigkeitsverlust des Systems wurden ihr die politischen Funktionen zunehmend eine Last. Sie fühlte sich in Zwängen gefangen, die die damit verbundenen Vorteile offenkundig nicht mehr aufwogen. Besonders deutlich wird das, wenn sie über ihre fünf Jahre als Parteisekretärin einer Abteilung des Werkes spricht, die sie sogar als „schlimme Zeit“ bezeichnet. Sie habe immer alles eingesehen und stets versucht, ihr Bestes zu geben. Während der fünf Jahre, in denen sie diese Funktion ausübte, habe sie jedoch bei jeder Wahl „gekämpft“, um die Aufgabe loszuwerden, bis sich endlich ein anderer dafür fand:

„Wissen Sie, ich eigne mich nicht ... ich kann den Menschen irgendwie, wenn ich selbst nicht so doll überzeugt bin ..., irgendwie hat mir das keinen Spaß gemacht.“[117]

Wenn sie zum Beispiel den Auftrag bekam, in einem bestimmten Zeitraum eine bestimmte Anzahl neuer Genossen für die Partei zu werben, dann fühlte sie sich unglücklich, die Betreffenden taten ihr sogar leid, weil sie sie „zu sehr bearbeiten mußte“:

„Aber wissen Sie, jetzt fällt mir etwas ein, was ich ... was mich mächtig belastet. Das muß ich mal erzählen. Vom Parteisekretär wurde uns gesagt: die APO-Sekretäre geben keine Genehmigung, daß jemand nach dem Westen fährt. Gänzlich, es darf keiner mehr fahren und der hat uns da fertiggemacht, da war damals noch der Grimm Parteisekretär, ach! Jedenfalls jetzt kriege ich einen Antrag von einem Abteilungsleiter, er will nach dem Westen fahren, der Vater ist krank. Und ich mit mein blödes Pflichtbewußtsein [Stimme zittert] hab mich daran gehalten. Und der Vater ist gestorben. Also, wissen Sie, da mach ich mir heute noch Vorwürfe, daß ich mich da nicht widersetzt hab ... und solche Begebenheiten, ja, können Sie sich vorstellen, daß man da keine Lust mehr hat, wenn man denn so was sieht, ja, du hast jetzt nein gesagt. Dein Wort war jetzt maßgebend, und jetzt konnte der nicht fahren, nicht. Da macht man sich Vorwürfe.“[118]

Weil sie nicht „so doll überzeugt“ war, wollte und konnte sie zunehmend die unsinnigen und sogar – im Fall des Reiseantrags – repressiven Aufgaben nicht mehr

116 Frankfurt/O. 5, S. 4.
117 Ebd., S. 16.
118 Frankfurt/O. 5 a, S. 2.

erfüllen. Mit der Ablehnung des Antrags ihres Kollegen hatte sie wohl die Grenzen ihrer eigenen Anpassungsbereitschaft überschritten. Sie hatte etwas getan, was sich ihrer Meinung nach nicht gehörte und was sie bis heute belastet. Grete Lieser äußert hier ein ganz persönliches Schuldgefühl. Sie übernimmt die Verantwortung für ihre eigene Handlung und versucht nicht, sie nach oben auf irgendwelche Vorgesetzte abzuschieben. Die Begebenheit ist wahrscheinlich nur deshalb erzählbar, weil Grete Lieser in der Auseinandersetzung damit bereits einen Abstand dazu gewonnen hat. Sie hatte danach offenbar die „Lust" an irgendwelcher Teilhabe an der Macht verloren. Um diesen Zwängen zu entkommen, zog sie sich vorsichtig, ohne Brüche zu provozieren, aus dem politischen Engagement heraus. Das Wort „kämpfen", das sie verwendet, klingt in diesem Zusammenhang befremdlich, aber für Grete Lieser, die ihr Leben lang gewohnt war, alle Notwendigkeiten einzusehen und stets ihr Bestes zu geben, erschienen diese behutsamen Rückzugsbewegungen wohl schon als Kampf. Schließlich hatte sie in ihrem Leben nichts anderes kennengelernt als zwei hierarchisch aufgebaute undemokratische Systeme. In dem zweiten, dem DDR-System, lebte sie ihr Leben und machte eine erstaunliche Karriere. Sie bewahrte sich jedoch genügend Autonomie und Flexibilität, um zwischen den Anforderungen der Macht und ihren eigenen Interessen noch unterscheiden zu können.

### *„Da mußte man wieder umdenken"*

Die Wende in der DDR und der Eintritt Grete Liesers ins Rentenalter fielen zeitlich fast zusammen. Als sie mit dem Ausscheiden aus dem Betrieb auch ihre Lebenserzählung abschließen wollte, konnte man das zweifach verstehen: als Ausdruck der Dominanz ihrer Berufsbiographie, aber auch als ein Zeichen dafür, wie schwer es dieser Frau trotz aller kritischen Distanz fällt, über den gesellschaftlichen Bruch von 1989/90 zu sprechen. Erst auf meine Nachfrage ließ sie sich darauf ein weiterzuerzählen:

> „... dann war ja auch die Wende, nicht, da mußte man ja doch jetzt erstmal wieder umdenken, nicht. Und ich bin dann auch ... wann bin ich denn ... ich bin dann auch hier aus der PDS, ich war dann erst noch Mitglied und bin dann auch ausgetreten, weil ich darin auch keinen Sinn mehr gesehen hab, ja. Mein Mann auch ... wir sind dann beide ausgetreten. Wir haben jetzt zwar schon diskutiert, ob das nun richtig war, ja? Aber ich sehe das so: wir als Rentner, also ich muß sagen, uns geht's ja nun nicht schlecht."[119]

119 Frankfurt/O. 5, S. 6.

Mit kühler Beiläufigkeit äußert Grete Lieser die offenbar entscheidende Erfahrung ihres Lebens: daß man „erstmal wieder umdenken“ muß, wenn sich die Verhältnisse ändern. Die Notwendigkeit einer erneuten Anpassung wird von ihr nicht in Zweifel gezogen, die Möglichkeit eines Festhaltens an bisherigen Überzeugungen gar nicht erwogen. Dieses Umdenken ist zweifellos eine Fortsetzung ihres vorsichtigen Abrückens vom DDR-System und bekommt zugleich eine andere Qualität. Es ist ein durchaus ambivalenter Vorgang, einerseits Anpassung an die neuen Verhältnisse, andererseits jedoch auch der Versuch, aus Erfahrungen zu lernen und Schlußfolgerungen zu ziehen. Als einzige Schlußfolgerung benennt Grete Lieser sofort und spontan den Austritt aus der PDS, den Bruch also mit den politischen Kräften, denen sie sich einige Jahrzehnte lang zugehörig gefühlt hatte. Sie habe „darin keinen Sinn mehr gesehen“. Auf meine anschließende Frage begründet sie diesen Schritt mit dem Argument, daß alle anderen Parteien gegen die PDS seien. Inzwischen seien sie und ihr Mann zwar wieder unschlüssig geworden, doch diese Überlegungen bricht sie sofort ab mit dem Hinweis darauf, daß es ihnen als Rentner „ja nun nicht schlecht“ gehe. Es gibt also keinen Grund zur Unzufriedenheit, mithin keinen Grund zum Engagement in der Partei, die sich als radikalste Oppositionspartei des Ostens versteht.

1990 habe sie zwar, so sagt sie mit entwaffnender Offenheit, ihre Stimme der CDU gegeben (natürlich wegen des Geldes), aber kürzlich haben sie und ihr Mann doch PDS gewählt. Die Begründung, zu der sie sich veranlaßt fühlt, bezieht sich wieder auf ihre gegenwärtige materielle Situation: Ihnen selbst gehe es recht gut, das habe sie ja schon gesagt, aber „da können wir nicht bloß für uns entscheiden, man muß ja auch für die anderen mitentscheiden“. Hier gerät offensichtlich Grete Liesers gegenwärtige, vor allem materielle Zufriedenheit mit früheren Loyalitäten in Widerspruch. Dieses „für die anderen mitentscheiden“ meint wohl eine Art Solidarität gegenüber den Benachteiligten der neuen Verhältnisse, aus einem Pflichtgefühl heraus, sich doch ein bißchen zur Wehr zu setzen in einer Gesellschaft, die zwar viele Annehmlichkeiten bietet, in der ihr aber auch nicht alles gefällt.

Die Verlängerung ihrer Wünsche und Bestrebungen bis in die Gegenwart ist der Sohn, auf den sie erst am Ende unseres Gesprächs mit einigen Sätzen eingeht. Der Sohn, der es weitergebracht habe als sie, weil er an der physikalisch-technischen Spezialschule der Stadt Abitur gemacht und dann Elektronik studiert habe. Heute arbeite er als Wissenschaftler am Institut für Festkörperphysik in Frankfurt/Oder. Aber zum Leidwesen von Grete Lieser fehlt ihm jeglicher Ehrgeiz. Bedauernd stellt sie fest, daß der Sohn offenbar mehr nach seiner Großmutter geraten sei als nach ihr. Er habe zum Beispiel nicht promoviert, was seine Aufstiegschancen an dem Institut heute sehr mindere. Und zu DDR-Zeiten habe er sogar den Ausschluß aus der SED und einen Karriere-Knick in Kauf genommen, weil er sich geweigert habe, weiterhin an den Kampfgruppenübungen teilzunehmen. Zuerst sei sie, Grete Lieser, ganz entsetzt gewesen. Aber als ihr Parteisekretär im Betrieb sie deshalb zur Rede stellte, sei sie nicht bereit gewesen, sich von ihrem Sohn zu distanzieren. „Naja und da hat er denn da die Richtung natürlich so genommen", sagt sie heute versöhnt. Diese „Richtung" führte ihn im Herbst 1989 zusammen mit anderen Demonstranten auf die Straße:

> „Ja, das war eigenartig, da hab ich gestanden an der Straßenecke und hab die beobachtet und denn liefen mein Sohn und meine Schwiegertochter. Da hab ich irgendwie ... jetzt hab ich überlegt, warum bist du jetzt nicht dabei? Wir haben denn an der Straße so gestanden und die gingen denn mit Kerzen. Hat mich irgendwie bewegt."[120]

Dies ist beinahe der einzige Punkt in unserem langen Gespräch, an dem die nüchterne, spröde Frau eine Gefühlsbewegung mitteilt. Sie sieht ihren Sohn und seine Frau plötzlich in einem Demonstrationszug von Menschen an ihr vorbeigehen und fragt sich, warum sie nicht auch in diesem Zug mitgeht, warum sie den Anschluß an diese Bewegung nicht gefunden hat oder ob sie nicht vielleicht auf der falschen Seite steht. Der Sohn gehört schon einer anderen Generation an, deren Bindung an das DDR-System bei weitem nicht so fest war wie die von Grete Lieser. Er konnte sich leichter aus den vorgegebenen Wertvorstellungen lösen, weil damit nicht sein ganzes Lebenswerk zur Disposition stand. Seiner Mutter dagegen ist schon aufgrund ihres Alters die Möglichkeit eines Neubeginns versperrt. So versucht sie es mit einem vorsichtigen Balance-Akt zwischen Anpassung und dem Bemühen, die eigene Geschichte vor Entwertung zu bewahren:

> „Klar ich habe eben durch meine Arbeit und auch durch meine Auszeichnungen auch bestimmte Vorteile gehabt, das ist echt wahr, das stimmt. Deswegen kann ich auch nicht sagen, daß ich die Zeit eben streichen möchte aus meinem Gedächtnis. Also für mich war das keine schlechte Zeit."[121]

Aber jetzt ist diese Zeit vorbei und nachtrauern will sie ihr nicht.

Grete Liesers lebensgeschichtliche Erzählung zeigt eine Frau, die in beeindruckender Weise ihre Lebensgeschichte kritisch reflektiert, ohne sie zu verleugnen. Obgleich sie lange Zeit in das politisch-gesellschaftliche System integriert war, ist für sie der Sinn ihrer Lebensgeschichte durch den Zusammenbruch des SED-Systems und das Ende der DDR nicht verlorengegangen. Zwar weiß sie, daß sie ein Stück weit instrumentalisiert wurde, doch gerade weil sie dies durchschaut, kann sie doch zugleich auch ihre eigene Leistung erkennen und sieht sie nicht als entwertet an. Erleichtert wird ihr diese vergleichsweise souveräne Haltung durch die Ambivalenzen ihrer Erfahrungen und die Haltung der jüngeren Generation.

120 Frankfurt/O. 5 a, S. 27.
121 Ebd., S. 11.

## b) Die „Heilige der unteren Lohngruppen" – Gertrud Michalke, Jahrgang 1930, Rentnerin

Wenn man sie so sitzen sieht, auf dem Sofa ihres Wohnzimmers, ihre kleine, ausladende Figur, weiße Bluse mit Lochstickerei, das runde Gesicht umrahmt von grauen kurzen Haaren, dann könnte man Gertrud Michalke auf den ersten Blick für eine der vielen Frauen ihrer Generation halten, die ihr Leben zwischen Küche und Kinderzimmer verbracht haben, die sich gemüht haben im Dienst von Ehemann und Familie und einmal im Monat zum Friseur gingen. Wenn da nicht die Stimme wäre, diese kräftige, heisere Stimme, rauchig natürlich auch, schließlich raucht sie unablässig. Diese Stimme strahlt etwas Energisches, Offensives aus und sie paßt zu dem Blick der Frau, einem scharfen, neugierigen, sehr selbstbewußten Blick.

Hier vor dem Fenster, wo wir jetzt mit ihr sitzen und Kaffee trinken, hat sie damals auch gesessen und den Gästen Kaffee eingeschenkt. Bis jemand kam und sagte, vor dem Haus da tue sich etwas, Studenten hätten die große Kreuzung besetzt. 1968 müßte das gewesen sein während der Studentenunruhen. Natürlich sei das etwas für sie gewesen und deshalb sei sie einfach aufgestanden und habe die ganze Geburtstagsgesellschaft allein gelassen, um mal zu gucken, was da los sei. Nach einigen Stunden, sie war schon mittendrin in der Aktion, sei dann jemand von den Gästen heruntergekommen und habe sie dort losgeeist. Inzwischen war berittene Polizei angerückt und das sei doch nicht so harmlos gewesen. Die Geburtstagsgäste hätten sie nach ihrer Rückkehr schief angeguckt, besonders empört habe sich ihr Bruder gebärdet, nur ihr damaliger Ehemann habe den Vorfall gelassen genommen, obwohl es doch um seinen Geburtstag ging. Allerdings, ein bißchen peinlich sei ihm ihr Verhalten schon gewesen, vor allem der Gäste wegen.

Solche Episoden erzählt Gertrud Michalke gern und sie lacht viel dabei. Es gefällt ihr, ein bißchen aus dem Rahmen zu fallen, spontan auf eine Sache loszugehen, etwas zu tun, was sonst keiner tut, und noch mehr gefällt es ihr, ihre Umgebung damit in Erstaunen zu versetzen. Wie sie zum Beispiel zum ersten Mal in der Verhandlungskommission der IG-Metall saß und der Vertreter des Arbeitgeberverbandes, der sie noch nicht kannte, gemeint hatte, mit ihr habe er ein leichtes Spiel:

> „So werden Sie leider manchmal eingeschätzt. – Sind wir mal nett zu, ne – und ich mach ja nie den … ich hör mir ja dat erst mal alles an, ich sag im Anfang nicht viel. Ich muß erst sehen, wie dat läuft, was Sache ist, um dann gezielt, sagen wir mal, auf was zu kommen. So daß die so nach zwei Stunden wohl den Eindruck hatten: da sitzt nur eine bei. Aber das hat mir nachher nix mehr ausgemacht. Ich denk, die andern soll'n denken, die werden das schon noch merken. Und eh, auf jeden Fall fing er so richtig väterlich an. Ich hab auch gesagt: ja, erklären Sie das mal. Und dann hat er das so gemacht, als wenn ich 'ne Halbdoofe wäre. Und ich denk: laß ihn mal. Meine Kollegen haben ja schon ge-

grinst. Und ja, nachher dann ist er aus allen Wolken gefallen, als er dann meine Stellungnahme dazu hörte, meine Erwiderung. Dann kriegte er so einen roten Kopf, dann meinen Sie gleich, der kriegt 'n Schlaganfall. Und jedes Mal, wenn ich nachher 'ne Verhandlung anfing, nur dat ich das Wort kriegte, kriegte der … (lacht)"[122]

Eine Freude spricht aus Gertrud Michalkes Worten darüber, daß sie diesen gönnerhaften Typen, und noch dazu einen Arbeitgeber, so richtig in die Falle seiner eigenen Arroganz hat laufen lassen. Eine Frau, mag der gedacht haben und noch dazu eine so brav und bieder aussehende, die brauchte er wohl nicht ernstzunehmen. „Nachher hat mir das nix mehr ausgemacht", sagt sie, so nebenher, und das soll wohl heißen, daß sie anfangs von solch herablassender Arroganz doch gekränkt gewesen sein muß. Aber in der geschilderten Situation, in der sie sich ihrer Qualitäten ganz sicher war, bedeutete es für sie nur ein Spiel, den Moment noch ein bißchen herauszuzögern, an dem „die" merken würden, mit wem sie es zu tun hatten, ein Spiel mit der Überraschung ihres Angriffs, der diesen selbstzufriedenen Herren aus der Fassung bringen würde. Und natürlich war es nicht nur ein Spiel, sondern es ging um ernste Angelegenheiten, um die Anhebung der Niedriglöhne, vor allem für Frauen, ein Kampf, dem Gertrud Michalke mehr als ein Jahrzehnt ihres aktiven Lebens gewidmet hat. Die „Heilige der unteren Lohngruppen", das sei eine Zeitlang ihr Spitzname gewesen unter den Kollegen der Gewerkschaft, denen sie mit ihren Forderungen ganz schön auf die Pelle gerückt sei.

Gertrud Michalke ist sich der Tatsache sehr bewußt, zu den profiliertesten Frauen in der IG-Metall der Region – vielleicht sogar darüber hinaus – zu gehören. Seit einigen Jahren ist sie im Ruhestand, ein Zustand, den sie nur schwer akzeptieren kann. Sie fühlt sich irgendwie „weg vom Fenster", vor allem in ihrem alten Betrieb, wo sie am liebsten gerade jetzt „mitgemischt hätte", da ein Betriebsteil geschlossen werden soll. Natürlich hat sie noch ein paar Funktionen und bei Aktionen der Gewerkschaften auf Bundesebene macht sie auch mit, aber das ist etwas anderes als früher:

„Ich war also jemand, der selber geschöpft hat, vorgeschlagen hat, kreativ, aber dann nicht nur geredet hat, sondern auch mitgemacht hat. Und das kann man eben nicht mehr. Man kann sich also wo anschließen, wo mitmachen, aber doch nicht selber soviel mehr einbringen."[123]

Aktiv sein, vorangehen, andere zum Handeln veranlassen, etwas Neues probieren – vor allem in dieser Rolle sieht sich Gertrud Michalke. Das Mitmachen, das Sichanschließen liegt ihr nicht, damit tut sie sich schwer. Gertrud Michalke hat eine sehr genaue Vorstellung ihrer eigenen Bedeutung. Sie hat auch eine genaue Vorstellung davon, wie sie zu der Persönlichkeit geworden ist, der die Kolleginnen

122 Nokia 7, S. 49.
123 Nokia 7 a, S. 2.

folgten und auf die die Arbeitgebervertreter gleichermaßen mit Wut und Respekt reagierten. Mit einer Mischung aus Selbstverständlichkeit und Verwunderung verfolgt sie die Spuren in ihrem Leben zurück, versucht die Anfänge, die Anstöße zu benennen und setzt sich so das Bild einer geradlinigen, fast alternativlosen Entwicklung zusammen.

### *„Das sind doch schon Erlebnisse, die man nicht so schnell vergißt ...“*

Das früheste politische Ereignis, an das sie sich erinnere, sagt sie, seien Diskussionen um ihren Bruder gewesen, der Konstrukteur habe werden wollen und dem dieser Berufswunsch jedoch verwehrt worden sei, weil der Vater nicht Mitglied der NSDAP war. Dieses Ereignis habe sie in ihrer späteren Jugend nicht losgelassen, es habe sie zum Denken angeregt. Dann spricht sie von den schweren Bombardements, die sie als Zwölf/Dreizehnjährige in Bochum erlebte. Bei einem dieser Angriffe sei die Mehrzahl ihrer Klassenkameraden ums Leben gekommen. Das seien schon Erlebnisse gewesen, die sie nicht so schnell vergessen habe.

Gertrud Michalke erzählt eigentlich kaum etwas über die Jahre ihrer Kindheit und Jugend, das nicht in Zusammenhang mit der Politik stünde und das sagt schon einiges über ihr Selbstverständnis. Aber schließlich gehört sie einer Generation an, deren frühe Kindheitserlebnisse bereits von den dramatischen Ereignissen, Wendungen und Brüchen dieses Jahrhunderts überschattet wurden.

1930 wurde sie in Bochum geboren, die Mutter war Hausfrau, der Vater Stahlarbeiter beim Bochumer Verein, später Krupp, bis 1933 Mitglied der SPD. Daß die Eltern Distanz zum NS-Regime hielten, das habe sie schon gespürt, aber als Kind nicht unbedingt gebilligt. Zu den Aufmärschen mit den vielen Fahnen z.B. sei der Vater nie mit ihr gegangen. Sie sei die einzige in der Klasse gewesen, die da nicht mitreden konnte. Den zehn Jahre älteren Bruder habe der Vater nicht zur Hitlerjugend lassen wollen, an diese Diskussionen erinnert sie sich noch vage. Als sie später zu den Jungmädeln sollte, machte der Vater keine Schwierigkeiten mehr. Das sei dann „ausgestanden“ gewesen, sagt sie. Hatte der Bruder seinerzeit dieses Recht für sie mit erstritten oder hatte der Vater resigniert, weil eine Weigerung im Jahre 1941 keinen Sinn mehr zu haben schien oder eine ganz andere Tragweite haben konnte als vielleicht noch im Jahre 1934/35? Doch bei diesem Thema vermeidet Gertrud Michalke, im Vergleich zu anderen Abschnitten ihrer Lebenserzählung, eine politische Interpretation vom heutigen Standpunkt aus. Bei den Jungmädeln sei es eher unpolitisch zugegangen, sagt sie, sie hätten viel gespielt und gesungen. Manche der Lieder würde sie allerdings heute als „nationalistisch“ ansehen. Gewiß sei ihnen damals als Kindern „die damalige Politik infiltriert“ worden, ohne daß sie es vielleicht so empfunden habe. Aber Gertrud Michalke ist sich ganz sicher, daß nichts davon bei ihr „klebengeblieben“ sei.

Von 1936 bis 1940 besuchte sie die Volksschule und danach wurde sie, aufgrund ihrer sehr guten Leistungen auf's Lyzeum geschickt. Für ein Arbeiterkind damals durchaus keine gewöhnliche Entwicklung. Aber schon 1943 war praktisch Schluß mit der Schule. Gertrud wurde mit den Überlebenden ihrer Schulklasse nach Pommern evakuiert. Im November 1944 kehrte sie noch einmal kurz nach Bochum zurück und erlebte den verheerenden Luftangriff auf die Stadt am 4. November mit. Kurz darauf reiste sie zu Verwandten nach Ostpreußen, von wo aus sie schon wenige Monate später zusammen mit einer Cousine vor der näherrückenden Sowjetarmee in Richtung Westen fliehen mußte. Zwei Monate lang waren die Mädchen allein unterwegs, versuchten im Chaos des zusammenbrechenden Reiches nach Hause zu gelangen. In diesen zwei Monaten, über die wir nur erfahren, daß sie sie „zum Denken angeregt haben", dürfte das Mädchen Gertrud um Jahre gereift sein. Kurz vor Kriegsende kam sie wieder in Bochum an. Die Eltern waren am Leben, der Bruder an der Westfront in Gefangenschaft geraten, die Wohnung durch Bomben zerstört.

*Das Zauberwort „Demokratie"*

> „Ja, und sagen wir mal, so diese ganze Entwicklung, als der Krieg zu Ende war, war ich so vierzehn, fünfzehn. Ich muß sagen, das war auch so ein Punkt, ja, es war wirklich so'ne Stunde Null und gerade auch in einem Alter, wo man erst gar nicht wußte, wo man stand. Und, sagen wir mal, da kam so zum ersten Mal, vielleicht kommt Ihnen das alles komisch vor, ja, aber sagen wir mal, das Wort ‚Demokratie', das war an und für sich in meiner frühen Jugend, also Kindheit war das Wort ja nicht viel gebraucht worden, wo ich auch gar keinen ... ja, nix mit anzufangen wußte, im Grunde genommen. Und als dann so 45/46 war das ja in aller Munde, ohne vielleicht erst richtig zu wissen, was dahintersteht, wie, wie es praktiziert wird ... daß also ‚Demokratie' für mich was Wunderbares war. Also ich hab in diesem Demokratiebegriff sehr viel gesehen. Das hatte für mich einen hohen Stellenwert und ich glaube, daß das auch heute noch so ist. Daß ich das anders sehe, als vielleicht jemand ... als selbst meine Tochter, ne."[124]

Gertrud Michalke beschreibt uns den Moment eines tiefen Bruchs in ihrem Leben. Das Ende des Krieges, den Zusammenbruch des Dritten Reiches, die Umwertung aller Werte, auch die Orientierungslosigkeit der Erwachsenen erlebte die Fünfzehnjährige als nachhaltige Verunsicherung, in der ihr das Wort ‚Demokratie' wie ein Zauberwort erschienen sein mußte, eine Idee, an die man sich halten konnte inmitten der Haltlosigkeit, obwohl sie zunächst nicht wußte, was sich eigentlich dahinter verbarg. Hiermit ortet Gertrud Michalke gewissermaßen einen

124 Nokia 7, S. 4.

der Anfänge ihrer persönlichen Entwicklung. Sie stellt sich uns als ein „Kind der Demokratie" dar, das 1945/46 gewissermaßen politisch „geboren" wurde. Und wenn sie noch hinzufügt, daß dieser Begriff für sie bis heute eine viel größere Bedeutung besitze als beispielsweise für ihre 1952 geborene Tochter, dann wird deutlich, daß zunächst der emotionale Wert als Ersatz für verlorengegangene Gewißheiten weit über der sachlichen Bedeutung stand und daß sie bis in die Gegenwart davon geprägt ist. Gertrud Michalke möchte uns zu verstehen geben, daß sie zum Zeitpunkt des Kriegsendes jung und aufgeschlossen genug war (von der Nazi-Ideologie war ja nichts „klebengeblieben"), um die Demokratie sofort und spontan als wichtigen Wert für ihr künftiges Leben anzunehmen.

Es gibt jedoch von ihr auch andere Äußerungen über das Jahr 1945, die ambivalenter sind. So spricht sie zum Beispiel von den „Zwangsfilmen der Amerikaner", in die sie damals „geschleppt" worden seien. Diese Filme handelten allerdings nicht – wie zunächst vermutet – von den Nazi-Verbrechen in den Konzentrationslagern, sondern von Hiroshima, wobei die Amerikaner andererseits natürlich nicht gezeigt hätten, „was sie gemacht haben". Diese Bemerkung, die von ihr nicht näher erklärt wurde, blieb ein Rätsel in unserem Gespräch. Sie erscheint als das kurze Auftauchen eines fragmentarischen früheren Bewußtseins, das inzwischen längst von einer anderen, stimmigeren Sicht zugedeckt war. Es ist auch nicht auszuschließen, daß hier auch Momente des Antiamerikanismus der Linken ihren Niederschlag gefunden haben.

Die neue Zeit brachte für Gertrud zunächst Entbehrungen und Hunger sowie den schmerzlichen Verzicht auf ihren Berufswunsch. Sie wäre gern Lehrerin geworden, aber aufgrund der Evakuierung hatte sie die Oberschule nicht fortsetzen können und unmittelbar nach dem Krieg öffnete in Bochum noch kein Gymnasium. Die Eltern drängten auf eine Berufsausbildung der Tochter, nicht zuletzt wegen der Lebensmittelkarte, die ihr dann zustehen würde. Die drückenden Nahrungssorgen der Gegenwart waren zu dieser Zeit wichtiger als Zukunftspläne. Ohne Begeisterung begann das Mädchen eine kaufmännische Lehre in einer Buchhandlung.

Heute spricht Gertrud Michalke ohne Bitterkeit von diesem ungewünschten Berufsanfang. Sie blickt zurück vom Standpunkt einer letztlich erfüllten beruflichen und gewerkschaftlichen Karriere, in deren Verlauf sie doch so etwas wie eine Lehrerin werden konnte. Auch in dieser ungeliebten Lehre sucht sie nun die Anfänge und Ansätze für ihre spätere Entwicklung. Hier sei sie zum ersten Mal mit der Literatur in Berührung gekommen, mit Büchern, die man vorher nicht habe lesen können. Als bedeutsam für ihre Entwicklung wird auch der Schwiegervater der Lehrmeisterin hervorgehoben, ein älterer Herr, der in der Weimarer Republik wahrscheinlich der Zentrumspartei angehört hatte, und der dem jungen Mädchen von seiner Haft im Konzentrationslager Oranienburg erzählte, was einen großen Eindruck auf sie gemacht habe, denn von diesen Vorgängen hatte sie bisher nur in Andeutungen erfahren. Dieser Schwiegervater war es auch, der Gertrud Michalke bei Streitigkeiten mit der strengen und sehr konservativen Chefin in Schutz nahm.

Er half ihr im Zusammenhang mit einem Ereignis, das Gertrud Michalke geradezu als konstitutiv für ihre Entwicklung ansieht, auf das sie immer wieder im Gespräch zurückkommt: ihre erste Teilnahme an einem Streik. Das genaue Datum weiß sie nicht mehr, nur daß es im Rahmen ihrer Lehrzeit zwischen 1946 und 1949 gewesen sein muß, und auch der Anlaß ist ihr nur vage in Erinnerung. Es sei ein Streik der Stahlindustrie gewesen, bei dem es irgendwie um die Montanmitbestimmung gegangen sei. Aber diese Einzelheiten waren offensichtlich gar nicht wichtig für die junge Gertrud Michalke. Für sie war der Streik auf ganz andere Weise ein Schlüsselerlebnis:

> „Also wenn man das gewerkschaftlich sieht, war das ja mehr Handel, Banken, wo ich tätig war und der war natürlich im Stahlbereich damals der große [Streik] Und das hat mich doch so begeistert, also der Begriff, daß man jetzt streiken konnte, die Arbeit niederlegen ... ich hab das gehört, also, mein Vater war ja davon betroffen und da hab ich dann für mich beschlossen: Das kannst du jetzt machen. Dann bin ich auch nicht arbeiten gegangen. Es fuhr'n auch keine Straßenbahnen damals, da ging das um die Geschichte, wissen Sie mit der Montanmitbestimmung, ja. Und ja, auf jeden Fall, also ich fand dat also ganz doll. Der Tag war großartig. Ich hab auch nicht gearbeitet, war auch bei der Kundgebung in Bochum gewesen, von Hamme natürlich zum Rathaus, wo das stattfand, gelaufen und, also es war schon was Tolles. Nur am nächsten Tag hatte ich natürlich den Ärger gehabt und hab erst gar nicht gewußt, was die wollte, meine Chefin. Wenn gestreikt wird, wurde gestreikt und jetzt ist Demokratie ...“[125]

Eigentlich, das bemerkt die Gewerkschafterin Gertrud Michalke nüchtern von ihrer heutigen Warte, war ihre Berufsgruppe gar nicht aufgerufen zum Streik. Aber eine solche Idee sei ihr damals gar nicht gekommen. Sie wollte eine gelehrige Schülerin im Fach Demokratie sein und wollte teilhaben an einem Ereignis, das ihr einfach überwältigend erschien: die Regeln zu verletzen, nicht zur Arbeit zu gehen, gemeinsam mit vielen anderen durch die Straßen der Stadt zu laufen, sich in der Gemeinschaft stark zu fühlen und sich gegen die Mächtigen aufzulehnen (wahrscheinlich war es erstmal egal wogegen). Und obendrein war das auch noch erlaubt. Dies mußte für Gertrud Michalke, die bisher nur ein System der Unterordnung unter strengen Regeln kennengelernt hatte, der Inbegriff von Demokratie sein. Der Ärger, den sie daraufhin mit ihrer Chefin bekam, die ihr Verhalten ganz anders beurteilte, war offenbar angesichts dieses begeisternden Erlebnisses nur noch nebensächlich. Zudem erhielt sie Unterstützung, sowohl von ihrem Vater als auch vom Schwiegervater der Chefin, so daß die ganze Geschichte „natürlich mit so ein paar bösen Worten im Sande“ verlief.

125 Nokia 7, S. 8.

Das zweite Erlebnis, das Gertrud Michalke als entscheidend für ihre weitere Entwicklung ansieht, war der Prozeß, den sie 1950 gegen die Chefin der Buchhandlung führte und gewann. Stolz betont sie, daß sie einen der ersten Arbeitsgerichtsprozesse „oder als Frau überhaupt" den ersten Prozeß nach dem Krieg in Bochum führte. Ihr geriet nämlich ein paar Monate nach Beendigung ihrer Lehrzeit ein Tarifvertrag in die Hände, aus dem sie entnehmen konnte, daß sie zu wenig Geld bekam. Statt achtzig Mark hätten ihr hundert Mark zugestanden, was damals nach der Währungsreform eine Menge Geld für sie war. Nachdem sie couragiert und hartnäckig ein halbes Jahr lang bei jeder Gehaltszahlung ihre Forderung erhoben hatte, ohne daß ihre Chefin darauf auch nur reagierte, ging Gertrud Michalke schließlich zur Gewerkschaft und bat um eine Vertretung vor dem Arbeitsgericht. Sie hatte gerade in der Zeitung gelesen, daß die Arbeitsgerichte ihre Arbeit wieder aufgenommen hätten. Dort sagte man ihr, daß sie in die Gewerkschaft eintreten müßte, was sie auch sofort tat. Ihr Vater als alter Gewerkschafter habe zwar schon ein Jahr früher gewollt, daß sie Mitglied werde. Aber erst in dieser Situation, als es um ihre unmittelbaren Interessen ging, befolgte sie seinen Ratschlag.

In die Erzählung von ihrem Arbeitsgerichtsprozeß ist die kurze Erwähnung des Todes des Vaters seltsam eingeklammert, als ob der Tod – damals oder erst später im Rückblick – völlig hinter dieser anderen, mehr in die Zukunft weisenden Erfahrung, zurücktrat. Sie habe ihren Vater nicht mehr um Rat fragen können in diesem Tarifstreit, sagt sie, zu dieser Zeit habe er schon mit einer Hirnhautentzündung im Krankenhaus gelegen. Mit Hilfe von Sulfonamiden hätte er wahrscheinlich am Leben bleiben können, aber Deutsche hätten diese Medikamente damals noch nicht bekommen. Und sie fährt unvermittelt fort mit der genauen Schilderung des Arbeitskonfliktes, aus dem sie schließlich, zwar mit einem Vergleich, aber doch als moralische Siegerin herausging.

Die Leiterin der Buchhandlung kündigte ihr allerdings kurz darauf unter einem Vorwand zum Jahresende. Auch das war eine Lehre, die Gertrud Michalke nicht vergaß: daß man in einer Demokratie zwar sein Recht bekommen, danach aber trotzdem seine Arbeitsstelle verlieren kann. Sie habe diese „Retourkutsche" als eine riesengroße Ungerechtigkeit empfunden, jedoch nicht gegen die Entscheidung geklagt. Zu diesem Zeitpunkt starb ihr Vater. „Und manchmal", sagt Gertrud Michalke, die irgendwie das Gefühl hat, sich rechtfertigen zu müssen, „verliert man dann auch den Faden so". Es ist ihr sehr wichtig zu betonen, daß sie keinesfalls deshalb aufgegeben habe, weil vielleicht der Erfolg einer solchen Klage zweifelhaft gewesen sei:

> „Sagen wir mal, das hat mich an und für sich nie im Leben geschreckt, also, daß ich auch mal verlieren könnte. Ich sag immer: Wenn man das nicht versucht, dann kannst du auch nichts erreichen."[126]

126 Nokia 7, S. 12.

*„Zu dem Zeitpunkt hat es einen Bruch gegeben ...“*

Der Tod des Vaters im Jahr 1950 war schließlich der äußere Anlaß dafür, daß Gertrud Michalke schneller heiratete als sie ursprünglich wollte. Sie hatte, dies wird von ihr nur nebenbei erwähnt, mit siebzehn Jahren einen jungen Mann in der Tanzstunde kennengelernt, mit dem sie sich gut verstand. Um ihre große Wohnung behalten zu können, war Gertruds Mutter durchaus daran interessiert, daß der Freund ihrer Tochter bei ihr mit einzog. Aber davor mußte natürlich geheiratet werden, so waren die Sitten damals.

Eine neue Arbeitsstelle als Buchhalterin in einem Betrieb für Laboratoriumsbedarf fand Gertrud Michalke rasch. Damals habe man schon wieder überall Arbeit bekommen. Auch habe sie sofort mit einer Weiterbildung angefangen und Buchhaltung und Statistik gelernt, was ihr später in ihrer gewerkschaftlichen Aktivität sehr zugute gekommen sei. Zwei Jahre später zog das junge Paar in eine eigene Wohnung:

> „Und mehr oder weniger hat das zu dem Zeitpunkt dann auch, sagen wir mal, in meinem beruflichen, gewerkschaftlichen ... also, sagen wir mal einen Bruch gegeben. Meine Tochter ist dann ‘52 geboren und ja, mit Kindergärten so ist damals ja gar nix gelaufen fast, also da war dat ja ganz Mangelware. Und, vielleicht hatt’ ich auch damals noch nicht die eigene Einstellung so gehabt ... daß ich dann aufgehört hatte praktisch zu arbeiten, als meine Tochter geboren war, also 1952. Hab’ aber während dieser Zeit, sagen wir mal, laufend teilweise Abendkurse weitergemacht, damals wurde auch so was angeboten, wie an der Verwaltungs- und Wirtschaftsakademie, die ja jetzt noch ist, aber so in Weiterbildungsgeschichten und sehr viel natürlich so in den kaufmännischen Bereich rein, aber auch Sprachen weiter ...“[127]

Es ist schon bezeichnend, mit welchen Worten Gertrud Michalke das erfreuliche und altersgemäß normale Ereignis der Geburt ihres Babys bezeichnet. Im Kontext ihrer politischen Biographie stellt sich das als ein „Bruch“ in ihrem beruflichen und gewerkschaftlichen Leben. So fixiert ist sie offenbar auf das – zweifellos später erworbene – Selbstverständnis einer berufstätigen Frau und aktive Gewerkschafterin, daß sie ihr Leben nur unter diesem Blickwinkel betrachtet und daß es einer Erklärung, ja beinahe einer Entschuldigung bedarf, nicht sofort weitergearbeitet zu haben. Zu dieser Zeit habe es nur ganz wenige Kindergärten gegeben, sagt sie, aber immerhin räumt sie auch ein, daß sie vielleicht damals noch eine andere Einstellung gehabt hätte, daß es eben selbstverständlich war, wenn eine Frau mit ihrem Kind zu Hause blieb. Über dieses Leben als Hausfrau und Mutter erfahren wir aber so gut wie nichts, denn Gertrud Michalke zählt uns lediglich auf, welche Wei-

127 Nokia 7, S. 14.

terbildungsmaßnahmen sie auch in dieser Zeit absolviert habe, um uns auf diese Weise den Eindruck zu vermitteln, daß sie zwar bis 1960, fast acht Jahre, nicht gearbeitet hatte, „aber sehr viel in der Weiterbildung getan hab', ich also nicht nur zu Hause war".[128]

Ende der fünfziger Jahre erkrankte Gertrud Michalke schwer an der Leber, wahrscheinlich als Folge der schlechten Ernährung in der Nachkriegszeit. Die junge Frau mußte monatelang im Krankenhaus liegen und danach noch für ein halbes Jahr zur Spezialbehandlung nach Bad Kissingen. Ihre Mutter führte in dieser Zeit den Haushalt und versorgte Schwiegersohn und Enkeltochter. Weil das so gut funktionierte, kam Gertrud Michalke nach ihrer Genesung auf die Idee, wieder ins Berufsleben einzusteigen. Es gab schließlich einige Argumente, die dafür sprachen, nicht nur das eigene Unbefriedigtsein und die Freude ihrer Mutter, endlich wieder eine Aufgabe im Leben zu haben. Auch finanzielle Erwägungen kamen hinzu. 1960 war die bundesdeutsche Gesellschaft auf dem Weg zu einem neuen Lebensgefühl, dessen Basis der Wohlstand war. Man habe zu dem Zeitpunkt schon ein bißchen mehr gewollt als nur die „notwendige Wohnungseinrichtung", sagt Gertrud Michalke. Auch ein Auto habe sie sich damals gewünscht und Urlaubsfahrten. Dafür reichte ein Verdienst einfach nicht aus. Gertrud Michalke scheint es jedoch auch wichtig zu betonen, daß ihre Berufstätigkeit letztlich für die Tochter kein „Hindernis" gewesen sei, wie „damals ja immer noch Leute meinten". Diese sei stets eine gute Schülerin gewesen und habe später ein Lehrerstudium absolviert, heute sei sie sogar Oberstudienrätin, hat also letztlich den Berufswunsch ihrer Mutter verwirklicht.

### *„Da gab es keine Stelle mehr, die mich nicht kannte ..."*

Gertrud Michalke begann als Bürokraft bei der Firma Fernsehgerätefabrik Graetz zu arbeiten, in der damals überwiegend ungelernte Frauen beschäftigt waren und die in den folgenden Jahren über mehrere Eigentümerwechsel zum Teil des Nokia-Konzerns wurde.[129] Dieser Betrieb war Schauplatz und Ausgangspunkt des erstaunlichen Aufstiegs der kleinen couragierten Buchhalterin zur Betriebsratsvorsitzenden, zum Mitglied der Verhandlungskommission der IG Metall und zur Vorsitzenden der Frauenkommission. Auch der Betrieb, die Haltung der Kolleginnen und Kollegen, ihr Verhältnis zur Unternehmensleitung, die Arbeitsbedingungen veränderten sich in diesen Jahren wesentlich und Gertrud Michalke nimmt für sich in Anspruch, diese Entwicklung entscheidend beeinflußt zu haben. Aus einem in Verwaltungsroutine erstarrten Betriebsrat, einer verunsicherten, ängstlichen

128 Ebd.
129 Vgl. oben Kapitel II.

Belegschaft ohne Streikerfahrung, wurde binnen weniger Jahre eine kämpferische, gut organisierte Gruppe, die einen ernsthaften Gegenpol zur Geschäftsleitung darstellte und die sogar in Zeiten wachsender Rationalisierung und Verlagerung der Produktion ins Ausland beträchtliche Zugeständnisse für die Kolleginnen und Kollegen erwirken konnte.

Besonders stolz ist Gertrud Michalke auf die Reform des gesamten Lohngefüges im Betrieb, die auf ihre Initiative hin erfolgte und die schließlich zu einer höheren Eingruppierung der am schlechtesten bezahlten Mitarbeiterinnen führte, was ja, wie schon erwähnt, eines ihrer Lieblingsthemen war. Im Zusammenhang damit verpflichtete sich die Unternehmensleitung zu einer innerbetrieblichen Stellenausschreibung und einer betrieblichen Weiterbildung des Personals während der Arbeitszeit. Ungelernte Frauen, die ursprünglich aus dem Friseur- oder Verkäuferinnenberuf ans Band gewechselt waren, wurden zu Fernsehtechnikerinnen qualifiziert und konnten eine interessantere Tätigkeit ausüben, für die sie mehr Geld bekamen:

> „Und das ist über mehrere Jahre gelaufen, ich sag, das ist so bekannt geworden, ein paarmal haben wir 'n Bericht hier im Fernsehen gehabt und da ganze Sendungen drüber, also noch bis in die 80er Jahre hinein, so bis 84/85/86 sind solche Programme gelaufen. Ja, und das ist jetzt natürlich auch aus ... Ich meine, das ist nie von alleine gekommen, wir mußten immer als Betriebsrat da 'n Anlauf nehmen und das irgendwo mit kompensieren, das Unternehmen hat ja auch mal was von uns gewollt, wo wir kompromißbereit waren ..."[130]

Wenn Gertrud Michalke von der Betriebsratsarbeit, von den Streiks und den sozialen Verbesserungen spricht, dann mag sie gar nicht aufhören zu reden. Hier handelt es sich gewissermaßen um ihre Lebensleistung, auf die sie stolz ist und mit der sie öffentlich bekannt wurde. Jetzt sei das mit der betrieblichen Weiterbildung „natürlich auch aus", sagt sie, und im ersten Moment klingt es so, als ob die Zeiten sich eben geändert haben und die Bedingungen schlechter geworden sind. Aber den nächsten Satz könnte man auch anders verstehen: daß der Betriebsrat eben nicht mehr so initiativreich sei wie zu ihrer Zeit und außerdem keinen so guten Draht mehr zur Unternehmensleitung besitze.

Gertrud Michalke hat eine deutliche Vorstellung von einer Entwicklung in der Zeit und von ihrem persönlichen Anteil an dieser Entwicklung, den sie mindestens ebenso hoch einschätzt wie äußere Rahmenbedingungen. Auch über ihre eigene Veränderung reflektiert sie bewußt, über einen Lernprozeß, den sie durchgemacht hat und in dessen Verlauf sie zu ihrer kämpferischen Spontaneität das nötige Fachwissen und die taktische Erfahrung hinzuerwarb, die sie erst zu der Betriebsratsvorsitzenden machten, die über die Grenzen des Betriebes und der Region hinaus

130 Nokia 7, S. 38.

bekannt wurde. Sie stellt sich selbst als eine Frau dar, die ihr Leben lang nicht aufgehört hat zu lernen.

Angefangen hat es eigentlich schon sehr bald nach ihrem Arbeitsbeginn bei Graetz, als sie feststellen mußte, daß sie – wie schon einmal – weniger als den geltenden Tariflohn bekam. Aber diesmal betraf es nicht nur sie allein sondern außerdem 20 Kolleginnen, deren Wortführerin sie sofort wurde:

> „... und da ich hartnäckig war, war ich so innerhalb drei Monate bis zur Geschäftsleitung, beim Werkleiter, also bekannt geworden, da gab dat keine Stelle mehr, die mich nicht kannte, weil ich also nichts unversucht gelassen hab, klarzumachen und auch zu beweisen, daß das Ganze nicht stimmt [...] Und in dem Betrieb war ja auch 'n Betriebsrat, obwohl ich dann als erstes [...] stinksauer war, weil die sich nicht drum gekümmert haben und ich ihnen bewiesen hab, daß dat alles nicht stimmt."[131]

Sie kam also, legte sich gleich mit allen an und ließ nicht locker. Weil niemand sonst eine so „große Klappe" hatte, fiel sie natürlich auf und war rasch überall bekannt. Gertrud Michalke muß eine Art Naturtalent für Rebellion gewesen sein. So wie sie es darstellt, fühlte sie sich offenbar sofort ganz in ihrem Element und gleichzeitig gibt sie uns zu verstehen, daß sich eigentlich alles wie von selbst so fügte, weil dieser Betrieb gewissermaßen ein wenig bearbeitetes, noch ungestaltetes Feld war, auf das sie sich mit ihrer in acht Jahren angestauten Energie stürzte.

### *„Manche dachten also, ich wär' der Betriebsrat ..."*

Der Fortgang der Geschichte hört sich aus ihrem Munde an wie ein Schelmenroman: Man versucht die Querulantin ruhigzustellen und bringt sie damit erst recht ins Zentrum der Aufmerksamkeit. Als Wortführerin des Lohnstreits fällt Gertrud Michalke dem Fertigungsleiter des Betriebes auf, der sie zu seiner Sekretärin macht und ihr auch den geforderten Lohn zahlt. Ganz gewiß, meint sie, habe die Geschäftsleitung damit die Hoffnung verbunden, daß die Angelegenheit auf diese Weise beendet sei. „Und da haben sie nicht gewußt, wat sie gemacht haben", sagt Gertrud Michalke trocken. Als Sekretärin der Fertigungsleitung hatte sie nämlich täglich mit vielen Leuten in der Fabrik Kontakt. Die 20 Kolleginnen seien weiter zu ihr gekommen und sie habe trotzdem „nicht locker gelassen, gegen Betriebsrat und allem" und nach drei Monaten hatten alle die richtige Eingruppierung. Das war der erste Erfolg, der ihr Auftrieb gegeben habe. Es habe sich auch so gefügt, daß ihr Chef, der Fertigungsleiter, gleichzeitig die Funktion des Arbeitssicherheitsingenieurs ausübte und seine neue tatkräftige Mitarbeiterin zur Weiterbildung auf

131 Nokia 7, S. 20.

diesem Gebiet anregte. Sie lernte eifrig, ging zu Abend- und Wochenendseminaren. Ihr Chef überließ ihr nach und nach die kleinen Fälle, die Beschwerden wegen mangelnder Sicherheit usw. Die Leute gewöhnten sich daran, zu ihr zu kommen, wenn sie Probleme hatten:

> „Und dat sich auf einmal, ja, herumgesprochen hat, nicht nur was Sicherheit war, daß man zu mir kommen konnte, sondern, wenn einer wat mit Löhne hatte, da 'ne Beschwerde hatte, sei es mit Urlaub, Sie wissen, da gibt's ja Betriebsferien und wenn einer anders in Urlaub gehen wollte, ich das aus dem Bereich mit meinem Chef, war ja die ganze Fabrik ... Fertigungsleitung, das geregelt hab. Daß ich im Grunde genommen, drei, vier Jahre, ehe ich, sagen wir mal, überhaupt dann aktiv irgendwo kandidiert hatte, sagen wir mal also, der Betriebsrat sehr mit mir böse war, gesagt hat, ich hätte ein zweites Betriebsratsbüro aufgemacht [...] und dadurch, daß ich viel geregelt hatte, manchmal mehr wie der Betriebsrat, bin ich natürlich auch so sehr bekannt geworden, auch im Betrieb. Und dat manche, die neu anfingen, immer dachten, also, ich wär der Betriebsrat."[132]

In diesen Worten klingt alles so selbstverständlich, als ob sich eines beinahe ungewollt aus dem anderen ergeben hätte. Sie sei gewissermaßen in die ganze Sache hineingerutscht, habe niemandem etwas streitigmachen wollen und sei doch plötzlich zu einer Art Gegenmacht zum Betriebsrat emporgewachsen. Was diese betont heruntergespielte Erzählung nicht enthält, ist wohl der Ehrgeiz, der Gertrud Michalke damals antrieb, ungeachtet von Hierarchien und Zuständigkeiten die Probleme der Kollegen und Kolleginnen regeln zu wollen. Und die nahmen ihr Angebot dankbar an. Gertrud Michalke verfügte offenbar über eine besondere Ausstrahlung, so daß sie innerhalb kurzer Zeit ein beträchtliches Ansehen innerhalb der Belegschaft erreichen konnte.

Ein weiterer Eckpunkt der Erzählung ihres Aufstiegs ist die Wahl 1966 zur Vertrauensfrau und bald darauf zur Vorsitzenden der VK(Vertrauensleute-Körper)-Leitung. Da habe sie angefangen, „noch mehr aufzudecken und umzukrempeln" und habe „natürlich immer mehr Schwierigkeiten mit dem Betriebsrat" bekommen. Vielleicht habe sie damit einige aus ihrem bequemen Leben hochgescheucht, meint sie trocken. Im Jahre 1972, das war immerhin 12 Jahre nach ihrem Arbeitsbeginn bei Nokia, kandidierte sie zum ersten Mal für den Betriebsrat und erhielt mit Abstand die meisten Stimmen.

Doch nachdem zunächst alles ganz leicht und beinahe wie von selbst gelaufen war, stellt Gertrud Michalke nun die Hindernisse und Schwierigkeiten, die man ihr in den Weg legte, in den Mittelpunkt ihrer Erzählung: Nach ihrer Wahl in den Betriebsrat hätten die Kolleginnen erwartet, daß sie die Vorsitzende werden würde

132 Nokia 7, S. 21.

und sie verübelten es ihr, als sie sich nicht bereit erklärte. Taktisch sei es ihr damals unklug erschienen, als Neue gleich den Vorsitz zu übernehmen, weil sie bestimmte Abläufe nicht kannte und auch fürchtete, es werde zu einer Spaltung innerhalb des Betriebsrates kommen. Es dauerte schließlich noch drei Wahlperioden, bis Gertrud Michalke endlich Vorsitzende werden konnte. Dazwischen mußte sie Schikanen der Unternehmensleitung abwehren, die sie an eine andere Stelle versetzte (und erst nach Protesten der Kolleginnen die Entscheidung rückgängig machte), Schikanen des neuen Chefs, der ihr keine Zeit für die Betriebsratstätigkeit einräumen wollte, Versuche des alten Betriebsrats, ihren Einfluß unter den Kollegen möglichst zu schmälern.

Als sie schließlich im Jahr 1981, erneut mit den meisten Stimmen in den Betriebsrat gewählt wurde und nunmehr den Platz der Vorsitzenden übernahm, war sie de facto schon eine Zeitlang die Sprecherin der Belegschaft gewesen, die die wichtigsten Ausschüsse besetzte, die Themen vorgab und die Ideen entwickelte. Inzwischen hatte Gertrud Michalke ihr Tätigkeitsfeld bereits weit über den Rahmen des Betriebes ausgedehnt. Seit den sechziger Jahren schon hatte sie regelmäßig an Seminaren der IG Metall teilgenommen, um sich das entsprechende Fachwissen in Arbeitsrecht, Sozialrecht, Tarifrecht usw. anzueignen. Auf diesen Gebieten habe ihr bald keiner mehr was vormachen können. Aber als entscheidend für ihre politische Bewußtwerdung bezeichnet sie vor allem die Seminare über die Geschichte der Arbeiterbewegung und über Gewerkschaftspolitik:

> „Wenn das vorher, sagen wir mal, ich das alles mehr aus einem ... ja einmal aus dem Rechtsempfinden heraus gemacht habe, [aus dem Gefühl], daß das nicht richtig war und daß das auch bewußt ... Aber, sagen wir mal, daß was im Grunde genommen politisch war, wo ich dann wirklich gesehen hab', ja: Die Unterdrückung der Arbeitnehmer, daß das dann mir erstmal ... es war wohl vorher bei mir da, von meiner Jugend an, aber, sagen wir mal, richtig erkannt, richtig bewertet hab ich das vielleicht erst so ab dem Zeitpunkt, also, Ende der sechziger Jahre, daß ich dann auch anfing, mich damit selber auseinanderzusetzen, um da 'ne Position zu finden. Und das war auch dann der Zeitpunkt, so 66/67, wo ich dann auch schon Mitglied der SPD wurde. Also aber aus dieser Geschichte dann heraus."[133]

Gertrud Michalke mißt den gewerkschaftlichen Seminaren in ihrer Entwicklung einen hohen Stellenwert zu. Sie verhalfen ihr, nach ihren Worten, von einem spontanen und gefühlsmäßigen Engagement für Gerechtigkeit zu einer umfassenderen gesellschaftlichen Einsicht. Seitdem habe sie vermocht, ihre eigenen Erfahrungen in größere historische und politische Zusammenhänge der über Jahrhunderte fortdauernden Unterdrückung der Armen durch die Reichen einzuordnen.

133 Nokia 7, S. 24.

Eine unmittelbare Schlußfolgerung aus ihren neuen Erkenntnissen sei ihr Eintritt in die SPD gewesen, wo sie, wie sie an anderer Stelle sagt, sich zur politischen Linken gezählt habe. Allerdings habe sie nur an Versammlungen teilgenommen, ohne besondere Aktivitäten zu entwickeln. Ihre Entwicklung über die Gewerkschaft zur Sozialdemokratischen Partei ist im Ruhrgebiet häufig anzutreffen, wobei das gewerkschaftliche Engagement für sie stets das entscheidende blieb, während die Mitgliedschaft in der SPD keine große Bedeutung erlangte.

Ihren Aufstieg in der Gewerkschaftshierarchie, wo sie rasch auf sich aufmerksam machte und Funktionen übernahm, in der Tarifkommission, in der Frauenkommission und als Referentin auftrat, mißt Gertrud Michalke an den Etappen der Veränderungen, die sie mitdurchsetzen half: Wie auf dem Gewerkschaftstag 1980 zum ersten Mal ein Antrag über die Abschaffung der Lohngruppe II durchkam und sich danach in der IG Metall was bewegte, wie sie den Internationalen Frauentag wiederbelebten, um ihn für ihren politischen Kampf zu nutzen. Gertrud Michalke spricht von „verkrusteten Strukturen“, die sie einfach durchbrochen und sich damit neue Tätigkeitsfelder eröffnet hätten. Einer der wichtigsten „Durchbrüche“, die Gertrud Michalke für sich in Anspruch nimmt, war die Haltung des DGB zur Friedensbewegung in den achtziger Jahren.

### *„Da wurde das Ostermarschlied gesungen ...“*

Als in den siebziger und achtziger Jahren als Reaktion auf den NATO-Doppelbeschluß die Friedensbewegung in der Bundesrepublik immer stärker wurde, war Gertrud Michalke schon sehr früh dabei. Auch in diesem Fall sucht sie nach frühen Spuren in ihrer Biographie, die dieses Engagement erklären. Zum Beispiel sei sie bereits in den sechziger Jahren zum ersten Mal auf die Ostermärsche aufmerksam geworden, sagt sie, und spontan mitmarschiert, weil ihr das Anliegen sympathisch war und sie überhaupt immer neugierig auf Aktionen, auf Bewegung gewesen sei. Sie ist stolz darauf, auch hier ihrer Rolle als Vorreiterin und Initiatorin treugeblieben zu sein.

1981 gehörte sie zu den Unterzeichnerinnen des Krefelder Appells[134], der sowohl bei Sozialdemokraten als auch bei Gewerkschaftern als kommunistisch bzw. DDR-nah verpönt war. Das „Kind der Demokratie“ geriet in dieser Situation mit ihrem radikalen Engagement an den linken Rand, vielleicht sogar an die Grenzen der parlamentarischen Demokratie der Bundesrepublik. Es war die Zeit der Berufsverbote, es war auch die Zeit, in der nur wenige bekannte Sozialdemokraten

134 Krefelder Appell, von Politikern, Wissenschaftlern und Künstlern unterzeichneter Aufruf zum Protest gegen den NATO-Doppelbeschluß 1981.

öffentlich gegen den Nachrüstungsbeschluß der NATO auftraten.[135] Gertrud Michalke scheint das wenig gekümmert zu haben. Die Friedensbewegung sei tatsächlich „ein bißchen von der DDR finanziert" worden, meint sie heute. Sie habe damals einige der Leute in den Aktionskomitees politisch schon richtig eingeschätzt und sei keineswegs in allem mit ihnen einverstanden gewesen. Aber das wichtigste sei doch die Übereinstimmung in den Friedensfragen gewesen. Großen Ärger wie andere, sagt sie, habe sie eigenartigerweise persönlich nie bekommen. Sie sei zwar ein wenig schief angeguckt worden, aber bei ihr habe man das immer akzeptiert. Sie habe sogar eine Rede bei einer Ostermarsch-Kundgebung gehalten, als das für Gewerkschaftler eigentlich noch verboten gewesen sei.

Die Friedensbewegung allerdings zog nach und nach immer breitere Kreise an, die längst nicht mehr alle als Kommunisten oder DDR-hörig abgestempelt werden konnten. Die Front der Ostermarschgegner bei SPD und DGB bröckelte. Gertrud Michalke erinnert sich an eine Frauenkonferenz des DGB, auf der sie zusammen mit anderen Frauen einen ersten Durchbruch, wie sie sagt, erreichen konnte:

> „Da hat's einen Antrag der Frauen gegeben, daß also in Zukunft solche Appelle, wie den Krefelder Appell, also ... die Gewerkschaft unterstützen sollte, also Pro. Und der natürlich, in der offiziellen Linie vom Vorstand der IG Metall nicht gewünscht war. Und ich war, durch die Antragskommission war ich ja bei den Vorbereitungen, bei den Empfehlungen dabei. Und in dieser Antragskommission muß ich sagen, war'n wir auch alle standfeste Frauen, die dafür war'n, also für diesen Antrag. Wir wollten ja auch wat verändern [...] Und nachher hat es eine sehr heiße Debatte gegeben, wurde einem ja leicht dann unterstellt, daß man zur DKP gehört, zu den 0,3 Prozent, wie es dann formuliert wurde, und auf jeden Fall in die Debatte ich auch eingegriffen hatte, obwohl ich Sprecherin war. Der Antrag ist dann gegen Mayr, der damals noch Vorsitzender war, der selber geredet hat, gegen alles, ist der Antrag so gut wie einstimmig angenommen worden. Und es war dann also ganz spontan, wirklich nicht gestellt: Als der Antrag angenommen wurde, wurde nicht geklatscht, sondern da wurde das Ostermarschlied gesungen. Ein paar fingen damit an und alle mit und da war nicht mehr gegen anzukommen ..."[136]

Gertrud Michalkes heisere Stimme ist vor Bewegung etwas brüchig geworden. Für sie zählt diese bewegende Szene, die sich 1982 oder 1983 abgespielt hat, zweifellos

135 Die SPD hat zu keiner Zeit einen Unvereinbarkeitsbeschluß gefaßt, der die Teilnahme am Ostermarsch und die gleichzeitige Mitgliedschaft ausgeschlossen hätte. Gleichwohl wurde seitens der Parteiführung durchaus versucht, die Unterstützung der Bewegung durch Sozialdemokraten einzuschränken. Siehe Karl A. Otto: Vom Ostermarsch zur APO. Geschichte der außerparlamentarischen Opposition in der Bundesrepublik 1960–1970. Frankfurt a.M. 1977, S. 130 ff. Das Gleiche gilt auch für die spätere Friedensbewegung, in der der SPD-Politiker Erhard Eppler bald eine führende Rolle spielte.

136 Nokia 7, S. 33.

zu den Sternstunden ihres Lebens. Dabei scheint es ihr weniger wichtig, vom heutigen Standpunkt aus die Friedensbewegung und ihre Wirkung zu hinterfragen und vielleicht neu zu bewerten. Ihr geht es vor allem um den Tabu-Bruch, um die Eröffnung neuer Möglichkeiten, das Aufbrechen verkrusteter politischer Strukturen. Gertrud Michalke ist sich bewußt, daß sie mit ihrer Initiative ein Stück der Geschichte des DGB, eine Stück Geschichte der Friedensbewegung mitgeschrieben hat. Nachdem dann der Durchbruch geschafft war, sagt sie ein wenig verächtlich, hätten sich die höheren Funktionäre der Gewerkschaft „drum gerissen", auf einer Kundgebung der Friedensbewegung eine Rede zu halten, als ob sie nie etwas anderes getan hätten.

Die achtziger Jahre waren zweifellos Gertrud Michalkes große Zeit. Im Betrieb, in der IG Metall, in der Friedensbewegung – überall war sie bekannt und geachtet, sie hatte Erfolg, Einfluß, konnte etwas verändern und bewegen. Dieses Engagement habe sie „ganz ausgefüllt", so daß ihre Freizeit natürlich ein bißchen zu kurz gekommen sei. Aber, korrigiert sie sich sogleich, eigentlich habe sie das nicht so empfunden. Vielleicht sei dieses Gemeinschaftserlebnis von Widerstand und Aktion ihre Freizeitgestaltung gewesen.

Nur ganz nebenbei erfahren wir, daß ihre Ehe in dieser Zeit auseinanderging. Doch ihre gewerkschaftliche und politische Arbeit sei nicht der Scheidungsgrund gewesen, betont sie. Allerdings, räumt sie ein, sei sie damals so eingebunden gewesen, daß sie offenbar nicht gesehen habe, was um sie herum vorging, daß sie nicht bemerkte, wie sich ihr Mann allmählich von ihr entfernte. Heute kann Gertrud Michalke ohne Bitterkeit darüber sprechen, aber damals sei es ihr schwergefallen, nach mehr als dreißig Jahren einer guten Ehe, wie sie betont, die Trennung zu akzeptieren. Und natürlich habe sie sich danach noch mehr in die Politik gestürzt, gewiß auch, um zu verdrängen, aber vor allem deshalb, weil sie nun noch mehr Zeit hatte, zwangsläufig. Das sei noch einmal „ein richtiger Schub" gewesen.

Dieser „Schub" beförderte Gertrud Michalke in den Gesamtbetriebsrat des Nokia-Konzerns der Bundesrepublik, zur Vorsitzenden der DGB-Frauenkommission und in die Große Tarifkommission der IG Metall.

Doch dann war auf einmal Schluß. Es ging nicht weiter. Die inzwischen 59jährige erlitt mehrere Gehörstürze. Gertrud Michalke kandidierte nicht wieder für den Betriebsrat und ging im April 1990 mit knapp sechzig Jahren schweren Herzens in den Ruhestand.

### *Pionierarbeit im Osten*

Nach sechs Wochen Ruhe, sagt sie, sei ihr bereits zu Hause die Decke auf den Kopf gefallen. Ein Ereignis kam ihr zu Hilfe, das sie zunächst mit großer Skepsis aufnahm: in der DDR gerieten die Machtverhältnisse in Bewegung, im Herbst 1989 fiel die Mauer und ein Jahr später kam es zur Vereinigung der beiden deutschen Staaten. Dies war ein Bruch, den Gertrud Michalke offenbar zunächst nicht wahrnehmen wollte, so widerstrebend äußert sie sich zur Wende insgesamt. Die Existenz von zwei deutschen Staaten sei für sie eigentlich etwas Feststehendes gewesen. Sie habe die Einheit anfangs nicht gewollt, sagt sie:

> „Es war ja im Anfang ... es hat mir also wehgetan, daß das so gekommen ist. Weil ich ja auch nicht hier zu un ... nicht unser System, also unser Wirtschaftssystem und den ganzen Kapitalismus als das Richtige ansehe ..."[137]

Gertrud Michalke hatte die DDR offenbar bis dahin als Alternative zum kapitalistischen System der Bundesrepublik angesehen. Allerdings kannte sie die Verhältnisse der DDR kaum und verfügte auch über keine verwandtschaftlichen oder freundschaftlichen Kontakte dorthin. Der andere deutsche Staat dürfte vor allem als Projektionsfläche für ihre Alternativ-Hoffnungen gedient haben. Im Zusammenhang mit dem Verschwinden der DDR erfahren wir auf diese Weise zum ersten Mal etwas über Gertrud Michalkes grundsätzliche Haltung zur Bundesrepublik. Sie stellte sich zwar in unserem Gespräch durchgängig als Rebellin dar, als Kämpferin für Demokratie und Gerechtigkeit, jedoch hatte sie bisher nicht durchblicken lassen, daß ihre Kritik an den Verhältnissen bis zur Ablehnung des kapitalistischen Systems selbst ging.

Der Epochenwechsel von 1989/90, der Gertrud Michalkes bisheriges Weltbild in Frage stellte, verschaffte ihr andererseits die Möglichkeit, den Ruhestand zeitweilig wieder aufzugeben und noch einmal einen aktiven Lebensabschnitt zu beginnen. Im Osten mußten gewerkschaftliche Strukturen aufgebaut und die Bildung von Betriebsräten in Tausenden von Betrieben helfend begleitet werden. Wie viele andere Gewerkschafter wurde auch Gertrud Michalke in dieser Situation gebraucht. Mit gemischten Gefühlen habe sie sich bereit erklärt, für sechs bis acht Wochen nach Schwerin zu gehen, um die dortige Bezirksstelle der IG-Metall aufzubauen. Bei der ersten Fahrt in den Osten sei ihr schon sehr beklommen zumute gewesen, sagt sie, sie habe sich gefragt, worauf sie sich da einlasse. Sie fuhr in eine fremde Welt, deren Regeln sie nicht kannte und gleichzeitig war in dieser Fremde ihre Sozialismus-Hoffnung zusammengebrochen. Letztlich seien aus den wenigen Wochen jedoch zwölf Monate geworden, ein Jahr, auf das Gertrud Michalke gern zurückblickt:

> „Ja, und ich muß sagen, also, es war 'ne schwere Zeit, 'ne aktive Zeit, aber auch 'ne schöne Zeit. Man hat wirklich so was wie Pionierarbeit gemacht. Also, was mir sehr entgegenkam: Es war 'ne selbständige Arbeit. Also Frankfurt war weit. Sie brauchten im Anfang eine Woche, bis Sie überhaupt 'n Telefongespräch kriegten [...] also jemand, der nicht entscheidungsfreudig war, der hätte das nicht gerafft und entscheidungsfreudig war ich immer."[138]

137 Nokia 7, S. 74.
138 Ebd., S. 64.

Noch einmal bot sich Gertrud Michalke ein weites, noch ungestaltetes Betätigungsfeld. Sie hatte die Möglichkeit, Initiativen zu ergreifen, etwas Neues zu schaffen. Ihr gesammeltes praktisches Wissen aus der Betriebsrats- und gewerkschaftlichen Arbeit konnte sie hier loswerden. Bei der Privatisierung der dortigen Betriebe kamen den mecklenburgischen Kolleginnen und Kollegen Gertrud Michalkes langjährige Erfahrungen mit den Veränderungen bei Nokia und natürlich mit den Umgruppierungen der Löhne zugute. Jedes Wochenende schulte sie die neuen Betriebsräte und organisierte ihren ersten Streik im Osten. Von Anfang an hätten die Leute ihr dort großes Vertrauen entgegengebracht. Allerdings sei das manchmal so weit gegangen, sagt Gertrud Michalke, daß sie nahezu Wunderdinge von ihr erwartet hätten. Und diese Erwartungen richteten sich nicht nur auf die Fähigkeiten der erfahrenen Gewerkschafterin aus dem Westen, sondern sie betrafen auch die Vorzüge der bundesdeutschen Gesellschaft, in die die DDR-Bürger so schnell und unvermittelt geraten waren. Es ist ihr wichtig zu betonen, daß sie das Vertrauen der Leute nicht mißbraucht und ihnen nichts vorgemacht habe. Gegen deren „überschraubte Hoffnungen“ in bezug auf die sozialen und ökonomischen Verhältnisse in der Bundesrepublik habe sie ihre nüchternen Kenntnisse und Erfahrungen gesetzt.

Im Gegenzug lernte Gertrud Michalke den „realexistierenden Sozialismus“ bzw. das, was von ihm noch übrig war, kennen und die Konsequenz dieses Lernprozesses war letztlich der Abschied von ihren bisherigen sehr verschwommenen Sozialismusvorstellungen:

> „Ich hab ja im Anfang mit den Arbeitsverträgen … ich hab immer gedacht, die hatten ja auch Berater, die Unternehmensseiten, vom Westen her, und da hab ich gedacht, die haben so'n paar geschickt, die den Manchesterkapitalismus da einführen wollten. Da war'n also so Dinge drin, daß Nacharbeit am Samstag gemacht werden muß, also zusätzlich zur Arbeitszeit und nicht bezahlt wird […] und daß ihnen im Grunde genommen pro Fehler wieder Geld abgezogen wird. Ich hab echt gedacht: Manchesterkapitalismus, bis ich dann von den Leuten da aufgeklärt wurde. Als ich dann ein paarmal mich aus dem Fenster gelegt hatte, mich einer an die Seite nahm und sagte: Du, das ist mit einigen formalen Änderungen unser alter Arbeitsvertrag. Dann hab' ich mir natürlich die Verträge geben lassen, es stand natürlich statt Werktätige dann Arbeitnehmer, aber, sagen wir mal, diese Inhalte war'n fast wörtlich übernommen worden. Da hab' ich immer gesagt, das dürfte doch im Sozialismus nicht möglich sein, daß die umsonst arbeiten mußten.“[139]

Die lebenspraktische erfahrene Gewerkschafterin verließ sich vor allem auf ihr Urteil in den Bereichen, von denen sie etwas verstand. An der Tatsache, daß diese Ar-

139 Nokia 7, S. 76.

beitsverträge aus der DDR stammten, konnte sie nicht vorbeisehen. Vor allem Frauen in niedrigbezahlten Tätigkeiten hatten am Fließband unter Bedingungen arbeiten müssen, die schlechter waren als in der kapitalistischen Bundesrepublik. Auch der soziale Rahmen in den Betrieben, die Verhältnisse am Arbeitsplatz, der Zustand der Kantinen usw. waren für sie eine große Enttäuschung. Sie mußte zur Kenntnis nehmen, daß es in der DDR weder eine demokratische noch eine gerechte Gesellschaft gegeben hatte. Ein Sinnbild für die Privilegien der Funktionäre wurde für Gertrud Michalke der gesonderte „Personaleingang" (der übrigens auch so bezeichnet wurde) in der Politbüro-Siedlung Wandlitz bei Berlin. Letztlich sei sie zu dem Schluß gekommen, daß das Ganze nur dem Namen nach sozialistisch war, im Grunde sei diese Gesellschaft schlimmer als die bundesdeutsche gewesen. Die angemessenen Bezeichnungen dafür seien Funktionärskapitalismus oder Staatskapitalismus.

Trotz allem scheint Gertrud Michalke zwiegespalten in bezug auf die Schlußfolgerungen, die sich daraus für ihr Weltbild ergeben. So versucht sie einerseits, ihre Utopie streng von der gescheiterten Wirklichkeit zu trennen. Sie habe diese Erfahrung letztlich nur verarbeiten können, indem sie sich sagte, das habe mit Sozialismus nichts mehr zu tun, das sei nicht der „Sozialismus, wie er sein müßte". Andererseits jedoch sei bei ihr schon „was kaputtgegangen" und sie habe sich gefragt, ob der Sozialismus überhaupt machbar sei, ob „es nicht immer wieder Auswüchse" geben wird. [140]

Es fällt Gertrud Michalke schwer, mit dem Bewußtsein einer gescheiterten Perspektive umzugehen, vor allem in einer Lebensphase, wo ihr ein aktiver Neubeginn, eine Einflußnahme auf gesellschaftliche Prozesse mehr und mehr verwehrt ist. Ihre Vorstellung einer Entwicklung in der Zeit steht in ganz engem Zusammenhang mit der eigenen Biographie. Sie beschreibt eine deutliche Aufwärtsentwicklung, einen Fortschritt bzw. Durchbruch zu neuen Möglichkeiten bis in die späten achtziger Jahre hinein, während sie die Jahre nach 1990 eher als Stillstand, sogar als Rückentwicklung betrachtet.

Allmählich ist ihr bewußt geworden, daß nicht nur die Verhältnisse in der DDR untergegangen sind; zur gleichen Zeit, wenn auch unmerklicher, ist ebenso ihre Welt der alten Bundesrepublik, ihre große Zeit zu Ende gegangen. Sie nennt dafür Beispiele: die Gewerkschaften hätten ihre kämpferische Haltung eingebüßt und würden wieder mehr von „Sozialpartnerschaft" sprechen. Überhaupt habe sich das gesellschaftliche Klima geändert, seit 1990 könne man manches „nicht mehr so offen diskutieren". Realistisch betrachtet, meint Gertrud Michalke, wird sich die Geschichte „nicht zum Besseren entwickeln", es werde eine größere Polarisierung zwischen Arm und Reich geben. Aber ganz hat sie die Hoffnung auf Fortschritt deshalb nicht aufgegeben:

140 Nokia 7, S. 77.

„Es wird wohl ‘ne klein … ’ne Entwicklung dahin gehen, da wird man nicht umhinkommen und einige Vernünftige, die was vorantreiben, ganz egal wo, in welchen gesellschaftlichen Stellungen, wird es immer mal geben, hat’s ja auch in der Geschichte gegeben. Aber ich glaube, daß das ein ganz langsamer Prozeß ist und daß es erstmal noch ein ganz schönes tiefes Tal geben wird, bis sich vielleicht auch was mit Arbeitsmarkt und so stabilisiert …“[141]

Gertrud Michalke präsentiert ihre Biographie fast ausschließlich als politisches Geschehen, in dem sie selbst eine aktive Rolle spielt. Zweifellos ist sie es seit langem gewohnt, ihre Geschichte unter diesem Blickwinkel zu betrachten und als sinnvolle Entwicklung zu interpretieren. Angesichts der erstaunlichen betrieblichen und politischen „Karriere“ geraten andere Teile ihres Lebens eher in den Hintergrund.

## 3) Die erste Nachkriegsgeneration: Gerhard Ring – Karl Schwarzer

### a) Sicherheit geht vor – Gerhard Ring, Jahrgang 1948, Ingenieur für Arbeitssicherheit und Umweltschutz

Wenn Gerhard Ring in seinem halbverrosteten Skoda über das Gelände des Stahlwerkes fährt, grüßen viele Kollegen oder rufen ihm eine Bemerkung nach. Mancher von ihnen setzt sich rasch den Helm auf und legt ihn erst wieder beiseite, wenn das alte Auto außer Sichtweite ist. Der große kräftige Mann mit dem schütteren rotblonden Haar, der in seiner schmuddeligen blauen Montur nicht gerade wie ein Vorgesetzter aussieht, hat seinen eigenen Helm immer dabei. Schließlich muß er als Sicherheitsinspektor mit gutem Beispiel vorangehen, wenn er mit seiner Arbeit ernstgenommen werden will. Und er kennt seine Leute. Ring ist schon seit 20 Jahren im Stahlwerk Hennigsdorf für Arbeitsschutz verantwortlich. Mit seinem ruhigen, offenen Wesen scheint er geradezu eine Verkörperung jener Sicherheit, für die er beruflich zuständig ist. Das IG-Metall-Symbol an seinem Helm weist darauf hin, daß er sich auch in anderer Weise für die Belange seiner Kollegen einsetzt. Gleich zu Beginn unseres Gesprächs im Büro des Betriebsrates erwähnt er, daß er sich selbstverständlich an dem vor einigen Wochen beendeten Streik um höhere Löhne beteiligt habe, trotz des Drucks, den die Unternehmensleitung auf die Angestellten ausgeübt habe. Dabei sei es ihm persönlich nicht um’s Geld gegangen, sein Gehalt sei viel höher als die Löhne der Arbeiter. Es sei ihm ums Prinzip, um die Gerechtigkeit gegangen. Wenn die Arbeitgeber einfach von heute auf morgen die Tarifverträge kündigten, müßten eben alle „wie ein Mann“ zusammenstehen.

141 Nokia 7, S. 91.

Daß er als Ingenieur für Arbeitssicherheit in einem solchen Konflikt auf der Seite des Unternehmers stehen soll, leuchtet Gerhard Ring nicht ein. Die Einheits- und Gleichheitserfahrungen aus der DDR wiegen für ihn schwerer als die Anpassungsregeln der neuen Gesellschaft, in der er seit einigen Jahren lebt.

*Das Land der kleinen Leute*

Gerhard Ring ist ein Kind der DDR. Was er über sein Leben mitteilt, ist persönliche Erinnerung und gleichzeitig Bilanz einer Gesellschaft, die nicht mehr existiert. 1948 wurde er als das zweite von insgesamt fünf Kindern geboren. Der Vater war Arbeiter in der Graugießerei Velten, einem Zweigbetrieb des Stahlwerks, die Mutter Hausfrau. Seine Kindheit schildert Ring als schöne Zeit. Das Aufgehobensein in der Familie nennt er eine prägende Erfahrung, die sich für ihn bis heute fortsetzt: im Zusammensein mit seiner Kleinfamilie – Ehefrau und Sohn – wie in der großen solidarischen Gemeinschaft der Geschwister, Schwägerinnen, Nichten, Neffen, Tanten und Onkel. Zwar hätte damals das Geld, das Gerhard Rings Vater verdiente, nur für das Nötigste gereicht, aber die Eltern hätten sich um alles gekümmert, und was die Eltern nicht vermochten, das habe die Gesellschaft ihm geboten. Er erzählt von sommerlichen Fahrten ins Betriebsferienlager und von einer Volkstanzgruppe, in der er viele Jahre aktiv war. Als Kind habe er immer gewußt, wo er hingehen sollte. Dreimal in der Woche sei Tanztraining gewesen, die Gruppe sei bei den Parkfestspielen in Sanssouci und den Gesamtdeutschen Volkstanzfesten in Rudolstadt aufgetreten. Er habe daran schöne Erinnerungen. „Die Zeit, in die wir reingewachsen sind", sagt er, „war eigentlich für solche kinderreichen Familien eine gute Zeit".[142] Die DDR, betont Gerhard Ring an anderer Stelle, sei für die kleinen Leute „das bessere Deutschland gewesen".[143]

1953 zog die Familie Ring von Velten nach Leegebruch um, wo sie in der ehemaligen Heinkel-Siedlung[144] ein Haus bekam. Mit dem Jahr 1953 verbinden sich für Gerhard Ring zugleich beunruhigende, bedrohliche Erinnerungen. Der Vater war zusammen mit den anderen Arbeitern des Stahlwerkes am 17. Juni 1953 nach Berlin marschiert. Kurz darauf wurde er als „Provokateur" entlassen. Erst ein Urteil des Arbeitsgerichts ermöglichte ihm nach Monaten die Rückkehr in's Werk. Damals sei er, Gerhard Ring, erst fünf Jahre alt gewesen. Von den Ereignissen um den 17. Juni herum und der Rolle, die sein Vater dabei gespielt habe, wisse er des-

142 Hennigsdorf 5, S. 2.

143 Hennigsdorf 5 d, S. 11.

144 In der zweiten Hälfte der 30er Jahre wurden in Leegebruch die Heinkel-Flugzeugwerke erbaut, gleichzeitig entstand für die Arbeiter und Angestellten des Werkes eine Reihenhaussiedlung.

wegen nichts zu berichten. In seinem Gedächtnis haftengeblieben ist nur die beunruhigte Stimmung zu Hause, die sorgenvollen Gespräche zwischen den Eltern. Jahre später habe die Mutter ihm erzählt, sie hätten damals erwogen, in den Westen zu gehen. Aber sie hätten sich letztlich nicht entschließen können, mit den Kindern „ins Ungewisse" zu gehen. Kurz zuvor hatten sie das kleine Haus in Leegebruch bezogen und so seien sie eben dageblieben:

> „Und ich muß mal sagen, im Nachhinein find ich das auch ganz gut, daß wir hiergeblieben sind. Ausrücken ist eigentlich nicht unsere Art gewesen, sonst hätte man ja jetzt vor der Wende oder in der Wendezeit das genauso machen können. Die Leute können nicht alle ausrücken für meine Begriffe. Da, wo man wohnt und arbeitet, da die Verhältnisse verbessern, das ist für meine Sache als das Wichtigste, was es gibt."[145]

Das „Land der kleinen Leute" hatte der Familie Ring im Zusammenhang mit dem 17. Juni 1953 die dunkle Seite der Repression gezeigt, die später seltener so offen zutage trat, aber stets die Kehrseite der sozialen Fürsorglichkeit blieb. Vor die Entscheidung gestellt hatten die Eltern die vertrauten Zwänge und vertrauten Sicherheiten im Osten der Ungewißheit im Westen vorgezogen und ihr Leben danach eingerichtet. Der Sohn, der erst viel später von den Absichten der Eltern erfuhr, billigt ihre Entscheidung im Nachhinein. Es scheint, als ob diese Frage – Ost oder West – für ihn damit ein für allemal beantwortet war und zwar noch in einem anderen Sinne, als die Eltern wohl ursprünglich beabsichtigten. „Die Leute können nicht alle ausrücken", sagt er und zieht damit unmittelbar eine Parallele zur Massenflucht des Jahres 1989. Sein Plädoyer für eine Verbesserung der Verhältnisse „da, wo man wohnt und arbeitet" bedeutet jedoch nicht unbedingt ein Votum für die DDR-Gesellschaft und schon gar keine Identifikation mit dem politischen System. Eher noch mag man seine Worte verstehen als eine tiefe Verbundenheit mit der Region, in der er geboren wurde und aufgewachsen ist und die er nur schwer verlassen kann.

Dabei ist sich Gerhard Ring durchaus bewußt, daß der Vater damals gewichtige Gründe gehabt hätte, um in die Bundesrepublik zu gehen. Er hatte als Soldat im Zweiten Weltkrieg eine Hirnverletzung davongetragen. Als Schwerkriegsbeschädigter bekam er in der DDR nur eine geringe Rente, von der seine große Familie nicht existieren konnte. Die schwere körperliche Arbeit, die er in der Gießerei verrichten mußte, um seinen Lebensunterhalt zu verdienen, sei bestimmt mit Schuld daran, davon ist Gerhard Ring überzeugt, daß der Vater noch vor Erreichen des Rentenalters mit 59 Jahren gestorben sei. Für den Vater wäre es vielleicht besser gewesen, wenn die Familie sich damals anders entschieden hätte. Aber welche Konsequenzen hätte dies für ihn selbst gehabt?

145 Hennigsdorf 5, S. 2 f.

„Ich weiß nicht, ob ich hätte studieren können, weil das ja doch alles auch 'n bißchen teuer ist, sag ich mal. Mein anderer Bruder hat auch studiert, der jüngere Bruder, und ob wir diese sorglose Kindheit gehabt hätten, kann ich einfach nicht einschätzen. Aber sicherlich, möcht' ich mal sagen, durch diese ganze Art und Weise der Bildung und der Entwicklung in der Umgebung ... wir haben früher mal gelernt in der Schule: die Umwelt formt den Menschen. Und so ist es ja sicherlich auch. Es war sicherlich nicht verkehrt, was wir da gelernt haben und ich möchte vielleicht auch sagen ... denn wenn ich heute mit Leuten spreche in den alten Bundesländern, überleg ich mir immer, wie können die denn zu dieser Auffassung eigentlich kommen? Die liegt ja völlig neben deiner Auffassung oder so. Aber das ist sicherlich die Frage, daß sie in diesem Staat aufgewachsen sind, von Anfang an dieses System, dieses andere Gesellschaftssystem mitgemacht haben und dadurch zu ganz anderen Auffassungen gekommen sind. Und so wär's mir auch gegangen, möcht ich sagen. Ich will nicht sagen, daß ich gegen alles angekämpft hätte. Vielleicht wär ich dann so geworden, daß ich gesagt hab', also die können mir mal mit der Gewerkschaft und allem andern gestohlen bleiben oder was ...“[146]

Gerhard Rings Überlegungen über seine nicht gelebte andere Möglichkeit im Westen sind ganz von seiner gegenwärtigen Situation nach der deutschen Vereinigung 1990 bestimmt, in deren Folge er schließlich doch in das andere System geraten ist, gegen das sich seine Eltern damals aus ganz pragmatischen Gründen entschieden hatten. Fast zwangsläufig steuern seine Gedanken deshalb auf einen Vergleich zwischen den beiden Gesellschaften DDR und Bundesrepublik zu, bei dem die DDR besser abschneidet, weil sie den Kindern aus Arbeiterfamilien eine „sorglose Kindheit“ und bessere Bildungschancen bot. Aber über die unterschiedlichen Bildungs- bzw. Aufstiegsmöglichkeiten hinaus meint Gerhard Ring, daß er heute wohl ganz andere Auffassungen und Lebenshaltungen hätte, wenn er im anderen Deutschland aufgewachsen wäre. „Die Umwelt formt den Menschen“ – man wird so, wie die Gesellschaft, in der man lebt – das ist seine Schlußfolgerung. So wie er sich heute darstelle, sei er ein Produkt der DDR. Sein fiktives Gegenbild als Bundesbürger spiegelt dementsprechend direkt seine Vorstellung einer eher kalten und egoistischen bundesrepublikanischen Gesellschaft wider: Er wäre vielleicht ein unpolitischer Mensch geworden, der sich nicht in der Gewerkschaft engagiert hätte – mit anderen Worten – er hätte sich nur für sein eigenes Wohlergehen interessiert bzw. als Ingenieur hätte er wohl keine Veranlassung gesehen, sich mit den Arbeitern seines Betriebes solidarisch zu fühlen.

Sein Erklärungsmuster, wonach die Menschen von seiner Umwelt geprägt seien, in dem sie gelebt hätten, wendet Gerhard Ring im gleichen Zusammenhang

146 Hennigsdorf 5, S. 4.

auch auf seinen Vater an, mit dem er als Jugendlicher viele Auseinandersetzungen führte, die er jedoch ausdrücklich nicht als Konflikt bezeichnen möchte. Der Vater sei eben vom damaligen Staat erzogen und entsprechend beeinflußt worden und habe bis zum Schluß gemeint, er habe im Krieg „für eine gute Sache gekämpft". Der Sohn, der in der Schule etwas grundlegend anderes über den Faschismus lernte, brachte sein Wissen nach Hause mit und machte dem Vater Vorhaltungen, die dieser nicht akzeptieren wollte. Zwanzig Jahre nach dem Tod des Vaters will Gerhard Ring diesen Streit relativieren. Schließlich habe der Vater seine besten Jahre im Krieg verloren und am Ende die schwere Verletzung davongetragen. Da sei ihm das Eingeständnis offenbar schwergefallen, einer schlechten Sache gedient zu haben. Überdies sei ihre Auseinandersetzung nur auf dieses Thema beschränkt gewesen, und habe das Vater-Sohn-Verhältnis generell nicht beeinträchtigt.

Die Passivität und das Schweigen der heimgekehrten Soldaten in der Nachkriegszeit haben der Generation ihrer Kinder in der DDR häufig eine seltsam von den Erfahrungen der Eltern abgetrennte antifaschistische Erziehung beschert.[147] In der Familie Ring gab es offenbar sogar Auseinandersetzungen, in deren Verlauf sich der Vater gegen die vom Sohn aus der Schule mitgebrachte Meinung zur Wehr setzte, die seine Biographie infrage stellte. Aber offenbar identifizierte sich Gerhard Ring einerseits ganz selbstverständlich mit dem Antifaschismus der DDR-Gesellschaft und bemühte sich andererseits, sein Verhältnis zum Vater davon zu trennen.

Gerhard Ring schloß die Schule nach der zehnten Klasse ab. Er sei ein guter Schüler gewesen, nur mit den Beurteilungen habe er immer ein bißchen Probleme gehabt. In sein Zeugnis der 9. Klasse, das war das Bewerbungszeugnis für den Beruf, hatte der Lehrer geschrieben: „Gerhard sollte seine politische Meinung überprüfen, denn er ist Schüler in der sozialistischen Schule".[148] Dabei habe er sich, sagt Ring, nie „etwas zuschulden kommen lassen", nur offen und ehrlich seine Meinung geäußert. Eigentlich habe er Maurer werden wollen. Da jedoch sein älterer Bruder schon als Maurer von Großbaustelle zu Großbaustelle zog, griff der Vater sehr autoritär in die Berufswahl von Gerhard Ring ein und verbot ihm den Maurer-Beruf:

> „... und das Geld und Hallodrio, wie das so ist, wenn man jung ist. [Vater sagte:] Und das kommt mir nicht in Frage, du lernst'n vernünftigen Beruf im Betrieb, wo du morgens hinfährst, abends zu Hause bist. Ruhe ist! Na gut, war erledigt der Fall, hab ich gemacht."[149]

147 Vgl. Annette Leo: Haben „wir" das gemacht? Antifaschistische Erziehung in der DDR und ihre Spuren acht Jahre nach der Wende. In: Jahrbuch Arbeit, Bildung, Kultur, 15/16, 1997/98, S. 65-72.

148 Hennigsdorf 5, S. 15.

149 Ebd., S. 8.

Gerhard Ring stellt sich hier als außerordentlich kompromißbereiter Sohn dar, der seinen Berufswunsch zugunsten der Vorstellungen der Eltern zurückstellte. Aber er vermittelt mit der Wiedergabe dieser Szene auch eine gewisse Leichtigkeit der Entscheidung. Vielleicht war es letztlich nicht so wichtig, welchen Beruf er ergreifen würde. Gewiß würde er auch in der anderen Arbeit Freude finden und sein Auskommen haben. Er erlernte also im Stahlwerk den Beruf des Werkzeugmachers, der ihm zwar Spaß machte, in dem er jedoch später nie arbeitete.

### *„Aber es kommt der Knackpunkt"*

Gleich nach der Lehre verpflichtete sich Gerhard Ring für drei Jahre zur Volksmarine. Er habe „ein bißchen Flausen im Kopf" gehabt, sagt er, „immer solche Abenteuerbücher gelesen". Das einzig vorstellbare Abenteuer für einen Jungen in der DDR war außer der Großbaustelle offenbar die Marine. Seine Überlegungen gingen dahin, nach den drei Jahren vielleicht bei der Handelsmarine anzukommen oder sogar beim Militär zu bleiben. Eine dritte Möglichkeit, die er dann schließlich verwirklichte, hatte er noch vor der Einberufung vorbereitet: Die Bewerbung für ein Ingenieurstudium für Maschinenbau, bei dem ihm seine drei Jahre Armeezeit ein höheres Stipendium sichern würde.

Die drei Jahre auf dem Schiff einer Vorpostenabteilung in Warnemünde seien für ihn eine lehrreiche Zeit gewesen, erzählt Gerhard Ring. Letztlich habe er auch gelernt, daß dies nicht die Welt sei, in der er den „Rest seines Berufslebens verleben" wollte. Er spricht von „Befehlszwängen", aus denen man nicht herauskäme und in Dinge verwickelt werden konnte, die nicht mit den eigenen Zielen und Gedanken zu vereinbaren waren:

> „Irgendwo kommt der Punkt, wo es denn heißt, entweder du mußt willenlos mitspielen und das wollte ich auf keinen Fall oder aber es kommt der Knackpunkt und irgendwas passiert denn, was zu meinem persönlichen, generell zu meinem persönlichen Nachteil wäre, und das wollte ich denn eben nicht."[150]

Bei aller Anpassungsbereitschaft und Offenheit gegenüber den Erwartungen der Gesellschaft wollte sich Gerhard Ring offenbar ein Stück Eigensinn bewahren, kein willenloses Rädchen in einer Maschinerie werden. Andernfalls wäre er, seiner Meinung nach, unweigerlich in einen Konflikt geraten, mit der Folge von Maßregelungen; sein Platz innerhalb der Gemeinschaft wäre dadurch bedroht gewesen. Um einen solchen Bruch zu vermeiden, verließ er die Armee wieder. Als Beispiele für Konfliktpunkte nennt Gerhard Ring die überzogene politische Erziehung bei der Armee, die ihn besonders gestört habe. Er sei ja grundsätzlich mit den prokla-

150 Hennigsdorf 5, S. 10.

mierten Zielen der DDR einverstanden gewesen: „Bloß wie die ganze Sache gehandhabt wurde, da gab's ja wohl doch 'n bißchen Unterschiede.“[151] Um dies zu illustrieren, erzählte er eine Episode, die heute geradezu absurd anmutet. Den größten Ärger handelte sich Gerhard Ring ein, als er sich im Rahmen seiner Einheit mit der besten Absicht in eine Diskussion zur Vorbereitung der Kommunalwahlen 1969 einmischte. Seine Vorgesetzten machten sich Gedanken darüber, wie man es am Wahltag am besten organisieren könne, daß jeder Matrose an Land gehen könnte, um zu wählen, und die Gefechtsbereitschaft des Schiffes trotzdem zu jeder Zeit gewährleistet sei:

> „Das war ein Brimborium, was mir eigentlich, also das war der Aufwand eigentlich für mich, für meine Begriffe gar nicht wert, daß sich da hochbezahlte Offiziere um so'ne Lappalie kümmern. So, nun hab ich, war ich ein bißchen vorlaut, ein bißchen vorlaut war ich schon immer, hab ich mir auch schon 'n bißchen zurückgenommen, hab ich einfach gesagt in meinem jugendlichen Leichtsinn: das ist doch alles gar kein Problem. Wir sind ungefähr sechzig Leute an Bord und dann holen wir uns sechzig Stimmzettel und einer geht dann raus und steckt die in 'ne Urne. Nur das hab ich mir natürlich erst im Nachhinein überlegt, was ich da gesagt habe. Es war natürlich ein riesengroßes Theater und ich hatte 'n paar Wochen nebenbei politischen Unterricht, konnte ich mir gar nicht vorstellen, wie das dort denn losging. Dann hat man mir natürlich klarmachen wollen, das, was ich da erzählt habe, das grenzt ja schon an sonstwas, ja ...“[152]

Indem der junge Gerhard Ring mit seinem arglos vorgetragenen Vorschlag die Wahlen als das nahm, was sie eigentlich waren – eine sinnentleerte Formalität – hatte er ein Tabu verletzt. Er hatte sich wie das Kind in Andersens Märchen „Des Kaisers neue Kleider“ verhalten. Doch anders als im Märchen löste sich nach dem Ausruf: „Aber er hat ja gar nichts an!“ die Situation nicht auf, sondern „das Kind“ wurde bestraft. Als Folge mußte Gerhard Ring Aussprachen über sich ergehen lassen und bekam Nachhilfeunterricht in sozialistischer Demokratie verordnet. Ein anderes, wahrscheinlich gravierenderes Erlebnis aus dieser Zeit erzählte er erst im Verlauf unseres Gesprächs an anderer Stelle: Wenige Monate nach seiner Einberufung, im August 1968, marschierten die Truppen des Warschauer Paktes in die Tschechoslowakei ein. Zunächst wußten die Matrosen auf dem Schiff natürlich nicht, worum es eigentlich ging. Sie erlebten nur die Alarmbereitschaft. Er habe Angst bekommen, daß er jetzt in den Krieg ziehen müsse, ohne überhaupt zu wissen warum und weshalb. Diese Episode mahnte ihn wohl an das Schicksal des Vaters, an dessen Verstrickung in einen Krieg, dessen Folgen sein späteres Leben beherrscht hatten.

151 Ebd.
152 Ebd., S. 11.

Nach dem Abschied von der Marine ging Gerhard Rings Leben entsprechend seinen Wünschen weiter. Er bekam seinen Studienplatz an der Ingenieurschule, die er nach drei Jahren erfolgreich abschloß. Der Aufstieg vom Arbeiter zum Ingenieur erscheint in seiner Erzählung nicht als großer Sprung von einer sozialen Schicht in die andere. Die Bildungschancen und großzügigen Förderungen, die seiner Generation, vor allem den Arbeiterkindern, in der DDR geboten wurden, lassen diesen Schritt für jemanden, der aufgeschlossen und am Lernen interessiert war, eher selbstverständlich erscheinen. Zudem erweckt Ring den Eindruck, daß sich sein Selbstverständnis dadurch kaum verändert habe, das im Grunde das eines Arbeiters blieb. In der Hierarchie der DDR-Gesellschaft gab es tatsächlich keine so großen Unterschiede zwischen Arbeitern und Ingenieuren. Absolventen der Ingenieurschule verdienten sogar weniger Geld als Arbeiter, was Gerhard Ring in unserem Gespräch mit der Bemerkung quittierte: „Naja, das war ja sowieso klar, das war ja ‘n Arbeiter- und Bauernstaat“[153]. Nach dem Abschluß des Studiums gelang es Ring jedoch nicht, im Stahlwerk Hennigsdorf eine Arbeitsstelle zu bekommen, weil dort zu der Zeit gerade Einstellungsstop war. Eine Ziegelei in Mecklenburg, die an chronischem Personalmangel litt, bot dem Absolventen hundert Mark mehr als üblich. So zog er nach Ludwigslust, wo er es zwei Jahre aushielt, zwei Jahre, die ihm erschienen seien wie 20 Jahre:

> „Erstmal alleine da, fern der Heimat, sag ich mal, und denn auch keine großartige Abwechslung und beweglich war man auch nicht, weil man weder Motorrad noch Auto oder sowas hatte, also das war nicht das Richtige. Die Arbeitsatmosphäre war auch nicht die rechte. Ich bin dann nachher also, weil der Produktionsleiter dort abgehauen ist, hat mich dann der Betriebsdirektor zum Produktionsleiter gemacht. Hatte dann natürlich ständig Streß, weil das gerade die Zeit war, wo man in der DDR gesagt hat, man braucht keine Ziegel mehr, man baut alles in große Platten, das baut sich alles besser und schneller. Also hat man die Ziegeleien auf Null fahren lassen, auf Verschleiß, ohne die viel zu reparieren und da ging auch viel kaputt. Und so'n Produktionsleiter ist natürlich immer derjenige gewesen, der an allem Schuld war, weil die Produktion nicht kam, wenn die Leute nicht arbeiten kamen, weil sie auf ihre Klitsche dort unten in Mecklenburg ... hatte jeder noch'n bißchen Land und Vieh gehabt. Naja und wenn die manchmal keine Lust hatten, dann kamen die nicht arbeiten ...“[154]

Ring war unglücklich in Mecklenburg. Seine Verbundenheit mit der Region, aus der er stammte und mit der Familie sowie dem Freundeskreis ließen ihn dort nicht froh werden. Aber am unbefriedigendsten war für ihn die Arbeit in der Ziegelei. Mit seiner ersten Arbeitsstelle gelangte Gerhard Ring sofort an die undankbarste Stelle des DDR-Wirtschaftsgefüges, wo er weder die Freiheiten des Arbeiters noch

153 Ebd., S. 13.
154 Ebd., S. 14.

die Privilegien der höheren Leitungsebene genießen konnte. Die Produktionsleiter in den Betrieben, die, wie er sagt, immer an allem schuld waren, wurden zwischen Oben und Unten geradezu zerrieben. Konfrontiert mit den Vorgaben und Erwartungen einer oftmals unsinnigen Wirtschaftspolitik, angesichts von Materialmangel, veralteten Maschinen und von Arbeitskräften, die man bei Laune halten mußte, weil es überall an Leuten fehlte, mußten sie die Planerfüllung garantieren. Zum Glück, sagt Gerhard Ring nüchtern, sei er nicht Mitglied der Partei gewesen. So konnte man ihn wenigstens „auf keiner Kreisleitung zusammenballern". Ein kleines Stück Freiraum sei ihm dadurch geblieben. Offenkundig war der junge Ingenieur nicht bereit, sich in dieser Mühle verschleißen zu lassen. Aber, um seine berufliche Laufbahn nicht zu beschädigen, brauchte es erst einen äußeren Anlaß, um der Ziegelei den Rücken kehren zu können. Das „günstige Absprungbrett", wie er es ein wenig sarkastisch nennt, war schließlich der Tod des Vaters im Jahre 1976. Die Notwendigkeit, sich um die alleingebliebene Mutter in Hennigsdorf zu kümmern, wurde von der Betriebsleitung offensichtlich als Grund für seinen Weggang akzeptiert und dadurch konnte er sich „ohne viel Brimborium" – sprich ohne Konflikte und womöglich Vermerk in der Kaderakte – „von Ludwigslust verabschieden". Der Rückkehr nach Hennigsdorf an den vertrauten Ort, in die vertraute Gemeinschaft von Familie und Freunden stand nichts mehr im Weg. Inzwischen hatte er eine junge Frau aus Leegebruch geheiratet, die gerade ihr Ingenieurstudium abgeschlossen hatte. In der ersten Zeit wohnten die jungen Leute bei der Mutter, dann bekamen sie eine eigene Wohnung.

### *„Die Partei hat immer recht"*

Diesmal gelang es Gerhard Ring, eine Anstellung im Stahlwerk zu bekommen. Allerdings waren seinen Wünschen dort Grenzen gesetzt, weil er nicht Mitglied der SED war und auch nicht eintreten wollte. Schon in der Ziegelei in Ludwigslust hatte er sich der Werbung widersetzt, was ihm dort – wie schon angedeutet – sogar eher einen Vorteil bescherte. Produktionsleiter mußte er ohnehin werden, weil kein anderer da war und in dieser Sündenbock-Position konnte er wenigstens nicht per Parteibeschluß zur Lösung von fast unlösbaren Aufgaben gezwungen werden. Im Stahlwerk Hennigsdorf erwies sich seine Parteilosigkeit jedoch als „Handikap", wie er es selbst nennt. Die erwünschte Tätigkeit in der Bauleitung des neuzuerrichtenden Elektro-Stahlwerkes blieb ihm deshalb versperrt. Fachlich habe man ihm seine Eignung für diese Arbeit von seiten der Kaderabteilung zwar ausdrücklich bescheinigt, beim Aufbau des neuen Werkes hätte er jedoch mit Mitarbeitern der Firma Krupp zusammenarbeiten müssen, und mit einer solchen „Einstellung" habe man ihn als politisch nicht zuverlässig genug erachtet. So sei er eben Sicherheitsingenieur geworden und das sei schließlich auch eine interessante Arbeit.

Ich fragte ihn, warum er nicht in die Partei eintreten wollte, da er doch, nach seinen eigenen Worten, mit den grundsätzlichen Zielen des sozialistischen Systems übereingestimmt habe:

> „Ja, ich hab' aber gemerkt in den ganzen Jahren, ich war ja eigentlich weltoffen und habe auch in der Nationalen Front und überall mitgearbeitet. Als ich denn wieder hier im Umkreis gewesen bin, hab ich wieder dort viel gemacht. Aber, wenn 'ne Partei von sich behauptet, immer von dem Slogan ausgeht: ‚Die Partei hat immer recht!', dann hat sie bei mir schon verloren. Die Partei sind Menschen und Menschen haben nicht immer recht. Menschen machen immer Fehler und wer keinen Fehler macht, der tut nichts, ist meine Meinung gewesen. Und deswegen konnt ich mich mit dieser Sache nicht anfreunden. Ich hab viele Sachen mitgetragen, wie gesagt, als ich nachher wieder hier in dieser Gegend war, hab ich viel mitgemacht, aber die Frage der Partei, die so von sich überzeugt war, daß alles, was sie macht, richtig ist, dat konnt ich nicht mittragen. Und das hab ich ganz offen und ehrlich gesagt. Und die, die mich kannten, die mich richtig kannten, die haben das auch verstanden. Die haben das verstanden und haben es akzeptiert und so konnten wir eigentlich immer gut zusammen fahren."[155]

Gerhard Ring demonstriert hier, fast wie eine Rechtfertigung, sein Streben nach Engagement und Mitwirkung in der DDR-Gesellschaft. Er sei eigentlich „weltoffen" gewesen. Dieses irgendwie nicht ganz passende Wort soll zum Ausdruck bringen, er habe, obwohl nicht Mitglied der SED, sich keineswegs von der Gesellschaft abgekapselt, nicht nur für sich gelebt, habe seine Tatkraft zur Verfügung gestellt, wo es ihm angemessen schien. In der Nationalen Front[156] habe er, so präzisiert er in einem anderen Zusammenhang, in der örtlichen Wohnungskommission gearbeitet und sich dafür eingesetzt, daß Leute schneller eine Wohnung bekamen, außerdem sei er Vertrauensmann der Gewerkschaft gewesen – alles Tätigkeiten, bei denen er sich in überschaubarem Rahmen für seine Mitmenschen sozial engagieren konnte. Die Hürde, die ihn von der SED trennte, sei deren Anspruch auf Besitz der alleinigen Wahrheit gewesen. Das habe er nicht mittragen können und dies auch „offen und ehrlich" geäußert. Mit seinen Zweifeln an der Berechtigung des Führungs- und Meinungsmonopols der Partei zielte Gerhard Ring letztlich auf das Zentrum des Machtgefüges der DDR. Aber es gelang ihm offenbar, diese Haltung ohne Brüche und Konflikte zu leben. Diejenigen (Kollegen und Genossen), die

155 Hennigsdorf 5, S. 16.

156 Zur Nationalen Front, dem Zusammenschluß der SED mit den anderen Blockparteien und Massenorganisationen vgl. Christoph Kleßmann: Die doppelte Staatsgründung. Deutsche Geschichte 1945-1955. Bonn 1986, insbes. S. 208 u. 267; Walter Süss: Gesellschaftliche Interessen und gesellschaftliche Organisationen in der DDR. In: Weidenfeld/Zimmermann (Hrsg.): Deutschland-Handbuch. Eine doppelte Bilanz. Bonn 1989, S. 152 ff.

ihn „richtig kannten", hätten es verstanden und akzeptiert, sagt er. Es ist ihm wichtig zu betonen, daß er trotz alledem als konstruktives Mitglied der Gemeinschaft anerkannt gewesen sei.

Mit seinem eingeschränkten, aber deutlich gewollten Engagement trennt Ring, wie übrigens viele seiner Landsleute, klar zwischen Machtsystem und Gesellschaft der DDR. Die Mitgliedschaft in der SED mußte dabei nicht zwangsläufig jenseits der Linie liegen. Der Wunsch nach Veränderung der bestehenden Verhältnisse hätte ebenso ein Motiv für den Parteieintritt sein können. Für Gerhard Ring existierte jedoch noch eine andere Sperre, die vermutlich ausschlaggebend war. Er hatte seiner streng katholischen Frau versprochen, nicht Mitglied der SED zu werden, um die von ihr gewünschte christliche Erziehung des gemeinsamen Sohnes nicht zu gefährden. Als Genosse hätte er sich vermutlich dafür rechtfertigen müssen, sein Sohn hätte Schwierigkeiten bekommen können. Schon um dabei nicht „in Konflikte zu kommen", schien eine Parteimitgliedschaft ausgeschlossen. Wie schon im Fall seiner Berufswahl war Gerhard Ring auch hier bereit, eigene Wünsche und Vorstellungen den Interessen der Familie unterzuordnen. Harmonie im privaten Bereich wog für ihn offenkundig schwerer als eine mögliche berufliche Karriere. Aber auch das Einvernehmen mit dem gesellschaftlichen Umfeld sollte möglichst erhalten oder hergestellt werden. Das Beispiel zeigt gleichzeitig, wie übrigens auch die Motive seines Abschieds von der Marine, daß sich Ring seine Handlungsräume vor allem durch die Strategie der Konfliktvermeidung mittels Verzicht zu erhalten suchte.

### *Kontinuität und Bruch*

Das so gewonnene Gleichgewicht trug ihn auch über die Veränderungen und Brüche von 1989/90 hinweg. Bis heute arbeitet Gerhard Ring als Sicherheitsingenieur im Stahlwerk, den Gewerkschaftsvertrauensmann tauschte er gegen den Betriebsrat, und seine Distanz gegenüber der einen Partei dauert fort in der Skepsis gegenüber den verschiedenen Parteien, die sich für seine Begriffe untereinander zu sehr streiten und in ihrer Politik ohnehin von der Privatwirtschaft abhängig seien. Unmittelbar betroffen von der Wende wurde die Familie durch die Arbeitslosigkeit der Ehefrau, die, nach Rings Aussage, beruflich bedeutend ehrgeiziger sei als er selbst, und sehr unter dieser Situation gelitten habe. Nach einer Umschulung bemüht sie sich als Sachbearbeiterin in einer kürzlich gegründeten Recycling-Firma um einen beruflichen Neubeginn. Zum Zeitpunkt unseres Gesprächs arbeitete sie zehn bis zwölf Stunden täglich, manchmal auch noch den halben Sonnabend ohne zusätzliche Vergütung. „Ausbeutung in Potenz"[157] nennt Gerhard Ring das be-

157 Hennigsdorf 5 a, S. 3.

sorgt. Vor solchen Zumutungen des Arbeitgebers sei man in einem großen Betrieb wie dem Stahlwerk mit kämpferischer Gewerkschaft und starkem Betriebsrat glücklicherweise geschützt. Zu Hause hat er mittlerweile den Hauptteil der Hausarbeit und der Fürsorge um den Sohn übernommen. Obwohl ihm bewußt sei, wie wichtig seine Frau ihre Berufstätigkeit nehme, wolle er sich nicht mehr lange mitanschauen, wie sie sich kaputtmachen lasse. Das Familienleben gerate dabei ziemlich durcheinander.

Gerhard Ring hat die Auflösung der DDR und die Vereinigung mit der Bundesrepublik nicht angestrebt. Der Fluchtwelle im Sommer des Jahres 1989 hat er zunächst verständnislos gegenübergestanden. Er konnte nicht nachvollziehen, was die Leute trieb, ihre Häuser und ihre gewohnte Umgebung zu verlassen. Gleichwohl war er der Meinung, daß man die Menschen „gutwillig", wie er sagt, hätte gehen lassen sollen; schon in der Volksabstimmung von 1968 habe er als Zwanzigjähriger gegen die neue Verfassung gestimmt, weil darin das Recht auf freie Wahl des Wohnsitzes gestrichen worden war. Im Herbst 1989 habe er zwischen Reform des Sozialismus und Vereinigung mit der Bundesrepublik geschwankt:

> „... obwohl das sehr zwiespältig war und ich eigentlich nicht wußte, in welcher Haut ich nun eigentlich so richtig stecke, habe ich immer gedacht: Mensch, vielleicht gibt es noch 'ne Möglichkeit, diesen Sozialismus nun wirklich in Sozialismus ..."[158]

Da jedoch die Stimmen, die den Sozialismus verbessern wollten, immer leiser geworden und letztlich verstummt seien, habe er sich schließlich mit den Menschen identifiziert, die auf den Straßen die deutsche Vereinigung gefordert hätten. Der Preis jedoch, den die Ostdeutschen für diese Einigung bezahlt haben, sei für seine Begriffe „überdimensional" hoch. Gerhard Ring spricht von einem Druck, unter dem jetzt jeder lebe. Er selbst habe ja noch seine Arbeit (die heute viel besser bezahlt wird als vorher) in seinem gewohnten Umfeld. Aber „dieses freie Leben und Arbeiten, was vorher eigentlich war, ist weg".[159] Er nennt dies „Verlust der Lebensqualität generell" und die einzelnen Verlusterfahrungen, die er nach und nach beschreibt, lassen sich fast alle unter den Begriff „Sicherheit" einordnen. Der Mann, der sich seit 20 Jahren täglich um die Arbeitssicherheit seiner Kollegen kümmert, neigt auch in den übrigen Lebensbereichen dazu, Sicherheit und Geborgenheit deutlich mehr als andere Werte zu schätzen. Das beginnt bei der Beurteilung der Mauer:

> „Aber das ganze Umfeld, in dem ich gewohnt habe, zur Schule gegangen bin, meine Freizeit verbracht habe, doch von der Seite aus, ich sag mal, ziemlich ruhig und beschützt vonstatten gegangen ist, auch vielleicht gerade aufgrund dieser Mauer, sag ich mal. Aber 'ne Unnormalität war es natürlich und daß die

158 Hennigsdorf 5 d, S. 16.
159 Hennigsdorf 5 a, S. 21.

> Mauer weg ist, ist gut von der politischen Seite, denn man kann sich nicht generell mit Mauern über Jahrzehnte und vielleicht auch noch länger abschotten, das geht eigentlich nicht. Aber damit geht auch 'n Stück heile Welt verloren, muß ich mal sagen."[160]

Verstand und Gefühl klaffen hier deutlich auseinander. Obwohl Gerhard Ring weiß, daß die Mauer eine „Unnormalität" und letztlich nicht aufrechtzuerhalten gewesen sei, trauert er dem ruhigen und beschützten, dem überschaubaren Leben nach, das er in der DDR führen konnte. Der Mangel an Freiheit, an Freizügigkeit als Preis für die „heile Welt" scheint ihm, zumindest im Rückblick, weniger gravierend. Teil dieser heilen Welt war für ihn die Verläßlichkeit einer „festen politischen Ordnung", deren Zusammenbruch mit all ihren Verwerfungen in der Sowjetunion und auch in Jugoslawien er ratlos gegenübersteht. Auch die Sicherheit des Arbeitsplatzes und eine Perspektive für die Jugend gehörten zu dieser Welt. Mit einem Wirtschaftssystem, das derart hohe Arbeitslosenzahlen zuläßt, will und kann Gerhard Ring sich nicht abfinden, deshalb engagiert er sich in der Gewerkschaft. Mit seinem Einsatz geht es ihm nicht zuletzt um die Bewahrung des Zusammenhalts in einer solidarischen Gemeinschaft der Kollegen, die er unter den neuen Verhältnissen bedroht sieht. Heute werde doch jeder nur noch gedrängt, seine Interessen zu verfolgen. Eine weitere wichtige Facette von Sicherheit bedeutet für Gerhard Ring die Ordnung und Sicherheit auf den Straßen, Schutz vor Kriminalität. Selbst in dieser Hinsicht erscheint ihm sein Leben in der DDR im Rückblick geschützter und geborgener:

> „Ich sag's mal, die Freiheit, die allen Menschen jetzt eigentlich hier in der DDR, in der ehemaligen DDR, geboten wird, geht nicht einher von der Seite, mit einer klaren, politischen Führung, die auch für meine Begriffe die Ordnung, die Sicherheit und auch dieses Zusammenleben der Menschen eigentlich untereinander förderlich ist. Ick sag's mal, wenn ich sage, von einer politischen Ordnung und Sicherheit für die Leute, wurde früher immer gesagt: Die DDR ist 'n Polizeistaat, überall wo man guckt sind Polizisten. Die Leute an sich war'n aber geschützt und konnten den Polizisten auch auf der Straße ansprechen und der hat auch geholfen. Zur heutigen Zeit sieht die Freiheit der Menschen auch so aus, daß sie sich eben jegliche Freiheiten herausnehmen dürfen. Und der Staat an sich gibt es eigentlich nicht her, die Sicherheit seiner Bürger zu schützen. Da kann jeder sagen, was er will, lieber habe ich einen Polizisten mehr auf der Straße und der Bürger fühlt sich sicher, als daß ich den Verbrechern Tür und Tor öffne und ja, wie soll ich sagen, jedem die Freiheit überlasse, alles zu machen oder nichts zu machen ..."[161]

160 Hennigsdorf 5 c, S. 16.
161 Hennigsdorf 5 c, S. 18; 5 d, S. 1.

Die Begriffe „Freiheit“ und „Sicherheit“ werden von Ring in dieser Passage bewußt alternativ gegenübergestellt. Nach seiner Erfahrung kann offenbar das eine jeweils nur ohne das andere bestehen. Dabei ist der Begriff „Freiheit“ bei ihm eher negativ besetzt, als Synonym für Verantwortungslosigkeit, für einen bedrohlichen Zustand, in dem jeder alles und nichts machen dürfe und den „Verbrechern Tür und Tor“ geöffnet sei. Um sich davor zu schützen, ist Gerhard Ring durchaus bereit, die polizeistaatliche Praxis der DDR in Kauf zu nehmen. Die Vorstellung, daß Freiheit, im Sinne von Bürgerrechten, auch Schutz vor Polizeiwillkür und Überwachung des Staates bedeuten kann, ist ihm fremd. Aus den Worten von Gerhard Ring spricht ein Grundgefühl der Verunsicherung, das mehr umfaßt als die Summe aller einzelnen Unsicherheiten.

Nicht ohne Grund spricht er deshalb auch vom Verlust der Gewißheit einer historischen Perspektive. Wenn er mit seinem Sohn darüber rede, zerbreche er sich jetzt den Kopf, welche Geschichtsepoche die nächste nach uns sein wird und da komme er eben nicht weiter. Die nächste Geschichtsepoche wird von ihm, entsprechend dem marxistischen Geschichtsbild, als nächsthöhere fortschrittlichere Epoche aufgefaßt, die für ihn bisher außerhalb jeden Zweifels Sozialismus/Kommunismus hieß. Jetzt ist für ihn alles durcheinandergeraten.

Angesichts dieser großen und kleinen Ungewißheiten, dem Verschwinden vertrauter Sorgen wie vertrauter Annehmlichkeiten beschwört Gerhard Ring die Familie als den verbliebenen Hort der Sicherheit, in dem der solidarische Zusammenhalt noch funktioniert:

> „Und ich sage, zuerst kommt immer meine Familie und dann kommt noch mal meine Familie und dann kommt 'ne ganze Weile gar nischt und denn kann man darüber reden, sag ich. Die Familie ist für mich, wie gesagt, eigentlich das Wichtigste, wat es gibt.“[162]

Gerhard Ring will sich stets vor allem als Teil einer Gemeinschaft – ob Familie, Arbeitskollektiv oder Gewerkschaftsorganisation – betrachten. Seine Rolle als eigenständige Persönlichkeit nimmt er dementsprechend zurück. In diesem Kontext betont er auch die Prägung seiner eigenen Biographie vorwiegend durch das Umfeld.

### b) „Ganz im Gegenteil, das wird immer schlimmer ...“ – Karl Schwarzer, Jahrgang 1948, Schlosser bei Hoesch

Karl Schwarzer hat eine kräftige, volltönende Stimme und wenn er aufgeregt ist, wird seine Stimme immer lauter. Eine Frau, die kurz den Kopf ins Betriebsratsbüro gesteckt hat, weicht vor diesem Ton zurück und murmelt eine Entschuldigung,

162 Hennigsdorf 5 b, S. 8.

ohne daß er davon Kenntnis nimmt. Der 48jährige Schlosser, Vertrauensmann am Warmbreitband, spricht von seiner Angst und der Angst seiner Kollegen vor einer möglichen Schließung des Betriebsteils. Die Entscheidung des Aufsichtsrates steht kurz bevor und die Spannung ist entsprechend groß. Schon vor zwei Jahren, während unseres ersten Gesprächs hatte Karl Schwarzer von dieser Gefahr gesprochen. Jetzt sieht er alle seine Befürchtungen bestätigt. Eine Entlassung in seinem Alter würde wahrscheinlich das Ende seiner Berufstätigkeit bedeuten. Er ist sich sicher, daß er auf dem Arbeitsmarkt kaum eine Chance mehr hätte, weil die Lage insgesamt „immer schlimmer" werde. Karl Schwarzer spricht von „unheimlichen sozialen Unruhen", die dadurch entstehen werden. Seiner Meinung nach sei es „hier in der Republik einfach zu ruhig". Er frage sich, wie lange die Kollegen noch warten, bis sie wirklich auf die Straße gehen. Mit seiner lauten Stimme und entschlossenen Gestik kann der große, kräftige Mann jedoch weder sich noch uns über die Hilflosigkeit hinwegtäuschen, die er angesichts dieser Situation empfindet.

Eines der wichtigsten Probleme, um das in diesem Zusammenhang die Gedanken von Karl Schwarzer kreisen, ist eine gravierende Veränderung der Rahmenbedingungen bei Betriebsschließungen und Entlassungen mit dem Wegfall der Sozialpläne Ende diesen Jahres. Der Sozialplan, vor etwa zehn Jahren mit dem damaligen Hoesch-Vorstandsvorsitzenden Rohwedder vereinbart, hatte bisher dafür gesorgt, daß jeweils die älteren Kollegen ab dem 52. Lebensjahr mit einer guten sozialen Absicherung in eine Art Vorruhestand geschickt wurden, während die jüngeren in Arbeit blieben. Wenn es jetzt erneut zu Massenentlassungen komme, so würde nach sozialen Kriterien verfahren werden, was einerseits bedeute, daß ältere Kollegen mit langer Betriebszugehörigkeit bevorzugt würden; andererseits hätten auch die Verheirateten mit möglichst vielen Kindern bessere Chancen. Und genau darin sieht Karl Schwarzer ein Problem:

> „... obwohl ich wirklich [...] mich mit Ausländern sehr gut verstehe, weil ich auch sehr gerne reise, ich hab da wirklich keine ... ich bin da wirklich nicht voreingenommen, aber jetzt überlegen Sie doch mal, dieser soziale Sprengstoff, der hier drin ist: Der Türke mit seinen vier oder fünf Kindern, der behält den Arbeitsplatz und der deutsche Kollege, mit ein oder zwei Kindern, der wird entlassen. Beide, beide fünfzehn Jahre hier, das gleiche Alter und dann kommt halt eben diese soziale Liste, ne, und der mit den fünf Kindern, der Türke, der behält den Arbeitsplatz und der deutsche Kollege geht raus. Was meinen Sie, was da los ist? Ja, [...] da regelt sich manches von alleine, dann ist hier nämlich mit Friede, Freude, Eierkuchen vorbei. Ja, das ist doch klar ..."[163]

Unser Gesprächspartner meint, entsprechend der political correctness, zunächst seine Unvoreingenommenheit gegenüber Ausländern versichern zu müssen, ehe er

163 Hoesch 18, S. 4.

sich zu dem Problem äußert. Nach diesen einleitenden Worten entwirft er uns ein Szenario, das sich so bei Hoesch noch nie abgespielt haben dürfte. Die Bedingungen des Sozialplanes haben mögliche Konkurrenzsituationen zwischen deutschen und ausländischen Arbeitern offenbar bisher vermeiden können, obwohl es zweifellos vorkam, daß jüngere ausländische Kollegen ihren Arbeitsplatz behielten, während die älteren Deutschen in den „Sozialplan" gingen. Auch künftig werden Ausländer und Deutsche – nach den sozialen Kriterien – formal gleich behandelt. Der Punkt, an dem die Erregung unseres Gesprächspartners sich entzündet, ist die durchschnittlich höhere Kinderzahl der vorwiegend türkischen Arbeiter, die ihnen in dem Verteilungskampf um verbliebene Arbeitsplätze möglicherweise eine vorteilhafte Ausgangsposition sichere. Damit werde, so die Prognose von Karl Schwarzer, eine Situation geschaffen, in der deutsche Arbeiter gegen ihre ausländischen Kollegen aufgebracht würden.

Zunächst klingt es so, als würde unser Gesprächspartner über den Dingen stehen und in den von ihm prophezeiten Konflikten eine eher neutrale Position einnehmen. Aber im folgenden Satz wird deutlich, daß er mittendrin steckt: Auch er sehe es nicht ein, sagt er, daß er als Deutscher seinen Arbeitsplatz verliere und der Türke hierbleibe. Bisher hätten deutsche und ausländische Arbeiter zwar gut zusammengearbeitet, es habe keine Probleme gegeben, aber da es nun um die Existenz gehe, sei es vorbei mit der Solidarität. Jeder, der was anderes erzählte, der würde seiner Meinung nach lügen. Und auf meine Nachfrage, ob er denn einen Unterschied machen würde, wenn jetzt ein deutscher Kollege mit zwei oder drei Kindern statt seiner den Arbeitsplatz behalten würde, schließlich ginge es auch in diesem Fall um die Existenz, antwortet er, das könne er in der Tat noch eher verstehen, weil es dann immerhin ein Deutscher sei, ein deutscher Kollege.

Dieser Satz, der endgültig die einleitende absichernde Bemerkung ad absurdum geführt hat, vermittelt uns eine Vorstellung davon, wie dünn und brüchig die Decke von Solidarität, Toleranz, Mitmenschlichkeit ist, wenn die Zeiten hart und die Konfliktlagen unübersichtlich werden und wie rasch darunter alte Ausgrenzungsmodelle wieder auftauchen. Es wird nicht deutlich, ob Karl Schwarzer tatsächlich eine allgemeine Stimmung unter den Kollegen reflektiert oder ob die Angst von einer künftigen Bevorteilung ausländischer Kollegen nur seine eigene fixe Idee ist. Noch undeutlicher ist seine Vision von bevorstehenden „sozialen Unruhen", sein Wunsch nach mehr Kampfentschlossenheit der Kollegen. Offenbar weiß er nicht, gegen wen sich der Kampf eigentlich richten soll, wenn er andererseits die befürchtete Schließung der Warmbreitbandstraße im Rahmen des Gesamtunternehmens als wirtschaftlich folgerichtig einschätzt. Aus seinen Worten spricht vor allem die Ratlosigkeit angesichts einer Situation, in der gemeinsamer Widerstand zwecklos scheint, und in der es doch irgendwelche Schuldige geben muß, an denen sich sein Zorn festmachen kann.

### *„Ich würde nie einem empfehlen, ins Handwerk zu gehen"*

Seit dem Beginn seiner Lehre vor 35 Jahren arbeitet Karl Schwarzer bei Hoesch und in diesem Betriebsteil. Er war immer in seinem Beruf als Schlosser und immer in der Instandhaltung tätig. Die einzige Veränderung, die er in dieser Zeit erlebte, war der Übergang von der Wechselschicht zur Frühschicht aus gesundheitlichen Gründen. Auch sein Vater war seit Kriegsende bei Hoesch im Thomas-Werk beschäftigt, so daß die berufliche Entscheidung des Sohnes auf den ersten Blick als Teil einer familiären Kontinuität erscheint. Auf den zweiten Blick jedoch ist alles viel komplizierter. Der Vater Schwarzer war ursprünglich von Beruf Bäcker- und Konditormeister. Seinen seit den 20er Jahren gehegten Wunsch nach einem eigenen kleinen Betrieb mit dazugehörigem Café gab er nach der Entlassung aus der Kriegsgefangenschaft endgültig auf. Der Eintritt in die Firma Hoesch ist damit die Besiegelung des Scheiterns seines Lebenstraums, der so mächtig gewesen sein muß, daß er auch in das Leben des Sohnes hineinwirkte, der seine eigene Erzählung genau damit beginnt:

> „Ich bin am 24.5.1948 geboren. Mein Vater war gelernter Bäcker und Konditor. Hatte dann seine Bäcker- und Konditormeisterprüfung gemacht, dann kam natürlich der Krieg dazwischen. Mein Vater ist Baujahr 1905 und, eh, er war in Kriegsgefangenschaft, kam aus der Kriegsgefangenschaft raus, damit war in seinem erlernten Beruf natürlich kein Geld zu verdienen, außer, wenn man selbständig war. Und die Selbständigkeit ist ihm ja halt eben durch den Krieg und vorher durch die Inflation genommen worden, zumindest das Geld, und dann ist er hier im Thomas-Werk angefangen, teilweise als Hilfsarbeiter, denn, wie gesagt, in seinem Beruf da war kein Geld zu verdienen. Ich hab noch 'ne Schwester, 'ne neun Jahre ältere Schwester. Und, naja, so war's dann, daß ich dann mit noch nicht ganz sechs Jahren in die Schule kam, machte dort in der Volksschule ... nach acht Jahren kam ich dort raus. Ja, und dann hatt' ich 'ne Lehre bei Hoesch begonnen. Das war ja damals 'ne gute Sache, obwohl man an und für sich bescheuert war, sowas zu machen, noch überhaupt ins Handwerk zu gehen. Ich würde nie einem empfehlen, ins Handwerk zu gehen, wenn ich Kinder hätte, wir haben keine, aber ich würd's nicht empfehlen ..."[164]

Mehr als die Hälfte dieser kurzen Darstellung des beruflichen Werdeganges nimmt die Entwicklung des Vaters ein, der im zweiten Satz bereits zum Subjekt der Erzählung wird. Äußere Umstände – Inflation und Krieg – haben demnach die Bestrebungen des Vaters zunichte gemacht, sein mühsam erspartes Geld entwertet, so daß ihm schließlich nichts anderes übrig blieb, als sich als Hilfsarbeiter zu verdingen. Der Hinweis auf die neun Jahre ältere Schwester will sagen: Es gab Zwänge, da war schon eine Familie, ein Kind, das ernährt werden mußte. Die

164 Hoesch 18 a, S. 1.

Mutter wird überhaupt nicht erwähnt. Der Erzähler schließt die Schulbildung nach acht Jahren ab. Auch diese Information steht im Zusammenhang mit der geschilderten sozialen Situation: Für den Sohn eines Hilfsarbeiters kommt eine höhere Bildung nicht in Frage. Dann wird seine Darstellung ein wenig widersprüchlich. Die Aufnahme einer Lehre bei Hoesch bezeichnet Karl Schwarzer als „damals 'ne gute Sache", und meint gleich darauf, man sei „bescheuert" gewesen, „sowas zu machen". Hier tut sich offenbar eine Kluft auf zwischen den damaligen Einschätzungen dieses Berufes und Schwarzers späteren Erkenntnissen und Erfahrungen. Dies mag sich auf die wachsende Perspektivlosigkeit seines Berufes wie des gesamten Industriezweiges beziehen, aber es klingen auch noch andere Saiten mit an. Wenn Schwarzer sagt, er „würde nie einem empfehlen, ins Handwerk reinzugehen", so heißt das wohl: ich hab alles falsch angefaßt, aber für mich ist es jetzt zu spät. Es soll vielleicht auch heißen: Arbeiter in einem Großbetrieb (er selbst nennt es in der Diktion seines Vaters „Handwerker") scheint auch unabhängig von der gegenwärtigen Lage auf dem Arbeitsmarkt keine erstrebenswerte Perspektive, wobei auch die Einschätzung des Sozialprestiges von Handarbeit eine Rolle spielen mag. Die vergeblichen Aufstiegsbemühungen des Vaters wirken offenbar so machtvoll in das Bewußtsein des Sohnes hinein, daß sich für ihn das Motiv des väterlichen Scheiterns wiederholt.

Kurz darauf erfahren wir von Karl Schwarzer, daß seine Berufswahl noch auf andere Weise mit den Enttäuschungen des Vaters verquickt ist. Er habe sich damals parallel zu Hoesch auch bei der Stadtsparkasse beworben und habe sehr gute Chancen gehabt, dort als Lehrling angenommen zu werden. Da jedoch der Vater aufgrund des zweimaligen Verlustes seiner Ersparnisse ein „unheimlicher Feind von Banken" gewesen sei, habe der ihm diese Laufbahn schlichtweg verboten. („Das ist nix für dich, du gehst ins Handwerk rein!", soll er gesagt haben.) Der Sohn, der sich offenbar widerspruchslos den etwas kurzschlüssigen Geschichtslehren seines Vaters unterwarf, sieht dies heute als „totale Idiotie" an, als eine verpaßte Chance für ein erfüllteres Berufsleben, ohne dies allerdings dem Vater je nachgetragen zu haben.

Einige Jahre nach Beendigung der Lehrzeit wurde Karl Schwarzer 1968 für anderthalb Jahre zur Bundeswehr eingezogen. Er kam weit von Dortmund weg nach Husum in Norddeutschland zu einer FlaRak-Einheit. An seine Militärzeit bewahrt er ein „geteiltes Bild", wie er sagt. Weil er selbstbewußt aufgetreten und sich Ungerechtigkeiten nicht gefallen lassen habe, sei er anfangs während der Grundausbildung von einem Oberfeldwebel häufig schikaniert worden. Später in Husum seien die Umgangsformen dann viel ziviler gewesen. Außerdem habe ihn die militärische Technik der Raketen und Radargeräte wirklich interessiert.

Karl Schwarzer betont beinahe stolz, daß seine Einheit im November 1969 zum ersten Mal überhaupt mit Wehrpflichtigen auf Kreta habe „scharf" schießen dürfen. Er spricht von „einem schönen Jahr", das er in Norddeutschland bei den

Raketen verbracht habe, obwohl danach seine Verlobung kaputtgegangen sei. Sein aufgeschlossenes Interesse, ja fast so etwas wie Begeisterung, die hier zum Ausdruck kommen, meint unser Gesprächspartner jedoch sofort relativieren zu müssen. Seiner Meinung nach sei die Existenz von Bundeswehr und NATO zwar notwendig, sagt er, da käme man heute einfach nicht drumherum; wegen der deutschen Vergangenheit sollten Bundeswehrsoldaten aber – so meint er im Hinblick auf die aktuelle Diskussion zum Zeitpunkt des Interviews – keinesfalls zu Kampfeinsätzen ins Ausland geschickt werden. Freude am Umgang mit Waffen und das Bewußtsein deutscher historischer Hypotheken liegen dicht beieinander.

Auch hier begegnet uns wieder der Einfluß des Vaters, der seine persönlichen Lehren aus den Kriegserlebnissen im Leben seines Sohnes ähnlich entschlossen umsetzte, wie seine schlechten Erfahrungen mit den Banken. Er habe als Kind nicht einmal ein selbstgebasteltes Spielzeuggewehr ins Haus bringen dürfen, erinnert sich Schwarzer. Das wäre für seinen Vater „wie ein Alptraum" gewesen. Wir kommen auf die Kriegserlebnisse des Vaters und dessen Alpträume später noch einmal zurück.

### *„Als Malocher total abgelehnt"*

Die Geschichte von der zerbrochenen Verlobung, die er so nebenher in die Bundeswehrzeit eingeflochten hat, rückt Karl Schwarzer später ein wenig zurecht. Der eigentliche Grund für die Trennung seien unüberwindliche Meinungsverschiedenheiten in bezug auf die Lebensplanung gewesen. Das Mädchen Inge, seine Jugendliebe, habe schnell heiraten und ein „frühes Kind" gewollt, während er, Karl Schwarzer, erst einmal sparen, etwas anschaffen, das Leben genießen, in Urlaub fahren wollte. Ohne Streit habe man sich deshalb voneinander getrennt. Bald darauf lernte er eine junge Frau kennen, deren Vorstellungen vom Leben mit den seinen harmonierten, und die er später heiratete:

> „Was noch vielleicht interessant ist, durch die Heirat meiner Frau hatte ich dann auch einen unheimlich schweren Stand, weil meine Frau aus der Rhön stammt und aus einem reinen Akademikerhaus kommt, wo wirklich die Eltern, Großeltern und jegliche Verwandtschaft, das geht bis zu Staatssekretären aufwärts, hängen also … sind alles Akademiker. Ich war der einzige Nichtakademiker, der in die Familie kam. Wurde natürlich vom Schwiegervater, der Rechtsanwalt und Notar war, total abgelehnt, als Malocher. Das hat er zwar nicht so gesagt, weil er sich feiner ausdrückte, aber so hat er das gedacht und hat's dann auch so spüren lassen."[165]

Die Mißachtung seines Berufes, seines Status als „Malocher", wie er sagt, durch den Vater seiner Frau ist eine tiefe Verletzung, über die Karl Schwarzer lang und breit spricht. Viele Episoden fallen ihm ein, bei denen ihm direkt und indirekt zu

165 Hoesch 18 a, S. 5.

verstehen gegeben wurde, daß er nicht dazugehörte, daß er in dieser Familie als Fremdkörper angesehen werde. Dabei tröstet es ihn wenig, daß die Vertreter der jüngeren Generation, die Geschwister seiner Frau, sich ihm gegenüber aufgeschlossener verhalten haben. Zwar meint er, daß die Situation vor allem für seine Frau bedrückend gewesen sei, die sich stets zwischen ihm und den Eltern zerrissen gefühlt habe, aber auch für ihn mag diese Zurückweisung prägender gewesen sein, als er sich eingestehen wollte. Letztlich zielte sie auf sein Selbstverständnis als Arbeiter, das ohnehin zwiespältig scheint, bedenkt man sein Bedauern über die damalige Berufsentscheidung.

Vielleicht deutet Karl Schwarzer deshalb die Haltung seines Schwiegervaters ihm gegenüber ausschließlich als Dünkel des Studierten, des Akademikers gegenüber dem Hauptschüler und nicht etwa als Versuch, ihn sozial auszugrenzen. Seine Verteidigungsversuche kreisen vor allem um die Kluft im Bildungsniveau, im geistigen Niveau, wenn er sagt, er habe seinem Schwiegervater klarmachen wollen, daß man auch als „nichtstudierter Mann nicht gerade doof sein muß". Offenbar ist diese Interpretation der Ablehnung für ihn noch handhabbar, er kann sie als ungerechtes Vorurteil aufdecken. Gegen die soziale Ausgrenzung jedoch scheint Karl Schwarzer wehrlos, denn er selbst ordnet sich als Arbeiter auf der gesellschaftlichen Stufenleiter ziemlich weit unten ein.

### *Arbeiter sind „Menschen zweiter Klasse"*

Er habe vor einiger Zeit mit einem Versicherungsagenten ein Gespräch geführt, erzählt Karl Schwarzer, dabei sei es um den Abschluß einer Unfallversicherung gegangen. „Arbeiter sind Sie", habe der gesagt, „das hätte ich aber nicht von Ihnen gedacht." Den habe er rausgeschmissen, meint Schwarzer lächelnd, und die Versicherung mit einem anderen abgeschlossen. Diese „Abklassifizierung", wie er es nennt, trifft aber trotz des Lächelns tief. Zum „Arbeitertum" bekenne sich heute keiner mehr, sagt Karl Schwarzer, weil man schief angeguckt werde. Als Arbeiter sei man heute wirklich „Mensch zweiter Klasse":

> „Wenn du'n Blaumann anhast, also 'n Arbeitsanzug, bist du wirklich, da bist du auch nicht angesehen. Das ist tatsächlich so. Mein Frau ist Krankengymnastin und ich geh' da öfters auch mal, wenn ich Feierabend habe, hol' ich sie ab und geh' dann mal hoch und seh' auch, was die für Arbeiten machen. Das wär' zum Beispiel eine Arbeit, die mir persönlich viel mehr liegen würde als jetzt Schlosser. Das wär' 'ne Arbeit ... Aber wie gesagt, ich bin irgendwie ... häng ich hier jetzt natürlich auch fest und konnte nicht weiterkommen. Muß ich ganz ehrlich sagen, meine Arbeit macht keinen Spaß hier. Ich geh' hierhin, um Geld zu verdienen ..."[166]

166 Hoesch 18 b, S. 5.

Karl Schwarzer nennt hier zwei verschiedene Aspekte des Problems in einem Atemzug, die offenbar für ihn untrennbar zusammengehören. Einerseits bezieht er sich auf die gesellschaftliche Hierarchie, in der jemand im „Blaumann", der mit seinen Händen arbeitet, unter Umständen schwere, schmutzige Tätigkeiten verrichtet, kein Ansehen genieße. Andererseits spricht er davon, daß er seine Arbeit nicht mag, daß er keinen Spaß daran hat. Der Beruf der Krankengymnastin, den seine Frau ausübt, und der ebenfalls finanziell wie sozial nicht gerade hoch im Kurs steht, scheint ihm attraktiver.

In seinem Bewußtsein gehen diese beiden unterschiedlichen Aspekte eine Verbindung miteinander ein und beeinflussen sich gegenseitig: Das geringe gesellschaftliche Ansehen des Arbeiterstandes nimmt ihm die Freude an der Arbeit und weil er sich mit seiner Tätigkeit nicht identifiziert, schätzt er seinen eigenen sozialen Status gering. Er betrachtet seinen Beruf gewissermaßen aus der Perspektive der Bessergestellten, der Gebildeteren und entwickelt kaum ein Gefühl der Zugehörigkeit zu seiner sozialen Klasse, ein Gefühl, das ihn stabilisieren und gegen Mißachtung schützen könnte. Arbeiter zu sein bzw. Arbeiter geblieben zu sein, setzt er gleich mit Es-nicht-geschafft-zu-haben. „... Häng ich hier jetzt natürlich auch fest und konnte nicht weiterkommen ...", sagt er.

Wir haben schon gesehen, daß dies wie eine Wiederholung des väterlichen Scheiterns anmutet, bzw. daß Karl Schwarzer seine eigene Entwicklung an dessen unerfüllten Bestrebungen mißt. Aber es stellt sich auch die Frage, ob unser Gesprächspartner hier eine allgemeine Bewußtseinsentwicklung reflektiert, wonach sich die traditionellen sozialen Identitäten aufzulösen beginnen mit der Konsequenz, daß bei fortdauernder Hierarchie in der Gesellschaft an deren Stelle individuelle Minderwertigkeits- oder Versagensgefühle treten.

Karl Schwarzer äußert sehr genaue Vorstellungen von einer Klasseneinteilung der Gesellschaft der Bundesrepublik. Als unterste Klasse sieht er die Arbeitslosen, Obdachlosen und Sozialhilfeempfänger an. Diese seien wirklich „ganz unten", weil sie keine Perspektive mehr hätten. Die nächsthöhere Klasse seien die Arbeiter und die kleinen Angestellten. Danach kämen die leitenden Angestellten und die Beamten, weil die letzteren „arbeitsmäßig abgesichert" seien und nicht entlassen werden könnten. Als mächtigste Klasse schließlich, die ganz oben rangieren würde, betrachtet Karl Schwarzer das Großkapital. Er selbst, sagt er, habe sich eigentlich immer dem Mittelstand zugerechnet (eine Gruppe, die in seinem Gesellschaftsmodell übrigens gar nicht vorkommt, aber wohl über den Arbeitern anzusiedeln wäre), doch wenn er jetzt nur seinen Verdienst betrachte, müsse er doch sagen, das sei schon „weit unter Mittelstand".

Warum er in all den Jahren „nicht weiterkommen" konnte, das legt unser Gesprächspartner ausführlich dar und seine Rede klingt wie eine Rechtfertigung. Eine Weiterqualifizierung zum Meister oder zum Techniker sei für ihn leider nicht infrage gekommen, weil er schon als Lehrling im Fachzeichnen total versagt habe.

Ihm fehle die Fähigkeit der räumlichen Umsetzung. Sein Vater habe ihm zwar immer wieder angeboten, den Besuch einer Tagesschule zu finanzieren, damit er eine Fortbildung nicht neben der Schichtarbeit machen müsse, aber leider habe er auf dieses Angebot aus den genannten Gründen nicht eingehen können. Doch auch der Aufstieg bis zum Vorarbeiter blieb ihm versagt. Dreimal sei ihm die Beförderung in Aussicht gestellt worden, sagt er bitter, jedesmal sei ein anderer Kollege an seiner Stelle berücksichtigt worden. Beim vierten Mal schließlich habe er auch seinen Stolz gehabt und abgelehnt. Für Karl Schwarzer besteht kein Zweifel, daß er damit die Quittung für sein couragiertes Auftreten als Vertrauensmann bekommen habe. Damit habe er sich sowohl bei der Betriebsleitung wie beim Betriebsrat unbeliebt gemacht. Auf diese Weise habe es eben nur zum „Kolonnenschieber", dem Stellvertreter des Vorarbeiters, gereicht.

Ein weiteres Ziel, das Karl Schwarzer ansteuerte, um aus seiner unbefriedigenden Situation herauszukommen und sich auf andere Weise weiterentwickeln zu können, war der Betriebsrat. Arbeitnehmerrechte durchzusetzen, das wäre eine Sache gewesen, die ihn interessiert hätte und die Kollegen hätten seine Bemühungen als Vertrauensmann auch stets anerkannt. Aber der Weg in den Betriebsrat führte nur über die Mitgliedschaft in der SPD. Er habe jedoch unabhängig bleiben wollen, sagt er. In eine Partei wolle er niemals eintreten. Sein Versuch, sich als parteiunabhängiger Kandidat zur Wahl zu stellen, schlug fehl. Er habe einfach nicht genug Stimmen bekommen und deshalb seine Ambitionen rasch wieder aufgegeben. Es wird nicht ganz deutlich, warum Karl Schwarzer eine Mitgliedschaft in der Partei so vehement verweigert und sich damit eine erwünschte Entwicklungsmöglichkeit versagt. Es erstaunt um so mehr, da er wiederholt seine politische Nähe zur Sozialdemokratie betont, die er auf den Einfluß seines Vaters zurückführt. Spielt hier tatsächlich der Wunsch nach politischer Unabhängigkeit, oder sogar die Ablehnung einer solchen zwangsläufigen Verbindung zwischen Betriebsratsmandat und SPD-Parteibuch eine Rolle? Die Weigerung, Parteimitglied zu werden, wird von ihm so apodiktisch gesetzt, daß jede Begründung sich zu erübrigen scheint.

### *Das Selbstbewußtsein ist weg*

Der verpaßte berufliche und soziale Aufstieg beeinflußt zweifellos Karl Schwarzers Sicht auf sein Leben und sein Umfeld. Zwar sagt er, daß er im Allgemeinen zufrieden sei, daß es in seinem Leben weder Auf und Ab noch Brüche gegeben habe, wenn er jedoch auf einzelne Vorgänge eingeht, dann überwiegt dabei der Tenor, alles habe sich letztlich zum Schlechteren entwickelt. Das betrifft besonders seine Arbeit, zum Beispiel das Arbeitstempo und die Belastung, die in den letzten Jahren immer mehr zugenommen haben. Die Anzahl der Mitarbeiter in der Instandhaltung sei in seiner Zeit praktisch halbiert worden, dadurch sei es auch immer weniger möglich, die eigenen Erfahrungen im Arbeitsprozeß fundiert an junge Kollegen weiterzugeben, dazu fehle einfach die Zeit. Zwar seien seine Qualifikation und sein Wissen infolge zahlreicher Weiterbildungen kontinuierlich gewachsen, auf seinen Lohn habe sich das aber nur mäßig ausgewirkt. Statt dessen würde die Kontrolle des Unternehmens über jeden einzelnen Kollegen immer perfekter.

Karl Schwarzer erzählt in dem Zusammenhang, daß demnächst auch in seiner Abteilung der Computer Einzug halten werde. Jeder einzelne Maschinendefekt, jede Reparaturstunde könnte dann zentral erfaßt, die Schnelligkeit der Mitarbeiter miteinander verglichen werden, natürlich mit dem Ziel, die Kosten immer mehr zu drücken. In dieser Hinsicht ist er sehr pessimistisch: „Wir bauen uns selbst unsere Arbeitsplätze ab", sagt er. Fortschritt scheint für Karl Schwarzer eine unaufhaltsame Bewegung, von der er nur Nachteile zu erwarten hat, von der er befürchtet, daß sie über ihn hinweggehen wird.

Auch mit dem Betriebsklima ist unser Gesprächspartner zunehmend unzufriedener. Er meint damit sowohl die Bereitschaft seiner Kollegen, sich gemeinsam zu wehren, als auch den kollegialen Zusammenhalt:

> „Heutzutage hast du doch keinen Kollegen mehr oder ganz wenige Kollegen, nur noch, mit denen du überhaupt was veranstalten könntest und sagst: So, paß auf jetzt, Klamotten in die Ecke geschmissen, wir gehen jetzt zum Betriebschef hin [...] mit den jungen Leuten kannst du's gar nicht mehr machen, die alten ... so mit 46 bin ich ja schon mittlerweile hier mit der Älteste, der hier noch rumläuft, also mit denen kannst du vielleicht noch mit dem einen oder anderen sowas machen. Aber dieses Selbstbewußtsein, was früher bei den Kollegen mal herrschte und sagte: wenn wir wollen, dann können wir, dann können wir was umdrehen, das ist weg, das ist nicht mehr da."[167]

Selbstbewußtsein und Kampfbereitschaft sind demnach mit der Zeit bei den Kollegen immer mehr geschwunden. Dabei handelt es sich, nach Karl Schwarzer, auch um eine Generationsfrage. Während ihn mit den älteren Kollegen zumindest noch die Erinnerungen an spontane Aktionen in der Vergangenheit verbinden, findet er mit den jüngeren Kollegen keine gemeinsame Sprache mehr. Infolge dieses Vereinzelungsprozesses habe die Gruppe ihre Kraft eingebüßt, eine Entwicklung, die Schwarzer betrübt registriert.

Eine weitere Ursache für den geschwundenen Zusammenhalt sieht er in dem immer differenzierter gewordenen Lohngefüge. Früher habe es nur drei Stufen gegeben, dann sei Schluß gewesen. Heute aber versuche jeder in die nächsthöhere Stufe zu kommen, es gebe Neider, die zum Meister rennen und andere Kollegen schlechtmachen. Nur mit den älteren Kollegen, mit denen er schon seit Jahren zusammen gearbeitet hätte, existiere noch der Zusammenhalt. Aber damit könne man „nach draußen" nichts mehr bewirken.

167 Hoesch 18 b, S. 7 f.

Auch die Gewerkschaften haben, nach Karl Schwarzers Meinung, in den letzten Jahrzehnten einen Niedergang erlebt. Zwar findet er die Existenz der Arbeitnehmervertretungen als Gegenkraft zu den Unternehmern nach wie vor sehr wichtig („Aber ich weiß auch, wie die Arbeitgeberseite mit Kollegen umgehen würde, wenn es keine Gewerkschaften gäbe.“[168]), auch seine eigene Arbeit als Vertrauensmann will er keineswegs abwerten, jedoch sei die heutige Gewerkschaft nicht mehr mit der früheren zu vergleichen. Die alten Gewerkschafter, die es noch zu seiner Lehrzeit gab, hätten tatsächlich Arbeitnehmerinteressen durchzusetzen versucht. Die heutigen Funktionäre jedoch würden die Gewerkschaften nur als „Mittel zum Zweck“ sehen, um sich zu bereichern oder um einen guten Job zu bekommen. Unter seinen Kollegen herrsche jedenfalls die Meinung, die Gewerkschaften würden nichts für sie tun. Wenn es eine Alternative zur IG-Metall gäbe, wären nach seiner Einschätzung 90 Prozent der Belegschaft schon ausgetreten.

Nicht einmal die Unternehmer sind nach Karl Schwarzers Einschätzung noch das, was sie früher einmal waren. Bei genaueren Nachfragen stellt sich heraus, daß unser Gesprächspartner den Verkauf der Firma Hoesch an Krupp in dieser Hinsicht als einen tiefen Bruch empfindet. Seit dieser Zeit übrigens wähle er auf Landesebene die SPD nicht mehr, weil die Regierung Rau diesen Verkauf unterstützt habe. Aus der Sicht von Karl Schwarzer sind alle gegenwärtigen Probleme des Betriebes, auch die befürchtete Schließung des Warmbreitbands eine Folge dieses Verkaufs. Gewiß ist ihm dadurch auch ein Stück Identifikation mit dem Betrieb verlorengegangen. Lobende Worte spricht er über den damaligen Vorstandsvorsitzenden Detlev Rohwedder, der zwar ein „knüppelharter Kerl“ gewesen sei, aber trotz allem noch einen „sozialen Tick“ gehabt habe. Diesem Rohwedder hätten allerdings auch starke Betriebsräte gegenübergestanden, die sich durchsetzen konnten, während weder der heutige Vorstandsvorsitzende noch der heutige Betriebsrat über derartige Qualitäten verfügen würden.

In der Vorstellung von Karl Schwarzer verbinden sich ganz reale Erfahrungen mit einem Prozeß der Desillusionierung und Ernüchterung, den gewiß jeder Mensch in seinem Leben durchmacht, zum Bild einer deutlichen Abwärtsentwicklung in der Zeit. Er hat den Eindruck, daß alles heute schlechter als früher ist. Und obwohl er selbst aktiv und nicht bereit ist, alles so hinzunehmen, meint er, diesen Prozeß nicht aufhalten, im Grunde nichts beeinflussen zu können.

In diese Abwärtsentwicklung will er allerdings sein persönliches Leben nicht einbezogen wissen, mit dem er im Großen und Ganzen zufrieden sei. Seine Unzufriedenheit mit der Arbeit, mit seinen Entwicklungsmöglichkeiten, den Kollegen und dem ganzen Umfeld, kann Karl Schwarzer offenbar nur kompensieren, indem er zwischen Arbeit und Privatleben einen scharfen Trennungsstrich zieht. Die Freizeit hat für ihn einen sehr hohen Stellenwert:

168 Ebd., S. 19.

„Es gibt natürlich Leute, die den höheren Stellenwert im Beruf sehen, ich nicht. Klar, ich mach gerne Urlaub. Gott sei Dank ist es so, daß ich mir das halt eben ... da meine Frau auch voll arbeitet, da wir uns zwei- oder auch dreimal im Jahr 'ne Urlaubsreise erlauben. Das sind dann Flugreisen oder auch, wir hatten jetzt letztes Jahr 'ne Schiffsreise gemacht, dies Jahr 'ne Schiffsreise, Kreuzfahrt gemacht wieder. Aber das kommt auch nicht nur durch den Verdienst, sondern auch, da die Eltern meiner Frau verstorben sind, und der Vater als Rechtsanwalt und Notar auch kein schlechtes Geld verdient hatte, konnten wir ein bißchen über die Erbschaft ... Und hatten dann ... 1979 hatten wir uns 'ne Eigentumswohnung gekauft, die wir allerdings alleine finanziert haben und die mittlerweile schon seit einigen Jahren abbezahlt ist ...“[169]

Nach Feierabend und im Urlaub, gelingt es Karl Schwarzer wohl, sich von der bedrückenden Vorstellung, „steckengeblieben“ zu sein, es nicht geschafft zu haben, ein Stück weit zu lösen. Die Entwicklung des Familienbugdets gestaltete sich offenbar erfreulicher als seine berufliche Laufbahn, nicht zuletzt dank des ungeliebten Schwiegervaters, den er und seine Frau schließlich beerben konnten. Die Stichworte, die in diesem Zusammenhang fallen: mehrmalige Urlaubsreisen im Jahr, Kreuzfahrten, Eigentumswohnung signalisieren schon, daß er mit seinen Vorstellungen von Lebensqualität dem Mittelstand näher steht als den Arbeitern, wobei die Grenzen zwischen beiden gewiß in den letzten Jahrzehnten mit der zunehmenden Erhöhung des allgemeinen Lebensniveaus begonnen haben sich aufzulösen.

Bei Karl Schwarzer scheint diese Annäherung jedoch nicht einfach eine Konsequenz aus seiner und seiner Ehefrau Einkommensentwicklung. Er erläutert uns im Gespräch eingehend, daß er und seine Frau ganz bewußt auf Kinder verzichtet hätten, um sich ein solches Leben zu ermöglichen. Diese Entscheidung sei, so Karl Schwarzer, eine einfache Rechenaufgabe gewesen. Nur mit seinem Lohn allein hätten sie zwar auch irgendwie auskommen können, sie hätten aber nicht so leben können, wie er es sich vorgestellt habe. Er sehe es ja bei seinen Kollegen, die Kinder haben. Bei allen würden die Frauen mitarbeiten. Das aber würde es bei ihm nicht geben. Seiner Meinung nach gehöre die Mutter zum Kind. Im Spagat zwischen seinem offenbar festgefügten, sehr katholischen Familienbild und den ebenso festgefügten Grenzen seiner Verdienstmöglichkeiten bei Hoesch blieben Karl Schwarzer als einzige Variable nur der Verzicht auf die Kinder übrig, um seine Vorstellungen von einem Leben in Wohlstand zu verwirklichen.

Daß unser Gesprächspartner ausdrücklich diese Prioritäten gesetzt hat, mag verschiedene Gründe haben. Sein schon erwähntes Streben nach Ausgleich für eine unbefriedigende, stagnierende Berufstätigkeit addiert sich mit seiner offen-

169 Ebd., S. 10.

kundigen Lebensfreude, die von Sparsamkeit und Verzicht wenig hält – eine Auffassung, die er mit vielen Vertretern seiner Generation teilt und die ihn auch von den Wertvorstellungen der Elterngeneration unterscheidet. „Ich hab gern gelebt und lebe auch gern", sagt er. Es ist jedoch auch nicht zu übersehen, daß er sich damit gleichzeitig in den Lebensformen und den Ansprüchen der sozialen Schicht anzunähern versucht, in die er eingeheiratet hat.

Seine Äußerungen zu Lebensnormen, Wertvorstellungen sind jedoch durchaus ambivalent. Das bescheidene Leben der Familie in seiner Kindheit schätzt er im Rückblick – wie alles, was früher war – hoch ein. Zwar habe er nie Taschengeld bekommen und Spielzeug sei auch für ihn kaum gekauft worden. Aber dadurch sei er auch kreativ gewesen, habe sich ein Fahrrad zum Beispiel aus alten Teilen selbst zusammengebastelt. Die Eltern hätten sparsam wirtschaften müssen, aber sie hätten viel mit den Kindern zusammen unternommen. Er könne sich an wunderbare gemeinsame Kartenspielabende erinnern.

Karl Schwarzer selbst hat statt der so gepriesenen Bescheidenheit gepaart mit familiärer Wärme bewußt höheren Wohlstand und mehr Individualität vorgezogen. Diese Wahl wird von ihm jedoch kaum reflektiert. Insofern hat er ein zwiespältiges Verhältnis zu den „alten Zeiten", in denen angeblich alles besser war, unter deren Bedingungen er jedoch keinesfalls leben möchte.

### *„Diese Schreie, die da nachts kamen ..."*

Der Vater von Karl Schwarzer spielt eine ungewöhnlich große Rolle in der Lebenserzählung. Dessen Wünsche und Hoffnungen, dies klang eingangs schon an, beeinflußten direkt und indirekt die Entscheidungen und den Blickwinkel des Sohnes. Auch sein Verhältnis zur nationalsozialistischen Vergangenheit definiert Karl Schwarzer fast ausschließlich über den Vater. Der Geschichtsunterricht in der Schule sei für ihn immer uninteressant gewesen, weil dort vom Nationalsozialismus keine Rede gewesen sei. Sein Vater habe ihm jedoch immer wieder gesagt, daß dies die wichtigste Geschichtsperiode sei, aus der man für die Gegenwart und Zukunft etwas lernen müsse, vor allem sollte erklärt werden, „warum die Nazis" drankamen. Deshalb habe der Sohn den Kreuzzügen und Karl dem Großen und anderem „Tüttelkram" wenig Beachtung geschenkt. Die „wirkliche Geschichte" jedoch, so die Einschätzung Karl Schwarzers bzw. seines Vaters, sei verdrängt worden, darüber habe man damals in den Schulen nicht gesprochen.

Der Mahnung seines Vaters folgend, beschäftigte er sich später eingehend mit der NS-Geschichte. Er las Bücher darüber und besuchte Kurse der IG-Metall, das sei „Geschichte live" gewesen, damit habe er etwas anfangen können, „das war ja noch alles warm". Dementsprechend verfügt Karl Schwarzer über feste Vorstellungen von den Ursachen der Machtergreifung der Nazis. Er nennt in diesem Zusammenhang die hohe Arbeitslosenzahl sowie die Rolle der Banken und zieht Parallelen von der NS-Bewegung zu neonazistischen Jugendbewegungen in der Gegenwart.

Sein Vater, der ihm die Auseinandersetzung mit der NS-Geschichte so ans Herz gelegt hatte, habe ihm jedoch kaum etwas von seinen persönlichen Erlebnissen aus dem Krieg und der Kriegsgefangenschaft mitgeteilt. Trotzdem habe er schon als Kind gespürt, daß der Vater an sehr schmerzhaften und schweren Erinnerungen trug:

> „Was mir nur als Kind immer auffiel, daß der Vater manchmal nachts dann aufgeschrien hatte und ... das weiß ich noch sehr genau. Und da hatte ich ihn mal danach gefragt. Das war dann so im Krieg, eh, zum Kriegsende, da kam der in die jugoslawische Gefangenschaft rein, auf dem Rückzug. Und dort sind die deutschen Soldaten also schwer mißhandelt worden. Jetzt kam's noch dazu, die waren damals bei den Gebirgsjägern und die Gebirgsjäger hatten ihre Blutgruppe schon unterm Arm eintätowiert, was an und für sich nur die SS hatte und, eh, die Jugoslawen hatten zuerst angenommen, es wären SS-Leute und die Jugoslawen haben auch keine, auch keine SS-Leute gefangengenommen, die haben sie sofort erschossen, gab's nix, ne. Die haben da genauso Greueltaten da gemacht. Ja, und bis sie das erstmal klargemacht wurde, daß bei der Wehrmacht, also auch die Gebirgsjäger auch diese Blutgruppe unterm Arm tätowiert wurde ... Naja, auf jeden Fall kamen die dann in Gefangenschaft, ich weiß gar nicht mal, wo's da war in Jugoslawien und kamen, lagen dann am großen Talkessel und da kam's immer wieder zu Ausbrüchen und so. Mein Vater hat es auch versucht und das war ... ist er dann fürchterlich zusammengeschlagen worden. Das waren diese Schreie, die da nachts auch noch kamen ...“[170]

Karl Schwarzer wußte seit seiner Kindheit, daß sein Vater von schweren Erinnerungen gequält wurde. Die Schreie, die er nachts hörte, erschütterten ihn natürlich, aber er konnte sie nicht deuten, bis er den Vater danach fragte. Die Erklärung, die er uns präsentiert, ist offensichtlich die Wiedergabe der Erklärung des Vaters (im zweiten Gespräch sagt er jedoch, er habe es seinerzeit nicht gewagt, den Vater zu fragen, sondern die Mutter habe ihm die Geschichte erzählt. Demnach wäre die Darstellung noch ein zweites Mal gebrochen).

Der Vater ist in dieser Geschichte das Opfer, er verdient unser Mitleid. Er schreit nachts, weil er als Kriegsgefangener mißhandelt wurde und zwar von den jugoslawischen Partisanen, die „genauso Greueltaten“ gemacht hätten. Genauso wie wer? Die Mißhandlung des Vaters wird jedoch nicht nur als bloße Willkür gedeutet, sondern auch einerseits als Reaktion auf seinen mißglückten Ausbruchsversuch und andererseits als Folge eines Mißverständnisses. Weil er eine Blutgrup-

170 Hoesch 18 a, S. 11.

pentätowierung unter dem Arm gehabt habe, hätten ihn die Jugoslawen zunächst für einen SS-Mann gehalten. Erst später konnte „klargemacht" werden, daß auch die Gebirgsjäger der Wehrmacht eine solche Tätowierung besaßen.

Diese Geschichte läßt Fragen entstehen, z.B., auf welche Weise der Vater von Karl Schwarzer, dessen Jahrgang in der Weimarer Republik keinen Wehrdienst leisten mußte, und der immerhin bei Kriegsausbruch schon 34 Jahre alt und Familienvater war, zu den Gebirgsjägern gelangte, die zweifellos eine Eliteeinheit der Wehrmacht bildeten.

Im folgenden erzählt unser Gesprächspartner eine Reihe weiterer Episoden, die er mehrmals mit der Bemerkung kommentiert, aber sonst habe sein Vater „vom Krieg gar nix berichtet". Wir erfahren, daß er noch vor Kriegsausbruch zur Polizei dienstverpflichtet und später zu den Gebirgsjägern eingezogen worden sei. Dann habe die Einheit des Vaters in Karelien gekämpft. Auch in dieser Geschichte spielt wieder ein SS-Offizier eine Rolle, ein „scharfer Hund", den die Soldaten haßten, der aber nicht zu ihrer Wehrmachtseinheit gehört habe. Finnische Soldaten, die der Vater als „einmalig" gelobt habe, hätten diesen gefürchteten SS-Offizier schließlich auf einem Patrouillengang „umgelegt". In Karelien sei die Einheit des Vaters von sowjetischen Truppen eingeschlossen gewesen und nach schweren Kämpfen erst befreit worden. Der Vater habe für seine Tapferkeit einen Orden bekommen, den er aber nicht habe tragen wollen und sich deshalb Ärger mit den Vorgesetzten einhandelte. Ein zweiter Ausbruchsversuch schließlich aus der jugoslawischen Kriegsgefangenschaft, erfahren wir weiter, sei schließlich erfolgreich gewesen. Dem Vater und seinen Kameraden sei „nix weiter über (geblieben), als die Bewacher zu ermorden". Mit leichten Waffen, die sie von den Partisanen erobert hatten, seien sie dann den Engländern entgegenmarschiert und hätten sich in englische Gefangenschaft begeben.

Zweifellos kennt Karl Schwarzer nur Fragmente der Geschichte des Vaters, einzelne Episoden, denen der Zusammenhang fehlt und in denen sich Widersprüche offenbaren. Was bedeutet das mehrfach auftauchende SS-Motiv, mit dem der Vater jedesmal nichts zu tun hat? Haben Mutter und Sohn jeweils etwas zu den Geschichten dazugetan oder weggelassen, um die Erzählung abzurunden oder ihr mehr Plausibilität zu verleihen? Zweifellos steckt hinter dieser Geschichte noch eine andere, bedrohlichere, beunruhigendere, in der der Vater vielleicht nicht nur Opfer war. War er Mitglied einer SS-Einheit oder eines Polizeireservebataillons? Hatte er eventuell an Partisanenerschießungen teilgenommen? Eine Antwort auf diese Fragen interessiert in diesem Zusammenhang wenig.[171] Wichtig für uns ist,

171 Eine Spur kann der Hinweis von Schwarzer sein, daß sein Vater bei Kriegsbeginn zu einem Bataillon Schutzpolizei dienstverpflichtet wurde. Die Geschichte mit den Gebirgsjägern und der SS-Tätowierung könnten Schutz- oder Deckgeschichten gewesen sein, vielleicht auch Mißverständnisse des Sohnes, der damit zu erklären versucht, was ihm selbst wenig

daß der Sohn solche Fragen nicht stellt. Er identifiziert sich mit der erzählten Geschichte, auch mit den Handlungen des Vaters. Er geht sogar soweit, die Tötung der jugoslawischen Bewacher, obwohl er sie als „Ermordung" bezeichnet, moralisch zu rechtfertigen. Doch schwingt in seinem Bestreben, den Vater zu schützen, viel Beunruhigung mit. Die ständig wiederkehrende Bemerkung, sonst habe der Vater vom Krieg nichts erzählt, könnte auch die Ahnung ausdrücken, das Wesentliche sei letztlich unerzählt geblieben.

Karl Schwarzer ist ein Vertreter der ersten Nachkriegsgeneration, auf deren Kindheit und Jugend noch der Schatten des Krieges lag und in deren Leben die Erfahrungen der Kriegsgeneration noch direkt hineinreichen. Das will Karl Schwarzer zweifellos zum Ausdruck bringen, wenn er sagt: Diese Geschichte ist „noch warm". Er hat das Gefühl, daß sie ihn unmittelbar betrifft. Eine Minderheit seiner Generation hat die eigenen Eltern irgendwann gefragt, was sie in der NS-Zeit gemacht haben oder hat sie sogar mit Schuldvorwürfen konfrontiert. Diese Distanz, und damit die Möglichkeit einer eigenständigen Sicht auf die Geschichte, entwickelt Karl Schwarzer nicht. Die enge Verbindung zwischen Vater und Sohn schafft im Gegenteil eine Gemeinschaft des Schweigens, wobei der Sohn zweifellos nicht genau weiß, worüber geschwiegen wird. Aber offenbar hat er das Gefühl, den Vater schützen zu müssen. Gleichzeitig erfüllt er einen ausdrücklichen Auftrag des Vaters, indem er sich mit der NS-Geschichte beschäftigt, um Lehren daraus für die Gegenwart und Zukunft zu ziehen, damit sich so etwas nie wiederholen kann.

Die Beschäftigung mit der NS-Vergangenheit ist für ihn sehr wichtig, er fühlt in diesem Zusammenhang eine große Besorgnis und Verantwortung für Vorgänge in der Gegenwart. Die persönliche Geschichte des Vaters ist davon jedoch abgeschnitten. Karl Schwarzer stellt so ein allgemeines Verhältnis zur NS-Vergangenheit her, dieses ein wenig formelhafte „nie wieder", das sorgfältig einen Kontakt zur Familiengeschichte vermeidet, um die tatsächlichen Verstrickungen der Elterngeneration nicht wahrnehmen zu müssen.

Keine Frage, daß Schwarzer sich in Einstellungen und Lebensstil deutlich von seinem Vater unterscheidet und doch mit diesem auf komplizierte Weise verbunden ist.

plausibel scheint. Es ist allerdings nicht ausgeschlossen, daß der Vater als Angehöriger des Polizeibataillons auch SS-Mitglied war. Über die Rolle der Polizeibataillone bei der Ermordung der europäischen Juden: siehe Christopher Browning: Ganz normale Männer. Das Reserve-Polizeibataillon 101 und die „Endlösung" in Polen. Hamburg 1993; auch Daniel J. Goldhagen: Hitlers willige Vollstrecker. Ganz gewöhnliche Deutsche und der Holocaust. Berlin 1996, S. 230 ff.

## 4) Die zweite Nachkriegsgeneration: Renate Bärwald – Brigitte Meiers

### a) Ein ganz normales Leben – Renate Bärwald, Jahrgang 1955, Elektronik-Facharbeiterin bei SMI (ehemals Halbleiterwerk)

„... ganz normal", sagt Renate Bärwald auf meine Frage nach ihrem Elternhaus, der Kindheit und Jugend. Das will heißen: keine christliche Erziehung, kein politisches Engagement, sie sei eingeschult worden, in die Pionierorganisation eingetreten, später in der FDJ, so wie es üblich gewesen sei. Frau Renate Bärwald ist weder wortkarg noch abweisend. Die mädchenhaft zierliche Frau, die mir am Vormittag vor dem Beginn der Spätschicht in ihrer Wohnung gegenübersitzt, wirkt im Gegenteil lebenslustig und selbstbewußt. Doch über Selbstverständlichkeiten braucht man keine Worte zu verlieren. Gleich zu Beginn unseres Gesprächs vermittelt sie den Eindruck, ihr Leben gehe gewissermaßen ganz in Normalität auf und daß sie deshalb nicht viel zu erzählen habe. Ganze zwei Minuten benötigt sie für ihre Lebensgeschichte von der Geburt bis zur Gegenwart, wobei den größten Teil davon die Schilderung einer kleinen Abweichung von dem üblichen Weg einnimmt.

1955 wurde sie in Frankfurt/Oder geboren. Der Vater arbeitete bei der Wohnungswirtschaft der Stadt und die Mutter war von Beruf Baumaschinistin, nach der Geburt des sechs Jahre jüngeren Bruders blieb sie jahrelang zu Hause, später nahm sie eine stundenweise Tätigkeit in der Kaufhalle auf. Renate Bärwald ging bis zur 8. Klasse zur Polytechnischen Oberschule. Weil sie eine besonders gute Schülerin war, wurde sie danach zur mathematisch-naturwissenschaftlichen Spezialschule der Stadt Frankfurt/Oder delegiert, um dort bis zum Abitur zu gehen. Ihr Wunsch war es, Lehrerin zu werden. In der zehnten Klasse stellte sich jedoch heraus, daß das Mädchen für diesen Bildungsweg neben Russisch eine zweite Fremdsprache hätte lernen müssen. Darauf hatte niemand rechtzeitig geachtet, am allerwenigsten die Eltern, die sich als einfache Arbeiter auf diesem Gebiet nicht auskannten. So mußte sie zu ihrem großen Bedauern nach der zehnten Klasse die Schule verlassen und hatte nun Mühe, im Rahmen des starren Bildungssystems der DDR wieder in die „Normalspur" zu kommen. Alle interessanten Lehrstellen für die Schulabgänger dieses Jahres waren schon vergeben. So sei sie schließlich dorthin gegangen, sagt sie, wohin alle gingen: als Elektronik-Lehrling ins Halbleiterwerk, dem größten Arbeitgeber der Stadt. Den Rest hat Renate Bärwald schnell erzählt:

> „Naja und bis heute bin ich auch da geblieben. Hab zwei Kinder, der Große wurde 1978 geboren, der Kleine 1980, geheiratet hatte ich 1982, geschieden wurde ich 1987 [lacht]. Naja und nu sind die Kinder groß, Ärger habe ich keinen mit se, zufrieden bin ich eigentlich auch, vor allen Dingen, daß ich meine Arbeit noch habe. Im Großen und Ganzen war es das eigentlich."[172]

172 Frankfurt/O. 14, S. 1.

In diesen wenigen Sätzen steckt viel: ein zwanzigjähriges Berufsleben, immer im gleichen Betrieb ohne erwähnenswerte Zäsuren und Veränderungen, Geburt der beiden Söhne, Eheschließung und wenige Jahre darauf die Scheidung, wie in so vielen DDR-Familien dieser Generation, alleinige Verantwortung für die Kinder, der Stolz auf das Ergebnis ihrer Erziehung und schließlich die Anspielung auf die völlig neue gesellschaftliche Situation seit 1989/90: die Zufriedenheit darüber, daß sie ihre Arbeit noch habe. Vor der Wende wäre dies eine Selbstverständlichkeit gewesen, die mit keinem Satz hätte gewürdigt werden müssen.

Renate Bärwald lebt mit ihren beiden Söhnen in einer kleinen Neubauwohnung in Frankfurt/Oder in einer Straße, die bis vor kurzem noch Wilhelm-Pieck-Straße hieß und dann in Südring umbenannt wurde. Ihr Lohn reicht zum Leben, für ein kleines Auto, hin und wieder eine Urlaubsreise und darüber hinaus für ein paar Extras für die Kinder, deren Wünsche aber, wie sie versichert, sich den bescheidenen Möglichkeiten ihres Geldbeutels anpassen. Ihre Freizeit verbringt sie gegenwärtig vorwiegend mit der Pflege ihrer Eltern, die Anfang der neunziger Jahre in den Vorruhestand bzw. in Rente geschickt wurden und danach beide schwer erkrankten. Sie habe ein gutes Verhältnis zu ihren Eltern, sagt sie, deshalb sei es für sie eine Selbstverständlichkeit, daß sie jetzt an den Wochenenden und vor bzw. nach der Schicht für sie sorge.

### *„... naja, haben wir Kreuzworträtsel gemacht"*

Renate Bärwald arbeitet in zwei Schichten in der Abteilung des Werkes, in der sie gleich nach Beendigung der Lehre als „Bond-Kraft" begonnen hatte. Bonden, so muß sie mir erklären, heißt das Aufbringen von winzigen Drähten auf die Chips:

> „Und das war eigentlich auch schön gewesen, wenn man so zurückdenkt, wie die ganze Entwicklung so vorangegangen ist. Ich hab ja fast alle Maschinen, die im Halbleiterwerk als Bonder da waren, hab ich alle miterlebt [...] früher mußten wir alles mit Hand machen, so hab ich angefangen. Und das wurde dann immer fortschrittlicher, na und heute haben wir ja ganz gute Maschinen. Das geht alles ruck zuck, so schnell kann man gar nicht gucken, von alleine. Na, und heute bonde ich aber nicht mehr, heute sichte ich. Da gucke ich mir danach immer als Kontrolle das an, ob das wirklich in Ordnung ist. Sind Fehler drin, muß ich das meinen Leuten, den zwei Männern, die da noch sind, sagen, und dann müßten die was daran machen."[173]

Renate Bärwalds Aufgabe hat sich seit dem Beginn ihrer Berufstätigkeit nicht wesentlich verändert: Sie bringt winzige Drähte auf ebenso winzige Chips, bzw. kontrolliert durch das Mikroskop diesen Vorgang. Trotzdem spricht sie nicht davon,

173 Frankfurt/O. 14, S. 14 f.

daß die Arbeit langweilig oder monoton wäre. Sie spricht statt dessen stolz von der technischen Entwicklung der letzten 20 Jahre, die ihre Arbeit immer wieder verändert hat. Heute würden die Maschinen so schnell produzieren, „so schnell kann man gar nicht gucken". Den technischen Fortschritt hat sie in der DDR-Zeit zunächst als Erleichterung der Arbeit erlebt. Die Handarbeit entfiel, die Maschinen wurden komplizierter und interessanter. Aber als Folge davon wurden nicht mehr so viele Arbeitskräfte benötigt. Bis 1989 wirkte sich das jedoch nur dahingehend aus, daß die Kolleginnen und Kollegen in ihrer Abteilung immer weniger zu tun hatten. Manchmal sei man morgens zur Arbeit gekommen und habe nicht gewußt, was man machen sollte, erzählt sie. Dann hätten sie Kreuzworträtsel gelöst oder gelesen und die Zeit sei, vor allem während der Nachtschicht, nur ganz langsam geschlichen. Doch nach Hause gehen durften sie nicht, die acht Stunden mußten im Betrieb abgesessen werden. Den Zustand haben sie damals so hingenommen. Als Problem sei dies von ihr und den Kollegen nicht besprochen worden. Auch über die wirtschaftliche Lage der DDR hätten sie sich in dem Zusammenhang eigentlich keine Gedanken gemacht.

Heute ist die Situation anders. Heute sind außer ihr nur noch zwei Männer in der Arbeitsgruppe, alle anderen sind inzwischen entlassen worden. Und wenn wenig zu tun ist, gibt es Kurzarbeit, was sich empfindlich auf ihr Monatsbugdet auswirkt. Der technische Fortschritt wendet sich jetzt gegen sie, er macht ihre Arbeitsplätze überflüssig. Am Anfang habe ihr das sehr wehgetan, sagt sie, wenn der Chef die Namen der Entlassenen vorgelesen habe. Die entlassenen Kolleginnen hätten geheult und alle anderen hätten mitgeheult. Schließlich habe man schon so viele Jahre miteinander gearbeitet:

> „Naja so nach und nach hat man sich denn dran gewöhnt. Da hat man gesagt, na gut, das geht nicht anders, nicht. Aber jeder war immer drauf bedacht, na die meisten jedenfalls: hoffentlich bin ich nicht dran."[174]

Renate Bärwald ist unschlüssig in der Beurteilung der neuen Situation. Es gehe nicht anders, meint sie und das bedeutet weniger ein Sichfügen in das Schicksal, sondern eher die Einsicht, daß es schwerlich hätte immer so weitergehen können, wie zu der Zeit, als sie alle noch ihren sicheren Arbeitsplatz hatten und es häufig nichts zu tun gab. Aber die Veränderung, so plausibel sie sein mag, bringt Angst und Unsicherheit in ihr Leben. Vor einigen Monaten sei es schon einmal soweit gewesen, da habe auch sie den Entlassungsschein bekommen, obwohl sie als alleinerziehende Mutter eigentlich besonderen Schutz genieße und obwohl sie immer ordentlich gearbeitet habe. Auch eine Intervention mit Hilfe des Betriebsrates habe zunächst nicht geholfen. Glücklicherweise sei dann ihre Freundin aufgrund einer Beziehungsgeschichte von einem Tag auf den anderen nach Berlin gegangen

174 Ebd., S. 18.

und sie konnte deren Platz einnehmen. Da sei ihr „schon ein Stein vom Herzen gefallen". Renate Bärwald ist sehr froh über diese unerwartete Lösung, offenbar nicht zuletzt deshalb, weil sie nun nicht das Gefühl hat, jemanden „weggedrängelt" zu haben. Denn eine erfolgreiche Intervention zu ihren Gunsten hätte schließlich einer anderen Kollegin oder einem anderen Kollegen die Entlassung beschert.

Mit der Frage der aufgekommenen Konkurrenz der Arbeiterinnen untereinander tut sich meine Gesprächspartnerin schwer. Es handelt sich um ein Problem, das es zu DDR-Zeiten so nicht gab, weil es damals nicht um die berufliche Existenz ging und über das sie möglichst wenig nachdenken und wenig sprechen möchte.

Lieber spricht sie über den guten Zusammenhalt unter den wenigen verbliebenen Mitgliedern ihrer Arbeitsgruppe, darüber, daß ihr die Arbeit bis heute Spaß mache, manchmal sogar mehr Spaß als früher. Heute fühle sie sich nämlich viel mehr einbezogen. Sie wisse genau, für wen der jeweilige Auftrag sei und was von einer termin- und qualitätsgerechten Fertigstellung abhänge:

> „Bloß heute da geht man schon mit dem Bewußtsein ran, wir arbeiten zum Beispiel viel für Philipps. Da wissen wir auch halt, die Leute, die wollen Qualität haben, da mußt du wirklich das Beste bringen. Das haben wir ja früher auch gemacht, ich kann nicht sagen, daß ich da geschludert habe und meine Arbeit hab ich genauso ... ich ... Qualitätsmäßig arbeite ich heute nicht anders wie früher, ich gucke genauso nach die Fehler wie ick früher auch geguckt habe, bloß heute steckt eben doch ein Druck dahinter."[175]

Die Aussage von Renate Bärwald über ihre Arbeitsmotivation ist zwiespältig. Zunächst setzt sie zu einem Vergleich an zwischen der DDR-Zeit und heute. Einerseits meint sie, heute ein größeres Interesse für das Produkt ihrer Arbeit zu bekunden, ganz einfach, weil sie die Zusammenhänge heute besser kennt und deshalb mehr Verantwortung übernimmt. Aber nach dem Satz: „da mußt du wirklich das Beste bringen", verläßt sie plötzlich die Vergleichsebene und will keinen Unterschied mehr zu früher erkennen, damit es nur nicht so klingt, als ob sie früher faul oder unzuverlässig gewesen sei. Zuviel Abwertendes ist in den letzten Jahren in der Öffentlichkeit über die Arbeit im Sozialismus gesagt worden, wodurch sich Renate Bärwald verletzt gefühlt hat. Solchen Meinungen möchte sie keinesfalls noch Nahrung geben. Aber irgendwie möchte sie auch den Vergleich, den sie ursprünglich angestrebt hat, zu Ende bringen. Als einziges Unterscheidungsmerkmal bleibt der größere Druck, dem sie jetzt ausgesetzt sei und der, im Unterschied zu der geschilderten inneren Motivation am Anfang eher als etwas von außen Kommendes, Fremdes dargestellt wird, dem man sich eben beugen muß. Ähnlich ambivalent sind fast alle ihre Vergleiche, zwischen früher (vor der Wende) und heute.

175 Frankfurt/O. 14, S. 28.

Für Renate Bärwald ist nicht durchgängig früher alles besser gewesen und heute alles schlechter oder umgekehrt. Obwohl sie damals mit ihrem Leben zufrieden war und nicht unbedingt etwas ändern wollte, steht sie den neuen Verhältnissen nüchtern, doch aufgeschlossen gegenüber. Man könnte auch sagen, daß sie keine Gesamtsicht auf die Situation hat, sondern „früher" und „heute" zerfallen jeweils in viele einzelne Elemente, die fast ausschließlich nach dem praktischen Nutzen für das eigene Leben beurteilt werden: In der DDR-Zeit habe das Geld gestimmt, zum „Kollektiv der sozialistischen Arbeit" seien sie regelmäßig ausgezeichnet worden, die Brigadefeiern hätten auch Spaß gemacht. Doch die Arbeit des Betriebsrates heute, der sich für die Interessen der Kollegen wirklich einsetze, findet sie zum Beispiel sinnvoller als die Alibi-Aktivitäten der Gewerkschaft zu DDR-Zeiten. Auch der damaligen sozialen Betreuung im Betrieb trauert sie nicht nach: Im Verlaufe von 15 Jahren habe sie als Schichtarbeiterin und Mutter zweier Kinder nur ein einziges Mal einen Ferienplatz bekommen, während andere jedes Jahr gefahren seien.

In den Versammlungen heute, sagt sie, (wobei sie Betriebsrat und Gewerkschaft nicht unterscheidet) erfahre sie tatsächlich etwas über die Situation des Betriebes, sie könne ihre Meinung sagen und erhalte eine Antwort auf ihre Fragen. In den Gewerkschaftsversammlungen damals habe man nur „irgendwas" in die Wettbewerbsverpflichtungen hineingeschrieben, meistens habe das der Meister erledigt oder sein Stellvertreter. Dann seien die Leute zufrieden gewesen, „daß sie was hatten zum Vorweisen".

### *„Da mußte ich marschieren gehen"*

Das Verhältnis zwischen Obrigkeit und Produktionsarbeitern in der DDR stellt sich so als eine Art Spiel dar, dessen ungeschriebene Regeln den Akteuren genauestens bekannt waren und die im Sinne eines reibungslosen Ablaufs meistens eingehalten wurden. Renate Bärwald würde das selbst nicht so deuten, aber sie beschreibt mit großer Selbstverständlichkeit die Regeln des Spiels: Wenn die Parteiführung wieder eine Wettbewerbsverpflichtung der Arbeiter des Halbleiterwerkes für ihre Propagandakampagne benötigte, dann lieferte man sie ihr und bekam im Austausch eine Prämie oder eine Medaille, mit der eine finanzielle Vergütung verbunden war. Wenn man eine Auszeichnung erhalten hatte, dann erwuchsen daraus wieder andere Verpflichtungen, zum Beispiel die Teilnahme an der Demonstration anläßlich des ersten Mai:

> „Ich bin ein Jahr mal marschieren gegangen, da hatte ich hier eine Auszeichnung gekriegt im Halbleiterwerk, da mußte ich marschieren gehen, ja, das war alles gewesen, ansonsten bin ich da nie gegangen. Ansonsten war der 1. Mai wirklich bloß ein Volksfest gewesen, wo wir nachmittags, die ganze Familie,

runter in die Stadt gegangen sind, uns da alles angeguckt haben, war ja immer ein bißchen Musik da, Musik hier oder für die Kinder mal irgendwas ..."[176]

Nüchtern und emotionslos wird dieses Tauschgeschäft beschrieben, Leistung und Gegenleistung. Für eine Auszeichnung mußte man eben „mitmarschieren", das gehörte sich so. Ansonsten war der 1. Mai ein Volksfest, zu dem man mit der ganzen Familie ging, wo es Bier, Bockwurst und Unterhaltungsprogramme gab. Im Vergleich zu den eher inhaltlich bestimmten und emotional besetzten Identifikations- und Ablehnungsmustern älterer Interviewpartner gegenüber dem DDR-System, zeigt sich hier offenbar eine neue Qualität der jüngeren Generation: eine pragmatische Anpassung ohne innere Bindung, eine stillschweigende Übereinkunft, die ohne Konflikte und Auseinandersetzungen auch wieder gelöst werden konnte, wenn der Nutzen nicht mehr erkennbar war.

Zu diesem Pragmatismus gehörte für Renate Bärwald auch, eine Mitgliedschaft in der SED nicht als erstrebenswert anzusehen. Einmal habe man sie werben wollen, erzählt sie, das sei in den siebziger Jahren gewesen, als wieder „irgendein Parteitag ins Haus" gestanden habe und „nu brauchten sie wieder irgendwas, um vorzuzeigen". Auch hier beschreibt sie nüchtern und ohne jeden Anflug von Empörung den eigentlichen Zusammenhang: daß es überhaupt nicht um ihre Person gegangen sei, sondern nur um irgendeine Kampagne, in deren Rahmen sie eine Rolle übernehmen sollte. Sie habe sich freundlich aber bestimmt geweigert, mit dem Hinweis darauf, daß sie gegenüber den Kollegen nicht „als Genosse auftreten" könne. Als „Genosse" aufzutreten, hätte für sie als Arbeiterin die Übernahme von Verantwortung für die Politik von Partei und Regierung bedeutet, es hätte zu mehr Verpflichtungen geführt, z.B. zur Teilnahme an langen und sinnlosen Sitzungen, ohne daß sie im Austausch dafür nennenswerte Privilegien bekommen hätte.

### *Während des Mauerfalls Monopoly gespielt*

Am 9. November 1989 hatte Renate Bärwald einen freien Tag. Sie weiß nicht mehr, ob es ein Haushaltstag war oder ob sie mit einem der Kinder zum Arzt hatte gehen müssen. Aber sie weiß noch ganz genau, daß sie die Kolleginnen ihrer Schicht zum Abendbrot erwartete. Wie schon oft nach der Spätschicht haben sie zusammen Monopoly spielen wollen, das habe ihnen immer große Freude gemacht und sei manchmal bis früh um vier oder fünf gegangen. An jenem Abend lief wie gewöhnlich nebenbei der Fernseher und plötzlich sei die Nachricht gekommen, die Grenze sei offen. Das Monopoly-Spiel blieb danach unbeachtet ste-

176 Frankfurt/O. 14, S. 26.

hen, alle schauten sich die Ereignisse im Fernsehen an und redeten darüber. Das sei schon aufregend gewesen. Aber niemand aus der Gruppe kam auf die Idee, loszufahren und sich das Ganze in der Realität anzuschauen. Erst im Dezember sei sie zum ersten Mal nach Westberlin gefahren, um sich die 100 DM abzuholen. Nein, besonders neugierig sei sie nicht gewesen. Sie habe die Mauer auch all die Jahre nicht als Problem angesehen, weil sie doch keine Verwandten im Westen gehabt hätte.

Renate Bärwald betrachtet die Wende nicht als dramatische Zäsur in ihrem Leben. Sie sei „da reingefallen", sagt sie und will damit nicht sagen, daß sie sich betrogen fühle, sondern eher, sie sei in die Veränderungen hineingefallen, hineingeraten, ohne sie selbst angestrebt zu haben.[177] Aber mit nüchternem Pragmatismus findet sie viele dieser Veränderungen nicht schlecht und versucht sich darin einzurichten, wie sie sich vorher auch eingerichtet hat. Die älteren Leute hätten entschieden mehr Schwierigkeiten sich umzustellen, meint sie. Die Probleme, mit denen sie heute konfrontiert ist, erscheinen ihr nicht bedrohlicher oder existentieller als die Probleme, mit denen sie zu DDR-Zeiten fertig werden mußte. Die neugewonnene Reisefreiheit schätzt sie sehr, ebenso wie die Tatsache, daß sie heute für ihr Geld überall auf der Welt etwas kaufen kann. Die entwürdigenden Umstände einer Reise nach Ungarn oder in die Tschechoslowakei zu DDR-Zeiten sind ihr noch gut in Erinnerung.

Mit den neuen politischen Verhältnissen allerdings konnte Renate Bärwald anfangs überhaupt nichts anfangen und verhält sich auch gegenwärtig skeptisch und unsicher. Demokratie bedeute für sie einfach mehr Schreibkram und mehr Umstände, meint sie, und ob sie übrigens heute im Betrieb alles sagen könne, was sie denke, das bezweifle sie doch. Erst im Jahre 1994 sei sie zum ersten Mal zur Wahl gegangen:

> „... ich wußte ja gar nicht, was auf mir zukommt. Ich hab ja früher für Bundestag, was jetzt hier ... ich hab mir auch Nachrichten und sowas angeguckt, aber da hat mir doch die ihre Politik gar nicht interessiert. Na, das ist ja heute natürlich ein bißchen anders, bloß das erste Jahr, was sollte ich denn da wählen gehen? Die haben zwar alle ihre Pläne gesagt, aber so richtig wußte ich da auch nicht ... bin ich gar nicht wählen gegangen. Jetzte, da dachte ich, mein Gott, gehste wählen, vielleicht kannste die andern mal helfen, vielleicht ändert sich doch mal was, oder so, weil mir doch nicht so alles so gefällt. Dann denkt man ja, vielleicht machen es die andern besser. Früher hatten wir ja bloß eine Partei, mein Gott, da ist ja immer alles gleichgeblieben. So einfach ist das ja für uns gar nicht, welche ist nun besser und welche ist schlechter? [...] Ich sage ja, ein großer Politiker [lacht] bin ich nicht."[178]

177 Ebd., S. 63 f.
178 Ebd., S. 35 f.

Die Möglichkeit der Wahl zwischen verschiedenen Parteien verunsicherte unsere Gesprächspartnerin. Früher, als es in der DDR nur eine Partei gab, blieb die Politik zwar immer gleich, aber sie war auch einfacher, überschaubarer. 1990, anläßlich der ersten Wahl, wußte Renate Bärwald einfach nicht, wen sie wählen sollte. Die Parteienlandschaft der Bundesrepublik war ihr fremd. Zwar hatte sie auch schon früher im Westfernsehen die Nachrichtensendungen gesehen, aber dazu habe sie sich nicht verhalten müssen, schließlich handelte es sich um die Politik eines anderen Staates. Die Verantwortung einer eigenen Wahl schien ihr zu schwer. Erst im zweiten Anlauf, im Zusammenhang mit einem etwas unbestimmten Wunsch nach Veränderung, wählte sie 1994 die „anderen“, also die Opposition, steht aber dieser Entscheidung skeptisch gegenüber, denn ihrer Meinung nach könne es auch die SPD nicht besser machen. „Wenn das Geld fehlt“, würden ohnehin immer nur die kleinen Leute zur Kasse gebeten.

*„Die klauen wie die Raben“*

Mit Worten wie Nationalgefühl oder Nationalbewußtsein kann Renate Bärwald wenig anfangen. Eher schon versteht sie sich als Frankfurterin: Ihre Familie lebt seit mindestens drei Generationen in der Stadt. Ihre Großeltern mütterlicherseits haben noch „auf dem Damm“ gewohnt, so wurde die Dammvorstadt auf der anderen Seite der Oder genannt, die seit 1945 zu Polen gehört. Mutter und Vater, die Ende der 20er bzw. Anfang der 30er Jahre geboren wurden, haben ihr von den Ereignissen der NS-Zeit und des Krieges kaum etwas erzählt. Unsere Gesprächspartnerin weiß nur, daß die Mutter im Pflichtjahr bei einer Fleischersfamilie saubermachen mußte. Die Überlieferung eindrücklicher Erinnerungen beginnt erst mit dem Kriegsende und der Nachkriegszeit: daß die Familie der Mutter aus der Dammvorstadt fort mußte, daß sie Hunger litten und hamstern gingen, daß der Bruder der Mutter von den Russen für einige Wochen eingesperrt und die Mutter der Schwiegermutter damals vergewaltigt wurde.

Die 1945 vollzogene Teilung der Stadt und das seitdem bestehende widerspruchsvolle Nachbarschaftsverhältnis zu Polen auf der anderen Seite der Oder bestimmt zweifellos Renate Bärwalds nationales Selbstverständnis deutlicher als die Vereinigung mit dem anderen deutschen Staat. Die Antwort auf die Frage nach der Gewerkschaft „Solidarnocz“ gerät so unvermittelt zu einem sehr emotionalen Plädoyer voller antipolnischer Ressentiments. Sie habe von den Streiks in Polen nicht viel gehalten, sagt sie, und erinnert sich in diesem Zusammenhang aber weniger an die Kämpfe der polnischen Arbeiter, sondern an die Probleme, die die in den siebziger Jahren bis zum Erlaß des Ausnahmezustandes offene Grenze zu Polen für die Frankfurter mit sich brachte. Damals schon wären die Polen täglich herübergekommen und hätten vor der Kaufhalle „rumgehaust“, daß es aussah „wie bei Schweins“:

> „Nicht anders wie heute. Überall, wo sie sind, schmeißen sie ihren Dreck weg. Und da drüben, wenn ick da rübergehe, denn schmeiße ich auch kein Papier oder was auf die Straße und hier schmeißen sie türmeweise her, wenn sie ihre Stellplätze haben. Darüber ärgert man sich schon. Naja und denn mit dem Schieben und Schachern, das weiß ja hier eigentlich jeder, daß Polen schon immer viel geschoben und geschachert haben. Wir haben immer gesagt, die sollen mal anständig arbeiten und denn können sie auch mit ihrer „Solidarnocz" da weiterkommen. [...] Bloß, unsere machen ja in Polen nischt. Die sind sauber und ordentlich, auch der größte Teil. Aber was hier manchmal die Polen so angeben, das ist ja schon sagenhaft. Wenn sie in den Mülltonnen rumwühlen und alles klauen wie die Raben, liest man ja jeden Tag in der Zeitung. Das ist schon ärgerlich. Da soll sich die Solidarnocz meinetwegen drum kümmern, erstmal, daß da was gemacht wird. Na, das ist doch so."[179]

Das Klischee des faulen, schmutzigen Polen, der immer schiebt und schachert, tritt uns hier ganz unverstellt und unreflektiert entgegen. Nach Meinung von Renate Bärwald sind das offenbar zeitlose nationale Eigenschaften. Aus ihrer Sicht hat sich deshalb auch das Nachbarschaftsverhältnis zwischen Frankfurt und Slubice, der ehemaligen Dammvorstadt, seit den siebziger Jahren nicht verändert, obwohl in Wirklichkeit die alltäglichen Beziehungen heute ganz andere sind als vor 20 Jahren. Früher kamen die Polen massenweise in Frankfurt einkaufen, weil sie dort Lebensmittel und Konsumgüter erhielten, die es bei ihnen nur unzureichend gab. Das führte natürlich zu Unmut, weil die starre DDR-Versorgungswirtschaft darauf nicht reagieren konnte und die Frankfurter Bürgerinnen und Bürger häufig vor leeren Ladenregalen standen. Heute dagegen fahren die Frankfurter zu Tausenden nach Slubice, weil sie infolge des Währungsgefälles dort viel billiger einkaufen können. Auch kommen polnische Händler täglich nach Frankfurt und verkaufen dort Lebensmittel und Konsumgüter.

Die tägliche Masseninvasion, die die Frankfurter heute in ihrer Stadt erleben, kommt nicht mehr aus Polen, sondern aus Berlin und dem Umland, vor allem Arbeitslose und Sozialhilfeempfänger, die darauf angewiesen sind, auf diesen Märkten oder jenseits der Oder möglichst billig einzukaufen. Renate Bärwald reflektiert gewiß eine allgemein verbreitete Meinung, wenn sie alle Schuld für Unordnung und Schmutz in Zusammenhang mit diesen Menschenwanderungen und Märkten den Polen zuschreibt. Dabei gibt sie auch ein deutliches nationales Zugehörigkeitsgefühl zu erkennen: „Unsere", das sind die Deutschen, die sowas nicht machen, die allesamt sauber und ordentlich sind, während „die Polen" in den Mülltonnen rumwühlen und „klauen wie die Raben". Zwar räumt Frau Bärwald im weiteren Verlauf des Gesprächs auch ein, daß es vielen Polen heute wirtschaftlich

179 Frankfurt/O. 14, S. 39 f.

sehr schlecht gehe, aber das sei eben die Schuld von Solidarnocz, speziell von Walesa, der solle nicht immer „bloß herumschreien und fordern", sondern „was zeigen".[180] Daß sie hier ähnliche Klischeevorstellungen äußert wie manche Westdeutsche gegenüber Ostdeutschen, kommt ihr dabei nicht in den Sinn.

## *„Die Frauen lassen sich das nicht gefallen"*

Wenn Renate Bärwald auf etwas stolz ist in ihrem Leben, dann ist es ihre Selbständigkeit als berufstätige Frau. Auch wenn sie verheiratet wäre, sagt sie mit Nachdruck, und der Mann gut verdienen würde, könnte sie sich ein Dasein als Hausfrau nicht vorstellen. Sie ist aufgewachsen mit dem Selbstverständnis einer vollwertigen Berufstätigkeit, die nicht nur Beiwerk zum Verdienst des Ehemannes ist. In der DDR konnten auch alleinstehende Frauen Kinder und Beruf miteinander vereinbaren. Die Beziehung zum Vater ihres ersten Sohnes, so erfahre ich schließlich, ging schon vor der Geburt des Kindes auseinander. Den Vater des zweiten Sohnes heiratete sie dann zwar und die Familie lebte sieben Jahre zusammen; als sich jedoch herausstellte, daß der Ehemann nach Renate Bärwalds Einschätzung deutlich zuviel Alkohol trank, trennte sie sich wieder von ihm und lebt seitdem allein. Diese gelebte Unabhängigkeit, die sich auf die eigene Berufstätigkeit gründet, möchte unsere Gesprächspartnerin keinesfalls verlieren. Obwohl auch im Halbleiterwerk, einem früher überwiegenden Frauenbetrieb, heute wieder prozentual mehr Männer beschäftigt sind, ist Renate Bärwald davon überzeugt, daß sich die ostdeutschen Frauen aus der Berufstätigkeit nicht wieder herausdrängen lassen:

> „Naja, das gefällt aber den Frauen nicht, die lassen sich das doch nicht so gefallen, die finden sich ja nicht damit ab. Die werden … das wird nicht mehr soweit kommen, daß sie bloß noch Hausmütterchen spielen und klein bei geben oder so. Dafür ist die Entwicklung zu weit vorangeschritten bei den Frauen."[181]

Renate Bärwald konstatiert hier eine Entwicklung im Selbstbewußtsein und im Durchsetzungsvermögen der Frauen aus der ehemaligen DDR, die ihrer Meinung nach nicht mehr rückgängig gemacht werden kann. Dabei geht sie wohl hauptsächlich von den eigenen Erfahrungen aus, vom Bewußtsein der eigenen Emanzipation. Verständnislos blickt sie deshalb auf ihre Schwestern aus der alten Bundesrepublik, unter denen es deutlich mehr Hausfrauen gibt als unter den Frauen in der ehemaligen DDR. Das traditionelle Familienbild, das sie dort sieht, ist ihr völlig fremd. Dabei verkennt sie offenbar die unterschiedlichen Lebensbedingungen, die viel geringeren Möglichkeiten, die Frauen im Westen haben, ihre Kinder in der Krippe oder ganztägig im Kindergarten unterzubringen. Daß in vielen Arbeiterfa-

180 Ebd., S. 40.
181 Ebd., S. 56.

milien im Westen auch beide Partner arbeiten gehen müssen, weil das Geld sonst zum Leben in bescheidenem Wohlstand nicht reichen würde, ist ihr wahrscheinlich unbekannt.

Die Frauen dort würden „20 Hobbys" nachgehen, sagt Renate Bärwald mit leiser Verachtung, und bloß ein paar Stunden arbeiten gehen, um für die Kinder dazusein. Doch der Satz, den sie selbst gerade ausgesprochen hat, provoziert sie plötzlich zu einer Verteidigungshaltung, als ob darin ein unausgesprochener Vorwurf enthalten wäre: Auch sie sei immer für ihre Kinder dagewesen, habe aber Schicht arbeiten müssen und sich keine Hobbys leisten können. Auf diese Weise gerät der konstatierte Unterschied zwischen Ost und West rasch zum Unterschied zwischen Arm und Reich. Den möglichen Verlust an Zuwendung, den ihre Kinder bei einer solchen Belastung erfahren haben, möchte sie in diesem Zusammenhang nicht thematisieren. Lieber spricht sie von der Selbständigkeit ihrer Söhne, auf die sie sich verlassen kann, die oft allein Einkaufen gehen mußten und müssen und die seit langem in der Lage sind, sich selbst das Abendbrot zuzubereiten, bevor sie ins Bett gehen.

Die Emanzipation der Frauen in der DDR war gewiß einseitig, weil sie allein auf staatliche Unterbringung der Kinder und Berufstätigkeit der Frauen setzte, das viel komplexere Geschlechterverhältnis und die traditionelle Arbeitsteilung im Haushalt und bei der Versorgung der Kinder jedoch weitgehend unangetastet ließ. Renate Bärwald aber kennt keine anderen Möglichkeiten der Emanzipation, die sie dagegen halten könnte. Sie hat nur dieses eine Modell erlebt, das sie in jedem Fall verteidigen möchte gegen die drohende Vertreibung der Frauen aus dem Berufsleben, gegen die Gefahr, erneut auf die Frauen- und Mutterrolle verwiesen zu werden.

In ihren Äußerungen geht Frau Bärwald vor allem von ihren alltäglichen Erlebnissen aus. So antwortet sie auf die Frage, nach ihren Lehren aus der Geschichte:

> „Ich persönlich ... wenn ich von meiner Ehe ausgehe, muß ich sagen, darf ich nicht so gutgläubig sein. Im allgemeinen ist es auch so, man muß nicht immer ... auf Versprechungen muß man nicht immer gleich horchen, man soll erstmal vorher überlegen. Politiker zum Beispiel machen genauso Versprechungen wie mein Ehemann mir viel versprochen hat und das nicht gehalten hat. Ist genau das gleiche."[182]

So etwas wie eine übergreifende Idee, eine Beziehung zwischen biographischen Erfahrungen und allgemeinen Prozessen in der Geschichte und Gesellschaft findet man in den Äußerungen von Renate Bärwald kaum. Sie deutet die eigene Entwicklung, auch den eigenen Lernprozeß aus einzelnen und sehr persönlichen Alltagserfahrungen. Die Prägekraft politischer Zäsuren scheint für sie keineswegs

182 Frankfurt/O. 14 a, S. 10.

zwingend. Nur mit der anfangs zitierten Bemerkung, ihr Leben sei „ganz normal" verlaufen, ordnet sie sich einer größeren Gruppe zu, nämlich all denen, die nicht aus der großen Masse heraustreten und über die es ihrer Meinung nach nichts Besonderes zu berichten gibt.

b) „Ich bin ein sehr selbständiger Mensch ..." –
Brigitte Meiers, Jahrgang 1954, Mitarbeiterin im Kundendienst von Nokia

Seit frühester Jugend geht sie arbeiten und verdient ihr eigenes Geld. Den Haushalt bewältigt sie so gut wie allein, selbst die Reparatur von Elektrogeräten übernimmt sie, weil ihr Mann „zwei linke Hände" hat. Brigitte Meiers ist stolz auf ihre Eigenständigkeit. Auf Hilfe möchte sie keinesfalls angewiesen sein. Die kleine schmale Frau, die uns die Tür zu ihrer Wohnung öffnet, während sie einen wild kläffenden Hund am Halsband festhält, gibt sich selbstbewußt und burschikos. Ein Gang zum Sozialamt käme für sie niemals infrage. Die Vorstellung, zu Hause zu sitzen, ohne die täglichen Gespräche und das Miteinander am Arbeitsplatz, das wäre für sie „das Schlimmste". Zu ihrem Selbstbild gehört auch, daß sie sich für keine „typische Frau" hält. Schon als Kind habe sie lieber ein Junge werden wollen, sei auf Bäume geklettert, statt mit Puppen zu spielen. Kleidung, Schminke und Frisur seien für sie nicht von Interesse. Zum Beweis zeigt sie auf ihren kurzen Haarschnitt und den sportlichen grauen Jerseyanzug. Brigitte Meiers spricht mit heiserer Stimme und sehr eindringlichem, beinahe dozierendem Ton. Es klingt, als müßte sie sich beim Sprechen selbst noch von ihren Argumenten überzeugen oder als ob sie eine festgelegte Version ihrer Lebensgeschichte gewissermaßen aufsagt.

Ihr Selbstbewußtsein und ihre „Kratzbürstigkeit", wie sie sagt, hat sie sich bei der Firma Graetz (später Nokia) erworben:

> „Also dieses ... aggressiv will ich nicht sagen, sondern auf jeden Pott 'n Deckel haben, nicht alles widerspruchslos hinnehmen, sich zu wehren und so was, so was lernt man alles in einer Fabrik, bin ich ganz ehrlich. Die Mädchen sind irgendwie anders. Wenn man da als junges Mädchen, wie ich mit 17 reinkommt, sehr ruhig ist und sehr schüchtern ist, vor allen Dingen sehr viel rot wird, wenn man angesprochen wird ... man wird da total umgekrempelt. Das sagen die Mädchen, die heute anfangen, sagen das genauso noch wie ich [...] Sie sind krabitziger, die nehmen nicht mehr alles widerspruchslos hin, die fangen an, sich zu wehren ..."[183]

Die Fabrik als Schule der Emanzipation. Um in der Arbeitswelt zu bestehen, konnte man mit den als weiblich gepriesenen Vorzügen, wie Duldsamkeit,

183 Nokia 11, S. 20.

Schüchternheit und Sanftmut, nicht viel anfangen. Brigitte Meiers beschreibt sehr deutlich wie sie in diesem Prozeß „umgekrempelt" wurde und sich ihr Selbstbewußtsein erwarb und wie sich dieser Prozeß bis heute bei den Neuankömmlingen wiederholt. Die Gruppe der Kolleginnen spielt dabei offenbar eine doppelte Rolle: Sie ist das schwierige Terrain, auf dem die Neue lernen muß, sich gegen Rivalitäten, Spott usw. zu behaupten, gleichzeitig bietet sie den nötigen Rückhalt für die Verteidigung der eigenen Interessen gegen die Chefs – und auch gegen die Ehemänner. Denn derartige Veränderungen haben sich letztlich auch in den jeweiligen Ehen widergespiegelt, den neuen Widerspruchsgeist hätten die Männer bald zu spüren bekommen. Mit großem Vergnügen erzählt unsere Gesprächspartnerin, wie die Frauen sich schwesterlich untereinander Ratschläge erteilen für den Umgang mit ihren Männern. Man lerne eben auf diese Weise, wie man einige Sachen handhaben könne und wie weit man zu gehen habe, sagt sie.

Im Ergebnis dieser „Schule des Widerspruchs" ließ sich Brigitte Meiers vor einigen Jahren zum ersten Mal zur Vertrauensfrau wählen. Den Begriff „Vertrauen" nimmt sie dabei ganz wörtlich. Sie ist der Meinung, die Kolleginnen hätten sie vor allem deshalb gewählt, weil man ihr „viel erzählen" könne und sie es nicht weitertrage. Sie könne sehr gut schweigen. Ob Schweigsamkeit unbedingt die entscheidende Qualität einer gewerkschaftlichen Interessenvertreterin sein sollte, mag dahingestellt sein. Aber Brigitte Meiers geht in ihren Überlegungen wenig von politischen Erwägungen oder ökonomischen Interessenlagen aus. Für sie stehen die menschlichen Beziehungen im Vordergrund. Eine Vertrauensfrau muß sich nach ihrer Meinung deshalb in erster Linie aus dem alltäglichen Zank und den Eifersüchteleien in der Gruppe heraushalten, nur dann hat ihr Wort bei den Kolleginnen Gewicht. Offenbar ist ihre Strategie erfolgreich. Bei den kommenden Wahlen wird Brigitte Meiers für den Betriebsrat kandidieren. Ihr mache eine solche Tätigkeit Spaß, als Betriebsratsmitglied sei man „viel mehr auf dem Laufenden". Ein wichtiges Motiv für sie sei, das sagt sie ganz offen, eine bessere Absicherung des eigenen Arbeitsplatzes, eine längere Kündigungsfrist:

> „Ja und ich meine, ich könnte meine Interessen auch besser verteidigen, wenn ich zum Betriebsrat reingehe. Mein Mann möchte es zwar nicht, er denkt da ein bißchen anders drüber, aber im Grunde genommen, auch wenn wir gemeinsam leben oder so, es ist praktisch gesehen auf eine Art ja auch mein eigenes Leben und meine eigenen Interessen, die ich vertreten muß … mach ich es trotzdem, da kann er noch so knöttern, er findet sich mit der Zeit auch damit ab."[184]

Es fällt auf, daß der Einsatz für die Belange der Kolleginnen in den Überlegungen von Brigitte Meiers zu ihrer Betriebsrat-Kandidatur eigentlich keine Rolle spielen. Oder sind „meine Interessen" und die Interessen der Gruppe so deckungsgleich,

184 Nokia 11 a, S. 5.

daß sie keiner besonderen Erwähnung bedürfen? Viel wichtiger scheint unserer Gesprächspartnerin in diesem Zusammenhang, auf ihre Autonomie gegenüber dem Ehemann hinzuweisen, dem dieses Engagement zwar nicht behagt, der sich aber damit abfinden muß, daß seine Frau sich nicht bedingungslos seinen Vorstellungen und Wünschen anpaßt.

*„Die haben Angst, daß sie mich als Vorbild hingestellt kriegen."*

Im Alter von 17 Jahren fing Brigitte Meiers bei der Firma Graetz an zu arbeiten, als ungelernte Arbeiterin. Das ist sie bis heute geblieben. In den mehr als zwanzig Jahren ihrer Berufstätigkeit in der Firma hat sie keine berufliche Qualifizierung erfahren, die in einen Abschluß mündete. Und doch erzählt Brigitte Meiers uns eine Geschichte von beruflichem Erfolg und sogar von gewissem Aufstieg. In den ersten Jahren habe sie am Band gesessen. Bei dieser monotonen Arbeit sei man jedoch Gefahr gelaufen „zu verblöden". Weil sie besonders flink gearbeitet habe, und stets unterfordert gewesen sei, habe man sie immer wieder an andere Arbeitsplätze gesetzt. Dieser Wechsel habe ihr gut gefallen, auf jeden Fall entging sie damit der Langeweile. Nach einigen Jahren habe sie sich in einer anderen Abteilung, beim Kundendienst beworben, wo sie fernab vom Rhythmus des Bandes selbständig und eigenverantwortlich ihre Aufgaben erledigen konnte:

> „Und dann ist mein Chef in 'ne andere Abteilung gewechselt, weil unsere Abteilung aufgelöst wurde und hat mich dann mitgenommen, aus 'nem einfachen Grunde, weil er weiß, wie gut ich arbeite und wie schnell ich arbeite. Und das sagt er heute auch immer wieder. Er würde mich immer wieder mitnehmen in andere Abteilungen, weil er bei mir hundertprozentig wüßte, ich würde alles eben prompt und schnell erledigen. Und ich muß ehrlich sagen, darauf bin ich an und für sich auch stolz, obwohl die anderen Arbeitskollegen zu mir sagen, wenn ich nicht aufpaß', dann mach ich Akkorde und so was alles kaputt. Aber wir haben ja gar keinen Akkord mehr. Nur die haben Angst davor, daß sie mich als Vorbild hingestellt kriegen, weil ich eben alles schnell und ordentlich mache ..."[185]

Brigitte Meiers ist stolz auf die Anerkennung, die sie von ihrem Chef erfährt. Dieses Ansehen, das sie sich mit den Jahren geschaffen hat, ist die Erfolgsbilanz ihrer bisherigen zwanzigjährigen Berufstätigkeit. Gleichzeitig jedoch war sie sich offenbar der Gefahr bewußt, in der Gruppe isoliert zu werden, auf die Seite der Vorgesetzten zu geraten, wenn sie mit ihrer scheinbar mühelosen Leistung den Kolleginnen höhere Leistungsanforderungen bescherte. Über die Jahre ist ihr ein Balance-

185 Nokia 11, S. 25.

Akt gelungen, mit dem sie sich die Achtung der einen wie der anderen Seite sichern konnte. Man habe sich arrangiert, sagt sie. Sie würde eben schneller arbeiten und die anderen ein bißchen langsamer und alle wären damit zufrieden.

Das schwierige Gleichgewicht zwischen der Anerkennung des Vorgesetzten und der Sympathie ihrer Kolleginnen, das Brigitte Meiers' berufliche Zufriedenheit ausmacht, scheint jedoch seit einiger Zeit bedroht. Bei unserem zweiten Gespräch Ende 1996 erfahren wir, daß der Kundendienst von Nokia an eine andere Firma verkauft wurde, daß die Mitarbeiterinnen zwar übernommen werden, daß es aber Sicherheit nur längstens für ein Jahr gibt. Der Zusammenhalt unter den Kolleginnen hat in dieser Situation erheblich gelitten. Früher habe man mehr Spaß gemacht, mehr gelacht, sagt Brigitte Meiers bedauernd. Heute gebe es Hetze, Nervosität und der eine sei „dem anderen sein Deibel". Auch ihre langjährige Berufserfahrung und die Wertschätzung ihrer Chefs nützen der 42jährigen Arbeiterin ohne beruflichen Abschluß auf dem Arbeitsmarkt nur wenig. Die Gefahr ist groß, nach einer Kündigung nie wieder eine richtige Anstellung zu bekommen.

In dieser Situation, in der ihre berufliche Laufbahn zu scheitern droht, richten sich die Hoffnungen von Brigitte Meiers vor allem auf ihren Sohn. Der 17jährige geht zum Gymnasium und soll das Abitur machen und danach möglichst einen kaufmännischen Beruf erlernen. Brigitte Meiers und ihr Mann sorgen sich um seine schulischen Leistungen. In den Fächern, wo er Schwierigkeiten hat, bezahlen sie ihm einen Nachhilfelehrer. Andernfalls wäre er schon zweimal sitzengeblieben, sagt sie, und wahrscheinlich längst wieder auf der Hauptschule. Der Impuls, dem Sohn einen sozialen Aufstieg zu ermöglichen, ist ein wichtiges Motiv in der Lebenserzählung von Brigitte Meiers. Ihre besondere Fürsorge sei nicht zuletzt deshalb notwendig, sagt sie, weil es heute für junge Leute angesichts der hohen Arbeitslosigkeit weitaus schwieriger sei, im Berufsleben überhaupt Fuß zu fassen, als noch in ihrer Jugendzeit. Die Arbeitslosigkeit steige immer weiter, eine Besserung sei nicht abzusehen. Die Vorstellung eines noch jahrzehntelang von den Eltern finanziell abhängigen Sohnes motiviert Brigitte Meiers zu erhöhten Anstrengungen im Hinblick auf seine Zukunft. Ihrer Meinung nach gehören dazu auch die teuren Markenjeans, die T-Shirts und Turnschuhe, die der Junge benötigt, um auf dem Gymnasium von den Mitschülern akzeptiert zu werden. Es fällt Brigitte Meiers schwer, ihrem Sohn z.B. für mehr als 200 DM einen Pulli zu kaufen, aber sie meint, sich diesem Druck beugen zu müssen. Sie habe auch nur ganz ausgesuchte Teile gekauft, daß er „grade die Woche hinkommt", und sie am Wochenende immer waschen könne. Ihr Mann sei zwar gegen diese Markensachen und schimpfte oft darüber. Aber, sagt sie, letztlich wollen wir dem Jungen doch „die besten Möglichkeiten mit auf den Weg" geben, „die man als Eltern zu geben hat".[186]

186 Vgl. Nokia 11, S. 47.

*Die Friseurlehre hingeworfen*

Sie selbst hat solche Möglichkeiten in ihrer Kindheit und Jugend nicht geboten bekommen, auf ihren Werdegang hat niemand geachtet. Der Unterschied wird ihr manchmal schmerzhaft bewußt, wenn sie merkt, daß sie in puncto Bildung mit ihrem Sohn immer weniger mithalten kann. Wenn sie einen Brief aufsetzen muß, dann legt sie ihn mittlerweile dem Jungen vor und Entschuldigungszettel läßt sie sich gleich von ihm diktieren, damit die Formulierungen und der Satzbau stimmen:

> „Es ärgert mich auf eine Art, bin ich ganz ehrlich. Aber ist nichts mehr dran zu ändern. Mittlerweile wird man ja auch zu alt dafür. Und man lernt auch schlechter. Ich versuch manchmal, jetzt schon mal zu Hause irgendwelche Sachen durchzulesen, aber ich werd dann meistens immer so abgelenkt. Ich begreif es nicht mehr, es ist wirklich zu schwer."[187]

Aus diesen Worten spricht das Gefühl von Resignation, das Sichabfinden mit den Gegebenheiten, die nicht mehr veränderbar sind. Lernen bedeutet für Brigitte Meiers sowohl eine Fähigkeit als auch eine Möglichkeit, die sie nicht mehr zurückholen kann. Ihre Schulzeit endete bereits nach der siebten Klasse, danach begann sie eine Friseur-Lehre, die sie nach drei Jahren Lehrzeit abbrach. Sie war durch die Abschlußprüfung gefallen und weigerte sich, die Prüfung zu wiederholen. Stattdessen begann sie von einem Tag auf den anderen in der Firma Graetz als Bandarbeiterin. Für dieses Verhalten, das mit der fleißigen Zielstrebigkeit, mit der die junge Frau später in der Fabrik auffiel, seltsam kontrastiert, gibt Brigitte Meiers unterschiedliche Gründe an, die einander ergänzen und widersprechen und aus denen sich ein fragmentarisches Bild ihrer Kindheit zusammensetzen läßt.

Die „schöne Kindheit", von der sie mehrfach und betont spricht, endete nach ihren Worten, als sie neun Jahre alt war, mit der Scheidung der Eltern. Danach habe die Mutter Putzstellen annehmen müssen, um den Lebensunterhalt für die Familie zu verdienen, sie habe keine Zeit mehr für die Kinder gehabt und Brigitte als die älteste Tochter mußte auf die beiden kleineren Geschwister aufpassen und viele Pflichten im Haushalt übernehmen. Darunter haben natürlich die schulischen Leistungen gelitten. Als Brigitte Meiers 14 Jahre alt war, stellte sich heraus, daß sie zuckerkrank war. Ihre schlechten Schulnoten führt sie heute auch auf die Krankheit zurück. Niemand habe ihr damals gesagt, daß Diabetiker Schwierigkeiten beim Lernen haben, es habe deshalb auch niemand Rücksicht darauf genommen oder sich gar um ihre Leistungen gekümmert.

Aus alledem spricht das Gefühl, damals versagt zu haben, aber auch mit den Problemen alleingelassen worden zu sein. Man kann sich vorstellen, daß dem jungen

187 Ebd., S. 9.

Mädchen deshalb das Selbstvertrauen fehlte, um die Friseur-Prüfung noch einmal zu wiederholen, daß sie lieber ganz aus dem Kreis der scheinbar unerfüllbaren Anforderungen ausbrach und zur Firma Graetz ans Band ging. Ein wichtiges Motiv, das sie in diesem Zusammenhang betont, ist der höhere Verdienst, den sie als Arbeiterin bekam. Nach einer Kindheit, in der es häufig an Geld gefehlt hatte, nahm das Geld und die damit verbundene Unabhängigkeit offenbar einen bedeutenden Platz in ihren Überlegungen ein, es war wichtiger als die Erfüllung des Berufswunsches. Sie habe zu dieser Zeit von zu Hause ausziehen und sich selbständig machen wollen, sagt sie, weil das Verhältnis zu ihrer Mutter sehr gespannt gewesen sei.

Friseuse, sagt Brigitte Meiers, sei damals „ihr Traumberuf" gewesen. Schon in der Lehrzeit habe sie ihren Freundinnen und deren Freunden die Haare frisiert, geschnitten und gelegt. Den „Traumberuf" in einer spontanen Entscheidung aufzugeben und sich fortan für Äußerlichkeiten, wie Frisur, Schminke und Kleidung, demonstrativ nicht mehr zu interessieren, deutet auf einen biographischen Bruch hin, der mit einem anderen Bruch – der Scheidung der Eltern – wahrscheinlich in Beziehung steht. Über die Scheidung der Eltern spricht Brigitte Meiers in unserem Interview mehrmals und ausführlich. In ihrer Darstellung ist dies ein Ereignis, das ihre Kindheit und Jugend in zwei Teile spaltet, wobei im Verlaufe ihrer Erzählung immer undeutlicher wird, ob die Scheidung eigentlich das Ende einer schönen oder einer schlimmen Zeit markiert. Gleich zu Beginn des Interviews sagt sie:

> „... hatte an und für sich eine normale und schöne Kindheit, muß ich dabei sagen – bis zur Scheidung meiner Eltern ..."[188]

Normal und schön – damit meint sie das Aufwachsen in einer Bergarbeitersiedlung, wo die Kinder viele Freiräume hatten, gemeinsame Urlaubsfahrten jedes Jahr. Ihr Vater war Bergmann. Nach der Scheidung kamen die finanziellen Probleme, die Zeit der Sicherheit und Sorglosigkeit war für die Kinder vorbei. Das von der Mutter auf Putzstellen verdiente Geld reichte nie, das Mädchen Brigitte mußte „auf Pump" einkaufen gehen, eine schlimme Erinnerung für sie. Das Schlimmste aber war wohl die plötzliche Trennung vom Vater, der sie nicht besuchen durfte und an dem sie „in abgöttischer Liebe gehangen" habe, so wie er an ihr. Sie sei in den ersten Jahren nach der Scheidung deshalb häufig von zu Hause ausgerissen und zum Vater gefahren. Erst mit 14 Jahren habe auch sie den Kontakt zum Vater abgebrochen und ihn seitdem nie wieder gesehen:

> „... weil mein Vater war wirklich schlimm. Wir haben auch sehr viel Prügel durch ihn bezogen und zwar immer aufgrund von meinem Bruder. Er war der Junge, der nachgekommen ist. Wie ich geboren wurde, war ich sein ein und alles, bis mein Bruder kam, dann ging's andersrum. Wenn wir nicht richtig auf meinen Bruder aufgepaßt haben, dann haben wir dafür Prügel bezogen ..."[189]

188 Nokia 11, S. 1.
189 Ebd., S. 9.

An dieser Stelle verliert der Vater plötzlich seine gute Rolle als Garant für die heile Welt bis zum Zeitpunkt der Scheidung. Er wird zu einer bedrohlichen Gestalt, der seine kleine Tochter verprügelte und den sie deshalb nicht mehr wiedersehen wollte. Der Anlaß für die Schläge, dies mag besonders schmerzlich gewesen sein, war der kleine Bruder, der Brigitte von ihrer Position als besonders geliebte Tochter verdrängt hatte.

An anderer Stelle erzählt Brigitte Meiers, der Vater habe auch die Mutter häufig verprügelt. Davon hätten sie als Kinder aber nicht viel mitbekommen, sie spielten ja oft draußen und die Mutter habe anschließend immer behauptet, sie habe sich gestoßen. Und schließlich sagt sie noch, sie habe „vollstes Verständnis" dafür gehabt, „daß die Mutter sich hat scheiden lassen". Aber offenbar hatte sie dieses Verständnis noch nicht, als sie häufig von zu Hause weglief, um den Vater wiedersehen zu können. Erst später im Alter von 14 Jahren, brach sie selbst den Kontakt zu ihm völlig ab. Diese einander widersprechenden Äußerungen werden ein wenig verständlicher, als Brigitte Meiers bei unserer zweiten Begegnung unerwartet erzählt, der Hauptgrund für die Scheidung der Eltern sei die Vorliebe des Vaters „für kleinere Mädchen" gewesen. Als sie 14 Jahre alt war, habe ihr die Mutter die „entsprechenden Unterlagen" zu lesen gegeben. Danach sei auch bei ihr „Feierabend" gewesen und sie sei nie wieder zu ihm hingefahren.

Doch auch nach dieser Erklärung bleibt vieles offen: Welche Unterlagen hat die Mutter ihrer Tochter zu lesen gegeben? Waren Brigitte und ihre Schwester gefährdet? Diesen Fragen kann und soll hier nicht nachgegangen werden. Für uns ist wichtig, daß die Scheidung der Eltern einen tiefen, sehr schmerzhaften Einschnitt im Leben von Brigitte Meiers darstellt. Es handelt sich um einen bis heute kaum verarbeiteten Bruch, über dessen Umstände sie sprechen und zugleich nicht sprechen möchte und der wahrscheinlich ihre weitere Entwicklung über das Scheitern der schulischen und beruflichen Ausbildung hinaus nachhaltig beeinflußt hat.

### *„Ich wollte nie heiraten"*

Sie selbst spricht von diesen Prägungen in zweierlei Hinsicht. Zum einen habe sie nie heiraten und Kinder haben wollen, was sie aber tatsächlich nicht verwirklichte, denn mit 21 Jahren war sie schon verheiratet und erwartete ein Baby. In ihrer betont unterkühlten, ja uninteressierten Schilderung der Begegnung mit ihrem späteren Ehemann, steckt vielleicht noch die ursprüngliche Weigerung, sich emotional auf einen Mann einzulassen, oder sie ist schon die Vorwegnahme der späteren Trennung, denn diese erste Ehe dauerte nur kurz. Bald nach der Geburt des Sohnes entdeckte Brigitte Meiers, daß ihr Mann sie mit anderen Frauen betrog. Umgehend leitete sie die Scheidung ein. In diesem Zusammenhang spricht sie zum zweiten Mal von einer „Prägung" durch die Trennungsgeschichte der Eltern:

„Ich hab auch sehr schnell dafür gesorgt, daß mein Mann den Jungen nicht mehr in die Finger bekommen hat. Und der Junge ist es heute … er sagt: Mama, ich bin dir sehr dankbar …"[190]

Dies mutet beinahe wie eine Wiederholung der eigenen Kindheitsgeschichte an. Die plötzliche und endgültige Trennung vom geliebten Vater, gegen die Brigitte Meiers sich als Kind zunächst mit ihren Ausbruchsversuchen aufgelehnt hatte, verordnete sie nun auch ihrem Sohn und sie bezeichnet diese Entscheidung ausdrücklich als eine Konsequenz aus ihren Kindheitserlebnissen. Ihre Handlungsweise begründet sie mit der Argumentation, für die Kinder sei es meist eine Qual, zwischen den geschiedenen Partnern hin- und hergerissen zu werden. Es ist ihr sehr wichtig zu betonen, daß der Sohn ihr heute dafür dankbar ist, daß ihre Entscheidung also richtig gewesen ist und sie sich keine Vorwürfe machen muß.

Mit dem Ergebnis ihrer damaligen Entscheidung ist Brigitte Meiers zufrieden. Ihr zweiter Ehemann, den sie kurz nach der Scheidung kennenlernte und mit dem sie bis heute zusammenlebt, hat ihren Sohn mit Zustimmung des leiblichen Vaters adoptiert. Vater und Adoptivsohn verstehen sich gut. Die Meiers' präsentieren sich als eine harmonische Familie und um dieser Harmonie willen hat Brigitte Meiers gern auf die Alimente des Vaters des Kindes verzichtet. Es scheint, als ob die Erinnerung an das Scheitern ihrer ersten Ehe, der die junge Frau immer wieder auf die schmerzhafte Zerrissenheit der eigenen Kindheit verweisen mußte, in den Hintergrund gerückt ist, daß der Bruch damit gewissermaßen geheilt wurde.

### *Politik und Lotto*

In Brigitte Meiers Erzählung spielt der Vergleich von Vergangenheit und Gegenwart eine wichtige Rolle. Sie ist sich der Entwicklung bewußt, die mit ihr und den Menschen ihrer Umgebung im Laufe der Zeit vor sich gegangen ist. Die Menschen lernen nur aus den eigenen Erfahrungen, sagt sie, vor allem aus schlechten Erfahrungen, aus Enttäuschungen, könne man viel lernen. Den Stoff für diese Reflexionen entnimmt sie fast ausschließlich dem persönlichen Bereich: Elternhaus, Familie, Kindererziehung, Berufsalltag und Kollegenkreis. Politische und soziale Zusammenhänge spielen dabei kaum eine Rolle. Ihr Desinteresse für Politik begründet Brigitte Meiers damit, daß derartige Probleme ihr fern und fremd seien, daß sie kaum etwas mit ihrem eigenen Alltag zu tun haben: „Wir haben doch keinen Draht zu denen"[191], sagt sie und meint die Politiker, die nach ihrer Auffassung in einer anderen Wirklichkeit leben. Als einfacher Bürger gehe man nur alle vier Jahre zur Wahl und mache halt sein Kreuzchen bei einer Person, die einem sympathisch sei:

190 Nokia 11 a, S. 4.
191 Nokia 11, S. 47.

„Das ist praktisch gesehen, als wenn ich im Lotto mein Kreuzchen mach, nichts anderes. Ich weiß nicht, was kommt. Ich kann Glück haben im Lotto, ich kann genauso Glück haben wie in der Politik, aber mehr auch nicht.“[192]

Lotto und Politik, das ist nicht nur ein Verweis auf die eigene Machtlosigkeit als einfache Bürgerin, sondern eigentlich auf Macht- und Sinnlosigkeit schlechthin, auf ein Räderwerk von Zufall, Willkür, Glück oder Pech, dessen Logik nicht erfaßbar ist. Alles, was über den persönlichen, überschaubaren Lebensbereich hinausgeht, entzieht sich, nach Meinung unserer Gesprächspartnerin, dem Verständnis und es scheint deshalb auch zwecklos, überhaupt darüber nachzudenken. Ebenso reagiert Brigitte Meiers auf Fragen zu historischen Ereignissen und Zusammenhängen. Das habe sie alles „zu den Akten gelegt“, sagt sie. Das sei für sie Vergangenheit, mit der sie praktisch nichts zu tun habe. Man wird sie sicherlich als „unpolitisch“ bezeichnen können.

### *Eine Ost-West-Familie*

Es gibt aber einen Punkt in ihrem Leben, in dem sich Politisches und Privates so zwingend berühren, daß auch Brigitte Meiers davon Kenntnis nimmt. Das ist die Familiengeschichte der Mutter, die Anfang der fünfziger Jahre aus der DDR in den Westen geflohen war und dort zwei gescheiterte Ehen sowie vier Kinder zurückgelassen hatte. Brigitte Meiers kennt die Geschichte nur in Fragmenten und auch ihre Halbgeschwister im Osten wissen kaum mehr als sie. Warum eigentlich die Mutter damals über die grüne Grenze in den Westen ging und warum sie nur ihre jüngste Tochter mitnahm und die anderen Kinder bei den jeweiligen Vätern ließ, scheint eines der Familiengeheimnisse zu sein, nach dem nie gefragt werden durfte. Brigitte Meiers weiß nur, daß ihre Halbschwester Bärbel nach ein paar Jahren zurück in den Osten zur Großmutter „rübergegeben“ wurde, weil der dritte Ehemann der Mutter (Brigittes Vater) das Mädchen nicht mochte. Außerdem sei wahrscheinlich die Verbindung zwischen den zurückgebliebenen Kindern und ihrer Mutter für Jahre unterbrochen gewesen. Es habe keinen Kontakt geben dürfen, sagt unsere Gesprächspartnerin.

Einiges spricht allerdings dafür, daß es die Mutter war, die zunächst alle Brücken hinter sich abgebrochen hatte. Ihr ältester Sohn, der 1942 geborene Winfried, sei sogar einmal noch vor dem Bau der Mauer im Westen gewesen und habe die Mutter gesucht. Er habe jedoch unverrichteter Dinge wieder zurückkehren müssen, weil die Adresse der Mutter sich geändert hatte. Irgendwann später, Brigitte Meiers weiß nicht mehr in welchem Jahr, aber offenbar war sie zu dieser Zeit schon erwachsen, wurde der Kontakt wieder aufgenommen und seitdem seien sie

192 Ebd., S. 49.

jedes Jahr zu irgendeiner Familienfeier hinübergefahren. Geburtstag, Jugendweihe oder Hochzeit – die große Familie der drei West- und vier Ostkinder der Mutter mit ihren jeweiligen Ehemännern und Kindern begegnete sich bei diesen Anlässen. Die in der DDR gebliebenen Ex-Ehemänner hätten ebenfalls beide erneut geheiratet und noch weitere Kinder bekommen. Zeitweise hätten ihr Mann und ihr Sohn vollends den Überblick über die Verwandtschaftsverhältnisse verloren, meint Brigitte Meiers lächelnd. Nur Monika, die älteste Tochter aus zweiter Ehe, trübte ein wenig dieses allgemeine Harmoniegefühl. Sie sei ihrer Mutter noch viele Jahre lang böse gewesen, weil diese sie damals alleingelassen habe. Bärbel schließlich, die jüngste Tochter, die seinerzeit in den Osten zurückgeschickt worden war, habe einen Stasi-Mitarbeiter geheiratet, der seiner Frau jeglichen Kontakt mit ihrer Mutter und den Halbgeschwistern aus dem Westen verbot. Man habe jedesmal komplizierte, beinahe konspirative Verabredungen treffen müssen, erzählt Brigitte Meiers, damit auch Bärbel ihre Mutter sehen konnte, ohne daß ihr Mann davon etwas erfuhr.

Eine deutsch-deutsche Teilungsgeschichte. Auf schwer entwirrbare Weise wirken hier politische Rahmenbedingungen und private Entscheidungen zusammen, ohne daß unsere Gesprächspartnerin dieses komplizierte Ineinandergreifen reflektiert. Die beinahe undurchlässige Grenze zwischen den beiden deutschen Staaten bot vor allem in der Zeit des Kalten Krieges die Gelegenheit, auch ganz persönlichen Konflikten leicht zu entfliehen und ungeliebte Verhältnisse hinter sich zu lassen.

Brigitte Meiers erzählt uns diese fragmentarische Geschichte aus der sehr harmonisierenden Sicht der Nachgeborenen, die nicht danach fragt, was in der Vergangenheit geschehen sein mag. Schuld an den Schwierigkeiten der Kommunikation sei einzig die Politik, die Stasi, die Mauer gewesen. Ihr immer wiederkehrendes Grundthema ist das Zusammensein der Geschwister, die schönen Feiern, die sie miteinander erlebt haben – letztlich die heile Welt auch in dieser durch die Grenze und die Trennungen so zerrissenen Familie.

### *„Die Mauer zehn Meter höher"*

Die anfängliche Freude über den Fall der Mauer und die deutsche Vereinigung, die alle politischen Schranken zwischen dem Ost- und dem Westteil der Familie plötzlich aufhoben, ist bei unserer Gesprächspartnerin längst vergangen. Zunächst, als sie im Urlaub in der Dominikanischen Republik die Nachricht gehört habe, sei sie „zu Tränen gerührt" gewesen. Ihr zweite Gedanke sei jedoch gewesen: „Die kommen uns jetzt hier alle besuchen, wie machen wir das?"[193] Nachdem sie

193 Nokia 11, S. 51.

jahrelang die Gastfreundschaft ihrer Halbgeschwister in der DDR in Anspruch genommen hatte, rechnete sich Brigitte Meiers nun besorgt die Kosten für die Gegenbesuche aus. Am Anfang seien ihre schlimmsten Befürchtungen tatsächlich eingetroffen, aber mittlerweile hätten die Verwandten „es auch begriffen", wie teuer alles sei. Man sehe sich heute eigentlich nicht häufiger als vor dem Fall der Mauer.

Wie sehr sich diese Familie mit der gewaltsamen Trennung eingerichtet hatte, die vielleicht sogar eine Bedingung für das Funktionieren des äußerst widerspruchsvollen Beziehungsgeflechts bildete, kommt u.a. in dem einhelligen Wunsch der West- und Ostgeschwister nach Wiederaufrichtung der Grenze zum Ausdruck. Nach den Worten von Brigitte Meiers sind sich beide Seiten darin einig, daß sie lieber ihre früheren Lebensbedingungen in den beiden deutschen Staaten wiederhaben möchten. Alle seien unzufrieden und wünschten sich die Mauer „am liebsten zehn Meter höher":

> „Der Kohl hat uns verdammt reingelegt. Wollen wir nun mal ganz ehrlich sagen. Er hat gesagt: es entstehen keine Kosten, es gibt überhaupt keine Probleme. Aber 7,5 Prozent Solidarabgabe, sind das keine Probleme? Genauso denkt meint Bruder und meinen anderen Geschwister. Viele haben keine Arbeit, es muß mehr Miete bezahlt werden, die Lebensmittel sind teurer, jetzt von drüben aus, nicht. Die Lebensmittel sind teurer, die Kinder haben es nicht so gut wie früher [...] Meinem Bruder ging's nicht schlecht, meinen Geschwistern ging es auch nicht schlecht. ja. Wie geht es ihnen denn heute? Mein Bruder verdient 'ne Ecke weniger. Meine Schwester muß mehr arbeiten, meine andere Schwester muß mehr arbeiten. Von denen ihrer Sicht aus, geht es denen jetzt schlechter."[194]

Brigitte Meiers hat Verständnis für den Unmut ihrer Geschwister im Osten. Sie gehört nicht zu den Altbundesbürgern, die ihre unzufriedenen Verwandten oder Freunde der Undankbarkeit bezichtigen. Sie findet allerdings, daß der Solidarzuschlag, den sie zahlen muß, mindestens eine ebenso große Belastung darstellt, wie Arbeitslosigkeit und Teuerung für ihre Geschwister im Osten. Wir im Westen, sagt sie, können doch nichts dafür, daß „das da drüben so runtergewirtschaftet" worden sei.

Die nationale Vereinigung erscheint aus dieser Sicht als das Ergebnis einer Verschwörung der Politik, eine Aktion, die weder im Osten noch im Westen wirklich jemand gewollt hat und für die jetzt die kleinen Leute zahlen müssen. Die anfängliche Rührung über die deutsche Vereinigung ist längst vergessen, zurück bleiben ein nüchternes Abwägen von Vor- und Nachteilen der veränderten Situation, ohne daß eine wertbezogene Größe wie das Nationalgefühl dabei eine Rolle spielt.

194 Nokia 11 a, S. 9.

Wenn es so etwas wie ein Wir-Gefühl gibt, das Brigitte Meiers allerdings nicht Nationalgefühl nennen würde, weil dieses Wort ihr offenbar durch die Nähe zu Nationalismus und Ausländerfeindlichkeit suspekt scheint, wenn es also das Bewußtsein einer kollektiven Identität gibt, dann haben zweifellos die Ostdeutschen, einschließlich der eigenen Verwandten, darin keinen Platz.

Brigitte Meiers erzählt ihre Lebensgeschichte als private Geschichte ihres familiären Hintergrundes und ihrer Berufstätigkeit. Doch irgendwo ist doch auch diese Geschichte mit der Politik verknüpft, auch wenn ihr das nicht bewußt ist.

## 5) Resümee

In den acht Lebenserzählungen wurde bewußt nach markanten Brüchen, nach Schlüsselerlebnissen und Sinnzentren der lebensgeschichtlichen Erzählungen gefragt. Außerdem wollten wir wissen, welche historischen Lernprozesse die Befragten für sich in Anspruch nehmen und inwieweit sie die eigene Lebensgeschichte in historische und politische Zusammenhänge einbetten.

In ganz unterschiedlicher Weise sind die Lebenserzählungen der vorgestellten Personen von den historischen Prozessen und großen Zäsuren unseres Jahrhunderts geprägt.

1) Am schwersten können sich die beiden Vertreter der Kriegsgeneration, Kurt Panitz und Günter Beckers, der elementaren Wucht des Einflusses der Geschichte auf ihre Lebensverläufe entziehen, ja sie sind als Soldaten und Kriegsgefangene, als besiegte Deutsche am Ende dieses Krieges davon existentiell betroffen, und es verbleibt ihnen in diesem Kontext nur wenig Spielraum für individuelle Entscheidungen. Ihre wesentlichen Erfahrungen teilen sie mit der Mehrzahl ihrer Altersgenossen. So sehr sehen sie ihr persönliches Schicksal eingebunden in eine kollektive Biographie, daß sich jeder Versuch der Deutung, der Einordnung zu erübrigen scheint.
Zwischen den Erfahrungen von Kurt Panitz und Günter Beckers gibt es jedoch wesentliche Unterschiede, die biographisch bis zu einem gewissen Grade zufällig sind. Daß der Dortmunder Beckers bei der Marine ein verhältnismäßig annehmbares Leben führte und in Norwegen in kurze englische Gefangenschaft geriet, während der aus Schlesien stammende Panitz an der Ostfront kämpfte und für viele Jahre in sowjetischer Gefangenschaft leben mußte, hat natürlich nichts mit ihrer Herkunft aus Ost oder West zu tun. In seiner Zufälligkeit wandelt sich aber ihr Schicksal unter unserem Blickwinkel plötzlich zu einem Symbol der unterschiedlichen Lasten der Vergangenheit, die in Ost und West nach dem Krieg getragen werden mußten. Beckers konnte deshalb 1945 nach seiner Rückkehr zu seiner Familie leichter an seine Berufsbiographie vor dem Krieg anknüpfen und fand im Rahmen der sich herausbildenden demokratischen

Verhältnisse in Westdeutschland Möglichkeiten des gewerkschaftlichen und politischen Engagements, das er als die wichtigste Lehre aus den Erfahrungen des Krieges ansah. Kurt Panitz dagegen konnte nach Jahren schwerster entbehrungsreicher Zwangsarbeit nicht in seine Heimatstadt in Schlesien zurückkehren. Er wußte nicht, wohin es seine Familie verschlagen hatte. Seine Wünsche einer Musiker-Ausbildung mußte er aufgeben und verdiente sich seinen Lebensunterhalt als Arbeiter im Stahlwerk Hennigsdorf. Zudem boten ihm die undemokratischen Verhältnisse in der DDR kaum Möglichkeiten zur legalen Verteidigung der eigenen Interessen und der Vertretung einer eigenständigen Meinung. Sein Auftreten am 17. Juni 1953 mußte er viele Jahre lang verschweigen. In viel höherem Maße als Günter Beckers blieb das Leben von Kurt Panitz bis in die siebziger und achtziger Jahre hinein von politischen Strukturen bestimmt. Seine Schlüsselerfahrung handelt deshalb durch alle Zeiten und Systeme hinweg von der Machtlosigkeit des kleinen Mannes, der Objekt von Politik ist und dem nichts anderes übrigbleibt, als sich anzupassen.

2) Auch die frühen Erfahrungen der beiden Vertreterinnen der HJ/FDJ-Generation sind von dem übergreifendem Erlebnis des Krieges und des Mai 1945 bestimmt. Bombenangriffe, Evakuierung, Flucht, der Tod von Nachbarn sowie Klassenkameradinnen beendeten frühzeitig ihre Kindheit. Ihre im BDM bzw. bei den Jungmädeln erworbenen Überzeugungen gerieten ins Wanken. Beide bezeichnen den Zusammenbruch des Dritten Reiches als tiefe Zäsur in ihrem Leben (ganz im Gegensatz übrigens zu den Vertretern der Kriegsgeneration Panitz und Beckers, in deren Lebensbericht der 8. Mai 1945 eine eher untergeordnete Rolle spielt). Doch auch hier haben wir – zufällig und zugleich nicht zufällig – das ungleich schwerere Schicksal der Frankfurterin Grete Lieser, die von sowjetischen Soldaten vergewaltigt wurde und mit dieser traumatischen Erfahrung bis heute nur schwer umgehen kann.

In der erstaunlichen Entwicklung beider Frauen nach 1945 sind viele Parallelen zu entdecken, die zugleich auf die wachsende Unterschiedlichkeit ihrer jeweiligen Rahmenbedingungen verweisen. Beide berichten, wie sie sich nach dem Ende des NS-Regimes sehr schnell für neue Ideen öffneten, wie sie förmlich nach einer neuen Orientierung suchten. Für Gertrud Michalke aus Bochum wurde die Demokratie zum „Zauberwort“, während Grete Lieser sich für den Sozialismus begeisterte. Nach einem jahrelangen Hausfrauen- und Mutterdasein, das den damaligen gesellschaftlichen Konventionen entsprach, doch von ihnen zunehmend als unbefriedigend empfunden wurde, begannen für beide Frauen erstaunliche berufliche bzw. politische Karrieren. Dabei errang Grete Lieser ihre Erfolge vorwiegend durch Anpassung an die bestehenden Verhältnisse, während Gertrud Michalke in der Bundesrepublik ihre Widerständigkeit erproben konnte und erfolgreich die gewerkschaftliche Interessenvertretung ihrer Kolleginnen im Rahmen der demokratischen Spielregeln des

Systems organisierte. Gertrud Michalke ist stolz darauf, daß sie dank ihrer eigenen Initiative und Aktivität ein Stück Gewerkschaftsgeschichte der Bundesrepublik mitgeschrieben hat. Die achtziger Jahre bezeichnet sie als den Höhepunkt ihrer politischen Karriere, als sie mithelfen konnte, verkrustete Strukturen aufzubrechen. Grete Lieser dagegen gibt ihr Gefühl wieder, wie sie sich in allen herausgehobenen Positionen mehr und mehr als Objekt oder Vorzeigeperson empfand und ein größeres Stück persönlichen Freiraums erst mit dem Rückzug ins Privatleben im Verlauf der achtziger Jahre gewinnen konnte.

Im Rückblick äußert sich Gertrud Michalke uneingeschränkt stolz auf ihre Lebensleistung, während ihre Frankfurter Kollegin Grete Lieser seit dem Zusammenbruch des Sozialismus viel Mühe darauf verwendet, die Geschichte ihres beruflichen Erfolgs von der Entwertung der DDR-Geschichte zu trennen. In diesem Prozeß der Auseinandersetzung mit der eigenen Geschichte macht Grete Lieser einen Lernprozeß durch, den sie uns eindrucksvoll darstellt. Sie sieht sich als einen Menschen, dessen Haltung sich verändert hat, der Abstand gewinnen konnte zu früheren Haltungen und Meinungen. Das Fazit dieses Lernprozesses ist letztlich die Abkehr von jeglichem politischem Engagement, die Besinnung auf das Private, auf die Familie. Im Vergleich dazu sieht Gertrud Michalke keine Veranlassung, am Wert ihrer bisherigen Bemühungen zu zweifeln und betrachtet auch weiterhin – trotz Ruhestand – die politische und gewerkschaftliche Aktivität als ihren Lebensmittelpunkt.

Im Bewußtsein beider Frauen stellt der 8. Mai 1945 eine tiefe Zäsur dar. Die zweite Zäsur deutscher Geschichte, Wende in der DDR und Vereinigung 1989/90, wird von Grete Lieser als ungleich existentieller empfunden als von ihrer Bochumer Kollegin. Doch auch Gertrud Michalkes Bewußtsein verändert sich schmerzhaft. Ihre auf die DDR projizierten Hoffnungen auf eine sozialistische Zukunft erweisen sich bei näherem Hinschauen als Illusionen.

3) Schon das Geburtsjahr (1948) der beiden Vertreter der ersten Nachkriegsgeneration, Gerhard Ring und Karl Schwarzer, läßt nur noch auf wenige deutsche biographische Gemeinsamkeiten schließen. Sie wuchsen in den auseinanderstrebenden Systemen und gesellschaftlichen Verhältnissen der Bundesrepublik und der DDR auf. Ihre Lebensverläufe und Wertvorstellungen sind vor allem geprägt von den jeweiligen politischen und sozialen Rahmenbedingungen. Die elementare Erfahrung des Zweiten Weltkrieges reicht aber indirekt auch noch in ihr Leben hinein. Ihre Väter waren Soldaten und kehrten beide schwer psychisch bzw. physisch geschädigt aus dem Krieg zurück. Die Verbundenheit bzw. die Auseinandersetzung mit dem Schicksal der Väter ist für beide Gesprächspartner Dreh- und Angelpunkt ihres Verhältnisses zur nationalsozialistischen Vergangenheit. Während Karl Schwarzer direkt einen Auftrag seines Vaters erfüllt, indem er sich mit der Geschichte des Nationalsozialismus beschäftigt, um zu lernen, wie so etwas überhaupt entstehen konnte, nimmt Ger-

hard Ring die antifaschistische Erziehung der DDR-Gesellschaft in sich auf und verteidigt diese Haltung gegen den Widerstand seines Vaters. Beide Männer bringen ein Gefühl der besonderen deutschen Verantwortung für die nationalsozialistische Vergangenheit zum Ausdruck, ohne die konkreten Erlebnisse und Handlungen der Väter und deren mögliche Verstrickung in diese Vergangenheit damit in Beziehung zu setzen.

Was die Sicht auf die eigene Biographie in der DDR bzw. in der alten Bundesrepublik betrifft, so weisen die Erzählungen von Gerhard Ring und Karl Schwarzer viele Unterschiede auf. Gerhard Ring bettet sein Leben geradezu in die DDR-Geschichte ein. Mauerbau, Prag 1968, eine Abstimmung über die neue DDR-Verfassung, Mauerfall usw. sind wichtige Ereignisse, die sein Leben bestimmt haben und zu denen er sich verhalten hat. Karl Schwarzer dagegen sieht keine so enge Verbindung zwischen seiner persönlichen Entwicklung und der Politik. Auch die Berufsbiographie beider und die Einschätzung der eigenen Entwicklung unterscheidet sich wesentlich voneinander. Während Karl Schwarzer den erhofften Aufstieg nicht schaffte und heute unzufrieden mit seinem Arbeiterstatus ist, unter dessen gesellschaftlicher Geringschätzung er zudem leidet, konnte Gerhard Ring die Möglichkeiten gesellschaftlicher Förderung in Anspruch nehmen und beinahe mühelos den Aufstieg zum Ingenieur schaffen. Dabei hat er sich jedoch sein Selbstverständnis als Arbeiter bewahrt und möchte auch im Konfliktfall für die Seite der Arbeitnehmer optieren können, worin man ein Stück Internalisierung egalitärer Maßstäbe in der DDR sehen mag.

Besonders deutlich zeigen sich die Einflüsse der jeweiligen gesellschaftlichen Rahmenbedingungen in den unterschiedlichen Wertvorstellungen von Ring und Schwarzer. In dieser Hinsicht ist Gerhard Ring ein typischer Vertreter der DDR-Gesellschaft, für den die Geborgenheit und Solidarität innerhalb der Familie, der Nachbarschaft und dem Kollegenkreis sehr wichtig ist und der bereit ist, seine individuellen Wünsche den Erwartungen dieser Gemeinschaft unterzuordnen. Karl Schwarzer dagegen ist zweifellos beeinflußt von den Vorstellungen von Selbstverwirklichung, Unabhängigkeit und Freude am Genuß. Um sich als einfacher Arbeiter mit seinen begrenzten Verdienstmöglichkeiten die erstrebten Genüsse leisten zu können, haben er und seine Frau bewußt auf Kinder verzichtet.

Karl Schwarzer hat eine deutliche Vorstellung von einer Entwicklung in der Zeit, in deren Verlauf seiner Meinung nach „alles“ immer schlechter geworden sei. In diese Vorstellung von Niedergang will er jedoch sein eigenes Leben nicht einbeziehen. Insofern hat er ein ambivalentes Verhältnis zur Entwicklung, wenn er einerseits den guten alten Zeiten nachtrauert, und andererseits froh ist, daß er unter diesen Bedingungen nicht mehr leben muß. Gerhard Rings Vorstellung von Entwicklung ist ganz und gar um die Zäsur von 1989/90 gruppiert, in der sich seine Existenzbedingungen gravierend verändert haben. In der Auseinandersetzung mit diesen Veränderungen ist für ihn vor allem der Verlust von Sicherheit – in den unterschiedlichsten Bedeutungen des Wortes – wichtig.

4) Die Vertreterinnen der zweiten Nachkriegsgeneration, Brigitte Meiers und Renate Bärwald schließlich, messen der großen Politik wie der Geschichte nur einen geringen Einfluß auf ihren eigenen Lebensverlauf zu. Dies mag damit zusammenhängen, daß beide Frauen die Politik als etwas Fernes, Fremdes ansehen, das mit ihrem Alltag nur wenig zu tun hat. Gleichzeitig erlebten sie tatsächlich nur ganz wenige wirklich einschneidende historische Ereignisse, deren unmittelbarem Einfluß auf ihr Alltagsleben sie sich gar nicht entziehen konnten. Wir sehen auch, daß erst bei den Interviewpartnern dieser Generation die Prägekraft von Nationalsozialismus und Krieg auf die eigene Biographie langsam nachläßt. Den Erinnerungen der Eltern, die als Kinder bzw. Jugendliche diese Zeit erlebten, wird in den Erzählungen wenig Bedeutung beigemessen. Die Dominanz der Politik ist tatsächlich geringer geworden als bei den vorangegangenen Generationen, der Freiraum für eine individuelle Entwicklung, für Erfahrungen, die man nicht mit einer ganzen Gruppe teilt, hat sich vergrößert. Entsprechend deuten beide Frauen ihre eigene Entwicklung, ihren historischen Lernprozeß auch aus einzelnen, fragmentierten und sehr persönlichen Alltagserfahrungen, die sich im Bereich der Familiengeschichte, von Gesundheitsproblemen, beruflichen Erfolgen und Mißerfolgen bewegen. Obwohl die Lebensgeschichten von Brigitte Meiers und Renate Bärwald sich in vieler Hinsicht sehr voneinander unterscheiden, stellt dieses Herangehen eine wesentliche Gemeinsamkeit dar. Eine weitere wichtige Gemeinsamkeit ist die Betonung der eigenen Unabhängigkeit als Frauen, der Selbstverständlichkeit der Berufstätigkeit, ohne die sie sich ihr Leben nicht vorstellen können.
Bemerkenswert ist auch folgende Entsprechung: Obwohl weder Brigitte Meiers noch Renate Bärwald das eigene Leben in besonderem Maße mit den jeweils unterschiedlichen Gesellschaftssystemen in Ost und West in Beziehung setzen, endet ihr Identitätsgefühl an der ehemaligen innerdeutschen Grenze. So etwas wie Nationalgefühl empfindet Renate Bärwald nur in Abgrenzung von den polnischen Nachbarn und wenn Brigitte Meiers „wir" sagt, dann meint sie noch immer nur die Westdeutschen.
Die dritte Nachkriegsgeneration war im Rahmen der Untersuchung noch kaum faßbar. Eine Lebensgeschichte, über die reflektiert wird, lag noch nicht vor. Sie ist deshalb bewußt in die Untersuchung nicht einbezogen worden.

# IV) Historische Ereignisse und Erfahrungen im Geschichtsbewußtsein

Die biographischen Skizzen haben bei aller Singularität der Lebensgeschichten erkennen lassen, daß die Biographien mit den historischen Prozessen in Deutschland verwoben sind, was den Befragten auch mehr oder weniger bewußt ist. Die „Verwobenheit" – vielleicht besser als Verschränkung bezeichnet – ist ganz offensichtlich bei den Menschen, die den Zweiten Weltkrieg erlebt und erlitten haben. Doch auch bei den Nachkriegsgenerationen ist für den Sozialhistoriker der Zusammenhang von Biographien und historischen Prozessen unübersehbar, wobei nicht nur die politischen Rahmenbedingungen, die in der SBZ/DDR stärker als in den Westzonen und der Bundesrepublik als Determinationen von Biographien unmittelbar wirksam werden, sondern auch die gesellschaftlichen Entwicklungen die Biographien beeinflußt haben.

Selbstverständlich greifen wir in den biographischen Erzählungen nicht die Biographien selbst, sondern das Bild, daß die Erzähler von diesen Biographien liefern. Die subjektive Geschichte ist mithin noch einmal durch spezifische Subjektivitäten gefärbt, die geprägt sind durch

- im Sozialisationsprozeß vermittelte Anschauungen,
- den gegenwärtigen Lebenshorizont,
- die Gesprächssituation, in der sicherlich das Bemühen um Selbstdarstellung eine Rolle spielt.

Im folgenden untersuchen wir die Beurteilung verschiedener historischer und gegenwärtiger „Komplexe", zu denen die Befragten ein mehr oder weniger entwickeltes Verhältnis haben, wobei es verschiedene Möglichkeiten gibt, durch die die Befragten mit diesen „Komplexen" in Berührung gekommen sind, so vor allem durch

- unmittelbare Betroffenheit (etwa Erleben des Krieges),
- Zeitzeugenschaft,
- Erzählungen von Eltern und Verwandten,
- den Schulunterricht, insbesondere den Geschichtsunterricht,
- Weiterbildung (etwa Gewerkschaftsseminare),
- Film/Fernsehen,
- Bücher, Zeitschriften, Zeitungen.

Die Genese der historischen Urteilsbildung läßt sich meist nicht mehr rekonstruieren.

Bei der Analyse der Beurteilung ist nicht nur die Heterogenität der Faktoren, die die Urteilsbildung beeinflussen, in Rechnung zu stellen, sondern auch der Tatbestand, daß die hier Befragten nicht quasi berufsmäßig gewohnt sind, über Vergangenheit und Gegenwart Reflexionen anzustellen. So kann von vornherein nicht erwartet werden, daß die Befragten über ein kohärentes elaboriertes Geschichtsbewußtsein verfügen.

Wir gehen in unserer Analyse von der Gegenwart aus, vom gegenwärtigen vereinigten Deutschland, gehen dann weiter in die Geschichte zurück, in die Geschichte der Bundesrepublik und in die Geschichte der DDR sowie in die Geschichte des Nationalsozialismus. Im Zentrum steht die Zeitgeschichte, d.h. die Geschichte der heute lebenden Generationen.

Die Interviews ließen rasch erkennen, daß die Vorstellungen vom Ersten Weltkrieg, vom 19. Jahrhundert und weiter zurückliegenden Epochen sehr schemenhaft und fragmentarisch sind. In der Frage nach historischen Persönlichkeiten haben wir versucht, den zeithistorischen Rahmen zu überschreiten.

Besonders gefragt wurde in den Gesprächen nach der Beurteilung der Geschichte der Arbeiterbewegung, weil uns interessierte, inwieweit bei unseren Interviewpartnern die Traditionen der Arbeiterbewegung noch lebendig sind. Interessiert hat uns auch die Frage nach dem lokalen, betrieblichen und regionalen Geschichtsbewußtsein.

## 1) Die „Wende" 1989/90

*Bernd Faulenbach, Annette Leo, Klaus Weberskirch*

### a) Im Osten: Die Wende als gesellschaftlicher Bruch

In den Interviews fragten wir unsere Gesprächspartner in Hennigsdorf und Frankfurt/Oder nach ihrem Erlebnis der „Wende" und der Bedeutung, die sie diesem Ereignis heute beimessen. Bewußt verwendeten wir dabei diesen weitgehend offenen, sogar ein wenig schwammigen Begriff „Wende", weil er den Antwortenden die Möglichkeit bot, ihn mit den unterschiedlichsten Bedeutungen und Zeitvorstellungen zu besetzen. Der Begriff „Wende", der im Oktober 1989 zunächst von Egon Krenz im Sinne eines Kurswechsels der SED eingeführt wurde, ersetzte im allgemeinen Sprachgebrauch sehr bald den Begriff „friedliche Revolution" und wurde letztlich auf die gesamte Ereigniskette bezogen, die etwa im Juli/August 1989 mit den Botschaftsbesetzungen und der Fluchtwelle über Ungarn begann und sich zumindest bis zur Vereinigung im Oktober 1990 erstreckte. Dazwischen lagen – um nur die markantesten Daten zu nennen – die Demonstrationen im Oktober und November 1989, die Absetzung Erich Honeckers, die Gründung neuer politischer Organisationen, die Maueröffnung, die Einrichtung der Runden Tische, die ersten freien Wahlen im März 1990 und die Währungsunion im Juli 1990. Jedes einzelne Teil dieser Kette von Ereignissen hat dabei sein eigenes Gewicht und seine spezifische Bedeutung im Gesamtzusammenhang dessen, was wir heute einen Epochenwechsel oder Epochenbruch nennen, der sich im Leben jedes einzelnen Menschen widerspiegelt. Die Wende ist deshalb nicht nur ein Ereignis oder eine Ereigniskette, sie ist das Grundthema einer tiefen Veränderung, das sich ausgesprochen und unausgesprochen von Anfang bis Ende durch alle unsere Interviews in den neuen Bundesländern zieht.

Im Ergebnis wurde das sozialistische System im Osten Deutschlands durch kapitalistische Marktwirtschaft und parlamentarische Demokratie ersetzt. Die DDR verschwand von der politischen Landkarte und wurde ein Teil der benachbarten Bundesrepublik. Aber nicht alle Ereignisse der Wende weisen bereits auf dieses Ergebnis. Die Demonstrationen im Herbst 1989, die Gründung von Bürgerbewegungen, die Entmachtung der SED und die Gegenmacht der Runden Tische schienen zunächst auf eine Reform der DDR, auf eine Reform des sozialistischen Systems zuzusteuern. Erst nach dem Fall der Mauer wurde seit Dezember 1989/Januar 1990 das Streben nach der staatlichen Einheit im Osten zur bestimmenden Triebkraft der Entwicklung.

Uns interessierte, auf welches der genannten Ereignisse unsere Gesprächspartner spontan Bezug nehmen würden, wenn wir sie nach der Wende fragen, ob sie ein oder mehrere Daten herausheben oder sich auf den gesamten Prozeß beziehen würden. Nach unserer Vorstellung würde ihre Reaktion nicht zuletzt in engem Zusammenhang mit ihren damaligen Intentionen und Hoffnungen, mit ihrer Rolle im Geschehen, aber auch mit ihren heutigen Bewertungen stehen. Die Wende, die anfangs auch als „friedliche Revolution" bezeichnet wurde, hatte schließlich nicht nur in das Leben eines jeden Bürgers eingegriffen, sie hatte sich auch im Leben jedes einzelnen abgespielt. Millionen Menschen waren vom Herbst 1989 zumindestens bis zu den Wahlen im März 1990 Akteure des Geschehens. In diesem seltenen Augenblick der Geschichte war Politik nicht etwas Fremdes, von ihnen Abgetrenntes, sondern sie selbst hatten die Möglichkeit, die Politik mitzugestalten.

Ein wenig unterschätzt hatten wir allerdings die Tatsache, daß im Jahr 1993-96 die Fernsehbilder vom Geschehen schon im Begriff waren, die individuelle Erinnerung zu überlagern. Während unserer Interviews in Frankfurt/Oder lief im Fernsehen eine Dokumentationsserie anläßlich des fünften Jahrestages der Wende, auf die einzelne Gesprächspartner Bezug nahmen. Zudem hatten sich weder in Hennigsdorf noch in Frankfurt/Oder entscheidende Vorgänge der Wendezeit abgespielt, die inzwischen, wie etwa die Demonstrationen in Leipzig und Berlin, zu allgemeingültigen Bildern geronnen waren. Die dortigen Versammlungen in Kirchen, die Montagsdemonstrationen oder die lokalen Runden Tische waren zeitlich jeweils ein wenig versetzt und zumeist unspektakulär ohne Fernsehkameras und Zeitungsreporter vor sich gegangen. Wenn unsere Befragten auf die Geschehnisse in ihrem unmittelbaren Umfeld wenig Bezug nahmen, so ist das ein Hinweis darauf, daß sie sich letztlich mehr als Zuschauer denn als Akteure der Veränderungen begriffen. In dem Sinne, wie Sonja Grätz, Sekretärin aus dem Stahlwerk Hennigsdorf, es formulierte: „Die Wendezeit, das war die Zeit, wo ich wirklich aufmerksam Fernsehen geguckt habe, irgendwie war man innerlich ganz schön bewegt."[195] Außerdem hatten wohl spätere Ereignisse, wie die Maueröffnung und die Währungsunion, aber auch die Privatisierung der Betriebe, das Leben der Menschen bis in die Gegenwart letztlich unmittelbarer und nachhaltiger beeinflußt als die Demonstrationen und Versammlungen des Herbstes 1989.

Die meisten unserer Gesprächspartner bezeichneten den Fall der Mauer in der Nacht vom 9. zum 10. November 1989 als **das** Ereignis der Wende, nicht selten wurden Mauerfall und Wende auch als Synonyme benutzt. Dabei war es unerheblich, ob die Öffnung der 28 Jahre lang versperrten Grenze von den Betreffenden begeistert, überrascht, skeptisch, gleichgültig oder ablehnend aufgenommen wurde. Es spielte auch keine Rolle, ob die Maueröffnung auf ihr tägliches Leben einen unmittelbaren Einfluß ausübte, wie es bei den Hennigsdorfern der Fall war, deren Städtchen direkt vor den Toren Westberlins liegt und das 28 Jahre lang faktisch seiner gewachsenen Verbindung zur Großstadt beraubt war. Frankfurt/Oder dagegen, eine Autostunde von Berlin entfernt, liegt unmittelbar an der Grenze zu Polen. Die Maueröffnung hatte dort eher langfristige Konsequenzen für das Zusammenleben der Frankfurter mit ihren polnischen Nachbarn. Trotzdem identifizierten auch unsere Gesprächspartner in Frankfurt/Oder Wende und Mauerfall häufig miteinander, während sie auf andere Geschehnisse, die sich davor und danach abgespielt hatten, erst nach intensiven Nachfragen eingingen. Der Fall der Mauer, der wie kein anderes Ereignis von den Fernsehkameras vermittelt worden war, bildete den entscheidenden Punkt an der Schnittstelle zwischen Reform der DDR und Trend zur Vereinigung. Er erwies sich als ein Geschehen von hoher Symbolkraft, demgegenüber andere individuelle Erlebnisse offenbar zum Zeitpunkt der Gespräche bereits in den Hintergrund getreten waren.

Fast allen Gesprächspartnern in Ostdeutschland gemeinsam ist – dies sei vorangestellt – daß sie mit den Ergebnissen der Veränderungen unzufrieden sind. Viele ihrer Erzählungen von begeisternden Erlebnissen, von Hoffnungen und Träumen der Wendezeit, werden deshalb mit einer abwertenden oder ernüchternden Bemerkung konterkariert, die die heutige Deutung widerspiegeln. Nicht immer jedoch werden Erlebnis und Deutung in der Erzählung nebeneinander gestellt oder miteinander in Beziehung gesetzt. Man kann davon ausgehen, daß manche Berichte völlig von der späteren Bewertung überlagert worden sind. Dies ist wahrscheinlich der Fall bei den ersten freien Wahlen im März 1990, die von keinem der Gesprächspartner von sich aus erwähnt werden. Interessant ist, welche Erinnerungen die Gesprächspartner wie präsentieren.

195 Hennigsdorf 8, S. 46.

*Erinnerungen an Fluchtwelle und Demonstrationen*

Die Veränderungen begannen im Sommer 1989 mit der massenhaften Besetzung der Botschaften der Bundesrepublik in Prag und Budapest und setzten sich fort mit der Fluchtwelle über die Grenze zwischen Ungarn und Österreich. Nur wenige unserer Interviewpartner bezogen sich spontan auf diese Ereignisse. Das geschah vor allem dann, wenn nahe Angehörige, Freunde oder Kollegen von einem zum anderen Tag verschwunden waren oder wenn sie sich selbst mit dem Gedanken trugen, die DDR zu verlassen. Dies sei an einigen Beispielen gezeigt, die zugleich im retrospektiven Urteil die Relevanz persönlicher Interessen für das Verhalten 1989/90 deutlich machen.

Frank Baranowski, Ingenieur im alten Walzwerk in Hennigsdorf, kam im September 1989 zusammen mit seiner Frau von einer Silberhochzeitsreise auf der Wolga zurück und erfuhr, daß die 18jährige Tochter inzwischen mit ihrem Freund über Ungarn in den Westen geflohen war. Das war für den eher unpolitischen, zurückhaltenden Mann ein schwerer Schlag, der sein weiteres Verhalten bestimmte. Er fürchtete, seine Tochter für lange Zeit nicht wiedersehen zu können. Alarmiert von diesem Ereignis beteiligte er sich an Demonstrationen und begleitete wohlwollend die Gründung von Bürgerrechtsorganisationen. Erst der Fall der Mauer und die Währungsunion versöhnten ihn wieder mit der Situation.

Sein Kollege Hans Kleinschmidt[196], Ingenieur im Stahlwerk und überzeugtes SED-Mitglied, befand sich im August 1989 mit seiner Frau anläßlich eines Verwandtenbesuchs in der Bundesrepublik. Dort erreichten sie die Nachrichten von den Botschaftsbesetzungen und der Massenflucht über Ungarn:

> „Natürlich hat einen das beunruhigt, denn man hat ja da Hintergedanken gehabt, das könnte ein zweites Ungarn, eine zweite CSSR werden. Daß also … oder 17. Juni oder sowas, ja, daß also mehr die Gewalt … vor solchen Sachen war die Unruhe da. Und unsere Verwandten hatten damals zu uns gesagt, wir sollten doch dableiben und man merkt doch, was jetzt los ist und alles, wäre doch jetzt die beste Gelegenheit. Ja, nun war aber ein paar Tage vorher die Enkeltochter geboren und … das war eigentlich mit der Grund, weshalb wir gesagt haben …“[197]

Erkennbar wird hier, daß von Hans Kleinschmidt – wie von anderen Vertretern der älteren Generation – die Geschehnisse auf dem Hintergrund der Erfahrungen von 1953 und 1956 gesehen werden und sie danach auch ihren eigenen Standpunkt bestimmt haben, eine Sichtweise, die retrospektiv oft unmittelbar verbunden war mit dem Ausdruck der Erleichterung darüber, daß letztlich alles friedlich

196 Hans Kleinschmidt, Jahrgang 1940, vor der Wende ein leitender Ingenieur im Stahlwerk, heute Vorarbeiter in Erwartung des Vorruhestandes.

197 Hennigsdorf 14, Teiltranskription, S. 35.

verlaufen sei. (Bei Gesprächspartnern, die sich mit dem DDR-System identifiziert hatten, war sogar von Hochachtung oder Dankbarkeit gegenüber der „Besonnenheit“ von Polizei und Armee der DDR die Rede.) Hans Kleinschmidt, Jahrgang 1940, bringt hier seine historische Erfahrung zum Ausdruck, daß jede Instabilität des Systems die Gefahr von militärischer Gewaltanwendung in sich birgt. Die Angst vor einem Blutvergießen bewog ihn offenbar ernsthaft, über ein Verbleiben im Westen nachzudenken. Ausdrücklich bezeichnet er die Geburt seines Enkelkindes als das ausschlaggebende Motiv für seine Rückkehr in die DDR. Eine Beteiligung an Demonstrationen oder anderen Aktionen kam für ihn nicht in Frage:

> „Nein, bin nicht mitgegangen, nein, hab mich aus diesen Sachen rausgehalten. Im Prinzip muß ich sagen, ich habe eingeschätzt, was passiert und daß dieses System wohl doch am Ende ist, hab's zwar nur für uns geglaubt, nicht für die anderen Ländern auch alle, Ungarn, Rumänien und gerade so die Sowjetunion, daß die alle mitziehen dort [...] Und naja, hab ich mir gesagt, ich hab zu dem anderen System gestanden und bin ja kein Wendehals, daß ich jetzt mit einem Mal losrenne und dagegen rumbrülle und so ... die Sache ist für mich ... ich hab'n Schlußstrich denn gezogen, Politik ist passé.“[198]

Die passive, ja resignierte Haltung von Kleinschmidt, der schließlich ein Leitungskader des Werkes und langjähriges Parteimitglied war, wirft ein Licht auf die Gründe des raschen Zusammenbruchs des Machtgefüges in der DDR. Wenn das System nicht einmal von seinen Protagonisten verteidigt wurde, dann hatte es keine Chance mehr. Er habe eingeschätzt, daß „dieses System wohl doch am Ende ist“, sagt Hans Kleinschmidt und man weiß nicht recht, ob dies eine rückprojizierende Bewertung ist oder eine lange herangereifte Erkenntnis, die er sich nur vorher nicht hatte eingestehen wollen. Als Zeichen der Treue zum DDR-Sozialismus will er seine Nichtbeteiligung an den auf die Fluchtwelle folgenden Protestdemonstrationen gewertet wissen. Schließlich sei er kein Wendehals. Eine irgendwie geartete Aktivität zur Bewahrung der bestehenden Verhältnisse ist jedoch von ihm nicht einmal in Erwägung gezogen worden und tatsächlich gibt es innerhalb des Ereigniskomplexes „Wende“ kaum Beispiele für solche Versuche. Das Fazit von Hans Kleinschmidt lautet deshalb: Rückzug aus der Politik. Seine Worte klingen enttäuscht und wenig selbstbestimmt, als sei mit dem Ende der Herrschaft der SED jeglicher Antrieb zum politischen Handeln bei ihm erloschen.

Auch Werner Golz, Jahrgang 1948, Arbeiter im Walzwerk Hennigsdorf, spricht davon, daß er im Sommer 1989 eine Zeitlang gemeinsam mit seiner Frau erwogen habe, in den Westen zu gehen. Seine Motive waren jedoch ganz andere als die von Hans Kleinschmidt. Werner Golz fürchtete sich vor der Instabilität, vor einem plötzlichen Niedergang der DDR-Wirtschaft, der eine gravierende Ver-

198 Ebd.

schlechterung der Lebensverhältnisse nach sich ziehen würde, wie es in Polen einige Jahre zuvor geschehen war. Ausschlaggebend für das Dableiben war schließlich sein Gefühl, für eine radikale Veränderung nicht mehr jung genug zu sein. Außerdem hatten sich die Golzens einige Jahre zuvor ein Haus gekauft und mit viel Mühe hergerichtet, das sie nicht einfach aufgeben wollten.

Sympathie und Verständnislosigkeit zugleich läßt Renate Bärwald, Elektronik-Arbeiterin aus Frankfurt/Oder, Jahrgang 1955, erkennen, wenn sie von der mißglückten Flucht ihres Schwagers erzählt, der einen Ausreiseantrag gestellt hatte und im Sommer 1989 deshalb gleich an der Grenze zwischen DDR und Tschechoslowakei festgenommen und zurückgeschickt worden war. Erst nach der Maueröffnung konnte er schließlich in den Westen ausreisen:

> „So war der gewesen, der wollte das unbedingt. Der wollte raus, den hatte das alles so angekotzt, warum, weeß nicht, ich konnte eigentlich immer nicht verstehen, warum. Ick hab immer gesagt: guck mal, wir haben unsere Arbeit, wir haben alles und so. Aber der ist immer davon ausgegangen, was die sich leisten konnten drüben und hier kannste nischt und reisen kannste nicht, der wollte immer viel reisen. Das war eigentlich sein Grund gewesen. Und denn kam es ja im Fernsehen immer über Ungarn. Haben sie ja jetzt die letzten Tage im Fernsehen 'ne Wiederholung gebracht, wie das so gewesen ist. Mein Gott, manchmal hab ich denn gedacht hier, da war zum Beispiel eine Mutter gewesen mit drei Kindern alleinstehend, da hab ich immer gedacht, die ist doch bekloppt, hab ich immer gedacht. (I.: damals schon oder jetzt erst?) Nee damals hab ich das ... wie kann man mit drei Kinder so'n Risiko auf sich nehmen, hab ich immer so gedacht. Dann sind sie alle in ein Auffanglager gekommen, Gießen oder so, nicht. Da haben sie denn ja wochenlang gesessen. Das hab ich nicht verstanden, wie eine Mutter ... und kleine Kinder hat sie noch gehabt, die waren ja nicht mal groß gewesen, so, wie die Orgelpfeifen, nicht. Das hab ich nicht verstanden. Mir persönlich wäre das ein zu großes Risiko gewesen, weil ich ja nicht gewußt hätte, was mich drüben erwartet, weil es ja zu viele Menschen waren. Alle konnten doch nicht gleich 'ne Wohnung kriegen und alle konnten nicht gleich Arbeit kriegen. Und das hat man ja schon immer so gehört hier, Mütter mit Kinder, daß es denen schlechter da drüben geht. Ist ja auch heute, man merkt ... man merkt es ja heute auch, wenn du irgendwo eingestellt wirst, was ich so gehört habe, fragen sie immer erst nach Kindern. Wenn ich zwei, drei kleine Kinder hätte, dann würde mich ja keiner nehmen, da rechnen sie ja immer gleich mit Krankheiten und allem Drum und Dran."[199]

In den Äußerungen von Renate Bärwald verwischen sich vermutlich die Grenzen zwischen damaligen und späteren Bewertungen. Sie bezieht sich ja direkt auf die

199 Frankfurt/O. 14, S. 2.

Dokumentationsserie über die Wende, die zum Zeitpunkt des Gesprächs gerade im Fernsehen gelaufen ist. Bestimmte Bilder z.B. von einer Familie, die mit ihren kleinen Kindern versuchte, über den Zaun des Botschaftsgeländes zu klettern, wurden ihr dadurch erneut ins Bewußtsein gerufen und gewiß auch im Lichte ihrer späteren Erfahrungen betrachtet. Es ist interessant, daß sie davon spricht, sie habe seinerzeit ihrem Schwager vorgehalten, in der DDR hätten sie doch ihre Arbeit und auch sonst alles. Die Sicherheit des Arbeitsplatzes ist tatsächlich eines der Hauptargumente unserer Gesprächspartner, wenn sie heute zwischen den Verhältnissen Ost und West vergleichen. Vielleicht hat Renate Bärwald schon damals, als ihr diese Sicherheit noch selbstverständlich erscheinen mußte, so argumentiert. Zweifellos jedoch gehörte sie zu der Mehrheit der DDR-Bürger, die im Sommer 1989 nicht daran dachten, ihr bisheriges Leben aufzugeben und für eine verheißungsvolle, aber auch unsichere Zukunft persönliche Risiken auf sich zu nehmen. Ihre Unzufriedenheit schien bei weitem nicht so groß wie die des Schwagers, den „alles so angekotzt habe“ und der nur noch rauswollte. Die Flucht der Mutter mit ihren drei Kindern, die ihr durch die Fernsehbilder noch einmal nahegebracht wurde, schätzt sie deshalb als ausgesprochen verantwortungslos ein. Spätestens an dieser Stelle wartet sie mit ihrem heutigen Wissen, mit ihren gegenwärtigen Erfahrungen auf, wenn sie sagt, das wisse man doch heute, daß alleinstehende Mütter mit kleinen Kindern es bei der Arbeitssuche schwer haben würden.

Vor allem weibliche Gesprächspartnerinnen urteilten ähnlich über den Strom der Flüchtlinge wie Renate Bärwald. Ilona Jahrmark[200] spricht von Rücksichtslosigkeit und Egoismus der Botschaftsbesetzer gegenüber ihren Kindern. Es sei schließlich zunächst nicht abzusehen gewesen, wie die Sache ausgehen würde. Die ältere Irmgard Luckner[201], die verbittert von der Wende spricht „als wenn wir einen Krieg verloren haben“, setzt die Situation von 1989 mit dem Jahr 1945 in Beziehung. Sie habe damals auch nicht einfach abhauen können, als die Russen gekommen seien und sie nur wenig zu essen bekamen. Genau wie die Rumänen heute, setzt sie hinzu und endet damit ihren historischen Bogen überraschend wieder in der Gegenwart, die sollten auch in ihrem Land bleiben und nicht „von unsere Steuergelder leben wollen“.[202] Elfriede Marsch[203], früher Kaderinstrukteurin im Halbleiterwerk Frankfurt/Oder und überzeugte SED-Genossin, standen ebenfalls noch die Fernsehbilder vor Augen, „wie die Leute in Ungarn dort über die Zäune geklettert und und ihre Kinder da in so'ne Gefahr begeben haben“. Wenn sie ihre tiefe Überzeugung zum Ausdruck bringt, daß die Menschen in der DDR eigent-

200 Ingenieurin im Halbleiterwerk, heute SMI, Jahrgang 1953.

201 Jahrgang 1930, bis 1989 Meisterin im Halbleiterwerk, zum Zeitpunkt des Gesprächs im Vorruhestand. Frankfurt/O. 10, S. 40.

202 Frankfurt/O. 10 a, S. 5 f.

203 Jahrgang 1920, Rentnerin, früher SED-Mitglied, heute PDS.

lich alles hatten, was sie brauchten und „keine Veranlassung" hatten zu gehen, spricht aus ihr das alte Vormundschaftsdenken, das stets besser weiß, was für die Leute gut ist und deshalb an ihrer Stelle entscheiden möchte. Ausdrücklich rechtfertigte Elfriede Marsch in unserem Gespräch ihre Kontakte zur Staatssicherheit, an die sie seinerzeit in ihrer Funktion als Kaderinstrukteurin Informationen über Ausreisewillige in ihrem Betrieb gegeben hatte.[204]

Neben der Flucht- und Ausreisewelle sind es die Demonstrationen, die in der Erinnerung eine Rolle spielen und deren Beurteilung im Hinblick auf die damalige und heutige Haltung aufschlußreich sind. Nach dem entscheidenden 9. Oktober in Leipzig formierten sich Montagsdemonstrationen dann mehr oder weniger risikolos (die Polizei griff nicht mehr ein) in fast allen Städten der DDR. Auch in Hennigsdorf und Frankfurt/Oder zogen die Leute durch die Straßen und versammelten sich zum Abschluß in der Kirche oder auf einem zentralen Platz zu einer Kundgebung. Die Hennigsdorfer fuhren allerdings lieber in das nahe Berlin, weil hier mehr Menschen unterwegs und deshalb die Demonstrationen beeindruckender waren. Unter unseren Gesprächspartnern scheint die Beteiligung an diesen Demonstrationen vor allem eine Angelegenheit der jüngeren Generation gewesen zu sein und zwar weitgehend unabhängig davon, ob die Betreffenden loyal, distanziert oder oppositionell zum DDR-Staat gestanden hatten. Eine Ausnahme bildet in unserer Gruppe Rudolf Lampe[205], der schon am 17. Juni 1953 beim Marsch der Hennigsdorfer Arbeiter nach Berlin dabeigewesen war und der jeden Montag mit seinen Kollegen in Hennigsdorf demonstrierte, weil er meinte, jetzt endlich müsse es „besser werden".[206]

Die anderen Vertreterinnen und Vertreter der Kriegs- und FDJ-Generation (und ein wenig jünger), mit denen wir gesprochen hatten, fühlten sich – und dies spiegelt sich auch in den Erinnerungen – viel stärker als Lampe an das System gebunden. Fast alle hatten sich nach 1945 für den Aufbau des Sozialismus eingesetzt, einige von ihnen waren beruflich aufgestiegen bzw. hatten sich in gesellschaftlichen Organisationen oder in der SED engagiert. Zwar waren sie, ähnlich wie ihre jüngeren Kolleginnen und Kollegen, verunsichert bzw. empört über die plötzlich bekanntgewordenen Korruptionsaffären, die Fälle von Waffenschieberei, über die Zeichen der Stagnation und des Niedergangs der Gesellschaft. Aber ihnen fehlte die Unbefangenheit der Generation ihrer Kinder und Enkel. Was sich in jenen Wochen auf den Straßen der Städte abspielte, blieb ihnen letztlich fremd und erfüllte sie mit Furcht. Sie hatten das Gefühl, nicht dazuzugehören. Elfriede Marsch spricht davon, daß sie sich „verkrochen" habe, weil sie die Parolen der Demon-

204 Frankfurt/O. 6, S. 61 f.

205 Rudolf Lampe, Jahrgang 1928, bis zur Berentung Instandhaltungsmechaniker im Walzwerk Hennigsdorf.

206 Hennigsdorf 4, S. 36.

stranten als „menschenverachtend, menschenverletzend“ empfand. Die Distanz ist auch im Rückblick keinesfalls gewichen.

Joachim Held[207], ein typischer Vertreter der FDJ-Generation, mit einer klassischen Aufstiegsbiographie, im übrigen ein sehr temperamentvoller und aktionsfreudiger Mensch, gibt seiner Erleichterung darüber Ausdruck, daß es im Herbst 1989 nicht zu einem Blutvergießen gekommen ist:

> „Also *der* Sozialismus hätte das nicht mehr gelohnt. Er hätte es nicht mehr gelohnt. Nachdem wir jetzt alles wissen über den Sozialismus, hätte es der Sozialismus nicht mehr gelohnt, daß dafür noch Leute ihr Leben lassen. Vorher hätte ich das anders gesehen. Hätte ich gesagt: das ist mein Sozialismus, das ist meine Heimat und die wird verteidigt bis zum Umfallen.“[208]

Joachim Held unterscheidet hier deutlich zwischen seiner Haltung „vorher“ und seiner Haltung „jetzt“, wobei das eine wie das andere weniger zeitlich als inhaltlich bestimmt scheint. Vorher bezeichnet den Zustand, als er noch nicht „alles“ über den Sozialismus wußte und deshalb bereit gewesen wäre, ihn bis zum Äußersten zu verteidigen. Jetzt aber, da er offenbar wichtige Tatsachen, die er nicht näher benennt, zur Kenntnis genommen hat, die er vorher als ökonomischer Direktor eines Großbetriebes entweder nicht zur Kenntnis nehmen konnte oder wollte, hält er, zumindest den Sozialismus der DDR, nicht mehr für verteidigungswürdig, er hat ihn einfach fallen lassen, wie wir es auch schon bei Hans Kleinschmidt gesehen haben. Der Zeitpunkt, als in Leipzig, Berlin und später auch in Frankfurt/Oder die Demonstrationen stattfanden, zählt offenbar noch zum „vorher“, denn er gibt zu verstehen, er habe ihnen ablehnend gegenübergestanden. Aber, fährt er fort, wenn er gewußt hätte, „wofür die sind, dann hätte ich viellei ... wäre ich vielleicht mitgelaufen.“ Dies klingt, als ob er es heute bedauere, damals nicht mitgegangen zu sein, als ob er sich nachträglich mit den Ereignissen identifizieren will.

Die beiden Frauen, Berta Klaus und Grete Lieser[209], deren erwachsene Kinder an den Demonstrationen im Herbst 1989 teilnahmen, waren auch innerhalb ihrer Familien mit dem unterschiedlichen Verhalten der Generationen konfrontiert und reagierten darauf zwiespältig. Grete Lieser schildert eine Szene, wie sie in Frankfurt/Oder an der Straßenecke stand und einen Demonstrationszug beobachtete, als sie plötzlich ihren Sohn und ihre Schwiegertochter mit Kerzen in den Händen vorbeilaufen sah. „Warum bist du jetzt nicht dabei?“[210], habe sie sich be-

207 Joachim Held, Jahrgang 1930, vor der Wende ökonomischer Direktor des Halbleiterwerkes, zum Zeitpunkt unseres Interviews ökonomischer Direktor des SMI, früher Mitglied der SED, heute PDS. Held ist Abgeordneter der PDS im Gemeinderat seines Heimatdorfes.

208 Frankfurt/O. 9, S. 60.

209 Berta Klaus, Jahrgang 1934, Mutter von fünf Kindern, Meisterin im Halbleiterwerk, seit 1990 Vorruhestand, Grete Lieser, Jahrgang 1928, bis zu ihrer Berentung 1989 Ingenieurin und Abteilungsleiterin im Halbleiterwerk, beide bis Ende 1989 Mitglieder der SED.

210 Frankfurt/O. 5 a, S. 27.

wegt gefragt, offenbar in dem plötzlichen Wunsch, dazugehören zu können, von diesem Menschenstrom, in dem ihr Sohn ging, nicht ausgeschlossen zu sein. Für Berta Klaus war die Wende eine „schreckliche, eine unruhige Zeit", Wendezeit und Vorruhestand, in den sie 1990 geschickt wurde, sind für sie beinahe identisch. Obwohl sie mit ihrem Sohn und einer der Töchter, die sich an den Demonstrationen beteiligten, nicht übereinstimmte, habe sie sie unterstützt, indem sie in der Zeit die Enkelkinder hütete, erzählt sie beinahe stolz.

Von unseren Gesprächspartnern, die der ersten und zweiten Nachkriegsgeneration angehören, beteiligten sich einige an den Demonstrationen. Interessant ist übrigens, daß in dieser Altersgruppe auch die Motive für Nichtbeteiligung andere waren als bei der älteren Generation. Während es den 55- bis 80jährigen vorwiegend um ihre Bindung an das sozialistische System ging, blieben die jüngeren Leute hauptsächlich aus Desinteresse zu Hause. Bei den Teilnehmern an den Demonstrationen des Herbstes 1989 lassen sich zwei Gruppen unterscheiden: Die einen fühlten sich zeitweilig von der gesellschaftlichen Bewegung angezogen, ließen sich ein Stück mittragen und lösten sich wieder davon, im Unterschied zu den wenigen Engagierten, die eigene Initiativen zum Handeln ergriffen: „Da ist man auch mal hingegangen", meint Werner Golz.[211] Frank Gruner hat mitgemacht, wegen der „Sauereien, die gewesen sind" und von denen er vorher nichts gewußt habe.

Sonja Grätz, Jahrgang 1954, eine eher unpolitische Frau, die heute als Schreibkraft im Stahlwerk Riwa arbeitet:

> „In Hennigsdorf ... meistens montags abends so, dann ist man dann schon mal mitgegangen, bloß das war ja nun nicht so beeindruckend, weil hier nicht sone Massen waren. Das ist was ganz anderes gewesen. Naja, viele sind eben ... man hat dann eben mal so geguckt und dann hat man sich eingereiht und ist mitgegangen, weil man einen Bekannten getroffen hat oder so. Das muß nur ein oder zweimal gewesen sein."[212]

Mal mitgegangen, einen Bekannten getroffen, sich eingereiht – sehr aufregend oder gar kämpferisch klingt das nicht. Wenn sie sagt, es sei nicht so beeindruckend gewesen, „weil hier nicht sone Massen waren", dann scheint auch sie fixiert auf die Fernsehbilder der großen Demonstrationen, denen gegenüber das eigene Erleben bereits belanglos geworden ist. Kein Wort auch darüber, worum es bei den Demonstrationen eigentlich ging. Einzig Frank Gruner nennt als Motiv seine Empörung über den „Waffenhandel von der Koko"[213] und wiederholt die damalige Lo-

211 Hennigsdorf 11, nicht transkribiert, Kassettenseite 2. Frank Gruner Jahrgang 1958, Vorarbeiter in der Abteilung Meßtechnik des SMI, betont gleich zu Beginn des Gesprächs, daß er positiv zur DDR steht. Frankfurt/O. 13, S. 72.

212 Hennigsdorf 8, S. 46.

213 Koko = Kommerzielle Koordinierung, das Imperium von Schalck-Golodkowski, der Teil des DDR-Außenhandels, der vom MfS beherrscht wurde. Vgl. Ulrich Mählert: Kleine Geschichte der DDR. München 1998, S. 138.

sung: „Stasi in die Produktion".[214] Ilona Jahrmark meint, im Herbst 1989 sei zum Ausbruch gelangt, „was eigentlich immer schon in jedem Einzelnen gebrodelt" habe:

> „Wir haben gelernt, die Geschichte ist irgendwann reif zu Reaktionen und die war dann hier reif. Also ich hab mich echt wahnsinnig darüber gefreut, daß endlich doch die Masse, die Masse reagiert, denn die Masse war es früher nie. Wie gesagt, deswegen hab ich gesagt, ich hab mich politisch nie gegen die Regierung irgendwie aufgelehnt, weil ich gesagt hab, das ist sinnlos, der einzelne kann es nicht, die Masse muß es. Und die Masse hat es nicht getan, also hab ich es auch nicht getan, muß ich mal so sagen. Aber wie ich denn gemerkt habe, daß jetzt doch das ganze System anfängt mächtig zu wackeln und zu kippeln, ich hab mich echt drüber gefreut und ich hab mich auch an den Montags-Demos hier in Frankfurt beteiligt. Ich fand es schön und ich hab auch sehr gehofft, daß es jetzt irgendein Ergebnis gibt, was uns ... ich will nicht sagen, daß jetzt 'ne Zeit vielleicht anbricht, wo es uns besser gehen wird, oder wo wir gleichberechtigt kommen werden ..."[215]

Deutlicher als andere charakterisiert Ilona Jahrmark sowohl die historische Situation als auch ihr eigenes Verhalten als Teil einer Masse. Daß es zunächst Einzelne waren, die einige Wochen zuvor in Leipzig, Dresden und Berlin den Boden für die „Masse" bereiteten und dafür Verhaftungen und sogar Mißhandlungen in Kauf nahmen, spielt in ihren Überlegungen keine Rolle.

Generell stellten wir fest, daß die ersten Anfänge der Bewegung des Herbstes, die von der Bürgerbewegung getragen wurden, weitgehend in Vergessenheit geraten sind. Die Ziele und Hoffnungen, die Ilona Jahrmark mit den Demonstrationen verbindet, bleiben wenig greifbar. Was sollte mit dem „besser werden" oder „gleichberechtigt kommen" gemeint sein? Vermutlich gingen ihre Vorstellungen von einer Veränderung der Gesellschaft, ebenso wie bei vielen anderen DDR-Bürgern, über das „Wackeln und Kippeln" des herrschenden Systems kaum hinaus. Es wird nicht einmal deutlich, ob sie sich das Fortbestehen einer reformierten DDR oder eine Vereinigung mit der Bundesrepublik erhoffte.[216]

Die kleine Gruppe der Engagierten bildet die Ausnahme unter unseren Gesprächspartnern. Sie verbinden mit der Wende nicht in erster Linie die großen Demonstrationen oder Medienereignisse, sondern vor allem ihre eigenen Aktivitäten, mit denen sie versuchten, in ihrer unmittelbaren Umgebung wirksam zu werden. Für Dieter Zange[217], unseren einzigen Interviewpartner, der angab, vor der Wende

214 Frankfurt/O. 13, S. 72.

215 Frankfurt/O. 1, nicht transkribiert, Kassettenseite 5.

216 In einem anderen Zusammenhang erzählt Ilona Jahrmark jedoch, daß sie eine reformierte DDR der Vereinigung mit der Bundesrepublik vorgezogen hätte.

217 Dieter Zange, Jahrgang 1961, Meister in der Instandhaltung des Stahlwerkes.

in Kontakt zur kirchlichen Opposition gestanden zu haben, war der Herbst 1989 eine „richtig interessante Zeit", der er heute noch ein wenig nachtrauert. Er erzählte, daß er anläßlich des 40. Jahrestages der DDR für die Kollegen seiner Abteilung eine Wandzeitung[218] angefertigt hatte, die seine damalige Stimmung wiedergab. Vor einer untergehenden Sonne hatte er in altgotischen Lettern „40 Jahre DDR" geschrieben. Fotos von einem großen Gorbatschow und einem sehr kleinen Honecker hingen neben Ansichten verfallener Hinterhöfe im Prenzlauer Berg und trister Neubaugebiete. Erst nach drei Tagen fiel der Parteileitung des Betriebes die Wandzeitung auf und sie wurde über Nacht entfernt. Dieter Zange berichtete auch von einer bemerkenswerten Aktion der Arbeiter im Stahlwerk, die die hauptamtlichen Funktionäre der SED-Betriebsparteiorganisation aus ihrem Büro jagten:

> „Haben wir mal langsam den Frust an diesen Herrn Angestellten oder Mitläufer-Genossen, die ganzen Wendehälse [ausgelassen], auf einmal wollten sie von alldem nichts mehr wissen. Das war 'ne schöne Zeit, wo wir dann hier ganzen Parteibullen alle rausgejagt haben, hier vor dem Betriebsleitergebäude haben wir denn die ganzen Genossen ... also vielleicht hätte man sie richtig verjacken sollen, das wäre vielleicht besser gewesen ..."[219]

In dieser Beschreibung schwingt noch die Aufbruchstimmung jener Wochen mit, die Freude über die eigene Aktion, über den Moment des Abschüttelns von unerträglich gewordenen Machtstrukturen. Zange bedauert aber, daß diese Szene damals so gewaltfrei verlief. Vielleicht hätte man die Funktionäre richtig verprügeln sollen, überlegt er, das wäre besser gewesen. Im Nachhinein wünscht er sich, ihre Aktion möge entschlossener verlaufen sein, die Veränderungen radikaler. Vielleicht wäre er dann heute nicht so unzufrieden. An diese Szene konnte sich außer Dieter Zange auch Jochen Seidel[220] erinnern:

> „Einmal sind wir dann so hinmarschiert und hätten bald die Baracke ausgeräumt von unserem Parteichef. Da haben wir wirklich Frust gehabt. Da waren noch andere hier gewesen, das war schon ganz schön wuhlig."[221]

Die Bedeutung des Wortes „wuhlig" bleibt ein wenig unklar, aber es schwingt darin eine unterdrückte Spannung, ein unterschwellige Aggressivität mit, ein Gefühl, vor dem Jochen Seidel offenbar selbst erschrak. Tatsächlich zeichneten sich alle noch so spontanen Aktionen und Demonstrationen im Herbst 1989 durch

218 Die Wandzeitung, die in der DDR-Zeit in Betrieben, Schulen und Institutionen offizielle Verlautbarungen enthielt oder der politisch-ideologischen Schulung der Mitarbeiter/Schüler diente, oftmals nach vorgegebenen Schemata von den Betreffenden selbst angefertigt, erhielt in der ersten Phase der Wende eine ganz neue Funktion. Ganz selbstverständlich und ohne, daß sie voneinander wußten, eigneten sich viele Bürgerrechtler das Medium Wandzeitung an und stellten damit eine erste begrenzte Gegenöffentlichkeit her.

219 Hennigsdorf 1, S. 19.

220 Jochen Seidel, Jahrgang 1960, Instandhaltungsmechaniker im Stahlwerk Hennigsdorf.

221 Siehe Interview Hennigsdorf 6, nicht transkribiert.

eine geradezu demonstrative Friedfertigkeit aus. Als hätten diese jungen Männer die Angst ihrer Eltern und Großeltern vor einem Blutvergießen, das jene nur zu oft hatten erleben müssen, übernommen.

Jochen Seidel brachte zu unserem Gespräch ein kleines Gedicht mit, das er im Oktober 1989 verfaßt und in dem er die Privilegien der Parteifunktionäre angeprangert hatte. Er hängte es – ebenfalls – an die Wandzeitung. Von seinem Vorgesetzten deshalb zur Rede gestellt, antwortete er: „Die alten Zeiten sind vorbei". Während Jochen Seidel sich damals in der DSU[222] engagierte (was er in unserem Gespräch bereits mit einer wegwerfenden Handbewegung abtat), gründete Dieter Zange mit anderen zusammen eine Gruppe der SDP[223] in der Stadt:

> „War ja toll, schönes Programm gehabt, war richtig gut gewesen. Da bin ich dann aber bloß dringeblieben, bis dann die andere große Partei kam, da bin ich dann gleich ausgetreten. Mit denen wollte ich hier nichts zu tun haben, mit den Sozialdemokraten aus dem Westen. Na, dat ist ja genauso eine arschlose Partei wie die CDU ... Weil, wir hatten so ein vernünftiges Programm gehabt, wirklich, also das Programm der SDP das war so, wie ich mir es vorgestellt habe. Haste noch politische Ideale dringehabt, Dinge, die man verwirklichen konnte oder wollte. Ist überhaupt, was wir gefühlt haben zu der Zeit, 89, die wurden da drinne verankert, diese urwüchsige Revolutionsstimmung, die man hatte. Alles neu machen, alles neu machen. Und wirklich mit Enthusiasmus neu machen. Aber das ist ja dann halt ganz schnell verloren gegangen."[224]

Das Programm wird von Zange inhaltlich nicht bestimmt; er drückt Gefühle aus. Anfängliche Begeisterung und spätere Enttäuschung sprechen gleichermaßen aus den Sätzen von Dieter Zange. Seine Enttäuschung rührt vor allem daher, daß er sich viel zu schnell um sein selbstbestimmtes Handeln gebracht sah, um eigene Gestaltungsmöglichkeiten von Politik, die er in dem „schönen Programm" verankert wußte. Sein damaliges Lebensgefühl, das er als „urwüchsige Revolutionsstimmung" beschreibt, vertrug sich offenbar schlecht mit der politischen Routine einer etablierten Partei, der großen Sozialdemokratischen Partei aus dem Westen, mit der sich die kleine Ost-SDP bald vereinigte.

Auch Anton Blume[225], der anfangs bei jeder Demonstration dabei war, hatte ähnlich wie Dieter Zange seinen Moment der Enttäuschung und des Ausstiegs aus

222 Deutsche Soziale Union, Anfang 1989 in der DDR als Ableger der bayrischen CSU gegründet. Heute bedeutungslos. Die meisten Mitglieder schlossen sich der CDU an.

223 Die Sozialdemokratische Partei der DDR war im Oktober 1989 in dem brandenburgischen Dorf Schwante gegründet worden; vgl. zur SDP-Entwicklung Martin Gutzeit/Stephan Hilsberg: Die SDP/SPD im Herbst 1989. In: Eberhard Kuhrt (Hrsg.): Opposition in der DDR von den 70er Jahren bis zum Zusammenbruch der SED-Herrschaft. Opladen 1999, S. 607-686.

224 Hennigsdorf 1, S. 20.

225 Anton Blume, Jahrgang 1959, Elektriker im Stahlwerk Hennigsdorf.

der Begeisterung des Herbstes erlebt, als er zur Kenntnis nehmen mußte, daß sich die Stimmung bei den Demonstrationen und Kundgebungen immer deutlicher in Richtung deutsche Vereinigung bewegte. Anton Blume war von sozialistischen Idealen beseelt, die er nun endlich verwirklichen wollte. Zu DDR-Zeiten war er bei seinen Vorgesetzten oft angeeckt, weil er sich gegen Lüge und Korruption aufgelehnt hatte. An seinen Äußerungen ist deutlich abzulesen, wie die spätere – ablehnende – Bewertung den Bericht über das Erlebnis fast völlig überdeckt:

> „Ich muß ehrlich sagen, daß ich, ich war immer der Meinung, daß die eigentlich nur nach Autos schreien, nach mehr Wohlstand schreien, nicht nach Demokratie. Diese Montags-Demos, das war mir ein Unbegriff. Ich hab doch eigentlich nie nach Konsum gestrebt, ich drück das jetzt mal so primitiv aus. Aber mir waren die Leute, die da stehen auf der Straße, jedenfalls die große Masse wollte nur den Konsum haben, wollte Westgeld haben. Die haben elend gelebt, kann sein, ob ich das jetzt abstreite, ich streite es immer noch ab. Aber die wollten meiner Meinung nach nicht das, was ich wollte. Ich wollte eigentlich, daß diese Idee umgesetzt wird, irgendwie. Aber die meisten wollten die Wiedervereinigung."[226]

Resümierend ist festzustellen, daß unsere Interviewpartner die Zeit vor dem 9. November auch retrospektiv als eine für sie schwierige Entscheidungssituation ansehen, die heute noch als Frage nachwirkt. Die Interviewpartner beantworten sie mit Versuchen, ihr damaliges Verhalten zu erklären und bewerten sie in einer Weise, die ihrer heutigen Sicht entspricht.

*Das zentrale Erlebnis des Falls der Mauer*

Der Fall der Mauer in der Nacht vom 9. und 10. November, durch die Ankündigung von SED-Politbüromitglied Günther Schabowski eher versehentlich ausgelöst[227], ist eines von jenen historischen Ereignissen, das in das Leben ausnahmslos aller Bürger der DDR eingriff und in den Erzählungen aller unserer Interviewpartner eine große Rolle spielt. Wie schon erwähnt, wurden sogar in vielen Äußerungen „Wende" und „Fall der Mauer" als Synonyme verwendet, was manchmal zu Mißverständnissen führen konnte. Auf die Frage, wie er die Wende erlebt habe, antwortete zum Beispiel Werner Golz: „Da hab ich geschlafen, wo es passiert ist nachts."[228] Werner Golz sprach vom Fall der Mauer, von dem er erst am folgenden Morgen von seinen Arbeitskollegen im Betrieb erfahren hatte.

226 Hennigsdorf 12, S. 86.
227 Vgl. Beschluß des DDR-Ministerrates zur Reiseerleichterung vom 9. November 1989. In: Volker Gransow/Konrad H. Jarausch (Hrsg.): Die deutsche Vereinigung. Dokumente zu Bürgerbewegung, Annäherung und Beitritt. Köln 1991, S. 93 f.
228 Hennigsdorf 11 (nicht transkribiert).

Keiner unserer Gesprächspartner hat die Öffnung der Grenzübergänge in jener Nacht in Berlin unmittelbar miterlebt. Aber jeder von ihnen hatte „seine“ erste Begegnung mit dem Westen. Ein tiefgreifendes historisches Ereignis setzte sich in viele individuelle und ganz unterschiedliche Erlebnisse um. Es fällt allerdings auf, daß die meisten heutigen Erzählungen von Distanz geprägt sind. Niemand von unseren Gesprächspartnern fuhr spontan noch in der Nacht los, um dabeizusein. Entweder erfuhren sie die Nachricht über Radio bzw. Fernsehen und wollten sie nicht richtig glauben oder sie hörten erst am nächsten Tag von den Arbeitskollegen, was geschehen war. Auch hat offenbar niemand am folgenden Tag vorzeitig den Arbeitsplatz verlassen, „blaugemacht“, um sofort die neue Bewegungsfreiheit auszuprobieren. Diszipliniert machten sie sich nach Feierabend oder am Wochenende, manche sogar erst Tage oder Wochen später zum ersten Mal auf den Weg nach Westberlin. Je stärker unsere Gesprächspartner ihren emotionalen Abstand zum Ereignis betonen, desto größer war in der Regel der zeitliche Abstand zwischen Maueröffnung und ihrer ersten Fahrt in den Westen. Und diese Disziplin oder Zurückhaltung wird von den Erzählenden fünf Jahre später beinahe als Tugend hervorgehoben, als Zeichen von Gelassenheit oder Würde, mit der sich die Betreffenden unterscheiden wollen von dem überstürzten oder gar euphorischen Verhalten ihrer Kollegen oder Nachbarn bzw. den Freudenszenen, die sie im Fernsehen gesehen hatten. Das Wort Euphorie oder euphorisch taucht in diesem Zusammenhang immer wieder abwertend oder ablehnend auf. Es ist der Gefühlsausdruck, der nach der Ernüchterung als besonders peinlich empfunden wird. Herbert Anker[229], ein gewissenhafter Facharbeiter des Halbleiterwerkes Frankfurt/Oder, erinnert sich auf unsere Frage nach dem 9. November nur noch an seinen damaligen Ärger:

> „... da hab ich Spätschicht gehabt oder Nachtschicht, aber äh, da war ich irgendwie bißchen sauer. Auf die Leute..das war ja kalt, waren ja Minusgrade, da sind die mit Motorrad nach Berlin gefahren, die Nacht, von der Nachtschicht weg und raus ... das interessiert mich nicht, ich hau ab nach Berlin. Sowas Bekloppptes, und da war ich echt sauer, daß ... und das war ja noch DDR gewesen. Der amtierende oder Hauptdispatcher, der hätte [sagen sollen]: Hier das gibt's nicht, du bleibst hier! Soviel Macht hat er ja noch gehabt, wenn auch ... naja aber ... die Leute mit Kind und Kegel und denn auf'm Ku'damm. Weeß ja nicht, ich hab ja bloß die Bilder gesehen. Wie es da aussah, wie ein Schlachtfeld. Junge, die Bierbüchsen alles rum, Sektpullen massig, also da hat man ... da hat man..da hab ich mich geschämt, trotzdem ich fast hundert Kilometer weg bin. Also gehaust, wie man so schön sagt, wie die Vandalen. So haben sich bestimmt auch einige von uns benommen: Jetzt sind wir frei, jetzt kann uns keiner, so ungefähr.“[230]

229 Herbert Anker, Jahrgang 1940, Elektronik-Facharbeiter im SMI, eher unpolitisch.
230 Frankfurt/O. 12 b, S. 10 f.

Für den disziplinierten und gewissenhaften Arbeiter Herbert Anker war das spontane und euphorische Verhalten seiner Kollegen ein Greuel. Er schämt sich geradezu für die Spuren der nächtlichen Feier auf dem Berliner Kudamm, weil „bestimmt auch einige von uns" dabei waren. Eine solche Auffassung von Freiheit, die er eher Zügellosigkeit nennen würde, löst in ihm nur Ablehnung und Beunruhigung aus. Die denkbare Freude, Erleichterung, Neugier angesichts der Öffnung einer jahrzehntelang versperrten Grenze tritt hier deutlich zurück gegenüber der Angst vor der Auflösung der gewohnten Ordnung. Obwohl der Mauerfall von den meisten unserer Gesprächspartner als ein außerordentliches Ereignis von einschneidender Bedeutung angesehen wurde, hielten sie offenbar trotzdem ein außerordentliches Verhalten, das bestehende Regeln verletzte, nicht für angemessen oder gar für suspekt.

Viele der Befragten schildern ihre ersten Eindrücke im Westen als beeindruckend und verunsichernd zugleich. Von grellem Licht und bunten Farben ist die Rede. Das habe „einem den Atem weggenommen" sagt Frank Gruner, um sofort hinzuzufügen, er sei eigentlich ziemlich schnell ernüchtert gewesen.[231] Andere erzählen von den Menschenmengen und dem Gedränge, vom Staunen über ein riesiges Warenangebot, vor dem sie mit ihren hundert Mark Begrüßungsgeld standen. Hilmar Loose, der auf dem Kudamm in der Menschenmenge gestanden hat „wie so ein Hering", will ausdrücklich nicht „in Euphorie gefallen" sein, sondern schon damals hundertprozentig gewußt haben „daß da Arbeitslosigkeit mit dranhängt".[232] Berta Klaus bezeichnet ihren ersten Besuch in Westberlin als „deprimierend", sie sei sich wie eine Bettlerin vorgekommen und habe sich von den 100 Mark nichts gekauft. Elfriede Marsch meint, sie habe sich gefühlt „wie ein Dieb":

> „Ja, trotzdem ich die hundert Mark hatte. Die hab ich ja geschenkt gekriegt. Und von denen, die ich an sich nicht ausstehen kann, vom Kapitalismus. Ich bin wirklich nur rübergefahren, wissen Sie, was ich eingekauft habe? Ein Pfund Kaffee, zwei Tafeln Schokolade und eine Handarbeitszeitung, das war alles. Und dann hab ich gemacht, daß ich wieder rüber ... wieder nach Hause fuhr. Ja, das war für mich fürchterlich. Wie ich das erstemal in diesen Bus einstieg, so'n Doppelstockbus, wie ich dort eingestiegen bin, hab ich gedacht, hab ich gedacht ... also ich hab mich auch dämlich benommen, muß ich Ihnen ehrlich sagen. Die hatten Einkaufswagen, solche Einkaufswagen, wie sie sie heute in den Hallen haben. Und da ist doch, wo sie den Wagen extra durchschieben. Und das war bei Reichelt auch, wir waren bei Reichelt drin. Und da hab ich den Wagen durchgeschoben und bin hinterhergekrochen. Und da hat eine ganz laut gesagt: Das ist eine Doofe aus der DDR (lacht). Ich hab einfach

231 Frankfurt/O. 13, S. 21.

232 Hilmar Loose, Jahrgang 1953, Elektromonteur, stellvertretender Betriebsratsvorsitzender bei SMI Frankfurt/Oder, Mitglied der SPD. Zitat Frankfurt/O. 2, S. 51.

nicht darauf geachtet, so benommen war ich, daß ich da durchgehen mußte."[233]

Elfriede Marsch, die immerhin zum Zeitpunkt des Mauerfalls fast siebzig Jahre alt war, den Westen womöglich vor dem Bau der Mauer gekannt hat, eine gestandene Frau, die als Mitarbeiterin der Kaderleitung des Betriebes über das Schicksal von Menschen zu bestimmen hatte, gesteht hier mit einer geradezu berührenden Offenheit ihre völlige Verunsicherung in dieser fremden Welt Westberlin ein. Im ersten Satz versucht sie ihre Abwehr noch ideologisch mit dem Kapitalismus zu begründen. Daß sie sich wie ein Dieb gefühlt habe, mag damit zusammenhängen, daß sie nach ihrem bisherigen Verständnis etwas Verbotenes tat, weil sie vom „Klassenfeind" Geschenke angenommen hatte. In den folgenden Sätzen wird jedoch deutlich, daß die Ideologie nicht so wichtig ist oder sie ist nur insofern wichtig, als sie sich als untaugliches Erklärungsmuster für diese verwirrende und fremde Welt erweist, in der schon das Warenangebot eines Supermarktes benommen macht. Die Szene, wie sie hinter dem Wagen durch die Absperrung kriecht und prompt als „Doofe aus der DDR" erkannt wird, erinnert ein wenig an Geschichten vom Verhalten von Europäern in Amerika oder Dörflern in der Großstadt. Es ist nachvollziehbar, daß Elfriede Marsch sich beeilte, um wieder nach Hause, auf sicheres Terrain zu kommen und daß sie wenig Neigung verspürte, sich einer solchen Situation so bald wieder auszusetzen.

Auch das Zeugnis von Anton Blume, der viel jünger ist als Elfriede Marsch und vermutlich unbefangener und neugieriger nach Westberlin fuhr, spiegelt ähnliche Irritationen wider:

„Und ich selber bin das erste Mal erst am 11. rübergefahren. Ich weiß bloß noch eins, wir waren zu dritt und wir waren alle eigentlich gut angezogen, muß ich sagen, wir haben uns eigentlich das Beste, was wir ... nicht fein, aber eben gut angezogen. Wir sind jedenfalls sofort als Ossis aufgefallen. Nicht wegen ... wir hatten eigentlich auch schon westliche Klamotten, Jeans hatten wir ja auch, ja. Nur Thomas naja, der ist eben schlampig und der kam wie immer an. Und alle haben ihn nach dem Weg gefragt. Uns hat keiner gefragt, uns haben sie gleich den Ossi angesehen. Darüber waren wir am meisten schockiert. Und mein erster Eindruck war, das habe ich überhaupt nicht begriffen. Wir wußten erstmal nicht wohin, sind nach Flughafen Tegel gefahren und auf diesem Flughafen – die Kioske voll mit Zeitungen und Papier, das war für mich unverständlich, nur Schundliteratur, nur Scheiße drinne. Und bei uns konnten sie die Bücher nicht drucken, weil sie kein Papier hatten. Das war für mich unvorstellbar. Nur Müll, hast du da gesehen, nur nackte Frauen drauf, also die ganzen Zeitungskioske voll bepackt mit

233 Frankfurt/O. 6, S. 68.

> Zeitungen oben, also nur Müll, nur Müll, also das war mein Eindruck, daß das nur Bücher sind, wo Müll drinsteht."[234]

Anton Blume versucht seiner Irritation zwar mit Selbstironie beizukommen, aber es ist dennoch nicht zu überhören, in welchem Maße er sich in seinem Selbstverständnis verunsichert fühlt, weil sein Zeichensystem durcheinander geraten ist: Er in seiner besten Kleidung wird sofort als „Ossi" erkannt, während sein schlampiger Freund als zugehörig akzeptiert wird. Die demonstrative Abwehrhaltung gegenüber dem vollen Zeitungskiosk wird zu einem Teil dieser Verunsicherung geschuldet sein, zumal er andere Eindrücke, die er sicherlich auch hatte, nicht erwähnt. Aber hinzu gesellt sich die Bestürzung eines Menschen, der in seinem Leben nur Papiermangel kennengelernt hatte, angesichts dieses Überflusses an Papier und Druckfarben, der noch dazu für in seinen Augen minderwertige Zwecke wie Pornografie und Klatschgeschichten usw. verschwendet wird. Solche Verschwendung von Ressourcen waren für Anton Blume keine Alternative zur Mangelwirtschaft, aus der er kam.

Wer von unseren Gesprächspartnern allerdings Freunde und Verwandte besuchen konnte, erlebte die Maueröffnung wirklich als glückliche Möglichkeit der Begegnung, wie Sonja Grätz. Auch sie hatte zunächst der abendlichen Nachricht keinen Glauben geschenkt, erst die Kolleginnen und Kollegen im Betrieb hatten sie am nächsten Tag davon überzeugt, daß die Mauer wirklich geöffnet ist:

> „Und Sonnabends, der Sohn kam so zeitig aus der Schule, ich sage, was willst Du denn schon hier? Mann, sagt er, wir waren heute bloß fünf Schüler, die anderen sind alle nicht da, die sind alle nach Berlin gefahren. Ich sage, na sowas gibt's ja wohl nicht, man hat ja erstmal in die Schule zu gehen. Die haben einfach alle unentschuldigt gefehlt. Auf die Idee wäre ich gar nicht gekommen, den nicht in die Schule zu schicken. Und dann haben wir gesagt, na gut, wir hatten ja auch Bekannte, die uns die Jahre vorher immer einmal im Jahr, meistens zu Buß- und Bettag besucht haben. Da haben wir gesagt, ja wenn das so ist, müssen wir's auch probieren. Sind wir mit dem Bus gefahren. Haben wir da am Bahnhof uns angestellt, das war ja mit Anstehen, so voll war das, knackevoll. Haben sie damals so Sonderbusse, die sind rund um die Uhr ... da kann ich mich noch dran erinnern, zwei Mark mußten wir bezahlen für eine Fahrt. Das Komische war, damals mußten wir an dem Grenz-Zoll-Ding alle raus, Ausweis vorzeigen und ich hatte ja damals schon, weil ich vorher schon bei meinem Onkel in Lübeck war, hatte ich schon einen Paß, den hatte ich mir vorsichtshalber mal ... da war ja kein gültiger Stempel drin und nischt, jedenfalls hat das geklappt, ohne irgendwelche Umstände da durchzukommen. Mußte man da durch, dann wieder alle rein in den Bus und weiter und zurück wieder

234 Hennigsdorf 12, S. 87.

dieselbe Tortur, alle raus, wieder rein. Jedenfalls haben wir in Tegel angerufen unsere Bekannten. Wo seid denn ihr? (fragten sie) Dann steigt ihr in die U-Bahn ein und fahrt bis da und da, steigt ihr aus, wir holen euch ab. Und das war eine Freude, aber das hat dann nach einer ganzen Weile nachgelassen. Wir sehen uns überhaupt nicht mehr."[235]

Auch bei Sonja Grätz gibt es zunächst ein leises Erschrecken, diese Mißbilligung der mangelnden Disziplin der anderen. „Man hat ja erstmal in die Schule zu gehen", meint sie, egal was passiert, Ordnung muß sein. Aber dann läßt sie sich von der ausgelassenen Stimmung forttragen und in ihrer minutiösen Erzählung der Busfahrt über die Grenze schwingt noch die Aufgeregtheit jenes Tages mit, die Freude über das überraschende Wiedersehen mit den Freunden. Allerdings hat auch Sonja Grätz das Bedürfnis, wie übrigens fast alle unsere Gesprächspartner, gegen dieses freudige Gefühl eine ernüchternde Bemerkung zu setzen, in diesem Fall über das spätere Ende der Freundschaft.

Festzuhalten ist, daß die Interviewpartner in der Regel sehr konkrete Erinnerungen haben, die sie heute vielfach ambivalent sehen. Diese Erinnerungen, in denen sich manche Probleme der Wende für die Menschen andeuten, prägen das Gesamtbild des Falls der Mauer mit.

### *Die Beurteilung von Wahlen und Währungsunion*

Die ersten freien Wahlen im März 1990 wurden von unseren Befragten sehr wenig erinnert. Erst auf Nachfragen ließen sich manche eine indifferente oder gar skeptische Bemerkung entlocken. Während Renate Bärwald gestand, daß sie gar nicht wußte, „wie und was" und deshalb gar nicht erst wählen gegangen sei, meinte der bürgerbewegte Dieter Zange: „Da war meine ganze Revolution eigentlich schon wieder im Arsch". Wahrscheinlich meint Dieter Zange damit nicht die Wahlen selbst, sondern das für ihn enttäuschende Ergebnis der Wahlen. Aber mehr wollte er dazu nicht sagen. Bei den übrigen Befragten lassen sich im wesentlichen zwei Grundaussagen unterscheiden. Die einen äußern, bei diesen Wahlen sei es nur um die D-Mark gegangen. Manche von ihnen lassen auch durchblicken, daß sie deshalb CDU gewählt hätten, worauf sie später offenbar nicht mehr stolz waren. Die anderen sagen, die Wahlen seien doch nicht anders als vorher. Zu sozialistischen Zeiten habe man sein Kreuzchen gemacht, und später eben auch. Dabei hatten sie anscheinend schon vergessen, daß es zu sozialistischen Zeiten keineswegs um ein „Kreuzchen" gegangen war, sondern gerade darum, den Zettel mit der Kandidatenliste einfach nur zusammenzufalten und in die Urne zu stecken. Auf schwer entwirrbare Weise vermischen sich offenbar in manchen Äußerungen die Gering-

235 Hennigsdorf 8, S. 31.

schätzung für die sogenannten Wahlen in der DDR mit der Geringschätzung für Demokratie schlechthin und mit der späteren Enttäuschung, dem Gefühl einer erneuten Ohnmacht gegenüber Politik und Politikern.

Ein ungleich größerer Stellenwert wird dagegen der Währungsunion zugewiesen. Die Einführung der D-Mark am 1. Juli 1990 stellte für die DDR-Bürger die einschneidenste Veränderung ihres Lebens dar, die bis in die Gegenwart weitreichendste Folgen hat. Der Umtausch war für alle Beteiligten mit viel Streß und Rennereien verbunden. Die Unsicherheit um den Umtauschkurs dauerte bis in den Mai hinein. Von einem Tag zum anderen bekamen die Menschen eine Währung in die Hand, die einen ganz anderen Wert hatte als die Binnenwährung der DDR. Von einem Tag zum anderen gab es in der DDR ein ähnliches Warenangebot wie in der Bundesrepublik, allerdings auch mit ähnlichen Preisen. Unmittelbar nach der Währungsunion begannen jedoch auch die ersten Schwierigkeiten für die Betriebe, die ihre Produkte nicht mehr los wurden.

Für die meisten unserer Gesprächspartner war die Einführung der D-Mark die zwangsläufige, nicht selten auch erwünschte Folge des Falls der Mauer. Sie waren der Meinung, daß das wirtschaftliche und Währungsgefälle zwischen Ost und West auf Dauer bei offener Grenze überwunden werden mußte. Die Währungsunion war für sie ein Weg, der aus der wirtschaftlichen Krise der DDR führen würde und natürlich freuten sie sich, nun endlich für ihr Geld etwas kaufen zu können. Sie hofften, rasch an das Lebensniveau der Bundesbürger heranzukommen. Viele von ihnen gingen zugleich ganz selbstverständlich davon aus, daß sie mit ihrer Arbeit zu DDR-Zeiten etwas geschaffen hatten, das sie in die wirtschaftliche Vereinigung einbringen konnten.

Sonja Grätz erzählte uns, sie sei damals der Meinung gewesen, daß die Investoren nach der Währungsunion „Schlange stehen" würden, um das Stahlwerk zu kaufen. Der 74jährige Rentner Kurt Panitz, ein gewissenhafter Facharbeiter, der dem sozialistischen System sehr distanziert gegenübergestanden hatte, wünschte sich die Währungsunion u.a. deshalb herbei, weil er sonst in Tegel die Mark wieder eins zu vier hätte umtauschen müssen. Er fuhr jedoch fort:

> „Ich habe mir gedacht, wir haben hier 35 Jahre Stahl hergestellt und jeden Tag über tausend Tonnen, sagen wir 1500 Tonnen hier. Und dann auf einmal taugte das nicht, ist alles nichts wert, kaputt und auf einmal soviel Arbeitslose. Und auf einmal heißt es, der Osten kostet uns soviel Geld. Warum? Hätte man das nicht noch weiterlaufen lassen können, zwei, drei, vier, fünf Jahre und allmählich was abschaffen oder verbessern oder was Neues draus machen? Sie haben auf einmal alles kaputtgemacht."[236]

236 Hennigsdorf 16, S. 44.

Kurt Panitz bringt hier sein Unverständnis über die plötzliche Entwertung der von ihm im Stahlwerk mitgeschaffenen Werte zum Ausdruck. Seine empörte Frage, warum man das nicht noch ein paar Jahre hätte weiterlaufen lassen können und der Ausspruch: „Sie haben auf einmal alles kaputtgemacht", machen deutlich, daß er zwischen seinem damaligen Wunsch nach einer raschen Währungsunion und seiner Unzufriedenheit über die Folgen keinen zwangsläufigen Zusammenhang sehen will.

Hannelore Bernd erzählte, daß die Westberlinerinnen und Westberliner täglich über die offene Grenze nach Hennigsdorf gekommen seien und die Bäcker- und Fleischerläden leergekauft hätten. Auch beim Friseur habe man keinen Termin mehr bekommen. Deshalb habe sie sich eigentlich gewünscht, daß das schnell mit der Währungsunion geht. Nach ihrer Auffassung hätte es sogar noch früher kommen können.[237]

Auch unter den Protagonisten des DDR-Systems war die Haltung zur Währungsunion geteilt. Zu den wenigen Interviewpartnern, die deutlich zu erkennen gaben, daß sie der Währungsunion von Anfang an ablehnend gegenübergestanden hatten, gehörte Max Hiller.[238] Hiller war als junger Mann gewerkschaftlich aktiv und Mitglied der Sozialistischen Arbeiterjugend gewesen. Er hatte am Ende der Weimarer Republik die massenhafte Arbeitslosigkeit kennengelernt und zweifelte – nach seinen Aussagen – keinen Augenblick daran, daß diese Zustände nun wiederkehren würden. Daß er damit recht behielt, konstatierte er sogar mit einer gewissen Befriedigung. Er steht der Wende insgesamt ablehnend gegenüber, nach seiner Ansicht war die Krise der DDR 1989 hauptsächlich von außen gesteuert, die tatsächlichen Probleme hätten mit der Ablösung von Erich Honecker und einigen anderen Politbüromitgliedern gelöst werden können:

> „Und hab ich auch allen gesagt: Ihr habt das gewollt, Ihr habt alle Helmut, Helmut geschrien, nicht wahr, und viele haben geschrien: Wenn die Mark nicht zu uns kommt, gehen wir zur Mark. Naja, nu habt ihr die Mark, hab ich gesagt, nun müßt Ihr Euch damit abfinden, nicht. Und heute schimpfen ja viele, die arbeitslos sind. Hättet ihr vorher schimpfen müssen, nicht hinterher!"[239]

In Hillers Worten schwingt die tiefe Enttäuschung über die Abkehr der Mehrheit der DDR-Bürger vom sozialistischen System mit. Aber ein bißchen Häme ist auch dabei. Da spricht gleichsam die Obrigkeit zum unbotmäßigen Volk, so wie man zu einem ungezogenen Kind sagt: Das hast du nun davon, du wolltest ja nicht auf uns

237 Hennigsdorf 13, nicht transkribiert.

238 Max Hiller, Jahrgang 1916, bis zu seiner Berentung im Jahre 1981 Mitglied der Betriebsleitung des Stahlwerks Hennigsdorf. Hiller erzählte, daß er nach dem Erlebnis des Krieges den Sozialismus als einzige gesellschaftliche Alternative erkannt und sich seitdem aktiv dafür eingesetzt hatte. Er war Mitglied der SED, später PDS.

239 Hennigsdorf 3, S. 106.

hören. Der schon zitierte Joachim Held spricht im Zusammenhang mit der Währungsunion von „Verrat“ der DDR-Bürger, die sich für 100 DM „Bestechungsgeld“ an den Klassenfeind verkauft hätten. Für ihn steht die Währungsunion in einer historischen Reihe von Erfahrungen, die von Krieg über Inflation und Weltwirtschaftskrise bis in die Gegenwart reicht und in deren Folge die kleinen Leute stets um ihre wenigen Ersparnisse betrogen worden seien.[240] Für Berta Klaus war die Währungsunion „schockierend“. Sie erinnert sich in dem Zusammenhang spontan an die Währungsreform von 1948, die auch eine tiefe Zäsur in ihrem Leben – die Teilung Deutschlands – einleitete, um dann aber hinzuzusetzen, „das hier“, sei doch was anderes gewesen. In ihrem Leben, so könnte man ihre Äußerung verstehen, bedeutete 1948 der verheißungsvolle Beginn von etwas Neuem, während der Geldumtausch 1990 das Ende ihrer beruflichen Laufbahn mit sich brachte. Elfriede Marsch bringt ihre Enttäuschung über die Menschen zum Ausdruck, die „nur die D-Mark gesehen“ hätten. Gleichzeitig betont sie jedoch, daß es ihr heute finanziell so gut wie nie gehe. Auch Grete Lieser spricht davon, daß die Rentner nur Vorteile von der Währungsunion gehabt hätten.

Die ganze Zwiespältigkeit gegenüber der Einführung der D-Mark bringt Herbert Anker in folgender Aussage zum Ausdruck:

> „Naja Gott, ist ja schön, daß du jetzt die D-Mark hast, dann kannste überallhin, brauchste keene Devisen mehr umtauschen, Antrag stellen und dich einzuschränken. Gehst jetzt hin und tauschst um in die Landeswährung oder auch nicht. Das war (Pause) sagen wir mal, war 'ne gewisse Zufriedenheit. Glücklich nicht, war 'ne Zufriedenheit. Weil, ich hab mir gesagt, war ja abzusehen, daß mächtig abgespeckt wird in punkto Stellen abgebaut werden. Ich hab ... der Überzeugung bin ich jetzt auch ... damals war mir erstmal ein gesicherten Arbeitsplatz und eine geregeltes Einkommen pro Monat lieber als wenn ick da im Jahr doch dreimal nach Gran Canaria oder nach Paris oder sonstwohin fahren könnte. Wenn ich kein Geld habe, nutzt mir die Reisefreiheit auch nischt. Und da hab ich naja so: Na ist gut, ja, Währungsunion, hm, naja ...“[241]

Herbert Anker wägt hier die Vor- und Nachteile der Währungsunion gegeneinander ab: auf der einen Seite das gewachsene Selbstbewußtsein, das sich mit der Verfügung über dieses Geld einstellt, die größeren Bewegungsmöglichkeiten auch im Ausland und auf der anderen Seite die wirtschaftliche Unsicherheit, die Angst um den Arbeitsplatz. Seine Zufriedenheit über die Vorteile will er nicht mit einem Zustand von Glück verwechselt wissen, der offenbar anderen Werten vorbehalten bleiben soll. Wenn man ihn aber vor die Wahl zwischen der Sicherheit des Arbeitsplatzes und den Vorzügen der D-Mark stellen würde, so würde sich Herbert Anker ohne zu zögern für seinen Arbeitsplatz entscheiden.

240 Frankfurt/O. 9, S. 13.
241 Frankfurt/O. 12 b, S. 13.

In unseren Gesprächen über die Währungsunion spielte auch die Frage des Umtauschkurses eine große Rolle. Interessanterweise wurde häufig mit Empörung vom Umtauschkurs 1:2 gesprochen und die Tatsache, daß jeder Bürger eine bestimmte Summe im Verhältnis 1:1 tauschen konnte[242], vergessen oder als eher nebensächlich abgetan. Auch geht aus einigen Äußerungen unserer Gesprächspartner deutlich hervor, daß es ihnen bei diesem Thema keineswegs nur um die Frage von finanziellem Verlust oder Gewinn ging, sondern daß sie die Vorstellungen von dem Wert ihrer bisherigen Arbeit, ja ihres bisherigen Lebens, irgendwie mit dem Umtauschkurs D-Mark zu DDR-Mark identifizierten. Irmgard Luckner, die sich über die Nichtanerkennung bestimmter Berufsabschlüsse aus der DDR in der neuen Gesellschaft ärgert, fährt fort:

> „Das ist ja schon von vornherein abgestempelt auf zweite Stufe. Ist doch so. Genau wie unser Geld, das haben sie getauscht 1:2, aus was für einem Grunde denn? Wir haben auch bloß gearbeitet, und wir waren auch nicht faul. Gut, einige faule Hunde, waren auch dabei ...“[243]

Hilmar Loose, der trotz Nachfrage darauf beharrt, daß seine „paar Kröten“ im Verhältnis 1:2 getauscht worden seien, spricht von einem „ganzen Leben“, das bei manchen daran hängen würde.[244] Ilona Jahrmark räumt zwar ein, daß die DDR-Mark nichts mehr wert war, gibt jedoch zu bedenken, daß das Geld schwerer erarbeitet worden sei als vergleichbare Summen von ihren Altersgenossen in der Bundesrepublik.[245] Sonja Grätz erinnert sich beim Thema Währungsunion vor allem daran, daß ihre jahrelange Freundschaft mit dem Westberliner Ehepaar an den Meinungsverschiedenheiten über den Umtauschkurs zerbrach:

> „Und dann, als wir uns dann wegen der Währungsumstellung mal so unterhalten hatten, und sie sagt dann auf einmal zu mir: Na ja, sagt sie, ein Teil eins zu eins und der Rest eins zu zwei, so ungefähr eins zu fünf wäre ja gerade genug für uns. Und da habe ich gesagt: Also so nicht! Ihr habt wohl gedacht, wir haben unser Leben lang auf der faulen Haut gelegen und uns nur gesonnt oder was.“[246]

Sonja Grätz verbindet hier, ebenso wie die vorher zitierten Gesprächspartner, hochsymbolisch den Umtauschkurs mit der Be- bzw. Entwertung der eigenen Lebensleistung. Die geringe Wertschätzung für die DDR-Ökonomie, die ihre Westberliner Freunde offensichtlich geäußert haben, versteht sie als Vorwurf der persönlichen Faulheit, den sie gekränkt zurückweist.

242 4000 Mark für jeden Erwachsenen, 2000 Mark für jedes Kind, für Rentner 6000 Mark.
243 Frankfurt/O. 10, S. 41.
244 Frankfurt/O. 2, S. 54.
245 Frankfurt/O. 1, nicht transkribiertes Interview.
246 Hennigsdorf 8, S. 32.

Nüchterne Auffassungen, die weniger von moralischen Vorstellungen als von ökonomischen Gegebenheiten ausgingen und vor den Risiken einer schnellen Einführung der D-Mark warnten, haben in jener Zeit kaum Gehör gefunden. Der schon zitierte Anton Blume erzählte uns, daß er sich bei dieser Gelegenheit mit seinem Vater überwarf:

> „Wenn ich nach Hause gekommen bin, hat meine Mutter schon gesagt: Wehe du fängst an, wehe du fängst an. Wumm, gleich ging das los, die Fetzen sind geflogen, keine halbe Stunde war ich da, konnte ich schon wieder losfahren. Also erstmal war ich gegen die Wiedervereinigung, dann war ich gegen die Einführung der D-Mark und für ein langsames Zusammenwachsen. Ich meine, die Geschehnisse wurden einem ja aus der Hand genommen. Das schlimme war ja gewesen, sie haben sich ja an diese Ökonomie festgeklammert, an diese schnelle Einführung der D-Mark. Meinem Vater konnte ich das richtig sagen: die Einführung der D-Mark macht uns wirtschaftlich kaputt. Und mein Vater: was du da erzählst, was du da erzählst ... Der hat gemeint, Facharbeiter werden immer gebraucht, der war richtig stolz auf seinen Beruf und hat es gar nicht verstanden, daß sie dann nach und nach alle in die Wüste geschickt haben ...“[247]

Anton Blumes Erzählung spiegelt deutlich das Entwicklungstempo der damaligen Zeit und die Hektik der Auseinandersetzung wider, die aber in ihrer Konstellation nicht unbedingt generationstypisch ist; genausogut hätten die Konfliktlinien auch umgekehrt verlaufen können. Jedoch war in der Generation seiner Eltern, die 1990 etwa Ende fünfzig/Anfang sechzig waren, der Kontrast zwischen den Erwartungen, die mit Währungsunion und Einheit verknüpft wurden und den tatsächlichen Ergebnissen besonders kraß. Diese Generation zählte tatsächlich zu den Verlierern des Wendeprozesses, weil sie nach dem Verlust des Arbeitsplatzes nur selten die Chance zu einem Neubeginn hatten.

Die retrospektive Sicht der Einführung der D-Mark zeigt in besonders eindrucksvoller Weise, daß es bei der Beurteilung der tiefgreifenden Veränderungen im Leben der Menschen nicht zuletzt um die Frage der Anerkennung bisheriger Lebensleistungen geht und viele die realen Prozesse als persönliche Kränkungen empfunden haben.

### *Die Frage nationaler Einheit*

Daß es bereits am 3. Oktober 1990 zur nationalen Vereinigung zwischen DDR und BRD kommen würde, hätte zu Beginn des Jahres 1990 wahrscheinlich kaum ein Deutscher in Ost und West für möglich gehalten. Selbst Bundeskanzler Kohl

247 Hennigsdorf 12, S. 20.

hatte in seinem 10-Punkte-Plan im November 1989 mit einem längeren Prozeß, mit einer konföderativen Zwischenstufe, gerechnet.[248] Der Prozeß hatte sich jedoch seit Ende '89 stark beschleunigt. Und nach der raschen Währungsunion erschien die staatliche Vereinigung nur als zwangsläufige Folge, deren Modalitäten im Einigungsvertrag zwischen der Bundesregierung und der im März 1990 gewählten Regierung de Maizière ausgehandelt wurden.

Zwischen der Zustimmung oder Ablehnung zur Währungsunion und der Haltung zur deutschen Vereinigung besteht bei unseren Gesprächspartnern kein unmittelbarer Zusammenhang. In der Beurteilung der Vereinigung verlaufen die Unterschiede zwischen den Generationen. Die Älteren, die ein einheitliches Deutschland noch selbst erlebt oder in den fünfziger Jahren das allen Lagern noch gemeinsame Ziel der Einheit verinnerlicht hatten, gaben ihrer Freude und Erleichterung Ausdruck, daß der jahrzehntelange Zustand der Teilung endlich aufgehoben sei. Hier gab es zwischen den Befürwortern und Kritikern des DDR-Systems kaum Unterschiede. Sowohl für Max Hiller und Elfriede Marsch als auch für Rudolf Lampe und Kurt Panitz war die nationale Einheit ein Wert, den sie hoch einschätzen. Hans Kleinschmidt etwa formuliert:

> „Naja, ein einheitliches Deutschland hat man sich immer gewünscht. Zuerst hat man ja immer gesagt, nee das könnte eigentlich nur so sein, wie wir es hier haben in der DDR, nachher später hat man seine Zweifel gekriegt und hat gesagt, wie soll es überhaupt mal werden. Und zum Schluß hat man keine Vorstellungen mehr gehabt, wie es überhaupt laufen sollte. Naja denn hatte man bis zum Schluß eigentlich so die Vorstellung, naja man [die DDR A.L.] bleibt, aber es werden Zugeständnisse gemacht, daß eben eine Währungsunion kommt, daß unser Geld auch frei konvertierbar wird, daß wir eben mit dem Geld auch was anfangen können, das würde ja auch unsere ganze Industrie stabilisieren und alles, daß man die Grenzen wieder mal aufmacht, für diejenigen, die unbedingt in die andere Welt wollen, und solche Zugeständnisse ... daß es nun voll auf Wiedervereinigung lief ... naja das war nun die andere Sache und eh, habe ich im Prinzip auch dann mitbegrüßt und finde ich heute noch als 'ne gute Sache, wenn ich auch so einiges drum herum eben doch vielleicht 'n bißchen anders gesehen hätte, wenn man anders verfahren hätte, hätten sie müssen mit uns ...“[249]

248 Vgl. Wolfgang Jäger: Die Überwindung der Teilung. Der innerdeutsche Prozeß der Vereinigung 1989/90. Stuttgart 1998, S. 64 f.; Konrad H. Jarausch: Die unverhoffte Einheit 1989-1990. Frankfurt a.M. 1995, S. 108 f.; Bernd Faulenbach: Die friedliche Revolution in der DDR als Herausforderung der Deutschlandpolitik der Parteien in Bonn. In: Paul Gerhard Klussmann und Frank Hoffmann (Hrsg.): Das Epochenjahr 1989 in Deutschland. Bochum 1999, S. 24-42, hier S. 34 f.

249 Hennigsdorf 14, S. 36.

In dieser Textpassage schildert uns Hans Kleinschmidt, ein wenig verklausuliert, die einzelnen Stufen seiner Vorstellung von der Einheit, die jeweils im Zusammenhang mit der SED-Politik und mit seiner Sicht auf die beiden Gesellschaftssysteme standen. Zunächst erinnert er an die in den fünfziger Jahren recht populäre Einheits-Propaganda der SED, deren Bestrebungen auf ein Deutschland unter sozialistischen Vorzeichen hinausliefen. In dieser Aufbruchs- und Aufbauphase war Hans Kleinschmidt offenbar fest von der Überlegenheit des sozialistischen Systems überzeugt. Später kamen ihm in dieser Hinsicht Zweifel. Er sei sich nicht mehr so sicher gewesen, „wie es überhaupt mal werden sollte". „Zum Schluß", damit sind wohl die Jahre gemeint, in denen die SED nicht mehr von der Einheit sprach sondern auf Abgrenzung gegenüber der Bundesrepublik setzte, habe er „keine Vorstellungen mehr gehabt". In der Wendezeit rechnete Hans Kleinschmidt deshalb sogar noch nach der Währungsunion auf eine längere staatliche Selbständigkeit der DDR, aber da schließlich die ganze Entwicklung anders verlief, habe er sich der allgemeinen Stimmung angeschlossen und die Wiedervereinigung „mitbegrüßt". Seine Freude wäre jedoch größer gewesen, dies wendet er zum Schluß ein, wenn „man anders verfahren hätte", d.h. wenn sein Selbstgefühl dabei nicht verletzt worden wäre.

Auch Elfriede Marschs Nationalgefühl ist geprägt von den Einheitsformeln der SED der fünfziger Jahre. Obwohl sie sich von der Wende insgesamt „sehr zermürbt" fühlt, ist sie letztlich froh, „daß wir wieder ein deutsches Volk sind". Schließlich habe sie doch jahrelang gesungen: „... daß die Sonne schön wie nie über Deutschland scheint."[250]

Die Auffassungen unserer jüngeren Gesprächspartner, die in ihrer Lebenszeit nichts anderes als zwei Staaten und die Politik der Abgrenzung kennengelernt hatten, waren gemischter. Es wurde Zustimmung, Ablehnung, häufiger aber Gleichgültigkeit geäußert. Die Altersgruppe der 20- bis 40jährigen weist in dieser Hinsicht wohl viele Gemeinsamkeiten mit den Altersgenossen in der alten Bundesrepublik auf. Sie hatten sich in der Zweistaatlichkeit eingerichtet. Die Nation ist kein Begriff, mit dem unbedingt Gefühle verbunden werden. Für und Wider werden viel pragmatischer abgewogen.

Sonja Grätz hat am 3. Oktober mit Tränen der Rührung in den Augen am Brandenburger Tor gestanden. Für Hannelore Bernd war die Vereinigung im Vergleich zur Währungsunion eher nebensächlich, weil sie keinen unmittelbaren Einfluß auf ihr Leben hatte.[251] Ilona Jahrmark spricht davon, daß sie illusionslos in die Einheit gegangen sei, weil sie „das Bundessystem nicht unbedingt haben" wollte.[252] Heute ist sie vor allem deshalb unzufrieden, weil sie ihr Leben in der DDR

250 Zeile aus der Nationalhymne der DDR, vgl. Frankfurt/O. 6, S. 72.
251 Vgl. Hennigsdorf 13, nicht transkribiert.
252 Frankfurt/O. 1, nicht transkribiert.

abgewertet sieht. Frank Baranowski war zwar für die schnelle Währungsunion, aber die Vereinigung hätte seiner Meinung nach noch Zeit gehabt. Er hätte sich lieber eine Mischung aus DDR und Bundesrepublik gewünscht. Auch Frank Gruner hätte sich einen längeren Fortbestand der DDR gewünscht:

> „Also, ich hätt' … ich bin auch nach wie vor noch im Glauben, daß es mit Leuten, mit neuen Leuten und auch Fachleuten eben, nicht hier nur so'ne Starrköpfe, wär es möglich gewesen, aus dem Land vielleicht 'n akzeptablen Wirtschaftsfaktor zu machen, also. Denn, wollen uns ja nischt vormachen: es sind ja keine blöden Bengels gewesen hier, wir war'n ja nicht doof, auch wenn wir stellenweise hinterm Mond gelebt haben. Na ja, ist doch so."[253]

Die Einheit der Nation ist für den 1959 geborenen Frank Gruner zweifellos kein Wert an sich. Er überlegt nüchtern, ob es nicht ökonomisch machbar gewesen wäre, auch ohne die Bundesrepublik, die Wirtschaft der DDR zu stabilisieren. Es verletzt sein Selbstwertgefühl, auf Hilfe und Finanzspritzen aus dem Westen angewiesen zu sein. In anderen Zusammenhängen formuliert er deutlich seine Abgrenzung von Alt-Bundesbürgern.

Eine Ausnahme in dieser Altersgruppe ist Dieter Zange, für den die Vereinigung der beiden deutschen Staaten mehr bedeutet als Erwägungen über Geld und Arbeitsplatz. Er habe sich schon immer als Deutscher gefühlt, sagt er, und für ihn sei diese Trennung nie endgültig gewesen. Allerdings habe er sich für einen Zusammenschluß nach Artikel 121 des Grundgesetzes der BRD eingesetzt:

> „… mit der neuen Verfassung ein richtiges neues Deutschland zu schaffen, dafür war ich. Richtig neu, mit einer neuen Verfassung, alles neu. Nicht diesen alten Quatsch, sondern vollkommen neu. Das Gebilde Bundesrepublik hat mir auch nicht gefallen, sondern eben wirklich jetzt die einmalige Chance, eine Geschichte zu haben, eine Revolution zu machen, die nicht nur Mauern zerstört hat … sondern irgendwie auch was total Neues zu schaffen. Da hat man doch echt noch so ein Gefühl gehabt, daß man sowas machen könnte. So ein Schwachsinn, wenn ich jetzt dahintergucke, [als] wäre das nie möglich gewesen."[254]

Dieter Zange vertritt hier die Auffassung einer Gruppe von Sozialdemokraten aus dem Osten, die sich 1990 für einen Zusammenschluß beider deutscher Staaten und die Ausarbeitung einer gemeinsamen neuen Verfassung ausgesprochen hatten. Er gibt uns hier seine Vision von der Einheit wieder, die ihn damals begeistert hat und die weit entfernt war von der dann praktizierten einfachen Übernahme der Verfassung und aller Gesetze und Verordnungen der Bundesrepublik durch die fünf neuen Bundesländer. Zum Zeitpunkt unseres Gesprächs war er bereits ernüchtert und meinte, daß seine Vorstellungen nicht realisierbar gewesen wären.

253 Frankfurt/O. 13 a, S. 24.
254 Hennigsdorf 1, S. 76 f.

Überwiegend wird die Einheit zwar bejaht, die Formen der Einheitsbildung und die Folgen jedoch kritisiert, die teilweise auch die Einheit ambivalent erscheinen lassen.

*Die Bedeutung der Wende im Geschichtsbewußtsein*

Mit den Folgen der Ereignisse sind alle Befragten unzufrieden und diese Unzufriedenheit bestimmt ihren Blick zurück. Aus ihren Worten sprechen Ärger und Enttäuschung über Arbeitslosigkeit, Unsicherheit und wachsende Kriminalität, über zu geringen Lohn, Perspektivlosigkeit für die Jugend und eine unglaubwürdige Politik. Sie benennen auch Verluste: soziale Sicherheit, das Gefühl des Zusammenhalts. Interessant ist, daß viele ausdrücklich unterscheiden zwischen einer bedauernswerten allgemeinen Situation und ihrer persönlichen Lage, die sie gar nicht so schlecht finden, soweit sie noch Arbeit haben oder eine einigermaßene Rente bekommen. Aber auch Vorruheständler und Kurzarbeiter betrachten sich nicht durchweg als unzufrieden. Es fällt sicher leichter, allgemeine Zustände zu benennen, als sich selbst als benachteiligt, hilfsbedürftig oder unterprivilegiert zu bezeichnen. Aber ganz gewiß machen die Äußerungen auch deutlich, daß die Unzufriedenheit viele Facetten hat, daß sie weit mehr umfaßt als Lebensstandard, Lohnstufe und Konsumgüter. Der Grundtenor ist ein erschüttertes Lebensgefühl, das gegenwärtig immer mehr von Erfahrungen des Abbruchs und Verlustes gekennzeichnet ist als von der Orientierung auf Neues.

Im Zentrum dieser Verlusterfahrungen steht die Arbeitslosigkeit bzw. die permanente Unsicherheit des Arbeitsplatzes und damit unmittelbar verbunden: das Fehlen des fürsorglichen (und zugleich überwachenden) Staates. Für Berta Klaus, die mit der Wende ihren Arbeitsplatz im Halbleiterwerk und damit den bisherigen Sinn ihres Lebens verlor, waren die Veränderungen „wie eine kalte Dusche". Sie hatte in ihrem Leben nichts anderes als Arbeit und Sorge um fünf Kinder kennengelernt und befand sich mit 57 Jahren plötzlich allein zu Hause, im Vorruhestand. Sie habe etwa zwei Jahre gebraucht, um diese tiefe Lebenskrise einigermaßen zu überwinden, sagt sie. Jetzt hat sie viel Zeit, um darüber nachzudenken, warum alles so gekommen ist. „Wir hatten die Mauer", sagt sie, „wir waren abgeschirmt. Ja, wir waren abgeschirmt. Aber ich fand, wenn ich das heute sehe, ganz gut."[255] Mit dieser Haltung, die jeglicher Art von Sicherheit einen höheren Wert beimißt als Freizügigkeit oder Demokratie, steht Berta Klaus nicht allein. Viele unserer Gesprächspartner, durch alle Altersgruppen, äußerten sich in dieser Richtung.

Zur Erfahrung des Verlustes gewohnter Lebenszusammenhänge und der Verunsicherung gegenüber den neuen Strukturen gesellt sich das Gefühl, in dem ver-

255 Frankfurt/O. 7, S. 17.

einigten Land nicht als gleichberechtigte Partner anerkannt zu sein, nicht mit der eigenen Geschichte angenommen zu werden. Der Ausspruch: „Wir sind nur Menschen/Deutsche zweiter Klasse“ wiederholte sich fast stereotyp in vielen Interviews. Lothar Fuchs[256], der zu DDR-Zeiten loyal, aber politisch völlig uninteressiert und inaktiv war, sieht sich als Verlierer der Einheit und würde am liebsten wieder die Mauer hochbauen:

> „Früher warst du DDR-Bürger und jetzt bist du Deutscher zweiter Klasse. Für mich ist das 'ne Runterstufung ... Und deswegen bin ich der Meinung, daß nicht alles, aber das meiste war früher besser. Wie gesagt, es gab keine Arbeitslosen und jetzt haben wir über eine Million nur im Ostteil. Kurzarbeit und dann die vertuschten Zahlen, die Schwarzarbeiter hier, wenn die Polen und ach! ... Nein, ich finde eben, wir haben uns verschlechtert, wir DDR-Bürger.“[257]

Renate Bärwald ärgert sich darüber, daß „wir da manchmal so schlecht angesehen sind, daß wir faul sind und so alles, wie sie sagen“.[258] Schließlich könne sie nicht dafür, daß die DDR-Industrie kaputtgegangen sei. Frank Gruner nennt als Beispiel für „diese Grundeinstellung, die sich breitmacht“, daß er als Ossi bei der Bank Sicherheiten vorweisen muß, wenn er einen Kredit haben möchte, während ein Wessi wie Schneider die Bank um Millionen betrügen könne.[259] Auch der Einwand der Interviewerin, daß es den Leuten im Westen genauso ergehen würde, konnte ihn in seiner Meinung nicht beirren. Das deprimierende Gefühl, daß die eigene Lebensleistung in den neuen Zusammenhängen plötzlich entwertet ist, daß man sich jahrelang umsonst gemüht habe, und nun als Bittsteller auftreten muß, verbindet sich hier mit der Vorstellung einer neuen Hierarchie in der Gesellschaft, die nicht mehr zwischen Oben und Unten bzw. Arm und Reich unterscheidet, sondern zwischen Ost und West.

Auch der Umgang mit der DDR-Geschichte: Stasi-Akten, Straßenumbenennungen, Prozesse gegen die Mauerschützen oder Markus Wolf sind in den Augen vieler unserer Gesprächspartner vor allem eine Auseinandersetzung zwischen West und Ost. Die Begriffe Sieger und Verlierer werden in diesem Zusammenhang gebraucht. Zum Beispiel lehnten die meisten, unabhängig von ihrer Haltung zum DDR-System, die Prozesse gegen die Mauerschützen, gegen Erich Mielke, Erich Honecker und den Ex-Spionagechef Markus Wolf vehement ab. Dafür nannten sie jeweils unterschiedliche Begründungen: Die Prozesse würden zuviel Geld kosten; die kleinen Soldaten hätten doch nur ihre Pflicht getan, die hätten doch nichts dagegen machen können; die alten Greise sollte man in Ruhe lassen, was

256 Lothar Fuchs, Jahrgang 1959, früher Meister im Stahlwerk, nach der Privatisierung jedoch zum einfachen Arbeiter zurückgestuft, Mitglied des Vertrauenskörpers.
257 Hennigsdorf 2, S. 40.
258 Frankfurt/O. 14, S. 72.
259 Frankfurt/O. 13 a, S. 25 f.

hätten denn diese Prozesse für einen Sinn. Besonders heftig wurde der Prozeß gegen Markus Wolf kritisiert, nicht etwa weil Markus Wolf besondere Sympathien genießt, sondern weil man der Ansicht ist, daß hier die Ungleichbehandlung von DDR- und BRD-Vergangenheit deutlich hervortrete.

Lothar Fuchs kann seine Empörung kaum bremsen, als er nach seiner Meinung zu Prozessen gegen frühere DDR-Funktionäre gefragt wird:

> „Du brauchst ja bloß die Zeitung aufzuschlagen, wenn ich da lese, daß Herr Mielke sechs Jahre Knast kriegt, weil er 1931 zweie umgebracht haben soll, dann ist das für mich der Lacher, also da lachen alle drüber. Entweder hat er zwei umgebracht, dann muß er lebenslang oder er hat sie nicht umgebracht, dann muß er freigesprochen werden, aber sechs Jahre, das ist so ein Halbding ... Aber der Mauerschütze, der, hätt er nicht geschossen, selber in' Knast gekommen wäre, hier nach Schwedt, war der schlimmste Knast, den wir hier hatten, der weil er seine Pflicht getan hat, auf Befehl geantwortet hat, die werden jetzt alle vor'n Kadi gezerrt. Oder unsere Spione, ha, die BRD hat doch auch Spione, kommen die nu auch alle vor'n Kadi? Weil die auch in Deutschland spioniert haben? Ne, nischt, nur unsere. Obwohl die auch nur in Deutschland spioniert haben. Das versteh ich einfach nicht, geht bei mir nicht rin. Und bei den meisten anderen auch nicht. Warum unsere nu alles die Bösen sind und die von drüben alle die Guten."[260]

Lothar Fuchs versucht erst gar nicht, zwischen den Gerichtsverfahren gegen Erich Mielke, gegen einige Mauerschützen und die DDR-Spione irgendeinen Unterschied zu machen. Diese in der Tat problematischen, aber auch ganz unterschiedlichen Versuche, politische Verantwortung juristisch aufarbeiten zu wollen, gehören für ihn alle in die gleiche Kategorie der „Siegerjustiz" und sind nur dazu angetan, ihn und seine Landsleute zu demütigen. Es ist nicht zu übersehen, daß aus einer so erlebten pauschalen Abwertung der eigenen Geschichte heraus ein Solidarisierungseffekt mit den kleinen Mauerschützen ebenso wie mit den früheren Verantwortlichen für Willkür und Unrecht einsetzt.

Selbst der 66jährige, aufgrund seiner Vergangenheit der DDR-Nostalgie ganz unverdächtige Rudolf Lampe, ist nicht zufrieden:

> „Mit vieles bin ich nicht einverstanden, muß ich ganz ehrlich sagen, ja. Da fühl ich mir ein bißchen geklatscht. Ich bin als Deutscher geboren, wie ich schon sagte, hab immer gedacht, wenn wir mal deutsch werden, bleiben wir auch deutsch. Will mal sagen: hier Brandenburg oder Sachsen/Anhalt, das waren doch früher alles deutsche Städte. Auf einmal sind das alles neue Bundesländer. Die gab's doch früher schon. Wir sind die Neuen. Und ich hab die Erfahrung, als Neuer wirst du immer erstmal unten gehalten. Das war die ganzen Jahre, das

260 Hennigsdorf 2, S. 41.

> war beim Militär so, wenn du neu warst, mußtest du erstmal den Dreck machen und für die anderen das wegräumen, kamst du in den Betrieb rein, ja die Alten: Mach mal det, von oben herab immer. So hab ich das Gefühl heute jetzt auch wieder. Wir sind immer die Neuen. Und das ist das einzige, was mich eigentlich ärgert ... daß man uns nicht als gleichberechtigt (ansieht). Wenn ich mal zurückdenke, wer hat uns denn am 17. Juni geholfen? Von drüben wurde geguckt. Man hat uns im Stich gelassen dazumal. Wir haben hier die ganzen Jahre ... und die haben die ganzen Jahre den 17. Juni drüben gefeiert. Das ist das einzige, was mich eigentlich ärgert, aber sonst muß ich ehrlich sagen, mir geht's nicht schlechter wie vorher, mir persönlich jetzt."[261]

Auf sehr originelle Weise interpretiert Rudolf Lampe den Begriff „neue Länder" im Sinne der auch von ihm so erlebten Hierarchie zwischen Ost und West. Die Pointe seiner Erzählung ist aber seine historische Parallele zu einer anderen Ungerechtigkeit im Zusammenhang mit dem 17. Juni, den sich die Bundesbürger seinerzeit als Feiertag gewissermaßen aneigneten, während sie, die Akteure, nicht nur nicht feiern durften, sondern auch noch die Situation ausbaden mußten.

Zusammenfassend läßt sich feststellen, daß die Mehrzahl unserer Gesprächspartner sich mehr als Objekte denn als Subjekte der Veränderungen von 1989/90 verstehen. In ihren Erzählungen spielt die erste Phase der Wende, die etwa von September bis November 1989 reichte, nur eine geringe Rolle. Diese Phase begann mit der Fluchtwelle über Ungarn und setzte sich fort mit Demonstrationen und der Gründung von Bürgerrechtsorganisationen, die unter dem Vorzeichen einer Reform des Sozialismus standen. Unsere Gesprächspartner erinnerten sich, bis auf wenige Ausnahmen, vor allem an die Fernsehbilder dieser Ereignisse.[262] Dies ist ein Indiz dafür, daß Arbeiter und Angestellte von Großbetrieben der DDR-Provinz selten zu den Initiatoren der Bewegung des Herbstes gehörten. Es weist aber auch darauf hin, daß in unserer mediendominierten Gesellschaft bestimmte Bilder die Tendenz haben, zu Symbolen zu werden und die individuelle Erinnerung mehr und mehr zu überdecken. In einer späteren Phase der Umwälzung, als die Demonstrationen schon halblegal bis legal waren und sich ihnen immer mehr Menschen anschlossen, beteiligten sich auch einige der Befragten, überwiegend aus der jüngeren Generation, daran. Dies kann man als ein „sympathisierendes Mitlaufen" mit einem großen Strom bezeichnen. Nur wenige von ihnen äußerten in diesem Zusammenhang Ziele oder Forderungen, für die sie sich einsetzten. Demgegenüber hielten sich die Vertreter der älteren Generation abseits von den Demonstrationen. Das hat zum Teil damit zu tun, daß die meisten unserer Gesprächspartner aus der Kriegs- bzw. FDJ-Generation sich mit dem sozialistischen System verbunden fühlten und den Protestbewe-

261 Hennigsdorf 4, S. 47 f.

262 Vgl. Harmut Zwahr: Ende einer Selbstzerstörung. Leipzig und die Revolution in der DDR. Göttingen 1993, S. 136 ff.

gungen fremd gegenüberstanden, obwohl auch sie beunruhigt waren über den Zustand der Gesellschaft. Die älteren Befragten, die sich noch an den 17. Juni 1953 und den Ungarn-Aufstand 1956 bewußt erinnern konnten, fürchteten zugleich mehr als die Generation ihrer Kinder und Enkel, daß es zu einem gewaltsamen Eingreifen der Staatsmacht und zu einem Blutbad kommen könnte. Unabhängig von ihrer grundsätzlichen Beurteilung der Wende drückten viele deshalb ihrer Freude und Erleichterung darüber aus, daß die Veränderungen friedlich verliefen.

In vielen Erzählungen unserer Gesprächspartner beginnt die eigentliche Wende erst mit der Maueröffnung, die als ein Ereignis von einschneidender Bedeutung angesehen wird. In den Schilderungen der ersten Begegnung mit dem Westen klingt jedoch kaum etwas von dem Jubel nach, den wir von Fotos und Fernsehbildern dieses Tages und den folgenden kennen. Unsere Gesprächspartner distanzieren sich sogar ausdrücklich von einem euphorischen, überstürzten oder gar undisziplinierten Verhalten, das sie bei anderen beobachteten. Vielleicht wurde ein ursprüngliches Freudengefühl von späteren ernüchternden Erfahrungen überdeckt. Doch sicherlich waren auch schon die ersten Eindrücke in der neuen Welt für viele verwirrend und verunsichernd und berührten auf unerwartete Weise das Selbstwertgefühl.

Der Druck der DDR-Bevölkerung in Richtung Währungsunion und Vereinigung, der bald nach der Maueröffnung einsetzte, wurde von einem Teil unserer Gesprächspartner mitgetragen bzw. zustimmend hingenommen, ohne daß sie sich der Konsequenzen für ihr eigenes Leben unmittelbar bewußt waren. In bezug auf die Hoffnungen und Wünsche oder Ängste, die die jeweiligen Gesprächspartner mit den Veränderungen von 1989/90 verbanden, lassen sich deutliche Gruppen nur schwer ausmachen. Es gibt natürlich Unterscheidungen je nach der Haltung der Betreffenden zum DDR-System, nach generationeller Zugehörigkeit und nach den jeweiligen Folgen der Wende für den einzelnen. Aber frühere Unterschiede und Gemeinsamkeiten scheinen zu zerfließen, weil die gegenwärtige Unzufriedenheit mit den Verhältnissen vieles überdeckt. Es entsteht der Eindruck, als würden die Verhältnisse in der alten DDR im Rückblick positiver bewertet als zur damaligen Zeit. Motive damaliger Unzufriedenheit verschwinden irgendwie hinter den heutigen existentiellen Problemen. Die Währungsunion wird von vielen unserer Gesprächspartner als zwangsläufige oder sogar erwünschte Konsequenz der Maueröffnung angesehen. Dabei kontrastiert die fast übereinstimmende Einschätzung einer stagnierenden oder gar bankrotten DDR-Wirtschaft seltsam mit den Hoffnungen, die an die Folgen der Währungsunion geknüpft werden. Dies geht sogar soweit, daß der Umtauschkurs DDR-Mark zu D-Mark häufig als Maßstab für die Bewertung der eigenen Arbeits- und Lebensleistung in der DDR verstanden wird. Hier offenbart sich ein moralisierendes Politikverständnis, das man als typisch für totalitäre und posttotalitäre Gesellschaften ansehen kann.[263]

263 Vgl. Hannah Arendt: Elemente und Ursprünge totaler Herrschaft. München/Zürich 1986,

Aus dieser Verquickung von ökonomischen Gegebenheiten und Selbstwertgefühl lassen sich viele persönlichen Verletzungen erklären, die die gegenwärtige Haltung ehemaliger DDR-Bürger zur deutschen Einheit bestimmen.

Allerdings läßt sich bei den Vertretern der älteren Generation eine tiefere emotionale Bindung an die Nation konstatieren als bei den jüngeren Gesprächspartnern, die ein wesentlich pragmatischeres Verhältnis zu ihrem Status als Bundesbürger haben und aus dem Gefühl der Enttäuschung heraus auch schon mal bereit sind, über den erneuten Bau einer Mauer nachzudenken.

Bei der Beurteilung der Wende überwiegt die Unzufriedenheit mit ihren Folgen gegenüber der Erinnerung an einmalige Ereignisse, die traditionsbildend sein könnten. Die Wende spielt in den nachträglichen Reflexionen weniger als Ereigniskette eine Rolle, denn als tiefe Zäsur im Leben aller Beteiligten, als Bezugspunkt für die Betrachtung und Neubewertung der jeweiligen Lebensgeschichten. Ganz gleich, wie sich unsere Gesprächspartner zu dieser einschneidenden Veränderung ihres Lebens verhielten, ob sie sich als Akteure, Zuschauer oder Betroffene empfanden, ob sie den Bruch als Ende ihrer Hoffnungen oder den Beginn von etwas Neuem betrachteten, sie setzten – bewußt oder unbewußt – ihr gesamtes Leben und ihre bisherigen Erfahrungen dazu in Beziehung. Die Wende teilt ihre Lebensgeschichten in Vergangenheit und Gegenwart, in vorher und nachher, wobei das Vorher jegliche Selbstverständlichkeit eingebüßt hat, die es offenbar einmal besaß; nunmehr ist es eine Quelle von Erklärung, Rechtfertigung, Verteidigung oder Distanzierung geworden.

### b) Im Westen: Die Wende als Medienereignis

#### *Distanz und Nähe zur DDR*

Selbstverständlich hat die Wende für die Westdeutschen nicht die gleiche Bedeutung wie für die Ostdeutschen. Es empfiehlt sich, die Ausgangsbedingungen vor der „Wende" mitzusehen, die in unseren Interviews deutlich werden. Was wußten die Westdeutschen vor 1989 über die Zustände im anderen deutschen Staat? Welche Beziehung hatten sie zur DDR? Immerhin hatten nicht wenige verwandtschaftliche Bindungen dorthin.[264]

Unter den von uns befragten Westdeutschen gilt dies für etwa ein Drittel – bei einigen waren die Beziehungen allerdings schon seit Jahren abgebrochen. Bei anderen hatte es nur flüchtige Berührungen mit dem anderen deutschen Staat gege-

S. 546 f.; Hermann Lübbe: Politischer Moralismus. Der Triumph der Gesinnung über die Urteilskraft. Berlin 1987.

264 Vgl. in diesem Zusammenhang auch Kapitel IV, 3 b.

ben – etwa durch Transitreisen nach Berlin[265] und durch Tagesbesuche Ost-Berlins, die sicherlich keinen tieferen Einblick in die inneren Zustände des Landes zugelassen haben.[266] Noch seltener trafen sich Ost und West beim Urlaub in Osteuropa – durchaus mit Berührungsängsten auf beiden Seiten, die sich erst im Laufe der Ereignisse des Sommers 1989 langsam verflüchtigten.[267] Nur eine Minderheit der interviewten Arbeiter und Angestellten hatte vor 1989 nähere Kenntnisse über die DDR und die darin lebenden Menschen.

Als charakteristisch für die Mehrheit der Befragten kann die Aussage des Meisters Franz Forell aus Bochum angesehen werden. Dieser erklärt, daß für ihn, obwohl er Kontakte in die DDR besaß, alle Ereignisse in diesem Staat „im Grunde genommen zu weit weg ... 'räumlich' zu weit weg“ gewesen seien, als daß er sich intensiver damit hätte beschäftigen können und wollen.[268] Die Distanz zur DDR und ihren Menschen war für die meisten vor 1989 riesig gewesen, irgendwie war die DDR eine andere – nicht besonders interessante – Welt gewesen.

Selbst bei denjenigen, die engere Beziehungen in die DDR pflegten, waren die Wahrnehmungen recht oberflächlich geblieben. In ihren Erkenntnissen blieben sie zudem häufig auf die subjektiven Informationen der Verwandten und Bekannten angewiesen. So meint Brigitte Meiers, Packerin bei Nokia, daß selbst diese von dem Umbruch überrascht worden seien:

> „Die Leute drüben haben auch nichts gemerkt [...]: Mein Bruder ... hat zwei Monate vorher erst sein Haus verkauft, er wußte auch von nichts. Die meisten Leuten wußten sowieso von nichts, bis [es] auf einmal hieß: Die Mauer ist auf.“[269]

Allerdings hatten andere durch ihre Kontakte doch einiges erfahren, was retrospektiv bedeutsam erscheint. Anne Kessler, 1947 vom elterlichen Bauernhof in Mecklenburg aus in den Westen geflüchtet, berichtet, daß in der zweiten Jahreshälfte 1988 die wirtschaftliche Lage in der DDR von den Einheimischen schon als recht prekär eingeschätzt worden sei:

> „Ich war noch, den letzten Herbst war ich noch da, bevor dies losging, ne, war ich noch in Mecklenburg. Und ich kenn' da verdammt noch viele und die sagten mir persönlich, wir standen an bei Fleisch, und da sagten mir die Leute: Diesen Winter überstehen wir nicht. Und dann kam es ja nachher, ne.“[270]

Der ehemalige Hüttenarbeiter Jürgen Mannhard hingegen hatte aus eigener Anschauung der Alltagsrealität der DDR den Schluß gezogen, sein politisches Enga-

265 Ebd.
266 Vgl. Hoesch 10, S. 61 f.
267 Hoesch 5, S. 68 und Hoesch 16, S. 66 f.
268 Nokia 15, S. 55.
269 Nokia 11, S. 51.
270 Nokia 6, S. 23. Vgl. auch Nokia 8, S. 67.

gement in der DKP zu beenden – noch vor der Wende, wie er betont. Im Rahmen einer offiziellen Einladungsreise in die DDR überkam ihn das Gefühl, daß er da eine Propagandafassade erlebe, die mit den wirklichen Verhältnissen in der DDR nichts zu tun habe. Die erlebte Situation kennzeichnet er als „nicht echt". Durch seine verwandtschaftlichen Kontakte habe er ein ganz anderes Bild von der DDR gewonnen, als das „offiziell" dargestellte. Da seine West-Genossen von diesen unterschiedlichen Erfahrungswelten nichts hören und nicht darüber diskutieren wollten, sei er dann aus der Partei ausgetreten.[271]

Insgesamt gesehen ist jedoch davon auszugehen, daß das Wissen über die inneren Verhältnisse der DDR, überhaupt das Interesse daran, bei den meisten der Befragten sehr gering ausgeprägt war – ausgenommen bei persönlicher Betroffenheit. Die Frage der Wiedervereinigung war für kaum jemand von Bedeutung.[272] Sie war kein öffentliches Thema. Zudem mag eine Rolle gespielt haben, daß der Großteil der Gesprächspartner sich im weiteren Sinne der politischen Linken zugehörig fühlt und sich von daher eher einem, und sei es auch nur einem plakativen, Internationalismus verpflichtet glaubt. Auch von diesem – sowieso vorrangig verbalen – Internationalismus her war die „sozialistische" DDR nicht interessant.

Festzuhalten bleibt: Das Wissen über die DDR und die Verhältnisse in der DDR war bei den Befragten schwach ausgebildet. Ein ausgeprägtes Nationalbewußtsein hatte zudem die Mehrheit der Befragten nicht entwickelt. Und auch sonst hatte es nichts gegeben, was die Distanz bzw. Gleichgültigkeit gegenüber der DDR und den dort lebenden Menschen vor 1989 überbrückte. Generell läßt sich für die Befragten in der Ausgangssituation 1989 konstatieren, daß sie sich in der Regel mit ihren alltäglichen Problemen zu Hause, am Arbeitsplatz und in der bundesrepublikanischen Gesellschaft befaßten und außerhalb dieses Kreises liegende Probleme nur dann beachteten, wenn sie direkt oder indirekt in ihr Leben eingriffen: Der zweite deutsche Staat hatte in ihrem Alltag aber keine Rolle gespielt.

### *Die Bewertung der Wende und ihrer Folgen*

Diese Distanz zum anderen deutschen Staat schwand mit der Öffnung der Mauer am 9. November 1989. Plötzlich stand das Geschehen dort – so berichten die Befragten – für die meisten im Mittelpunkt des Interesses. An die Wende, zumal an

271 Hoesch 14, nicht transkr. Int. Band 1, S. 1/141-152.

272 Dies steht im Widerspruch zu den Ergebnissen von Weidenfeld/Korte aus dem Jahre 1991. Werner Weidenfeld/Karl Rudolf Korte: Die Deutschen: Profil einer Nation. Stuttgart 1991, vertreten die These: „Die Nation war den Westdeutschen nie gleichgültig. Über viele Jahre hinweg sagte eine knappe Mehrheit, daß ihnen das Nationalbewußtsein 'ziemlich wichtig' ist, aber gleichzeitig auch, daß es in gerade richtigem Maße ausgeprägt sei. Nationalbewußtsein 'sollte man haben'." (S. 187)

den Mauerfall und daran, wie sie das Geschehen erlebten, haben die meisten eine lebhafte Erinnerung. Zwei Momente ziehen sich wie ein roter Faden durch alle Erzählungen: Zum einen die emotionale Berührung und Freude darüber und zum anderen die Verblüffung über dieses niemals erwartete Ereignis.[273]

Die älteren Westdeutschen erinnern sich an Euphorie und Nachdenklichkeit.[274] So meint der Lehrlingsausbilder Anton Neues:

> „Eigentlich, ich hab' eigentlich erstmal gedacht: Endlich. Und ich hab' immer gesagt: Es kann nicht so weitergehen. Ich meine, für Wiedervereinigung war'n ja eigentlich beide Seiten. Nur eben, die andere Seite eben unter der anderen Überschrift."[275]

Die Jüngeren, die mit diesem Ereignis ihre ersten, dezidiert politischen Erfahrungen verbinden – ähnlich stark beeindruckende politische Ereignisse haben sie bis dahin nicht erlebt[276] – haben, bei aller Freude, 1989/90 wohl eher eine abwartende Haltung eingenommen.[277]

Doch erinnern sich einige durchaus daran, wie stark sie emotional bewegt waren. Der 25jährige Armin Paul z.B. wurde bei einem Kaufhaus-Besuch von den dort ausgestrahlten Fernsehbildern gefesselt. Er habe sich auf den Fußboden vor die aufgestellten Fernseher gesetzt, da er nichts verpassen wollte. Mit der Zeit hätten sich noch andere vor dem Bildschirm versammelt und das Ereignis diskutiert. Die Freude darüber sei einhellig gewesen.[278] Ähnliches erzählt der Elektriker Wilhelm Müller über die Maueröffnung:

> „Ich hab' diese Nachricht in einer Tageszeitung frühmorgens im Zug gelesen. Im Zug, nicht zu Hause. Hab' das gelesen, und es hat mich so berührt, daß ich geheult hab'. Vielleicht hab' ich 'n bißchen nah am Wasser gebaut. Ich hab' geheult, ganz einfach, ich ihnen die Zeitung gezeigt und dann hat es ein riesengroßes Freudenpalaver gegeben, denn es wußten noch nicht alle. Da waren auch welche bei, die das gewußt haben und nichts gesagt haben, aber es ist halt so passiert."[279]

273 Vgl. hierzu exemplarisch Hoesch 4, S. 61 und Hoesch 7, S. 32. In den Erzählungen der Gesprächspartner und -partnerinnen wird die Öffnung der Mauer am 9. November mit ihrem Fall gleichgesetzt, von einem jungen Arbeiter sogar als Tag der Wiedervereinigung genannt (vgl. Hoesch 10, S. 62). Bei den hier genannten Beispielen ist der Bezugspunkt in jedem Falle der 9. November und die ihm folgenden Tage.

274 Vgl. Hoesch 15, S. 89 und Hoesch 19, S. 61.

275 Nokia 14, S. 47 f.

276 Vgl. Hoesch 2, S. 38; Hoesch 6, nicht transkrib. Int., Band 1, S. 2/396 ff.; Hoesch 10, S. 62 und Hoesch 7, S. 32.

277 Vgl. dazu Hoesch 13, S. 56.

278 Vgl. Hoesch 6, nicht transkr. Int., Band 2, S. 3/277 ff.

279 Hoesch 8, S. 62. Diese unter den befragten Westdeutschen eher ungewöhnliche Reaktion mag damit zusammenhängen, daß Müller eine eher 'nationale' Einstellung besitzt.

Hoesch-Obermeister Paul Spiertz, dessen Vater aus dem Anhaltinischen stammte, meint dazu:

> „... das hat unheimlichen Eindruck gemacht. Das war zufällig noch 'n Tag, wo wir unsere Weihnachtsfeier hier hatten und wir waren dann, nachts noch irgendwo gesessen. Und dann, auf einmal sagte jemand: Hör' mal das Radio, ne. Dann lief das Radio und dann hörte man das. Hab' ich gesagt: Das kann' doch nicht wahr sein? Das ist 'ne Juxsendung oder was, ne, das kann doch nicht wahr sein. Und, tatsächlich, also da läufst mir heute noch 'n bißchen knüsselig 'n Nacken runter, das war, meiner Meinung nach, 'n großer Einschnitt. Das ist etwas, was mich doch 'n bißchen gefreut hat, weil wir auch 'n bißchen Verwandtschaft und Bekannte, eh, da noch in Güsten haben."[280]

Derartige Berichte herrschen vor, doch gibt es einzelne, die betonen, daß bei ihnen die Geschehnisse von 1989 keine Emotionen auslösten, die in der Erinnerung konserviert werden. Wilhelm Lehmann, ein ehemaliger Betriebsrat, der sich selbst als Sozialisten bezeichnet, meint, daß er alles ohne seelische Bewegung erlebt habe.[281] Inwieweit derartige Berichte die damalige Reaktion wiedergeben oder eher aus folgenden Erfahrungen resultieren, ist schwer zu sagen.

Einige verbinden ihre Erinnerungen an 1989 mit Reflexionen über die „Wende". Günter Beckers, der älteste der befragten westdeutschen Arbeiter, hebt – auf dem Hintergrund der Erfahrungen des 17. Juni 1953 – den Mut der Menschen im Jahr 1989 hervor. Er wundert sich immer noch darüber, daß die Sowjetunion dies zugelassen hat. Offensichtlich hatte er eine Niederschlagung der Volksbewegung befürchtet.[282] So groß die Freude über die friedliche Revolution für ihn war, so mischen sich in die Beurteilung des weiteren Verlaufs der Entwicklung bei ihm kritische Töne. So macht er einen Unterschied zwischen den Demonstranten, die von Anfang an mit der Parole: „Wir sind das Volk!" auf die Straße gegangen seien – das sind für ihn die „echten Widerstandskämpfer" – und jenen, die später unter der Parole: „Hin zur D-Mark!" demonstriert hätten – das sind für ihn „Spinner"![283] Ein Urteil, das möglicherweise auch die Enttäuschung eines linken Sozialdemokraten widerspiegelt, der, die Bewegung mit Sympathie begleitend, Möglichkeiten eines „Dritten Weges" erhofft hat. Mit der Dominanz anderer Ziele bei den Demonstrationen schwand seine anfängliche Sympathie.

Einige der Befragten liefern Erklärungsversuche für die Entwicklung 1989/90. An erster Stelle steht dabei der Verweis auf die Sowjetunion. Es wird auf deren in-

280 Hoesch 20, S. 39. Sein Erlebnis wird wohl auf den 9. November zu datieren sein; die „Weihnachtsfeier" ist wohl eine andere Feier gewesen.

281 Vgl. Hoesch 16, S. 65 f. Vgl. auch Nokia 3, S. 42.

282 Hoesch 19, S. 62 und 64. Vgl. auch Hoesch 11, nicht transkr. Int., Band 2, S. 4; Hoesch 17, S. 52 und Nokia 2, S. 50.

283 Hoesch 19, S 61.

terne Probleme verwiesen: Die Bürger der DDR hätten da ihre Chance gewittert.[284] Betont wird dabei auch die aktive Rolle Michail Gorbatschows: Er sei der Motor der Wiedervereinigung gewesen, ohne ihn wäre sie nicht zustande gekommen.[285] Gertrud Michalke, die äußerst rege Gewerkschafterin aus Bochum, vergleicht die Situation hingegen mit von ihr erlebten Streiksituationen: In diesen, so meint sie, sei eine ähnliche Dynamik zum Tragen gekommen.[286] Ihr Kollege Anton Neues verweist auf die besondere Rolle der Kirche in der DDR:

> „Nicht die Kirche hat die Mauer niedergedrückt, aber die Kirche hat den Leuten einen gewissen Halt gegeben, weil gegen die Kirche hat der Staat sich nicht gegen anzugehen getraut, ja. Gegen einzelne schon, aber nicht gegen die Institution. Und so lange die Institution stark genug sich engagiert, dann bleibt der Staat draußen vor. Und das hat den Leuten eben die Kraft gegeben um zu sagen: Wir sind das Volk, ne. Alles andere ist Quatsch."[287]

Diese Interpretationsversuche sind Hinweise dafür, daß im Westen schon recht früh die Umwälzung in der DDR rationalisiert, historisiert und damit wohl gleichzeitig auch 'zu den Akten' gelegt worden ist. Auch ist nicht zu übersehen, daß bei aller Betroffenheit bzw. emotionalen Berührung die Geschehnisse für die Westdeutschen ein Medienereignis geblieben sind. Keiner der Befragten nutzte z.B. damals die Gelegenheit, den anderen Teil Deutschlands rasch zu besuchen. Die westdeutschen Arbeitnehmer blieben zunächst zu Hause, sie unterbrachen nicht ihren Alltag, konnten es wohl auch aufgrund ihrer beruflichen Verpflichtungen nicht.

Es kann jedoch kein Zweifel sein, daß die überwältigende Mehrheit der befragten westdeutschen Arbeitnehmer die Wendeereignisse in positiver Erinnerung hat. Dies schließt eine gewisse Skepsis nicht aus, die sich wohl in der Folgezeit entwickelt hat und mittlerweile die Erinnerung an jene Tage teilweise überlagert.

Über die weitere Entwicklung äußern sich die meisten Arbeitnehmer in Dortmund und Bochum eher skeptisch.[288] Die Freude über den Mauerfall wird getrübt durch die seitdem gemachten politischen und sozialen Erfahrungen. Es läßt sich sagen, daß die Vereinigungsfolgen mittlerweile die ersten, durchaus positiven Erinnerungen an 1989 beeinträchtigen.

Mehr oder minder ausführlich werden die Aspekte genannt, die den westdeutschen Arbeiterinnen und Arbeitern seit der Wiedervereinigung negativ aufgefallen

284 Vgl. Hoesch 5, S 68; Hoesch 12, S. 91 f.; Hoesch 8, S. 62 und auch Hoesch 9, Band 3, S. 5/235 f.

285 Vgl. Hoesch 19, S. 61 f.; Hoesch 18, S. 59 f.; Hoesch 8, S. 48 aber auch Nokia 9, S. 60. Zu beachten ist dabei, daß Gorbatschow im Sommer 1989 im Rahmen seines Staatsbesuchs, auf Einladung des damaligen Betriebsrates hin, das Hoesch-Werk in Dortmund besuchte. Dies hatte bei nicht wenigen Arbeitern einen sehr positiven Eindruck hinterlassen.

286 Nokia 7, S. 72 f.

287 Nokia 14, S. 56.

288 Vgl. z.B. Hoesch 2, S. 38 und Hoesch 4, S. 61.

sind und mit dieser in Verbindung gebracht werden. Der 51jährige Elektriker Bernd König kann hier als Beispiel angeführt werden, da er alle wesentlichen Kritikpunkte seiner Kolleginnen und Kollegen zusammenfaßt. Auf die Frage „Und was hältst Du jetzt von der Vereinigung der beiden deutschen Staaten?“ antwortet er:

> „Das ist ‘n heißes Eisen. Was ich persönlich davon halte? Ich möchte mal so sagen, mit den Worten von Weizsäcker gesprochen: Es muß zusammenwachsen, was zusammengehört und nicht zusammenschustern, was zusammengehört. Wir sind zusammengeschustert worden, und das tut uns, beiden Teilen, weh, das seh'n wir ja jetzt. Wenn wir nämlich zusammengewachsen wären, das wäre mit Sicherheit für beide Seiten gesünder gewesen, das ist meine Einstellung dazu. Also, damit wollte ich nur zum Ausdruck bringen, diese schnelle Wiedervereinigung ist nicht in Ordnung, für meine Begriffe. Wiedervereinigung, ja, aber nicht so schnell, ja. Denn die Leute sind überfordert worden, man hat denen versprochen, was sie nicht bekommen haben. Die haben viele Arbeitsplätze verloren, was nicht alles hätte sein müssen. Denken wir nur dran, bei der Währungsumstellung ist Karstadt, Aldi usw. dort eingefallen, haben unsere westlichen Lebensmittel dort reingeschmissen und die einheimischen Lebensmittel hat man gar nicht mit einbezogen und das hätte nicht sein dürfen. Dadurch sind ja viele Betriebe dort drüben kaputtgegangen. Die Leute haben ja früher auch gelebt. Natürlich haben se ‘n bißchen schlechter gelebt, aber sie haben auch gelebt. Und deswegen ist es falsch, daß man die ganzen Betriebe hat kaputtgehen lassen erst, ne. An und für sich bin ich für die Wiedervereinigung, ja, aber nicht unter diesen Voraussetzungen, das ist nicht in Ordnung.“ [289]

Nicht zuletzt spielen für ihn auch die Kosten der Wiedervereinigung und die Lastenverteilung eine große Rolle – z.B. die Regierungs-Vereinbarung ‘Rückgabe vor Entschädigung’:

> „Ich weiß z.B.: mein Schwager, der hat da drüben ein größeres Anwesen jetzt bekommen. Seine Eltern sind damals geflüchtet von drüben, haben von der damaligen Zeit, als mein Vater 450 Mark im Monat verdiente, haben die eine Wiedergutmachung von 9.000 Mark bekommen. So, und wenn ich da jetzt mal umrechne auf den heutigen Stand, müßte er ja noch einiges an Geld zahlen, ne. Diese Wiedergutmachung wird gar nicht mehr angerechnet. Zählt alles gar nicht mehr. Er hat das Anwesen da drüben, bekommt ‘n zinsloses Darlehen,

289 Bernd König hatte wohl das von Willy Brandt in seiner Rede vor dem Schöneberger Rathaus geprägte Wort „jetzt wächst zusammen, was zusammengehört“ und Richard von Weizsäckers Variante, es gehe ums „Zusammenwachsen“, nicht ums „Zusammenwuchern“ im Ohr. Seine Zusammenfassung und Interpretation zeigt, daß er in der Vereinigung einen gewaltsamen und schmerzhaften Prozeß sieht, der ohne Einflußmöglichkeiten der Betroffenen abläuft. (Hoesch 1, S. 53 f.)

> was ich bezahlen muß, ja, denn ich muß da ja das Geld dafür liefern, aus meiner Tasche, die selbst haben das ja nicht. Zinslos. Von daher sag ich mal, tut es uns allen weh, ja."[290]

Hier klingt Ärger über die Lasten, wohl auch Neid an, doch läßt König keinen Zweifel, daß Opfer zu bringen waren:

> „Wir hätten auch Opfer bringen müssen, das ist uns allen klar, nur nicht so rabiat."

Daß es zu der in seinen Augen negativen Entwicklung gekommen ist, dafür macht er Kanzler Kohl persönlich verantwortlich:

> „Aber unser Wiedervereinigungskanzler, der brauchte das ja, wollte ja in die Geschichte eingehen."[291]

Bernd König beruft sich bei seiner Kritik an Tempo und Durchführung der Wiedervereinigung auf den Bundespräsidenten von Weizsäcker sowie auf andere 'Autoritäten'.[292] Die Wiedervereinigung sei zwar prinzipiell positiv zu sehen, sie hätte jedoch nicht so schnell, so planlos und auch so unsozial für Ost und West erfolgen dürfen. Das sei die Schuld des Bundeskanzlers, der nun den ganzen Ruhm der Vereinigung für sich reklamiere.

Verwandtschaftsbeziehungen in die DDR führten seit 1989 offenbar häufig zu Problemen. Jedenfalls erzählen einige sehr kritisch über ihre Erfahrungen mit den Verwandten. So meint die Auszubildende Heike Bützow, deren Verwandte in Mecklenburg leben, über diese:

> „... dieses nach den Sternen greifen ... Aber irgendwo ist so dieses Neureiche 'n bißchen durchgekommen und das finde ich schade ... Das find ich, sind so Sachen, das sieht man vielleicht, wenn man Verwandtschaft da drüben hat."[293]

Andere klagen über die Unzufriedenheit der im Osten wohnenden Verwandtschaft, die über alles jammere, obgleich die DDR doch wirtschaftlich kurz vor ihrem Ende gestanden habe und man von daher über die Entwicklung eigentlich froh sein müsse.[294]

290 Zu den Rückgabeforderungen der Flüchtlinge und deren Entschädigungen siehe auch Nokia 14, S. 47 f.

291 Hoesch 1, S. 55 ff. Eine ähnliche Sicht auch bei Hoesch 10, S. 51. Andere kritisierten die gesamte Bundesregierung, die die Kosten der Einheit bewußt verschwiegen habe. Vgl. z.B. Nokia 6, S. 39 und Nokia 9, S. 57 f. und 60.

292 Hoesch 1, S. 61.

293 Hoesch 2, S. 38. Vgl. auch Nokia 11, S. 51 f., die über die Besuche der Verwandten nach der Wende klagt – sie fühlt sich von ihnen ausgebeutet. Siehe auch Kapitel IV, 3.

294 Vgl. Hoesch 9, nicht transkr. Int., Band 2, S. 4/362 ff. Im übrigen stehe er aber zur Wiedervereinigung, da sie so friedlich erfolgt sei. Den 'Tag der Deutschen Einheit' möchte er freilich abschaffen, denn er wecke nur negative Emotionen wegen der Kosten, die dabei entstanden seien. (Hoesch 9, nicht transkrib. Int., Band 2, S. 4/351 ff. und 375).

Doch auch politische Kritik an der Wiedervereinigung wird von einigen geübt. Der ehemalige Hoesch-Betriebsrat Erich Heindling:

„Ja, ich sag mal, irgendwann hat ich natürlich erhebliches Zwiegefühl gehabt, ... weil eigentlich, ja mit der Auflösung der DDR, ich sag mal, eine der möglichen Ansatzpunkte für 'ne andere Gesellschaft weg war."

Zwar räumt er ein, daß die Verwirklichung dieses gesellschaftlichen Ansatzes in der DDR mißlungen sei, meint jedoch:

„Aber es gab zumindest, ich sag mal, 'ne Alternative. Und das war etwas, was sicherlich uns insofern auch beeinträchtigt, als nicht mehr notwendig ist, deutlich zu machen, daß wir die besseren sind, die bessere Gesellschaftsordnung haben und, und, und. [...] es gibt jetzt heute keine mehr, denen wir's beweisen müssen, sondern heute hauen se dann voll auf uns drauf."[295]

Es zeigt sich, daß einige 'Linke' ihre Ziele und Wünsche, jedenfalls ansatzweise im Osten Deutschlands und Europas irgendwie realisiert sahen bzw. den Osten als Alternative zum Westen betrachteten. Allein durch die Existenz des sozialistischen Systems habe die Kapitalseite den Arbeiterinnen und Arbeitern im Westen Zugeständnisse machen müssen. Der Zusammenbruch des 'real-existierenden Sozialismus' schwäche die Position der Arbeitnehmer. Andererseits aber betrachtet Heindling die Teilung doch als unnatürlich und belastend für die Menschen und bejaht deshalb die Wiedervereinigung:

„Auf der andern Seite ist es natürlich so, daß es schon geschichtlich schwierig ist, wenn so 'n Land geteilt ist und ... Familien geteilt sind und von da aus denk ich mir, war das die einzige, auch geschichtlich, richtige Situation, die da war, das [die Wiedervereinigung] zu vollziehen."[296]

Einige der Befragten sehen das Ende des „Sozialismus" à la DDR uneingeschränkt positiv. So meint der junge Kurt Gröne, dessen Vater aus politischen Gründen in die DDR gegangen war und seine Familie im Westen zurückgelassen hatte:

„Eins ist klar, daß also in diesen Ländern des ehemaligen Ostblocks Diktatur geherrscht hat, daß manche Leute ziemlich borniert war'n, die an der Macht war'n und unter dem Mantel des Sozialismus ihre eigenen Machenschaften, Unfähigkeit versteckt haben. ... Und wenn man sich mal mit dem Kommunismus oder Sozialismus auseinandersetzt, sind die Ideen als solche ja gar nicht schlecht, ne. Bloß hapert es daran, daß der Mensch wieder den Menschen kontrolliert. Und jetzt zu unserer Form der Demokratie gibt es eigentlich noch keine Alternative, was nicht sein kann, daß es mal irgendwo eine gibt, 'ne andere Form, aber ich seh' da momentan keine, ich seh' die eigentlich als die Beste zur Zeit [...] an, nicht die optimale, nicht das was ich mir vorstelle, wird's wahr-

295 Hoesch 3, S. 87 (beide Zitate). Ähnliche Äußerungen bei Hoesch 5, S. 67 und Hoesch 7, S. 32.

296 Hoesch 3, S. 87.

> scheinlich auch nicht geben, nur, es funktioniert halt relativ gut und man hat auch Möglichkeiten an dem politischen Leben teilzunehmen, auch wenn man anderer Meinung ist."[297]

Gertrud Michalke, langjährige Betriebsratsvorsitzende und linke Gewerkschafterin, die 1991 für die IG-Metall in Mecklenburg gearbeitet hat, meint auf Grund ihrer Anschauung der ostdeutschen Verhältnisse:

> „Also, ich muß sagen, et ist an und für sich gut, dat et so gekommen ist, also, wie ich dat insgesamt sehe. Ich war auch nicht dagegen, als et passiert war, als et lief. Aber, sagen wir mal, vielleicht war ich, bevor ich in Schwerin war, da neutraler und hab' auch vielleicht nicht ganz gewußt, ist et jetzt dat richtige, ist et nicht dat richtige. Aber, ich möchte eins sagen, et ist schon richtig, dat et so gekommen ist [...] Weil ich gerade, als ich anfing in die Betriebe reinzugucken, also dat wirklich abgelaufen ist. Also, innerhalb sechs Monate wär da die Wirtschaft [...] also total zusammengebrochen. Und, ich glaube auch, dat ohne diese Vereinigung mit der Bundesrepublik, daß selbst, wenn 'ne eigene andere Regierung politisch gekommen wär, ja, wie et ja im Anfang erst war, dat wir trotz aller negativen Erscheinungen, die jetzt da sind – dat et den Leuten nicht so geht, wie sie et erwartet haben – die heute nicht so weit wär'n, wie sie jetzt sind. Und das hör' ich aber auch von vielen meinen Schweriner Bekannten."[298]

Paul Spiertz, der erst als Erwachsener mit seinem Vater dessen Geburtsort in der DDR besucht hatte, spricht sich angesichts der dort von ihm wahrgenommenen Rückständigkeit für eine vorbehaltlose Unterstützung der neuen Länder durch den Westen aus. Er stehe heute wie zu Zeiten des Vereinigungsprozesses zu seiner Meinung:

> „Noch genauso, noch genauso, ich find das gut. Ich weiß nicht, wie andere darüber denken, also, ich meine, das ist gut, daß es so gekommen ist und nicht anders. Hätte ja auch was anderes passieren können. Auch wenn [ich] da heute für zahlen muß, stört mich nicht. Ich sag' mir immer: Im Grunde genommen geht's uns ja so gut. Wenn jeder jeden Monat 10 Mark abgibt oder 20 oder 30, das würde keinem weh tun, wenn einer jetzt 'n normalen Arbeitsplatz hat, ne, das ist meine Einstellung dazu."[299]

Nur wenige der befragten Arbeiterinnen und Arbeiter machen sich Gedanken über einen alternativen Ablauf des politischen und ökonomischen Vereinigungsprozesses. Im Vordergrund dieser Überlegungen stehen bei diesen die Föderationsidee[300], eine Trennung der Wirtschaftsgebiete auf 10 Jahre oder ähnliche Ge-

297 Nokia 2, S. 48. Vgl. auch Nokia 6, S. 39 und Hoesch 9, nicht transkr. Int., Band 1, S. 1/117 f. und 148 f., Band 2, S. 4/354 ff. und S. 4/406 ff.

298 Nokia 7, S. 73 f.

299 Hoesch 20, S. 39.

300 Vgl. Hoesch 1, S. 57; Hoesch 3, S. 87; Hoesch 19, S. 61 und 64 sowie Nokia 14, S. 49.

danken. Im übrigen sind dies von eher links Stehenden vorgebrachte Ideen, die offenbar erst retrospektiv entwickelt oder übernommen worden sind. Der Föderationsgedanke spielte auf politischer Ebene in einer bestimmten Phase eine Rolle und scheint für einige im nachträglichen Urteil eine andere Entwicklung ermöglicht zu haben. Die meisten der westdeutschen Interviewpartner sehen den historischen Verlauf jedoch als einzig gangbaren Weg an bzw. akzeptieren ihn einfach.

Allerdings glauben viele Arbeitnehmer im Westen, daß der Ablauf der Vereinigung zu schnell, planlos, unsozial, die west- und ostdeutsche Wirtschaft schädigend vollzogen wurde, wofür sie die Politik der Bundesregierung verantwortlich machen.

### *Erwartungen und Hoffnungen*

Wie sieht es nun, einige Jahre nach der Wiedervereinigung, mit dem Interesse am anderen Teil Deutschlands bei den westdeutschen Arbeitnehmern aus? Glauben diese, daß beide Teile voneinander lernen können? Wie geht es, ihrer Meinung nach, mit der deutschen Einheit, dem von allen gewünschten Zusammenwachsen, weiter?

Beachtlich bleibt, aufs Ganze gesehen, die relative Offenheit, mit der die befragten Westdeutschen ihre ostdeutschen Mitbürger ansehen und dabei auch Interesse an den Verhältnissen in den neuen Bundesländern äußern. Es wird häufig der Wille artikuliert, den Osten Deutschlands und seine Menschen besser kennenzulernen.

Viele der befragten Westdeutschen haben sich nach 1989, z.T. nach einer Phase des Abwartens, auf den Weg gemacht, um sich im Osten Deutschlands umzusehen, einige sogar um zu helfen, andere, um Ostdeutschland kennenzulernen. Unterscheiden lassen sich:

- 'Aufbauhilfe' in gewerkschaftlichem oder parteipolitischem Auftrag,
- Urlaubstrips,
- die Pflege verwandtschaftlicher oder freundschaftlicher Beziehungen.[301]

Zu denjenigen, die sich schon früh in Ostdeutschland engagiert haben, gehört der frühere Hoesch-Betriebsrat Wilhelm Lehmann. Er half 1990 beim Aufbau gewerkschaftlicher Strukturen in Sachsen. Aufgrund seiner Erfahrungen fordert er die Westdeutschen auf, Kontakte in den Osten zu suchen, da das gegenseitige Kennenlernen derzeit die wichtigste Aufgabe sei.[302]

301 Vgl. Hoesch 12, 15 und 16 sowie Nokia 7 (Aufbauhilfe), Hoesch 7 und 13 (Demonstrationsteilnahmen), Hoesch 6, 8, 10, 17, 18 (Urlaub), Hoesch 2 und 11 sowie Nokia 3 und 6 (Verwandte/Bekannte), Nokia 2 und 15 (berufliche Gründe).

302 Hoesch 16, S. 66, 82, 84 und 86. Siehe auch Hoesch 15, S. 40, 89 und 92 und Nokia 3, S. 42.

Die ehemalige Nokia-Betriebsrätin Gertrud Michalke, ebenfalls im Auftrag ihrer Gewerkschaft beim Aufbau Ost engagiert, erzählt sehr ausführlich von ihren Ängsten zu Beginn dieser Arbeit:

„Und, ich muß eins sagen: Ich hatte zur DDR sehr wenig Verhältnisse, keine Verwandten oder so, dat ich, auch als ich fuhr, so über die ehemalige Zonengrenze, dat ich mir gedacht habe: Auf wat hast du dich da eingelassen? Also, ich glaub', man kann dat nicht verstehen. Sie kommen jetzt irgendwohin. Da sitzen bereits zwei, drei Angestellte, die eingestellt war'n, Büroräume, die notdürftigen da, und dann kommen sie so und sagen: So, hier bin ich, ich mach dat jetzt, ne. So einfach ist dat ja auch nicht. ... also die letzten 100 Kilometer vor Schwerin, [hatte ich] so ungefähr den Eindruck als wenn selbst die Bäume mir feindlich gegenüber waren [lacht]. Also ich hatte schon 'ne Beklemmung, ..."[303]

Diese anfängliche Beklemmung habe sich dann aber im Laufe der Zeit gelegt und sei einem konstruktiven und sehr freundschaftlichem Verhältnis zu Land und Leuten gewichen:

„Et hat sich ja auch wahnsinnig was geändert, also von Woche zu Woche, und man hat wat geseh'n. ... Und, ja, und dann sagen wir mal, von diesen acht Wochen, ist klar, da wurde erst bis Anfang det Jahres, ... und so [sind es] nachher dann 13 Monate geworden. ... Und ich muß auch sagen, ich hab' auch da Freunde gefunden. Ich hab' da also mehr Freunde mittlerweile wie hier. Und wenn ich Freunde sag', mein ich schon 'n bißchen mehr als Bekannte ..."[304]

Der 47jährige Schlosser Fritz Rösler gründete mit einigen Kollegen noch vor der offiziellen Wiedervereinigung in Brandenburg einen 'Lohnsteuerhilfeverein'. Dafür mußte er sogar noch DDR-Bürger werden:

„Ich hab' sogar noch 'n Paß 'Bürger der DDR' übrigens. Ich hab' noch 14 Tage vor Toresschluß 'n blauen Personalausweis gekriegt ... Ja, es ging nicht anders, weil das Finanzamt Cottbus hätte uns als Verein nur eingetragen, wenn wir da drüben Wohnsitz gehabt hätten. Ja, und dann, der eine Kollege, der hat uns dann da alle gemeldet ..."[305]

Manche der Interviewpartner glauben, nicht genug über die Verhältnisse in der ehemaligen DDR zu wissen. Einige versuchen, Urteile bzw. Vorurteile zu überprüfen und sich ein eigenes Bild zu machen, so z.B. der junge Thorsten Stange:

„Da hat's mich dann interessiert, wie die da gearbeitet haben. Weil, man sagt, jeder sagt ja (lacht): Die haben da nicht gearbeitet, die haben da jeden Tag 'ne

303 Nokia 7, S. 63 f.

304 Ebd., S. 66 f.

305 Hoesch 5, S. 69. Das Interesse Röslers an der DDR hatte politischen Charakter. Er sah wohl in der DDR eine mögliche Alternative, hatte auch früher Kontakte dorthin gehabt, ohne diese im Gespräch jedoch genauer zu beschreiben. Der Kontext seiner Hilfsmaßnahmen blieb im Interview ebenfalls unklar.

Schraube gedreht und dann ha'm se sich hingesetzt und so. Das hat mich schon interessiert, was denn da jetzt so dran ist, wie die denn da jetzt gearbeitet haben [...]. Das is ja irgendwie unverständlich, wenn man hier so aufwächst, was da so abging."[306]

Einige der befragten Westdeutschen sprechen sich für eine intensivierte unmittelbare Kommunikation aus, z.B. Edith Jonas:

„Man *muß* mit den Leuten drüben reden. Besser ist noch hinzufahren, *da* zu sein um überhaupt 'n bissel besser verstehen zu können."[307]

Sogenannte „Besserwessis" sind, zumindest in extremer Form, bei den Befragten nicht auszumachen. Die wenigen 'Ratschläge' der westdeutschen Arbeitnehmerinnen und Arbeitnehmer laufen nur darauf hinaus, daß die Kollegen im Osten lernen müßten, mit der Freiheit bzw. dem Kapitalismus umzugehen, was weniger Anpassung an das neue System meint, sondern vielmehr die Bereitschaft und Fähigkeit, sich gegen Ungerechtigkeiten zu wehren.[308] Hier deutet sich die Möglichkeit gemeinsamen solidarischen Handelns an.

Eine gewisse Unvoreingenommenheit läßt sich aus Antworten auf die Frage, was denn Ost und West voneinander lernen bzw. vom jeweils anderen System übernehmen könnte, ablesen. Hier wird von Interviewpartnern im Ruhrgebiet hervorgehoben, daß die soziale Sicherheit im DDR-System einen hohen Stellenwert hatte. Im Hinblick auf eine mögliche Übernahme wird allerdings eingeräumt, daß die Kosten für die soziale Sicherheit enorm waren und die Errungenschaften der DDR nicht auf den Westen übertragbar seien. Trotzdem übt dieses Sozialsystem bzw. ein idealisiertes Bild von ihm einen gewissen Reiz aus. Junge Väter etwa bedaueren sein Verschwinden, wenn sie auf die Versorgung mit Kindergärten, -horten etc. zu sprechen kommen.[309] Allerdings wird die prinzipielle positive Anerkennung derartiger Einrichtungen doch auch wieder durch Kenntnis der konkreten Realität eingeschränkt. Gertrud Michalke z.B. meint:

„Ich mein, wat natürlich schon, wenn auch aus andern Motiven heraus teilweise, die Regelungen mit den Kindergärten und alles, dat war natürlich 'ne Sache, wo wir weit entfernt sind. Also, das wär schon 'ne Sache, also, wat da besser ge-

306 Hoesch 10, S. 64. Er bezog sich in diesem Falle auf einen Fernsehbericht! Vgl. auch Nokia 8, S. 30.

307 Nokia 3, S. 42.

308 Vgl. dazu Hoesch 1, S. 60 f.; Hoesch 13, S. 65; Hoesch 18, S. 78. Hoesch 7, S. 41 f. und Hoesch 12, S. 88.

309 Hoesch 4, S. 56, Hoesch 7, S. 42, Hoesch 12, S. 89 f. Zur partiell positiven Einschätzung des sozialen Systems der DDR siehe auch Hoesch 5, S. 67; Hoesch 13, S. 65; Hoesch 14, nicht transkr. Int., Band 1, S. 2/089-114; Hoesch 15, S. 92; Hoesch 16, S. 79 ff., Hoesch 18, S. 78, Nokia 2, S. 49 f.; Nokia 7, S. 78 f.; Nokia 9, S. 59; Nokia 11, S. 54; Nokia 14, S. 52.

regelt war, wenn auch andere Motive manchmal war'n. Wenn ich sagte, nicht ganz in der Form, war'n da natürlich die Kindereinrichtungen, ja manchmal sehr primitiv, also, wo ich ungern mein Kind reingegeben hätte, aus hygienischen Gründen, also, wat mich dann wieder gestört hat. Aber, ich mein, so wat kann man ja ändern. Aber, sagen wir mal, vom System wie et da gelaufen ist, wär' et gut gewesen, wenn dat geblieben wäre. Wat natürlich [für mich] 'ne bessere Sache war: Die ganzen Mietregelungen."[310]

Ähnlich äußert sich Meister Franz Forell aus Bochum, der dem System einerseits einige Vorzüge zugesteht, andererseits aber auf ideologische Motive verweist, die Michalke nur andeutet:

„Also, daß z.B. gesagt wurde, daß in der DDR für jedes Kind ein Kindergartenplatz da war. War ja auch, eh, parteipolitisch wichtig, daß man eben seinen Einfluß so früh wie möglich geltend machte. So sehe, habe ich das also auch gesehen. Hier ist das vielleicht die Möglichkeit, daß einer, daß 'ne Partei dann sagt: Guck mal, was wir für die Mütter und Eltern alles tun. ... Ja, dat sind sicherlich Sachen die wir ... dieses Gesundheitssystem wäre ja schön, wenn wir da alles kostenlos übernehmen könnten, aber, es war, sagen wir mal Aushängeschild, sah gut aus, aber praktisch waren die Ausstattungen der Krankenhäuser und Sanitätsstationen, ich sage mal nach unserm Standard, fast null. Und das ist erst hinterher rausgekommen. Also, war es 'n Bluff. Mit gezinkten Karten gespielt, sozusagen."[311]

Der Dortmunder Meister Paul Spiertz spricht in diesem Zusammenhang sogar von einer ‚Überversorgung' der Menschen in der DDR:

„Sozialsystem, ja, das ist gut, daß Sie das ansprechen. Das [...] hieß da drüben aber auch, ich brauchte mich um nichts zu kümmern. Deswegen sind, sind die Leutchen da drüben ja am Anfang überhaupt nicht mit ihrer Situation fertig geworden. D.h., sie müssen selber hergehen und z.B. Wohngeld beantragen oder sonst irgend etwas. Ob das anfing mit Kindergartenplätzen und so weiter. Sich selber drum kümmern, das brauchten sie ja früher nicht. ... sind die am Anfang nicht [mit] fertig geworden und das versteh' ich auch. Wenn mir alles abgenommen wird, worum soll ich mich kümmern? Um Kindergartenplatz oder sonst irgendwas? Kein Interesse, ne. Oder Ausbildung oder Arbeitsplatz? Wenn da einer einen Tag nicht zur Arbeit kam, war'n 'n andern Tag der Betriebsleiter, oder wie der auch immer heißt, da und hat mal geguckt, was der denn da wohl macht Zuhause."[312]

310 Nokia 7, S. 78 f. Weitere Kritik in diesem Sinne bei Nokia 2, S. 49 f.; Nokia 6, S. 24 und Hoesch 20, S. 48 f.

311 Nokia 15, S. 59.

312 Hoesch 20, S. 48 f.

Danach gefragt, ob das System auf den Westen übertragbar wäre, verneint er dies:

> „Nee, würd ich nicht sagen, würd ich nicht sagen. Ich würd' sagen, dann wird man mit der Zeit gleichgültig, das läuft alles so vor sich hin. Wenn mir alles so abgenommen wird, dann kümmere ich mich auch nicht darum, ist doch logisch."[313]

Die Beispiele lassen erkennen, daß die öffentliche Diskussion über das Sozialsystem der DDR von den westdeutschen Arbeitnehmern rezipiert worden ist. Gerade von den Hoeschianern, die kaum Kontakte in die DDR hatten bzw. in die neuen Bundesländer haben, wird behauptet, daß die ehemaligen DDR-Bürger menschlicher miteinander umgegangen seien, was es eigentlich zu bewahren gelte. Leider sei dieses Verhalten jedoch auf den Westen nicht übertragbar.[314] Derartige, vermutlich medienvermittelte 'Kenntnisse' kritisieren im Grunde die westdeutsche Gesellschaft. Die Vermutung liegt nahe, daß eigene Wünsche auf die Gesellschaft der DDR projiziert werden – übrigens nicht nur aus 'linker', sondern auch aus 'konservativer' Sicht, die die individuelle Genügsamkeit und den hohen Stellenwert der Familie in der DDR positiv bewertet.[315]

Im Hinblick auf die Dauer des Vereinigungsprozesses sind die westdeutschen Befragten eher skeptisch. Der ehemalige Hoesch-Betriebsrat August Iskamp geht z.B. davon aus, daß das ökonomische Zusammenwachsen noch etwa fünf Jahre, das menschliche Zusammenwachsen beider Teile Deutschlands aber noch eine ganze Generation dauern werde.[316]

313 Ebd. S. 49.

314 Siehe Hoesch 6, nicht transkr. Int., Band 2, S. 3/327 ff.; Hoesch 5, S. 70; Hoesch 8, S. 64; Hoesch 10, S. 62; Hoesch 16, S. 84 f.; Hoesch 18, S. 78; Nokia 11, S. 55; Nokia 14, S. 52. Jürgen Doll/Rosemarie Mielke/Michael Mentz: Formen und Veränderungen wechselseitiger ost-westdeutscher Stereotypisierungen in den Jahren 1990, 1991 und 1992. In: KZSS, 46, 1994, H. 3, S. 501-514, würden diese Einschätzung als Beleg ihrer These, die den Westdeutschen als dominante Bewältigungsstrategie des Vereinigungsprozesses eine „indirekte Diskriminierung" zuschreibt, ansehen. Gemeint ist damit, daß eine statushöhere Gruppe versucht, ihren Status zu verteidigen, indem sie der „statusniedrigeren Gruppe ... lediglich solche positiven Merkmale stark (zuschreibt), die weniger wichtig sind." (S. 502) Genannt werden dabei die „moralischen" Merkmale „bescheiden" und „rücksichtsvoll". (S. 511) Die von Doll et al. dagegen als zweites Element angesehene und den Hintergrund der Diskriminierungsstrategie bildende Furcht vor einem Verlust der statushöheren Position und der „Verringerung des Wohlstandsniveaus" (S. 502) läßt sich auf die Stahlarbeiter nur bedingt anwenden. An die Stelle einer „generellen Binnengruppenfavorisierung" könnte daher genausogut ein Solidarisierungseffekt erwartet werden, der zwei 'Opfer' der kapitalistischen Wirtschaftsweise einander näherbringt.

315 Vgl. Hoesch 12, S. 90 f. und der auf der politischen Gegenseite stehende Hoesch 7, S. 41.

316 Hoesch 15, S. 91 f. S. auch Hoesch 1, S. 60 f.

*Resümee*

In den Urteilen der westdeutschen Arbeiterinnen und Arbeiter spiegelt sich ein – für die westdeutsche Bevölkerung insgesamt charakteristischer – Pragmatismus.[317] Hervorzuheben ist, daß bei den Stahl- und Metallarbeitern trotz Wirtschaftskrise, Arbeitslosigkeit und anderer Probleme, die zu einer gewissen Annäherung der gesellschaftlichen Verhältnisse in Ost und West geführt haben, die vorhandenen Distanzen sich nicht vergrößert haben. „Mauern in den Köpfen"[318] können für die Mehrheit der Befragten im Befragungszeitraum kaum festgestellt werden.

Zusammenfassend läßt sich aus Sicht der westdeutschen Arbeitnehmer über die „Wende" folgendes sagen: Die Ereignisse im Sommer, Herbst und Winter 1989, die alle überrascht haben, werden nach wie vor, wenn auch nicht enthusiastisch, positiv bewertet. Sie sind für die Befragten zwar in erster Linie ein Medienereignis gewesen, doch wird etwa der Mauerfall nach wie vor als ein individuell und kollektiv emotionalisierendes Ereignis erinnert. Wohl nur für wenige stellen die damaligen Ereignisse eine für sie selbst relevante Zäsur dar; sie haben keinen Identitätsbruch wie die Ostdeutschen erlebt. Allerdings üben sie Kritik am weiteren Vereinigungsprozeß, der aus ihrer Sicht in Tempo und Form überstürzt und unüberlegt realisiert worden ist. Politische und ökonomische Auswirkungen, die nun auch den Westen betreffen, überlagern inzwischen manche Eindrücke aus der Wendezeit. Die heutigen Verhältnisse im Osten Deutschlands werden eher zurückhaltend bewertet. Abwertende Pauschalurteile sind nicht gängig. Ein gewisses Interesse an Kontakten bzw. Besuchen in den neuen Bundesländern wird zwar geäußert, doch von einer ausgesprochenen Neugier im Hinblick auf die neuen Länder wird man nicht sprechen können.

### c) Asymmetrische Erfahrungen

Die Beurteilung der „Wende" läßt – auf der Basis der Untersuchung unserer Gespräche – erhebliche Unterschiede zwischen ost- und westdeutschen Arbeitnehmern erkennen. Sie seien als Zwischenfazit knapp zusammengefaßt.

1) In den Erzählungen, Berichten und Wertungen spiegelt sich der Tatbestand, daß die west- und die ostdeutschen Arbeitnehmer 1989/90 in ganz unterschiedlicher Weise vom Geschehen tangiert waren. Für die Westdeutschen war es eine Zeit, die sich emotional durchaus aufgewühlt hat – insbesondere gilt

317 Vgl. Weidenfeld/Korte: Die Deutschen, S. 231-240. Kapitelüberschrift: Die pragmatischen Deutschen.

318 Vgl. Elisabeth Noelle-Neumann: Demoskopische Geschichtsstunde. Vom Wartesaal der Geschichte zur Deutschen Einheit. Zürich/Osnabrück 1991, S. 15.

dies für den Fall der Mauer –, doch erlebten sie die „Wende" im wesentlichen über die Medien, aus einer gewissen Distanz. Auch retrospektiv sehen sie die damaligen Ereignisse überwiegend positiv, auch wenn die Probleme der Vereinigung inzwischen bewußt geworden sind, was teils die Erinnerung an 1989/90 überlagert, teils aber zu einem mehr oder weniger unverbundenen Nebeneinander der Erinnerung an 1989 und der Betonung der Probleme der Vereinigung führt.

Für die Ostdeutschen war die „Wende" unmittelbar und existentiell. An die Erfahrungen 1989/90 haben die meisten sehr konkrete Erinnerungen, von denen sie sich heute vielfach zu distanzieren suchen. Manche der Erinnerungen unserer Gesprächspartner, die ganz überwiegend keinen Kontakt zur Opposition der Bürgerbewegung gehabt haben und von der Wende vor allem durch die Öffnung der Mauer und die Konfrontation mit dem „Westen" betroffen waren, sind in sich ambivalent oder werden retrospektiv als ambivalent betrachtet. Jedenfalls gibt es im Rückblick vielfach ein Unbehagen an den damaligen Erlebnissen, das sicherlich durch die Vereinigung längerfristig bewirkten Veränderungen – Enttäuschungen, Desillusionierungen, Verunsicherungen – verschärft worden ist.

2) Die „Wende" ist für die Ostdeutschen der Übergang zur Gegenwart, Teil des vielfach noch nicht wirklich verarbeiteten Gegenwartsgeschehens. Die bei den ostdeutschen Arbeitnehmern erkennbaren Orientierungsprobleme wirken sich in der Beurteilung des Umbruchs aus, seine Beurteilung ist Teil der politisch-kulturellen Streitfragen.

Die Distanz ist für die Westdeutschen ungleich größer. Bei ihnen sind unverkennbar Tendenzen einer Historisierung der „Wende" bereits erkennbar. Die Distanz, die die westdeutschen Arbeitnehmer schon 1989/90 zum Geschehen hatten, erleichtert diese Historisierung.

Für Ost- wie Westdeutsche ist die Beurteilung der Wende mit Grundfragen der historisch-politischen Weltsicht verbunden, die es noch eingehender zu behandeln gilt. Festzuhalten ist jedoch schon hier, daß die Wende offensichtlich für die große Mehrheit der befragten Westdeutschen die Grundpositionen nicht verändert hat – für einige Westdeutsche, für die die DDR Projektionsfläche linker politischer Ziele war, gilt dies freilich –, während er für die Ostdeutschen den realen Bezugsrahmen ihres Lebens, ihre berufliche Tätigkeit, bisherige Gewohnheiten, Orientierungen, in großem Maße zur Disposition gestellt hat.

3) Der Umbruch 1989/90 strukturiert für die Ostdeutschen in ganz elementarer Weise ihr historisch-politisches Bewußtsein. Sie vergleichen zwischen heute und früher, die durch die Wende getrennt wurden. In einer Trivialkomparatistik werden Erscheinungen der DDR und des vereinigten Deutschland gegenübergestellt. Diese Vergleiche sind im Kontext der Beurteilung der Bundesrepublik und der DDR näher zu untersuchen.

Es liegt auf der Hand, daß 1989/90 für die Westdeutschen keine vergleichbare – das historisch-politische Bewußtsein strukturierende Zäsur darstellt. Die Erfahrung des tiefgreifenden Bruchs 1989/90 auf der einen Seite und die Erfahrungen von eher kontinuierlichen, freilich keineswegs unproblematischen Veränderungen auf der anderen Seite trennt unübersehbar Westdeutsche und Ostdeutsche.

## 2) Das Bild der Bundesrepublik

*Annette Leo*

### a) Aus der Sicht ehemaliger DDR-Bürger

Für unsere Gesprächspartner aus Hennigsdorf und Frankfurt/Oder bedeutet die Bundesrepublik einerseits die über vierzigjährige Geschichte des deutschen Nachbarstaates, den die meisten nur von fern kannten, der aber als Wunschbild, Feindbild, Gegenbild oder ganz einfach als Bezugspunkt im öffentlichen wie im privaten Leben der meisten Menschen eine große Bedeutung hatte. Über Radio und Fernsehen konnten sie täglich die Medienwirklichkeit dieses Landes in ihren Wohnstuben empfangen. Andererseits ist die Bundesrepublik auch ihre heutige Gegenwart, das wirtschaftliche, soziale und politische System, das seit 1990 ihre gewohnten Lebensumstände abgelöst hat oder dabei ist, diese langsam zu durchdringen und aufzulösen. Diese unterschiedlichen Aspekte sind in unseren Gesprächen nicht immer voneinander zu trennen. Oftmals sagen die Leute auch: „der Westen" und damit meinen sie sowohl die historische Bundesrepublik als auch die alten Bundesländer heute, wovon sie ihre eigene Lebenswelt in den neuen Bundesländern deutlich abgrenzen.

Solche Tendenzen der Vermischung von Vergangenheit und Gegenwart weisen bereits daraufhin, daß die Bundesrepublik kaum in ihrer historischen Entwicklung wahrgenommen, sondern eher als etwas vorwiegend Gegenwärtiges oder Feststehendes angesehen wird. Es entsteht auch der Eindruck, als ob seitens unserer Gesprächspartner aus Hennigsdorf und Frankfurt/Oder gegenwärtig kein großes Interesse besteht, die Gesellschaft der Bundesrepublik in ihrer Komplexität kennenzulernen. Nur bestimmte Erscheinungen, mit denen die neuen Bundesbürger in ihrem heutigen Leben konfrontiert sind, werden registriert und isoliert vom Gesamtbild betrachtet bzw. verallgemeinert, während frühere Vorstellungen von der Bundesrepublik, vielleicht sogar Projektionen und Idealisierungen, dahinter fast völlig verschwunden sind.

Es erscheint in diesem Zusammenhang sinnvoll, zunächst nach den Vorstellungen von einer historischen Entwicklung der Bundesrepublik zu fragen. Weiterhin sollen die konkreten Erfahrungen der einzelnen Gesprächspartner mit dem anderen deutschen Staat betrachtet werden. Ferner werden die leitenden Gesichtspunkte beleuchtet, nach denen auch die konkreten Erfahrungen gedeutet und bewertet werden. Schließlich wird untersucht, wie die Interviewpartner das politische und ökonomische System der Bundesrepublik charakterisieren.

*Ein statisches Bild*

Inwieweit nehmen unsere Gesprächspartner die historische Entwicklung der Bundesrepublik in einzelnen Phasen bzw. Zäsuren wahr? Es fällt auf, daß die Äußerungen sich fast ausschließlich auf die Gegenwart beziehen, oder vielmehr auf einen feststehenden Zustand, der kaum in seinem historischen Gewordensein reflektiert wird. In den Interviews konnten nur ganz vereinzelt Bemerkungen über Entwicklungsphasen bzw. Zäsuren in der Geschichte der Bundesrepublik Deutschland gefunden werden, dies vor allem im kontrastierenden Vergleich zu den eigenen Erfahrungen in der DDR.

So äußert sich Max Hiller über die Anfangsjahre der Bundesrepublik und meint, den Westdeutschen sei „Zucker in den Hintern geblasen" worden, weil die gesamte Industrie mit Hilfe der Amerikaner aufgebaut worden sei. In der gegenwärtigen Situation müßten die „Westler" begreifen, daß es für sie nicht mehr so weitergehe wie bisher.[319] Auch Berta Klaus ist ebenso wie Renate Bärwald der Meinung, daß der Nachkriegsaufbau im Westen viel leichter und schneller gegangen sei, während die Menschen in der DDR sich alles allein erarbeiten und schaffen mußten.[320] Außerdem meint Berta Klaus, daß die Unternehmer in der Bundesrepublik aufgrund der Existenz des Sozialismus gegenüber den Arbeitern jahrelang Zugeständnisse gemacht hätten. Seit der Wende werde das alles rückgängig gemacht und die Lasten wieder auf die Arbeiter abgewälzt.

Vereinzelt werden bestimmte Ereignisse erwähnt. Für den ehemaligen Kriegsgefangenen Rudolf Lampe etwa spielt das Jahr 1955 eine große Rolle, als nämlich der damalige Bundeskanzler Adenauer die Heimkehr der verbliebenen Kriegsgefangenen aus der Sowjetunion erwirken konnte.[321] Konrad Adenauer gilt ihm deshalb auch als besonders achtenswerte Persönlichkeit.

Wenn es überhaupt erlaubt ist, aus wenigen Äußerungen Schlußfolgerungen zu ziehen, so vielleicht, daß allenfalls über deutsche Gemeinsamkeiten (eine solche stellt die Rückkehr der Kriegsgefangenen aus der UdSSR letztlich dar) und über die verschiedenen Ausgangspunkte der beiden deutschen Staaten Vorstellungen existieren. Die Anspielung auf die Marschallplan-Hilfe als Starterleichterung für

319 Hennigsdorf 3, S. 108.
320 Frankfurt/O. 7 und Frankfurt/O. 14.
321 Hennigsdorf 4.

die drei Westzonen und die spätere Bundesrepublik Deutschland diente in der DDR als Standard-Erklärung für die Unterschiede im ökonomischen Entwicklungsniveau. Für die DDR-Bürger beinhaltet diese Argumentation vor allem die Aufwertung der eigenen Aufbauleistung, der Stolz darauf, unter schwersten Bedingungen aus eigener Kraft etwas geschaffen zu haben. Die trotz USA-Hilfe auch vorhandenen Schwierigkeiten in der westdeutschen Nachkriegsentwicklung werden aus dieser Perspektive nicht wahrgenommen.

Insgesamt gesehen läßt sich die Hypothese wagen, daß in der DDR die Nachkriegsgeschichte ungleich weniger thematisiert worden ist als in der Bundesrepublik; dies wirkt sich u.a. in einem a-historischen Bild der Bundesrepublik bei früheren DDR-Bürgern aus. Jedenfalls ist der Mangel an historischer Sichtweise der Bundesrepublik offensichtlich, was freilich auch auf die als übermächtig empfundene Gegenwart, die Geschichte in den Hintergrund drängt, zurückzuführen ist.

### *Zur Bedeutung persönlicher Erfahrungen*

Im Hinblick auf die persönlichen Erfahrungen mit dem Nachbarstaat Bundesrepublik lassen sich generationell unterschiedliche Zugänge, verschiedene politische Einstellungen, doch auch regionale Unterschiede feststellen.

Die Älteren unter unseren Gesprächspartnern hatten noch bis zum Bau der Mauer 1961 die Möglichkeit, hin- und herzufahren, ihre Verwandten zu besuchen. In ihren Erzählungen spielt vor allem Westberlin eine Rolle, als das Symbol für den Westen, das für sie näher war als die Bundesrepublik. Dort konnten sie sich Waren oder auch Medikamente verschaffen, die es in der DDR nicht gab, sie konnten sich Filme anschauen oder politische Informationen einholen, die ihnen in der DDR verwehrt waren. Dabei ist es nicht verwunderlich, daß das Leben der Hennigsdorfer viel enger mit dem unmittelbar vor den Toren der Stadt liegenden Westberlin verbunden war als das unserer Gesprächspartner aus Frankfurt/Oder. Die Hennigsdorfer mußten praktisch jedes Mal durch den Westteil hindurchfahren, wenn sie in die Hauptstadt der DDR wollten. Den zeitraubenden Weg außen um Westberlin herum lernten sie erst nach dem Bau der Mauer kennen. Für einige war allerdings Westberlin schon vorher ein verbotenes Terrain. So durften zum Beispiel Mitglieder der SED, Angehörige der bewaffneten Organe sowie Mitarbeiter von staatlichen Behörden nicht nach Westberlin fahren. Eine Übertretung des Verbots, sofern es entdeckt wurde, wurde mit Restriktionen in der beruflichen Karriere, Ausschluß aus der Partei usw. geahndet.

Hans Kleinschmidt erzählt, daß er zum erstenmal als zehnjähriger Junge zusammen mit seinem Ostberliner Onkel nach Neukölln gefahren sei, weil der Onkel dort Lotto spielen wollte. Er habe den Onkel aber nur begleitet, sagt Kleinschmidt, weil der ihm fest versprochen habe, seinem Vater von diesem Ausflug nichts zu erzählen. Mit gemischten Gefühlen sei er hinübergefahren, offenbar übertrat er damit ein regelrechtes Verbot des Vaters. Am meisten habe ihn damals die Tatsache beeindruckt, daß es in Neukölln eine Karl-Marx-Straße gab, was er lange nicht habe begreifen können, weil dies offenbar in sein Bild vom Westen nicht hineinpaßte. Später leistete Hans Kleinschmidt seinen freiwilligen zweijährigen Wehrdienst 1960 bei der Transportpolizei der S-Bahn in Berlin ab. In dieser Zeit war es für ihn grundsätzlich verboten nach Westberlin zu fahren. Natürlich habe er sich daran strikt gehalten:

> „Also ... das konnte man sich nicht erlauben, das wäre ... ich weiß nicht, welche Folgen das gehabt hätte, aber auf jeden Fall wäre ich in Unehre von der Polizei entlassen worden und ich weiß nicht, ich wollte ja studieren und also ... auf den Gedanken bin ich überhaupt nicht gekommen."[322]

Für Hans Kleinschmidt war eine Fahrt nach Westberlin schon vor dem Mauerbau verboten, zuerst hatte ihm der Vater das Verbot erteilt, später seine Vorgesetzten bei der Transportpolizei. Weil er seine berufliche Laufbahn, überhaupt sein Eingebundensein in die DDR-Gesellschaft, mit der er sich identifizierte, nicht gefährden wollte, stellte er dieses Verbot nicht infrage, sondern hielt sich ganz selbstverständlich daran, vermutlich ohne dies als Einschränkung seiner Freizügigkeit zu empfinden.

Für Kurt Panitz und Rudolf Lampe dagegen gehörte es zum Alltag, sowohl nach Westberlin als auch nach Westdeutschland zu fahren, Verwandte oder Freunde zu besuchen, ein wenig Geld zum jeweiligen Umtauschkurs, vier zu eins oder fünf zu eins zu tauschen, um sich beispielsweise ein paar Lederschuhe oder eine Glasscheibe zu kaufen, die man im Osten nicht bekam. Auch kreisten ihre Gedanken um die Frage, ob man im Osten bleiben oder lieber nach dem Westen gehen sollte. Kurt Panitz erzählt, daß er sich Anfang der fünfziger Jahre nicht entschließen konnte, zu seiner Mutter und seiner Schwester nach Bochum zu ziehen. Als Grund gibt er an, er hätte sich zu diesem Zeitpunkt in Hennigsdorf schon Möbel angeschafft. Zwar müsse er heute eingestehen, daß er es im Westen gewiß leichter gehabt hätte (als Heimkehrer aus der sowjetischen Kriegsgefangenschaft hätte er zudem eine Entschädigung für diese Jahre bekommen), aber damals habe er gemeint, man müsse im Osten ebenso arbeiten wie im Westen, um sich was zu schaffen. Die Scheu von Kurt Panitz vor einer Flucht in den Westen steht zweifellos im Zusammenhang mit seinem Schicksal als Vertriebener, dem es schwerfiel, erneut ein Stück Heimat aufzugeben. Es hat aber auch den Anschein, daß Anfang der fünfziger Jahre die beiden Gesellschaften in Ost und West im Bewußtsein des Arbeiters Kurt Panitz noch nicht so weit auseinandergedriftet waren, daß sich tatsächlich eine grundsätzliche Entscheidung aufdrängte.[323]

322 Hennigsdorf 14, S. 10.
323 Siehe auch oben Kapitel III, 1.

Rudolf Lampe besuchte in den fünfziger Jahren zusammen mit seiner Frau Verwandte, ebenfalls in Bochum. Er erzählt, sein Onkel habe ihm sofort eine Arbeitsstelle im Bergbau angeboten. Lampe wäre gern darauf eingegangen, aber seine Frau wollte ihre Familie in Hennigsdorf nicht verlassen. Ihr zuliebe kehrte er nach Hause zurück, wobei er damals offenbar seine Entscheidung nicht als endgültig ansah. Sie hätte jederzeit revidiert werden können. – Rudolf Lampe widmet beim Erzählen seiner Biographie dem Mauerbau breiten Raum. Das war für ihn der Punkt, an dem er seine Bewegungs- und Entscheidungsmöglichkeit einbüßte, an dem die bestehenden Verhältnisse für Jahrzehnte festgeschrieben wurden. Noch am 12. August 1961 spät abends sei er mit Verwandten aus Sachsen rübergefahren, für die das Kino im Westen eine Attraktion war, während es für Lampe natürlich etwas Alltägliches bedeutete. Trotz bereits verschärfter Kontrollen seien sie noch durchgekommen. Mit der letzten S-Bahn schließlich kehrten sie wieder zurück nach Hennigsdorf, hinter ihnen sei praktisch die Grenze geschlossen worden.[324]

Während es für Hans Kleinschmidt selbstverständlich war, nicht nach Westberlin zu gehen, war für Rudolf Lampe der Westteil der Stadt ein ganz normaler Teil seines Lebensumfeldes. So groß scheint beider Selbstverständlichkeit – sowohl der Abgrenzung, wie der Integration – gewesen zu sein, daß Unterschiede zwischen beiden Welten kaum erwähnt werden. Für Hans Kleinschmidt ist aufgrund seiner Erziehung das Gebiet jenseits der Grenze nur fremd und feindlich. Die Tatsache, daß es eine Straße in Westberlin gibt, die nach Karl Marx benannt ist, kann er in dieses Bild nicht einordnen. Rudolf Lampe dagegen nimmt in Westberlin all das in Anspruch, was er in Hennigsdorf nicht bekommen kann, ohne sich um den Rest Gedanken zu machen. Allerdings wäre er bereit gewesen, den Vorschlag seines Verwandten anzunehmen und nach Bochum überzusiedeln, weil ihm das Leben und die politischen Bedingungen insgesamt dort annehmbarer erschienen. Mit dem Bau der Mauer 1961 verschwand diese Entscheidungsmöglichkeit, die Vertrautheit mit dem Leben im Westen wurde geringer.

Andere Erfahrungen machten einige von unseren jüngeren Gesprächspartnern, die kaum Erinnerungen an die Zeit vor dem Bau der Mauer hatten, und die seit Mitte der achtziger Jahre erstmals die Möglichkeit erhielten, Verwandte in der Bundesrepublik zu besuchen. So erzählt Sonja Grätz aus Hennigsdorf ausführlich über ihre Eindrücke von ihrer Reise 1987 in die Bundesrepublik anläßlich eines runden Geburtstages ihres Onkels. Ihre Erzählung gleicht in vieler Hinsicht den Berichten unserer Gesprächspartner von ihrem ersten Besuch im Westen nach dem Fall der Mauer. Darauf bezieht sich Sonja Grätz direkt, wenn sie meint, ihr sei es damals so gegangen, wie später vielen Menschen zum Zeitpunkt der Grenzöffnung. Zunächst sei sie von der Fülle des Warenangebots förmlich überwältigt wor-

324 Hennigsdorf 4, S. 54.

den. Sie spricht von der enormen nervlichen Anspannung, die es kostete, sich in dieser Fülle einen Überblick zu verschaffen und für ihre wenigen Westmark die bestmöglichen Geschenke für die Daheimgebliebenen auszusuchen.[325] Die Eindrücke von Sonja Grätz sind ganz und gar unpolitisch. Sie beobachtet Unterschiede in den Lebensgewohnheiten: der Onkel will nicht, daß sie ihm zum Geburtstag einen Kuchen bäckt, was für sie eine Selbstverständlichkeit ist, sondern er kauft eine Torte aus der Gefriertruhe. Auch ein festliches Mittagessen soll sie nicht kochen, weil er mit ihr und den anderen Gäste ins Restaurant gehen möchte. Für Sonja Grätz scheint diese Lebensweise befremdlich. Es kostet zwar weniger Mühe, Fertigprodukte zu kaufen, statt das Essen selbst zuzubereiten, aber irgendwie findet sie es unpersönlicher. Beinahe unausgesprochen verallgemeinert Sonja Grätz diese Erfahrung mit ihrem alten, alleinlebenden Onkel auf die ganze bundesdeutsche Gesellschaft.

Ilona Jahrmark, eine Ingenieurin aus Frankfurt/Oder, betont in unserem Gespräch, daß sie auf eine Beförderung zur Sachgebietsleiterin im Halbleiterwerk Frankfurt/Oder verzichtet hatte, weil sie den Kontakt mit ihren Verwandten in der Bundesrepublik nicht abbrechen wollte. Ebenso wichtig ist es ihr, uns mitzuteilen, daß sie ihren Kindern, entgegen der offiziellen Diktion in der Schule, klarzumachen versuchte, die Verwandten im Westen seien „keine Feinde". Seit Mitte der achtziger Jahre hatte Frau Jahrmark die Möglichkeit, ihre Familienangehörigen im Westen zu besuchen. Von ihren dortigen Erlebnissen erzählt sie nichts. Offensichtlich hebt sie nur die Aspekte hervor, die ihr fünf Jahre nach der Vereinigung und angesichts allgemeiner Desillusionierung berichtenswert erscheinen. So sagt sie, daß sie ihren Kindern nach der Rückkehr aus dem Westen klarzumachen versuchte, daß die Bundesrepublik kein Schlaraffenland sei, sondern daß die Leute dort für ihren Lebensunterhalt auch ganz normal arbeiten müßten. Diese Betonung von (im Grunde) Selbstverständlichkeiten zeigt doch, welchen Verklärungen und übersteigerten Erwartungen in bezug auf den deutschen Nachbarstaat sie hier entgegentreten wollte. Frau Jahrmark ist es wichtig zu betonen, daß sie aufgrund ihrer Erfahrungen während der Besuchsreisen bereits über ein realistisches Bild von der Bundesrepublik verfügte:

> „Ich wollte das Bundessystem nicht unbedingt haben. Denn ich kannte es ja von meinen Fahrten vorher schon, und ich fand, so toll ist es nicht, wie die Leute dort leben. Also ich war mit der Ruhe und mit diesem, sag ich mal, Trott der DDR gar nicht mal so unzufrieden. Mir ging es eigentlich dort gut. Der Streß und die Hektik, die ich dort schon vorher gesehen habe bei meinen Verwandten und in den Umgebungen der Menschen ... also ich war nicht so scharf drauf, da reinzukommen. Ich fand es zwar toll, wenn man dann auch irgend-

325 Hennigsdorf 8, S. 48.

> wann schönes Geld verdient, aber was eben die Leute dafür geleistet haben und welchem Streß und Strapazen sie ausgesetzt sind, hab ich schon vorher gesehen und erleb' es auch jetzt persönlich."[326]

Hier werden Alltagserfahrungen – Trott und Streß, bescheidene Gehälter und „schönes Geld" – einander entgegengesetzt. Dies sind nach Meinung von Ilona Jahrmark wichtige Unterschiede zwischen der DDR und der Bundesrepublik. Unterschiede in den politischen Systemen, den Machtsystemen sind demgegenüber eher nachgeordnet.

Während Ilona Jahrmark gewissermaßen die „Normalität der Unterschiedlichkeit" hervorhebt, brachte die bedeutend ältere und in der SED engagierte Grete Lieser von ihrem ersten Verwandtenbesuch 1989 das Bild von einer fremden Welt zurück, auf die sie mit großer Distanz blickt:

> „Wissen Sie, was mich drüben immer so sehr abgestoßen hat ... klar, mein Schwager, der lebt in sehr guten Verhältnissen, der ist Lotse, der verdient ein Schweinegeld, die haben ein Riesenhaus. Und wenn denn Leute da waren, denn ging das immer um ... also wenn die so erzählt haben über Gelder oder, da ging es immer um Millionen und alles ... ich dachte, ich gehöre da überhaupt gar nicht hin. Ich dachte, meine Güte, was ist denn hier los? Nur Geld und Prunk. Mercedes mußte ja schon jeder fahren, sonst ist er ja nicht ... out nicht."[327]

Grete Lieser fühlt sich fremd in dieser Welt des Reichtums, in der ihre Verwandten leben. Alles habe dort ganz andere Dimensionen als zu Hause und alles drehe sich nur ums Geld. Hier kommt ein Unterlegenheitsgefühl zum Ausdruck, das Gefühl, nicht dazuzugehören, wenn man mit den Attributen des Reichtums nicht mithalten kann. Zwar erwähnt Grete Lieser auch später die Bekanntschaft mit „ganz normalen Leuten", die nicht soviel Geld haben. Aber zweifellos steht für sie der Eindruck, den sie im Haus ihrer Verwandten gewonnen hat, symbolisch für die bundesrepublikanische Gesellschaft, der gegenüber sie ein Fremdheits- und ein Minderwertigkeitsgefühl empfindet.

Die Erfahrungen, die unsere Gesprächspartner während ihrer Besuche in Westberlin bzw. der Bundesrepublik machten, hatten also zu unterschiedlichen Zeiten einen ganz unterschiedlichen Charakter. Bei den Erzählungen von vor 1961 fällt auf, daß das Bewußtsein einer fremden, anderen Gesellschaft nur bei den eng mit dem DDR-Sozialismus verbundenen Gesprächspartnern (Hans Kleinschmidt) präsent ist, während Kurt Panitz und Rudolf Lampe sich offenbar auch in der westlichen Gesellschaft zu Hause fühlten, sie als Teil ihrer Lebenswelt empfanden. Die Gesprächspartner, die in den achtziger Jahren zum ersten Mal in die Bundesrepublik reisen durften, sprechen dagegen über eine unbekannte Gesellschaft, mit

326 Frankfurt/O. 1, nicht transkribiert, Kassettenseite 5.
327 Frankfurt/O. 5 a, S. 30 f.

unbekannten Regeln. Dabei nehmen sie häufig ihren eigenen kleinen Ausschnitt aus der Wirklichkeit für das Ganze.

Das hat natürlich auch damit zu tun, daß die vereinzelten persönlichen Erfahrungen anläßlich eines Besuchs in der Bundesrepublik auf politische Deutungsschemata und Werturteile treffen, die nur auf dem Hintergrund der jeweiligen politischen Sozialisation verständlich werden. Der westdeutsche Nachbarstaat war den DDR-Bürgern gleichzeitig sehr nah und sehr fern. Er spielte als Bezugspunkt sowohl im politischen als auch im privaten Leben eine große Rolle und dient heute als Modell der Transformation der eigenen Gesellschaft. Viele unserer Gesprächspartner verfügen über ganz feste Vorstellungen, man kann von Klischees sprechen, die sie wohl hauptsächlich aus den Medien beziehen und die nur zum Teil auf eigenen Erfahrungen, vor allem aus der Zeit nach der Vereinigung, fußen, Erfahrungen teilweise sehr punktueller Art, die gleichwohl rasch zur Charakterisierung der Bundesrepublik verwendet werden.

### *Gesellschaftliche Verhältnisse*

Die Auseinandersetzung mit der alten Bundesrepublik und mit der Realität des vereinigten Deutschlands fließen völlig ineinander und lassen sich nicht trennen. Bestimmte Aspekte, unter denen die Gesellschaft der Bundesrepublik betrachtet wird, kehren in allen Gesprächen immer wieder. In den Blick kommen vor allem die soziale Ungleichheit und Unsicherheit, die Kriminalität, das Fehlen einer solidarischen Gemeinschaft und spezifische Wertorientierungen. In den Äußerungen der einzelnen Gesprächspartner zu diesen Gesichtspunkten lassen sich kaum wesentliche Unterschiede ausmachen. Es scheint beinahe unwichtig zu sein, ob jemand zu DDR-Zeiten ein überzeugter und loyaler Staatsbürger war, ob er sich den herrschenden Verhältnissen nur anpaßte oder ob er ein kritisches, unangepaßtes Verhalten an den Tag legte. Die Unzufriedenheit mit den neuen Verhältnissen und auch die Unsicherheit im Umgang mit ihnen ist fast einhellig, nur daß jeweils, entsprechend der persönlichen Situation, unterschiedliche Akzente gesetzt werden.

Eine Ausnahme bilden nur wenige der Befragten, die sich eine Veränderung der DDR-Verhältnisse schon vor der Wende ausdrücklich gewünscht hatten und die deshalb jetzt nicht so ohne weiteres die neue Situation verwerfen möchten. Zu ihnen gehört z.B. Dieter Zange, der die pluralistische, offene, europäische Gesellschaft im Vergleich zur Enge der DDR schätzt. Außerdem hat Dieter Zange gute Erfahrungen mit dem Rechtssystem gemacht. Nachdem er in der DDR nach der Scheidung seiner Ehe jahrelang vergeblich um das Sorgerecht für seinen Sohn gekämpft hatte, entschied eine Richterin nach der Wende zu seinen Gunsten.

Sehr kritisch äußert sich Dieter Zange jedoch zur wachsenden sozialen Differenzierung, die sich auch im Stahlwerk immer offener zeige und in deren Verlauf er sich als Arbeiter mehr und mehr an das Ende der Stufenleiter gedrängt fühle. Als Beispiel nennt er die Einrichtung eines besonderen Speiseraums für die leitenden Angestellten des Stahlwerkes, wo die Herren an weiß gedeckten Tischen sitzen und Kellnerinnen das für sie besonders zubereitete Essen servieren. So etwas hätten zu DDR-Zeiten die Funktionäre im Betrieb niemals gewagt, obwohl auch sie, davon ist Zange überzeugt, gern so gelebt hätten. Die Politik findet er gegenwärtig ganz und gar unglaubwürdig, vor allem aufgrund der Wirtschaftspolitik, als deren Opfer er sich fühlt:

> „Wat die sich leisten hier, ist das doch einfach lächerlich. Die reden über wirtschaftliche Rezession, man soll sparen an allen Ecken und Kanten, den Arbeitern mit noch mehr Steuern und Dingen belasten, daß der kaum noch Luft hol'n kann, da wird da die Schraube angesetzt. Da kann ick mich an so 'n guten politischen Grafiker erinnern aus, irgendwie aus Weltwirtschaftskrise oder irgendwie so'ne Zeit oder früher noch, da siehste so einen Arbeiter unter 'ner Presse, der wird da zusammengedrückt, und aus den Taschen fall'n die letzten Groschen raus, und da siehste so 'n fetten Unternehmer davor. Gibt da so uralte Grafiken. So ungefähr komm' ick mir jetzt vor hier. Und die im Bundestag oder selbst hier im Land Brandenburg oder die ganzen Ministerienbereiche, die denken über irgend ... irgendwelche Erhöhung ihrer Diäten nach, weil sie ja nu unwahrscheinliche Kosten haben. Ja, sag mal, das ist doch so was von lächerlich, und das stinkt doch zum Himmel hier. Da könnt' ick mich maßlos drüber aufregen."[328]

Dieter Zange zieht hier eine etwas kurzschlüssige Parallele zur Weltwirtschaftskrise Ende der zwanziger Jahre. Die kleinen Leute müssen bezahlen, aus ihnen wird alles herausgepreßt, während „die Reichen noch fetter" werden. Diese „uralten Grafiken", wie Zange betont, illustrieren die schroffen sozialen Gegensätze im Kapitalismus, so wie sie lange vorgeherrscht haben. Zange findet die dargestellte Situation keineswegs überholt. Seiner Meinung nach steuert die Gesellschaft auf diese Zustände wieder zu. Dabei ist jedoch auffällig, daß der Unternehmer, der auf der Grafik abgebildet ist, als Feindbild von ihm nicht eigentlich wahrgenommen wird. Der ganze Unmut von Dieter Zange richtet sich gegen die Abgeordneten im Bundestag, im Brandenburgischen Landtag und gegen die „Ministerienbereiche" mit ihren hohen Diäten. Hier wird übrigens eine unter unseren Gesprächspartnern verbreitete Tendenz deutlich, wachsende soziale Ungleichheit und Ungerechtigkeit vor allem an den hohen Gehältern der Abgeordneten und der Minister festzumachen, während Unternehmer und Bankiers, die ein Vielfaches mehr an Einkommen beziehen, kaum ins Blickfeld geraten. So spricht Kurt Panitz einerseits von der „Diktatur des Kapitals", der sie jetzt ausgeliefert seien, erregt sich jedoch

328 Hennigsdorf 1 c, S. 6.

andererseits am meisten über den Kontrast zwischen den hohen Vergütungen der Minister und der winzigen Rente seiner Ehefrau. Diese Sichtweise mag u.a. mit Wahrnehmungsmustern aus der DDR-Zeit zusammenhängen, in der die Partei- und Staatsfunktionäre an der Spitze der gesellschaftlichen Hierarchie standen und es eine Trennung von politischer und ökonomischer Macht nicht gab. Daneben könnte eine Rolle spielen, daß in den Medien zwar die Einkommen der Politiker, keineswegs aber generell die hohen Einkommen in der Gesellschaft thematisiert werden.

Die überwiegende Mehrzahl unserer Gesprächspartner will von Anfang keine Hoffnung in die neuen gesellschaftlichen Verhältnisse gesetzt haben. Nur wenige gehen darauf ein, daß ihre Haltung zur Bundesrepublik sich seit 1990 verändert hat. In vielen Äußerungen wird die Unzufriedenheit über wachsende soziale Ungleichheit und Unsicherheit unmittelbar verbunden mit der Ablehnung der Politik und der Politiker. Er könne sich mit einem politischen System, das Millionen Arbeitslose zulasse, auf keinen Fall identifizieren, sagt Gerhard Ring.[329] Während er allgemein von dem System spricht, so beziehen andere Befragte das viel persönlicher auf die einzelnen Parlamentarier und Minister. Für die Ehefrau von Herbert Anker sind das Leute, „die sind finanziell viel stärker als wir, und folglich können sie uns gar nicht vertreten".[330] Es wird die Meinung geäußert, daß die Abgeordneten viel Geld einstecken, aber nicht zu den Sitzungen kämen, was die Arbeitsweise des Parlaments zumindest teilweise verkennt.

Die Unglaubwürdigkeit von Politik und Politikern wird von den ostdeutschen Gesprächspartnern häufig mit den öffentlichen Auseinandersetzungen zwischen den Vertretern der verschiedenen Parteien, vor allem im Bundestag, begründet. Es werden Auffassungen geäußert, wonach sich die Betreffenden in solchen Streitgesprächen nur profilieren wollten, anstatt nach einer sinnvollen Einigung im Interesse der Bürger zu suchen. Grete Lieser, die zu DDR-Zeiten selbst Abgeordnete im Bezirkstag Frankfurt/Oder war, räumt ein, daß es heutzutage deutlich lebendiger in den Parlamenten zugeht als zu ihrer Zeit in der DDR. Allerdings findet sie, die dort geäußerten unterschiedlichen Positionen seien „bloß Mache", nicht echt. Für Herbert Anker ist dieses „Hickhack", wie er die Auseinandersetzungen nennt, der wichtigste Grund für die Politikverdrossenheit im Osten. Ihm erscheinen die Debatten schon deshalb unglaubwürdig, weil sie nicht in persönliche Feindschaften zwischen den Kontrahenten münden. Die Parteienvertreter würden sich nur vor der Kamera „auf Deibel komm raus" zanken und hinterher ein Bier zusammen trinken gehen.[331] Hier offenbart sich ein grundlegendes Unverständnis von Pluralismus und Streitkultur. Die grundsätzliche Ablehnung jeglicher Auseinanderset-

329 Hennigsdorf 5 c, S. 13.
330 Frankfurt/O. 12 a, S. 13.
331 Ebd., S. 7 ff.

zungen, die nicht in einen Konsens münden, bedeutet ja letztlich, daß es jeweils nur eine richtige Meinung gebe und andere Auffassungen demzufolge nicht achtenswert, zumindestens entbehrlich seien.

Ein weiterer wichtiger Gesichtspunkt in den Gesprächen ist das Problem der Arbeitslosigkeit. Es wird kaum als ein Phänomen der alten Bundesrepublik betrachtet, sondern fast ausschließlich auf die Gegenwart bezogen, in der sich die einzelnen damit auseinandersetzen müssen. Die überwiegende Mehrzahl der Befragten mag sich nicht damit abfinden, daß eine bestimmte Arbeitslosenquote als ganz normal betrachtet wird. Zwar stehen die meisten dem Problem ratlos gegenüber und kennen außer der „bezahlten Arbeitslosigkeit" zu DDR-Zeiten keine Alternative zu den bestehenden Verhältnissen. Ihrer Meinung nach entwertet jedoch die Arbeitslosigkeit sowie der damit verbundene gesellschaftliche Druck, der auf allen lastet, letztlich jede Lebensqualität. Weder die Reisefreiheit, noch das attraktive Warenangebot würden denen etwas nützen, die mit dem Arbeitslosengeld auskommen müßten und die keine Perspektive auf eine Besserung hätten.

Frank Gruner vergleicht soziale Sicherheit und Meinungsfreiheit:

> „Es gibt einen Witz: zu DDR-Zeiten, da konntest du nichts sagen, aber wenn du's gesagt hast, dann wärst du in den Kahn gegangen, oder hättest es nur im Intershop[332] sagen dürfen. So, und genau danach, danach wenn du rausgekommen wärst aus'm Knast, hättest du ruhig 'ne Arbeit zugewiesen gekriegt, du hättest aber wieder Arbeit gehabt, so. Jetzt kannst du sagen: Kohl ist blöd, natürlich kein Problem, oder hier unser Geschäftsführer hat 'ne ... kein Problem, fliegst du raus und bist auf der Straße, dann bist du weg, bist ab ins soziale Elend, so schnell geht das."[333]

Für Frank Gruner ist die Meinungsfreiheit der sozialen Sicherheit eindeutig nachgeordnet. In den Zeiten der Diktatur, so meint er, seien sogar die politisch Gemaßregelten nicht durch's soziale Netz gefallen. Nach seiner Auffassung sei der Zwang zur Anpassung heute mindestens ebenso existentiell wie zu DDR-Zeiten, vielleicht sogar noch mächtiger. Die Art und Weise, wie er den Verlust des Arbeitsplatzes mit dem Abstieg ins soziale Elend gleichsetzt, zeigt seine große Angst und Unsicherheit. Mit der Meinungsfreiheit sei es allerdings auch nicht weit her. Die

332 Die kleine Nebenbemerkung, man wäre „in den Kahn gegangen" oder hätte es „nur im Intershop" sagen können, spielt auf einen anderen zu DDR-Zeiten verbreiteten Witz an, wonach zwei Jungens, die von zu Hause ausgerissen waren und eigentlich in den Westen flüchten wollten, im Intershop um politisches Asyl gebeten hätten. Tatsächlich war der Intershop zu DDR-Zeiten ein Symbol für den Westen. Viele DDR-Bürger machten sich ihr Bild von dem anderen deutschen Staat entsprechend der verführerischen Warenwelt, die sie dort sehen konnten, ohne sich für andere Erscheinungen der Gesellschaft zu interessieren. Der Witz spielt mit dieser eindimensionalen Sicht, indem er auf die gefüllten Regale die Vorstellung von politischer Freiheit projiziert.

333 Frankfurt/O. 13, S. 39 f.

Überwachung der Bürger durch die Geheimdienste, so führt er fort, gehe bestimmt in der Bundesrepublik viel raffinierter vonstatten als die Stasi es zu DDR-Zeiten vermochte.

So nachvollziehbar und ernstzunehmen die Haltung der neuen Bundesbürger gegenüber den Risiken der kapitalistischen Gesellschaft sein mag, die Äußerungen von Frank Gruner sind auch ein Indiz dafür, daß er das fremde System nicht in seinen eigenen widersprüchlichen Zusammenhängen wahrnimmt, sondern mit den Maßstäben der DDR mißt. Seine größte Distanz kann er nur zum Ausdruck bringen, indem er die schlimmsten Erscheinungen des SED-Regimes – die flächendeckende Überwachung der Bürger – auf die Bundesrepublik projiziert.

Ein weitere Erscheinung der bundesdeutschen Gesellschaft, die von unseren Gesprächspartnern thematisiert wird, steht ihrer Meinung nach in engem Zusammenhang mit der sozialen Unsicherheit. Es ist die wachsende Kriminalität, Alkoholabhängigkeit und Aggressivität von Jugendlichen sowie Asozialität. Viele der Befragten, keineswegs nur Frauen, geben ihrem Gefühl Ausdruck, sich abends allein auf der Straße bedroht zu fühlen. Frank Baranowski erzählt, früher hätten sie gelacht, wenn die Tante aus dem Westen ihnen gesagt hätte, man könne sich abends nicht auf die Straße trauen, und jetzt sei es bei ihnen auch so.[334] Dabei fußen die geäußerten Angstgefühle nur selten auf eigenen Erfahrungen. Vor allem die Berichte in den Medien erzeugen ein Klima der Verunsicherung. Auf die ehemaligen DDR-Bürger müssen diese Berichte um so stärker wirken, als Zeitungen, Rundfunk und Fernsehen früher über kriminelle Delikte, die als untypisch für den Sozialismus galten, sehr wenig vermeldeten und wenn überhaupt, dann nur sehr sachlich, knapp, am Rande. Das sprunghafte Anwachsen von Informationen und auch deren spektakuläre Aufmachung in großen Schlagzeilen in der Boulevard-Presse muß also schon allein das sprunghafte Ansteigen der kriminellen Delikte und Überfälle suggerieren, auch wenn sich dies nur zum Teil mit der Realität deckt. Ähnlich verhält es sich mit Alkoholabhängigkeit und asozialem Verhalten, die ebenfalls zu den verdeckten, verschwiegenen Seiten der DDR gehörten.

Während einige unserer Gesprächspartner davon ausgehen, daß es diese Erscheinungen auch schon in der DDR gegeben habe, will z.B. Joachim Held hier nicht nur einen quantitativen, sondern auch einen qualitativen Unterschied konstatieren. Zu DDR-Zeiten seien das persönliche Probleme von einzelnen Leuten gewesen, während es sich jetzt um „kollektive Entgleisungen" handele. Held führt dies zurück auf das „neurotische Verhältnis zum Geld", das in der bundesdeutschen Gesellschaft vorherrsche.[335] Weil jeder nur dem Geld nachrenne, würden Banken überfallen, gebe es Prostitution und würden letztlich kaum noch Kinder geboren werden. Die gewachsene Bedeutung des Geldes im Alltag wird auch von

334 Hennigsdorf 10, S. 30.
335 Frankfurt/O. 9 b, S. 9.

zahlreichen anderen Gesprächspartnern angesprochen, die darin einen schädlichen Einfluß auf das soziale Zusammenleben sehen.

Wenn es um Wertvorstellungen und Lebensweisen geht, unterscheiden die Befragten übrigens deutlich zwischen der Gesellschaft in der alten Bundesrepublik und den eigenen gegenwärtigen Verhältnissen, in denen sie immer noch Elemente der Vorwende-Verhaltensweisen fortdauern sehen. In ihren Äußerungen geht es zuallererst um die solidarische Gemeinsamkeit, die ihnen in der West-Gesellschaft fehlt, wo vor allem Egoismus, Kälte und Einsamkeit vorherrschen würden. Grete Lieser meint, die Leute im Westen würden sich steifer und konventioneller zueinander verhalten als im Osten. Herbert Anker ist überzeugt davon, daß die Leute in einem „reinen Wessi-Betrieb" sich untereinander nicht helfen würden. Irmgard Luckner erzählte unter Tränen, daß ihr erwachsener Sohn in Berlin wochenlang tot in seiner Wohnung gelegen und niemand es bemerkt habe. Ihr ohnmächtiger Schmerz über den Verlust des Sohnes und die vehemente Ablehnung eines „scheußlichen Systems", in dem die Menschen nicht mehr aufeinander achtgeben, fließen hier zusammen. Es würde ihr wahrscheinlich sehr schwerfallen zu akzeptieren, daß ähnliches auch zu DDR-Zeiten in der Großstadt Berlin möglich war.

Die recht klischeehafte Zuordnung: warm und kalt, Gemeinsamkeit und Einsamkeit für Ost und West ist eines der Grundthemen in unseren Interviews. Sie drücken ein großes Maß an Fremdheit gegenüber fortgeschrittenen Individualisierungsprozessen in der westlichen Gesellschaft aus, Fremdheit auch gegenüber anderen Umgangsformen sowie Unsicherheit in deren Bewertung. Dabei wird stets mit dem Maßstab der DDR-Erfahrungen gemessen.

Bei der Thematisierung anderer Aspekte des Alltagslebens in der Bundesrepublik unterscheiden sich unsere Gesprächspartner vor allem nach ihrem Alter. Die jüngeren Frauen schauen sehr selbstbewußt auf die prozentual weitaus geringere Berufstätigkeit ihrer Schwestern im Westen. Deren Alternative: entweder Kinder oder Berufstätigkeit, stößt bei ihnen häufig auf Unverständnis. Sie betrachten dies als eine rückständige, in der DDR längst überwundene Arbeitsteilung innerhalb der Familien und sind entschlossen, sich in diesem Punkt keinesfalls anzupassen und ihre schon errungene Autonomie aufzugeben. Es schwingt aber auch Angst in ihren Worten mit, Angst den Arbeitsplatz zu verlieren und wieder in die traditionelle Hausfrauen- und Mutterrolle gezwungen zu werden.

Dies äußert sich bei Renate Bärwald und Ilona Jahrmark u.a. in Ablehnung gegenüber den Frauen in den alten Bundesländern, deren viel größere Schwierigkeiten, sowohl aus der traditionell vorgegebenen Rolle auszusteigen als auch einen Ganztagsplatz im Kindergarten oder gar in der Krippe für ihre Kinder zu bekommen, sie offensichtlich verkennen. Hier wird mit den Maßstäben der DDR gemessen, wenn Ilona Jahrmark annimmt, die Frauen im Westen würden aus Bequemlichkeit an der traditionellen Hausfrauen- und Mutterrolle festhalten wollen, sie seien unfähig die unterschiedlichen Belastungen von Berufstätigkeit und Familie miteinander zu vereinbaren.[336] Renate Bärwald, die nach ihrer Scheidung mit zwei Kindern allein lebte, meint:

> „Aber die machen ja 20 Hobbys und gehen nicht arbeiten oder gehen bloß ein paar Stunden arbeiten, um für die Kinder dazusein. Ich war auch immer für meine Kinder da, mußte auch drei Schichten arbeiten gehen und konnte mir keine Hobbys leisten."[337]

An diesem Beispiel wird auch deutlich, daß der Unterschied zwischen Ost und West fast ausschließlich als sozialer Unterschied aufgefaßt wird. Die eigene Situation wird mit der Lebensweise von Teilen des bürgerlichen Mittelstandes verglichen, während etwa die Lage von Arbeiterfamilien, in denen auch im Westen beide Elternteile berufstätig sind, weil das Geld sonst nicht reicht, oder die Lage von Alleinerziehenden, die es viel schwerer hatten als in der DDR, nicht wahrgenommen werden.

Ein hohes Maß an klischierter Wahrnehmung des „Westens" ist offensichtlich.

### *Auseinandersetzungen mit dem politischen und ökonomischen System*

Während eine Reihe von Interviewpartnern sich darauf beschränken, sich mit einzelnen Erscheinungen der bundesdeutschen Gesellschaft auseinanderzusetzen, ohne diese untereinander in Beziehung zu setzen, versuchen andere, das politische und ökonomische System zu charakterisieren. Es handelt sich um Personen, die sich weitgehend mit dem DDR-System identifizierten und die gewohnt sind, ihre Erfahrungen und ihr Wissen mit Hilfe der marxistischen Theorie in eine Gesamtsicht einzuordnen.

Max Hiller ist einer der Repräsentanten der marxistischen Sicht. Für den ehemaligen Kulturhausleiter des Stahlwerkes Hennigsdorf ist die heutige Bundesrepublik die direkte Fortsetzung des „Kapitalismus", den er noch aus seiner Jugendzeit kennt, als er in der Sozialistischen Jugend organisiert war. Kapitalistische Rüstungsindustrie bildet seiner Meinung nach im Zusammenhang mit Arbeitslosigkeit und sozialem Elend wie damals den Nährboden für faschistische Bewegungen. Er glaubt auf Erfahrungen der Weimarer Zeit verweisen zu müssen, wie etwa die Unterstützung der Freikorps, der späteren SA- und SS-Verbände durch die Reichswehr und äußert seine Angst, daß so etwas in der Bundesrepublik wieder geschehen könnte. An die Adresse seiner DDR-Landsleute, die 1990 für die Einigung votierten und die heute mit Arbeitslosigkeit und sozialem Abstieg konfrontiert sind, sagt er nicht ohne Häme:

336 Vgl. Frankfurt/O. 1, nicht transkribiertes Interview, Kassettenseite 2.
337 Frankfurt/O. 14, S. 56.

„... Naja, das ist nunmal Kapital, kapitalistische Lebensweise, Marktwirtschaft, nicht. Und in der Marktwirtschaft ist alles Geld, ist alles 'ne Ware. Da hat der Karl Marx recht gehabt, daß eben doch der Mensch eine Ware ist und der verkauft seine Arbeit und kriegt dafür Geld. Geld ist hier der Ausdruck von Preis und Geld und so hängt's eben mit den Menschen genauso zusammen. Und ich glaube schon, daß es sich ... es wird sich also nichts verändern. Die Bundesrepublik wird weiter, noch lange so bestehen, wie sie jetzt ... Es wird viel ... noch viele Menschenalter hoch und runtergehen, so seh ich das, trotzdem ich die Veränderung der DDR auch nicht so schnell gesehen habe. Aber so schnell kann sich insgesamt nichts ändern. Dazu sind die Besitzverhältnisse, die Produktionsverhältnisse alles zu tief drin, zu sicher und zu fest verankert im Leben der Menschen. Das kann man nicht verändern."[338]

Im Kapitalismus wird alles zu Geld, auch die Beziehungen der Menschen untereinander sind davon durchdrungen. Max Hiller gibt uns hier seine marxistische Erklärung für die Beobachtungen von zunehmender Entpersönlichung und Kälte in den menschlichen Beziehungen. Daneben geht er auch auf die Entwicklungsmöglichkeiten und Zukunftsperspektiven der Gesellschaft der Bundesrepublik ein. Sein überwiegend statisches Bild der Bundesrepublik drückt sich aus in der Vorstellung einer quasi unveränderbaren Gesellschaft, die „noch lange so bestehen wird". Dies ist jedoch zugleich ein Ausdruck seiner Resignation. Er hat die Hoffnung aufgegeben, noch einmal die gewünschte Veränderung hin zum Sozialismus zu erleben.[339]

Joachim Held, der wie Max Hiller früher Mitglied der Betriebsleitung und SED-Funktionär war, beurteilt die Gesellschaft der Bundesrepublik vor allem von ihrer, aus seiner Sicht, fehlenden Zukunftsperspektive her:

„So, dann war das so, wie wir das früher mal gelernt haben, dann verschwanden die Sklavenhalter da und dann kamen die Feudalisten und die machten das alles ganz anders. Dann kamen die Kapitalisten und nachher kamen die Sozialisten. Die Sozialisten haben sich geirrt und nun hören wir wieder beim Kapitalismus auf. Nu schön und das eben, was ich der Meinung bin: das kann nicht sein, weil die keine Gesellschaftsstrategie haben. Der Kapitalismus hat keine. Und wenn er keine hat, dann endet das eben da, daß es keine Kinder mehr gibt und das und das, weil jeder eben seinem neurotischen Verhältnis zum Geld nachrennt. So und das ist keine Lösung, geht nicht. Also muß ich weiter PDS bleiben und muß weiter dafür sorgen, daß wir doch noch mal einen Sozialismus kriegen, aber einen besseren."[340]

338 Hennigsdorf 3, S. 106 f.

339 Prinzipiell steht freilich für Hiller fest, daß der historische Prozeß über die Bundesrepublik und ihre kapitalistische Gesellschaft hinausgehen muß.

340 Frankfurt/O. 9 b, S. 9.

Joachim Held hat die Abfolge der einzelnen Gesellschaftsformationen, so wie er es gelernt und später auch gelehrt hat, tief verinnerlicht. Nach diesem Entwicklungsmodell darf es die Ereignisse von 1990 eigentlich gar nicht geben. „Das kann nicht sein", sagt er. Gesellschaftsstrategie bedeutet für ihn, bewußt auf ein bestimmtes Zukunftsmodell hinzuarbeiten. Da dieses gegenwärtig offensichtlich fehlt, hat die Gesellschaft in den Augen von Joachim Held die Orientierung verloren; sie ist in eine Sackgasse geraten, aus der sie nur die PDS wieder zum Sozialismus führen kann.

Diese Beispiele verdeutlichen, daß vor allem bei den früheren Protagonisten des SED-Systems unter unseren Gesprächspartnern die Dimension der Zukunft eine große Bedeutung hat. Zukunftsvisionen halfen, nicht nur in den schweren Anfangsjahren der DDR, über eine oft unbefriedigende Gegenwart hinweg. Das Gefühl, sich im Einklang mit einem weltgeschichtlichen Prozeß zu befinden, machte einen großen Teil des Selbstverständnisses dieser Gruppe aus. Aber auch bei anderen Gesprächspartnern taucht dieses Grundgefühl in Anklängen auf, wenn sie z.B. davon sprechen, daß das, was sie jetzt erleben, doch noch nicht das „letzte Wort" der Geschichte sein könne, offenbar in der Vorstellung, daß es so etwas wie einen letzten Zustand in der geschichtlichen Entwicklung gebe.

Auch Frank Gruner hat dieses Entwicklungsmodell im Kopf, wenn er davon spricht, daß gegenwärtig „wieder die ganze Geschichte zurückgedreht wird, wieder mit Gutsherren hier und Knechten und sowas alles ...".[341] Gruners Betonung des restaurativen Charakters der gegenwärtigen Entwicklung hat auch einen ganz persönlichen Hintergrund. Seine Großeltern bekamen durch die Bodenreform einen Bauernhof und Land zugeteilt, das er einmal erben soll. Mit großer Abneigung betrachtet er deshalb Bestrebungen von Großgrundbesitzern, auf juristischem Wege die Ergebnisse der Bodenreform in der DDR wieder rückgängig zu machen.

Andere Gesprächspartner, die sich nicht umfassend über das System äußern, betonen jedoch fast übereinstimmend die unangefochtene Macht des Geldes bzw. der Wirtschaftsbosse in der Gesellschaft. Es herrsche in der Bundesrepublik eine „Diktatur des Kapitals", sagen einige, die Politik müsse stets machen, was die Wirtschaft wolle, meinen andere. Diese Einschätzung hindert sie jedoch nicht daran, wie wir schon gesehen haben, durchgängig die Politiker als die Schuldigen für die gegenwärtige Situation anzusehen. Offenbar sind dies zwei Teile einer Grundüberzeugung, die nicht zusammengebracht werden, die unverbunden nebeneinander existieren.

In den Äußerungen der Interviewpartner aus der ehemaligen DDR erscheint die Bundesrepublik überwiegend als statisches Bild und nicht als Entwicklung. Erinnerungen an die alte Bundesrepublik vermischen sich mit der gegenwärtig erleb-

341 Frankfurt/O. 13, S. 27.

ten Situation, wobei die Gegenwart offensichtlich dominiert. Der Blickwinkel auf die Gesellschaft ist vom Vergleich mit selektiven Erinnerungen an die DDR bestimmt.

### b) Aus der Sicht der Bürger der alten Bundesrepublik

Unsere Gesprächspartner und Gesprächspartnerinnen aus Dortmund und Bochum haben den größten Teil ihres Lebens bzw. ihr ganzes Leben in der Gesellschaft der alten Bundesrepublik verbracht. Ihre Erfahrungen, Maßstäbe, Wertvorstellungen, Wünsche und Erwartungen sind davon wesentlich bestimmt. Die Vereinigung im Jahre 1990 mit der DDR wird nur von wenigen als tiefe Zäsur wahrgenommen, weil sowohl die Bedingungen des Alltagslebens als auch die politischen Rahmenbedingungen sich zunächst kaum veränderten. Das vereinigte Deutschland bedeutet für die Arbeitnehmer im Ruhrgebiet, das weit entfernt von der ehemaligen Grenze liegt, lediglich eine Erweiterung des bisherigen Territoriums der Bundesrepublik, für die sie monatlich einen Solidaritätszuschlag entrichten müssen, ohne daß sie jemals gefragt wurden, ob sie damit einverstanden seien. Nur in den Äußerungen von wenigen Gesprächspartnern wird zwischen der alten Bundesrepublik und dem vereinigten Deutschland überhaupt unterschieden. Für die anderen schließen sich die Jahre seit 1990 fast nahtlos an die vorherige Entwicklung an. Veränderungen, die jetzt allmählich für sie spürbar sind, werden nicht unbedingt mit der Zäsur von 1989/90 in Beziehung gesetzt. Aus diesem Grund haben unsere Gesprächspartnerinnen und -partner von Hoesch und Nokia ein anderes Verhältnis zu ihren vergangenen und gegenwärtigen Lebensbedingungen und politischen Strukturen als ihre Kolleginnen und Kollegen aus dem Osten. Weil die Gesellschaft im wesentlichen so fortbesteht, weil sie nicht so offenkundig gescheitert ist, bedarf es auch keiner verstärkten Reflexion oder Auseinandersetzung damit. Weil kein Bruch die Integrität der eigenen Lebensgeschichte zu beschädigen droht, muß das bisherige Leben nicht unbedingt hinterfragt oder gerechtfertigt werden. So erklären wir uns u.a. die geringere Erzählfreude unserer Gesprächspartnerinnen und -partner aus der alten Bundesrepublik und ihr zurückhaltenderes Temperament im Vergleich zu den Gesprächspartnern aus der ehemaligen DDR.

Zunächst wollen wir die unterschiedlichen Blickwinkel beleuchten, aus denen die Bundesrepublik betrachtet und bewertet wird. Weiterhin soll untersucht werden, inwieweit die Bundesrepublik in ihrer historischen Entwicklung wahrgenommen wird und welche Ereignisse dabei im Vordergrund stehen. Schließlich ist nach den leitenden Gesichtspunkten zu fragen, die bei der Beurteilung der bundesdeutschen Gesellschaft eine Rolle spielen und nach der Charakterisierung des politischen und ökonomischen Systems.

*Unterschiedliche Blickwinkel*

Unsere Dortmunder und Bochumer Gesprächspartner betrachten die bundesdeutsche Gesellschaft aus der Sicht der kleinen Leute, der abhängig Beschäftigten, die sich selbst häufig als Teil der unteren Schicht der Gesellschaft ansehen bzw. meinen, daß sie in der Wahrnehmung der anderen dort angesiedelt sind. Nach ihren Handlungsimpulsen und Selbstzuordnungen können wir im wesentlichen drei Typen unterscheiden: Die parteipolitisch Engagierten, die parteipolitisch Unabhängigen und die politisch Uninteressierten.

Im ersten Fall handelt es sich um aktive Gewerkschafter und politisch aufgeschlossene Kollegen, die eine feste Bindung zu einer Partei eingegangen sind, überwiegend zur SPD. Dazu zählen wir allerdings auch vereinzelt CDU-Mitglieder und einen Kollegen, der sich einer maoistischen Gruppe zugehörig fühlt.

Im zweiten Fall geht es ebenfalls um engagierte Gewerkschafter und -innen, die sich für Politik interessieren und sich aktiv einmischen wollen, denen es aber entweder wichtig ist, ihre Distanz gegenüber jeglichen Parteien zu betonen oder die (noch) keine Partei gefunden haben, mit deren Politik sie sich identifizieren könnten.

Die Vertreter des dritten Typs schließlich engagieren sich bisweilen im Betrieb, bezeichnen sich aber selbst als politisch uninteressiert bzw. als inkompetent zur Einschätzung der Situation und zum aktiven Handeln auf diesem Gebiet.

Zu den parteipolitisch Engagierten gehören vorwiegend Männer, Stahlarbeiter, die in den dreißiger und vierziger Jahren geboren wurden und die über das Engagement in der Gewerkschaft zur SPD (seltener zur CDU) gekommen sind. So verweist August Iskamp, Jahrgang 1934, Schweißer, seit 1986 Vorruheständler, in seiner Lebenserzählung auf die traumatischen Ereignisse am Ende des Krieges 1945, die er selbst als bestimmend für sein späteres politisches Engagement ansieht. Er habe sich anders verhalten wollen, sagt er, als seine Eltern, die sich immer aus allem herausgehalten hätten. Iskamp engagierte sich schon in seiner Jugend gewerkschaftlich und politisch. Wiederaufbau der Bundesrepublik und politischer Aufbruch gehören in seiner Erinnerung zusammen. Infolge seiner jahrelangen Tätigkeit, auch als freigestellter Betriebsrat, rückte seine Berufsarbeit mehr und mehr in den Hintergrund. Im Rückblick spricht Iskamp deshalb von einem „erfüllten Funktionärsleben“, das er geführt habe.[342] Seine Mitgliedschaft in der SPD, in der er bis heute aktiv ist, folgte aus dem gewerkschaftlichen Engagement. Iskamp äußert eine selbstverständliche Identifikation mit der Partei, die kaum hinterfragbar scheint, weil sie hauptsächlich auf emotionaler und moralischer Verbundenheit beruht.

Ein anderer Vertreter dieser Gruppe ist Ingo Kastler, Jahrgang 1946, Elektroinstallateur bei Hoesch, der wie August Iskamp aus einem unpolitischen Eltern-

342 Hoesch 15, S. 114.

haus stammt. Ende der sechziger Jahre fühlte sich Ingo Kastler zur Studentenbewegung hingezogen, Che Guevara und Ho Chi Minh waren seine Vorbilder. Nach diesem Zwischenspiel kehrte Ingo Kastler letztlich wieder in den katholischen Rahmen der mütterlichen Erziehung zurück und wurde Mitglied der CDU. Allerdings konnte und wollte er seine Sozialisation in der 68er Bewegung nie verleugnen. Jedes Jahr, sagt er, nehme er am Ostermarsch teil und sei bis heute ein Exot in der Partei geblieben. Seit Jahren ist er freigestellter Betriebsrat und Vertrauensmann der Gewerkschaft, gilt aber auch in diesem Kreis aufgrund seiner CDU-Mitgliedschaft als Außenseiter, der sich seinen Platz mühsam erkämpfen mußte.

Zu dem Typ der parteipolitisch Engagierten zählen wir auch Gertrud Michalke, die vor ihrem Eintritt in den Ruhestand langjährige Betriebsratsvorsitzende von Nokia, und Vorsitzende der Frauenkommission der IG Metall war, ebenso wie Kai Ahrens, Jahrgang 1959, der sich einer maoistischen Gruppe zugehörig fühlt und revolutionäre Gedanken hegt, dessen Lebensalltag als Schlosser und Familienvater sich allerdings kaum von seinen Kollegen unterscheidet. Ihnen gemeinsam ist die politische und gewerkschaftliche Aktivität, die einen großen Teil ihres Lebens bestimmt, die Überzeugung, daß man durch kollektives Handeln tatsächlich etwas bewirken könnte, und zugleich die Einordnung in traditionelle politische Strukturen, die Anlehnung an festgefügte Weltbilder, die den eigenen Platz in der Gesellschaft definieren.

Zum Typ der parteipolitisch Unabhängigen gehören vorwiegend jüngere Jahrgänge, die in den fünfziger, sechziger und siebziger Jahren geboren wurden. Hier gibt es sowohl Männer als auch Frauen, Stahlarbeiter und Elektronik-Arbeiter, die alle über eine gute berufliche Qualifikation verfügen. Obwohl auch sie bereit sind, ihre Interessen aktiv zu vertreten und sich in die Politik einzumischen, ordnen sie sich aber nicht den traditionellen Parteistrukturen zu. Die Rolle der Parteien innerhalb des politischen Systems wird von ihnen kritisch gesehen.

Ein Vertreter der parteipolitisch Unabhängigen ist Kurt Gröne, Jahrgang 1960, der bei Nokia als Radio- und Fernsehtechniker arbeitet, verheiratet, Vater von sechs Kindern. Kurt Gröne wuchs bei den Großeltern auf, nachdem seine Eltern sich getrennt hatten und der Vater in die DDR übergesiedelt war. Er sei von den Großeltern, die überzeugte Anti-Nazis gewesen seien, schon früh dazu angehalten worden, sich eine eigene Meinung zu bilden und sich nicht irgendwelchen Leuten bedingungslos anzuschließen. Seine Großmutter habe ihn immer vor irgendwelchen Idolen und vor Mitläufertum gewarnt:

„... und das ist auch z.B. der Grund, warum ich mich in keiner politischen Partei, so wie sie jetzt ist ... mich wohl fühlen könnte.“[343]

343 Kurt Gröne, Nokia 2, S. 6. Vgl. auch Christiane Eger, Hoesch 13.

Kurt Gröne spricht sich eher für sachbezogene Zusammenarbeit quer zu den Parteistrukturen aus. Leider stünden dem häufig „politische Scheuklappen“ und „Parteiraison“ entgegen. Er ist Vertrauensmann der Gewerkschaft, steht aber auch der IG Metall sehr kritisch gegenüber. Aufgrund seiner persönlichen Aufstiegserfahrung hält er Bildung und Ausbildung für den „Schlüssel zum Wohlstand“, muß aber andererseits erkennen, daß in der gegenwärtigen Arbeitsmarktsituation weder eine gute Qualifikation noch Fleiß und Arbeitseinsatz eine Vollbeschäftigung bis ins Rentenalter garantieren würden.

Ein weiterer Vertreter parteipolitischer Unabhängigkeit scheint uns auch Wilhelm Müller zu sein. Er ist Jahrgang 1951, Elektriker bei Hoesch, und sagt von sich, daß er stolz sei, ein Deutscher zu sein. Bis vor einigen Jahren war Müller ein engagierter Vertrauensmann, ehe er sich desillusioniert aus der Gewerkschaftsarbeit zurückzog, weil er das Gefühl hatte, nichts bewirken zu können. Die Angst um den Arbeitsplatz, sagt er, habe ihn sein Leben lang begleitet. Den politischen Parteien gegenüber verhält sich Wilhelm Müller mißtrauisch und ablehnend. In seiner Familie habe es, soweit er wisse, „noch nie ein Parteibuch gegeben“.[344] Trotzdem bezeichnet sich Wilhelm Müller als überzeugten Demokraten, „der den Kapitalismus als notwendiges Übel unterstützt“.[345]

Der dritte Typ der Unpolitischen schließlich läßt sich an keiner bestimmten Altersgruppe festmachen. Ihm zuzurechnen sind viele bei Nokia beschäftigten Frauen ohne besondere berufliche Qualifikation. Die Vertreter dieser Gruppe verfügen nicht über ein festes Kategoriensystem, mit dessen Hilfe sie die umgebenden Erscheinungen deuten können. Sie ordnen sich selbst keiner der bestehenden Richtungen zu. Politik erscheint ihnen oft unüberschaubar, schwierig, ärgerlich oder sogar bedrohlich. Häufig ziehen sie sich auf ihre Alltagserfahrungen zurück oder berufen sich auf gängige Bewertungen, die ihnen in den Medien nahegebracht werden. Einflußnahme durch kollektives Handeln erscheint ihnen sinnlos.

Eine Vertreterin dieses Typs ist Anne Kessler, Jahrgang 1926. Bis 1959 blieb sie Hausfrau und kümmerte sich um ihre beiden Söhne, dann begann sie als ungelernte Arbeiterin bei der Firma Graetz (später Nokia) und arbeitete am Band, später als Prüferin. Zwar war Anne Kessler einige Jahre lang Vertrauensfrau, aber sie entwickelte wenig Verständnis für eine organisierte Interessenvertretung. Jegliche Institutionen sind ihr ein Greuel. Ihrer Meinung nach würde die Gewerkschaft nur fordern, man sollte aber dabei „den Menschen nicht vergessen“.[346] Der Vorstellung einer regelrechten Konfrontation von Interessen und von Kampf mag sie nicht nähertreten. Anne Kessler ist relativ spät aus dem häuslichen Milieu in das Berufsleben gewechselt und hat ihre traditionellen Gesellschaftsvorstellungen nicht aufgegeben.

344 Hoesch 8, S. 10.
345 Ebd., S. 57.
346 Nokia 6, S. 8.

Till Dirksen, Jahrgang 1958, gelernter Kunstschmied und Schlosser bei Hoesch, bezeichnet sich selbst als politisch wenig kompetent. Till Dirksen kommt aus einer Arbeiterfamilie, in der, wie er sagt, über Politik nicht viel gesprochen worden sei. Er ist Vertrauensmann der Gewerkschaft und möchte das auch gern weitermachen, weil man dann stets gut informiert sei, aber die Gewerkschaftsarbeit sei in den letzten Jahren „unheimlich politisch geworden“, eine Entwicklung, die ihm nicht gefalle:

> „Also Politik ist ja auch nun mal 'ne schwierige Sache, man kann zwar seine Meinung sagen und kann auch irgendwo, wie ich schon gerade sage, viel meckern, aber man kann halt nichts verbessern. Und wenn man politisch engagiert ist, 'ne politische Meinung hat, dann muß man auch politisch dafür einstehen und sich irgendwo auf 'ner politischen Ebene bewegen, sag ich mal, und das tu ich nicht. Ich gehör auch keiner Partei an [...] kann zwar vom Nachteil sein, aber ich sehe da keinen großen Sinn drin, weil, wie gesagt, Politik ist für mich einfach zu schwer.“[347]

Hier demonstriert unser Gesprächspartner sowohl Desinteresse an politischen Fragen als auch das Gefühl der Unzulänglichkeit, des Unvermögens, sich überhaupt eine Meinung zu bilden. Für Politik sind seiner Meinung nach die Politiker da. Allerdings widerspricht er im Verlaufe des Interviews häufig dieser geäußerten Haltung, denn natürlich hat auch er eine Meinung zu den Problemen, mit denen er konfrontiert ist (zum Beispiel zu den Asylbewerbern oder zur Frage der Geschwindigkeitsbegrenzung oder eventuellen Gebühren auf der Autobahn), und die diesbezüglichen Entscheidungen der Politiker findet er ziemlich ärgerlich. Da er sich von keiner der bestehenden Parteien vertreten fühlen würde, blieben letztlich „nur die Republikaner, ja um mal 'n bißchen andern Dampf reinzukriegen“.[348]

Die unterschiedlichen Standorte beeinflussen nicht unerheblich die Perspektive, unter der die Bundesrepublik in den Blick kommt.

### *Erinnerte Ereignisse*

Inwieweit betrachten unsere Interviewpartner die Bundesrepublik in ihrer historischen Entwicklung und welche Phasen und Zäsuren halten sie für hervorhebenswert? Zunächst ist festzustellen, daß unsere Interviewpartner über sehr lebendige und vielschichtige Vorstellungen von historischen Veränderungen im Verlaufe der Geschichte der Bundesrepublik, von bestimmten Entwicklungsphasen, Entwicklungsrichtungen und auch Zäsuren verfügen. Dabei können die geschilderten Entwicklungstendenzen einander durchaus widersprechen, auch die Hervorhebung

347 Hoesch 17, S. 50.
348 Ebd., S. 48.

von markanten Ereignissen oder Zäsuren in Konkurrenz zueinander stehen. Die Betonung oder Vernachlässigung von historischen Ereignissen bzw. Entwicklungsphasen ist sowohl abhängig von der individuellen Erfahrung wie von der Generationszugehörigkeit. Dabei fällt auf, daß bedeutende Ereignisse der fünfziger Jahre auch von den Älteren kaum angesprochen werden. Die meisten Erinnerungen setzen erst Mitte/Ende der sechziger Jahre ein und sind – was die Politikgeschichte anbetrifft – auf die Koalitionswechsel in Bonn, den Übergang der Macht an die Soialdemokraten und die Entstehung einer außerparlamentarischen Opposition bezogen. Diese Zeit wird offenbar als Zäsur in der Geschichte der Bundesrepublik begriffen. Dabei berufen sich die einen mehr auf die damals entstehenden gesellschaftlichen Bewegungen, der Blickwinkel der anderen ist mehr auf den Regierungswechsel in Bonn fixiert.

Die Ereignisse Ende der 60er und frühen 70er Jahre im Urteil unserer Gesprächspartner seien ein wenig näher beleuchtet. Für Ingo Kastler, den man als einen „68er" betrachten könnte, bedeutete die Studentenbewegung einen unmittelbaren Anstoß für die eigene Politisierung:

> „Das war eine kleine Revolution, die da stattgefunden hat 68, als die Große Koalition da war und deswegen keine Opposition und deswegen es zu dieser sogenannten Geschichte der Studenten gekommen ist in den 68er Jahren, da hat sich natürlich etwas getan ..."[349]

Ingo Kastler sieht die Studentenbewegung als Reaktion auf die Große Koalition und als „kleine Revolution" an, also als Anstoß zu tiefgreifenden Veränderungen in der Gesellschaft. Er stellt die Ereignisse in der Bundesrepublik in engen Zusammenhang mit dem Vietnamkrieg, mit der Friedensbewegung in den Vereinigten Staaten und den 68er Ereignissen in Frankreich und spannt den Bogen schließlich bis zur Gruppe Baader-Meinhof. Damals sei es eine Modeerscheinung gewesen, links zu sein. Alles habe Ho-Ho Chi Minh gerufen. Die Attentate der Roten-Armee-Fraktion hätten ihn jedoch später davon abgeschreckt, sich dauerhaft links zu orientieren.

Erich Heindling und andere aktive Gewerkschafter betrachten die Studentenbewegung aus einem anderen Blickwinkel als Ingo Kastler. Über die 68er Geschichte, sagt Heindling, habe es im Betrieb unter seinen Kollegen heiße Diskussionen gegeben. Der Tenor sei gewesen: „die hauen ja alles kaputt".[350] Es wird die Meinung geäußert, die Studentenbewegung sei an den Interessen der Arbeiter vorbeigegangen. Die Aktionen seien zum Teil kontraproduktiv gewesen. Ein Bündnis sei nicht zustandegekommen, weil die Studenten mit ihrem Führungsanspruch die

349 Hoesch 12, S. 41.
350 Hoesch 3, S. 72.

Gewerkschaften „zurückgestoßen" hätten.[351] Gertrud Michalke, die sich von den Studentenaktionen angezogen fühlte, ist eher eine Ausnahme.[352]

Für Fritz Rösler war das gescheiterte Mißtrauensvotum der CDU-Opposition gegen Bundeskanzler Willy Brandt eines der beeindruckendsten Ereignisse der Geschichte der Bundesrepublik. Seine Kollegen und er seien damals bereit gewesen, für Brandt und seine Politik zu streiken:

> „Wir haben an den Radios gehangen hier im Bau und haben gewartet und wär das Mißtrauensvotum durchgegangen, wär hier der Hammer gefallen und hätte es ... wär vielleicht 'ne gute Sache gewesen. Wär's mal so passiert, dann hätte die Ruhr gebrannt."[353]

Andere Kollegen, die sich auch an dieses Ereignis erinnern, beurteilen die Situation weit weniger dramatisch. Selbst wenn es zum Streik gekommen wäre, meinen sie, hätte man doch an der Bundestagsentscheidung nichts mehr ändern können. Aber für Fritz Rösler kommt dieses Ereignis beinahe einer verpaßten Revolution gleich. Das Bedauern darüber, daß ihre Aktion letztlich doch nicht notwendig war, daß die Ruhr nicht „gebrannt" habe, ist unüberhörbar. Für ihn ist es offenbar die Erinnerung an eine emotional bewegende Identifikation zwischen den Arbeitern und einer bestimmten Politik, die es danach so nicht mehr gegeben hat. Eher ablehnend ist demgegenüber die Bewertung von Wilhelm Müller, der die Studentenunruhen als „politische Unruhezeit" bezeichnet.[354]

Für die jüngeren Interviewpartner sind sowohl die sozialliberale Koalition als auch die Studentenbewegung sowie die RAF schon Geschichte. Trotzdem sind es auch für sie wichtige Daten, die Zäsuren markieren. Christiane Eger, die Jugendvertreterin der Gewerkschaft, äußert ihr Interesse für die RAF, über die sie gerade einige Bücher liest. Besonders spannend findet sie an der Biographie von Ulrike Meinhof, den Kontrast zwischen dem Anspruch der politischen Veränderung, mit dem diese ursprünglich angetreten sei und dem Terrorismus, mit dem sie geendet habe.

Erinnert werden bestimmte Wendepunkte, bei denen insbesondere die Haltung von Persönlichkeiten unter moralischen Gesichtspunkten betrachtet wird. Michael Kurz erwähnt den Rücktritt von Willy Brandt wegen der Affäre Guillaume, der sich bei ihm tief eingeprägt habe. Für Kurt Gröne war das beeindruckendste Ereignis der Bruch der sozialliberalen Koalition Anfang der achtziger Jahre:

> „Und was mich auch beeindruckt hatte, wie einige Leute wirklich persönliche Konsequenzen daraus gezogen haben und gesagt haben: Nee, tut mir leid, also ich kann das nicht mittragen und ich mach jetzt Schluß. Das hat mich einer-

351 Hoesch 15, S. 86 f. und Hoesch 16, S. 63 f.
352 Siehe oben Kapitel III, 2.
353 Hoesch 5, S. 63.
354 Hoesch 8, S. 49.

seits beeindruckt und einerseits schockiert, wie einige Leute wieder dann ihre Mäntelchen nach dem Wind gehangen haben ...“[355]

Die Sympathien von Kurt Gröne treten hier offen zutage. Mit dem Bruch der Koalition ist eine Periode zu Ende gegangen, in der er sich von der Regierung vertreten fühlen konnte. Er billigt deshalb die Haltung derjenigen, die sich danach konsequent aus der Verantwortung zurückgezogen haben.

In der Erinnerung unserer Interviewpartner gehören die Große Koalition, die sozialliberale Koalition und deren Bruch sowie die Studentenbewegung 1968 zu den wichtigsten Ereignissen, die Wendepunkte in der Geschichte der Bundesrepublik markieren und einen Einfluß auf das politische Bewußtsein der Erzählenden ausübten. Trotz aller Unterschiede in der Beurteilung ist doch festzustellen, daß diese Zeit für nicht wenige eine Zeit des Aufbruchs war. Das besondere Gewicht der 60er und 70er Jahre – insbesondere im Vergleich zu den 50er Jahren – in der Erinnerung mag u.a. daran liegen, daß die Ereignisse noch nicht so weit zurückliegen, daß sie inzwischen verblaßt sind. Auch sind sie als eine Zeit tiefgreifender Umbrüche erlebt worden.

Die Vertreter der Gruppe der „parteipolitisch Engagierten“ identifizieren sich teilweise mit der Politik der sozialliberalen Koalition, während sie der Studentenbewegung und den sozialen Bewegungen der sechziger Jahre distanzierter gegenüberstehen. Die jüngere Gruppe der „parteipolitisch Unabhängigen“ macht dabei weniger Unterschiede. Für sie ist das eine wie das andere Teil der Geschichte ihres Landes. Aus der dritten Gruppe der „Unpolitischen“ kamen wenig Hinweise auf Ereignisse und Zäsuren der Geschichte. Es fällt auf, daß diejenigen, die Politik als etwas Fernes, von ihnen Abgetrenntes ansehen, offenbar auch ein geringes Erinnerungsvermögen an historische Ereignisse an den Tag legen als die politisch Engagierten und Interessierten.

### *Entwicklungstrends*

Was die Entwicklungsphasen und -richtungen in der Geschichte der Bundesrepublik anbetrifft, so gibt es auch hier ein breites Spektrum von Vorstellungen. Unsere Interviewpartner sprechen von Entwicklungstrends, die teils parallel laufen oder sogar entgegengesetzt wirken. Ziemlich einig sind sie sich darüber, daß auf einigen Gebieten, die ihr Alltagsleben betreffen, viele Jahre lang eine Aufwärtsentwicklung konstatiert werden konnte, die in letzter Zeit durch Stagnation abgelöst wurde, wenn die Entwicklung nicht sogar wieder abwärts zeige. Dazu gehören u.a. die Entwicklung des materiellen Lebensniveaus, die Beschäftigungsmöglichkeiten und in Abhängigkeit davon die soziale Absicherung, die wirtschaftliche Entwick-

355 Nokia 2, S. 33.

lung des Landes, die Bildungschancen, die Erweiterung demokratischer Möglichkeiten und die Bereitschaft zum politischen Handeln der Kollegen im Betrieb oder der Bürger allgemein.

„Die fetten Jahre sind jetzt für alle vorbei."[356] Mit diesem Satz bringt Edith Jonas ein Grundgefühl unserer Interviewpartner zum Ausdruck. Und sie ergänzt, die sozialen Errungenschaften, für die vorige Generationen gekämpft hätten, seien jetzt wieder in Gefahr. Andere Interviewpartner erkennen dieses Auf und Ab im Rahmen ihrer eigenen Lebenserfahrungen und im generationellen Vergleich; ihre Bewertungen sind ambivalent. Fritz Rösler, der das Leben seiner Eltern, sein eigenes Leben und das seiner Kinder miteinander vergleicht, kommt zu dem Schluß, daß sich vieles verbessert hat: die Qualität der Ausbildung, Aufstiegsmöglichkeiten in der Gesellschaft. Es sei den Leuten seit den fünfziger Jahren immer ein bißchen besser gegangen. In den Jahren des Aufschwungs seien deshalb die Menschen „im Kopf korrumpiert" worden und wären jetzt schockiert darüber, daß die Auseinandersetzungen wieder härter würden.[357]

Erich Heindling, Jahrgang 1943, setzt seine eigene Entwicklung in Beziehung zu den heutigen Perspektiven seiner erwachsenen Tochter:

> „Ich denke, da wird sie [die Tochter A.L.] es sicher schwerer haben, weil die Zeit nach dem Krieg, Aufbaujahre, waren eigentlich in der Regel, bis auf immer mal irgendwelche Zyklen, die da waren, wo in bestimmten Bereichen es mal wieder bergab gegangen ist, alles immer Bereiche, wo es ständig bergauf gegangen ist, und vom Lebensstandard, von der Produktivität, das waren also Dinge, wo es immer eigentlich bergauf gehen konnte. Das seh ich für die Zukunft eigentlich nicht mehr. Und von da aus wird sie es wahrscheinlich schwieriger haben, wenn sie denn ihr Leben vernünftig leben will."[358]

Für Erich Heindling ist die Aufwärtsentwicklung mit den Aufbaujahren der Bundesrepublik eng verknüpft. Zwar habe es auch in dieser Zeit zyklische Krisen gegeben, aber der allgemeine Aufwärtstrend sei davon nicht wesentlich beeinflußt worden. Es wird nicht deutlich, seit wann seiner Meinung nach diese Entwicklung stagniert bzw. rückläufig ist. Wichtig für ihn ist in diesem Zusammenhang, daß sich die Zukunftsperspektive gewandelt hat, was für die junge Generation ein grundlegend anderes Lebensgefühl bedeute.

Günter Beckers, der älteste unter unseren Gesprächspartnern, periodisiert sehr eindrücklich die Phase des Wiederaufbaus und Wirtschaftsaufschwungs in der Bundesrepublik in Freßwelle, Möbelwelle, Textilwelle, Freizeitwelle und Ferienwelle:

> „Da haben sie doch alle gesagt: das Wirtschaftswunder. Nur ich hab später immer gesagt, die haben gewirtschaftet und wir haben uns gewundert ..."[359]

356 Nokia 3, S. 50.
357 Hoesch 5, S. 35 f.
358 Hoesch 3, S. S. 15 f.
359 Hoesch 19, S. 58.

Günter Beckers will damit sagen, daß die Arbeitnehmer sich seinerzeit den einzelnen Wellen des wachsenden Wohlstands hingegeben haben, während die Unternehmer und Banken ihre Macht ausbauen konnten. Der Abwärtstrend und das damit verbundene Gefühl von erneutem Ausgeliefertsein und erneuter Abhängigkeit (wie in der Weimarer Zeit) steht für ihn in Zusammenhang mit dem Anwachsen der Arbeitslosigkeit in den achtziger Jahren.

Gertrud Michalke, die engagierte ehemalige Betriebsratsvorsitzende von Nokia, entwirft retrospektiv zur Entwicklung der Bundesrepublik das Bild eines permanenten Fortschritts, der im Einklang mit ihrer persönlichen Bewußtwerdung und ihren eigenen Aktivitäten steht. Dies betrifft sowohl das materielle Lebensniveau als auch die demokratischen Handlungs- und Gestaltungsmöglichkeiten der Gesellschaft. Sie spricht davon, daß „verkrustete Strukturen" durchbrochen werden konnten, daß bisherige Tabus aufgehoben wurden. Gertrud Michalke kann den Scheitelpunkt dieser Entwicklung genau benennen. Für sie sind es die Jahre 1989/90, als sie in den Ruhestand ging und zur gleichen Zeit die DDR und das sozialistische Osteuropa zusammenbrachen und damit ihre Hoffnung auf eine sozialistische Alternative der bundesdeutschen Gesellschaft erst einmal begruben. Seitdem habe sich das gesellschaftliche Klima geändert, man könne vieles nicht mehr so offen diskutieren und auch die Polarisierung zwischen Arm und Reich verstärke sich.[360]

Das Jahr 1989 wird auch von anderen Gesprächspartnern, wenn auch aus unterschiedlicher Perspektivik, als Zäsur gesehen. Während die einen diese Veränderung am Status des Arbeiters in der Gesellschaft festmachen, der seitdem schlechter geworden sei, sprechen andere von Stagnation und Rückwärtstrend, verursacht durch den Verzicht auf gesellschaftliche Veränderungshoffnungen, die – mit welcher Berechtigung auch immer – auf die sozialistische Welt projiziert worden waren.[361]

Einige unserer Gesprächspartner stellen die Entwicklung der Sozialstrukturen in den Vordergrund ihrer historischen Betrachtung der Bundesrepublik. Sie benennen dementsprechend keine direkten Zäsuren oder Brüche, sondern sprechen von mehr oder weniger kontinuierlichen Prozessen, die aber durchaus widersprüchlich gedeutet werden. Einerseits gibt es die These, daß sich mit dem wachsenden Wohlstand die bestehenden Klassengrenzen verwischen oder sogar auflösen. Bildungsmöglichkeiten und das allgemeine Bildungsniveau hätten sich verbessert, Unterschiede zwischen Arbeitern und Angestellten, zwischen Arbeitern und Akademikern würden mit der Auflösung der traditionellen Milieus und der Individualisierung der Arbeiter immer geringer. Dies wird einerseits positiv bewertet, anderseits jedoch wird ein damit im Zusammenhang stehendes kontinuierliches Schwinden von Solidarität und Zusammenhalt unter den Kollegen beklagt.

360 Vgl. oben Kapitel III, 2.
361 Siehe u.a. Hoesch 19, S. 58 und Hoesch 5, S. 66.

Andere Befragte sprechen davon, daß mit der allgemeinen Hebung des Bildungsniveaus das Ansehen der Arbeiter in der Gesellschaft immer mehr sinken und daß die sozialen Unterschiede sich vergrößern. Auch bei den Gesprächspartnern, die von einer zunehmenden Auflösung der Klassengrenzen ausgehen, gibt es die Vorstellung, daß sich gleichzeitig die Polarisierung zwischen Oben und Unten verstärke und daß es bald nur noch Arm und Reich gebe. Dies wird mit einer Schwächung der Mittelschichten auf der einen Seite und dem Anwachsen der Gruppe der Arbeitslosen und der Sozialhilfeempfänger, die zunehmend verarmen würden, auf der andere Seite in Zusammenhang gebracht. Als zunehmend bedeutsam wird der Gegensatz zwischen den Arbeitslosen und denen, die noch Arbeit haben, betrachtet.[362] Solche ambivalenten Entwicklungsvorstellungen sind Ausdruck von wachsender Unsicherheit bei der Beurteilung der komplexen gesellschaftlichen Prozesse, die mit den traditionellen Begriffen und Einordnungsmustern offenbar nur noch schwer erfaßbar sind.

Von unseren Gesprächspartnern werden im übrigen Prozesse der Einführung neuer Technologien und Rationalisierungsmaßnahmen angesprochen, die zumindest als ambivalent dargestellt werden. Hervorgehoben werden Verluste der Arbeitsplätze, wachsende Arbeitsintensität und Streß. Nur wenige Befragte sprechen vom Anwachsen der Umweltprobleme. Dies scheinen Überlegungen zu sein, die hinter den existentiellen Bedrohungen des Arbeitsplatzabbaus zurücktreten.

### *Aspekte der Gesellschaft*

Wenn in den Gesprächen von der Bundesrepublik Deutschland die Rede ist, so konzentrieren sich unsere Interviewpartner aus Bochum und Dortmund meist auf einige wiederkehrende Grundthemen, während ihnen andere Aspekte des gesellschaftlichen Lebens offenbar viel zu selbstverständlich erscheinen, um erwähnenswert zu sein. Von der Wertschätzung persönlicher und politischer Freiheiten im eigenen Leben ist beispielsweise nur die Rede in Zusammenhang mit Erörterungen über die untergegangene DDR-Gesellschaft, ansonsten ist das kein Thema. Auch wachsende Arbeitslosigkeit sowie soziale Unsicherheit werden nur von wenigen direkt angesprochen. Indirekt spielen diese Probleme aber eine Rolle in Äußerungen unserer West-Interviewpartner über die DDR, in denen nahezu übereinstimmend die Vollbeschäftigung – trotz aller Fragwürdigkeit der praktischen Umsetzung in der DDR – als erstrebenswert bezeichnet wird.[363]

Stets wiederkehrende Gesichtspunkte in den Äußerungen der „parteipolitisch Engagierten“, doch auch der „parteipolitisch Unabhängigen“, sind vor allem die

362 Vgl. Hoesch 4; Hoesch 17, Hoesch 13 u.a.
363 Vgl. Kapitel IV, 3 b.

sozialen Unterschiede zwischen Arm und Reich, zwischen Oben und Unten in der Gesellschaft sowie die gestörte Kommunikation zwischen Politikern und ihren Wählern. Weitere Themen sind: Beunruhigung über Neonazismus, Ausländerfeindlichkeit sowie die wachsende Globalisierung der wirtschaftlichen Prozesse, Angst vor den Folgen der Europäischen Integration.

Ihr Gesellschaftsbild der Bundesrepublik ist dadurch bestimmt, daß sie sich vielfach als Arbeiter auf einer der untersten Sprossen der sozialen Stufenleiter sehen. Ingo Kastler:

> „... denn das, was die Medien vermitteln, habe ich den Eindruck, daß mein Beruf eigentlich mehr abwertend fast betrachtet wird. Nicht jetzt gerade so: Wir sind ja jetzt Dreck, will ich nicht sagen, aber als Stellenwert ist das schon mal so abqualifiziert, daß ich jetzt nicht im Anzug und Schlips und Krawatte rumlaufe, sondern dreckig im Blaumann bin und dergleichen und demzufolge mich nicht daran beteiligt habe, aus dem Bedürfnis heraus, was werden zu wollen, auch demzufolge eine andere Schulbildung zu haben."[364]

Ingo Kastler will nicht soweit gehen, anzunehmen, daß sein Berufsstand gesellschaftlich regelrecht verachtet werde, doch hat er den Eindruck, daß jemand im Arbeitsanzug, der überdies mit Schmutz zu tun hat, nicht angesehen ist. Er gelte als jemand, der sich nicht um eine höhere Bildung bemüht habe und aus dem deshalb „nichts geworden" sei. Für Ingo Kastler ist dies eine ungerechte Beurteilung. Er selbst wäre gern noch weiter zur Schule gegangen, mußte aber darauf verzichten, weil seine alleinstehende Mutter die Mittel dafür nicht aufbringen konnte. Auch Fritz Rösler, der der gleichen Altersgruppe angehört, spricht vom verletzenden Standesdünkel der Akademiker gegenüber den Arbeitnehmern. Wie sich die Richter „in unserem demokratischen Rechtsstaat" benehmen, das sei für ihn „unter aller Würde, das ist Mittelalter".[365] Seiner Meinung nach müßten alle Gymnasien geschlossen werden und es dürfte nur „eine Schule geben", in der jeder die gleichen Bildungschancen hat.[366]

Dieses Grundgefühl, unten zu sein, zu den „kleinen Leuten" zu gehören, die ein gesellschaftlich geringes Prestige haben, bestimmt bei den meisten unserer Gesprächspartner den Blick auf die bundesdeutsche Gesellschaft, unabhängig davon, ob sie eigene politische Aktivitäten für sinnvoll halten oder nicht. Unter anderem daraus ergibt sich offenbar große Distanz und wenig Vertrauen zur Politik und den Politikern. Fritz Rösler bemängelt, daß das politische System die Bürger nicht in den Meinungsbildungsprozeß einbeziehe. Die Leute hätten deshalb das Gefühl, daß sie sowieso nichts ändern könnten.[367] Thorsten Stange findet es ziemlich de-

364 Hoesch 12 c, S. 14.
365 Hoesch 5, S. 19.
366 Ebd., 5, S. 61.
367 Ebd., S. 62.

plaziert, daß jemand seine Interessen und die seiner Kollegen vertrete, „der gar keinen Bezug zur Mehrheit“ hat, „... daß da einer sitzt, der sich gar nicht vorstellen kann, wie so'n kleiner Wähler überhaupt lebt und daß er denn für ihn irgendwas machen soll“.[368] Politik spiele sich zu weit oben ab, man habe keinen Draht zu den Politikern, und nach der Wahl würden sie ohnehin etwas anderes machen, als sie vorher angekündigt hätten – so lauten häufig geäußerte Urteile.

Unter den politisch Engagierten herrscht die Meinung vor, daß der „demokratische Grundgedanke“, das politische System der Bundesrepublik, akzeptabel sei. Schwierigkeiten und Mängel sehen sie vor allem in der praktischen Umsetzung der Grundidee. Ihre Unzufriedenheit machen sie an konkreten politischen Entscheidungen fest (unsoziale Sparmaßnahmen) und sie haben durchaus die Vorstellung, daß mit einem Regierungswechsel, wenn eine von ihnen favorisierte Partei die Mehrheit bekommen würde, ihre Interessen wieder mehr berücksichtigt werden und die Kluft zwischen ihnen und den Politikern sich vermindern könnte. Aus dieser Hoffnung ziehen vor allem die Älteren unter ihnen die Kraft, sich politisch zu engagieren, zum Beispiel im Wahlkampf, um diesen Wechsel herbeizuführen.

Bei den Vertretern der „Unpolitischen“ scheint das Gefühl der Ohnmacht und der Politikverdrossenheit mehr allgemeiner Natur zu sein und weniger abhängig von einer bestimmten Regierungspartei oder einer bestimmten politischen Linie. Die Einwände sind vorwiegend moralischer Art, wenn zum Beispiel geäußert wird, man könne zu Politikern kein Vertrauen haben, weil viele von ihnen nur an den eigenen Vorteil dächten, Parteipolitik sei nur „Hickhack“, in der sich die Parteien gegenseitig diffamierten.[369]

Die Vertreter der ersten beiden Gruppen lassen ein beträchtliches Maß an zivilem, bürgerschaftlichem Verantwortungsgefühl erkennen, wenn sie sich aufgerufen fühlen, gegen Neonazismus und ausländerfeindliche Anschläge mit eigener Kraft vorzugehen, und das nicht nur der Regierung überlassen wollen. Im Unterschied dazu sprechen die Angehörigen der dritten Gruppe vorwiegend über andere Alltagsprobleme, an denen sie sich stoßen: zuviel Bürokratie und allgegenwärtige staatliche Kontrolle, Rinderseuche BSE, aber auch die vielen Asylbewerber im Land. Sie sehen die Situation als bedrohlich, undurchschaubar und kaum beeinflußbar an und machen für alles die Obrigkeit verantwortlich.

### *Charakterisierung des politischen Systems der Bundesrepublik*

Unsere Interviewpartner stimmen ganz überwiegend darin überein, daß die Wirtschaft den dominierenden Einfluß auf die Gesellschaft der Bundesrepublik ausübt. Sie nennen in diesem Zusammenhang Industrie, Banken, Unternehmer, Ar-

368 Ebd., S. 44.
369 Vgl. Hoesch 17, S. 45, Nokia 6, S. 39.

beitgeberverbände oder eben Kapital bzw. Geld – bis auf wenige Ausnahmen herrscht in dieser Hinsicht kein Zweifel an den grundlegenden Machtverhältnissen in der Bundesrepublik, die die Vorstellung einer Klassengesellschaft nahelegen. Manche von ihnen lehnen den Klassenbegriff als überholt ab, andere verwenden ihn wohl, aber nicht immer im traditionell marxistischen Sinne, abgesehen davon, daß die Begriffe „Klassen" und „Schichten" nicht immer klar abgegrenzt werden. Vielleicht in Ermangelung der passenden Begriffe haben einige unserer Interviewpartner eindrucksvolle Bilder entworfen, um uns ihre Vorstellungen von der Gesellschaftsstruktur zu veranschaulichen.

Ingo Kastler stellt uns das System als Schachbrett dar:

> „... dominieren tut ganz klar der König, oder sagen wir mal besser, der König ist ja gar nicht ... das ist ja praktisch der Repräsentant nur. Die wichtigste Figur ist ja eigentlich die Dame. So und die Dame, das stelle ich mal hin, das sind die Banken. Der König ist der Kanzler, sag ich mal, und die anderen Figuren, ob das jetzt der Springer ist, der ist das Vorstandsmitglied von Thyssen, der Läufer ist das Vorstandsmitglied von Krupp/Hoesch. Das sind dann die, das sind dann die Chargen oben. Dann kommen natürlich die Bauern und die heißen dann Klaus oder Wolfgang, der eine ist Meister, der andere ist Ingenieur, der ist Techniker, Elektriker, Verlader und Aufleger ... „So sieht das aus. Und die zwei, Dame und König bestimmen auch, wer arbeiten darf, letzten Endes. Und die, die dann arbeiten und die, die nicht arbeiten, die werden aussortiert von denen, die wieder Springer, Läufer und dergleichen sind ... "[370]

Das Bild des Schachbrettes hinkt natürlich, weil im richtigen Spiel schließlich gemeinsame Interessen von Bauern und Dame vorausgesetzt werden, die bei Ingo Kastler gar keine Rolle spielen. Er stellt uns in diesem Bild seine Vorstellung von Hierarchie und Macht in der Gesellschaft dar. Die Entscheidungsbefugnisse sind klar von oben nach unten gestaffelt. In bezug auf den König (Kanzler, Regierung) ist er sich zwar ein wenig unsicher. Mal dominiert dieser, dann repräsentiert er nur und letztlich darf er doch zusammen mit der Dame über die Bauern entscheiden. Keinen Zweifel hat Kastler jedoch, daß die Bauern (Arbeitnehmer) ganz unten sind und daß sie gar nichts zu bestimmen haben. Im folgenden plädiert er leidenschaftlich für ein Zusammengehen aller Bauern, ob sie nun der CDU, der SPD oder der DKP angehören. Dies sei unbedingt notwendig, weil „der gemeinsame Feind" letztlich die Dame sei. Seiner Meinung nach seien trotzdem die Begriffe Klassen und Klassenkämpfe für die Gesellschaft nicht zutreffend. Er gehört zu denen, die, wie oben schon dargestellt, eine immer differenziertere Aufspaltung der Gesellschaft in kleine Schichten und Interessengruppen beobachten bei gleichzeitiger Polarisierung zwischen Arm und Reich. Das Gesellschaftsbild des Schachbretts, das er entworfen hat, will dazu nicht so recht passen.

370 Hoesch 12, S. 56.

Sein Kollege Bernd König stellt sich das System als Monopoly-Spiel vor, während Wilhelm Lehmann von „Hammer und Amboß“ spricht:

> „Der eine ist Hammer, der andere ist Amboß. So. Und das ist meine Klassenbeschreibung, es gibt heute noch Hammer und es gibt heute noch Amboß. Und ich gehöre zu der Klasse, die Amboß ist.“[371]

Es mutet ein wenig eigenartig an, daß der engagierte Gewerkschafter und kämpferische Betriebsrat Wilhelm Lehmann die Arbeiterklasse mit einem Amboß vergleicht, der ja in diesem Bild die leidende, die passive Rolle abgibt. Was er vor allem deutlich machen will, ist wohl das Verhältnis von herrschen und beherrscht werden, an dem es seiner Meinung nach nichts zu deuteln gibt. Er verwendet dabei, im Gegensatz zu Ingo Kastler, den Klassenbegriff.

Ähnlich wie Wilhelm Lehmann äußern sich andere parteipolitisch Engagierte, die sich eine Veränderung der bestehenden Machtverhältnisse im Hinblick auf eine sozialistische Gesellschaft vorstellen. Gertrud Michalke sieht die Bundesrepublik in einer jahrhundertelangen historischen Folge von Gesellschaften, in denen die „kleinen Leute“ ausgebeutet wurden. Kai Ahrens spricht davon, daß die Klassenunterschiede zwischen den Arbeitern und der bürgerlichen Klassen sich gegenwärtig neu ausprägen. Diese Vorstellungen einer Einteilung der Gesellschaft in Klassen, die zum Ideengut der traditionellen Arbeiterbewegung und des Marxismus gehören, lassen sich bei anderen Gesprächspartnern, die eher der zweiten und dritten Gruppe zuzuordnen sind, nur in Fragmenten, Variationen oder gar nicht mehr finden. Karl Schwarzer entwirft uns eine Art Vier-Klassen-Modell, das zwar gewisse Ähnlichkeit mit dem traditionellen Bild aufweist, doch den Begriff Klasse anders deutet. Als unterste Klasse sieht er die Wohnungslosen, die Arbeitslosen und die Sozialhilfempfänger an. Das seien diejenigen, die keine Perspektive mehr haben. Es folgt die Klasse der Arbeiter und der kleinen Angestellten, dann die Klasse der leitenden Angestellten und Beamten, letztere deshalb, weil sie „arbeitsmäßig“ abgesichert seien, und über allen schließlich das Großkapital.[372]

In manchen Äußerungen, vor allem der „Unpolitischen“, zeigen sich Schwierigkeiten, die eigenen Alltagsbeobachtungen in Kategorien zu bringen. Der 1964 geborene Michael Kurz z.B., der sich selbst als politisch uninteressiert und unengagiert ansieht, möchte nicht von Klassen sprechen; er sieht die Gesellschaft wie folgt aufgebaut:

> „Ich würd sagen, so in drei Schichten, würd ich sagen. So die ganz untere Schicht, Leute, Menschen, sag ich, die im Moment vielleicht arbeitslos sind, die automatisch dann irgendwie absacken [...] Dann würd ich sagen, gibt es da noch die sogenannte Mittelschicht, dazu gehört der Facharbeiter, der eine oder andere Angestellte und dann eben die oberen Zehntausend. Aber ich versteh

371 Hoesch 16, S. 51.
372 Hoesch 18, S. 43 f.

mich auch mit den, sag ich mal, mit Arbeitslosen genausogut wie mit dem Arzt, das ist für mich kein Problem."[373]

Michael Kurz stellt uns hier ein verschwommenes Gesellschaftsbild vor. Zunächst teilt er die einzelnen Berufs- oder Einkommensgruppen nach Schichten, dann versucht er aber anschließend, diese Teilung wieder zu mildern, indem er versichert, daß er persönlich keine Unterschiede zwischen den Vertretern der genannten Schichten machen würde. Da nach seiner Einteilung die Facharbeiter mit den Angestellten gleich unter den „Oberen Zehntausend" rangieren, ordnet er wahrscheinlich die Ärzte in diese oberste Kategorie ein. Andererseits will er die Arbeitslosen einbeziehen. So ist sein Bild nach oben hin unbestimmt. Das könnte ein Indiz dafür sein, daß zumal bei den jüngeren Gesprächspartnern die traditionellen Zuordnungs- und Deutungsmuster der Gesellschaft in den Hintergrund treten, zum einen weil sie mit nun diskreditierten sozialistischen Vorstellungen in Verbindung gebracht werden, zum anderen weil sie offensichtlich neuere Differenzierungen nicht erfassen können. Neue Muster lösen sich aber nicht selten in Beliebigkeit auf. Es gibt viele Unsicherheiten, die Veränderungen der sozialen Strukturen der letzten Jahrzehnte in ein schlüssiges Erklärungsmodell zu bringen.

Auf unterschiedliche Weise setzen unsere Interviewpartner ihr Bild von den sozialen und ökonomischen Machtverhältnissen mit dem politischen System der Bundesrepublik in Beziehung. Wie schon ausgeführt, sind sich alle im wesentlichen darüber einig, daß „das Kapital" die Politik bestimmt. Es lassen sich jedoch zwei verschiedene Varianten des Umgangs mit dieser Vorstellung beobachten, die quer zu den beschriebenen Gruppeneinteilungen liegen. Die eine Gruppe zieht einen Trennungsstrich zwischen dem wirtschaftlichen System und dem politischen System, die andere sieht beide in engem Zusammenhang.

August Iskamp z.B. trennt zwischen beiden Systemen. Er findet das politische System akzeptabel und sieht für sich eine Menge Einflußmöglichkeiten sieht. Paul Spiertz spricht einerseits davon, daß das Kapital skrupellos alle Hebel in Bewegung setze, um stets seine Gewinne zu machen und daß die Politiker Mühe haben, dieser Macht nicht zu erliegen. Andererseits betont er, daß er sich kein besseres politisches System vorstellen könne als das demokratische. Auch Günter Beckers sieht einerseits die „unheimliche Macht" des Geldes, die letztlich auch im Bundestag zur Geltung komme. Andererseits ist es ihm jedoch wichtig zu betonen, daß die Demokratie im Gegensatz zur Weimarer Republik stabil sei, weil es heute genügend Demokraten gebe.[374]

Zu denen, die politisches und ökonomisches System in einen engen Zusammenhang stellen, gehört Erich Heindling, der sich über die Erpressungsversuche

373 Hoesch 4, S. 36.
374 Hoesch 15, S. 80; Hoesch 20, S. 18 f.

der Automobilindustrie gegenüber der Politik empört. Unter dem Motto der Standortsicherung versuche man störende soziale Regelungen loszuwerden:

> „Das denk ich, ist 'ne ganz massive Einmischung von Interessengruppen in die Politik. Das hat nix mit Demokratie zu tun. Im Grundgesetz steht was anderes, aber der Einfluß ist da und das sieht man ja nun auch dran, wie die politische Entwicklung ist und welche Entscheidungen in der Regierung getroffen werden ...“[375]

Nach Meinung von Heindling hebeln die Machtverhältnisse in der Wirtschaft faktisch das Grundgesetz aus. Dies sei eine schleichende Aushöhlung der Demokratie, die sich vor aller Augen abspiele. Wilhelm Lehmann findet das politische System ebenso veränderungsbedürftig wie das wirtschaftliche. Christiane Eger, die das politische System für keineswegs optimal hält, meint, man könne doch an vielen Entscheidungen deutlich sehen, „wer in diesem Land von der Regierung bevorzugt und bevorteilt“ werde. An der Macht der Wirtschaft kommt ihrer Meinung nach auch eine SPD-Regierung nicht vorbei. Allerdings räumt sie ein, sie kenne kein System, in dem diese Probleme ideal gelöst würden.[376] Am drastischsten drückt sich Kai Ahrens aus, der von einer „Scheindemokratie“ spricht, weil das politische System im Rahmen der ökonomischen Machtverhältnisse in seinen Augen keinerlei Eigengewicht besitze. Karl Schwarzer, der ebenfalls von „Alibidemokratie“ spricht, dies aber bei weitem nicht so grundsätzlich meint wie Kai Ahrens, wünscht sich ein System mit mehr Bürgernähe:

> „Du hast freie Wahlen, du bist noch mehr oder weniger 'n freier Bürger. Du kannst noch mehr oder weniger sagen, was du willst. Aber, wenn du einmal die Partei gewählt hast oder eine Partei wählst, dann kann sie doch in unserm Parlament recht häufig das machen, was sie will und nicht mehr das, was der Bürger will. [...] Das ist für mich wahre Demokratie, wie sie in der Schweiz ist. So müßte es ablaufen, daß wirklich der Bürger gefragt wird.“ [377]

Solche Wünsche nach mehr Mitspracherecht und direkter Einwirkung auf Entscheidungen sind Hinweise darauf, daß viele Bürger sich im parlamentarischen System nur bedingt wiederfinden können. Gelegentlich taucht die Forderung nach Volksbefragungen auf; Karl Schwarzer z.B. würde das demokratische System der Schweiz mit Volksbefragungen vorziehen. Andere Gesprächspartner meinen, daß sie trotz großer Unzufriedenheit keine Alternative sähen. Eine Veränderung der bestehenden Verhältnisse scheint den meisten momentan kaum denkbar, eine Einschätzung, die wohl durch das Scheitern des „realen Sozialismus“ in der DDR, in Osteuropa und der Sowjetunion verschärft worden ist.

375 Hoesch 3, S. 25.
376 Hoesch 13, S. 51 ff.
377 Hoesch 18, S. 54 f.

### c) Resümee

Unsere Gesprächspartner aus den neuen und den alten Bundesländern nehmen die Bundesrepublik jeweils aus unterschiedlichen Blickwinkeln ihrer biographischen Erfahrungen wahr. Ihnen gemeinsam ist jedoch aus jeweils unterschiedlichen Gründen eine Vermischung von Bildern der alten und der gegenwärtigen Bundesrepublik. Sie nehmen die Gesellschaft aus der Sicht der sogenannten „kleinen Leute" in den Blick und heben in den Gesprächen vor allem Erscheinungen in der Gesellschaft hervor, mit denen sie unzufrieden sind, während sie positive Aspekte kaum erwähnen. So äußern sie gleichermaßen ihre Unzufriedenheit mit der wachsenden Ungleichheit in der Gesellschaft und mit der Polarisierung zwischen Arm und Reich wie auch ihr insgesamt geringes Zutrauen zu „den Politikern". Im einzelnen werden diese Einschätzungen jedoch unterschiedlich gewichtet.

Die Bundesrepublik ist für unsere Gesprächspartner aus Bochum und Dortmund ihre gewohnte Lebenswelt, die sich nach 1990 nicht wesentlich verändert hat. Sie engagieren sich für die Verteidigung ihrer Interessen oder halten dies für sinnlos, da sie überzeugt sind, letztlich wenig Einfluß erlangen zu können.

Für unsere Gesprächspartner aus der ehemaligen DDR ist die Bundesrepublik immer noch eine fremde Welt mit fremden Regeln, in denen sie sich seit einigen Jahren zurechtfinden müssen. Die Älteren unter ihnen kennen diese Welt teilweise noch aus der Zeit vor 1961 oder von späteren gelegentlichen Besuchsreisen. Von der öffentlichen Propaganda als Feindbild dargestellt, war die BRD in den Augen vieler DDR-Bürger eher ein Wunschbild, gleichsam eine Hochrechnung von Werbefernsehen plus Intershop. In mehrfacher Hinsicht war das Bild des westdeutschen Nachbarstaates so ein wichtiger Gradmesser für die Beurteilung des Lebens in der DDR. Heute kann man demgegenüber sagen, daß die selektive Erinnerung an das Leben in der DDR einen wichtigen Maßstab für die Beurteilung der gegenwärtigen Bundesrepublik darstellt. Das frühere Bild der Bundesrepublik rückt dabei immer mehr in den Hintergrund.

Es fällt auf, daß die Distanz gegenüber politischen Parteien, die Ablehnung jeglicher Politik als fragwürdig oder moralisch verwerflich bei unseren Gesprächspartnern im Osten ausgeprägter ist als bei ihren Kolleginnen und Kollegen im Westen, insbesondere bei denen, die gewisse Einflußmöglichkeiten sehen und sich politisch stärker engagieren. Vor allem bei den älteren Jahrgängen (bis 1945) der Stahlarbeiter aus dem Ruhrgebiet gibt es eine nach dem Zweiten Weltkrieg entstandene enge Verbindung zur Sozialdemokratischen Partei, die freilich bei den jüngeren Kollegen nachläßt und bei den vorwiegend weiblichen ungelernten Beschäftigten in der Elektronikfirma kaum anzutreffen ist. Eine vergleichbar durch Tradition fundierte Parteienbindung gibt es bei unseren Gesprächspartnern im Osten nur bei einigen Älteren, früher leitenden Angestellten, zur PDS.

Die Interviewpartner in Ost und West stimmen überwiegend in dem Urteil überein, daß die Politiker über die Köpfe der Menschen hinwegregieren, daß Abgeordnete und Minister schon aufgrund ihrer hohen Einkommen kein Verständnis für das Leben der einfachen Arbeiter haben könnten und daß es zwischen den jeweiligen Wahlen kaum Einflußmöglichkeiten auf die Politik gebe. Allerdings ist die Akzeptanz für das demokratische System bei den Gesprächspartnern im Westen ungleich größer als bei denen im Osten. Bei letzteren lösen zum Beispiel die unterschiedlichen Positionen der einzelnen Parteien und die heftigen Debatten in den Parlamenten bereits ablehnende Reaktionen aus. Der Wert einer einheitlichen Meinung, von gemeinsamen Bestrebungen in der Gesellschaft wird von ihnen höher veranschlagt als die offene Austragung von Konflikten, bei der die unterschiedlichen Interessen zutage treten, eine Einschätzung, die die Nachwirkung der Sozialisation in der DDR erkennen läßt.

Die wachsende Differenzierung zwischen Oben und Unten wird von den Befragten aus Hennigsdorf und Frankfurt/Oder auf dem Hintergrund einer Erfahrung weitgehender sozialer Gleichheit viel heftiger abgelehnt als von den Dortmundern und Bochumern, die offenbar ein gewisses Maß an Ungleichheit für normal halten und vor allem deshalb beunruhigt sind, weil die jahrzehntelang bestehende Tendenz des allmählich wachsenden Wohlstands der unteren Schichten gegenwärtig zu stagnieren oder sich sogar umzukehren droht. Aus der Sicht der Interviewpartner aus dem Osten wird die Unterteilung in Arm und Reich gegenwärtig weniger als soziales Phänomen, sondern als Über- bzw. Unterordnung von West und Ost gedeutet. Auch machen sich die Diskussionen über soziale Ungleichheit bei ihnen fast ausschließlich an den hohen Diäten der Abgeordneten bzw. den Gehältern der Minister, nicht aber an den Einkommen in der Wirtschaft fest; hier wird offenbar die Erfahrung der Einheit von politischer und wirtschaftlicher Macht aus der DDR-Zeit auf die neuen Verhältnisse projiziert.

Weitgehend einig sind sich die Interviewpartner in Ost und West darin, daß in der Gesellschaft der Bundesrepublik die Wirtschaft den dominierenden Einfluß auf die Politik ausübt. Doch während unsere Befragten aus der ehemaligen DDR dem politischen System mit seinen demokratischen Strukturen kaum Eigenwert zubilligen, gibt es unter den Interviewpartnern im Westen auch Auffassungen, die den politischen und den wirtschaftlichen Bereich als jeweils eigenständige Systeme betrachten, die miteinander verzahnt sind und einander beeinflussen. Ausgesprochene Wertschätzungen des demokratischen Systems mit den damit verbundenen persönlichen Freiheiten sind in den Interviews aus Frankfurt/Oder und Hennigsdorf seltener anzutreffen. Angesichts des Verlustes der Sicherheit des Arbeitsplatzes und aller bisher gewohnten Sicherheiten des Lebens werden Rechte wie Meinungsfreiheit oder Reisefreiheit als geradezu unnütz oder nicht so wichtig angesehen. Der Wunsch nach mehr Sicherheit spielt überhaupt in den Interviews mit den Arbeitnehmern aus dem Osten eine sehr große Rolle, auch die Sicherheit auf den Straßen, die wachsende Kriminalität, sind darin einbezogen. Die Kolleginnen und Kollegen aus dem Westen sprechen auch über ihre Angst vor wachsender Arbeitslosigkeit, über ihre Ratlosigkeit angesichts der gegenwärtigen wirtschaftlichen Situation, das Thema hat aber in ihren Interviews einen geringeren Stellenwert.

In bezug auf die Beurteilung der historischen Entwicklung der Bundesrepublik unterscheiden sich unsere Gespräche in Ost und West sehr deutlich. Die ehemaligen DDR-Bürger nehmen die Bundesrepublik fast ausschließlich als ein eher statisches Phänomen der Gegenwart wahr und thematisieren kaum eine Veränderung in der Zeit. Allenfalls wird der Bundesrepublik eine günstigere Ausgangssituation als der DDR nach dem Ende des Krieges bescheinigt. Vielfach fehlt hier das Wissen um die Geschichte der Bundesrepublik, bzw. ihre Geschichte verschwindet hinter der dominierenden Gegenwart. Die Gesprächspartner aus dem Westen dagegen äußern mancherlei Vorstellungen von Veränderungen und Zäsuren in der Geschichte des Landes, ohne freilich ein besonders differenziertes Bild der Geschichte der Bundesrepublik zu haben.[378] Als herausragende historische Ereignisse werden – bei den älteren und mittleren Jahrgängen – Geschehnisse Ende der 60er und der frühen 70er Jahre wie die Große Koalition, die Bildung der sozialliberalen Koalition und deren Bruch sowie die Studentenbewegung 1968 genannt. Die fünfziger Jahre werden als ereignisarme Phase des wirtschaftlichen Aufstiegs angesehen und wenig thematisiert. Es herrscht die Vorstellung vor, daß die Bundesrepublik nach einer stetigen Aufwärtsentwicklung in den ersten Nachkriegsjahrzehnten seit einiger Zeit eine Stagnation oder sogar eine Abwärtsentwicklung erlebt, was jedoch keineswegs vorrangig auf die Vereinigung zurückgeführt wird.

## 3) Das Bild der DDR und des realen Sozialismus

*Annette Leo*

### a) Aus der Sicht ehemaliger DDR-Bürger

Von unseren Interviewpartnern aus Hennigsdorf und Frankfurt/Oder sind die zwischen 1935 und 1955 Geborenen wohl am ausschließlichsten und nachhaltigsten durch die DDR geprägt worden, während das Erfahrungsreservoir der Älteren und auch der Jüngeren auf jeweils unterschiedliche Weise (nach hinten bzw. nach vorn) geöffnet ist. Über das Leben in der DDR zu sprechen, fühlt sich jeder von ihnen kompetent. Ihre Erzählungen bestehen meist aus einem komplexen Ineinander von Privatem und Politischem, wobei das Politische eher eine geringe Rolle

378 Dies hängt wohl auch damit zusammen, daß die Geschichte der Bundesrepublik zwar – zumindest teilweise – erlebt worden ist, sie aber nur in eingeschränktem Maße Gegenstand des Geschichtsunterrichts und der medialen Vermittlung war und ist.

spielt. Zum Zeitpunkt der Interviews existierte dieses Leben so nicht mehr. Deshalb sind fast alle Äußerungen beherrscht von dem Bewußtsein des Bruches, dem Bewußtsein des Verschwindens dieser Wirklichkeit. Es gibt kaum eine „unschuldige" Erinnerung an die DDR, die unbeeinflußt ist vom Scheitern der DDR und von den aktuellen Problemen; die Menschen sprechen von dem, was sie verloren haben und heute vermissen (was sie verloren haben, aber nicht vermissen, wird kaum thematisiert) und sie setzen die Erinnerung unablässig in Beziehung mit ihren gegenwärtigen Lebensverhältnissen.

Wir wollen zunächst unsere Interviewpartner nach ihrem unterschiedlichen Blickwinkel auf die DDR-Vergangenheit unterscheiden. Weiterhin werden wir nach den leitenden Gesichtspunkten fragen, unter denen die DDR wahrgenommen wird, schließlich geht es um den Verlauf der historischen Entwicklung der DDR und um die Beurteilung des Gesellschaftssystems.

### *Unterschiedliche Sichtweisen*

Bei der Frage nach den unterschiedlichen Sichtweisen unserer Gesprächspartner auf die DDR stellt sich natürlich gleichermaßen die Frage nach der damaligen Rolle der Betreffenden innerhalb des DDR-Systems und nach einer möglichen Veränderung ihrer Sichtweise seit der Wende. Unser Interesse richtete sich in erster Linie auf die zum Zeitpunkt des Gesprächs erkennbare Anschauung. Ob diese Anschauung sich seit 1989/90 verändert hat oder ob sie unverändert geblieben ist, ließ sich nur selten genauer rekonstruieren, weil nur ganz wenige Gesprächspartner eine solche Veränderung überhaupt thematisierten. Ein Wandel war manchmal indirekt ablesbar und konnte in verschiedene Richtungen erfolgt sein, die einander widersprechen oder überlagern. Zum einen wird das DDR-System heute wahrscheinlich insgesamt kritischer gesehen als vor 1989. Es gibt seit Jahren eine Fülle von Informationen und eine öffentliche Diskussion über seine Strukturen, seine Schattenseiten und die Ursachen seines Scheiterns, die ihre Wirkung zeigt. Manche Interviewpartner geben zu erkennen, daß sie in dieser Hinsicht einen Lernprozeß durchlaufen haben, daß sie heute manches anders sehen als vor 1989. Daneben gibt es eine Tendenz zu nostalgischer Sicht. Zugleich projizieren sie ihre heutigen Anschauungen in die Vergangenheit.

Die Mehrzahl unserer Interviewpartner bedauert andererseits heute den Verlust damaliger Lebensbedingungen, zumindestens den Verlust bestimmter Aspekte des Alltags in der DDR. Es hat den Anschein, als ob die Unzufriedenheit mit der heutigen Wirklichkeit nur in Ausnahmefällen nicht zur Verklärung der Vergangenheit führt. Trotzdem ist das Spektrum der Positionen unserer Gesprächspartner zur DDR breit gefächert. Es reicht von ablehnender Distanz über Gleichgültigkeit zu Anpassung, Loyalität und weitgehender Identifikation. Unsere Gesprächspartner lassen sich unterschiedlichen Gruppen zuordnen, obwohl solche Einteilungen natürlich immer nur Hilfsmittel sind und die ganze Bandbreite der Äußerungen vereinfachen.

Die erste Gruppe kann man als Gegner des SED-Systems bezeichnen. Dieter Zange[379] hatte als einziger der Interviewpartner Kontakt zur kirchlichen Oppositionsbewegung und gehörte im Herbst 1989 zu den Gründungsmitgliedern der SDP in Hennigsdorf. Zanges Bild ist von starker Ablehnung des politischen Systems geprägt, dessen Einflüsse bis in sein Alltagsleben wirkten. Er erzählt, daß er es zum Schluß in der DDR kaum noch aushalten konnte, er habe geglaubt ersticken zu müssen:

> „Bin denn echt schon so ein bißchen, also innerlich ... eigentlich wär ich am liebsten Terrorist geworden, geb ich echt zu. Ich hatte so ein Horror, so ein Haß auf diesen Staat und auf jeden, der ein Parteiabzeichen getragen hat, am liebsten hätt ich gerne noch ein paar Bomben gelegt, aber das haben wir natürlich nicht gemacht. Die einzige Möglichkeit, wo du deinen Druck ablassen konntest, war halt die neue Kirche."[380]

Dieter Zange gibt hier seinem damals ohnmächtigen Zorn Ausdruck über die Bewegungslosigkeit, die wachsende Starrheit des Systems, die in den letzten Jahren vor allem von Angehörigen seiner Generation und der Jüngeren als unerträglich empfunden wurde. Die DDR habe, sagt er, praktisch sein Leben „'n bißchen zerstört". Sonst wäre er nie „in so'n Miststall gelandet hier" (gemeint ist das Stahlwerk). Er erzählt, daß die Schulbehörden ihm wegen seiner Weigerung, Berufsoffizier zu werden, die Möglichkeit zum Grafikstudium verbaut hätten. Die Ausbildung an der Abendschule schaffte er nicht, das war neben der Schichtarbeit zu anstrengend. Eine Zeitlang habe er auch mit dem Gedanken gespielt, illegal über Ungarn oder Jugoslawien in den Westen zu gehen. Nachdem aber einer seiner besten Freunde bei einem Fluchtversuch geschnappt worden sei, habe er diesen Gedanken wieder aufgegeben.

Aus ganz anderen biographischen Erfahrungen speist sich die Distanz von Rudolf Lampe[381] zum DDR-System. Seine Familie war aus Oberschlesien vertrieben worden. Er selbst hatte nach traumatischen Erlebnissen als 17jähriger (freiwilliger) Soldat und später als Kriegsgefangener in Polen geschworen, sich nirgendwo mehr freiwillig zu melden. Seine schmerzhaft erworbene Lebenslehre lautete: sich für keine Macht der Welt mehr zu engagieren. Er erklärt, daß er „mit der Partei und mit diesem System nicht einverstanden" gewesen sei, daß er nur deshalb nicht in

379 Hennigsdorf 1, Jahrgang 1961, Meister in der Instandhaltung des Walzwerkes, in der Freizeit Ambitionen als Designer und Tonmixer.

380 Siehe Interview Hennigsdorf 1.

381 Rudolf Lampe, Hennigsdorf 4, Jahrgang 1928, Rentner, bis 1992 Maschinenschlosser im Stahlwerk.

den Westen gegangen sei, weil seine Frau ihre Familie nicht verlassen wollte. Am 17. Juni 1953 ging Lampe zusammen mit seinen Kollegen auf die Straße, um gegen die Erhöhung der Normen zu protestieren, aber danach mußte er sich wieder ducken und einfügen. Seine ablehnende Distanz erschöpfte sich schließlich in den Versuchen, der geforderten allumfassenden Integration in das System immer wieder zu entgehen. So habe er es strikt abgelehnt, in die Gesellschaft für Deutsch-Sowjetische Freundschaft einzutreten, was immer wieder zu Diskussionen geführt habe, weil die Mitgliedschaft aller Brigade-Angehörigen eigentlich Voraussetzung für die Auszeichnung mit dem Titel „Sozialistische Brigade" war. Seine Kollegen hätten sich jedoch geweigert, ihn aus der Brigade auszuschließen und irgendwie die Auszeichnung dann doch bekommen. Aus der Gewerkschaft trat Rudolf Lampe mehrmals aus und wieder ein und erzwang damit längst versprochene und immer wieder hinausgeschobene Lohnerhöhungen für sich.

In den letzten 20 Jahren sei er dann aber etwas ruhiger geworden. Als guter Facharbeiter fühlte er sich zwar anerkannt, mußte sich aber ständig gegen Vereinnahmungsversuche von seiten der Funktionäre abschirmen:

> „... unserem Parteisekretär, dem bin ich immer aus'm Weg gegangen. wenn er mir gesehen hat, dann wollte er mir immer überzeugen. Ich sagte: Emil, laß das sein, es hat doch keinen Zweck. Deswegen bin ich ja auch auf Schicht geblieben. Wir waren immer selbständig und unabhängig und sehr weit weg von die Genossen und von der ganzen Versammlung."[382]

In diesem Kontext bedeutet „überzeugen" eher überreden bzw. indirekten Druck ausüben, um den Gesprächspartner, in diesem Fall Rudolf Lampe, in politische Verantwortung einzubinden. Um seine Unabhängigkeit zu wahren, ohne gleichzeitig in Konflikte zu geraten, versuchte Lampe, seine Nische „weit weg von den Genossen" zu finden.

Die größte Gruppe unter unseren Interviewpartnern sind diejenigen, die sich angepaßt verhalten haben, was aber innere Distanz häufig nicht ausgeschlossen hat. Herbert Anker[383] ist ein politisch kaum interessierter, fleißiger und gewissenhafter Facharbeiter, der die DDR bis zu ihrem Verschwinden als seine Heimat und die Verhältnisse als gegeben ansah, in denen er sich mit einer Mischung aus Anpassung und List gut eingerichtet hatte. In seiner Haltung beeinflußt scheint er von seiner Ehefrau, die Mitglied der SED war und in der Familie offenbar die politische Linie vorgab und -gibt. Herbert Anker äußert sein Mißtrauen gegenüber jeglicher Obrigkeit, die ohnehin nicht auf die Wünsche der kleinen Leute höre. Seiner Meinung nach gilt der Slogan „die Partei hat immer recht" heute auch für die anderen Parteien. Aber, wenn seine Frau nicht dabei ist, gibt er zu verstehen, daß ihm die politischen Zusammenhänge eigentlich ziemlich egal sind:

382 Hennigsdorf 4, S. 31.

383 Herbert Anker, Jahrgang 1940, verheiratet, zwei erwachsene Kinder, Elektronikarbeiter im Halbleiterwerk Frankfurt/Oder, heute SMI.

„Ja, wenn es einem schlecht gegangen wäre, gleich von Anfang an, dann hätte man vielleicht ein größeres Interesse entwickelt. (AL: An der Wende, meinen Sie?) Ja, an dem ganzen Drum und Dran. Oder wenn jetzt hier die ... oder wenn aus dem Familienkreis einer in Bautzen war oder politisch inhaftiert, daß man denn ein größeres Interesse hat, aber wir hatten das ja nicht, bei uns kam sowas nicht vor."[384]

Herbert Anker begründet seine Loyalität gegenüber der DDR vor allem damit, daß es ihm persönlich gut gegangen sei, daß er keine gravierenden Probleme erlebt habe und daß er auch niemanden näher kannte, der Opfer von Repressionen geworden sei. Seine Erklärung klingt beinahe wie eine Entschuldigung. Angesichts einer öffentlichen Meinung, die von Unrechtsstaat und Diktatur handelt, hat er offenbar das Bedürfnis, seine Haltung irgendwie zu erklären.

Ilona Jahrmark[385] stellt sich selbst als „ganz normales DDR-Kind" dar, deren Entwicklung glatt und problemlos verlaufen sei. Sie habe sich stets loyal zum Staat verhalten, in ihrer Arbeit immer ihr Bestes gegeben und sich nie etwas zuschulden kommen lassen. Mit dieser Haltung, so betont sie, habe sie aber kein ausdrückliches Einverständnis mit Partei und Staat verbunden. Einziges Problem, das Ilona Jahrmark erwähnt, ist ihre katholische Konfession, zu der sie sich zu DDR-Zeiten nicht bekannt habe, um keine beruflichen Nachteile erfahren zu müssen. Erst nach der Wende habe sie sich und ihre Kinder taufen lassen. Frau Jahrmark definiert ihre eigene Position fast ausschließlich über ihre Kinder, denen sie zum Beispiel erklärt habe, warum man die Westverwandten nicht besuchen durfte:

„... ich hab sie jetzt auch nicht politisch aufgehetzt, daß ich jetzt gesagt habe: Das System ist schuld oder der Ulbricht oder Honecker sind schuld. Das ist eben so, man muß damit leben, ich hab selber keine Probleme gekriegt mit diesem System und hab auch meine Kinder davon ferngehalten. Denn ich hatte keine Lust, sie irgendwie so zu beeinflussen, daß ich sage: Ihr lebt hier in ... wie soll ich mal sagen, im Zwang oder im Gefängnis oder irgendwie, das hat doch keinen Sinn. Ich hab die Kinder eben so erzogen, daß ich gesagt hab, ihr wohnt hier, wir wohnen hier, uns geht's gut, wir können uns nicht beklagen, uns fehlt es an nichts. [...] Gut, wir hatten die Reisefreiheit nicht, aber das hat mich nicht gestört. Ich hab's nicht vermißt."[386]

Ilona Jahrmark berührt hier die heikle Frage der politischen Beeinflussung der Kinder, die in der Schule unter Umständen etwas anderes hörten als zu Hause und damit irgendwie umgehen mußten. Sollte man die Kinder in Gegensatz zur Staatsmacht bringen oder sie zur Doppelzüngigkeit erziehen oder alle Probleme einfach

384 Frankfurt/O. 12 b, S. 9.

385 Ilona Jahrmark, Jahrgang 1955, Ingenieurin bei SMI, verheiratet, zwei Kinder, zu DDR-Zeiten Kulturverantwortliche der Gewerkschaft, heute Betriebsratsmitglied.

386 Frankfurt/O. 1, nichttranskribiert, Kassettenseite 2.

negieren? Offensichtlich wählte Ilona Jahrmark die letzte Variante, um Konflikte von ihren Kindern fernzuhalten. Dabei bleibt ein wenig unklar, welche Haltung sie z.B. zur Reisefreiheit einnahm. War sie selbst der Auffassung, daß man in der DDR „im Zwang oder im Gefängnis" leben mußte und wollte ihre Kinder mit einer solchen Haltung aber nicht verstören, weil es doch „keinen Sinn" hatte, oder meinte sie, daß ihr in der DDR nichts gefehlt habe und sie die Reisefreiheit nicht vermißte? Offenbar vermischen sich auch hier frühere und gegenwärtige Auffassungen. Aber wie dem auch sei, aus ihren Worten spricht die Bereitschaft der Anpassung. Dieses von den Eltern vorgelebte Verhalten wurde auch den Kindern nahegebracht.

Widersprüchlicher und zerrissener ist die Haltung von Hilmar Loose[387], bei dem die Distanz zur DDR größer war. An seinem Beispiel ist zugleich erkennbar, wie vergangene und gegenwärtige Haltung ineinander übergehen können. Er selbst stellt sich als ein unangepaßter Bürger dar, sowohl zu DDR-Zeiten als auch in der Gegenwart. Wichtiges Motiv für seine Haltung war ursprünglich wahrscheinlich die Auflehnung gegen den Vater, der ein leitender Funktionär eines Großbetriebes in der Region war und dessen hochgesteckte Erwartungen er nicht erfüllen konnte oder wollte:

> „... meinem Vater wär es am liebsten, wenn ich in der Partei gewesen wär. Und da hatte ich was dagegen. Da hatten wir 'ne Kontrastellung. Und das hat sich eigentlich durch meine ganze Entwicklung durchgezogen und geprägt eigentlich, daß ich mich nie in ein Schema reinpressen lassen möchte. Das ist natürlich schwierig. Also, ich möchte immer das machen – ich meine, jetzt nicht einfach losgelöst von allem – aber die Richtung, wovon ich mehr überzeugt bin."[388]

Hilmar Loose reklamiert hier sein Recht auf Individualität, auf eigenständige Handlungs- und Ausdrucksmöglichkeiten, die ihm in der DDR verwehrt worden seien. Er spricht davon, daß er sich reglementiert und überwacht gefühlt habe. Zum Beispiel hätten die Verantwortlichen im damaligen Halbleiterwerk ihm aufgrund seiner kritischen Äußerungen die Chance eines Meisterstudiums letztlich verwehrt.[389] Zu DDR-Zeiten war Loose Gewerkschaftsvertrauensmann. Politische Aktivität in der Gewerkschaft und in der SPD entfaltete er erst nach der Wende, gibt aber zu verstehen, daß er sich auch in der neuen Gesellschaft sehr unwohl fühlt.

387 Hilmar Loose, Jahrgang 1953, von Beruf Elektromonteur, gegenwärtig stellvertretender Betriebsratsvorsitzender bei SMI, Frankfurt/Oder.

388 Frankfurt/O. 2, S. 17.

389 Aufgrund einer – wie Loose meint – subtilen Verzögerungstaktik seiner Vorgesetzten konnte er erst ein Jahr später als geplant mit dem Studium beginnen. Der Lehrgang geriet in den Strudel der Wendeereignisse und wurde abgebrochen.

Auf keinen Fall möchte sich Hilmar Loose in die DDR „zurücksehnen". Doch drohende Arbeitslosigkeit und der ständige Kampf um die Erhaltung des Betriebes haben ihn mittlerweile zermürbt und zutiefst verunsichert. Seine große Angst vor sozialem Abstieg beherrschte unser gesamtes Gespräch. Aus seinen Worten wird deutlich, daß er – ausgerechnet mit der ursprünglich gewünschten individuellen Handlungsfreiheit – nur wenig anfangen kann, daß ihm die (daraus folgende) Vereinzelung der Menschen geradezu Angst macht. Immer wieder beklagt er den Verlust von Gemeinsamkeit, das Verschwinden der Solidarität seit der Wende. Vielleicht hat er seine damalige kritische oder ablehnende Haltung zum DDR-System im Rückblick ein wenig überhöht. Vielleicht wird ihm auch im Nachhinein erst bewußt, wie sehr er von seinem Leben in der DDR geprägt ist.

Insgesamt läßt sich über die Äußerungen dieser Gruppe sagen, daß ihre Motive für die Anpassung, für das Nachgeben gegenüber einem Druck der Partei- und Staatsmacht wohl kaum in der Angst vor Repression oder staatlicher Gewalt liegen. Es ist vielmehr vorrangig die berufliche Entwicklung, der Wunsch nach Zugehörigkeit zur Gemeinschaft und das Bestreben, den eigenen Kindern möglichst günstige Entwicklungsbedingungen bieten zu können, die die Haltung bestimmt hat.

Die dritte Gruppe sind die früheren Träger des SED-Systems. Hans Kleinschmidt[390] war seit seinem 18. Lebensjahr Mitglied der SED und identifizierte sich mit dem sozialistischen Staat:

> „Naja, Vater war in der Partei, mein Bruder war in der Partei, die Mutter nicht. Das hat mich alles so geformt, daß ich eigentlich nichts anderes kennengelernt als gerade diese Richtung und das hat eben damals die Verbundenheit zum Staat und ... ja, das war eben alles 'ne Selbstverständlichkeit und ich hab in dem System damals, als man dann so anfing, selbständig zu denken, nichts Schlechtes gesehen, davon abgesehen, ich sehe es heute auch noch nicht."[391]

Man bekommt den Eindruck, Hans Kleinschmidts Verbundenheit mit dem System, wie er sagt, habe vor allem aus Gewohnheit und Selbstverständlichkeit bestanden, eine Selbstverständlichkeit, die nun, nach dem gesellschaftlichen Bruch, plötzlich einer Erklärung oder gar Rechtfertigung bedarf. Hans Kleinschmidt fühlt sich heute ins Abseits gestellt, resigniert und ratlos. Mit der Entmachtung der SED, der er so selbstverständlich gefolgt war, ist bei ihm offenbar jeder Impuls zum politischen Handeln erloschen. Er wartet nur noch auf den Vorruhestand, auf den Rückzug ins Privatleben. Politik, sagt er, sei für ihn passé.

390 Hans Kleinschmidt, Ingenieur, Jahrgang 1940, heute Vorarbeiter im Stellwerk von RIWA, bis zur Umstrukturierung des Werkes 1992 Abteilungsleiter.

391 Hennigsdorf 14, S. 5.

Auch Berta Klaus[392] trat als ganz junge Frau in die SED ein. Ihr Vater war 1948 antifaschistisch umerzogen aus der sowjetischen Kriegsgefangenschaft zurückgekehrt und gab seine neuen Lehren an Frau und Kinder weiter:

> „Ich muß sagen, ich war seit 56 Parteimitglied, habe mich voll dafür eingesetzt, habe immer nach meinem Erachten darum gekämpft, daß wir das, was wir aufgebaut haben, erhalten, eine bessere Zukunft für uns alle, ja, den Frieden sichern und war der Meinung, daß das gut für uns ist, was wir uns da schaffen und uns aufbauen. Es kamen die Zweifel, warum erst mal ging das nun alles kaputt, ja, und da habe ich gedacht ... ich hab's eigentlich nicht begriffen, warum, warum ist das alles so kaputtgegangen, wo liegen die Ursachen. Ja? Wo liegen die Ursachen, daß das, was wir uns aufgebaut haben, kaputtgegangen war. Warum hat es mit dem Sozialismus nicht geklappt, ja? Und ... da habe ich gesagt, ich habe praktisch alles, meine ganze Kraft dafür eingesetzt, ich habe gearbeitet, habe aktiv in diesen gesellschaftlichen Organisationen mitgearbeitet, und es ist eigentlich nichts da ..., wenn man so will, nichts dabei rausgekommen, ja. Es ist nichts dabei rausgekommen. Und da habe ich gesagt, dann, dann will ich nichts mehr tun."[393]

Frieden und Aufbau, das waren wesentliche Anfangsimpulse, die viele Menschen in der Sowjetischen Besatzungszone und späteren DDR veranlaßten, sich für eine neue Gesellschaft zu engagieren. Berta Klaus, die als Elfjährige das Kriegsende erlebt hatte, wurde in Schule und Elternhaus in diesem Sinne erzogen und verband mit diesen Zielen all ihre Hoffnungen auf eine bessere Zukunft. Ihr Leben lang arbeitete sie dafür, qualifizierte sich zur Meisterin, zog ihre fünf Kinder groß, kannte wenig Ruhe und erarbeitete sich einen bescheidenen Wohlstand. Auf dem Einsatz von Menschen wie Berta Klaus ruhte die Wirtschaft der DDR. Heute scheint all die Mühe und der Verzicht umsonst gewesen zu sein, die Arbeit zunichte, ihre Hoffnungen zerstört. Berta Klaus steht vor einem Scherbenhaufen. Nach der Entlassung aus dem Betrieb im Alter von 56 Jahren fand sie keine Kraft mehr für einen beruflichen Neubeginn. Enttäuscht hat sie sich auch von jeglichem politischen Engagement zurückgezogen.

Eine spezifische Haltung nahm der dieser Gruppe zuzurechnende Anton Blume ein[394], der aus einer kinderreichen Arbeiterfamilie stammt und, beeinflußt durch eine sehr engagierte Lehrerin, frühzeitig in Gegensatz zu seinem Vater geriet, der die DDR als ein „Unrechtsregime" ansah. Anton Blume erklärt, er habe sich innerhalb der DDR-Gesellschaft unangepaßt und kritisch verhalten, weil es

392 Berta Klaus, Jahrgang 1934, verwitwet, fünf Kinder, Mitglied der SED, ehemalige Meisterin im Halbleiterwerk Frankfurt/Oder, seit 1990 im Vorruhestand.

393 Frankfurt/O. 7 a, S. 26.

394 Anton Blume, Jahrgang 1959, Elektriker im Stahlwerk RIWA, Mitglied des Betriebsrates.

ihm um den „wirklichen Sozialismus" gegangen sei. Mit einer solchen Haltung sei er ziemlich isoliert gewesen:

> „Wer eine sozialistische Meinung gehabt hat und die auch vertreten hat, zumindestens in den untersten Reihen, der ist doch nur konform gelaufen, den haben sie doch überall ... und der ist eigentlich als rote Socke verschrieen gewesen."[395]

Anton Blume meint, wer unter den einfachen Arbeitern (die im Gegensatz zu den Funktionären nicht dazu verpflichtet waren) eine sozialistische Meinung geäußert habe, der sei nur angeeckt oder Spießruten gelaufen. Dazu habe Mut gehört. Anton geriet auch häufig mit seinen Vorgesetzten in Konflikt. Er wandte sich gegen Korruption und Heuchelei, weil er dies damals für Einzelerscheinungen gehalten habe, die dem Wesen des sozialistischen Systems widersprechen würden. In der Wendezeit mußte er aber erkennen, daß dies „ein großer Irrtum" war.

Insgesamt gesehen ist deutlich, daß die DDR vor allem als Frage nach der eigenen früheren und heutigen Position in den Blick kommt.

### *Urteile über Repression und Opposition*

Die verschiedenen Blickwinkel bedingen unterschiedliche Wahrnehmungen der einzelnen Aspekte der DDR-Realität. Dabei fällt auf, daß nur Vertreter der ersten Gruppe politischen Druck, Repression und auch Widerstand thematisieren. Dieter Zange spricht vom Eingesperrtsein, nicht nur innerhalb der Grenzen der DDR sondern auch in eine Lebensnorm, die ihm zu eng erschien. Die allgegenwärtige Politik und Reglementierung hätten ihn zum Schluß nervlich total fertiggemacht. Der viel ältere Rudolf Lampe erzählte ausführlich von seiner Teilnahme am 17. Juni 1953[396], aber auch von anderen Beispielen des Widerstands unter den Arbeitern seines Betriebes, von einem Widerstand, der erst im Laufe der sechziger Jahren erloschen sei. So erinnerte er sich an eine „kleine Untergrundbewegung" innerhalb des Stahlwerkes, die kurz vor dem Bau der Mauer Flugblätter hergestellt habe. Einen der Texte konnte er noch aus dem Gedächtnis zitieren:

> „Schnecke muß es wissen, / die SED hat uns beschissen./
> Auf Scheißhaus kein Papier, / was soll'n wir noch hier?"[397]

Die letzte Zeile des Spruches weist auf die Fluchtwelle nach dem Westen, die 1961 einen Höhepunkt erreichte und die Lampe durchaus zwiespältig erlebte. Die besten Fachkräfte, sagt er, seien alle nach Westdeutschland rübergegangen, so daß sie manchmal dagestanden hätten und nicht wußten, wie sie die Arbeit schaffen sollten. Zu dieser Zeit habe eines Morgens im großen Porträt des Gewerkschaftsvorsitzenden des Be-

395 Hennigsdorf 12.
396 Siehe Kapitel IV, 6 a.
397 Hennigsdorf 4, S. 23.

triebes, Bertold Schmidt, ein Messer gesteckt. Er habe gerade mit der Frühschicht beginnen wollen, als das Messer entdeckt wurde.[398] Aus seiner Erzählung kann man fast den Eindruck gewinnen, er selbst sei an dieser Aktion beteiligt gewesen.

Rudolf Lampe zeigte uns auch auf dem Werksgelände die Baracke, in der die Staatssicherheitsabteilung des Betriebes bis Ende 1989 gesessen hatte und erzählte uns erbittert von den kleinen Schikanen der örtlichen Polizei, denen er ausgesetzt war, wenn er einen Reiseantrag zum Besuch seiner Geschwister in der Bundesrepublik stellte.

Die Befragten der beiden anderen Gruppen erinnern sich vor allem an Dinge, die sie heute schmerzlich vermissen und das betrifft überwiegend ihren Alltag, die unpolitischen Seiten des Lebens. An erster Stelle geht es ihnen dabei um soziale Sicherheit und soziale Fürsorge: Sicherheit des Arbeitsplatzes, Krippen, Kindergärten, Berufstätigkeit der Frauen, billige Mieten. Sie bedauern den Verlust eines berechenbaren, ruhigen Lebens, sie bedauern auch die geschwundene Gemeinsamkeit und Solidarität untereinander, jeder sei jetzt mehr und mehr „für sich" und müsse sich um die eigenen Interessen kümmern. Wohngebietsfeste, Betriebsfeiern, und gemeinsame Pflege der Grünanlagen vor dem Wohnblock gebe es jetzt nicht mehr. Dies alles waren zwar von oben vorgegebene bzw. zentral organisierte Kollektivveranstaltungen, doch zeigt sich jetzt, daß sich manche, zumindest retrospektiv, mit diesen identifizieren und sie offenbar früher ein fester Bestandteil ihrer Lebenswelt waren.

Gerhard Ring bringt diese allgemein geteilte Beurteilung auf einen Punkt, wenn er die DDR – natürlich immer im Vergleich zur Bundesrepublik – „das bessere Deutschland für die kleinen Leute"[399] nennt, die darin ein beschütztes und sorgenfreies Leben hätten führen können. Beschützt worden sei man, auch dies keine isolierte Meinung, u.a. von der Polizei, die damals im Straßenbild viel präsenter gewesen sei, und für Ordnung und Sicherheit gesorgt habe, was heute viel zu wenig geschehe. Nach Grete Liesers Auffassung habe es damals zwar „viel Stasi und alles" gegeben, aber „eben nicht soviel Kriminalität".[400]

Natürlich geht es bei all diesen Argumentationen über Ruhe und Geborgenheit ausgesprochen und unausgesprochen um die Existenzgrundlage der DDR seit 1961 – um die Mauer. Der Mauerbau war eine der historischen Zäsuren in der DDR-Geschichte, die in fast allen Gesprächen eine Rolle spielt. So stellte sich etwa Dieter Zange schon zu Beginn unseres Gesprächs als „Mauerkind" vor, weil er im Februar des Jahres 1961 geboren worden sei.[401]

398 Vgl. ebd., S. 24.

399 Hennigsdorf 5 d, S. 11. Gerhard Ring, Jahrgang 1948, Sicherheitsingenieur im Stahlwerk RIWA, Hennigsdorf, Mitglied des Betriebsrates. Siehe auch Kapitel III, 3 a.

400 Frankfurt/O. 5 a, S. 26.

401 Hennigsdorf 1.

Überwiegend wird in den Interviews die Notwendigkeit des Mauerbaus mehr oder weniger akzeptiert. Aus der damaligen ökonomischen Situation heraus, sagen viele, habe es keine Alternative gegeben, weil sonst die DDR schon zu Beginn der sechziger Jahre zusammengebrochen wäre. Selbst Rudolf Lampe berichtet davon, daß das Stahlwerk infolge der Flucht von guten Facharbeitern in eine immer schwierigere Situation geriet. Doch auch im Rückblick wollen die meisten das Eingesperrtsein nicht als unwürdigen Zustand ansehen, sondern begreifen es geradezu als den Preis für die „heile Welt“, der sie nun nachtrauern. Außerdem sei, sagen einige, dieser Preis nicht sehr hoch gewesen, denn wer keine Verwandten im Westen gehabt hätte, habe unter den Einschränkungen kaum gelitten. Doch auch die überzeugte Genossin Elfriede Marsch, die von dem Ereignis sehr persönlich betroffen war, weil ihre Schwiegereltern ihre im Grenzbereich liegende Wohnung verloren und deshalb bald darauf in den Westen gingen, verteidigt trotzdem die Mauer als lebensverlängernd für die DDR.[402] Joachim Held[403] nimmt die problematische Seite des Mauerbaus zwar wahr, doch auch er fühlt sich selbst im Rückblick noch veranlaßt, den Mauerbau zu rechtfertigen:

> „... diese Geborgenheit, die war ... die kann damit zusammenhängen mit dieser verfluchten Abschottung da, mit diesem Mauerbau und so. Sagen wir mal, menschlich gesehen, ist das eine Katastrophe, daß man Leute einmauert und sie nicht rausläßt. Das ist ... das verbiegt den Charakter, sag ich mal so. Aber auf der anderen Seite war das die einzige Möglichkeit, diese Geborgenheit zu schaffen. Weil, ich hab ja an Beispielen gezeigt, wie uns das gegangen ist. Die hauten ja alle ab. Je mehr abhauten, um so schlimmer wurde das für die, die dablieben. Weil die Chancen, jetzt mit denen, die noch da waren, jetzt was Brauchbares zu machen, immer kleiner wurden. Also du hättest ja dein Ideal nur durchsetzen können, nur mit dieser Methode.“[404]

Joachim Held, der als Leiter und ehemaliger Funktionär vorwiegend aus der Perspektive der Macht argumentiert, scheint sich der Absurdität seiner Äußerung nicht vollends bewußt zu sein. Wenn er sagt, menschlich gesehen sei der Mauerbau eine Katastrophe gewesen und habe zu Folgeschäden für die Einzelnen geführt, doch sei das „Ideal“ nur so durchzusetzen gewesen, so stellt er damit dieses „Ideal“ in Frage.

Wer den Bau der Mauer bejaht, kann folgerichtig auch dem Regime an der Grenze nicht durchweg ablehnend gegenüberstehen. Hierzu haben sich zwar nur einige Gesprächspartner geäußert, doch vertraten nicht nur SED-Mitglieder die Meinung (die natürlich geprägt waren von der Diskussion um die Mauerschützen-

402 Frankfurt/O. 6, S. 62 f.

403 Joachim Held, Jahrgang 1932, früherer ökonomischer Direktor des Halbleiterwerkes Frankfurt/Oder, heute Direktor bei SMI.

404 Frankfurt/O. 9 a, S. 5.

prozesse), daß ein souveräner Staat eben seine Grenzen so gut wie möglich schützen müsse. Letztlich hätten die Flüchtlinge gewußt, welches Risiko sie eingingen. Besser hätten sie einen Ausreiseantrag stellen sollen. Dabei ist offenbar vielen nicht mehr bewußt, daß solche Anträge erst ab Mitte/Ende der siebziger Jahre gestellt werden konnten und zunächst kaum Aussicht auf Erfolg hatten und diejenigen, die die Anträge stellten, vielfach mit Nachteilen rechnen mußten.

Frank Gruner[405] war der einzige unter unseren Befragten, der seinen Wehrdienst an der West-Grenze absolviert hatte. Er danke Gott heute noch, sagt er, daß zu dieser Zeit in seinem Abschnitt niemand einen Fluchtversuch unternahm. Allerdings läßt er keinen Zweifel daran, daß er in diesem Fall „seine Aufgabe erfüllt" und geschossen hätte, und zwar deshalb, weil er keine Lust gehabt hätte, „für so'n Idioten in den Kahn zu gehen".[406] Frank Gruner äußert sich ausgesprochen aggressiv gegen jenen potentiellen Grenzverletzer, dem er glücklicherweise nie begegnet ist, als ob derjenige persönlich ihm hätte etwas antun wollen. Mit seinem Fluchtversuch hätte dieser versucht, ihn, Gruner, in seine Angelegenheit hineinzuziehen und ihn für seine Aktion büßen lassen, eine Einschätzung, die sich auf keine gesicherten Tatbestände stützt:

> „Natürlich, wenn man sich da tiefgreifend mit der ganzen Materie beschäftigt hätte oder wenn man Leute gekannt hätte, die so, wie heißt das, nicht regimekonform waren, drücken wir es mal so aus, ja, dann hätte man vielleicht andere Ansichten gehabt. Aber wie gesagt, das ist mein Land gewesen, mein Vaterland und finde ich, hat jeder die Pflicht und die Schuldigkeit, bestimmte Sachen zu machen, dazu gehört der Wehrdienst und zum Wehrdienst gehör'n halt auch bestimmte Befehlsausführungen und dazu hat dies halt leider gehört ..."[407]

Seine Worte spiegeln das Gefühl wider, die Meinung einer Mehrheit zu vertreten, deren Ansichten über Pflicht und Befehl so selbstverständlich sind, daß sie nicht hinterfragt zu werden brauchen. Innerhalb dieser hermetischen Sicht spielen die Opfer keine Rolle. Mehr noch, die Situation wird in ihr Gegenteil verkehrt, die „Täter", die Mauerschützen betrachten sich als Opfer derjenigen, auf die sie schießen mußten. Sie handelten in bewußtem Einverständnis mit dem Staat, dessen Zwang – wenn auch mit Bedauern – bejaht wurde.

Insgesamt gesehen ist zu konstatieren, daß die repressive Seite des Systems nur von einem Teil der Befragten thematisiert worden ist und umgekehrt einige diese verharmlosen oder gar verteidigen.

405 Frank Gruner, Jahrgang 1959, Vorarbeiter bei SMI, Mitglied des Betriebsrates.
406 Frankfurt/O. 13, S. 45.
407 Ebd., S. 50.

*Der Gegensatz von Demokratie und Diktatur*

Fehlende demokratische Rechte und Freiheiten in der DDR sind für die meisten Gesprächspartner kein Thema, das im Rahmen ihrer Erinnerungen an die DDR Bedeutung hätte. Sie beziehen sich darauf nur in der Polemik gegen einen öffentlichen Diskurs, von dem sie sich gegenwärtig geradezu erdrückt fühlen und dem sie ihre eigenen Wertvorstellungen entgegensetzen möchten.

Lothar Fuchs[408] war nach eigenen Angaben bis zur Wende politisch völlig uninteressiert. Ihm sei eigentlich alles egal gewesen, sagt er, weil es ihm gut gegangen sei. Erst seine Unzufriedenheit nach der Wende habe ihn aktiviert. Lothar Fuchs weist die Bezeichnung „Diktatur" für das DDR-System empört zurück. Diktatur sei für ihn, wenn das ganze (private) Leben bis ins Kleinste vorgeschrieben sei. So stellte er sich übrigens die NS-Diktatur vor. Das sei aber in der DDR nicht der Fall gewesen. Nach Feierabend habe jeder machen können, was er wollte. Er habe sich nie unterdrückt gefühlt oder auf seine Äußerungen achtgeben müssen.

In einem ganz anderen Zusammenhang erwähnt er jedoch plötzlich, mehr beiläufig, daß man nicht „leichtsinnig" sein durfte, und daß sein Bruder wegen einer unvorsichtigen Äußerung für 18 Monate ins Gefängnis gesperrt worden sei.[409] Beide einander völlig widersprechende Aussagen stehen unverbunden nebeneinander. Es gibt scheinbar keine Beziehung zwischen ihnen. Dies mag ein Hinweis darauf sein, daß Lothar Fuchs in der heftigen Abwehr einer als fremd empfundenen Entwertung des bisherigen Lebenszusammenhangs seine Erfahrungen zum Teil ausblendet oder an den Rand drängt.

Berta Klaus meint gar, sie habe sich früher freier gefühlt als heute. Auf eine irritierte Rückfrage der Interviewerin weiß sie nicht recht, wie sie es ausdrücken soll. Es sei alles so anders zugegangen, sagte sie schließlich, die Gemeinschaft sei mehr dagewesen.[410] (Nachdem das Tonband abgeschaltet war, erzählt sie allerdings, daß ihre Tochter Ende der achtziger Jahre einen Ausreiseantrag gestellt hatte und deshalb Schikanen ausgesetzt war.) Das Aufgehobensein im Kreis einer Gemeinschaft als Moment von Freiheit weist auf einen ganz anderen Freiheitsbegriff hin, als den, der in den westlichen Demokraten vorherrscht. „Freiheit ist Einsicht in die Notwendigkeit", diesen Spruch, der sowohl Hegel als auch Engels zugeschrieben wurde, lernten schon die Kinder in der Schule. Der Satz wies auf die Verantwortung des Einzelnen innerhalb der Gemeinschaft hin, wurde aber auch benutzt, um das Fehlen von realen Freiheiten und Rechten im Alltag des Sozialismus zu verschleiern oder zu rechtfertigen:

408 Lothar Fuchs, Jahrgang 1959, Walzendreher im Stahlwerk RIWA, Mitglied der VK-Leitung.

409 Hennigsdorf 2, S. 59 u. 64.

410 Frankfurt/O. 7, S. 19 f.

„Sicher haben wir abgeschirmt gelebt, ja. Aber irgendwo haben wir ruhiger und besser gelebt. So. Und diese Freiheit, na, ich weiß nicht, was diese Freiheit gebracht hat, ja, so. Freiheit, ich weiß nicht, irgendwo muß man sich immer unterordnen, ja. Immer. Ich kann heute auch nicht machen, was ich will. So ist es doch. Und das geht auch gar nicht, wenn jeder machen wollte, was er will. Jeder muß sich irgendwo unterordnen, ja. Na gut, wir hatten nicht die Freiheit in andere Länder ... wär vielleicht besser gewesen, sie hätten das ein bißchen lockerer gemacht. Dann wär das vielleicht auch nicht ganz so kraß alles zum Ausdruck gekommen, ja. Aber so wie heute, daß sie nun denken ... und diese Aggressivität und was jetzt hier los ist, na ja, nee. Also, das gefällt mir ganz und gar nicht, muß ich sagen, ja."[411]

Berta Klaus setzt sich in dieser Textpassage mit unterschiedlichen Vorstellungen von Freiheit auseinander, ohne sie allerdings besonders scharf voneinander zu trennen: Zunächst meint sie Freiheit im Sinne von Freizügigkeit nach dem Fall der Mauer. Diese Freiheit hat ihrer Meinung nach nichts gebracht. Als Begründung führt sie an, daß es eine solche Freiheit eigentlich gar nicht gebe, weil nicht jeder machen könne, was er wolle – hier haben wir wieder die Einsicht in die Notwendigkeit – man müsse sich immer den Regeln eines Gemeinwesens unterordnen. Dann springt sie wieder zur Reisefreiheit, wobei sie einräumt, daß die in der DDR tatsächlich gefehlt habe. Allerdings so wie die Freiheit nun von vielen aufgefaßt werde, im Sinne von Zügellosigkeit, Aggressivität, Verbrechen usw., das gefalle ihr überhaupt nicht.

Der Umgang von Berta Klaus und Lothar Fuchs mit den Begriffen Freiheit und Diktatur kann vielleicht ein wenig gegenwärtige Mißverständnisse zwischen Ost und West erhellen.[412] Freiheit ist bei ihnen etwas ganz Allgemeines, Verschwommenes: entweder (positiv) das Eingebundensein in Lebensregeln einer Gemeinschaft oder (negativ) ein Synonym für Anarchie, Individualismus, Egoismus usw. In keinem Fall wird der Begriff ganz nüchtern im Sinne von konkret umrissenen (und deshalb auch begrenzten) Rechten und Freiheiten des Individuums gegenüber der Gesellschaft und dem Machtapparat des Staates begriffen. Nicht umsonst war der berühmte Satz von Rosa Luxemburg, wonach Freiheit auch immer die Freiheit der Andersdenkenden sei, in der DDR stigmatisiert. Wenn Herbert Anker jedoch davon spricht, daß er sich als einfacher Arbeiter und Parteiloser frei von Zwängen gefühlt habe oder Lothar Fuchs meint, wenn man seine Arbeit gut gemacht habe, habe man sich einige Freiheiten herausnehmen können, so wird auch deutlich, daß den Betreffenden ihre kleinen Freiräume, die Nischen im Machtsystem näher waren als die bürgerlichen Freiheiten.[413]

411 Ebd., S. 17.
412 Frankfurt/O. 7, Hennigsdorf 2.
413 Frankfurt/O. 12, Hennigsdorf 2.

Nachdenklicher und differenzierter sind die Überlegungen von Anton Blume, die aber letztlich ein ähnliches Spannungsfeld zwischen Freiheit und Gemeinschaft umreißen:

> „Also, ich war ja auch, ich hatte das schon mal gesagt zu Anfang, ich war ja eigentlich auch für die DDR gewesen. Ich hab' gesagt, es soll'n lieber wenige unterdrückt werden, aber dafür viele mehr leben, also, immer nach dieser ... oder vielleicht war es auch Selbstschutz, so hab' ich auch meist argumentiert. Das ist 'n humaner Staat, wo Leute unterdrückt werden, aber die meisten Leute leben im Wohlstand, also mehr leben im Wohlstand und dafür ... nee, unterdrückt war ja auch falsch, aber ich wollte eben nur sagen, daß wir auf dem gleichen Level alle gelebt haben. Diese Solidarität, die hat der Westen nicht gehabt, das hab' ich eigentlich immer so verteidigt."[414]

Anton Blume erklärt uns hier seine frühere Auffassung, jedoch hat er sich offenbar inzwischen keine andere Meinung gebildet, sondern er ist unsicher geworden, er überlegt, ob er damals eventuell die Augen vor unbequemen Tatsachen verschlossen hat. Ohne diesen Begriff zu benutzen, umreißt er etwa die „Diktatur des Proletariats", als Herrschaft der Mehrheit über eine Minderheit. Die Minderheit müsse, nach diesem Konzept, unterdrückt werden, damit die Mehrheit im Wohlstand leben könne. Aber dann weiß er nicht recht, ob „unterdrückt" nicht ein zu starkes Wort ist und vielleicht zweifelt er auch daran, daß es sich bei den Unterdrückten um eine Minderheit handelte, denn schließlich hat auch er sich – das erzählte er ausführlich im anderen Zusammenhang – in diesem starren System eingeengt gefühlt. Aber auf alle Fälle sind soziale Gleichheit und die damit verbundene Solidarität für ihn bedeutsame Werte gewesen, so bedeutsame, daß er bereit sei, dafür Einschränkungen in Kauf zu nehmen.

Zum Diskurs über Demokratie gehört natürlich auch die vorhandene oder versperrte Möglichkeit der politischen Willensbildung, z.B. das Wahlsystem. Die Wahlen in der DDR waren in unseren Interviews kein Thema, das die Befragten von sich aus ansprachen. Ganz offenkundig gehören sie nicht zu den Elementen ihrer Lebenswelt, die sie heute vermissen, sondern spielen in ihrer Erinnerung eine eher untergeordnete Rolle. Wenn die Wahlen erwähnt werden, dann nur im Vergleich zu den Wahlen in der Bundesrepublik, mit denen man inzwischen wenig gute Erfahrungen glaubt gemacht zu haben: Damals habe man sein Kreuzchen irgendwo gemacht, heute müsse man sein Kreuzchen machen, so lauten einige Äußerungen, Einfluß nehmen könne man heute wie damals nicht.

Gesprächspartner, die sich mit dem DDR-System retrospektiv identifizieren, versuchen selbst dem Wahlsystem der DDR, immer im Vergleich zur parlamentarischen Demokratie, noch positive Seiten abzugewinnen. Hans Kleinschmidt:

414 Hennigsdorf 12 d, S. 83.

> „Früher hat man die Liste der Nationalen Front gehabt, da ist man hingegangen und hat zu der „ja" gesagt und damit war die Sache erledigt. Und da wußte man, was man gewählt hat, die Leute, die werden sowieso von irgendwo bestimmt und und und ... Wenn man sich'n bißchen mehr interessiert hat dafür, dann ist man vorher zu irgendwelchen Wahlversammlungen gegangen und hat dort eben gehorcht: Mensch, wie redet denn der, wie tritt denn der auf ... dann konnte man sich damit 'n bißchen beschäftigen, ja. Ansonsten hat man den Wahlgang nachher gemacht und dann war die Sache erledigt. Heutzutage ist, heißt es: die Partei und die Partei und die Partei. Und wenn man im Endeffekt dann gewählt hat, also vorher im Wahlkampf da bekämpfen sie sich, wie jetzt hier der Kohl sich hinstellt und sagt, die SPD ist unser Erzfeind, da rastet bei mir was aus, ja. Und anschließend da arbeiten sie in der Koalition zusammen, da hätten sie doch gleich auch so'ne Liste nehmen können."[415]

Für Hans Kleinschmidt waren offenbar die Wahlen zur DDR-Zeit eine klare und verläßliche Angelegenheit. In der Liste der Nationalen Front hätten sich die Parteien zusammengeschlossen. Jeder habe die Spielregeln gekannt und gewußt, daß die Kandidaten ohnehin von oben bestimmt worden seien. Man habe genau gewußt, was man nach der Wahl bekommen würde. In der neuen Gesellschaft stelle sich das alles viel verwirrender und unübersichtlicher dar, weil es verschiedene Parteien gebe, die einander angeblich bekämpften, nach der Wahl jedoch plötzlich Koalitionen miteinander eingingen. Irgendwie kommt ihm das unehrlicher vor als zu DDR-Zeiten. Fremdheit gegenüber jedem Pluralismus kommt hier zum Ausdruck.

Herbert Anker meint, er habe sich von den DDR-Politikern mehr vertreten gefühlt, als von den Politikern heute. In der Politik sei etwas für ihn herausgekommen, soziale Erleichterungen, Lohnerhöhungen usw., während er heute nicht wisse, welche Partei seine Interessen verträte. An dieser Stelle mischt sich seine Frau in unser Gespräch und bringt einen ganz unerwarteten Aspekt vor: Die Wahlen damals seien „feierlicher" gewesen. Am Vorabend habe es Fackelumzüge gegeben, die Kinder hätten Kulturprogramme vor den Wahllokalen gezeigt. Das ganze sei viel lockerer, mehr so eine Art Volksfest gewesen. Die Wahllokale hätten um sechs Uhr morgens geöffnet, ergänzte ihr Mann, und um halb sechs habe ein Fanfarenzug auf der Straße zum Wecken geblasen. Man habe sich um neun Uhr mit der Hausgemeinschaft verabredet, ergriff die Frau wieder das Wort, und sei zusammen wählen gegangen. An dieser Stelle widersprach Herbert Anker (dem die Idylle offensichtlich doch zu weit ging) und meinte verlegen, generell sei das aber nicht so gewesen.[416]

415 Hennigsdorf 14, S. 27.
416 Frankfurt/O. 12, S. 19 f.

Immerhin wird aus diesem Wortwechsel aber deutlich, daß die Eheleute Anker ein Verständnis von der Wahl haben, das den eigentlichen politischen Akt gar nicht einschließt. Auch hier wird letztlich, wie bei den anderen Äußerungen über Freiheit und Demokratie, die Gemeinschaft, das Gemeinschaftserlebnis als Wert dagegengesetzt.

Zu konstatieren ist, daß manche unserer ostdeutschen Gesprächspartner sich in einer Weise über die DDR äußern, die erkennen läßt, daß sie mit der pluralistischen Demokratie noch ihre Probleme haben.

Wenn unsere Interviewpartner die DDR-Vergangenheit gegen pauschale Abwertung meinen verteidigen zu müssen, sprechen sie meist über ihre Lebenswelt und nicht über das politische System, mit dem sich nur eine Minderheit identifiziert oder auseinandergesetzt hat, und das vielen ziemlich gleichgültig war. Da ihnen diese Unterscheidung jedoch selten bewußt ist, vermengen sie die Ebenen miteinander, so daß – im Extremfall – der Wahlfarce aufgrund ihres höheren Erlebniswertes nachgetrauert wird.

Deutlichere Unterscheidungen kommen in diesem Punkt von denjenigen, die das SED-System sehr kritisch sehen. Kurt Panitz z.B. distanziert sich von „der Diktatur“, möchte aber seine eigene Lebensleistung und die seiner Kollegen als anerkennenswert und bewahrenswert davon abgrenzen.[417] Ebenso zieht Rudolf Lampe diesen Trennungsstrich ganz bewußt. Er erzählt, daß er zu zentralen Betriebsveranstaltungen beispielsweise anläßlich des Gründungstages der DDR nie hingegangen sei, weil er sich mit den „Bonzen“ nicht an einen Tisch setzen wollte:

> „… wenn das politisch aufgezogen (war), bin ich nicht hingegangen. Aber hier zum … woll'n mal sagen, hier Brigade-Vergnügen sowas sind wir immer jegangen. Auch mit Frauen zusammen. Wir haben hier schön gekegelt und schöne Feiern früher gemacht. Die hab ich mitgemacht, nur unter die Kollegen. Und die größeren Feiern bin ich nie hingegangen.“[418]

Gerhard Ring spricht davon, daß er sich stets geweigert habe, in die SED einzutreten, weil er deren Machtmonopol nicht akzeptieren wollte. Er habe sich jedoch als Vertrauensmann im Betrieb und in der Wohnungskommission seiner Gemeinde engagiert, wo er seinen Mitmenschen helfen konnte, ihre alltäglichen Probleme zu lösen.

Offensichtlich war es jedoch zu DDR-Zeiten schwerer, politisches System und Lebenswelt voneinander zu trennen. Und retrospektiv gilt das Gleiche.

417 Hennigsdorf 16, S. 46 f. – Vgl. oben Kapitel III, 1 a.
418 Hennigsdorf 4 a, S. 28.

*Die Frage der Entwicklung*

Schaut man sich an, inwieweit von unseren Gesprächspartnern die DDR in ihrer historischen Entwicklung gesehen wird, so läßt sich überwiegend ein Interpretationsmuster erkennen, das einen anfänglichen Aufschwung und späteren Niedergang annimmt. Die Bewertungen beziehen sich vor allem auf die Entwicklung des Lebensniveaus und auf ein allgemeines Lebensgefühl, weniger auf politische Rahmenbedingungen, obwohl auch letztere, wie wir sehen werden, unausgesprochen eine Rolle spielen. Aber wann eine Entwicklung als „Aufschwung" bezeichnet und ab wann als „Niedergang" begriffen wird, ist bei den einzelnen Gesprächspartnern, in Abhängigkeit von Generationszugehörigkeit, Lebenserfahrung und Bewertungsmaßstäben ganz unterschiedlich.

Max Hiller, der Älteste aus der Gruppe, bezeichnet die späten vierziger und die fünfziger Jahre als „gute Zeit". Voller Begeisterung spricht er vor allem von den Jahren 1945 und 1946, als er die Bodenreform mitgemacht habe sowie die Vereinigung von KPD und SPD. Aus seinen Worten wird deutlich, daß er vor allem den Anfangselan des Aufbaus in guter Erinnerung hat, die Zeit, als die Machtstrukturen noch ungefestigt waren, und er mit persönlicher Initiative Mißstände aufdecken und beseitigen konnte. Nach seiner Zeitrechnung wurde es schlechter, als nach dem Tod von Wilhelm Pieck Walter Ulbricht unumschränkt geherrscht habe. In dieser Zeit seien ihm zum ersten Mal Zweifel gekommen, „ob das mit dem Sozialismus alles richtig läuft". Seine Nische, in die er sich dann zurückgezogen habe, sei die Kultur gewesen.[419]

Auch Kurt Panitz bezeichnet etwa die gleiche Periode („wo Wilhelm Pieck noch da war") als die relativ beste Zeit, hat dabei aber nicht das politische System, sondern die Versorgungslage vor Augen. Wilhelm Pieck habe dafür gesorgt, daß es in den Läden noch Ananas, Feigen, Bananen usw. gegeben und danach sei das allmählich verschwunden.[420]

Grete Lieser spricht von einem zeitlich nicht näher bestimmten Anfangselan der Menschen, der dann immer mehr nachgelassen habe. In bezug auf die wirtschaftliche Lage hat es nach ihrer Einschätzung nach dem Mauerbau 1961 einen Aufschwung gegeben; seit Ende der siebziger Jahre habe die Entwicklung jedoch stagniert und dann sei es bergab gegangen. Auch die Resignation und Abstumpfung, von der sie spricht, verlegt sie in diese letzten Jahre der DDR.[421]

Für Rudolf Lampe wurden die Lebensbedingungen nach schweren und entbehrungsreichen Anfangsjahren stetig besser. Auch er erinnert sich an einen Auf-

419 Hennigsdorf 3, S. 30.
420 Hennigsdorf 16, S. 52.
421 Frankfurt/O. 5, S. 5.

schwung in den sechziger Jahren nach dem Mauerbau. Politisch sei bis zum Bau der Mauer aber eine ganz „schlimme Zeit" gewesen.

Andere Gesprächspartner äußern sich nur über die letzten Jahre der DDR. Manche Beobachtungen aus individueller Perspektive tauchen dabei auf. Herbert Anker ist der Meinung, es sei bergab gegangen, als es immer weniger Arbeit im Betrieb gab. Dieter Zange macht den Niedergang an der nachlassenden sozialen Fürsorge für die Arbeiter fest.

Insgesamt treffen unsere Gesprächspartner sehr subjektive Einschätzungen über einzelne Entwicklungsphasen, die sich auf ganz unterschiedliche Elemente der DDR-Wirklichkeit beziehen. Während einige vom Grad ihrer politischen Identifikation sprechen, meinen andere das Lebensniveau, vielfach wird aber auch auf ein allgemeines Lebensgefühl, auf Hoffnung oder Resignation gegenüber der Zukunftsperspektive Bezug genommen. Für viele der Befragten ist nach dem Mauerfall 1989 der Bau der Mauer 1961 die wichtigste Zäsur der DDR-Geschichte. Danach sei es aufwärtsgegangen. Die sechziger Jahre bezeichnen viele als ihre beste Zeit. Hier spiegeln sich wahrscheinlich nicht nur ein tatsächlicher Anstieg des Lebensniveaus sondern auch und vor allem die Hoffnungen wider, die damals noch an eine friedliche, prosperierende Entwicklung nach dem Mauerbau geknüpft wurden. Seit Ende der siebziger Jahre wuchsen aber die wirtschaftlichen Probleme; es ist die Rede von steigender Materialknappheit in den Betrieben, vom Verschleiß der Maschinen und Ausrüstungen. Dies ist die Zeit, in der der Aufbauelan der FDJ-Generation allmählich verbraucht schien. Übereinstimmend werden dann die letzten vier/fünf Jahre als Talfahrt, als Zerfall bezeichnet, obwohl der Lebensstandard der Menschen in dieser Zeit am höchsten gewesen sein dürfte. Aber offensichtlich veränderte sich vor allem das Lebensgefühl, es schwand die Hoffnung auf eine Zukunft dieses Gesellschaftssystems. Vielleicht ist dies jedoch partiell auch eine rückprojizierende Betrachtung, die erst im Nachhinein, im Wissen um das Ende, die Zeichen des Niedergangs erkannt hat.

Deutlich ist der stark subjektive Charakter der Beurteilung der Entwicklung der DDR.

### *Die Beurteilung des Sozialismus*

Bei der Beurteilung des Gesellschaftssystems der DDR sind sich unsere Gesprächspartner, unabhängig von ihrer politischen Position, nahezu einig, daß der Sozialismus eine gute Idee, die schlecht verwirklicht wurde, gewesen sei. Allerdings äußern viele ihre Zweifel, ob diese Idee überhaupt realisierbar sei, zumindestens in absehbarer Zeit. Doch gibt es unter den Befragten durchaus unterschiedliche Auffassungen darüber, was im einzelnen an der ursprünglichen Idee verfälscht oder schlecht verwirklicht wurde bzw. welches die Gründe für das Scheitern waren.

Für Berta Klaus z.B. ist die Frage nach den Gründen des Scheiterns des Sozialismus – so sagt sie – die brennendste Frage ihres Lebens, die sie sich immer wieder stellt und auf die sie keine Antwort findet.[422] Rudolf Lampe meint:

> „Ich hatte den Sozialismus als ganz einwandfrei angesehen, aber wie er behandelt wurde und wie wir betrogen wurden, damit war ich nicht einverstanden."[423]

Seiner Meinung nach hat es im SED-System keine Gerechtigkeit gegeben, beurteilt wurde man nicht nach Fachkompetenz, sondern nach Parteizugehörigkeit.

Kurt Panitz ist der Meinung, daß die „Urlehre" von Marx und Engels schon von Lenin verfälscht worden sei, Stalin schließlich habe aus dem Sozialismus eine Diktatur gemacht. Und die DDR-Machthaber haben auch noch, „wie denen das gepaßt hat", ihren Teil an Verzerrungen hinzugegeben. Was er unter Sozialismus versteht, beschreibt Panitz sehr anschaulich anhand seines persönlichen Sozialismus-Modells, gewissermaßen im Stahlwerksformat. Er entwirft ein Lohnsystem, das zwischen Arbeiter, Meister und Abteilungsleiter sowie Direktor und Minister deutliche, aber keine allzu großen Unterschiede macht, in Abhängigkeit von präzise festgelegten Verantwortlichkeiten der einzelnen. Wenn Panitz den Satz anfügt, daß ein Minister etwa 2500 Mark bekommen sollte, aber keinesfalls 20 000, wie das heute üblich sei, wird deutlich, daß er sein Modell weniger dem gescheiterten DDR-System, sondern der wachsenden Ungleichheit in der neuen Gesellschaft entgegensetzt. Der Sinn des Sozialismus besteht für ihn vor allem in Gleichheit und Gerechtigkeit. Das vorgestellte Modell scheint in mancher Hinsicht dem untergegangenen DDR-Sozialismus zu ähneln, mit einer wichtigen Einschränkung allerdings: es kommen keine politischen Funktionäre darin vor. An anderer Stelle hatte Panitz deutlich bekräftigt, daß er die Parteisekretäre und Gewerkschaftsfunktionäre usw. allesamt für überflüssig hielt, weil sie die Arbeit nur behindert und zudem auf Kosten der Arbeiter gelebt hätten.[424]

Herbert Anker findet die Grundidee des Sozialismus vor allem deshalb akzeptabel, weil sie seiner Meinung nach den Verhaltensnormen der christlichen Gebote entsprochen hat. Gescheitert sei die gute Idee vor allem an der moralischen Unvollkommenheit der Menschen, gleichsam an einer unrealistischen Anthropologie. Er führt dann konkret auch noch die Schönfärberei der „oberen Etagen" an, die die Planerfüllung in ihren Berichten immer gefälscht hätten.[425] Ein nächster Sozialismusversuch müßte ein „bißchen ökonomischer" sein. „Wir haben damals das Geld ein bißchen zu leicht verdient."[426]

422 Frankfurt/0. 7.
423 Hennigsdorf 4, S. 30.
424 Hennigsdorf 16, S. 46 f.
425 Frankfurt/O. 12 b, S. 1 ff.
426 Ebd., S. 2 f.

Auf die mangelnde Effizienz des Systems weist auch Frank Gruner hin. Seiner Meinung nach war der Sozialismus nicht lebensfähig, weil der Leistungsdruck gefehlt habe. In ähnlicher Richtung äußert sich Grete Lieser, die die Arbeitsmoral zu locker fand und die ganze Neuererarbeit „an den Haaren herbeigezogen“[427]. Für Max Hiller ist der DDR-Sozialismus an der Politik der Führung, aber auch an der „Ich-Einstellung der Menschen“ gescheitert.

Elfriede Marsch, die sich ebenso wie Hiller mit dem sozialistischen System identifizierte und eine leitende Stellung im Betrieb innehatte, äußert sich sehr widersprüchlich. Heute erkenne sie vieles deutlicher als vor 1989, sagt sie, aber die vernichtende Kritik an der DDR, vor allem in den Medien, könne sie kaum ertragen, da fühle sie sich verletzt. Einerseits sei der Sozialismus verfälscht worden von „Personen, die nicht ihren eigenen Kopf angestrengt haben und nicht die wissenschaftliche Materie wirklich genommen haben zum Verarbeiten“ (was immer das heißen mag), jedoch das „Große, Ganze stimmte auf jeden Fall“, und damit meint sie vor allem das sichere soziale Leben. Allerdings wendet sie ein, die Mieten seien zu niedrig gewesen, auch die übertriebene soziale Fürsorge für junge Familien und für alleinstehende Mütter (was ihren Moralvorstellungen deutlich zuwiderlief) habe letztlich die DDR kaputtgemacht.[428]

Unsere Interviewpartner gehen von einer Idee des Sozialismus aus, in der vor allem die Hoffnungen auf Gleichheit und soziale Gerechtigkeit enthalten sind. Diese ursprüngliche Idee, die bisweilen mit der Lehre von Marx und Engels in Beziehung gebracht wird, sei in der DDR jedoch mangelhaft verwirklicht oder verfälscht worden. Dezidiert spricht nur Kurt Panitz von der Verfälschung des Sozialismus durch die Diktatur. Die übrigen Befragten sehen die Ursachen des Scheiterns wesentlich in zwei Gründen: in der mangelnden ökonomischen Effizienz des Systems, dem fehlenden Leistungsdruck, und im Zusammenhang damit, einer übertriebenen sozialen Fürsorge. Die anderen konstatieren die moralische Unzulänglichkeit des Menschen, seinen Egoismus und seine fehlende Verantwortung für das Gemeinwohl. Hier handelt es sich also um grundlegend unterschiedliche Vorstellungen vom Sozialismus: In dem einen Falle um eine ideale Gesellschaft, die nur mit idealen Menschen zu verwirklichen ist, im anderen Falle um eine sich an der Wirklichkeit orientierte Gesellschaft, in der allerdings in bezug auf Gleichheit und Gerechtigkeit Abstriche gemacht werden müßten.

Unsere Gesprächspartner sind überwiegend weit davon entfernt, das DDR-System mit dem Nationalsozialismus gleichzusetzen, ja schon ein Vergleich scheint manchen völlig unangemessen. Einige, wie Lothar Fuchs, lehnen Verglei-

427 Frankfurt/O. 5, S. 28 f. – Die sogenannte „Neuererarbeit“ forderte die Belegschaften auf, Verbesserungen für die Produktionsabläufe zu machen und stellt in gewisser Weise eine Entsprechung zum betrieblichen Vorschlagswesen in der westdeutschen Industrie dar.

428 Frankfurt/O. 6, S. 26 f.

che dezidiert ab.[429] Frank Baranowski parallelisiert zwar das Schweigen seiner Elterngeneration über die NS-Verbrechen mit seinem eigenen Schweigen zu DDR-Zeiten, setzt jedoch sogleich hinzu, das beides eigentlich nicht vergleichbar sei.[430] Dieter Zange sieht gewisse Affinitäten, die für ihn darin zum Ausdruck kommen, daß die ehemalige DDR Nährboden für neonazistische Tendenzen sei. Seiner Meinung nach begünstigt eine Diktatur „so 'ne Art faschistoides Verhalten".[431]

Insgesamt gesehen werden Diktaturvergleiche von den ostdeutschen Interviewpartnern tendenziell tabuisiert.

## b) Aus der Sicht der Bürger der alten Bundesrepublik

Die meisten unserer Interviewpartner aus Dortmund und Bochum kennen die DDR kaum aus eigener Anschauung. Ihre Kenntnisse und Meinungen beziehen sie größtenteils aus den Medien sowie aus anderen Informationen aus zweiter und dritter Hand, etwa aus Gesprächen mit ehemaligen DDR-Bürgern bzw. mit Verwandten oder Freunden, die die DDR näher kennengelernt haben. Zunächst wollen wir unsere Interviewpartner entsprechend ihren persönlichen Erfahrungen mit der DDR unterscheiden. Dann werden wir untersuchen, unter welchen leitenden Gesichtspunkten die einzelnen Gruppen die DDR betrachten. Schließlich interessiert uns die Frage nach der Beurteilung des politischen und ökonomischen Systems.

### *Unterschiedliche Erfahrungen*

Hinsichtlich ihrer Erfahrungen mit der DDR lassen sich verschiedene Gruppen unterscheiden. Die erste Gruppe sind die Flüchtlinge, die aus der Sowjetischen Besatzungszone bzw. der DDR weggegangen sind, zumeist als Kinder oder als Jugendliche. Ihre Erinnerungen beziehen sich auf die späten vierziger und fünfziger Jahre[432] und scheinen oft auf die Beweggründe der damaligen Flucht reduziert. Hierbei muß man wahrscheinlich in Rechnung stellen, daß die Betreffenden ihren Flüchtlingsstatus oft als Zurücksetzung oder Diskriminierung empfanden und die Familien es zunächst schwer hatten, sich in die bundesdeutsche Gesellschaft zu in-

429 Hennigsdorf 2.
430 Hennigsdorf 10.
431 Hennigsdorf 1 d, S. 2.
432 Unter unseren Interviewpartnern befand sich niemand, der nach dem Mauerbau freigekauft oder seit Mitte der siebziger Jahre per Ausreiseantrag in die Bundesrepublik gekommen war.

tegrieren. Obwohl sie über ihre Schwierigkeiten wenig sprechen, sind sie doch unausgesprochen anwesend in einer besonders scharfen Abgrenzung von ihrem früheren Leben in der DDR, in einer zur Schau getragenen Überlegenheit gegenüber den dort zurückgebliebenen Verwandten. Repression, Entbehrungen und Angst, die sie in der Anfangszeit der DDR erlebten, werden von ihnen meist pauschal auf die gesamten 40 Jahre hochgerechnet, ohne daß einzelne Entwicklungsphasen unterschieden werden.

Für Josef Maser, Jahrgang 1937, war die Flucht 1957 in den Westen bereits die dritte, wahrscheinlich unproblematischste, Flucht seines Lebens. 1945 wurde er zusammen mit seiner Mutter und seinen Geschwistern auf der Flucht vor der Sowjetischen Armee in Allenstein (Ostpreußen) überrollt, seine ältere Halbschwester wurde von sowjetischen Soldaten verschleppt und blieb seitdem verschollen. Als die Kampfhandlungen zu Ende waren, kehrten sie zu Fuß zurück auf ihren Hof, der inzwischen von Polen bewohnt war. Der Familie wurde die polnische Staatsbürgerschaft angetragen, was die Mutter jedoch ablehnte. Sie unternahm mit ihren drei verbliebenen Kindern einen dramatischen Fluchtversuch im Laderaum eines Lastkahns, der sie über die Grenze in die Sowjetische Besatzungszone bringen sollte, wohin es den Vater nach Kriegsende verschlagen hatte. Die Flucht wurde jedoch entdeckt, der Schiffer verhaftet und die Familie nach fünf Tagen Eingeschlossensein unter Deck herausgeholt und zurückgeschickt. 1948 gelang es Mutter und Kindern schließlich auf offiziellem Weg nach Sachsen überzusiedeln. Der Vater hatte dort ein kleines Stück Land zugewiesen bekommen und war Mitglied der SED geworden. Aufgrund des Schicksals seiner Tochter weigerte er sich stets, Mitglied der Gesellschaft für Deutsch-Sowjetische Freundschaft, eine der DDR-Massenorganisationen, zu werden. Nach dem Tod des Vaters zu Beginn der fünfziger Jahre trat die Mutter der LPG bei. Seitdem sei das Leben für sie leichter geworden. Josef Maser erlernte den Beruf eines Elektroinstallateurs. Als der 20jährige 1957 seine Großmutter auf eine Reise in die Bundesrepublik begleitete, sei er von Verwandten überredet worden, im Westen zu bleiben. Er erzählt, daß ihn vor allem die Autos und Motorräder zu diesem Schritt verlockt hätten. Ein Jahr später, noch vor dem Bau der Mauer, folgten ihm seine Mutter und die beiden Schwestern, die nach seinem Weggang im Dorf offenbar Schikanen ausgesetzt waren.

Die Erinnerungen von Josef Maser an die DDR scheinen unversöhnlich. Nach seiner Meinung war das System schlimmer als das zu Hitlers Zeiten. Alles sei politisch gewesen. In der LPG seien die Leute einzig nach politischem Wohlverhalten eingeteilt worden. Nur wer in der Partei gewesen sei, habe einen guten Posten bekommen und die anderen hätten für diese mitarbeiten müssen. Auch sein Vater sei unter Druck gesetzt worden, in die Partei einzutreten:

> „Das ist genau wie Hitler gewesen, nur die sind noch ein paar Takte schlimmer gewesen wie bei Hitler, denn zu Hitlers Zeit, da war er ja auch nicht in der Partei drin oder so, auf den Dörfern war das sowieso nicht so. Nur hier mußten sie

dann, egal ob sie Kleinbauern waren oder Großbauern waren oder was auch immer ... die haben da großen Wert drauf gelegt, die DDR-Leute ..."[433]

Es geht aus den Worten von Josef Maser nicht recht deutlich hervor, ob sein Vater dem Druck nachgegeben hat und deshalb in die SED eingetreten ist. Maser entwirft das Bild einer total durchkontrollierten Gesellschaft. Selbst beim Kartenspiel habe man nicht „Pik" sagen dürfen, wegen der Namensähnlichkeit mit Wilhelm Pieck. Im Widerspruch zu diesem Bild stehen jedoch Masers Äußerungen über das Zusammenleben im Dorf, wo Politik keine Rolle gespielt habe und die Leute gegen die Obrigkeit zusammengehalten hätten. Allerdings, und auch dies scheint auf wiederum andere Weise widersprüchlich zu sein, berichtet er von Konflikten zwischen den „Polaken", den Flüchtlingen bzw. Vertriebenen aus dem Osten und den Einheimischen, wobei die Fremden in der Überzahl gewesen seien.

Ganz offensichtlich ist das DDR-Bild von Josef Maser nicht nur durch erlebte bzw. übermittelte Beispiele von Repression verdunkelt worden, sondern es spiegeln sich darin auch die großen Schwierigkeiten des Jungen wider[434], in der dörflichen Nachkriegsgemeinschaft anerkannt zu werden. Ob er in der Bundesrepublik noch einmal ähnliche Probleme überwinden mußte, wird nicht thematisiert. Vielleicht hat er seine gesammelten Erfahrungen von Fremdheit und Zurücksetzung aus Polen, der DDR und der BRD letztlich auf die DDR projiziert und spricht deshalb mit besonderer Bitterkeit von den Jahren dort. Josef Maser spricht sich strikt gegen die deutsche Vereinigung aus, die seiner Meinung nach nur Geld koste. Betont distanziert er sich von seinen im Osten zurückgebliebenen Familienangehörigen, die Funktionen und Privilegien in der DDR gehabt hätten und heute nach seiner Aussage nur jammern, obwohl es ihnen schon wieder besser gehe als ihm.

Anne Kessler, Jahrgang 1926, wuchs auf einem Bauernhof in Mecklenburg auf und ging schon 1947 mit Mann und kleinem Kind illegal über die Grenze in den Westen. Hauptmotiv des Weggangs war wohl der Wunsch des Ehemannes, der aus Baden-Württemberg stammte, wieder in seine Heimat zurückzukehren. Aber in Anne Kesslers Erzählung finden sich auch politische Motive. Sie erlebte 1945, wie die sowjetischen Soldaten das Vieh auf dem väterlichen Hof requirierten, in der Nachbarschaft wurden Frauen vergewaltigt, Männer und Frauen erschossen. Zwar betont sie ausdrücklich, daß diese Willkürakte letztlich die Vergeltung für die Verbrechen der Deutschen im Zweiten Weltkrieg gewesen seien, sympathisch jedoch wurde ihr das Besatzungsregime deswegen nicht.

433 Hoesch 9, nichttranskribiert, Kassettenseite 2.

434 Man muß sich nur einmal vorstellen, in welchem schulischem Rückstand er sich befunden haben muß, da er erst 1948 mit seiner Mutter aus Polen kam. Er sei zwar in seinem Heimatdorf noch ein halbes Jahr zur Schule gegangen, aber dieser Unterricht fand plötzlich in polnisch statt, so daß er kaum etwas verstehen konnte. Dies sind natürlich Erlebnisse, die ein Kind nachhaltig verstören können.

Die Grundthemen von Anne Kesslers Erzählungen über die DDR sind Repression, Zwang und Mangelwirtschaft: Ablieferungssölle für die Bauern, der Cousin, der nicht studieren durfte, weil er nicht in der Partei war, der Sohn ihres Hauswirts in Bochum, der bei der Fluchthilfe erwischt und zu 11 Jahren Haft verurteilt wurde. Die DDR ist für sie ein „Polizeistaat" oder ein „dreckiger Staat", der sich an dem Häftlingsfreikauf bereichert habe. Historisch spätere Vorgänge, wie der erzwungene Eintritt des Vaters in die LPG, den sie aus Briefen erfuhr oder bei Besuchen zur Kenntnis nahm, vermischen sich in ihrer Erzählung mit den eigenen Erfahrungen unmittelbar nach Kriegsende. Zwar unterscheidet sie zwischen einer Aufbauphase, in der die Repression, aufgrund der Enteignungen, besonders stark gewesen sei und einer späteren ruhigeren Phase. Doch hatte sie den Eindruck, daß sich in dieser Gesellschaft nichts wirklich veränderte. Wenn sie in ihre Heimatstadt gekommen sei, dann habe alles noch genauso wie 1939 oder 1945 ausgesehen. Und dieser Satz schließt offenbar nicht nur Äußerlichkeiten wie das Kopfsteinpflaster oder die Kirchenbänke oder die Apotheke am Markt ein.

Obwohl das Leben für Anne Kessler am Anfang im Westen schwer war, hat sie nie „mit dem System tauschen wollen". Zwei Argumente führt sie zur Begründung an: Sie habe sich im Westen für ihr Geld etwas kaufen und in Freiheit leben können.

Unsere zweite Gruppe, die Verwandten, sind manchmal die Nachkommen der Flüchtlinge; es handelt sich um Familien, die durch Kriegs- und Nachkriegswirren getrennt wurden und sich dann in zwei verschiedenen Staaten wiederfanden. Die Situation des geteilten Landes brachte auch ungewöhnliche Konstellationen hervor: Der Vater von Kurt Gröne verließ seine Familie, um in die DDR überzusiedeln oder die Mutter von Brigitte Meiers ließ Mann und Kinder in der DDR zurück und gründete in der Bundesrepublik eine neue Familie. Die „Verwandten" haben ebenso wie die „Flüchtlinge" einen ganz persönlichen Zugang zur DDR und beziehen einen Teil ihrer Kenntnisse aus Briefen und von Besuchen bei den Familienangehörigen.

Dabei fällt auf, daß sie eigentlich wenig von dem Alltag berichten, den sie bei ihren Familienangehörigen in der DDR antrafen. Über Kurt Grönes Vater erfahren wir nichts. Brigitte Meiers berichtet einige Sätze von ihrem Halbbruder, der eine Bäckerei besaß und über die vielen bürokratischen Vorschriften klagte, die ihn in seiner Arbeit behinderten. So wie mit den Torten sei es auch in der Politik gewesen: alles sei normiert gewesen. Von Günter Beckers Bruder, der schon vor dem Krieg in eine sächsische Industriestadt übergesiedelt war, hören wir nur, daß er nicht in der Partei war und recht wohlhabend sein soll.

Die „Verwandten" heben vor allem ihre Erlebnisse an der Grenze hervor, wenn die Volkspolizisten mit „verbiesterten Gesichtern"[435] das ganze Auto auseinandernahmen oder sie wegen einer harmlosen Bemerkung stundenlang festhielten.

435 Nokia 11, S. 57.

Auch die vielen Geschenke, die sie den Angehörigen damals mitbrachten, werden stets erwähnt und manchmal fällt in dem Zusammenhang auch eine Bemerkung über die mangelnde Dankbarkeit der Empfänger, denen es heute oft besser gehe als den Erzählern.

Einen detaillierten Bericht über den Besuch bei ihrer Tante in der DDR, im Jahre 1964, anläßlich der Taufe eines Kindes der Cousine, und über ein Wiedersehen dreißig Jahre später liefert uns Edith Jonas, Jahrgang 1940, deren Familie 1945 aus Schlesien vertrieben wurde. Während die Mutter von Edith Jonas mit fünf Kindern[436] nach der Vertreibung in den Westen Deutschlands geraten war, hatte sich die Tante in einem kleinen Ort bei Zittau niedergelassen. Über ihre Eindrücke von den Besuchen bei der Tante, Mitte der sechziger und Mitte der neunziger Jahre, erzählt Edith Jonas ausführlich und bildhaft, jedoch ein wenig zusammenhanglos; nicht immer ist klar, von welcher Zeit gerade die Rede ist, offenbar fließen die Erinnerungen zusammen. Sie habe das dort „idyllisch" gefunden. Die Tante wohne bis heute in einem alten Fachwerkhaus, mit Plumpsklo und ohne Bad. 30 Jahre später habe das immer noch genauso ausgesehen. Damals (oder 30 Jahre später?) habe ihnen die Tante viele leerstehende Häuser im Ort gezeigt. Die Bewohner dieser Häuser hätten sich alle aufgehängt:

> „Die sind nicht fertiggeworden. Das waren Menschen, die mit dieser Situation nicht mehr leben konnten. Die sind dem Alkohol verfallen und dann irgendwann haben sie ihrem Leben ein Ende gesetzt. Also die haben sich so erdrückt gefühlt von dem Regime da."[437]

Mit welcher Situation die Leute nicht mehr leben konnten, wird nicht erklärt und offenbar hält die Erzählerin eine solche Erklärung auch gar nicht für nötig. Handelte es sich um die Verzweiflung über die Zwangskollektivierung oder den Mauerbau Anfang der sechziger Jahre oder die Endzeitstimmung Ende der achtziger Jahre? Für Edith Jonas ist die Zeitunterscheidung offenbar nebensächlich. Sie spricht allgemein von der Unterdrückung durch das Regime, das schuld war am übermäßigen Alkoholkonsum und am späteren Selbstmord der Nachbarn ihrer Tante. Die Tante sei gegen das Regime gewesen und habe es deshalb schwer gehabt. Aber ein paar Sätze später meint Edith Jonas, daß die Tante überaus raffiniert gewesen sei und überall ihren Vorteil wahrzunehmen wußte, weil sie ihr Parteibuch stets „obendrauf" gelegt habe. Höhepunkt der Erzählung ist der Bericht von einer Betriebsbesichtigung im Jahre 1964, zu der Besucher aus der Bundesrepublik damals, wie sie erzählt, routinemäßig nach der Anmeldung auf dem Gemeindeamt eingeladen worden seien. Sie wurde in einen Textilbetrieb geführt, in dessen Färberei der Mann der Tante arbeitete und in dem, wie sich herausstellte, Trenchcoats für den Otto-Versand genäht wurden:

436 Edith Jonas erzählt im Interview, daß sie das siebte von 14 Kinder war.
437 Nokia 3, S. 36.

„Und jetzt hatten wir diese Einladung für nachmittags. Da sagte mein Onkel: Um Himmels willen, Edith, mach bloß nicht den Mund auf. Ich sag: Moment mal, ich sag, wenn die mich da was fragen, mach' ich auch den Mund auf. Ich sag, du weißt, wie ich darüber denke, daß sie euch hier so einsperren können [lacht]. – Gottes willen, bist du ruhig, ne. Mein Onkel hatte also wirklich ernsthaft Angst um mich ...“[438]

Es liegt nahe, daß der Onkel nicht zuletzt Angst um seine eigene Person hatte, denn die Äußerungen seiner Besucherin hätten auch ihm Schwierigkeiten bereiten können. Edith Jonas spielt in dem Zusammenhang auf das für sie gravierendste Zeichen der Unfreiheit – auf die Mauer – an, die aber nach den ungeschriebenen Regeln der DDR-Gesellschaft nicht erwähnt werden durfte. Ihr ist es wichtig, den Unterschied zwischen ihrem eigenen Verhalten und dem ihrer Verwandten herauszustellen: Freiheit und Selbstbewußtsein auf der einen Seite und Angst und Angepaßtsein auf der anderen. Von diesem Gegensatz lebt auch ihre gesamte Schilderung der Betriebsbesichtigung. Sie, die in ihrer Kindheit stets darunter gelitten hatte, das „arme Flüchtlingsmädchen“ zu sein und die sich später durch eigene Berufstätigkeit mühsam einen bescheidenen Wohlstand erarbeitete, genießt offenbar beim Erzählen noch einmal ihre Rolle im Zentrum der Aufmerksamkeit sowohl ihrer besorgten Verwandten als auch des Vertreters der Betriebsleitung, der der Gruppe die Vorzüge des Sozialismus erklären sollte, sowie die der anderen Gäste aus der Bundesrepublik, die während der Veranstaltung nichts zu sagen wagten. Die Arbeiterin Edith Jonas bemerkt aber auch mit nüchternem Blick, unter welchen Bedingungen – Enge und Schmutz – ihre Ost-Kolleginnen und -Kollegen in diesem Betrieb arbeiten mußten. In der Färberei, wo der Onkel beschäftigt war, habe es furchtbar gestunken, weil die Bottiche einfach so offen dastanden und ihre giftigen Gase verbreiteten (An solcher Vergiftung sei der Onkel letztlich viel zu früh und qualvoll gestorben). Nach einer entsprechenden Bemerkung von Edith Jonas sei die Gruppe hastig aus dem Raum geführt worden. Später, bei Kaffee und Kuchen im Versammlungsraum des Betriebes, habe sie dann noch mal kräftig ihre Meinung gesagt, daß sie nicht verstehe, warum diese Mäntel so billig an den Otto-Versand geliefert und an die eigenen Bürger – wenn überhaupt – nur sehr teuer in den HO-Läden verkauft würden. Der Vertreter der Betriebsleitung sei rot und verlegen geworden und die anderen „Wessis“ hätten nur auf sie geguckt und nichts gesagt. An den Mänteln habe sie sich jedenfalls „festgebissen“, meint sie stolz:

„Aah, ich hab' denen keine Ruhe mehr gelassen. Ich weiß nicht, ich weiß nicht mehr, ob er's nachher abgebrochen hat [lacht in sich hinein]. Oh, meine Schwester, die, die hatte so Schiß um mich gehabt, weil, damals war ja noch so die Devise, wenn man da wat Schlechtes sagte oder so, über's Regime, dann könnte man

438 Ebd., S. 39.

auch eingesperrt werden. Ich hab' immer gesagt: Mich sperrt keiner ein [lacht], ich sag, ich schrei' solange, bis daß sie mich wieder rauslassen."[439]

Noch einmal hebt Edith Jonas in dieser Passage hervor, daß die Beschränkungen und Verbote, die für ihre DDR-Verwandten bindend waren, für sie nicht galten, daß sie sich einfach darüber hinwegsetzen konnte, ohne daß ihr etwas geschah. Dieses Gefühl der Überlegenheit beherrscht ihren Blick auf die DDR-Gesellschaft und ihre Bürger.

Die dritte Gruppe sind die Transitreisenden, die – wie der Name schon sagt – aus eigener Anschauung nur von den Kontrollen an den Transitstrecken und von Kurzbesuchen in Ost-Berlin berichten können, bei denen sie kaum mit DDR-Bürgern ins Gespräch gekommen sind. Ein weitergehendes Interesse an dem anderen deutschen Staat über solche oberflächlichen Eindrücke hinaus ist bei den meisten von ihnen erst mit der Wende 1989/90 entstanden. Sie erzählen von dem bedrückenden Anblick von Mauer und Wachtürmen an den Grenzübergängen, die manchen von ihnen wie die Eingänge zu einem riesigen Gefängnis erschienen. Drinnen sei alles grau in grau gewesen, die Häuser verfallen, schlechte Wohnverhältnisse. Auch der katastrophale Zustand der Straßen wird ausführlich erörtert, vor allem deshalb, weil die Betreffenden Angst um ihre Autoreifen und -achsen hatten. Es ist die Rede von lieblosen Auslagen in den Geschäften, aber auch von billigen Lebensmitteln und niedrigen Gaststättenpreisen, vom schön restaurierten Dresdner Zwinger und von Blumenrabatten im Foyer des Palastes der Republik. Die DDR ist für sie eine fremde Welt, der sie wohlwollend uninteressiert oder gleichgültig ablehnend gegenübergestanden haben.

Friederike Muth ist in Bulgarien ostdeutschen Landsleuten begegnet, die offenbar Scheu hatten, mit ihr in Kontakt zu kommen.[440] Eine ausgelesene Illustrierte, die sie ihnen schenken wollte, hätten sie abgelehnt. Sie habe jedoch kurz darauf beobachten können, wie sich die Betreffenden die Zeitschrift aus dem Papierkorb fischten.

August Iskamp war mit seiner Frau in den fünfziger Jahren zur Weihnachtszeit in Ostberlin:

„... und sind in Ostberlin über'n Weihnachtsmarkt gegangen, es war 'ne gedrückte Stimmung, in der S-Bahn war 'ne gedrückte Stimmung, wenn du laut gelacht hast, bist du aufgefallen. Es gab eine Herrschaft dort, beispielsweise in den Lokalen, daß du dich nicht hinsetzen durftest, wo du wolltest, sondern wo man dich plaziert hat und das sind schon Dinge gewesen, die einen sehr sehr betroffen gemacht haben, so daß man, wenn man die Friedrichstraße auf'm Rückweg wieder hinter sich hatte, man immer wieder aufgeatmet hat, ja."[441]

439 Nokia 3, S. 41.
440 Nokia 8.
441 Hoesch 15, S. 86.

Die Vorstellung August Iskamps, sich auf dem Boden einer Diktatur zu bewegen, hat offenbar alle seine Eindrücke überlagert. Alles ist bedrückend oder bedrückt: der trübe Wintertag, die schweigenden Menschen in der S-Bahn, zu denen kein Kontakt zustandekommt. Selbst die auch in anderen Ländern übliche Sitte, daß Gästen im Restaurant die Plätze zugewiesen werden (in der DDR allerdings verschärft durch permanent überfüllte Lokale), wird hier ausschließlich als autoritäre Geste wahrgenommen.

Die vierte Gruppe sind die „Sozialisten"; zu ihnen gehören überwiegend linksorientierte aktive Gewerkschafter, in deren gesellschaftlichen Zukunftsvorstellungen der Sozialismus eine wichtige Rolle spielt. Ihr Zugang zu den DDR-Verhältnissen ist fast ausschließlich politisch. Entweder waren sie früher zu einer offiziellen Besuchsfahrt eingeladen oder sie halfen in der Wendezeit die IG Metall im Osten aufzubauen. Für einige von ihnen war die DDR, von der sie allerdings wenig Kenntnis hatten, die Projektionsfläche ihrer Wünsche und Hoffnungen. Andere wiederum verhielten sich zum DDR-System gerade deshalb ablehnend, weil sie dort ihre Sozialismus-Hoffnungen verzerrt und verfälscht sahen. Ihre Äußerungen in unseren Gesprächen 1993/95 sind natürlich beherrscht vom Wissen um den Ausgang, um das Scheitern des DDR-Sozialismus.

Erich Heindling, Jahrgang 1943, ehemaliger Betriebsrat bei Hoesch, nahm 1962 durch die Vermittlung eines Kollegen an einer Reise von westdeutschen Gewerkschaftern nach Leipzig teil. Solche Art von Einladungen seien in der Bundesrepublik für die Beteiligten schwierig gewesen, das waren „schon fast konspirative Sachen, die da abgelaufen sind".[442] Er habe sich dort die „Errungenschaften des Sozialismus" angeschaut, wie er es ein wenig ironisch apostrophiert. Das einzige Erlebnis, das er hervorhebt, ist der zum Programm gehörende Besuch der KZ-Gedenkstätte Buchenwald. Zu der damaligen Zeit hätte er von diesen Dingen noch nichts gehört und sei tief beeindruckt gewesen. Erich Heindling fuhr nach Hause in der festen Überzeugung, daß in der DDR die Nazi-Vergangenheit besser aufgearbeitet werde als in der Bundesrepublik. Im Interview äußert er die Auffassung, daß das System der DDR zwar insgesamt nicht gut gewesen sei, mit der DDR sei jedoch bedauerlicherweise eine Alternative verschwunden, „einer der möglichen Ansatzpunkte für 'ne andere Gesellschaft".[443]

Gertrud Michalke, Gewerkschafterin aus Bochum, Aktivistin der Friedensbewegung, sehr links orientiert, hatte bis 1990 keinerlei Kontakte in die DDR, doch die vage Vorstellung, daß es sich um einen „wirklichen sozialistischen Staat" handelte.[444] Deswegen habe sie 1989/90 den Ereignissen zunächst sehr skeptisch gegenübergestanden und sich gegen eine Vereinigung ausgesprochen. Als sie 1991,

442 Hoesch 3, S. 82.
443 Ebd., S. 87.
444 Nokia 7, S. 74.

bereits im Ruhestand, im Auftrag der IG Metall nach Schwerin fuhr, um dort beim Aufbau neuer Gewerkschaftsstrukturen zu helfen, lernte sie nicht mehr die DDR selbst kennen, sondern eine im Umbruch befindliche Gesellschaft, in der jedoch noch zahlreiche frühere Strukturen und Elemente anzutreffen waren, nicht zuletzt in den Betrieben, deren Privatisierung gerade erst begann. Es habe ihr sehr wehgetan, sagt sie im Gespräch, als sie die Realität des „realen Sozialismus" nach und nach kennenlernte. Die alten Arbeitsverträge der Kollegen, in denen z.B. Überstunden nicht bezahlt wurden, bezeichnete sie als „Manchesterkapitalismus". Auch die soziale Betreuung in den Betrieben hatte sie sich ganz anders vorgestellt:

> „Enttäuscht hat mich auch, sagen wir mal, der Rahmen, der soziale Rahmen. Wenn man die Kantinen durchweg gesehen hat, also ich hab' mich in der ersten Zeit, man wollte immer gut, wenn ich dann so kam bei Kälte, unterwegs war, haben die Kollegen mich in die Kantine zum Essen mitgenommen. Ich hab' nachher immer Ausreden also versucht, weshalb ich nicht esse. Ich bin mit so Ausschlag an den Lippen rumgelaufen, weil ich mich manchmal wirklich geekelt hab', in welchen Gefäßen und so dat war. Und dann hab' ich immer gedacht: Dat ist doch nicht möglich, im Sozialismus!"[445]

Die lebenspraktische und erfahrene Gewerkschaftsfunktionärin äußert sich hier ausschließlich zu den Themen, von denen sie etwas versteht. Hier verfügte sie über Vergleichsmaßstäbe aus ihrem eigenen Erfahrungsbereich. Daß die sozialistische Gesellschaft, an die sie immerhin einige Hoffnungen geknüpft hatte, gerade in dieser Hinsicht deutlich schlechter abschnitt als die kapitalistische Gesellschaft der Bundesrepublik, mußte ihr Weltbild natürlich erschüttern.

### *Varianten der Beurteilung*

Natürlich verfügen die meisten unserer Gesprächspartner über eine Vorstellung von der DDR-Gesellschaft, die mehr umfaßt als ihre eigenen oft sehr fragmentarischen Wahrnehmungen. Die Informationen aus den Medien, aus zweiter und dritter Hand, die im wesentlichen dem öffentlichen Diskurs während und nach der Wende entstammen, beziehen sich auf das Sozialsystem, auf Wirtschaftsdaten, den ganzen Stasi-Komplex, die Stellung der Frau usw. Das jeweilige DDR-Bild entsteht aus einem Mosaik von persönlichen Erlebnissen und allgemeinen Kenntnissen auf den genannten Gebieten, wobei das Spektrum je nach Blickwinkel mehr ablehnend oder mehr wohlwollend akzentuiert sein kann und von eindimensional bis vielschichtig und differenziert reicht.

Insgesamt gesehen treten uns aus den Interviews kaum Vorstellungen eines historischen Prozesses der DDR-Entwicklung mit verschiedenen Phasen entgegen,

445 Ebd.

vielmehr erscheint die DDR als ein gleichbleibender Zustand von Anfang bis Ende. Allenfalls wird eine Niedergangsphase der letzten zwei, drei Jahre vor dem Mauerfall konstatiert. Auf Nachfrage werden allerdings von manchen die historischen Zäsuren des 17. Juni 1953 oder des Baus der Berliner Mauer erwähnt. Während die Niederschlagung des Arbeiteraufstandes von 1953 von allen als Ausdruck eines diktatorischen, arbeiterfeindlichen Regimes verurteilt wird, gibt es für den Mauerbau auch Äußerungen von Verständnis, wonach das Regime gar nicht hätte anders handeln können, weil es andernfalls bald darauf zusammengebrochen wäre.

Die deutlich ablehnendste Haltung gegenüber dem DDR-System, das für sie ausschließlich diktatorische Züge trägt, nehmen die „Flüchtlinge" ein. Frühe eigene Erfahrungen mit Repression und später hinzugewonnene Kenntnisse sind offenbar untersetzt von dem Bestreben, die eigene Entscheidung des Weggangs immer wieder neu zu rechtfertigen. Wenn z.B. Josef Maser Aspekte wie Sportförderung oder Jugendfreizeiteinrichtungen anspricht, dann werden sie unmittelbar mit deren Schattenseite – Reglementierung, Überwachung etc. – konterkariert.

Auch bei den „Verwandten", die ebenso wie die „Flüchtlinge" Gelegenheit hatten, das normale Alltagsleben jenseits von Propaganda-Klischees in Ost und West kennenzulernen, überwiegen Äußerungen über Zwang und Willkür. Die DDR wird als „Polizeistaat" und „Diktatur" bezeichnet. Die eigenen Erinnerungen beschränken sich oft auf das beängstigende Erlebnis der Grenzkontrolle. Insgesamt vermitteln sie von der DDR die Vorstellung einer eher rückständigen und nach festen Regeln organisierten Gesellschaft, deren Mitglieder sich den Regeln unterworfen haben. Distanziert, mitleidig oder verständnislos äußern sie sich über ihre Verwandten, die sich offensichtlich in diesem Leben eingerichtet hatten.

Brigitte Meiers, Jahrgang 1954, hat ihre Halbgeschwister in der DDR regelmäßig besucht:

> „Man durfte seine Meinung ja auch nicht sagen. Wenn einer anders gedacht hat und es ist rausgekommen, wurde er ja sofort ins Gefängnis reingesteckt. Und, auch wenn man eben etwas war, 'n Geschäft hatte oder so, und man war hinten in der Bäckerei am Monieren über seinen schönen Staat, da mußte man auch vorsichtig sein, daß keiner zuhörte. Oder man kriegte vorgeschrieben wie man alles zu machen hat. Das ist eben so'n sozialer Staat. Man darf nur eben nach den Maßstäben, die einer gesetzt hat, leben, muß dadran glauben … ob sie glauben oder nicht, man muß dafür sein und hat nichts anderes zu denken. Und wenn man eben anders denkt, wird man dementsprechend verfolgt …"[446]

Der Unfreiheit, Reglementierung und auch Repression sind in diesen Sätzen von Brigitte Meiers die wichtigsten Charakteristika des DDR-Systems. Sie begründet diese durchgreifende Kontrolle mit dem „sozialen" Staat, bei dem alle gehalten

446 Nokia 11, S. 64 f.

sind, nach den gleichen Maßstäben zu leben. Die gleichgemachte Gesellschaft ist der Preis für soziale Sicherheit.

Bei den „Verwandten" gibt es häufiger als bei den Flüchtlingen auch Hinweise auf annehmbare oder sogar bewahrenswerte Aspekte des Lebens in der DDR. Dabei rangiert an erster Stelle die Erwähnung der Kinderbetreuung in Krippen, Kindergärten und Horten. Manchmal wird damit die positiv betrachtete Möglichkeit der Berufstätigkeit der Frauen in Beziehung gesetzt. Das tut Brigitte Meiers allerdings nicht, sondern sie beschreibt auch hier in recht düsteren Farben die Kehrseite der Medaille: die staatlich reglementierte Erziehung, die die Kinder in Konflikt mit ihren Eltern gebracht habe. In anderen Äußerungen wird die Sicherheit des Arbeitsplatzes positiv hervorgehoben, allerdings oft mit der Bemerkung relativiert, dies sei eine „versteckte Arbeitslosigkeit" gewesen. Auch von einem ruhigeren Leben, ohne Streß, mit mehr Gemeinsamkeit und nachbarschaftlicher Hilfe ist die Rede. Der übergreifende alles durchdringende Aspekt ist jedoch die Diktatur.

Ambivalenter verhalten sich die Vertreter der beiden anderen Gruppen. Die „Transitreisenden" (übrigens die größte Gruppe unter den Interviewpartnern) sind die am wenigsten Betroffenen, weil sie über keine familiären oder freundschaftlichen Bindungen zum anderen deutschen Staat verfügten. Offensichtlich empfanden sie dies, jedenfalls bis zur Wende, nicht als Defizit. Sie gaben sich mit flüchtigen Eindrücken zufrieden, die einander oft sehr glichen und die weißen Flecken füllten sie mit in der Öffentlichkeit gängigen Urteilen über die DDR und den Sozialismus. Dabei konnte ihr Desinteresse gleichermaßen wohlwollend wie ablehnend sein. Auch bei ihnen finden wir, ähnlich wie bei den „Verwandten", Äußerungen über Zwang, Eingemauertsein, allgegenwärtige Kontrolle und Reglementierung seitens des Staates, über den Verfall der Städte, Umweltverschmutzung, schlechtes Warenangebot usw. auf der einen Seite und Vollbeschäftigung, soziale Fürsorge, niedrigen Mieten, Kulturförderung, Gleichberechtigung der Frau, Polikliniken auf der anderen Seite. Manche von ihnen stellen die genannten Vorzüge und Nachteile der DDR-Gesellschaft einander gegenüber, gewissermaßen als zwei Seiten der gleichen Medaille. Der Sicherheit des Arbeitsplatzes steht so die mangelnde Effektivität der Wirtschaft gegenüber, die Kehrseite der niedrigen Mieten sind die verwahrlosten Häuser und die soziale Fürsorge ist einerseits nur ein Ausdruck der umfassenden Reglementierung seitens des Staates und andererseits wird ihr häufig – als deren Konsequenz – die Unselbständigkeit der ehemaligen DDR-Bürger gegenübergestellt, die stets auf Hilfe von „oben" warten würden und nicht gelernt hätten, sich zu wehren.

Till Dirksen, Jahrgang 1958, spricht sich dafür aus, daß die Erinnerung an die DDR in Museen und Geschichtsbüchern vor allem zeigen soll, daß die Leute „in einem riesengroßen Gefängnis" gelebt haben. Er räumt jedoch ein, daß er keinerlei Kontakt nach drüben gehabt hätte, und deshalb eigentlich nicht genau wisse, „was die sich erlauben konnten oder nicht":

„... ich sag mal, der Bestandteil war nicht schlecht oder ich sag mal, die Idee an sich, war nicht schlecht. Es wurde Arbeit gegeben, obwohl gar keine Arbeit da war, es wurde Arbeit irgendwie auf'm Papier erfunden. Die Leute haben quasi da gesessen, haben auf Material gewartet oder was weiß ich was, aber sie hatten eben halt ihre Arbeit ...“[447]

Till Dirksen hebt hier die Sicherheit des Arbeitsplatzes hervor, die für die Arbeitnehmer in der Bundesrepublik zweifellos zu den attraktivsten Seiten der DDR gehörte. Aber eigentlich handelt es sich hier nur um eine gute Idee, deren Verwirklichung eher zweifelhaft scheint, wenn die Arbeit, wie er sagt, nur „auf dem Papier erfunden“ wurde und die Leute herumgesessen und gewartet hätten. Im gleichen Sinne äußert sich Ingo Kastler, Jahrgang 1940:

„Und natürlich was ich gut finde, das war natürlich die Vollbeschäftigung, obwohl da eigentlich nur die Überschrift von existierte, eigentlich gar keine Berechtigung hatte, weil das ja, Vollbeschäftigung war das ja eigentlich gar nicht. Das war doppelte Besetzung von einem und denselben Arbeitsplatz, woll, oder vierfach besetzt. Aber das halte ich für äußerst wichtig. Die haben es versucht so zu lösen, und das hat nicht geklappt.“[448]

Auch Ingo Kastler gefällt die Idee der Vollbeschäftigung. Hier wurde nach seiner Meinung mit untauglichen Mitteln versucht, ein gravierendes gesellschaftliches Problem zu lösen. Aber letztlich ist ihm das Ende der DDR der Beweis dafür, daß dieser Versuch gescheitert ist. Bei Ingo Kastler, Till Dirksen und anderen Vertretern dieser Gruppe sind die unterschiedlichen Vorzüge und Nachteile des DDR-Systems weniger im Sinne eines „einerseits-andererseits“ gegeneinander abgewogen. Man hat eher den Eindruck, als stünden sie unverbunden nebeneinander, ohne gewichtet zu werden. Diese Gruppe urteilt insgesamt gesehen am differenziertesten.

Die „Sozialisten“ dagegen erscheinen, infolge ihrer politischen Nähe zu einer sozialistischen Alternative keinesfalls neutral, sondern fühlen sich von der DDR-Gesellschaft entweder angezogen oder abgestoßen. Ihre Anschauungen enthalten vielfach Elemente der Freund-Feind-Logik aus der Zeit des Kalten Krieges, wonach man beinahe automatisch für das eine System sein mußte, wenn man gegen das andere war. In ihren Äußerungen spielen Arbeitsplatzsicherheit, niedrige Mieten, billige Grundnahrungsmittel, Kindergärten, Kinderhorte, Polikliniken usw. eine große Rolle. Das sind zum Teil Forderungen, für die sie sich in ihrer gewerkschaftlichen Tätigkeit eingesetzt haben und die sie in der DDR verwirklicht sahen, wobei die Abwesenheit von Demokratie und der Mangel an Freizügigkeit nur von einigen aus der Gruppe thematisiert werden. Erich Heindling z.B. sieht in der Wirtschaftsplanung und -lenkung eine Forderung des DGB-Grundsatzpro-

447 Hoesch 17, S. 59 f.
448 Hoesch 12, S. 90.

gramms verwirklicht.[449] Wilhelm Lehmann[450] erwähnt zwar die fehlende Legitimation des sozialistischen Systems aufgrund des Zentralismus und der Meinungsbildung „von oben nach unten", geht dann aber rasch über zu Dingen, die es in der DDR gegeben habe und nach denen „wir hier streben müßten" und redet sich dabei förmlich in Begeisterung:

> „Ich denke mal, das Erstrebenswerte war, daß da in der Verfassung stand „Recht auf Arbeit", was wir nicht in der Verfassung stehen haben. Dabei meine ich auch, daß, sagen wir mal, Arbeit dabei war, wenn ich die nach unseren Maßstäben messe, Keks waren, Papageientänze waren. Aber ich denke, mindestens hatte jeder Arbeit. Und, wir müssen mal davon ausgehen, daß die eigentlich in dieser Zeit ein risikoloses Leben geführt haben [...] Dann so, ich denke mal die Betreuung der Kinder, also ich habe hier Vergleichbares nicht gesehen. Meine Enkelin war also jetzt, wie mein Sohn drüben war, da im Kindergarten, da war die Mauer aber schon weg. Aber es war ... dieselben Kindergärtnerinnen waren noch da. Ärztliche Betreuung ... wo also, sagen wir auch ein Gesamtsystem da war, eine ärztliche Betreuung. Die ärztliche Betreuung fand im Betrieb statt und der Mediziner hatte auch ein Bild von dem Arbeitsplatz."[451]

Im folgenden erwähnt Wilhelm Lehmann mehrmalige Reisen mit Gewerkschaftsdelegationen in die Sowjetunion, wo die medizinische Betreuung in den Betrieben ebenfalls „hervorragend" gewesen sei, was doch die Annahme nahelegt, daß er seinerzeit unkritisch eine schöne Fassade für die Wirklichkeit genommen hat und sich jetzt schwer damit tut, die Bilder nachträglich zu hinterfragen.

Deutlich mag sein, daß das Bild der DDR bei den Arbeitnehmern im Westen vielfach eine Mischung von eigenen unmittelbaren punktuellen und mittelbaren selektiven Wahrnehmungen darstellt, die teilweise durch Vorurteile beeinflußt und nicht selten politisch gesteuert sind, wobei es um die Legitimation heutiger oder früherer Standpunkte geht.

### *Die Frage des Systemvergleichs*

War die DDR ein sozialistischer Staat? Diese Frage spielt bei vielen Berichten, Wahrnehmungen und Bewertungen mit. Hierbei gibt es nicht selten Probleme, die verschiedenen Begriffe – Gesellschaftsmodell, Idee, System, „realexistierender Sozialismus" – auseinanderzuhalten. Paul Spiertz[452], der zunächst meint, das

449 Hoesch 3.

450 Wilhelm Lehmann, Jahrgang 1934, ehemaliger Betriebsrat bei Hoesch, jetzt Vorruhestand, war 1991 für ein knappes Jahr in Riesa, um dort die gewerkschaftlichen Strukturen aufzubauen.

451 Hoesch 16, S. 79 f.

452 Paul Spiertz, Jahrgang 1948, Obermeister bei Hoesch, Mitglied der SPD. Sein Vater stammt aus Sachsen-Anhalt.

System sei nicht schlecht gewesen und letztlich nur an der Unzulänglichkeit des Menschen gescheitert, fährt kurz darauf fort:

> „Wie gesagt, ich hab' ja da drüben dieses System auch so'n kleines bißchen kennengelernt und, ich sag ja, vom Grundgedanken her mag das ja nicht schlecht sein. Nur so, wie es da durchgeführt wurde oder wie's woanders noch durchgeführt wird, ist es nicht richtig, das widerstrebt mir irgendwie, das ähnelt mehr einer Diktatur."[453]

Paul Spiertz betrachtet die Grundidee des Sozialismus als „nicht schlecht". Wenn er – wie andere Gesprächspartner – die Realisierung, die mehr einer Diktatur ähnele, ablehnt, bleibt unklar, ob er die negativen Züge auf das System insgesamt oder auf Auswüchse bzw. Fehlentwicklungen in diesem zurückführt. Bei derartiger Unbestimmtheit der Begriffe bleibt letztlich – nicht nur bei Paul Spiertz, sondern auch in den Äußerungen anderer Gesprächspartner – die Frage offen, ob die am meisten abgelehnten Züge des DDR-Sozialismus (Diktatur und ineffiziente Wirtschaft) dem System immanent waren oder nicht.

Günter Beckers[454] beantwortet die Frage klarer: In der DDR habe es keinen Sozialismus gegeben. Für ihn bedeute Sozialismus: frei leben und frei arbeiten können. Das habe es drüben nicht gegeben, dort seien sie eingeteilt worden, genauso wie früher bei den Nazis. Weil noch niemand den Sozialismus wirklich realisiert habe, könne er demzufolge auch noch nicht gescheitert sein. Alle Klarheit löst sich jedoch wieder auf, als Günter Beckers kurz darauf meint, „Sozialismus" sei für ihn, wenn die SPD an die Regierung käme und das Geld anders verteile.[455]

Kai Ahrens[456], der nach eigenen Aussagen einer maoistischen Gruppierung nahesteht, bemüht sich, aus anderen ideologischen Motiven als Beckers, ebenfalls um eine möglichst deutliche Trennung zwischen seinem Sozialismus-Bild und dem System in der DDR:

> „In der DDR war es das parteieigene „Kapital", also das bürokratische Kapital und hier war es das private Kapital. Das war also für die Leute schon mal negativ zu erkennen, daß es hier ähnlich ist wie da, nur daß es hier anders heißt."[457]

Was Kai Ahrens hier den ehemaligen DDR-Bürgern als Erkenntnis unterschiebt, ist natürlich vor allem seine eigene Auffassung. Er rückt den DDR-Sozialismus so weit von seinen Alternativ-Vorstellungen weg, bis er fast auf einer Stufe mit dem kapitalistischen System in der Bundesrepublik landet. Der gemeinsame Nenner des „Kapitals", der seine Wahrnehmung prägt, schmelzt alle anderen Unterschiede ein.

453 Hoesch 20, S. 47 f.

454 Günter Beckers, Jahrgang 1916, früher Tischler bei Hoesch und aktiver Gewerkschafter, Mitglied der SPD.

455 Hoesch 19, S. 109 ff.

456 Kai Ahrens, Jahrgang 1959, Schlosser bei Hoesch.

457 Hoesch 7, S. 41 f.

Kai Ahrens' Auffassung fällt ein bißchen aus dem Rahmen der Meinungen unserer Interviewpartner. Die Bezeichnung „Staatskapitalismus" oder „Funktionärskapitalismus" für die DDR finden wir jedoch auch bei anderen Kolleginnen und Kollegen. So lassen sich die Äußerungen von Kai Ahrens gewissermaßen an das eine Ende einer gedachten Skala stellen, deren entgegengesetztes Ende die Beurteilung von Wilhelm Müller[458] bilden könnte. Für Müller verbindet sich mit dem Begriff „Sozialismus" kein erstrebenswertes Ziel; der Sozialismus (er verwendet als Synonym auch Kommunismus), so wie er sich in der DDR und auch in der Sowjetunion darstellte, basiere auf dem Zwang zur Gleichheit und einem gewalttätigen Grenzregime und sei aus seiner Sicht als Ganzes gescheitert.[459] Zwischen diesen beiden Polen bewegen sich die Auffassungen unserer Interviewpartner, wobei die Mehrzahl (wie verschwommen auch immer) „Sozialismus" eher als positive Idee ansieht, die in der DDR schlecht verwirklicht, falsch angepackt o.ä. wurde. Darunter gibt es Stimmen, die dem unzulänglichen, egoistischen Menschen die Schuld für das Scheitern anlasten, wobei selten die Frage auftaucht, ob die Möglichkeit besteht, die Menschen zu verändern oder ob das Scheitern auf eine unrealistische Anthropologie zurückzuführen ist. Je deutlicher und auch bedeutsamer für das Selbstverständnis des Betreffenden eine Vorstellung von „Sozialismus" ist, desto ausgeprägter ist heute (nach dem Scheitern des „realexistierenden Sozialismus") das Bedürfnis, einen Unterschied zwischen dem DDR-System und dem eigenen Ideal zu behaupten.

Wilhelm Lehmann fand, wie wir oben gesehen haben, zwar am DDR-Sozialismus gar nicht viel auszusetzen, auf die Frage jedoch, ob mit dem Zusammenbruch des „realexistierenden Sozialismus" auch die Idee gescheitert sei, antwortet er pathetisch:

> „Um Gotteswillen. Mensch, dann war mein Leben nichts wert, Du. Ich meine, das ist jetzt ... nein. Paß auf, der realexistierende Sozialismus, verstehst Du, hat ja nicht verstanden, hat ja nicht verstanden den Menschen zu ändern. Zu einem realexistierenden Sozialismus muß sich auch der Mensch ändern und ich denke mal, das ist ihm nicht gelungen. Und mit Zwangsdings erreichst Du das sowieso nicht. Und ich denke mal, dieser realexistierende Sozialismus, wie wir den nennen, hatte keine Lebensberechtigung, kein Lebensdasein."[460]

Wenn Wilhelm Lehmann akzeptieren würde, daß mit dem Zusammenbruch der sozialistischen Staaten die Idee selbst gescheitert ist, dann würde er damit sein ganzes bisheriges Leben entwerten. Deswegen muß er seinerseits den „realexistierenden Sozialismus" in der DDR entwerten, ihm jegliche „Lebensberechtigung" ab-

458 Wilhelm Müller, Jahrgang 1951, Elektriker bei Hoesch, keine persönlichen Kontakte zur DDR, national-konservative Anschauungen.

459 Vgl. Hoesch 8, S. 48 f. und 61.

460 Hoesch 16, S. 78 f.

sprechen, obwohl er sich mit dessen Erscheinungsformen bisher kaum kritisch auseinandergesetzt hat. Bei Wilhelm Lehmann hat man übrigens nicht den Eindruck, daß sein mehrmonatiger Aufenthalt 1990/91 in Riesa, wo er die IG Metall aufbauen half, sein bisheriges Bild irgendwie verändert hat.

Im Gegensatz dazu stützt sich Gertrud Michalke in ihrer Beurteilung heute ganz auf ihre praktischen Erfahrungen in der Wendezeit in Schwerin, wo sie – wie schon häufiger angesprochen – vor allem die Rechte der Arbeiter und die Qualität der sozialen Betreuung näher kennenlernte:

> „Und dann hab' ich immer gedacht: Das ist doch nicht möglich – im Sozialismus! Also daß ich diesen Rahmen, auch den sozialen Bereich, also besser gesehen hätte. Und deshalb [sag] ich, also hinterher: Das war kein Sozialismus. Nur, diese Verhältnisse haben, die haben dem Sozialismus geschadet. Also für mich, für mich also, ich konnte das wirklich nur verarbeiten, indem ich sagte: Das hat mit Sozialismus nix mehr zu tun. Das ist nicht der Sozialismus, wie er sein müßte."[461]

Die DDR, die Gertrud Michalke aus eigener Anschauung überhaupt nicht kannte, hatte offenbar jahrzehntelang in ihrem Bewußtsein als ein hoffnungsbesetztes Gegenbild zur bundesdeutschen Gesellschaft fungiert. Sie hat diese Enttäuschung letztlich nur verarbeiten können, indem sie ihre Utopie (der Sozialismus wie er sein müßte) streng von den tatsächlichen Verhältnissen in der DDR abtrennte, um so die eigenen Zukunftsvorstellungen irgendwie über diesen Zusammenbruch hinweg retten zu können. Ähnlich wie bei Wilhelm Lehmann ist auch bei ihr die Beurteilung des DDR-Sozialismus vornehmlich von den eigenen Wünschen und Hoffnungen geprägt.

Einige unserer westdeutschen Interviewpartner stellen spontan oder auf Befragen Bezüge zwischen dem DDR-System und dem Nationalsozialismus her. Der gemeinsame Begriff ist hier „die Diktatur". Dabei können diese Bezüge durchaus unterschiedlicher Art sein. Friederike Muth und Kurt Gröne z.B. sprechen davon, daß die Menschen in der DDR unmittelbar nach dem Ende des Nationalsozialismus in eine zweite Diktatur geraten seien und deshalb im Gegensatz zu den Bundesbürgern keine Gelegenheit zum demokratischen Lernen hatten.[462] Sie bringen Verständnis auf für die spezifischen Lebensbedingungen der DDR-Bürger, deren Verhaltensweisen u.a. daraus erklärt werden müßten.

Andere Interviewpartner vergleichen die Machtsysteme miteinander und kommen zu dem Schluß, einzelne Elemente seien ähnlich oder sogar gleich. Die den Nationalsozialismus wesentlich charakterisierenden Züge wie der Holocaust und der Eroberungskrieg sind dabei nicht Gegenstand eines Vergleichs. Günter Beckers glaubt in der alltäglichen Überwachung der Bürger im Wohnbereich

461 Nokia 7, S. 75.
462 Nokia 8, Nokia 2.

durch den „Blockwart“ und in der Reglementierung auf dem Arbeitsamt Parallelen entdeckt zu haben. Heike Bützow[463] meint, daß sie vielleicht zu jung sei, um zu vergleichen, glaubt aber feststellen zu können:

> „... So von wegen, seine Meinung nicht sagen und anders sein als die andern, das find ich, sind so Dinger, da merkt man schon, daß da irgendwo was Gleiches war.“[464]

Edith Jonas, die von sich sagt, daß sie sich mit dem DDR-System, das für sie gleichsam „nicht existent“ gewesen sei, nie beschäftigt habe, verwechselt beim Erzählen schon mal „Sozialismus“ und „Nationalsozialismus“. Im Zusammenhang mit einer Frage zum Jahr 1933 kommt sie spontan auf die jüngste Vergangenheit zu sprechen und meint, das wäre doch eigentlich „nix anderes wie in der DDR (gewesen), die 43 Jahre. War genau dasselbe in grün ...“[465]

Josef Maser schließlich schätzt die DDR gar als eine schlimmere Diktatur als den Nationalsozialismus ein, weil die Überwachung noch wirksamer, der Zwang noch härter gewesen sei, zudem Denunziationen an der Tagesordnung gewesen seien:

> „... irgendwie kamen die mal, genauso wie bei den Nazis mit ihren Ledermänteln, zack und da warste weg, und da warste einfach mal weg, da kamste nicht mehr vor und da gab’s kein Nachforschen, wo ist der geblieben oder was. Wo die Leute geblieben sind, weiß keiner. Die hat man genauso umgebracht und verscharrt wie bei Hitlers Zeiten. Deswegen, man hat ja auch jetzt irgendwo Gräber gefunden, haben sie mal gezeigt, Massengräber sogar in der ehemaligen DDR. So ein System hatten die. [...] Da durfte gegen das System überhaupt keiner was sagen. Deswegen, die brauchen mir nichts erzählen, was da war und wie das da lief, da kriege ich immer Zorn, wenn ich das höre.“[466]

Die „Männer mit den Ledermänteln“, von denen Josef Maser spricht, stehen für die Geheimpolizei, wie sie in vielen Filmen dargestellt wird. Das Abholen von Leuten, die nie wieder auftauchten, ist historisch der frühen Nachkriegszeit zuzuordnen. Auch sein Hinweis auf die Massengräber, die man nach der Wende gefunden habe, deutet auf die sowjetischen Speziallager in der Sowjetischen Besatzungszone hin. Für Maser charakterisieren diese Geschehnisse die Grundsituation der DDR, in der eben alle Leute eingeschüchtert waren und niemand widersprechen durfte. Seine Unversöhnlichkeit bringt er im letzten Satz zum Ausdruck, in dem er von seinem Zorn spricht, der ihn erfasse, wenn jemand andere Eindrücke oder Bewertungen der DDR-Zeit äußert.

463 Heike Bützow, Jahrgang 1972, Auszubildende, Bürokauffrau im 3. Lehrjahr bei Hoesch.
464 Hoesch 2, S. 59.
465 Nokia 3, S. 72.
466 Hoesch 9, nichttranskribiert, Kassettenseite 1.

c) Resümee

Die Äußerungen von West- und Ostdeutschen über die DDR unterscheiden sich durch ihre grundlegend unterschiedlichen Erfahrungsebenen und Bewertungsmaßstäbe. Während die einen die DDR nur von außen kennengelernt haben, bedeutet sie für die anderen den größten Teil ihres bisherigen Lebens. Die Westdeutschen meinen, wenn sie über die DDR reden, vorwiegend das sozialistische System mit seinem Machtapparat, während die Ostdeutschen meist ihre Lebenswelt in den Vordergrund stellen. In beiden Gruppen gibt es unterschiedliche Auffassungen, wobei die wenigen kritisch bis oppositionell eingestellten Gesprächspartner aus der ehemaligen DDR der westdeutschen Sicht am nächsten kommen, während linkssozialistisch gestimmte Gewerkschafter aus dem Ruhrgebiet in mancher Hinsicht Affinitäten zur Ostsicht erkennen lassen.

Einen der gravierendsten Unterschiede in der Bewertung können wir beim Thema Demokratie und Freiheit konstatieren. Die befragten Ostdeutschen ignorieren dieses Thema überwiegend, Beispiele von Repression, Überwachung usw. werden nur von Gesprächspartnern angeführt, die dem System kritisch und distanziert gegenüberstanden. Bei der Beschreibung des Lebens in der DDR werden solche Aspekte fast ausschließlich in der Verteidigung gegen eine als fremd empfundene kritische Sicht in der gegenwärtigen Öffentlichkeit erwähnt. Für die Interviewpartner aus dem Westen dagegen stehen Demokratie und Freiheit bzw. deren Mangel in der DDR im Vordergrund ihrer Wahrnehmung und Bewertung. Mit der Ausnahme einiger schon erwähnter linkssozialistischer Gewerkschafter ist die Sicht auf die DDR davon geprägt und alle anderen Beobachtungen werden diesem Gesichtspunkt untergeordnet. Es verwundert deshalb nicht, daß es bei unseren Gesprächspartnern aus der alten Bundesrepublik eine gewisse Bereitschaft gibt, die Verhältnisse in der DDR mit denen des Dritten Reiches zu vergleichen und bisweilen sogar gleichzusetzen, während die Befragten aus der ehemaligen DDR schon einen Vergleich, der durchaus auch zur Feststellung von Unterschieden führt, meist ablehnen oder für unzulässig halten.

Im Vordergrund der Äußerungen der Gesprächspartner aus dem Osten über die DDR steht die soziale Sicherheit und Fürsorge, in erster Linie die Sicherheit der Arbeitsplätze. Eine wichtige Rolle spielt in diesem Zusammenhang das Bild von einer solidarischen Gemeinschaft, im Betrieb, im Wohnbereich usw., in der die Leute füreinander da waren, da sie gleiche Interessen hatten und unter etwa gleichen sozialen Bedingungen lebten. Angesichts des zunehmenden Zerfalls der bisherigen Gemeinschaft in einzelne Individuen mit unterschiedlichen Interessen wird dieses Bild in unseren Gesprächen häufig beschworen. Soziale Sicherheit und Vollbeschäftigung, mehr noch die Kinderbetreuung, spielen auch im DDR-Bild unserer westdeutschen Interviewpartner eine Rolle. Sie werden überwiegend positiv eingeschätzt, als soziale Leistungen, die man sich im eigenen Lebensbereich auch wünscht. Allerdings werden auch die Schattenseiten gesehen: die wirtschaftliche Ineffizienz infolge der Doppel- und Dreifachbesetzung der Arbeitsplätze, die staatlich reglementierte Kindererziehung in den Krippen, Kindergärten und Schulen.

Eine historische Entwicklung der DDR mit unterschiedlichen Phasen sehen unsere Befragten aus den alten Bundesländern überwiegend nicht. Für sie bleibt die DDR von ihrem Beginn bis zum Ende im wesentlichen unverändert. Bei vielen gibt es einfach zu wenig Kenntnisse von der Geschichte, um zeitliche Differenzierungen vorzunehmen. Vor allem ehemalige Flüchtlinge haben die Tendenz, ihre frühen Erfahrungen einfach hochzurechnen und keine andere Sicht zuzulassen.

Unsere Interviewpartner aus dem Osten unterscheiden dagegen unterschiedliche Phasen der DDR-Geschichte, deren Einteilung und Bewertung von der Generationszugehörigkeit und den individuellen Lebenserfahrungen bestimmt wird. Vielfach wird eine allmähliche Aufwärtsentwicklung, deren Beginn und Ende allerdings zu unterschiedlichen Zeiten angesetzt wird, sowie ein Niedergang in den letzten Jahren vor dem Mauerfall konstatiert. Ganz überwiegend sprechen unsere Befragten von einem wirtschaftlichen Aufschwung nach dem Mauerbau, dessen historische Berechtigung sie damit scheinbar zu verteidigen suchen.

Für Ost und West bedeutet der Mauerbau eine der wichtigsten Zäsuren der DDR-Geschichte. Die Zeit vor 1961 spielt bei den meisten kaum eine Rolle, was daraufhin deutet, daß dieser ambivalente, widersprüchliche historische Abschnitt durch die nachfolgende langandauernde Periode der hermetischen Abschottung verdunkelt wird. Von unseren Gesprächspartnern in der alten Bundesrepublik wird der Mauerbau als Zwangsmaßnahme, die auf die Einmauerung der eigenen Bevölkerung zielt, gesehen. Nur wenige äußern ein gewisses Verständnis für die damalige Entscheidung der DDR-Führung. Dagegen überwiegt unter unseren Befragten aus der früheren DDR das Verständnis für diese Maßnahme (bei den Älteren) oder deren selbstverständliche Hinnahme (bei den Jüngeren, die nichts anderes kannten). Obwohl einige von ihnen schmerzliche persönliche Einschränkungen hinnehmen mußten (wenn etwa in der Konsequenz der Kontakt zu nahen Verwandten oder Freunden abriß), bejahten auch sie den Mauerbau als unerläßlich für die weitere Existenz der DDR. Es ist retrospektiv die Rede vom Preis für die heile, beschützte Welt.

War die DDR ein sozialistischer Staat? Auch an dieser Frage scheiden sich die Geister, allerdings nicht nur zwischen Ost und West. Sowohl unter den Befragten der alten als auch der neuen Bundesländer gibt es die Meinung, daß der Sozialismus eine gute Idee sei, die in der DDR nur schlecht verwirklicht wurde. Es ist auch die Rede von einer Verfälschung der Grundidee. Allerdings wird dabei selten deutlich, ob diese schlechte Verwirklichung oder Verfälschung dem „realexistierenden Sozialismus" immanent war oder ob es sich dabei um Fehler oder Entgleisungen handelte. Wenn als wichtigste Ursachen des Scheiterns – in Ost und West – die mangelnde ökonomische Effizienz, der fehlende Leistungsdruck benannt wird, letztlich die Unzulänglichkeit des Menschen, der seinen Egoismus nicht überwinden könne, dann sind das Hinweise darauf, daß das DDR-System nicht durchweg als verfälscht oder unsozialistisch angesehen wird. Deutlicher äußert sich darüber nur eine Gruppe der Interviewpartner aus dem Westen, die ihr eigenes sozialistisches Ideal von dem gescheiterten Modell in der DDR deutlich abgrenzen will. Vertreter dieser Gruppe sprechen von einer Funktionärsbürokratie oder einem Funktionärskapitalismus, der nur den Namen des Sozialismus trug und seiner Sache damit schadete. Sie wollen ihre sozialistische Option nicht aufgeben.

## 4) Das Problem der nationalsozialistischen Vergangenheit

*Annette Leo*

Die 12 Jahre der Zeit des Nationalsozialismus nehmen im gegenwärtigen deutschen Geschichtsbewußtsein einen besonderen Platz ein. Die Debatten um ein zentrales Holocaust-Denkmal, die kontroverse Auseinandersetzung um eine Ausstellung über die Verbrechen der Wehrmacht, die riesige öffentliche Aufmerksamkeit für die Thesen von Daniel Goldhagen und nicht zuletzt ein breiter Strom von Publikationen unterschiedlichster Art über diese Zeit sind ein eindrucksvoller Beleg dafür. Man hat den Eindruck, daß auch der deutschen Vereinigung, die nicht nur als das Ende der Systemkonfrontation in Europa, sondern auch als das Ende der Nachkriegszeit begriffen wird, dem Verhältnis der neuen Bundesrepublik zur NS-Vergangenheit große Bedeutung beigemessen wird. Die Vergangenheit kann nun frei von den wechselseitigen Projektionen des Kalten Krieges gedeutet werden, obwohl die gegensätzlichen Interpretationen vielfach noch im Bewußtsein präsent sind.

Bei der Analyse der Interviews stellte sich für uns u.a. die Frage nach dem Stellenwert des Nationalsozialismus im Geschichtsbewußtsein unserer Interviewpartner, die den genannten Debatten eher fernstehen. Was das Verhältnis der beiden deutschen Teile zur NS-Zeit angeht, so differieren die Einschätzungen. Während z.B. Bernd Faulenbach die These vertritt, daß der Nationalsozialismus für das Geschichtsbewußtsein beider deutscher Staaten von zentraler Bedeutung gewesen sei[467], kommen Werner Weidenfeld und Felix Philipp Lutz in ihrer Untersuchung zu dem Schluß, daß es signifikante Unterschiede gebe: in den alten Bundesländern setze sich die Gesellschaft vorrangig mit dem Nationalsozialismus auseinander,

467 Vgl. Bernd Faulenbach: Probleme des Umgangs mit der Vergangenheit im vereinten Deutschland: Zur Gegenwartsbedeutung der jüngsten Geschichte. In: Werner Weidenfeld (Hrsg.): Deutschland, eine Nation, doppelte Geschichte. Materialien zum deutschen Selbstverständnis. Köln 1993, S. 182 f.

während in den neuen Bundesländern nach dem Bruch von 1989/90 vor allem die DDR-Geschichte verarbeitet werde.[468] Nach Weidenfeld/Lutz spielen Nationalsozialismus und Holocaust in der ehemaligen DDR als Referenzpunkte der Selbstbefragung nicht annähernd die gleiche Rolle wie im Westen, dafür aber gebe es dort eine größere Identifikation mit dem Antifaschismus. Wir suchen diese Thesen im Hinblick auf das Geschichtsbewußtsein der Befragten zu verifizieren, wobei wir insbesondere auch der Frage nach den generationellen Unterschieden nachgehen.

*Der Fragerahmen*

Einleitend sei der Fragerahmen näher umrissen:
1) die Traditionen der Auseinandersetzung mit der NS-Zeit in der alten Bundesrepublik und in der DDR und ihre Nachwirkung im vereinigten Deutschland,
2) die Frage der generationellen Bezüge zur NS-Zeit
3) die konkreten Gesprächskontexte, in denen bei unseren Interviews über die NS-Zeit gesprochen wurde.

1) In der DDR war die Zeit des Faschismus ein wichtiger Bezugspunkt der kollektiven Erinnerung. Für Schulklassen, Betriebsgruppen und junge Soldaten gehörte der Besuch in einer KZ-Gedenkstätte bzw. auf einem sowjetischen Soldatenfriedhof zum Pflichtprogramm. Im Mittelpunkt des öffentlichen Gedenkens standen kommunistische Widerstandskämpfer und die sowjetischen Befreier, während andere Opfergruppen vernachlässigt oder sogar verschwiegen wurden. Die Verurteilung der Nazi-Verbrechen zielte vor allem auf eine Verurteilung des kapitalistischen, bzw. imperialistischen Systems, zu dem der sozialistische deutsche Staat die Alternative darstellte. Junge Leute sollten sich mit dem antifaschistischen Widerstand identifizieren und damit gleichzeitig mit dem DDR-System. Die Alltagserfahrungen der Deutschen während des Nationalsozialismus, ihre Verstrickung in das System, Schuld und Mitläufertum spielten kaum eine Rolle.[469]

468 Vgl. Werner Weidenfeld/Felix Philipp Lutz: Die gespaltene Nation. Das Geschichtsbewußtsein der Deutschen nach der Einheit. In: Aus Politik und Zeitgeschichte 1992, B 31-32, S. 6 f.

469 Vgl. u.a.: Mythos Antifaschismus. Ein Traditionskabinett wird kommentiert. Hrsg.: Kulturamt Prenzlauer Berg/Aktives Museum Faschismus und Widerstand, Berlin 1992; Jürgen Danyel (Hrsg.): Die geteilte Vergangenheit. Zum Umgang mit Nationalsozialismus und Widerstand in beiden deutschen Staaten. Berlin 1995; Annette Leo: Zerbrochene Bilder. Ein antifaschistisches Traditionskabinett und die Geschichtsauffassungen der SED/PDS. In: Rainer Eckert/Bernd Faulenbach (Hrsg.): Halbherziger Revisionismus. Zum postkom-

In der Bundesrepublik dagegen stellte die Erinnerung an Widerstand und Verfolgung lange Zeit kein konstitutives Element des öffentlichen Bewußtseins dar. Einer der Gründe für die nur sehr pauschale Thematisierung der Vergangenheit ist gewiß in der personellen Kontinuität der Eliten in Staat, Wirtschaft und Kultur zu suchen. Die Bundesrepublik definierte sich zwar im Gegensatz zum NS-Staat, betrachtete sich aber als Rechtsnachfolgerin des Deutschen Reiches und übernahm damit die Verantwortung für die Verbrechen des Dritten Reiches. Die Nachkriegsgesellschaft spiegelte zunächst vorrangig das Selbstverständnis der sogenannten kleinen Mitläufer wider, die sich als Opfer von Krieg und Vertreibung begriffen. Die Distanzierung vom Nationalsozialismus geschah vor allem unter dem Aspekt der Diktatur, zu der die parlamentarische Demokratie der Bundesrepublik die Alternative darstellte. Öffentlich geehrt wurden allenfalls die Angehörigen des Widerstandskreises des 20. Juli. Erst die großen Prozesse gegen Nazi-Täter in den sechziger Jahren fachten die öffentliche Diskussion auf einem neuen Niveau an.[470] Bis dahin war der Ausbau der KZ-Gedenkstätten vor allem der Initiative der Überlebenden überlassen worden.[471] Ende der sechziger/Anfang der siebziger Jahre begann eine neue Generation nach den Verbrechen der Vergangenheit und nach der Schuld der Elterngeneration zu fragen. Nicht zuletzt aufgrund von Bürgerinitiativen entstanden Gedenkstätten und Denkmäler, der Geschichtsunterricht wandte sich vor allem dem Völkermord an den europäischen Juden zu.[472]

2) Wichtig erscheint, sich die unterschiedlichen generationellen Bezüge unserer Gesprächspartner zum Nationalsozialismus klarzumachen. Die Angehörigen der Kriegsgeneration sind in der Weimarer Republik zur Schule gegangen, wurden also noch nicht im nationalsozialistischen Sinne erzogen. Sie haben Nationalsozialismus und Krieg als Erwachsene bzw. junge Erwachsene bewußt erlebt. Die Männer waren häufig Soldaten und später Kriegsgefangene.

munistischen Geschichtsbild. München/Landsberg am Lech 1996 u.a., S. 263-281; Bernd Faulenbach: Die DDR als antifaschistischer Staat. Ebd. S. 47-68; Herfried Münkler: Antifaschismus und antifaschistischer Widerstand als Gründungsmythos der DDR. In: Aus Politik und Zeitgeschichte 1998, B 45, S. 16-29.

470 Zur Beurteilung der NS-Zeit in der Bundesrepublik vgl. Bernd Faulenbach: NS-Interpretation und Zeitklima. Zum Wandel der Aufarbeitung der jüngsten Vergangenheit. In: Aus Politik und Zeitgeschichte 1987, B 22, S. 19-30.

471 Vgl. Bernd Faulenbach: Erinnerung und Politik in der DDR und in der Bundesrepublik. Zur Funktion der Gedenkstätten für die Opfer des Nationalsozialismus. In: Deutschland Archiv 30, 1997, S. 599-606.

472 Vgl. Ralph Giordano: Die zweite Schuld oder von der Last Deutscher zu sein. Hamburg 1987; Manfred Kittel: Die Legende von der zweiten Schuld. Vergangenheitsbewältigung in der Ära Adenauer. Berlin u.a. 1993.

Die Angehörigen der Hitlerjugendgeneration dagegen wuchsen mit den nationalsozialistischen Ideen auf und gehörten meist der Hitler-Jugend bzw. dem BDM an. Bei Kriegsende waren sie zwischen zwölf und siebzehn Jahre alt. Diejenigen, die in den letzten Wochen noch zur Wehrmacht eingezogen wurden und in Kriegsgefangenschaft gerieten, teilen wichtige Erfahrungen mit der Kriegsgeneration.
Die erste Nachkriegsgeneration, deren Vertreter in den letzten Kriegsjahren oder nach dem Krieg geboren wurden, sind die Kinder der Soldaten, die Kinder der Soldatenfrauen und -witwen. Diese Generation hat eine unmittelbare Beziehung zum Schicksal der Eltern. Sie ist im Schatten des Krieges groß geworden. Die Älteren von ihnen haben im Kleinkindalter Bombennächte und die Entbehrungen der ersten Nachkriegsjahre erlebt, die jüngeren sind noch zwischen Ruinen aufgewachsen. Ihre Erziehung stand im Zeichen des unmittelbar vorausgegangenen gesellschaftlichen Bruches, aber auch des Aufbruchs und Aufbaus, der darauf folgte.
Die Angehörigen der zweiten Nachkriegsgeneration, etwa seit 1955 geboren, sind die Kinder der Hitlerjugendgeneration bzw. die Enkel der Soldaten und Kriegerwitwen. Diese Generation kennt aus eigenem Erleben nichts anderes als Frieden, wachsenden Wohlstand sowie ein geteiltes Land. Der Nationalsozialismus ist für sie schon mehr oder weniger ferne Vergangenheit.[473]
Ein Teil unserer Interviewpartner verfügt also über eigene lebensgeschichtliche Erfahrungen aus der Zeit des NS, die anderen wissen etwas aus den Erzählungen ihrer Eltern oder Großeltern. Außerdem sind sie mehr oder weniger beeinflußt von Verarbeitungsmustern und den Geschichtsbildern, die jeweils in der DDR und der Bundesrepublik vermittelt wurden: über den Schulunterricht, die Medien, Filme, Romane, Gedenkstätten und Museen.
Erfahrungen aktiver Gegner bzw. Verfolgter des NS spielen in den Gesprächen keine Rolle. Unter den jüngeren Interviewpartnern trafen wir nur einen Sohn und einen Enkel von Verfolgten.[474] Diese vergleichsweise geringe Präsenz antifaschistischer Erfahrungen vermerkte für die ehemalige DDR schon Lutz Niethammer erstaunt, der bei seinen Interviews unter Vertretern der Aufbau-Generation in der DDR-Provinz vergeblich nach Antifaschisten gesucht hatte.[475]

473 Siehe auch das Einleitungskapitel S. 25ff.

474 Es handelte sich um Wilhelm Lehmann aus Dortmund, dessen Vater von den Nazis inhaftiert worden war, und um Dieter Zange aus Hennigsdorf, dessen Großmutter vermutlich Opfer der Euthanasie geworden war.

475 Lutz Niethammer/Alexander von Plato/ Dorothee Wierling: Die volkseigene Erfahrung. Eine Archäologie des Lebens in der Industrieprovinz der DDR. 30 biographische Eröffnungen. Berlin 1991.

Bei den Hennigsdorfer Stahlarbeitern und den Elektronik-Arbeitern aus Frankfurt/Oder trafen wir auf einen beträchtlichen Anteil (ca. 25 %) der Gesamtgruppe, die aus den Ostgebieten stammten oder Nachkommen der Vertriebenen waren. Der Anteil bei den Dortmunder und Bochumer Gesprächspartnern war deutlich geringer. Bezogen auf die neuen Länder spiegelt sich der hohe Anteil der Flüchtlinge und Vertriebenen in der Bevölkerung der SBZ/DDR wider.[476] Auf jeden Fall ist dieser spezifische biographische Bezug zu beachten.

3) Wir haben im Verlauf der Interviews in drei verschiedenen Zusammenhängen nach dem Nationalsozialismus und seiner Gegenwartsbedeutung gefragt; erstens ging es um die eigene lebensgeschichtliche Erfahrung; zweitens haben wir nach der Überlieferung von Erfahrungen durch die Eltern- bzw. Großelterngeneration gefragt; drittens wurde die Frage nach der Gegenwartsbedeutung des Nationalsozialismus gestellt.
Es gab auch Interviewpartner, die an anderen Stellen des Gesprächs auf den Nationalsozialismus Bezug nahmen. So wurde beispielsweise auf die Frage, ob die Betreffenden historische Persönlichkeiten nennen könnten, mit denen sie sich identifizierten oder die sie ablehnten, oft spontan, vor allem von den Dortmunder Stahlarbeitern, Hitler als „negative Persönlichkeit" bezeichnet. Die eher allgemeine Frage nach der Richtung der geschichtlichen Entwicklung beantworteten einige der Befragten in dem Sinne, daß sich die Geschichte wohl im Kreise drehe und daß gerade jetzt die Gefahr bestünde, daß ähnliche Zustände wie in der Zeit der Weimarer Republik entstehen könnten, die das Anwachsen der Neonazis begünstige. Auch unsere Frage, ob man aus der Geschichte lernen könne, bezogen nicht wenige der Befragten ausschließlich auf das Lernen aus den Erfahrungen von Nationalsozialismus und Krieg und beantworteten sie in diesem Sinne.
Ohne Zweifel sind dies Anzeichen dafür, daß ein Teil unserer Gesprächspartner die Periode des Nationalsozialismus als einen wichtigen Bezugspunkt für die Gegenwart ansieht. Rückschlüsse auf die Haltung zum Nationalsozialismus konnten wir aber auch aus den Antworten zum Verhältnis zur Nation (Frage der Identifikation mit dieser) bzw. zum Verhältnis zu anderen Völkern und Minderheiten (Polen, Russen, Juden) entnehmen.
In den folgenden Abschnitten geht es zunächst um das Bild, das die Befragten vom Nationalsozialismus haben und um die Frage, wodurch dieses Bild geprägt wurde. Weiterhin soll untersucht werden, wie sich die Haltungen und Anschauungen der einzelnen Generationen voneinander unterscheiden und in welchem Verhältnis dazu die Unterschiede zwischen Ost und West stehen.

476 Vgl. Alexander von Plato und Wolfgang Meinicke: Die Last des Schweigens. Flüchtlinge, Vertriebene und Umgesiedelte in der SBZ und DDR. Berlin 1991.

Schließlich wollen wir erörtern, welche Bedeutung die Befragten dem Nationalsozialismus in der Gegenwart zumessen.

### *Aspekte des Bildes des Nationalsozialismus*

Das hochkomplexe historische Phänomen, das wir unter dem Begriff des Nationalsozialismus fassen, weist verschiedene Entwicklungsphasen und viele Erscheinungen und Aspekte auf, von denen jeweils nur einige wenige in den Gesprächen eine Rolle spielten. Die meisten Interviewpartner fühlten sich durch unsere Fragen nicht zu grundsätzlichen Bewertungen des NS-Systems veranlaßt. Nur zwei unserer Gesprächspartner haben den Nationalsozialismus aus ihrer Sicht allgemeiner zu charakterisieren versucht.

Erich Heindling, Schlosser, Jahrgang 1943, aus Dortmund, ist ein gebildeter, gewerkschaftlich aktiver Kollege, der selbst als Referent auf Wochenendseminaren der IG Metall auftritt. Für ihn bedeutet Nationalsozialismus:

> „... wenn man Menschen als industrielle Ressource benutzt, wenn man das sieht: Brillengestelle, Riesenberg Zähne, Prothesen, bis zur Verbrennung, daß also dann noch entsprechende Dinge aus der Asche gemacht worden sind. Daß man die wirklich verwertet hat wie im Industrieprozeß, also das ist so ungeheuerlich ist das ...“[477]

Es fällt auf, daß Erich Heindling das Wort 'Juden' nicht ausspricht, sondern allgemein von Menschen spricht. Er ist der einzige Gesprächspartner, der – in der Polemik gegen bagatellisierende und relativierende Argumentationen – auf die Einzigartigkeit der NS-Verbrechen verweist, die für ihn in dem industriell betriebenen Mord besteht.

Sein Kollege Bernd König, Jahrgang 1942, ebenfalls aus Dortmund, dessen Vater schon vor 1933 Sozialdemokrat war, hebt in seiner Charakterisierung des Nationalsozialismus Diktatur und Terror gegen Andersdenkende hervor. Dabei stellt er auch, als einer der wenigen Gesprächspartner, einen Vergleich zum Kommunismus an:

> „Kommunismus ist 'ne andere Form des Rechtsradikalismus. Es ist beides eine Diktatur, wobei der Kommunismus mehr die obere Schicht kaputtmacht oder angreift und der Rechtsradikalismus mehr die unteren Schichten, wie z.B. Sozialdemokraten, Christen und Kommunisten in erster Linie vernichten will oder mundtot machen will, wie auch immer.“[478]

Die anderen Interviewpartner haben sich in ihren Antworten auf unsere Fragen direkt oder indirekt auf bestimmte Merkmale, Erscheinungen bzw. Entwicklungsphasen des NS bezogen, während sie andere ausblendeten.

477 Hoesch 3, S. 81.
478 Hoesch 1, S. 60.

In vielen Interviews war im Zusammenhang mit dem Nationalsozialismus vor allem vom Krieg die Rede. So spricht Renate Heine aus Hennigsdorf, Jahrgang 1934, die den Nationalsozialismus als Kind erlebte, von einer „schlimme(n) Zeit“, in der sie jede Nacht in den Luftschutzkeller gehen mußten.[479] Auch die Äußerungen von Sonja Grätz aus Hennigsdorf, deren Mutter die Bombenangriffe auf Dresden miterlebte und deren Vater schwerkrank aus der Gefangenschaft heimkehrte, sind vor allem von diesen Erfahrungen der Eltern geprägt.[480]

Nur wenige Gesprächspartner in Ost und West gehen von einer marxistischen Interpretation des Krieges aus. Fritz Rösler aus Dortmund, Jahrgang 1947, hat Bernt Engelmann gelesen und sieht in Nationalsozialismus und Krieg vor allem den Expansionsdrang der großen Konzerne, deren Macht bis heute fortdauere.[481] Wesentlich komplexer erscheint die Vorstellung von Max Hiller, Hennigsdorf, Jahrgang 1912. Er erlebte den Zweiten Weltkrieg als Berufssoldat, trat nach 1945 in die SPD ein, war dann SED-Mitglied und machte eine Karriere in der Gewerkschaft. Hiller hebt den Zusammenhang von Überwindung der Arbeitslosigkeit und der Ankurbelung der Kriegsindustrie hervor, der nach seiner Ansicht auch in der Gegenwart jederzeit wieder zum Faschismus führen könnte. Nach seiner Meinung ist es der Kapitalismus, der den Faschismus hervorbringt. In der Weimarer Republik hätten bürgerliche Institutionen die faschistischen Organisationen begünstigt.

Neben diesen erlernten Erklärungsmustern stehen bei Hiller jedoch persönliche Erfahrungen, die sein NS-Bild vielschichtiger machen. So erzählt Max Hiller als einziger unserer Gesprächspartner davon, daß er in der Sowjetunion Augenzeuge von Verbrechen des Holocaust wurde. Er sah, wie Juden zur Erschießung zusammengetrieben wurden. Dieses Erlebnis erlangte jedoch für sein Bewußtsein keine so große Bedeutung wie die Zerstörung seiner Heimatstadt Dresden, deren Bombardierung er als „eines der schlimmsten Verbrechen an der Menschheit“ bezeichnet.[482]

Andere Äußerungen nehmen Bezug auf die Faszination, den Massenzulauf der nationalsozialistischen Bewegung. Die beiden Hennigsdorfer Rudolf Lampe, Jahrgang 1928 und Kurt Panitz, Jahrgang 1920, die im Alter von 17 bzw. 20 Jahren in den Krieg zogen, stützen sich vorwiegend auf ihre eigenen Erfahrungen, wenn sie von Verblendung und Verführung der Jugend bzw. vom Zwang zum Mitmachen sprechen: „Da hat nur einer gegolten, der mit ihnen mitgebrüllt und mitgeheult hat ...“[483]

479 Hennigsdorf 17, nichttranskribiertes Interview.
480 Hennigsdorf 8, S. 33 ff.
481 Hoesch 5, S. 54 f.
482 Hennigsdorf 3, S. 95.
483 Hennigsdorf 16, S. 46.

Arbeitsplätze, Brot, Milch und „ein Führungsgedanke“, so lautet die Erklärung von Lothar Fuchs, Hennigsdorf, Jahrgang 1959, für die Zustimmung der Deutschen zu Hitler.[484] Von einzelnen Gesprächspartnern werden neben Manipulation und Verführung auch Gewalt gegen Minderheiten im Zusammenhang mit dem Nationalsozialismus thematisiert. Ein langjähriges Mitglied der SED aus Hennigsdorf sieht in der Verfolgung der Kommunisten ein entscheidendes Charakteristikum des Dritten Reiches.[485]

Eine ganze Reihe von Interviewpartner, vor allem aus der alten Bundesrepublik, beziehen sich fast ausschließlich auf den Holocaust, ja man kann sagen, sie identifizieren das nationalsozialistische System damit. Für Heike Bützow, Dortmund, Jahrgang 1972, bedeutet Nationalsozialismus: „dieses Thema Juden, dieses ganze: wie schlecht die Deutschen waren“.[486] Für Anton Neues aus Bochum, geboren 1945, beginnt 1933 ein Rassenwahn, über dessen Ursachen und Folgen man nachdenken müsse. Mit dem Begriff Holocaust oder Judenverfolgung verbinden sich allerdings oft wenig präzise Vorstellungen, bzw. es mischt sich das ungenaue Wissen um ältere historische Vorgänge hinein, wenn z.B. Brigitte Meiers, Bochum, Jahrgang 1954, sagt: „Ich finde es schrecklich, wie man die Menschen früher verbrannt hat, wie man sie verfolgt hat, bloß weil sie'n bestimmten Glauben hatten ...“[487]

In anderen Interviews taucht der Nationalsozialismus gänzlich enthistorisiert als Synonym für „das ganze Schlimme und Schlechte“ auf, für Gewalt auf der Straße, für eine Bedrohung, vor der man Angst haben muß, weil das Phänomen, sobald die Arbeitslosigkeit ansteige, jederzeit wiederkehren könne.[488] Diese Äußerungen beziehen sich wahrscheinlich weniger auf den historischen Nationalsozialismus als auf Erscheinungen von Neonazismus und Ausländerfeindlichkeit, deren starker Eindruck (zur Zeit der Befragung gab es zahlreiche ausländerfeindliche Brandanschläge) die Bilder und Vorstellungen von der Vergangenheit überdeckten.

Aufs Ganze gesehen läßt sich feststellen, daß in den Äußerungen über den Nationalsozialismus vor allem der Krieg und der Völkermord an den Juden in den Blick kommen, wobei die Gesprächspartner aus dem Osten häufig vom „Faschismus“ sprechen und damit eher den Krieg assoziieren, während die Gesprächspartner aus dem Westen überwiegend auf den Holocaust Bezug nehmen. Wenn vom Krieg die Rede ist, dann geht es vor allem um eigene Erfahrungen, um eigenes Leiden bzw. die Leiden der Eltern, Großeltern, Nachbarn, zumeist wird damit unmit-

484 Hennigsdorf 2, S. 58.
485 Hennigsdorf 14, S. 28.
486 Hoesch 2, S. 55.
487 Nokia 11, S. 64.
488 Hennigsdorf 9, nichttranskribiertes Interview; Hennigsdorf 5, S. 88; Hennigsdorf 12, S. 85 und 92; Frankfurt/O. 2 S. 47 f. u.a.

telbar Vertreibung und Kriegsgefangenschaft verknüpft, also Situationen, in denen sich die Betreffenden als Opfer der geschichtlichen Ereignisse begreifen konnten. Der Bezug auf den Völkermord an den Juden jedoch bildet einen anderen Zugang zum Nationalsozialismus: Er thematisiert – direkt oder indirekt – das Problem der deutschen Schuld an den Verbrechen.

Die Tatsache, daß viele Gesprächspartner aus der ehemaligen DDR den Akzent auf den Krieg legen, bedarf der Erklärung. Offenbar gibt es hier einen indirekten Zusammenhang mit dem DDR-Geschichtsbild, in dem der Holocaust nur am Rande vorkam, und in dem auch das Bewußtsein einer deutschen Schuld fehlt, weil in der offiziellen Diktion allein den großen Monopolen und dem Bürgertum die Schuld an den Verbrechen angelastet wurden.[489] Die Fortexistenz dieser Monopole und traditioneller gesellschaftlicher Strukturen in der Bundesrepublik schob alle Last der Vergangenheit dem deutschen Nachbarstaat zu, während die DDR-Bürger, wenn sie nur loyal zur sozialistischen Ordnung standen, sich als Antifaschisten betrachten konnten. Der Widerstand, auf dessen Tradition die DDR sich schließlich berief, spielt jedoch in den meisten Äußerungen keine Rolle. Offenbar wurde dieses Thema von unseren Gesprächspartnern nicht zu ihrer Sache gemacht, weil es mit den eigenen biographischen Erfahrungen und denen der Eltern und Großeltern nicht korrespondierte. In der Beurteilung des Krieges als eines Verbrechens, das sich letztlich auch gegen die Deutschen selbst richtete, konnten sich jedoch offizielles Geschichtsbild und persönliche Erfahrungen treffen.

Die Dominanz des Holocaust in vielen Äußerungen der Arbeitnehmer aus der alten Bundesrepublik läßt einen starken Einfluß der öffentlichen Meinung auf ihre Vorstellungen von der NS-Vergangenheit, die offenbar die eigenen Erlebnisse bzw. die Familienüberlieferungen aus dieser Zeit überlagert haben, erkennen. Die deutliche Betonung dieses Themas in den Medien, im Geschichtsunterricht, in den öffentlichen Gedenkreden der Bundesrepublik seit den sechziger/siebziger Jahren ruft bei den Vertretern verschiedener Generationen jedoch nicht nur Nachdenken und Betroffenheit hervor, sondern auch Unbehagen und Abwehr. In vielen Äußerungen unserer Gesprächspartner ist die Erwähnung des Holocaust deshalb unmittelbar verknüpft mit fiktiven Schuldvorwürfen gegen die Deutschen, die im gleichen Atemzug abgewehrt werden.[490]

489 Vgl. Bernd Faulenbach: Die DDR als antifaschistischer Staat, S. 47-68.
490 Vgl. Kapitel IV, 4 c.

## a) Eigenes Erleben und intergenerationelle Weitergabe von Erfahrungen

### *Die Kriegsgeneration in Ost und West*

Die Vertreter der Kriegsgeneration verfügen über eigene bewußte, oftmals prägende Erfahrungen aus der Zeit des Nationalsozialismus. Nicht nur bei den befragten Männern, die als Soldaten in das Geschehen verwickelt waren, sondern auch bei den Frauen spielt dabei der Krieg als extreme Situation eine dominierende Rolle. Dabei macht es einen wesentlichen Unterschied, ob jemand an der Ostfront kämpfte und jahrelang in sowjetischer Kriegsgefangenschaft zubringen mußte oder ob er in Frankreich oder Norwegen Besatzer war und nach kurzer Gefangenschaft wieder nach Hause gehen durfte. Es macht auch einen Unterschied, ob das eigene Wohnhaus zerbombt wurde oder nicht, ob nahe Angehörige ums Leben kamen. Die Trennlinie zwischen den Erlebnissen der Gesprächspartner aus Ost und West verläuft nicht entlang dieser Unterschiede. Erst 1945 mit dem Einmarsch der sowjetischen Armee bzw. der Westalliierten in den jeweiligen Heimatort begannen die Erfahrungen sich zu unterscheiden. In den beiden Gesellschaften, die sich seitdem herausbildeten, gab es unterschiedliche Angebote zur Deutung und Verarbeitung des Erlebten, die die eigene Reflexion beeinflußten, überlagerten oder unverbunden nebeneinander standen.

Anhand der Interview-Äußerungen unserer beiden ältesten Gesprächspartner, Max Hiller, der pensionierte Kulturhausleiter des Stahlwerkes Hennigsdorf, und Günter Beckers[491], bis zu seinem Ausscheiden aus dem Berufsleben Tischler bei Hoesch/ Dortmund, soll das Verhältnis von Lebensgeschichte und Deutung in der Kriegsgeneration betrachtet und verglichen werden.

Max Hiller wurde 1912 als Sohn einer Arbeiterin geboren. An seinen Vater, der seit dem Beginn des Ersten Weltkrieges vermißt wurde, hat er keine Erinnerungen. Günter Beckers wurde 1916 als jüngster Sohn eines Schmiedes geboren, die Mutter war Hausfrau. Beide Männer haben ganz unterschiedliche Erzählweisen: ausführlich und farbig Max Hiller, berichtend knapp Günter Beckers, aber sie setzen ähnliche Akzente: Hunger und Entbehrungen im Ersten Weltkrieg und in der Nachkriegszeit, Arbeitslosigkeit und Existenzangst in den Krisen der Weimarer Republik. Beiden ist es wichtig, ihre Beziehung zur Sozialdemokratie vor 1933 zu betonen. Max Hiller war Mitglied der Sozialistischen Arbeiterjugend, der Vater von Günter Beckers war Sozialdemokrat. Dies ist ein Punkt, an den sie nach dem Krieg auf jeweils unterschiedliche Weise wieder anknüpfen konnten.

Die Erfahrungen von Militärdienst und Krieg haben sie geprägt, u.a. auch deshalb, weil es sich um einen sehr langen Zeitraum in einer entscheidenden Lebens-

491 Siehe auch Kapitel III, 1 b.

phase handelt. Sowohl Max Hiller als auch Günter Beckers waren von 1936 bis 1945 aus dem zivilen Leben herausgerissen. Max Hiller entschloß sich nach langer Arbeitslosigkeit 1936, Berufssoldat zu werden und blieb es bis 1945. Beckers erlebte seit seiner Einberufung zum Arbeitsdienst 1936, der fast nahtlos in den Wehrdienst überging und später in den Ausbruch des Zweiten Weltkrieges, ein Leben in Uniform und Massenquartieren. Beide lassen in ihren Erzählungen erkennen, daß sie keine Nazis waren und sich für Politik wenig interessierten. Sie betonen fast übereinstimmend, daß sie sich mehr als Techniker denn als Soldaten betrachtet haben. Hiller war Telegrafist bei der Luftwaffe, Beckers Ausbilder in einer Marineschule in Norwegen. Sie legen Wert darauf zu betonen, daß es ihnen besser ergangen sei, als vielen anderen Soldaten im Krieg, daß es ihnen gelungen sei, überall gut durchzukommen, ihre Vorteile wahrzunehmen. Er habe dort „ein schönes Leben gehabt, an und für sich", sagt Hiller, er sei „immer fein raus gewesen ..."[492] Auch in bezug auf die Kriegsgefangenschaft hatten beide Glück und wurden bereits nach wenigen Wochen entlassen.

Günter Beckers kam 1945 nach Dortmund zurück und Max Hiller nach Dresden. Sie waren froh, daß sie alles heil überstanden hatten und wollten mit Krieg und Militär nichts mehr zu tun haben. Max Hiller spricht von einem Vorhang, der ihm von den Augen gezogen wurde, als er das zerstörte Dresden sah:

> „... habe ich gedacht, das ist ein Wahnsinn sowas und von daher rührte meine Einstellung zu Militär und Krieg. Für mich war dann die Sache gelaufen und ich habe gesagt: das will ich nie wieder sehen, sowas nicht!"[493]

Günter Beckers äußert sich ähnlich:

> „... Wie ich wiederkam, und das war ich ja nicht alleine, das waren die meisten Soldaten: Politik ... will ich nix mit zu tun haben. [...] Mit Politik wollen wir nichts zu tun haben, wir wollen wieder arbeiten, Geld verdienen zum Essen, wir wollen erstmal wieder leben."[494]

Beide Männer drücken auf ihre Weise den Bruch mit ihrer bisherigen Rolle als Soldaten, als Objekte einer verbrecherischen Politik aus. In Anlehnung an die frühen unterschiedlichen Verarbeitungsangebote in Ost und West ziehen sie daraus Schlußfolgerungen für ihr persönliches Leben wie für ihre Haltung zur Gesellschaft.

Für Max Hiller eröffnete die Nachkriegsgesellschaft in der Sowjetischen Besatzungszone und späteren DDR die Möglichkeit, sich mit dem Antifaschismus zu identifizieren und aktiv am Aufbau einer neuen Gesellschaft teilzunehmen. Mit Hilfe des neuen Weltbildes versuchte er, seine Erfahrungen einzuordnen und zu werten; diese Wertungen sind auch in seiner Erzählung von 1994 noch ablesbar.

492 Hennigsdorf 3, S. 15 f.
493 Hennigsdorf 3, S. 19 f.
494 Hoesch 19, S. 56 f.

Der Holocaust spielt in diesem Geschichtsbild nur eine marginale Rolle. Weitgehend unbearbeitet bleiben deshalb seine Beobachtungen von Massenerschießungen der Juden in der Sowjetunion. Demgegenüber lieferten die Konfrontation des Kalten Krieges und der Antiamerikanismus der DDR ihm für seinen Schmerz über die Zerstörung Dresdens einen politischen Rahmen. Er kann sie als eines der „schlimmsten Verbrechen an der Menschheit" bezeichnen.

Günter Beckers wollte zunächst, wie er sagt, mit Politik nichts zu tun haben. Allerdings engagierte auch er sich, wenn auch erst einige Jahre später, politisch und gewerkschaftlich und trat der SPD bei. Seinen unermüdlichen selbstlosen Einsatz in der Gewerkschaft, im Ortsverein der SPD und auch als Laienrichter begründet er ausdrücklich mit den Schlußfolgerungen aus den Erlebnissen des Krieges. Er verfügt über kein geschlossenes Weltbild wie Max Hiller. Anstelle des marxistischen Erklärungszusammenhangs für den Faschismus steht bei ihm die demokratische Grundüberzeugung und die Identifikation mit dem politischen (speziell dem sozialdemokratischen) Widerstand, den er in seiner Bedeutung allerdings überschätzt, wenn er von „Millionen von Widerstandskämpfern" gegen Hitler und den Nationalsozialismus redet. Er spricht sich entschieden gegen den Militärdienst aus, bei dem die Soldaten nur „das Morden lernen", was er am eigenen Leib erfahren habe. Solche Bewertungen stehen jedoch zusammenhanglos neben Bemerkungen, er habe neun Jahre lang „Dienst für's Vaterland" geleistet, während andere zu Hause im Warmen gesessen hätten.[495]

Beide Männer orientieren sich in ihrer Bewertung und Einordnung des Nationalsozialismus auf die Deutungsangebote, die in der jeweiligen Gesellschaft verfügbar waren. Ihre lebensgeschichtlichen Erfahrungen sind für sie allerdings mindestens ebenso wichtig. Beide – Deutungsangebote und Erfahrungen – stehen freilich zum Teil unverbunden nebeneinander und in den aus anderen Erfahrungen gezogenen Schlußfolgerungen, die zu politischem und sozialem Engagement geführt haben, unterscheiden sich der Ost- und der Westdeutsche nicht wesentlich voneinander.

Während Max Hillers Läuterung zum Antifaschisten für den Typ des Aufsteigers in der DDR steht, zeigen die Äußerungen des Hennigsdorfers Kurt Panitz, daß es in dieser Generation in der DDR auch andere Verarbeitungsmuster gab, die sich von denen in der Bundesrepublik kaum unterschieden. Kurt Panitz[496], Jahrgang 1920, wurde 1940 zum Wehrdienst eingezogen. Auch er konnte erst nach neun Jahren wieder in das zivile Leben zurückkehren. Diese neun Jahre bilden die Schlüsselerfahrung seines Lebens, auf die er im Interview ohne Umschweife sofort zu sprechen kommt. Anders als Hiller und Beckers vermittelt Panitz nicht den Eindruck, Glück gehabt oder es gut getroffen zu haben. Kurt Panitz geriet bereits

495 Hoesch 19, S. 3; S. 52, Nachinterview S. 2 f.
496 Siehe auch Kapitel III, 1.

1942 in sowjetische Gefangenschaft, wo er mehr als sieben Jahre verbringen mußte. Die Zeit der Kriegsgefangenschaft, in der er Schwerstarbeit im Wald und in einem Stahlwerk leisten mußte, vermittelte ihm das Gefühl absoluten Ausgeliefertseins. Politisch paktieren wollte er mit den Sowjets nicht, er lehnte aus nationaler Loyalität, wie er sagt, jeden Kontakt zum Nationalkomitee Freies Deutschland ab. Andererseits gelang es ihm durch enorme Anpassungsanstrengungen und großen Fleiß, die Zwänge der Gefangenschaft ein wenig zu mildern. Er lernte Russisch und brachte es bis zum Brigadier. Auf diese Leistung ist er bis heute stolz.

In den Äußerungen von Kurt Panitz über den Nationalsozialismus dominieren die persönlichen Erfahrungen, zu denen man die Vertreibung seiner Familie aus der schlesischen Heimat mitdenken muß. Sein Bewußtsein bleibt weitgehend unberührt von späteren Deutungen und vom offiziellen Geschichtsbild in der DDR. Dies mag auch damit zusammenhängen, daß der stalinistische Sozialismus, den er in der Sowjetunion als Kriegsgefangener kennengelernt hatte, für ihn keine Alternative zum Nationalsozialismus darstellen konnte. Seine Erlebnisse münden in dem Fazit, die „kleinen Leute“ sollten sich überall heraushalten, da sie ja doch nichts ausrichten könnten, letztlich aber immer die Opfer seien. In diesem Sinne sieht sich Kurt Panitz als Opfer des Krieges, den er erleiden und erdulden mußte.

Niemand von den Befragten aus der Kriegsgeneration spricht davon, daß er oder seine Eltern überzeugte Nazis gewesen seien. Ihre Erzählungen vermitteln, gewiß verstärkt durch das jahrelange Leben in den Ausnahmesituationen Armee, Krieg und Gefangenschaft, ein Abgetrenntsein von den Vorgängen dieser Zeit, als ob die Handlungen, in die sie selbst verwickelt waren, in einem anderen Kontext stattgefunden hätten. Hier zeigt sich ein spezielles Eigenbewußtsein der Kriegsteilnehmer, die vor allem auf ihren persönlichen Erfahrungen beharren. Dies drückt sich auch darin aus, daß die Betreffenden von sich aus die Nazi-Verbrechen nicht thematisieren bzw. auf Befragen bekräftigen, davon nichts gewußt zu haben. Wenn Kurt Panitz sagt, die normale Armee sei „human“ gewesen, so spricht er damit eine unter den ehemaligen Soldaten weit verbreitete Auffassung an.[497] Gerade die jüngsten Auseinandersetzungen um die Rolle der Wehrmacht bei den Verbrechen während des Krieges im Osten unterstreichen diesen Befund.[498] Die Ausnahme ist Max Hiller, dessen Bericht von den Vorbereitungen zu einer Erschießung von Juden aber keine Deutung erfährt.

497 Hennigsdorf 16, S. 11.

498 Vgl. Hans-Günther Thiele (Hrsg.): Die Wehrmachtsausstellung. Dokumentation und Kontroverse. Bonn 1997.

*Die HJ-Generation in Ost und West*

Die Vertreter der HJ-Generation kennzeichnen ihre Kindheit im Nationalsozialismus meist als ruhig und unbeschwert. Wilhelm Lehmann aus Dortmund, dessen Vater verhaftet wurde und der nicht in die Hitler-Jugend gehen wollte, ist eine Ausnahme. Die bewußten Erfahrungen der Generation setzen in den letzten Kriegsmonaten mit Chaos, Flucht, Vertreibung, Vergewaltigungen ein, die sie frühzeitig zu Erwachsenen machten. Im Unterschied zur Kriegsgeneration beziehen sie sich in ihren Erzählungen häufiger auf eine allgemeine Begeisterung für den Nationalsozialismus oder auch auf Vorteile, die das System bot. Vor allem Frauen sprechen davon, was die Nazis für die Mütter getan hätten oder wie der Sport in der Schule gefördert worden sei. Das fällt Vertretern dieser Altersgruppe offenbar leichter als den Älteren, zumal sie von ihrem Lebensalter her für das NS-System nicht verantwortlich zu machen sind. Meist kontrastieren sie die damalige Auffassung unmittelbar mit späteren Erkenntnissen und relativierenden Bemerkungen.

Die Bochumerin Friederike Muth, Jahrgang 1928, wurde 1943 BDM-Führerin. Ihr Vater, das läßt sie im Gespräch durchblicken, war offensichtlich ein überzeugter Nazi. Nach jahrelanger Arbeitslosigkeit bekam er 1934 wieder einen Arbeitsplatz:

> „... und dann hat man nachher 'ne Wohnung gekriegt eben für Kinderreiche. Hitler hat ja für alle gesorgt, hieß es ja, nicht. Er hat Arbeit geschaffen, die Arbeitslosen kamen von der Straße und der Arbeitsdienst, das war eben gut, hieß es, nicht. [...] Ja und dann hieß es eben, der Hitler hat die Autobahn gebaut. Aber daß das für die Rüstung, für'n Nachschub war ... Dann war das Winterhilfswerk, dann kriegte man was davon, nicht. Die machten in den Betrieben Weihnachtsfeiern, da kriegte dann auch jeder'n Geschenk und irgendwie, das war ja alles schon auf Krieg, ausgerichtet ...“[499]

Friederike Muth gelingt es hier, ihre damalige Erlebniswelt, wonach das Leben besser wurde, nachvollziehbar darzustellen und die Geschehnisse gleichzeitig aus der heutigen Ebene zu kommentieren. Sie setzt damit ihre damalige Haltung, ihre Begeisterung, mit den später erlernten Deutungen in Beziehung. Es fällt ihr jedoch schwer, die glückliche Kindheit und Jugend in einem anderen Licht zu sehen. Vielleicht muß sie deshalb sogar die Freude über das Geschenk anläßlich einer Weihnachtsfeier entwerten, indem sie es mit der Kriegsvorbereitung in Zusammenhang bringt.

Die männlichen Gesprächspartner heben ihre damalige Kriegsbegeisterung hervor. Sie waren in der Hitler-Jugend, nahmen an Geländeübungen teil, interes-

499 Nokia 8, S. 2 f.

sierten sich für Waffentechnik. Rudolf Lampe aus Hennigsdorf, Jahrgang 1928, wurde als 17jähriger Hitlerjunge veranlaßt, sich freiwillig zur Armee zu melden:

> „Man war ja eigentlich noch Jugendlicher. Man konnte das alles ja nicht so aufnehmen, wie das gewesen ist. Das kommt alles erst später, wenn man so nachdenkt. Das war doch eigentlich schon totaler hohler Mist. Und der [Hitler] war doch größenwahnsinnig, wenn man das überlegt ...“[500]

Rudolf Lampe fühlt sich verführt und betrogen. Vor allem auch deswegen, weil er teuer für seine Begeisterung bezahlen mußte. Nach seiner Entlassung aus kurzer amerikanischer Kriegsgefangenschaft wurde er in seiner oberschlesischen Heimatstadt Neurode verhaftet und von den mittlerweile dort etablierten polnischen Behörden in ein „Sonderlager für SS-Leute“ (so nennt er es) gebracht, aus dem er erst anderthalb Jahre später entlassen wurde, mit der strengen Auflage, über diese Zeit nicht zu sprechen. Er hielt sich an dieses Verbot. Wie er im Gespräch versicherte, hatte er bis zur Wende nicht einmal Frau und Tochter Näheres davon erzählt.

Die Äußerungen von Lampe offenbaren große Schwierigkeiten, die eigenen Erfahrungen über einige Kurzschlüsse hinaus differenziert zu verarbeiten. Seine Schlußfolgerung aus seinen traumatischen Erlebnissen besteht deshalb nur aus der schlichten Handlungsanweisung, sich nie wieder irgendwo freiwillig zu melden. Rudolf Lampe wurde ein guter, fleißiger Arbeiter, stand jedoch dem sozialistischen System distanziert gegenüber. Er identifizierte sich nicht mit dem antifaschistischen Angebot, das ihm der DDR-Staat offerierte. Zwar verurteilt er den Krieg und setzt sich für Verständigung der Völker ein, aber Fragmente seiner damaligen HJ-Begeisterung, mit der er sich augenscheinlich kaum auseinandergesetzt hat, stehen noch unverbunden neben diesen Äußerungen.

In vielschichtigerer und komplizierterer Weise als bei Rudolf Lampe ist die Lebenseinstellung der Bochumerin Friederike Muth von der Auseinandersetzung mit dem Nationalsozialismus geprägt. Die Verarbeitungsmuster der bundesdeutschen Gesellschaft spiegeln sich in dem einen Satz, sie habe 1945 erstmal „Demokratie lernen“ müssen. Friederike Muth lernte Sprachen, reiste viel in andere Länder. In ihrer Erzählung läßt sie keinen Zweifel daran, daß sie sich bei diesen touristischen Aktivitäten mit der Vergangenheit konfrontiert sieht:

> „Aber ich schäm mich richtig, wenn ich in Amerika bin. Da schäm ich mich richtig, daß die jüdischen Frauen so nett sind, da hab ich richtig'n schlechtes Gewissen, dann denk ich immer: wie kann ich denen das wieder gut machen? Das kann man ja nicht, indem man nett und gut zu denen ist. Ich denk immer, hoffentlich fängt einer nicht mit dem Thema an, was sollst du dann sagen? Rechtfertigen kann ich mich ja nicht. Ich kann nur sagen, ich war jung und wie alle sagen, wir haben das alles nicht gewußt, nicht. Oder ich kann auch mit auf

500 Hennigsdorf 4, S. 66.

den Hitler schimpfen, was ich ja vielleicht so öffentlich nicht würde, ich ... Oder ich sag: Warum hat die Kirche nicht aufgepaßt oder warum haben die Amerikaner nicht die Öfen bombardiert, die konnten doch genau zielen und alles und die Bahngleise dahin? Und, ja und warum waren die Kirche und Papst nicht stark genug, um da was zu machen? Das sag ich dann immer wieder [...]. Warum haben die sich nicht dadrum gestört? Die katholische Kirche war doch mächtig. Ja, konnten die nicht Einhalt gebieten?"

Friederike Muth äußert hier ganz individuelle Schamgefühle angesichts der Verbrechen des NS und macht zugleich deutlich, wie ratlos und hilflos sie sich gegenüber Betroffenen vorkommt. Sie führt uns vor, wie sie sich mit dem Hinweis auf die eigene damalige Jugend und mit anderen weit verbreiteten Rechtfertigungsmustern zu behelfen versucht. Das sind Argumente, von denen sie teilweise überzeugt ist; dennoch wäre es ihr lieber, wenn sie über das Thema gar nicht erst reden müßte.

Rudolf Lampe setzt sich mit solchen Problemen nicht auseinander. Auf die Frage nach Erinnerungen an die Verfolgung der Juden erzählt er spontan, daß die Polen 1945 in seiner Heimatstadt mit den Deutschen so umgegangen seien, wie vorher die Deutschen mit den Juden:

„Die Deutschen mußten Armbinden tragen, so wie die Juden zur damaligen Zeit ... das mußten früher die Juden auch, vom Bürgersteig runtergehn und dasselbe wollten sie mit uns als Deutsche auch machen ... Also die Leute sind lieber gegangen, als daß sie unter die Polen gelebt hätten."[501]

Die eigenen, zweifellos schwerwiegenden Erlebnisse und Erfahrungen als Häftling und Vertriebener veranlassen Rudolf Lampe, sich eher als Opfer der Geschehnisse zu betrachten denn als Teil einer nationalen Verantwortungsgemeinschaft. In der unterschiedlichen Haltung von Lampe und Muth spiegeln sich aber wohl nicht nur die ganz unterschiedlichen persönlichen Erfahrungen, sondern auch die unterschiedlichen gesellschaftlichen Zusammenhänge, in denen die Erfahrungen gedeutet worden sind.

Eine verbreitete Form, die tiefe Enttäuschung nach dem Zusammenbruch des bisherigen Weltbildes zu überwinden, war im Osten wie im Westen gesellschaftliches Engagement. Die Betreffenden verdrängten häufig ihre frühere Gläubigkeit und Faszination für den Nationalsozialismus, indem sie sich rasch und mit der gleichen Begeisterung den neuen Werten der jeweiligen Gesellschaft zuwandten. Bei unseren Gesprächspartnern fanden wir diesen Typ in Hennigsdorf und Frankfurt/Oder stärker ausgeprägt als in Bochum und Dortmund. Das legt die Annahme nahe, daß innerhalb der autoritären gesellschaftlichen Strukturen in der Sowjetischen Besatzungszone und der DDR die erneute Einbindung in ein festgefügtes

501 Hennigsdorf 4, S. 62.

Weltbild, in dem Gehorsam und Gläubigkeit gefragt waren, für viele Angehörige der HJ-Generation einen nahtloseren Übergang darstellte als die unverbindlichere und zugleich schwierigere Alternative von Demokratie und Pluralismus, die die bundesdeutsche Gesellschaft anzubieten hatte.

Unter unseren Gesprächspartnern aus der ehemaligen DDR repräsentieren Joachim Held und Grete Lieser[502] diesen „Aktivismus"-Typ, der gleichzeitig auch der Aufsteigertyp war. Beide machten Karriere in der DDR. Grete Lieser qualifizierte sich von der ungelernten Arbeiterin bis zur Ingenieurin und wurde Bezirkstagsabgeordnete, Joachim Held studierte und wurde ökonomischer Direktor des Halbleiterwerkes Frankfurt/Oder. Dieser Altersgruppe wurden in der DDR nach der Ausschaltung der alten Eliten enorme Karrierechancen geboten. Joachim Held, Jahrgang 1932, Sohn eines Ministerialbeamten und NSDAP-Mitglieds, war begeisterter Hitlerjunge. Er berichtet, daß 1945 für ihn eine Welt zusammenbrach:

> „45 war ich 13 Jahre, also sehen wir das mal von der Seite. Ich war damals ... wie gesagt, wir mußten in Uniform in die Schule gehen. Ich lag schon von früh bis Abend mit der Uniform rum, mit Koppel, hier da, Fahrtenmesser hier dran mit Blut und Ehre und Schulterriemen hier rum. Ich sah aus wie ein Militarist. Naja, das war eben so, das war eben so. Und das war auf einmal zu Ende. Das war nu alles weg. Und da hieß es auf einmal: Nie wieder ein Gewehr anfassen! Ich hatte aber grade vorher noch die Maschinengewehre geputzt von dem Flieger da. Nu auf einmal fasse ich nie wieder eins an. Das war für einen 13jährigen ein Zusammenbruch ..."[503]

Joachim Held, der seit 1942 mit seiner Mutter auf dem Bauernhof des Großvaters lebte, bekam von den Kämpfen, außer in den allerletzten Tagen vor Kriegsende, als seine Mutter mit ihm zu fliehen versuchte, kaum etwas mit. Es ist insofern ein eher undramatisches Ende, das er mit „Zusammenbruch" bezeichnet. Zusammengebrochen war vor allem seine bisherige Überzeugung.

Joachim Held und Grete Lieser[504] stellen im Gespräch mit uns ihre früheren Überzeugungen und deren Zusammenbruch vom sicheren Standpunkt einer späteren Neuorientierung dar. Joachim Held hat sich rasch mit dem Antifaschismus, der ihm von Lehrern und Studienkollegen nahegebracht wurde, identifiziert. Seine frühere Militärbegeisterung konnte er – fast nahtlos – in die paramilitärische Organisation GST[505] hinübernehmen. Auch Grete Lieser, deren gesellschaftlicher Aufstieg aufgrund von Eheschließung und Mutterschaft erst später begann, setzte sich nicht mit ihrer früheren Begeisterung auseinander. Nach Kriegsende habe sie leben und sich vergnügen wollen, antwortet sie auf eine entsprechende Frage.

502 Siehe auch Kapitel III, 2.
503 Frankfurt/O. 9, S. 48.
504 Frankfurt/O. 5, S. 4.
505 Gesellschaft für Sport und Technik.

Gertrud Michalke[506], Jahrgang 1930, aus Bochum, unterscheidet sich insofern von Joachim Held und Grete Lieser, als sie ausdrücklich die oppositionelle Haltung ihres Vaters, eines ehemaligen SPD-Mitglieds betont und als bedeutsamer bewertet als den Einfluß des NS-Regimes. Gertrud Michalke war bei den Jungmädels, in den BDM ist sie (offenbar aufgrund der Evakuierung nach Ostpreußen) nicht mehr gekommen. Als 12/13jährige erlebte sie schwere Bombenangriffe in ihrer Heimatstadt mit, bei denen ein großer Teil ihrer Klassenkameraden umkam. Sehr distanziert, als ob sie von einer anderen Person spräche und es deshalb nicht so genau wissen könnte, meint sie, daß sie wohl schon „durch die damalige Politik infiltriert" worden sei. Entschieden verneint sie jedoch die Möglichkeit, „daß da was bei mir klebengeblieben ist". Sie spricht im Zusammenhang mit dem Kriegsende von einer „Stunde Null":

> „[Es gab eine] Stunde Null und grade auch in einem Alter, wo man erst gar nicht wußte, wo man stand. Und sagen wir mal, da kam so zum ersten Mal, vielleicht kommt Ihnen das alles komisch vor, aber sagen wir mal, das Wort „Demokratie", das war an und für sich in meiner frühen Jugend, also Kindheit, war das ein Wort, das ja nicht viel gebraucht wurde, wo ich, sagen wir mal, auch gar nix mit anzufangen wußte im Grund genommen. Und dann so 45/46 war das in aller Munde irgendwie und daß ich also hinter diesem Begriff „Demokratie", ohne vielleicht erst richtig zu wissen, was dahintersteht, wie es praktiziert wird auch „Demokratie", also daß das für mich was Wunderbares war."[507]

Die Demokratie übernimmt hier die gleiche Rolle, die Antifaschismus und Sozialismus für Grete Lieser und Joachim Held spielten: Ohne eigentlich genau zu wissen, was hinter diesen neuen Formeln steckte, fühlten sich die Betreffenden davon angezogen, weil sich hier neue Identifikationsmöglichkeiten, neue Hoffnungen angesichts zerbrochener Ideale eröffneten. Es fällt auf, daß die Vertreter dieser Generation offenbar verstärkt das Bedürfnis haben, ein Credo zu formulieren. Gertrud Michalke nahm später einen beeindruckenden Aufstieg auf der gewerkschaftlichen Stufenleiter. In ihrer Lebenserzählung rückt sie ihre erste Begegnung mit der Demokratie und ihre spätere Entwicklung zur kämpferischen Betriebsratsvorsitzenden bei Nokia und zum Mitglied der großen Tarifkommission, der Frauenkommission der IG Metall selbst in einen engen Zusammenhang.

Alle drei „Aktivisten" setzen sich kaum mit ihrer früheren Gläubigkeit auseinander. Das gesellschaftliche Klima in der DDR wie in der Bundesrepublik förderte solche Auseinandersetzung nicht. Vor allem in der DDR, wo undemokratische Verhältnisse sich fortsetzten, konnten dadurch Autoritätsglaube, Gehorsam, Disziplin unhinterfragt in den neuen gesellschaftlichen Kontext hinübergenommen werden. Aber auch in der Bundesrepublik der fünfziger und sechziger Jahre hielt

506 Siehe auch Kapitel III, 2.
507 Nokia 7, S. 4.

man an solchen „alten Tugenden“ fest, wenn auch vielleicht weniger im politischen Kontext. Kennzeichnend für die Erzählung aller Befragten dieser Generation ist, daß sich ihre Überzeugung im Mai 1945 von einem Moment auf den anderen verflüchtigt, gewissermaßen in Luft aufgelöst hat. Im Vergleich zur Kriegsgeneration haben vor allem politisch Engagierte ihre lebensgeschichtlichen Erfahrungen stärker in ein Deutungskonzept integrieren können, das zweifellos im Zusammenhang mit ihrer Chance für einen Neubeginn steht.

### *Die erste Nachkriegsgeneration in Ost und West*

Die in den letzten Kriegsjahren oder nach 1945 Geborenen verfügen über keine eigenen Erfahrungen aus der Zeit des Nationalsozialismus. Sie sind nach dem Zusammenbruch des alten Systems und in der frühen Phase einer neuen Gesellschaft aufgewachsen und waren vor allem mit den jeweiligen gesellschaftlichen Deutungen der Vergangenheit und den Verarbeitungsmustern der Elterngeneration konfrontiert. Hinsichtlich der Überlieferung von Erfahrungen der Elterngeneration kann es bei unseren Gesprächspartnern aus Ost und West durchaus noch Gemeinsamkeiten geben. Die eigentlichen Unterschiede beziehen sich auf die Deutung und Verarbeitung der NS-Zeit.

Die Älteren aus dieser Gruppe können sich noch vage an Bombenangriffe oder Flucht erinnern. Auch die Jüngeren sind noch zwischen Trümmern aufgewachsen. In ihren ersten Lebensjahren haben sie Hunger und Entbehrungen kennengelernt. Manche von ihnen haben den Vater im Krieg verloren oder ihn erst spät nach der Rückkehr aus der Gefangenschaft kennengelernt. Manche Väter kamen mit schweren Verletzungen aus dem Krieg zurück. Die Mütter hatten Flucht und Vertreibung erlebt. Diese Generation ist im Schatten des Krieges groß geworden, sie hat eine unmittelbare Beziehung zu dem, was die Eltern erlebt und erlitten haben.

Dabei berichten fast alle Befragten aus Ost und West übereinstimmend, daß sie von ihren Müttern und Vätern nur wenig über die Zeit des Nationalsozialismus erfahren haben. Als Reaktion auf die eigenen traumatischen Erlebnisse stürzten sich die Eltern in die Arbeit und prägten damit die Haltung ihrer Kinder. So wie es Edith Jonas, Jahrgang 1940, Bochum, schildert, werden es viele erlebt haben:

> „Unser Vater interessierte sich da nicht für [für Politik] … aus dem Krieg kommend, also ich denk mal, der verdrängte mehr wie er vielleicht wollte. Mutter hatte die Flucht in den Knochen, sie redete da zwar drüber, aber ich will nicht sagen, daß das eine besondere Bewältigung war, das kann ich nicht sagen, nein, gab es eigentlich nicht zu Hause. Bei uns war der Slogan: Arbeit, Arbeit, Arbeit.“[508]

508 Nokia 3, S. 19.

Vereinzelt berichteten Eltern etwas über Konzentrationslager oder über die Verfolgung der Juden. Sonja Grätz, Jahrgang 1954, hat von ihrer Mutter, einer gebürtigen Dresdnerin, von den schrecklichen Bombenangriffen auf Dresden gehört. Sie hat ihrer Tochter auch erzählt, daß sie auf dem Dresdner Hauptbahnhof einen mit Hunden bewachten Deportationszug gesehen habe, damals aber nicht genau wußte, was das bedeutete.

Frank Baranowski, Jahrgang 1943, wuchs in Oranienburg auf, wo sich auch das Konzentrationslager Sachsenhausen befand:

> „... in Oranienburg war ja das KZ und war ja wahrscheinlich auch so wie überall, die wußten alle mehr oder weniger, was läuft, gemacht hat im Prinzip auch keiner was. Ich sag mal, man kann es jetzt vergleichen, ist natürlich ganz anders, aber zu DDR-Zeiten wußten wir auch alles, was los ist, obwohl viele was anderes gesagt haben, man selber vielleicht auch, aber im Prinzip wußte man auch, was Sache ist. Ist natürlich ein ganz anderer Vergleich, aber ...“[509]

Einmal habe seine Mutter erzählt, daß sie auf offener Straße Mitleid mit einer Kolonne von KZ-Häftlingen geäußert habe. Da sei sie gleich von einer angesprochen worden, in dem Sinne: sie könne ja auch mitkommen. Aber ansonsten hätten sich die Erwachsenen sehr bedeckt gehalten. Frank Baranowski konstatiert das Schweigen seiner Eltern, bewertet es aber nicht. Mit dem Vergleich zu seinem eigenen Verhalten zu DDR-Zeiten (obwohl er betont, daß man das nicht auf eine Stufe stellen könne) bekräftigt er seine Interpretation.

Der Bochumer Anton Neues, Jahrgang 1945, lernte erst 1947 seinen Vater kennen, der schwerkrank aus der Kriegsgefangenschaft wiederkam:

> „... mit den Juden, ja gut, wir haben nicht viel drüber gesprochen. Nur, es wurde so, in dieser sogenannten Reichskristallnacht, was dann so passiert war bei uns im Ort, daß denen plötzlich alles kaputtgeschlagen wurde, da wurde schon drüber geredet.“[510]

Anton Neues erzählt aber auch von seinem Onkel, der 1933 ins KZ gesperrt wurde, weil er als Polizist vor Hitlers Machtergreifung eine Demonstration der Nazis aufgelöst habe. Dieser Onkel habe nie gesagt, was wirklich im KZ passiert sei, aber wenn die Sprache darauf gekommen sei, habe er geweint. Dieses Schweigen und Weinen wird auf den Jungen einen mindestens ebenso starken Eindruck gemacht haben wie ein Bericht über Grausamkeiten. Der Dialog zwischen den Generationen kam jedoch dadurch nicht zustande.

Das Leben der Väter unserer Befragten war vom Krieg und von der anschließenden Gefangenschaft gezeichnet. Der Vater von Gerhard Ring[511] aus Hennigsdorf trug eine schwere Hirnverletzung davon, an deren Folgen er schon in den

509 Hennigsdorf 10, S. 58.
510 Nokia 14, S. 54.
511 Siehe auch Kapitel III, 3 a.

sechziger Jahren starb. Der Vater von Fritz Rösler aus Dortmund verlor im Krieg ein Bein. Sein Sohn mußte als Kind und Jugendlicher immer zu seiner Verfügung sein, ihm gewissermaßen das fehlende Bein ersetzen, woraus sich große Spannungen zwischen Vater und Sohn ergaben.

Der Krieg jedoch, von dem die Väter erzählten – so stellen es Söhne und Töchter häufig dar – bestand scheinbar im wesentlichen aus heiteren Episoden. Erst aus der Zeit der Gefangenschaft wurden auch schwere und traurige Erfahrungen übermittelt, ebenso wie von der Vertreibung aus der Heimat, der Verschleppung von Familienangehörigen, also Situationen, in denen die Erzählenden sich als Opfer sahen, als Objekte von Willkür und Mißhandlung.

Ob ihre Eltern Nazis waren, ist für unsere Gesprächspartner meist kein Thema. Nur Wilhelm Müller aus Dortmund erwähnt, daß sein Vater wahrscheinlich noch Nazi wäre, „wenn man ihn ließe".[512] Gerhard Ring deutet ähnliches an, wenn er sagt, daß sein Vater noch Jahrzehnte später meinte, für eine gute Sache gekämpft zu haben. Da Gerhard Ring in der Schule eine andere Sicht vermittelt wurde, kam es zu Auseinandersetzungen zwischen Vater und Sohn, die aber nicht zum Bruch führten. Zum Zeitpunkt unseres Gesprächs, also Jahrzehnte nach dem Tod des Vaters, äußert Gerhard Ring sogar Verständnis für dessen Haltung:

> „weil er nicht einfach, sag ich mal, zehn Jahre auswischen wollte aus seinem Leben, daß er nun vollkommen was Verkehrtes gemacht hat …"[513]

Doch im allgemeinen halten die Nachkriegskinder ihre Eltern für unpolitische kleine Leute, die die Politik der Mächtigen erleiden mußten, die nichts dagegen tun konnten, und sie identifizieren sich mit dieser Haltung der Eltern, zumindestens hinterfragen sie sie nur in Ausnahmefällen.

Hans Kleinschmidt, Hennigsdorf, Jahrgang 1939, der SED-Mitglied war und sich mit dem DDR-Staat identifizierte, lernte seinen Vater erst 1947 kennen, als dieser aus französischer Gefangenschaft heimkehrte. Bald nach seiner Rückkehr trat der Vater in die SED ein und erzog auch Hans Kleinschmidt in diesem Sinne. Doch auch er erzählte seinem Sohn nur die heiteren Episoden aus dem Krieg, weil er meinte, das andere würde der Junge schon aus dem Schulunterricht mitbekommen. Sein Sohn erfuhr nicht, ob der Vater schon vor 1933 Nazigegner war, oder ob und unter welchem Einfluß seine Überzeugungen sich später wandelten. Eine diesbezügliche Frage quittierte Kleinschmidt mit merklichem Erstaunen. Er selbst hatte sie nie gestellt.

Karl Schwarzer[514] aus Dortmund ist ein Beispiel für die fast vollständige Identifikation von Angehörigen seiner Generation mit dem Blickwinkel der Eltern, wie auch mit ihrem Schweigen und ihren Tabuisierungen. Bei Karl Schwarzer geht es

512 Hoesch 8, S. 9.
513 Hennigsdorf 5, S. 4.
514 Siehe auch Kapitel III, 3.

zunächst um die wiederkehrenden nächtlichen Schreie des Vaters, die dem Kind und dem späteren Jugendlichen nicht gedeutet wurden, die ihn aber sehr beunruhigten. Er gibt schließlich eine widerspruchsvolle Erzählung seines Vaters wieder, der bei Kriegsende in jugoslawische Gefangenschaft geraten und nach einem Ausbruchsversuch schwer mißhandelt worden sei. Ein weiterer Ausbruchsversuch schließlich gelang, in dessen Verlauf dem Vater und seinen Kameraden „nix weiter über(blieb) als die Bewacher zu ermorden".[515] Bei der ganzen Geschichte spielt der Verdacht auf SS-Mitgliedschaft des Vaters eine Rolle, der aber vom Sohn, der Argumentation des Vaters folgend, als Mißverständnis bezeichnet wird. Wahrscheinlich schweigt Schwarzers Vater über wesentliche Zusammenhänge seiner Geschichte und tabuisiert sie damit. Der Sohn respektiert diese Tabus. Er macht sich die Perspektive des Vaters zu eigen, in der dieser ausschließlich als Opfer der Ereignisse erscheint. Das geht soweit, daß der Sohn auch den Mord des Vaters an den jugoslawischen Bewachern als unausweichlich rechtfertigt.

Was die Übermittlung von Erfahrungen zwischen den Generationen betrifft, so sind in Ost und West keine großen Unterschiede zu beobachten. Allerdings trafen diese Informationen auf eine jeweils andere gesellschaftliche Atmosphäre. Die Söhne und Töchter der Kriegsgeneration wurden in der DDR sowohl in der Schule als auch in außerschulischen Veranstaltungen der Pionierorganisation, der FDJ usw. schon frühzeitig mit einem in sich geschlossenen Weltbild vertraut gemacht. Sie lernten, die Verbrechen des Faschismus zu verurteilen und sich mit dem antifaschistischen Widerstand zu identifizieren. Fast ausnahmslos besuchten sie anläßlich ihrer Jugendweihe zum ersten Mal eine KZ-Gedenkstätte. Gedenkzeremonien für die gefallenen Sowjetsoldaten oder die ermordeten Helden des Widerstandes waren Teil ihres Alltags. Viele dieser Generation sprechen rückblickend von beeindruckenden Besuchen in Buchenwald oder Sachsenhausen, auch von Büchern (Bruno Apitz „Nackt unter Wölfen" und Anna Seghers „Das siebte Kreuz"), die sie gelesen haben, weil sie im Literaturunterricht behandelt wurden.

In der ehemaligen DDR eröffnete das Schweigen der Eltern der gesellschaftlichen Erziehung ein weites Feld. Die fragmentarischen Erzählungen, die nicht selten im Widerspruch zum offiziellen Geschichtsbild standen, wenn sie sich z.B. auf Vergewaltigungen und Vertreibungen bezogen, wurden von den Kindern zur Kenntnis genommen, ohne irgendwie verarbeitet zu werden. Nur in Ausnahmefällen, wie bei Gerhard Ring, gab es eine Auseinandersetzung mit diesen Geschehnissen. Meist läßt sich ein seltsames Nebeneinander von gegensätzlichen gesellschaftlichen und familiären Erfahrungen beobachten, wobei die gesellschaftliche Erziehung offensichtlich dominierte, nicht zuletzt deshalb, weil die Eltern, vor allem die Väter, die Verantwortung der Gesellschaft überließen. In mancher Hinsicht je-

515 Hoesch 18, S. 11 f.

doch bestätigten die Aussagen der Eltern auch das offizielle Geschichtsbild. Die vielen kleinen Nazis, die in die große Schuld verstrickt waren, kamen in der Geschichtspropaganda nicht vor. Die Schuldigen waren die großen Monopole, die SS-Aufseher in den KZ's – Nazis gab es nur in der Bundesrepublik, dem feindlichen Nachbarstaat, an den alle Last der Vergangenheit delegiert wurde. So lernten die Kinder den Abscheu vor dem NS-Regime, das die furchtbarsten Verbrechen hervorgebracht hatte; sie verurteilten die Nazis, häufig ohne sich bewußt zu machen, daß auch ihre Eltern mehr oder weniger dazugehört hatten.

In der Bundesrepublik war die Situation anders. Das Schweigen der Eltern korrespondierte zunächst mit einem Schweigen in der Gesellschaft. Viele unserer Befragten aus dieser Generation (bei den folgenden Jahrgängen sieht das anders aus) sagen, daß sie in der Schule nichts oder wenig über die Zeit des Nationalsozialismus gelernt haben[516] und sie deuten dies als ein vorsätzliches Schweigen. Anton Neues meint, diese Periode sei „geflissentlich übergangen" worden. Er hatte einige seiner Lehrer im Verdacht, daß sie alte Nazis waren.[517] Karl Schwarzer holte sich sein Wissen dann später aus Büchern und gewerkschaftlichen Seminaren, aber in der Schule kam das Thema nicht vor:

> „... du hast ja von Kreuzzügen und was allen Tüttelkram hast du ja was mitgekriegt, bloß die Geschichte, die ja ... grade als Baujahr '48 ... die letzte Vergangenheit [war], darüber durfte in den Schulen ja damals nicht gesprochen werden ... "[518]

Ähnliche Erfahrungen in der Schule machte Erich Heindling, der ebenfalls später in gewerkschaftlichen Seminaren ein recht umfassendes und differenziertes Bild vom NS vermittelt bekam:

> „Die Geschichte hörte eigentlich vor 33 auf. Und das Thema Nazizeit war eigentlich nie Thema in der Schule gewesen. Auch in der Berufsschule eigentlich hat das nie 'ne Rolle gespielt, sondern das hörte irgendwie mit'm Ersten Weltkrieg auf und dann war das 8. Schuljahr zu Ende und wir waren nur bis dahin gekommen. Möglicherweise war das ja auch ganz bewußt so, daß wir nur bis dahin gekommen sind, aber damals ist einem das nicht aufgefallen."[519]

Es liegt nahe anzunehmen, daß vor allem diejenigen, die das Fehlen des Themas im Geschichtsunterricht als ausgesprochenen Mangel empfanden, heute darüber reden. Meist haben sich die Betreffenden dann später, in den sechziger und siebziger Jahren als junge Erwachsene in einer veränderten gesellschaftlichen Situation,

516 Bei der Bewertung dieser Äußerungen muß man allerdings berücksichtigen, daß die meisten unserer Interviewpartner die Schule mit Abschluß der 8. Klasse verließen, während das Thema Nationalsozialismus häufig erst in den höheren Klassen behandelt wurde.

517 Nokia 14, S. 53.

518 Hoesch 18, S. 60 f.

519 Hoesch 3, S. 73.

nach dem Aufbruch der 68er, eigenständig mit der Thematik beschäftigt. Eine wichtige Rolle scheinen bei den von uns Befragten gewerkschaftliche Seminare gespielt zu haben, die bei einigen sogar zu einem Interesse an der Geschichte der Zwangsarbeiterlager bei Hoesch und Krupp geführt hat.

Die Gruppe der „politisch Bewußten" unterscheidet sich deutlich von einer anderen Gruppe, die – analog zum Verhalten der Eltern – die beunruhigende Vergangenheit lieber verdrängen möchten, wie es Edith Jonas zum Ausdruck bringt:

> „Also am Rande weiß ich von alledem was, aber, sagen wir mal, das hab ich nie bei mir im Kopf in den Vordergrund kommen lassen, weil da ist einfach so viel Perverses, so Schlechtes und Erniedrigendes bei, da will ich überhaupt gar nicht richtig Bescheid drüber wissen, glauben Sie das, das belastet nämlich."[520]

Im Rahmen dieses doppelten Schweigens seitens der Eltern und der Gesellschaft haben sich Vertreter der Nachkriegsgeneration in der Bundesrepublik offenbar dieser „belastenden" Thematik häufig erst gar nicht zugewandt. Andere wiederum fühlten sich mit den Problemen alleingelassen und werfen das den Älteren heute vor. Das einzige, was übermittelt wurde, war demnach das Tabu. In diesem Spannungsfeld mußte diese Generation ihr Selbstverständnis finden. Es gab mehrere Arten von Reaktionen auf diese Situation. Den Typ des 68ers, der sich von den Eltern distanziert und sie mit Schuldvorwürfen konfrontiert, haben wir unter den befragten Arbeitnehmern nicht angetroffen. Bei unseren Interviewpartnern gibt es keine deutliche Kluft zwischen Eltern und Kindern. Eine Gruppe der Befragten setzte sich jedoch mit dem Schweigen der älteren Generation insgesamt auseinander und beschäftigte sich später mehr oder weniger intensiv auf eigene Initiative mit der Zeit des Nationalsozialismus. Daraus entwickelten sich authentische und differenzierte Haltungen. Die andere Gruppe neigt dazu, wie ihre Eltern, die Erinnerung an diese Zeit abzuwehren. Wir werden im Abschnitt „Gegenwartsbedeutung des Nationalsozialismus" sehen, daß gerade die letztgenannte Gruppe heute die Erinnerung in engem Zusammenhang mit fortdauernder nationaler Schuldzuweisung sieht und sich dagegen zur Wehr setzt.

### *Die zweite Nachkriegsgeneration in Ost und West*

Die zweite Nachkriegsgeneration, Mitte/Ende der fünfziger Jahre und später geboren, fühlt sich schon weit entfernt vom Nationalsozialismus. Ihre Eltern waren am Ende des Krieges Kinder und Jugendliche. Wenn überhaupt, so erzählten sie ihnen von Bombenangriffen, Flucht und Vertreibung sowie vom Hunger in der Nachkriegszeit. Manchmal erfuhren die Kinder lediglich, daß ihre Eltern „von al-

520 Nokia 3, S. 70.

lem" – und damit sind die Verbrechen gemeint – nichts gewußt haben. Dieser Generation wurden offenbar in geringerem Maße persönliche Erfahrungen im Kontext der Familie vermittelt. Ihr Wissen über den Nationalsozialismus bezogen sie vorwiegend aus dem Schulunterricht, den Medien, aus Besuchen von Gedenkstätten (im Osten), Gewerkschaftsseminaren (im Westen) usw. Die Geschichtsbilder, die ihnen vermittelt wurden, unterschieden sich in Ost und West in der Zeit ihres Erwachsenwerdens deutlich voneinander. Während in der DDR die Tradition des kommunistischen Widerstandes im Mittelpunkt der antifaschistischen Erziehung stand, rückte in der Bundesrepublik seit den sechziger Jahren die Auseinandersetzung mit dem Holocaust ins Zentrum.

Vereinzelt berichten Vertreter dieser Generation auch von Erzählungen seitens der Großeltern, die prägenden Einfluß ausübten. Kurt Gröne, Jahrgang 1960, aus Bochum, wuchs bei seinen Großeltern auf:

> „Und mein Großvater, der war also damals bei den Kommunisten während der Nazi-Diktatur in Deutschland und ist auch ein paarmal angeeckt. War wohl auch verhaftet gewesen, wurde auch oft abgeholt, mißhandelt. Und von daher war bei uns also immer 'ne antinationalistische Tendenz. Waren nicht gut zu sprechen auf das braune Umfeld."[521]

Genaueres weiß Kurt Gröne offensichtlich nicht, aber er fühlt sich der Tradition der Großeltern verpflichtet, die er als „antinationalistisch" bezeichnet. Seine Großmutter habe ihn auch vor „irgendwelchen Idolen oder Mitläufertum" gewarnt und ihn angehalten, sich eine eigene Meinung zu bilden. Kurt Gröne erzählt von einem „Schlüsselerlebnis", das er mit sechs oder sieben Jahren hatte, als er im Fernsehen ein Theaterstück über jüdische Kinder sah, die im KZ umgebracht wurden:

> „Und das war für mich 'n unheimlicher Schock, denn daß also Kinder, also wie ich damals war, halt umgebracht worden sind, nur weil sie 'n andern Glauben hatten. Das war so'n Schlüsselerlebnis für mich gewesen. Und das hat sich auch bis heute fortgesetzt, daß ich also da sehr allergisch reagiere, wenn Leute wegen ihrer Religion, Rasse oder so diskriminiert werden … ein wunder Punkt bei mir."[522]

Bei Kurt Gröne wurde die Erziehung der Großeltern durch das bewegende Erlebnis eines Theaterstücks unterstützt und fortgesetzt. Aus diesem Erlebnis, das er selbst als besonders prägend bezeichnet, leitet er seine gegenwärtige Ablehnung von jeglichem Rassismus und der Diskriminierung von Minderheiten ab.

Lothar Fuchs aus Hennigsdorf war im Rahmen seiner Familie ganz anderen Einflüssen ausgesetzt. Er erzählt von seinem Großvater, der sich seine nationalsozialistischen Überzeugungen offenbar ungebrochen bewahrt hatte:

521 Nokia 2, S. 5.
522 Ebd., S. 6.

„Das Beeindruckendste war, daß mein Opa 'n Hochdekorierter im Ersten Weltkrieg war. Und der war nicht schlecht drauf, der alte Mann. Mit 79 wollte der noch alle umbringen. Ich meine, der war sehr rassistisch eingestellt, der war eben Arier durch und durch und hat sich irgendwie ... er wollte das vermitteln auf alle andern. Und wenn das nicht geklappt hat, war er wütend, den wollte er mit'm Krückstock erschlagen [...] ich hab den Zweiten Weltkrieg durch meine Mutter kennengelernt, in Gesprächen, wie sie so gelebt haben, noch mit Kartoffelschalen essen und was weiß ich was alles machen. Das geht eigentlich, da hab ich 'ne gesunde Einstellung zu."[523]

Offenbar waren der „hochdekorierte" Soldat und seine Erzählungen für Lothar Fuchs beeindruckender als die Leidensgeschichten der Mutter vom Hunger am Ende des Krieges. Die Worte des Enkels drücken gleichzeitig Faszination und Distanz gegenüber dem starken Großvater aus. Ähnlich ambivalent erscheint seine Haltung zur nationalsozialistischen Vergangenheit. In verschiedenen Passagen des Interviews gibt Lothar Fuchs ein Gewaltcredo zu erkennen, gleichzeitig scheint er jedoch beeinflußt von Elementen der antifaschistischen Erziehung in der Schule. Ausführlich erzählt er z.B. von seiner Lektüre des Buches von Robert Merle „Der Tod ist mein Beruf", das die Lebensgeschichte des Auschwitzkommandanten Rudolf Höß nachzeichnet.

Unter den Befragten trafen wir – in Ost und West – auch auf eine Gruppe, deren Bild von der nationalsozialistischen Vergangenheit kaum aus der familiären Überlieferung gespeist wurde. Anton Blume aus Hennigsdorf z.B. sagt, daß er von Eltern und Großeltern nur sehr wenig aus dieser Zeit erfahren hat. Er bringt das Gefühl zum Ausdruck, daß die Älteren ihm etwas verschwiegen haben. Anton Blume wurde von einer engagierten Lehrerin zu einer antifaschistischen Pro-DDR-Haltung erzogen.

Auch der Schulunterricht wird z.T. kritisch gesehen. Christiane Eger aus Dortmund beklagt, daß sie während ihrer Schulzeit über den Nationalsozialismus nichts erfahren habe. Sie empfindet die Beschäftigung mit dieser Geschichtsperiode jedoch als so bedeutsam, daß sie im Rahmen einer Arbeitsgruppe der IG Metall die Geschichte der Zwangsarbeiterlager von Hoesch im Dritten Reich erforscht hat.

Auf der anderen Seite gibt es jedoch auch Stimmen, die betonen, daß sie sich in der Schule von diesem Thema überfordert gefühlt haben. Heike Bützow aus Dortmund meint:

„Da hatten wir unheimlich viel so dieses Thema 'Juden'. Dieses ganze, wie schlecht die Deutschen waren. Sicherlich ist das 'ne ganz schlimme Sache gewesen und wir waren auch alle ziemlich betroffen. Wir hatten noch jemand einge-

523 Hennigsdorf 2, S. 46.

laden, der uns erzählt hat vom KZ, in dem er auch war. Da war ich auch fertig, muß ich echt sagen. Das hat, glaub' ich, jeden mitgenommen und ist jedem unter die Haut gegangen. Aber irgendwann, denk ich auch mal, sollte es erledigt sein. Daß es schlimm war, das muß bekannt sein, eigentlich ..."[524]

Die Schwere und Eindrücklichkeit der Geschichtsvermittlung sind für Heike Bützow ein Problem. Das „Thema Juden" und der Bericht eines ehemaligen KZ-Häftlings haben vor allem ihr Gefühl angesprochen. Sie spricht davon, daß sie „fertig" war, daß es ihr „unter die Haut gegangen" ist. Dieses nachhaltige Erlebnis, das für sie zweifellos den Nationalsozialismus aus allen anderen in der Schule vermittelten Geschichtsepochen heraushebt, ruft bei ihr Abwehrreaktionen hervor. Sie drückt deshalb den Wunsch aus, daß es irgendwann „erledigt" sein sollte, mit anderen Worten, daß der NS ein ganz normaler Teil der Vergangenheit werden soll.

So wie Heike Bützow reagieren auch andere Vertreter dieser Generation, überwiegend aus der Bundesrepublik, frustriert und genervt auf die Behandlung des Holocaust in der Schule und vielleicht auch in den Medien. Abgewehrt wird hierbei vermutlich nicht so sehr ein Zuviel an Informationen, sondern eher die Schwergewichtigkeit und Emotionalität der Botschaften, die ihnen vermittelt wurden. Deshalb meinen sie, man solle nicht immer darauf herumreiten, die Geschichte nicht immer wieder „warmkochen". Mehrmals fiel in den Interviews die bildhafte Äußerung, man sollte die Vergangenheit „im Hinterkopf behalten".[525] Darin drückt sich offenbar der Wunsch nach Distanz, gewiß auch emotionaler Distanz, aus. Die Geschichte sollte nicht vergessen werden, ihre Allgegenwärtigkeit wird jedoch abgelehnt.

Für die Befragten dieser Generation ist der Nationalsozialismus schon Geschichte und nicht mehr existentielle Erfahrung wie bei den Eltern. Sie können deshalb dazu ein unbefangeneres Verhältnis entwickeln, das sich vorwiegend aus Impulsen der Gegenwart speist. Mit der zeitlichen Distanz zum Ereignis wächst das Gewicht der gesellschaftlichen Erziehung. Als Reaktion darauf können wir zwei Haltungen unterscheiden, die sowohl bei den Gesprächspartner im Westen wie im Osten anzutreffen sind: Auf der einen Seite Interesse und Aufgeschlossenheit sowie der Impuls zur eigenständigen Auseinandersetzung mit dem Thema, auf der anderen Seite Abwehr und Distanz und der Wunsch, der Nationalsozialismus möge seine besondere Bedeutung für das historische Bewußtsein der Gesellschaft nach und nach verlieren.

524 Hoesch 2, S. 55.

525 Siehe Hoesch 17, S. 58 f.; Hoesch 4, S. 55; Hoesch 10, S. 56 u.a.

### b) Die Gegenwartsbedeutung des Nationalsozialismus

Wissen und Erfahrungen aus der Vergangenheit sind eine Sache; eine andere Sache ist die Bedeutung, die die Befragten dem Nationalsozialismus für das Selbstverständnis der Deutschen in der Gegenwart beimessen, welches Gewicht für sie die Erinnerung hat und welche Schlußfolgerungen sie daraus für die Gegenwart und Zukunft ziehen. Die Antworten auf diese Fragen können wir bei allen Interviewpartnern in zwei Haupttypen einteilen.

Das sind zum einen die „Verantwortungsbewußten", die der Erinnerung an den Nationalsozialismus bis heute eine große Bedeutung zumessen und diese Notwendigkeit, manchmal recht stereotyp, vor allem mit Ereignissen aus der Gegenwart, dem Erstarken neonazistischer Tendenzen unter Jugendlichen usw. begründen. Die Erinnerung hat für sie den einzigen Zweck, eine wie auch immer geartete Wiederholung der Vergangenheit zu verhindern.

Die zweite Gruppe möchten wir als „Schlußstrichbefürworter" bezeichnen. Mit unterschiedlichen Akzenten distanzieren sie sich zwar von den Verbrechen des Nationalsozialismus und meinen, daß man nicht vergessen sollte. Gleichzeitig fassen sie aber die Gegenwärtigkeit der Vergangenheit in den aktuellen Debatten als eine ständige Vorhaltung von Schuld auf und fühlen sich dadurch in ihrem nationalen Selbstverständnis verletzt. Zur Abwehr dieses fiktiven Schuldvorwurfs benutzen sie häufig stereotype Argumente, die nicht selten Elemente von Antisemitismus, Ausländerfeindlichkeit und Versuche der Bagatellisierung von NS-Verbrechen enthalten.

Wie stellt sich das Verhältnis dieser beiden Gruppen in den untersuchten Generationen dar? Unter den Befragten aus der Kriegsgeneration haben wir in Ost und West keine „Schlußstrichbefürworter" angetroffen. Die beiden Vertreter, Günter Beckers und Max Hiller, deren Äußerungen in diesem Kapitel miteinander verglichen wurden, äußern sich entsprechend ihren verschiedenen Verarbeitungsmustern. „Das könne man nicht vergessen", sagt Günter Beckers, wobei er ganz allgemein an die vielen Opfer denkt, die der Krieg auf allen Seiten gekostet hat:

> „Das waren 52 Millionen Tote damals hier, mit allem Drum und Dran, die Russen, wir, Frankreich, die Italiener auf dem Balkan und Griechen hier und wie auch alle, und die Zivilisten, die durch Bombenterror hier ... 52 Millionen, das kann man doch nicht vergessen."[526]

Max Hiller findet es sehr wichtig, die Lehren aus der NS-Zeit zu beherzigen. Er sieht in der gegenwärtigen Situation nach der Vereinigung Deutschlands große Gefahren eines Erstarken des Neonazismus. Beunruhigend sind für ihn sowohl der

526 Hoesch 19, Zweitinterview S. 11.

Anstieg der Arbeitslosigkeit als auch das scheinbar ungehinderte Agieren von neonazistischen Gruppen. Die Polizei beschäftige sich nur mit den Linken und unternehme nichts gegen die Rechten. Darin sieht Hiller Parallelen zu den letzten Jahren der Weimarer Republik:

> „Und solche Dinge, da hab ich Angst, könnten also in der Bundesrepublik genauso wieder passieren."[527]

Eine Wiederholungsgefahr besteht nach Meinung von Max Hiller auch deshalb, weil gegenwärtig keine von den Parteien „endgültig und richtig den Leuten sage, wo's hingeht", so daß die Menschen eben solchen „Marktschreiern in der Weltgeschichte" hinterherlaufen.[528] Diese überzogene Erwartung an Politik, die den Leuten „endgültig und richtig" einen Weg zeigen müsse, ist letztlich der Ausdruck von Hillers Sehnsucht nach eindeutiger Zukunftsorientierung. Aus dem Verlust der Eindeutigkeit sowie der Auflösung des Fortschrittsglaubens nach dem Zusammenbruch des sozialistischen Weltsystems folgt für ihn direkt die Gefahr des Neofaschismus.

Ein wenig ambivalenter ist die Antwort von Kurt Panitz, der im gleichen Atemzug die Stalinschen Verbrechen nennt:

> „Das soll in die Geschichte eingehen, das sollen auch die Kinder lernen. Aber man soll nicht viel Politik daraus machen, ja? Manchmal wird das auch zu hoch aufgespielt. Ist gut und schön, die Kinder sollen es lernen. Die Kinder sollen es auch behalten, denn das, was sie in der Schule lernen, behält man ja auch meistenteils. So, aber man soll nicht sehr viel dafür mit rausschlagen, das ist ... finde ich ... gucken Sie mal, in Rußland hat der Stalin Tausende von Menschen umgebracht und da kräht kein Hahn heute nach.[...] Und so ist das hier auch. Gut, man hat die Zeit und die wird verurteilt und die Kinder sollen es lernen, daß sich so eine Zeit nicht wiederholt."[529]

Kurt Panitz bewegt sich im Rahmen der political correctness, wenn er meint, daß der Nationalsozialismus nicht vergessen werden soll, damit er sich nicht wiederholt. Zugleich schwingt jedoch in den Wendungen: „in die Geschichte eingehen" und „nicht viel Politik draus machen" sein Wunsch mit, der NS-Vergangenheit sollte nicht zuviel Bedeutung in der Gegenwart beigemessen werden. Wenn er in diesem Zusammenhang auf die Verbrechen von Stalin zu sprechen kommt, so ist das wohl weniger eine Abwehr von nationaler Verantwortung, sondern der Ausdruck seiner existentiellen Erfahrungen als Kriegsgefangener in der Sowjetunion, die für ihn zweifellos schwerer wiegen als die Erinnerung an den Nationalsozialismus. „Da kräht kein Hahn heute nach", will heißen, diese Vergangenheit wird im Vergleich zum Nationalsozialismus in der Gegenwart nicht gebührend gewürdigt.

527 Hennigsdorf 3, S. 98.
528 Ebd., S. 112.
529 Hennigsdorf 19, S. 47.

Unter den Befragten der Hitlerjugendgeneration (und der etwas Jüngeren) sind wenig Unterschiede zwischen Ost und West zu verzeichnen. Ein wenig stereotyp und floskelhaft erklären Grete Lieser, Joachim Held und Berta Klaus aus Frankfurt/Oder, daß man diese Zeit nicht vergessen dürfe, damit so etwas nie wieder geschehe. „Nie wieder Krieg!" sagt Berta Klaus, das sei ihre Lehre aus der Vergangenheit, die sie bis heute aktuell findet.[530] Joachim Held bringt zum Ausdruck, daß er heute Probleme mit der Bewertung der Vergangenheit habe, weil die Enthüllungen – z.B. über sowjetische Verbrechen an polnischen Offizieren – sein früheres einfaches Weltbild von Gut und Böse durcheinander gebracht haben.[531] Grete Lieser verweist auf die Lehren, die heute den Jugendlichen, bei denen sie ihre eigene frühere Faszination für Hitler erschreckt wiedererkennt, übermittelt werden müßten:

> „Deswegen kann man nur sagen, wenn man die Auswirkungen nachher mit den KZ und was er alles gemacht hat, nicht ... Und das müßte den Jugendlichen ... ich weiß nicht, ob die in der Schule, ob das vermittelt wird noch, oder ob sie da gar nichts von erzählen ... Denn es ist ja das Komische, daß die ganze rechte Szene, das sind ja alles Jugendliche, die ja den Hitler gar nicht erlebt haben, nur Überlieferung und ..."[532]

Die Gegenwartsbedeutung des Nationalsozialismus liegt also für Grete Lieser und auch für Berta Klaus vor allem in der Abschreckung. Jugendlichen soll vor Augen geführt werden, wohin die Entwicklung damals ging, damit sie sich nicht zu neonazistischen Ideen hingezogen fühlen.

In ähnlichem Sinne, wenn auch ambivalenter, äußert sich Rudolf Lampe aus Hennigsdorf, wenn er meint, die Erinnerung an den Faschismus sei wichtig, vor allem im Hinblick auf „die Radikalen", wie er die neonazistischen Gruppen nennt:

> „Man sieht ja schon wieder, und was würde wieder auf uns zukommen, wenn die die Macht in die Hand kriegen, die Radikalen, dann kommt dasselbe. Die machen, die sind ja heute schon, wieder mit die Juden, mit alles."[533]

Lampe distanziert sich mehrmals und entschieden von diesen „Radikalen" und Skinheads. Im gleichen Atemzug erregt er sich allerdings über die große Anzahl von Asylbewerbern, die den Deutschen nur „auf der Tasche lägen". Schließlich stellt sich noch heraus, daß Lampes Affekte gegenüber den jugendlichen Skins unter anderem auf deren unhöflichen und rüden Auftreten und ihrem unkorrekten Äußeren beruhen. So etwas hätten sie sich als Hitlerjungen früher nicht erlauben dürfen, meint er empört.[534] Hinter Rudolf Lampes pauschaler Formel „Nicht Ver-

530 Frankfurt/O. 7, S. 44 f.
531 Frankfurt/O. 9, S. 67.
532 Frankfurt/O. 5, S. 65 (Frankfurt/O. 5 a, S. 26).
533 Hennigsdorf 4, S. 78.
534 Ebd., S. 48 f.

gessen!“ verbirgt sich eine Mischung von Erinnerungen und Wertvorstellungen, die offenbar niemals hinterfragt oder bearbeitet wurden.

Bei den befragten Altersgenossen der Genannten aus Dortmund und Bochum finden wir durchweg recht formelhafte Äußerungen über die Gegenwartsbedeutung des Nationalsozialismus im Sinne von „Nie wieder!“, doch auch zwei bemerkenswerte Ausnahmen. Eine Ausnahme bildet Wilhelm Lehmann aus Dortmund, Jahrgang 1934, dessen Vater während der NS-Zeit inhaftiert war, und der sich selbst weigerte, ein Braunhemd anzuziehen. Wilhelm Lehmann bekundet eine ganz unspektakuläre, aber offenbar tief empfundene Zuwendung zu den Opfern, den Verfolgten des NS, die aus seiner Familiengeschichte herrührt. Wenn er in Berlin sei, fahre er immer nach Plötzensee und vollziehe „eine stille Verneigung vor den Widerstandskämpfern …“ Er spricht sich für eine „Geschichtsschreibung von unten“ aus, fordert, daß nicht immer nur vom 20. Juli geredet wird, sondern auch von den vielen kleinen Leuten, die Widerstand geleistet haben.[535] Das Besondere an Wilhelm Lehmann ist, daß er sich beim Thema NS und seine Gegenwartsbedeutung vor Allgemeinplätzen hüten möchte. Ein Allgemeinplatz ist für ihn die Wendung, sowas dürfe nie wieder passieren:

> „Ich denke mal, wir müssen offen darüber diskutieren, wie wir mit den Ausländern zusammenleben, nichts beschönigen und nichts weglassen, weil das können wir gerade in dieser Siedlung … erlebe ich das hautnah. Es hat also keinen Zweck zu sagen, daß es die Konflikte nicht gibt. Man muß die Konflikte menschlich anfassen und nicht mit Totschlagargumenten …“[536]

Die andere Ausnahme ist Lehmanns bester Freund, August Iskamp, der ebenfalls Jahrgang 1934 ist und mit Lehmann zusammen am Dortmunder Borsigplatz aufwuchs. Er wurde Pimpf und ließ sich von Kriegsspielen und Zeltlagern begeistern. Beide Männer engagierten sich in der Nachkriegszeit in der Gewerkschaft und in der SPD und arbeiteten als Betriebsräte eng zusammen. Iskamp verurteilt nachdrücklich die Verbrechen des Nationalsozialismus – er erzählt z.B. von einem Besuch in der Gedenkstätte Sachsenhausen – und meint, man müsse „alles tun, daß sich das nicht wiederholt“.[537] Aber gleichzeitig plädiert er für einen Schlußstrich:

> „… insofern … daß man so langsam mit den Schuldzuweisungen aufhören muß. Ich war im Betrieb und eu wurden damals zur Wiedergutmachung Keules gewalzt oder Ringe, wie wir gesagt haben, für Israel. Das war imahmen der Wiedergutmachung. Ich hab fürchterlich geflucht dabei, weil ich als Schweißer im Haspel sitzen mußte, vor diesen glühenden Keules und mußte an beiden Seiten die Ende anschweißen, damit die seefest verpackt werden konnten. Da hab ich mich natürlich geärgert, daß ich ausgerechnet diese Ringe schweißen

535 Hoesch 16, S. 45.
536 Ebd., S. 77.
537 Hoesch 15, S. 104.

mußte, weil ich selbst dabei geschwitzt habe. Es war im Rahmen der Reparation, wo diese Dinge gemacht wurden und irgendwo ist Schluß, wenn man sieht, daß die Israelis mit ihren Feinden noch viel schlimmer umgehen als als hier die Ausrottung da war, die ich nicht befürworte, das ist was ganz Schlimmes gewesen. Aber wenn ich einem andern Volk Vorwürfe mache, dann muß ich selbst anders handeln. Das will ich damit gesagt haben."[538]

August Iskamp identifiziert gewissermaßen die Erinnerung an die NS-Verbrechen mit immerwährenden „Schuldzuweisungen", die er als Deutscher unmittelbar auf seine Person bezieht. Die unangenehme Arbeit, die Iskamp leisten mußte, um diese Ringe für die Lieferung nach Israel herzustellen, bringt er ganz unvermittelt mit seiner Ablehnung der Politik Israels und seiner Forderung nach einem Schlußstrich in Verbindung. Da die Israelis, seiner Meinung nach, heute „noch viel schlimmer mit ihren Feinden umgehen", als die Deutschen damals mit ihnen, haben sie aus seiner Sicht nicht nur den moralischen Anspruch auf Wiedergutmachung verloren, sondern dürfen den Deutschen auch heute keine Vorwürfe mehr machen. Sein latenter Antisemitismus, der sich hier äußert, steht in krassem Widerspruch zu seinem sonstigen Bemühen um eine politisch korrekte Verurteilung des Nationalsozialismus und der neonazistischen Bestrebungen.

Die gravierendsten Unterschiede in der Haltung zwischen Befragten aus dem Osten und aus dem Westen finden wir in der ersten Nachkriegsgeneration. Bei dieser Altersgruppe haben offenbar die unterschiedlichen gesellschaftlichen Verarbeitungsmuster die deutlichsten Spuren hinterlassen. Die Interviewpartner aus Hennigsdorf und Frankfurt/Oder beantworten die Frage nach der Gegenwartsbedeutung des Nationalsozialismus stereotyp und auch ein bißchen oberflächlich. Ihre Äußerungen folgen alle einem bestimmten Muster: Die Vergangenheit darf nicht vergessen werden, damit sie sich nicht wiederholt.

Werner Golz, Jahrgang 1947 aus Hennigsdorf, Sohn von Vertriebenen, der übrigens in anderem Zusammenhang deutliche Ressentiments gegen Polen äußert, meint:

„Ich möchte sagen, man sollte sich ruhig, nicht ständig, aber es ... so manchmal dran erinnern an diese Zeit. Vor allem sollte man auch unsere heutige Jugend darauf mal wieder aufmerksam machen richtig, weil die treiben das ja auch wieder dazu hin."[539]

Sonja Grätz, Jahrgang 1954 aus Hennigsdorf findet es wichtig, daran zu erinnern,

„... weil man merkt, daß das wieder ganz schön zunimmt mit den Gewalttaten und so".[540]

538 Ebd., S. 103.

539 Hennigsdorf 11, nichttranskribiertes Interview.

540 Hennigsdorf 8, S. 39.

Herbert Anker, Jahrgang 1940 aus Frankfurt/Oder, dessen Vater 1941 an der Ostfront fiel, reduziert die Gegenwartsbedeutung des NS noch drastischer auf eine mahnende Funktion. Auf die Frage, ob die NS-Vergangenheit vergegenwärtigt werden soll, antwortet er:

> „Solange wie es Gruppen gibt, die andere drangsalieren, würde ich sagen, ja. Sollte man das nicht vergessen. Wenn es diese Skinheads oder irgendwie die da SA rufen oder was sie sich ... solange es diese gibt, sollte man es machen. Gibt es diese nicht, könnte man das als Geschichte ruhen lassen."[541]

Irgendwie klingt aus diesen Antworten der Wunsch, die eigene Erfahrung an die nachfolgenden Generationen weiterzugeben. Die Mitteilung über die Verbrechen würde eine Immunisierung gegenüber dem Nationalsozialismus bewirken, so wie es in ihrem Fall geschah. Aus den Antworten ist aber auch eine Beunruhigung herauszuhören, darüber, daß dieses Verfahren bei der Generation der Kinder und Enkel offenbar keine Wirkung mehr zeigt, daß sich die abschreckende Wirkung abnutzt und die nächste Generation unbefangen mit den Losungen und Symbolen der NS-Vergangenheit hantiert.

Beunruhigt sind auch Gerhard Ring (Jahrgang 1948) und Fabian Stanislawski (Jahrgang 1950) aus Hennigsdorf, die sogar meinen, daß die Gesellschaft latent anfällig für nationalsozialistische Ideen sei, vor allem wenn Arbeitslosigkeit und soziale Konflikte zunähmen. Nach ihrer Vorstellung können nur Verbote und härteres Durchgreifen diese Entwicklung aufhalten oder eindämmen. Frank Baranowski sieht sogar in den neuen demokratischen Verhältnissen eine Ursache für das Anwachsen von Neonazismus:

> „Nun ja, jetzt kann man auch alles sagen; meiner Ansicht nach kann man jetzt schon zuviel sagen ... wenn ich jetzt speziell, sage ich mal, die rechte Szene oder Gruppierung sehe, das ist natürlich ... das war natürlich eindeutig besser bei uns, daß das generell im Keim erstickt wurde, sage ich mal. Zumindestens aber das, was nach außen gekommen ist. Was da jetzt los ist, das ist natürlich ... das ist ... nicht in Ordnung, das müßte man stärker bekämpfen, eindeutig."[542]

Aus diesen Worten spricht eine große Ratlosigkeit gegenüber dem Problem. Die Befragten vermissen das massive Eingreifen der Ordnungskräfte des Staates, der zumindestens in ihrer Jugendzeit jede neonazistische Bestrebung schon im Keim verhinderte. Entsprechend dieser Erfahrungen setzen sie deutlich mehr auf Verbote und Polizeieinsätze als auf Aufklärung und Auseinandersetzung.

Im Vergleich zu ihren Altersgenossen aus dem Westen bekunden diese Ostdeutschen kaum Abwehr gegen zuviel Erinnerung, zuviel Mahnung. Die antifaschistische Erziehung in der DDR hat offensichtlich dazu geführt, daß diese Generation keine Vorstellungen von einer nationalen Haftungsgemeinschaft für die

541 Frankfurt/O. 12, S. 35.
542 Hennigsdorf 10, S. 65.

Vergangenheit besitzt, daß sie die Verurteilung der NS-Verbrechen in keinerlei Beziehung zu den Handlungen ihrer Eltern und Großeltern bringt. Sie wuchs auf in dem tröstlichen Gefühl, auf der richtigen Seite zu stehen.

Bei den Befragten der ersten Nachkriegsgeneration aus der alten Bundesrepublik treffen wir auf ein weniger geschlossenes Bild. Hier finden sich sowohl Vertreter der Gruppe der „Verantwortungsbewußten" als auch der „Schlußstrichzieher", wobei diejenigen, die eine Notwendigkeit der steten Erinnerung bejahen, häufig individuellere und durchdachtere Antworten geben als ihre Altersgenossen aus dem Osten. Man hat den Eindruck, daß sie sich intensiv mit der Thematik auseinandergesetzt haben. Hervorzuheben sind hier die Äußerungen von Erich Heindling und Ingo Kastler aus Dortmund:

> „Nee, das [der Schlußstrich A.L.] muß sicher nicht gezogen werden. Das ist sicherlich falsch. Das, was da passiert ist, ist eigentlich den meisten Menschen so gar nicht bewußt. Ich sag mal, da gibt's ja immer diese dollen Sachen: 'Aber ganz so schlimm war's ja nun auch nicht'. Und wenn ich mal seh:' Da hatten wir nicht so viele Kriminelle und da konntse als Frau auf die Straße gehen, alle hatten Arbeit und das war alles geordnet' und: 'guck mal, wie die da rumlaufen, die Punker. Sowas hat's überhaupt nicht gegeben, also wenn ich sowas schon seh'. Ich kenne einen Teil dieser Argumente durch Diskussionen in der Verwandtschaft. Das ist also völlig falsch. Das war für mich eigentlich so ein Schlüsselerlebnis gewesen, wenn man also einmal in Buchenwald gewesen ist und sich das dort mal in Ruhe angeguckt hat, was da abgelaufen ist, wenn man die Informationen hat, wenn man den Film gesehen hat und wenn man die Berichte hört von denen, die überlebt haben, ich denk mir, dann weiß man, daß das, was dort abgelaufen ist, überhaupt nicht zu vergleichen ist mit den Greueltaten, die andere Nationen gemacht haben ..."[543]

Erich Heindling setzt sich hier mit Argumenten der Verharmlosung und Relativierung des NS auseinander, die ihm in seinem Verwandten- und Bekanntenkreis offenbar häufig begegnen. Es klingt, als fühle er sich ein wenig alleingelassen mit seiner Haltung. Er distanziert sich deutlich von dieser Sichtweise, die z.B. gegenwärtige Erscheinungen von Kriminalität und nonkonformem Verhalten von Jugendlichen mit der „Ruhe und Ordnung" im Nationalsozialismus vergleicht. Seiner Meinung nach muß man sich intensiv mit dem historischen Geschehen auseinandersetzen, um die Einzigartigkeit der NS-Verbrechen ermessen zu können.

Ingo Kastler, Hoesch-Betriebsrat und CDU-Mitglied, hat sich mit der Betriebsgeschichte der NS-Zeit beschäftigt und weist im Gespräch auf ein Mahnmal für die Ermordeten auf dem Werkgelände hin. Er meint, daß die Gefahr einer Wiederkehr diktatorischer Verhältnisse nach wie vor aktuell ist:

543 Hoesch 3, S. 81.

„Das ist eine große Gefahr, nach wie vor, aus dem einfachen Grunde, je nachdem, was für Probleme anstehen, in irgendeinem, sag ich mal, Regierungsspektrum oder in einer Gesellschaft, besser ausgedrückt: Wenn der Konservativismus, in was für einer Art auch immer, größer wird, ist die Gefahr einer Diktatur immer größer. Und die Diktatur kann einmal in diesen linken Bereich reingehen oder sowas wie den sozialistischen, sag ich jetzt auch schon, Quatsch, den kommunistischen Bereich reingehen und die andere, die kann eben in die rechte Szene reingehen. Also die Gefahr, wo eine große Konservativität ist, daß da eine Diktatur draus erwächst, ist sehr groß, nach wie vor. Also das wird immer wieder passieren, das hat die Geschichte immer gezeigt."[544]

Ingo Kastler reduziert den Nationalsozialismus vor allem auf das Moment der Diktatur. Für ihn hat die Vergangenheit noch heute eine Bedeutung, weil die Gegenwart nach seiner Auffassung ständig die Möglichkeit des Abgleitens in eine Diktatur in sich birgt. Der Anstoß dazu könne sowohl von rechts als auch von links kommen. Je konservativer die Gesellschaft, also je weniger Veränderung sie zulasse, so Ingo Kastler – desto größer die Gefahr.

Andere Befragte aus dieser Generation äußern sich in verschiedenen Nuancierungen immer wieder für einen, wenn auch partiellen, Schlußstrich und wehren Versuche, die Erinnerung wachzuhalten, nicht selten als Schuldvorwürfe gegen das eigene nationale Kollektiv ab. Unter ihnen sind so ambivalente Meinungen, wie die von Paul Spiertz aus Bochum, der sich einerseits für das Wachhalten der Erinnerung ausspricht, andererseits jedoch äußert:

„Was ich natürlich leid bin, ist, daß ich persönlich dafür verantwortlich gemacht werde, immer wieder. Ich sag mal, daß man sagt: die Deutschen! Gut, es war'n eben Deutsche ... ob dieses auch nur hier war oder in andern Ländern auch im kleineren Stil, das mag mal dahingestellt bleiben. Das ist das, was mir nicht gefällt, ne. Ich mein, man merkt ja, daß eh, die Leute, der Großteil der Leute daraus gelernt haben, was da passiert ist, ne ..."[545]

Eva Ewerding aus Bochum erkennt eine Pflicht zur Erinnerung zwar an, sie hat jedoch Angst, daß die Deutschen noch in 100 Jahren verteufelt werden, während niemand darüber spricht, was die Amerikaner in Vietnam und die Russen in Afghanistan gemacht hätten:

„Obwohl ich weiß, daß mein Vater da nicht bei war. Wir können doch nix für unsere Väter. Und wir, wir haben doch gebüßt für die Geschichte, wir büßen jetzt noch. Wir bezahlen Renten, wir bezahlen alles. Und immer wieder ..."[546]

Ihre Affekte wenden sich vor allem gegen die USA, offenbar eine von den Eltern übertragene tiefe Abneigung gegen die Amerikaner. „Der Amerikaner" mischt

544 Hoesch 12, S. 61.
545 Hoesch 20, S. 45 f.
546 Nokia 9, S. 55.

sich, nach Meinung von Eva Ewerding, überall ein und ist eigentlich an allem schuld, sogar auch ein bißchen an der Ermordung der Juden (Vielleicht wären die Juden nicht alle vergast worden, sagt Eva Ewerding, wenn z.B. Amerika sie aufgenommen hätte).[547]

Fritz Rösler, ein aktiver Gewerkschafter, der große Sympathien für den DDR-Sozialismus gehegt hat, meint, daß er es leid wäre:

> „... mir dauernd von Juden vorhalten zu lassen: Hör mal zu! Ihr mit eurer Nazizeit und ihr habt gefälligst das zu tun, was ich will, weil da ja der Holocaust passiert ist. Das laß ich mir auch auf Dauer nicht bieten, aus dem einfachen Grund: ich hab da 'ne ganz andere Stellung zu und Sippenhaftung gibt's bei mir nicht. Für mich gibt's ein vernünftiges Aufarbeiten der Geschichte."[548]

Die Argumente der „Schlußstrichbefürworter" ähneln sich alle untereinander. Sie weisen darauf hin, daß sie persönlich doch keine Schuld hätten. Sie verweisen auf Verbrechen anderer Nationen, auch das Verhalten Israels gegenüber den Palästinensern wird immer wieder bemüht. Zwar distanzieren sich auch die Vertreter dieser Gruppe von den Verbrechen des Nationalsozialismus und meinen, daß man nicht vergessen sollte. Die Decke der politischen Korrektheit, auf der sie stehen, ist jedoch ausgesprochen dünn, manchmal sogar brüchig. Darunter verbergen sich nicht selten ein latenter Antisemitismus und eine Bagatellisierung der NS-Verbrechen, besonders des Holocaust, was sie jedoch aufgrund des gesellschaftlichen Drucks nicht offen aussprechen. Darum verlegen sie sich vor allem auf das Thema Wiedergutmachung und Schlußstrich. Sie sehen sich als unschuldige Opfer einer immerwährenden Geschichtsrache seitens der Juden und der Siegermächte, die ja selbst nicht besser seien. Die Tatsache, daß diese Argumentationen einander ähneln, immer wiederkehren, deutet daraufhin, daß sie weit verbreitet sind. Offenbar wird die Erinnerung an die Verbrechen des Nationalsozialismus als zu dominant angesehen oder als permanenter Angriff auf die eigene nationale Identität begriffen. Die Abwehr dieses Angriffs erscheint den Betreffenden durchaus legitim.

Bei den Vertretern der zweiten Nachkriegsgeneration finden wir viele Argumente der Schlußstrichbefürworter und der Verantwortungsbewußten der ersten Generation in dieser oder jener Form wieder. Doch fällt auf, daß in dieser Altersgruppe die Unterschiede zwischen Ost und West sich aufzulösen beginnen. Das steht offenbar im Zusammenhang mit einer Veränderung beider Gesellschaften. Die einfachen Identifikations-Angebote des DDR-Antifaschismus zeigten bei dieser Altersgruppe in den 70er oder 80er Jahren merklich weniger Wirkung als in früheren Jahren, während in der Bundesrepublik der siebziger und achtziger Jahre die Erinnerung an die Opfer des Nationalsozialismus immer mehr zu einem bestimmenden Element des kollektiven Bewußtseins wurde.

547 Ebd., S. 25 f.
548 Hoesch 5, S. 53.

So finden wir auch unter den Interviewpartnern dieser Generation eine Gruppe, die sich recht formelhaft zu einer Notwendigkeit der Erinnerung und Mahnung bekennt. Andere wiederum geben zu erkennen, daß für sie die Erinnerung an den Nationalsozialismus eine Wahrnehmung von Verantwortung bedeutet. Kurt Gröne stellt fest:

> „Ich meine, da gibt es ... da hab ich auch mit meiner Frau 'ne ganz andere Meinung, wenn die jetzt wieder Berichte aus dem Dritten Reich ... : das hast du schon tausendmal gesehen. Ich sag, nee, da sind immer neue Sachen drin. Man sollte die alten Kamellen mal ruhen lassen. Da bin ich wieder ganz anderer Meinung. Gerade daß man durch die Auseinandersetzungen noch mal sieht, was das angerichtet hat. Und wo im Zusammenhang bestimmte Verhaltensweisen hinführen, also durch die Analyse können wir doch nur Rückschlüsse ziehen und versuchen, das zu vermeiden, obwohl die Rahmenbedingungen nie so sind, wie sie damals waren."[549]

Kurt Grönes Großeltern waren, wie erwähnt, bewußte Nazi-Gegner und erzogen den Enkel in diesem Sinne. Zweifellos rührt u.a. daher sein nicht nachlassendes Interesse an dem historischen Geschehen und sein Wunsch nach Verständnis der Zusammenhänge und Schlußfolgerungen für die Gegenwart. Er reflektiert allerdings auch die Abwehrhaltung seiner Umgebung und distanziert sich, wie schon Erich Heindling, deutlich davon.

Anton Blume aus Hennigsdorf meint, daß er „eine Schuld" trage, wenn er ins Ausland fahre. Er fühle sich auch jedesmal schuldig, wenn er eine KZ-Gedenkstätte besuche, schuldig, in dem Sinne, daß er nicht genug dagegen tue, „um den Faschismus, der hier wieder hochkeimt, zu vernichten".[550] Christiane Eger aus Dortmund ist überzeugt davon, daß sich die Geschichte wiederholt und daß man aus Fehlern lernen müsse. Sie wünscht sich gerade in diesem Punkt Aufklärung, damit Jugendliche von rassistischen Ideen Abstand nehmen.[551]

Interessant ist bei den Befragten dieser Generation, daß die Schlußstrichbefürworter nicht mehr ausschließlich aus dem Westen kommen und daß sie nur noch in Ausnahmefällen ähnlich heftige Abwehrreaktionen äußern wie die Befragten der ersten Nachkriegsgeneration. Eher äußern sie sich gemäßigter in dem Sinne, daß man auf der Geschichte nicht immer „herumreiten", nicht alles im Detail im Schulunterricht behandeln solle, „man sollte das nicht vorne anstellen, aber irgendwie das im Hinterkopf haben, damit man jederzeit darauf zurückgreifen kann."[552]

Ein neues Argument für den Schlußstrich führt Lothar Fuchs aus Hennigsdorf ein: die Deutschen hätten jetzt endlich genug gebüßt, vor allem die Ostler mehr als

549 Nokia 2, S. 46.
550 Hennigsdorf 12, S. 97.
551 Hoesch 13 nichttranskribiertes Interview.
552 Hoesch 4, S. 55; Hoesch 2, S. 58 f. u.a.

die Westler. Fuchs spielt hier auf die jahrzehntelange sowjetische Besatzung an, die er, wie er sagt, keinem Westler wünschen würde.[553]

Bemerkenswert ist auch die Argumentation von Jochen Seidel, ebenfalls aus Hennigsdorf. Auf die Frage nach der Gegenwartsbedeutung des Nationalsozialismus, antwortet er:

> „Das ist erstmal für die Geschichte ein schwarzer Fleck. Muß man so sagen, das ist ein Makel, und das wird man nicht mehr los. Man muß die Gedenktage beibehalten, einen im Jahr oder zweie von mir aus, aber man muß die Aufwertung von Hitlers Geburtstag, wie jetzt mit dem Länderspiel, mit den Rechten, das muß man eben ruhen lassen [...] Deswegen bin ich der Meinung, daß die Geschichte nicht vergessen werden soll, aber mit dem Publikmachen von so bekannte Daten, daß das aufhören sollte."[554]

Unser Gespräch fand gerade zu einem Zeitpunkt statt, als eine öffentliche Diskussion darüber geführt wurde, ob ein Fußballänderspiel am Geburtstag von Hitler abgesagt werden sollte, worüber sich Jochen Seidel sehr erregte. Er fürchtete um sein Fußballerlebnis und meinte, daß man den Neonazis nicht zuviel Aufmerksamkeit schenken sollte, wofür es tatsächlich gute Gründe gibt. Statt dessen plädiert er für ein ritualisiertes Gedenken, in dessen Rahmen die Virulenz der Erinnerung gebannt und die Gegenwartsbedeutung eingeschränkt werden sollte. Aber interessant sind auch seine Worte „schwarzer Fleck" und „Makel", mit denen er die Deutschen und ihre Geschichte charakterisiert. Seine Äußerungen können ein Anzeichen dafür sein (ebenso übrigens wie die Schuldgefühle bei Anton Blume), daß die Vertreter der zweiten Nachkriegsgeneration der DDR sich nicht ausschließlich mit der Tradition der Widerstandskämpfer identifizieren und sich deshalb auch nicht automatisch auf der richtigen Seite sehen. Die Erinnerung an die Nazi-Verbrechen werden von ihnen zunehmend als Teil der nationalen Geschichte begriffen. Vielleicht auch verstärkt durch das Verschwinden der DDR wächst das Bestreben nach einer Identifikation mit der nationalen Gemeinschaft, in deren Geschichte es jedoch einen schwarzen Fleck gibt, den man nicht mehr los wird.

### c) Vergleichende Zusammenfassung

Insgesamt ergeben sich aus unserer Untersuchung Hinweise darauf, daß der Nationalsozialismus bis heute einen wichtigen, wenn auch vielleicht nicht entscheidenden Bezugspunkt für das historisch-politische Selbstverständnis unserer Befragten darstellt. Nach dem Ende der staatlichen Teilung bildet die NS-Vergangenheit eine bedeutsame Frage im schwierigen Prozeß der Herausbildung eines ge-

553 Hennigsdorf 2, S. 57.
554 Hennigsdorf 6.

meinsamen nationalen Selbstverständnisses. Die wechselseitigen Projektionen des Kalten Krieges treten zwar zurück, doch scheint zugleich die NS-Zeit ihre Bedeutung als Negativfolie, auf der das individuelle wie kollektive Verhalten in der Gegenwart als Gegenentwurf zur Vergangenheit verstanden wird, abzunehmen, wozu auch die zeitliche Distanz beiträgt.

In den Äußerungen unserer Befragten aus der ehemaligen DDR gibt es, ähnlich wie in der Untersuchung von Weidenfeld/Lutz Anzeichen dafür, daß das Erlebnis des tiefen gesellschaftlichen Bruches von 1989/90 gegenwärtig die Vorstellung der eigenen Identität stärker prägt als die Erinnerung an den Nationalsozialismus.[555] Für die Westdeutschen bildet demgegenüber die NS-Zeit ein besonderes Problem.

Das Bild des Nationalsozialismus wird in den Interviews vor allem vom Krieg und vom Holocaust bestimmt. Dabei fällt auf, daß die Gesprächspartner aus dem Osten mit dem Dritten Reich vor allem den Krieg assoziieren, während ihre Kolleginnen und Kollegen aus dem Westen (mit Ausnahme der ehemaligen Kriegsteilnehmer) fast ausschließlich auf den Holocaust Bezug nehmen.[556] Dieser unterschiedliche Blickwinkel ist zweifellos ein Ausdruck der jeweiligen Deutungs- und Verarbeitungsmuster in der ehemaligen DDR und in der alten Bundesrepublik.

Wir haben in unserer Untersuchung die Äußerungen der Vertreter der unterschiedlichen Generationen zum Nationalsozialismus und seiner Gegenwartsbedeutung sowie die Äußerungen der Interviewpartner aus der alten Bundesrepublik und der ehemaligen DDR miteinander verglichen. Auf beiden Ebenen lassen sich Gemeinsamkeiten und Unterschiede feststellen. Wesentliche Unterschiede sind zweifellos in der biographischen Nähe bzw. Ferne zum Geschehen zu beobachten. Die Tatsache, ob und auf welche Weise die Betreffenden die Zeit des Nationalsozialismus erlebt haben oder ob sie sie nur aus den Erzählungen (oder Nichterzählungen) von Eltern und Großeltern kennen, wirkt sich auf das Bild der Vergangenheit ebenso aus wie auf den Umgang mit der Erinnerung in der Gegenwart. Doch hat auch die Art der Verarbeitung von eigenen wie generationell übermittelten Erfahrungen in den jeweiligen Gesellschaften in Ost und West die Bewertung der Vergangenheit geprägt. Dabei ist zu konstatieren, daß bei der Kriegsgeneration, in etwas geringerem Maße auch bei der HJ-Generation, die Erlebnisebene deutlich gegenüber der Geschichtsebene dominiert. Es zeigt sich hier ein spezifisches Eigenbewußtsein, vor allem der männlichen Kriegsteilnehmer, die auf ihren persönlichen Erfahrungen beharren, die für diese auch nach Jahrzehnten wichtiger bleiben als ein inzwischen erlerntes Gesamtbild vom Nationalsozialismus. Trotz gesellschaftlich geprägter unter-

555 Weidenfeld/Lutz: Die gespaltene Nation. Das Geschichtsbewußtsein der Deutschen nach der Einheit (siehe Anmerkung 468).

556 Zu einem ähnlichen Ergebnis ist Elisabeth Noelle-Neumann gelangt; siehe Elisabeth Noelle-Neumann: Der geteilte Himmel. Geschichtsbewußtsein in West- und Ostdeutschland oder zwei Ansichten deutscher Geschichte. In: Frankfurter Allgemeine Zeitung v. 3.5.1995.

schiedlicher Rationalisierungen ziehen sie bei ähnlichen Erfahrungen letztlich ähnliche Schlußfolgerungen aus ihren traumatischen Erlebnissen.

Weiterhin ist zu konstatieren, daß mit dem größeren biographischen Abstand vom Geschehen der Einfluß der gesellschaftlichen Erziehung und der systemspezifischen Verarbeitung und Deutung der NS-Vergangenheit zunehmend an Bedeutung gewinnt. Dementsprechend prägt sich auch die Unterschiedlichkeit der Äußerungen unserer Gesprächspartner aus der ehemaligen DDR und der alten Bundesrepublik bei den Jüngeren stärker aus. Das größte Maß an Unterschiedlichkeit erlebten wir jedoch nicht bei den Befragten der zweiten Nachkriegsgeneration, sondern bei den Vertretern der ersten Nachkriegsgeneration.

Die Vertreter dieser Altersgruppe identifizierten sich in Ost und West stark mit dem Schicksal der Eltern, vor allem der Soldaten-Väter, die ihnen allerdings nur wenig an Erfahrungen unmittelbar mitteilten. Vermittelt wurden vor allem das Schweigen und die Tabuisierungen. In der frühen DDR wurde diese Leerstelle von der gesellschaftlichen Erziehung besetzt. Die propagierte Identifikation mit der Tradition des antifaschistischen Widerstandes hatte zumindestens den Effekt, daß die Betreffenden familiäre Überlieferung und offizielles Geschichtsbild voneinander abgetrennt betrachteten. Sie fühlten sich frei von historischer Verantwortung und auf der „richtigen Seite“ stehend. Ihre Lehren aus der NS-Vergangenheit klingen jedoch häufig stereotyp und oberflächlich und reichen über die Äußerung eines „Nie wieder!“ kaum hinaus.

Ihre Altersgenossen in der alten Bundesrepublik geben vielfach zu erkennen, daß das Schweigen der Eltern mit einem Schweigen der Gesellschaft korrespondierte. Ein Teil sieht heute darin ein Defizit, ein anderer Teil prolongiert – vielleicht mehr unbewußt als bewußt – diese Haltung. Während manche der Befragten in kritischer Distanz zu Eltern, Lehrern und Politikern zu einer intensiven und eigenständigen Beschäftigung mit der Vergangenheit gelangt sind, plädieren andere der befragten Altersgruppe für einen Schlußstrich, da aus deren Sicht die öffentliche Erinnerung einen fortdauernden Angriff auf ihre nationale Identität darstellt, gegen den es sich zur Wehr zu setzen gilt.

Diese deutlichen Unterschiede zwischen Ost und West lösen sich in der folgenden Generation allmählich wieder auf. Für die Befragten dieser Generation ist der Nationalsozialismus schon Geschichte und nicht mehr existentielle Erfahrung der Eltern. Sie können deshalb unbefangener damit umgehen. Bei den Befragten aus der DDR zeigen die einfachen Identifikatonsangebote des Antifaschismus deutlich weniger Wirkung als bei der vorhergehenden Generation. Die Vertreter dieser Altersgruppe aus Ost und West treffen sich in einer gemeinsamen Vorstellung von nationaler Verantwortung für das historische Geschehen. Zwar nehmen Schlußstrichbefürworter im Osten in dieser Generation zu, doch ist in dieser Generation in Ost und West die Intensität der Abwehr von Erinnerung geringer als bei den Älteren. Ein gewisser Minimalkonsens als Ausdruck korrekten politischen Verhaltens scheint etabliert. Es wächst gleichzeitig der Wunsch nach Einordnung des Nationalsozialismus in den Verlauf der deutschen Geschichte. Die Kenntnisse über die NS-Zeit sind dabei ausgesprochen rudimentär.

## 5) Die historisch-politische Bedeutung der Arbeiterbewegung
*Bernd Faulenbach*

Welches Verhältnis haben die heutigen Arbeitnehmer zur Geschichte der Arbeiterbewegung? Definieren sich – insbesondere die gewerkschaftlich aktiven – Arbeitnehmer politisch-gesellschaftlich auf dem Hintergrund der Tradition der Arbeiterbewegung?

Idealtypisch könnte man unterscheiden zwischen „traditionalistischen" und „modernen" Arbeitnehmern, die hier „Traditionalisten" und „Indifferente" genannt werden. Als charakteristisch für die „Traditionalisten" lassen sich folgende Züge feststellen: Sie sehen ihr politisches und gesellschaftliches Engagement auf dem Hintergrund der Tradition der Arbeiterbewegung, der Gewerkschaften und der Sozialdemokratie, eventuell auch der kommunistischen oder der christlichen Arbeiterbewegung. Sie sehen in der Solidarität der Arbeitnehmer ein wichtiges Mittel und auch ein Ziel ihres politischen Engagements. Das Engagement zielt auf die kollektive Verbesserung der „Lage" der arbeitenden Schichten.

Die „Indifferenten" haben keine spezifische Beziehung zur Arbeiterbewegung und ihren Traditionen mehr. Ihr Verhältnis zu den Gewerkschaften und zu den Parteien ist pragmatisch. Solidarität ist für sie kein Wert an sich; wo es ihnen sinnvoll erscheint, setzen sie ihre Interessen auch individuell durch.

In der Realität gibt es vielfach Übergänge zwischen diesen – „konstruierten" – Typen. Es stellt sich die Frage, welchem der Typen die Arbeitnehmer in Ost und West in den verschiedenen Betrieben näher kommt.

Bezogen auf Hoesch ist zu erwarten, daß in diesem „Traditions"-Betrieb die Tradition der Arbeiterbewegung in besonderer Weise lebendig ist, obgleich bezogen auf das Kaiserreich die besonderen Schwierigkeiten der Arbeiterbewegung, in Eisen/Stahl-Großbetrieben Fuß zu fassen, von der Forschung herausgearbeitet worden ist.[557] Bei dem wesentlich jüngeren Nokia-Betrieb mit seinem hohen Arbeitnehmerinnenanteil wird die Bindung an die Arbeiterbewegung – so ist anzunehmen – schwächer sein.

Hinsichtlich der Betriebe im Osten ist die Beantwortung der Frage nach den Bindungen an die Arbeiterbewegung vermutlich noch komplizierter. Im Stahl-

557 Vgl. Hans Mommsen (Hrsg.): Arbeiterbewegung und industrieller Wandel. Studien zu gewerkschaftlichen Organisationsproblemen im Reich und an der Ruhr. Wuppertal 1980, insbesondere den Beitrag von Elisabeth Domansky, S. 95 ff.

werk Hennigsdorf, das wie Hoesch ein „Traditions"-Betrieb ist, sind alte Bindungen an die Arbeiterbewegung zwar denkbar[558], doch ist die Wirkung der SED nur sehr schwer einzuschätzen: Hat sie die Tradition der Arbeiterbewegung zerstört, weitergeführt oder verschüttet? Gibt es lokale Sondertraditionen unabhängig von der SED?

Besonders schwach müßte der Arbeiterbewegungstraditionalismus in Frankfurt/Oder sein: der Betrieb ist eher jung, der Anteil der Frauen hoch. Doch auch hier stellt sich die Frage nach den Prägungen durch die DDR.

### a) Westdeutsches Arbeitnehmerbewußtsein

Auf die Frage, ob es heute noch eine „Arbeiterklasse" in Deutschland gebe, haben die Befragten unterschiedlich geantwortet. Etliche haben Schwierigkeiten mit dem Begriff „Arbeiterklasse".

Eine ganze Reihe meint, daß es noch so etwas wie eine „Arbeiterklasse" gebe, wobei meist „Arbeiterklasse" als abgegrenzte bzw. abgrenzbare Großgruppe aufgefaßt wird, die in der Gesellschaft „unten" anzusiedeln ist. Ob freilich die Gruppe ein Bewußtsein ihrer selbst hat, bleibt offen oder wird – häufiger – verneint. Das Verschwinden des gemeinsamen Bewußtseins, das politisch-gesellschaftliches Handeln ermöglichte, wird meist kritisch gesehen, häufig beklagt.

Diejenigen, die den Begriff „Arbeiterklasse" für nicht verwendbar halten, haben dabei teils das Fehlen eines „Klassenbewußtseins" vor Augen, meinen aber häufig auch, daß die Gesellschaft nicht mehr klar durch Klassen strukturiert werde.

#### *Das Verhältnis zu den Gewerkschaften bei den Hoeschianern*

Die Interviewpartner bei Hoesch haben ganz überwiegend ein prinzipiell positives Verhältnis zu den Gewerkschaften (was vielfältige Kritik nicht ausschließt), eine Minderheit ist in der SPD mehr oder weniger engagiert, einige wenige lassen Sympathien für die CDU-Sozialausschüsse oder für Splittergruppen erkennen.

Arbeitnehmer der verschiedenen Generationen stimmen darin überein, daß man die Gewerkschaften als Organisationen brauche, um die gemeinsamen Interessen durchzusetzen. Ohne den Kampf der Gewerkschaften wäre die Situation noch ungleich ungünstiger.

Bernd König (Jahrgang 1947) etwa meint: Die Gewerkschaften seien unbedingt nötig: „Wir brauchen einfach die Solidarität der Kollegen und daß wir irgend etwas durchsetzen können. … Solidarität" – so definiert er – „heißt ebend

558 Siehe oben Kapitel II.

halt: Mit andern zusammen Hand in Hand marschieren und auch mit ihnen zu kämpfen, und wenn's nicht nur um die eigenen Belange geht, sondern um die Belange auch anderer. Daß man sich solidarisch erklärt, wenn man sagt: Wir stehen, ich steh' an deiner Seite, ich kämpfe mit dir. Das ist für mich Solidarität."[559] König und andere sehen in den Gewerkschaften den Rahmen für solidarisches Handeln, auch wenn sie – wie König – Kritik an der Überheblichkeit der Gewerkschaftsbosse üben.

Für die meisten sind die Gewerkschaften eine Selbstverständlichkeit; dies gilt bei Hoesch selbst für jüngere Befragte.[560] Thorsten Stange meint: „Ja, ich denke, man kann mit der Gewerkschaft immer noch am meisten erreichen, weil es halt die Masse ist, die dahintersteht."[561] Allerdings hat er Zweifel, ob die „Masse" wirklich stets noch hinter den Gewerkschaften stehe; vielleicht reduziere sich für „die Masse" die Funktion der Gewerkschaften auf eine „Schutzfunktion", eine Feststellung, die erkennen läßt, daß Gewerkschaften für Stange – wie übrigens für viele der Befragten – mehr als eine Defensivaufgabe haben: sie sollen für die Arbeitnehmer Anteile am Einkommen herausholen und Mitbestimmung sicherstellen.

Eine hohe Identifikation mit „der Gewerkschaft" ist vor allem bei älteren Befragten, die sich teilweise für die Gewerkschaft über viele Jahrzehnte engagiert haben, unüberhörbar. Der alte Günter Beckers sagt: „... meine Heimat, wo ich mich zu Hause fühl, ist die Gewerkschaft."[562] Der Begriff „Heimat" deutet auf eine geradezu emotionale Beziehung zu „der Gewerkschaft" hin. Charakteristisch auch, wenn Armin Paul formuliert: „Gewerkschaft, das bin ich ja selber."[563]

Die älteren Befragten haben ein Stück der Entwicklung der Gewerkschaften und der Arbeitnehmer politisch selbst erlebt, Jüngere haben teilweise eine Vorstellung von Entwicklungstrends. Vielfach wird eine abnehmende Kampffähigkeit der Arbeitnehmer – durchweg mit bedauerndem Unterton – hervorgehoben. Diese wird etwa gekennzeichnet damit, daß man meint, die gegenwärtig dominierende Generation habe „keinen Mumm" mehr zu kämpfen. Häufig wird die Ansicht geäußert, Solidarität sei früher stärker ausgeprägt gewesen[564], der Zusammenhalt unter den Kollegen sei heute nicht mehr so gut.[565]

559 Hoesch 1, S. 40 und 48.
560 Vgl. Hoesch 2, S. 28 und 32; Hoesch 4, S. 29; Hoesch 7, S. 18 f.; Hoesch 10, S. 23; Hoesch 13, S. 31 f. und 40 f.
561 Hoesch 10, S. 31.
562 Hoesch 19, S. 71.
563 Hoesch 6, nicht transkrib. Int., Band 1, S. 2/163.
564 Hoesch 1, S. 46 und 48; Hoesch 4, S. 68; Hoesch 5, S. 46 f.; Hoesch 8, S. 26 f.; Hoesch 11, nichttranskrib. Int. Band 1, S. 2; Hoesch 15, S. 62; Hoesch 16, S. 40 f.; Hoesch 18, S. 40 f. und 43; Hoesch 19, S. 12 f. und 34 f.
565 Hoesch 1, S. 25 f. und 45 f.; Hoesch 5, S. 27 und 35 f.; Hoesch 6, nichttranskrib. Int., Band 1, S. 2/075 ff.; Hoesch 10, S. 32; Hoesch 12, S. 65 f.; Hoesch 15, S. 61; Hoesch 18, S. 26 ff.

In der Diagnose der Ursachen tun sich die Befragten tendenziell schwer. Ältere sehen in einer gewissen „Sattheit", im Wohlstand eine der Ursachen für den Verlust gewerkschaftlicher Handlungsfähigkeit.[566] Ein anderer Erklärungsversuch ist die Veränderung der Lebensstile, die zu einer stärkeren Individualisierung führe.[567] Ein Befragter – Wilhelm Lehmann – sieht in veränderten Sozialisationen und einem daraus sich ergebenden Generationengegensatz eine bedeutsame Veränderung. Früher habe man sich nach Meinungsunterschieden wieder zusammengefunden, indem man die Internationale sang. Ein derartiger Weg sei für die heutige Generation, die sehr kritisch sei (alles „hinterfrage"), nicht mehr möglich.[568]

Wichtige Erfahrungen sind für diejenigen, die dabei waren, die Erfahrungen der Septemberstreiks 1969 und des Streiks um die Arbeitszeitverkürzung 1978/79.[569] Auch wenn die Ergebnisse 1978/79 nicht befriedigend waren, so sind die Erfahrungen gemeinschaftlichen Handels für die befragten Arbeitnehmer doch Beweis der Kampf- und Handlungsfähigkeit der Arbeitnehmer. Allerdings findet sich in den Interviews auch die Meinung, daß sich die Formen der Auseinandersetzung ändern; vieles sei gegenwärtig auf dem Verhandlungsweg lösbar.[570]

Trotz der – insbesondere von den Älteren – „erfahrenen" Geschichte wird gewerkschaftliches Handeln von den befragten Arbeitnehmern bei Hoesch eher selten in historischer Perspektive gesehen. Allerdings finden sich bei einigen Hinweise darauf, daß man mit der Gewerkschaftsgeschichte irgendwann einmal in Berührung gekommen ist. So erzählt Karl Schwarzer über die Gründungsgeschichte der Gewerkschaften, um deutlich zu machen, wie notwendig Gewerkschaften zur Verbesserung der Lage der Arbeiter waren und sind.[571] Aufs Ganze gesehen aber ist die Gewerkschaftsgeschichte wenig präsent. Offenbar spielt sie in der gewerkschaftlichen Bildungsarbeit keine herausragende Rolle. Auch ist die Gewerkschaftsgeschichte vermutlich nicht allzu einprägsam, weil der lange kontinuierliche Kampf um die Verbesserung der Löhne, der Arbeits- und Lebensbedingungen weniger spektakulär ist als die politische Geschichte, als die Geschichte der politischen Arbeiterbewegung, die im Geschichtsbewußtsein eine größere Rolle spielt.

Daß die Arbeiterbewegung, insbesondere die Gewerkschaften, entscheidenden Anteil an dem haben, was heute den Lebensstandard, die Arbeits- und die Lebens-

566 Hoesch 1, S. 46; Hoesch 6, nichttranskrib. Int. Band 1, S. 2/688 ff.; Hoesch 15, S. 58 f., 61 f. und 65; Hoesch 16, S. 38.

567 Hoesch 3, S. 48 f. und 58 f.; Hoesch 4, S. 35; Hoesch 7, S. 24; Hoesch 15, S. 64 f.; Hoesch 16, S. 40; Hoesch 18, S. 44 f.

568 Hoesch 16, S. 35 f.

569 Hoesch 3, 5, 12, 14, 15, 16, 18, 19; Hoesch 3, S. 53; Hoesch 14, nicht transkrib. Int., Band 1, S. 2/608 ff.; Hoesch 15, S. 38, 45 f. und 48-52; Hoesch 16, S. 34 f. zu 1978/79. Zu den Septemberstreiks siehe unten Kapitel IV, 6.

570 Hoesch 6, nichttranskrib. Int. Band 1, S. 2/081 ff.; Hoesch 4, S. 68; auch Hoesch 8, S. 39 f.

571 Hoesch 18, S. 45 f.

bedingungen der Arbeitnehmer ausmachen, ist für die meisten Befragten ganz unbestreitbar. Zu den historischen Leistungen der Arbeiterbewegung gehören – wie vielfach betont wird – die Tarifverträge über die Löhne, über die Arbeitsbedingungen und über die Arbeitszeit, über die Wochenarbeitszeit wie den Urlaub, auch Vereinbarungen zum Kündigungsschutz. Erst in zweiter Linie werden die Erreichung und Verteidigung von Mitbestimmungsregelungen genannt.[572] Erwähnt wird auch, daß die Gewerkschaften den ökonomischen Aufstieg in der Nachkriegszeit durch eine angemessene Tarifpolitik mit ermöglicht hätten.[573] Selbst die Gestaltung der gegenwärtigen bundesdeutschen demokratischen Ordnung wird mit als Verdienst der Gewerkschaften gesehen.[574]

Werden die historischen Verdienste der Gewerkschaften gewürdigt, so wird bei den Hoesch-Arbeitnehmern nicht selten von Befragten allgemein von der „Arbeiterbewegung" gesprochen, d.h. es wird nicht eigentlich zwischen Gewerkschaft und Partei unterschieden.

### *Parteipolitische Identifikationen in Dortmund*

Unter den parteipolitischen Präferenzen dominiert bei den Befragten die SPD, eher vereinzelt ist auch eine Option für die CDU, für DKP/PDS oder auch für die Republikaner erkennbar. Im Zentrum parteipolitischer Orientierungen steht bei den meisten Befragten – auch bei denjenigen, die nicht für die SPD optieren – die Sozialdemokratie.

Eine Minderheit ist unmittelbar für die SPD engagiert, als aktive Parteimitglieder mit Funktionen in Ortsvereinen.[575] Vom Altersprofil her sind es die Älteren und diejenigen, die man den mittleren Arbeitsgruppen zuordnen kann, die Sozialdemokraten sind; in der Regel sind sie der SPD in den 60er oder frühen 70er Jahren beigetreten, als das Ruhrgebiet endgültig „sozialdemokratisiert" wurde und die SPD zur dominierenden Regierungspartei im Bund aufstieg.[576] Bei den Jüngeren ist zwar ebenfalls häufig eine Nähe zur Sozialdemokratie erkennbar; ein Parteieintritt wird aber gescheut.[577]

572 Hoesch 1, S. 44 f.; Hoesch 7, S. 21; Hoesch 8, S. 37; Hoesch 10, S. 32; Hoesch 12, S. 40 f.; Hoesch 11, nicht transkrib. Int., Band 1, S. 2; Hoesch 13, S. 40 f.; Hoesch 15, S. 74; Hoesch 16, S. 39; Hoesch 17, S. 39; Hoesch 18, S. 45 ff.; Hoesch 19, S. 34.

573 Hoesch 15, S. 65 und 74; ähnlich Hoesch 18, S. 45 f.

574 Hoesch 5, S. 42.

575 Vgl. Hoesch 1, 3, 5, 15, 16, 19.

576 Vgl. Bernd Faulenbach: Parteien- und Wahlentwicklung als Spiegel der Veränderung der politischen Kultur im Ruhrgebiet. In: Jan-Pieter Barbian/Ludger Heid (Hrsg.): Die Entdeckung des Ruhrgebiets. Das Ruhrgebiet in Nordrhein-Westfalen 1946-1996. Essen 1998, S. 68-81.

577 Hoesch 13, S. 50 f.

Die aktiven Sozialdemokraten waren häufig vor dem Parteieintritt schon gewerkschaftlich aktiv. Nicht selten war das parteipolitische Engagement Konsequenz des gewerkschaftlichen Engagements, teilweise entwickelten sich gewerkschaftliches und parteipolitisches Engagement auch parallel.[578] Erich Heindling etwa, der 1967 in die SPD eintrat und 1969 IGM-Vertrauensmann wurde, vertritt die Ansicht, daß politische Veränderungen nur über Parteien möglich seien, nicht über Gewerkschaften.[579] Michael Kurz betont – und ähnlich denken offensichtlich auch andere –, daß SPD und Gewerkschaften zusammengehören, daß „die Interessen auf gleicher Ebene liegen, von der Basis her gesehen".[580] Ungeachtet der gemeinsamen Wurzel von Partei und Gewerkschaft sehen zwar manche zwischen der heutigen Sozialdemokratie und den Gewerkschaften keine Interessenidentität mehr, erwarten aber nach wie vor, daß die SPD Arbeitnehmerinteressen im politischen Raum durchsetzt.

Zwar üben die Anhänger der Sozialdemokratie Kritik an „ihrer" Partei, einigen tritt sie nicht entschieden genug auf, in der Kommunalpolitik werde zuviel „gekungelt"[581], doch steht für sie außer Zweifel, daß die SPD ihre politische „Heimat" ist. Im Falle einer erneuten Regierungsübernahme in der Bundespolitik werden zwar „keine Wunderdinge", wohl aber eine Richtungsänderung der Politik erwartet.[582]

Einige tendieren zu Positionen, die als entschieden links zu bezeichnen sind. Dabei ist z.T. eine Distanz zur SPD erkennbar; doch fand diese Position im Untersuchungszeitraum bei den Befragten überwiegend keine parteipolitische Vertretung jenseits der SPD.

Nur wenige lassen eine ausgesprochene Nähe zur CDU erkennen. Den CDU-Sozialausschüssen gehört Ingo Kastler an, der offenbar zeitweilig von der Ostermarschbewegung und der Studentenbewegung beeinflußt war, dennoch aber – wohl nicht zuletzt aus weltanschaulichen Gründen – seine politische „Heimat" bei den CDU-Sozialausschüssen gefunden hat.[583] Sein Ideal ist Jakob Kaiser, für ihn hat auch heute noch das Ahlener Programm, das vergleichsweise „linke" Programm der CDU der britischen Zone von 1948, Aktualität.[584]

Vereinzelt sind auch ausgesprochen „rechte Töne" vernehmbar. Till Dirksen empfindet die Politik im allgemeinen und die der großen Parteien, nicht zuletzt die

578 Vgl. Hoesch 1, S. 50; Hoesch 19, S. 38 und 47 traten erst später in die SPD ein – gewerkschaftliches und politisches Engagement fast parallel bei Hoesch 3, S. 40 und 62; Hoesch 5, S. 2; Hoesch 15, S. 11; Hoesch 16, S. 9 und 30; Hoesch 20, S. 35.

579 Hoesch 3, S. 64.

580 Hoesch 4, S. 67.

581 Hoesch 4, S. 39.

582 Hoesch 1, S. 53. Siehe auch ganz allgemein in diesem Sinne Hoesch 3, S. 40 f. und 64 f.

583 Hoesch 12, S. 9, 18, 21 f., 41 f. und 47-50.

584 Ebd., S. 83.

der SPD im besonderen, als kompliziert und nicht nachvollziehbar. Er plädiert für eine Trennung von Gewerkschaft und Partei. Politisch überzeugen ihn offenbar die vergleichsweise einfachen Antworten der Republikaner, die gegen „Ausländer“ und „Asylanten“ vorzugehen bereit sind und damit aus der Sicht von Dirksen ein zentrales Problem angehen. Zu seinen Feindbildern zählen die Anhänger der Ökologie-Bewegung, Kernkraftgegner und Pazifisten. Ansonsten glaubt er, daß die großen Parteien die kleinen Leute „nur über den Leisten ziehen“. Bei ihm sind wichtige Elemente eines geschlossenen rechten politischen Weltbildes festzustellen.[585]

Der in Deutschland traditionell verbreitete, gerade in den Jahren, in denen die Interviews durchgeführt wurden, aktualisierte Antiparteienaffekt[586] ist unter den Befragten zwar erkennbar, doch bildet er keine dominante Erscheinung. Manifest ist das traditionelle Vorurteil über die Parteien, wenn Karl Schwarzer nicht nur meint, daß die Gewerkschaften vor allem an den Parteien, die sie durchdrängen, litten, sondern auch pauschal annimmt, in den Parteien gehe es nur darum, „an irgendwelche Pöstchen heranzukommen“.[587]

Keine Frage, daß die Intensivinterviews aufs Ganze gesehen für Dortmund die These von der Distanz zwischen traditionellem Arbeitnehmermilieu und grün-alternativen Orientierungen bestätigen. Es dominiert die sozialdemokratische Orientierung, sie ist aber nur bei einer Minderheit fest ausgeprägt und meist eine Funktion des gewerkschaftlichen Engagements. Eine Reihe von Stimmen lassen eine Sympathie zu Positionen erkennen, die entweder links von der SPD oder auf dem linken Flügel der Sozialdemokratie zu verorten sind. Die CDU findet wenig erklärte Anhängerschaft. Vereinzelt sind Sympathien für die Republikaner sichtbar.

Die SPD wird stärker als die Gewerkschaften in einer historischen Perspektive gesehen; doch auch die Kenntnisse zur Geschichte der SPD sind überwiegend wenig entwickelt. Bei einer ganzen Reihe der Befragten fällt auf, daß bei pauschalen Würdigungen der Leistungen der Arbeiterbewegung nur bedingt zwischen den Gewerkschaften und der Sozialdemokratie unterschieden wird, was auf ein sehr traditionelles Verständnis der Sozialdemokratischen Partei hindeutet.

585 Vgl. Hoesch 17, S. 45. Vgl. auch 37 f., 46, 50 f.

586 Siehe Peter Lösche: Parteienverdrossenheit ohne Ende? Gegen das Lamentieren deutscher Politiker, Journalisten, Politikwissenschaftler und Staatsrechtler. In: Karsten Rudolph/Christl Wickert (Hrsg.): Geschichte als Möglichkeit. Über die Chancen von Demokratie. Festschrift für Helga Grebing. Essen 1995, S. 385-400; Klaus von Beyme: Der Parteienstaat und die Vertrauenskrise in der Politik. In: Siegfried Unseld (Hrsg.): Politik ohne Projekt? Nachdenken über Deutschland. Frankfurt 1993, S. 23 ff.; Günter Hoffmann/Werner A. Berger (Hrsg.): Die Kontroverse. Weizsäckers Parteienkritik in der Diskussion. Frankfurt a.M. 1992; Bernd Faulenbach: Deutsche Traditionen der Parteienschelte. In: Vorwärts. Januar 1993, S. 9.

587 Hoesch 18, S. 50. Vgl. auch S. 37.

Ein differenziertes Bild der Geschichte der SPD haben nur wenige. Die Älteren haben ein Stück Geschichte der SPD erlebt. Sie unterscheiden tendenziell nach Jahrzehnten; eine bedeutende Rolle spielen herausragende Persönlichkeiten, mit denen sie sich mehr oder weniger identifizieren, wobei die Präferenz etwas von dem normativen Politikverständnis erkennen läßt. Herbert Wehner kommt etwa dem Bild eines traditionellen Arbeiterführers entgegen – sein anspruchsloser Lebensstil, sein Eintreten für Arbeitnehmerinteressen und sein autoritärer Politikstil („Zuchtmeister") werden gerühmt.[588] Willy Brandt wird von etlichen geschätzt, doch hier und da mischen sich auch kritische Töne (offenbar war er manchen zu intellektuell, zu wenig an konkreten Interessen orientiert).[589] Hohes Prestige hat auch nach wie vor bei den Älteren Helmut Schmidt, wobei sein Politikstil, partiell auch die Distanz zu Intellektuellen, Alternativen und Linken, wohl auch die Betonung seines Bezuges zu den Arbeitnehmern und zu den Gewerkschaften nachwirken.[590]

Was die weitgehend unbekannte Geschichte der Sozialdemokratie vor 1933 angeht, so sind es einige Schlüsselereignisse, die bei einigen befragten Arbeitnehmern eine Rolle spielen. Es sind dabei vor allem Kritiker der sozialdemokratischen Politik 1914-1933, die links von der SPD stehen oder sich auf dem linken Flügel der SPD bewegen, die sich im Medium der Geschichte mit der SPD auseinandersetzen, etwa mit der Bewilligung der Kriegskredite, der Rolle der MSPD 1918/19 usw.

Jürgen Mannhard etwa, der zwar ursprünglich wie sein Vater in der Nachkriegszeit Mitglied der SPD war, später zur DKP übertrat, auch eine gewisse Orientierung an den Medien der DDR erkennen läßt, beurteilt die Geschichte der SPD sehr kritisch.[591] Friedrich Ebert war für ihn ein „Verbrecher", der die Revolution verraten hat, weil er – so Mannhard – die Monarchie erhalten wollte. Daß in der Gegenwart Ebert auch von Karl Carstens, dem Bundespräsidenten aus dem Lager der Union, einem Mann, der einmal NSDAP-Mitglied war, gerühmt werde, erscheint ihm aufschlußreich. Wenn die Revolution 1918/19 erfolgreich gewesen wäre, würde – so argumentiert Mannhard weiter – Hitler nicht zur Macht gekommen sein.[592] Der Befragte vertritt damit eine popularisierte Variante einer Interpretation der Revolution 1918/19, die Ende der 60er und in den 70er Jahren auch in der Historiographie und Publizistik eine Rolle spielte.[593] Das Godesberger Pro-

588 Siehe Hoesch 9, nicht transkrib. Int., Band, S. 5/132 ff.; Hoesch 15, S. 71; Hoesch 16, S. 75; Hoesch 19, S. 67.

589 Vgl. Hoesch 5, S. 56; Hoesch 9, nicht transkrib. Int., Band, S. 5/134 ff.; Hoesch 19, S. 67; Hoesch 16, S. 74 f.

590 Siehe Hoesch 9, nicht transkrib. Int., Band, S. 5/128 ff.; Hoesch 19, S. 67; vgl. auch Hoesch 15, S. 65 und 71.

591 Hoesch 14, nicht transkr. Int., Band 1, S. 1/124-141, 1/338-343, 1/648f, 2/012-020, 2/263-277.

592 Ebd., Band 1, S. 2/012-020 und 2/022-026.

593 Vgl. Horst Möller: Die Weimarer Republik in der zeitgeschichtlichen Perspektive der Bundesrepublik Deutschland. In: Aus Politik und Zeitgeschichte 1987, B 22, S. 3-18, hier S. 14 ff.

gramm stellt für ihn nur den Schlußpunkt einer Fehlentwicklung dar, die zu seiner Trennung von der Sozialdemokratie geführt hat. Wenn er heute gleichwohl die SPD wählt, so nur deshalb, weil er verhindern will, daß die Rechte an die Macht komme oder an ihr bleibe.[594]

Auch bei einigen anderen ist im Medium historischer Betrachtung eine gewisse Sympathie gegenüber einer radikalen gesellschaftsverändernden Politik erkennbar. Fritz Rösler z.B. nennt unter den ihm imponierenden Persönlichkeiten Lenin, Bebel, allerdings auch Brandt, unter den negativ zu sehenden Scheidemann, Ollenhauer und Annemarie Renger – hier sind richtungspolitische Optionen deutlich.[595]

Teilweise aber finden sich doch auch abwägende Überlegungen. So betont Erich Heindling, daß es für die Arbeiterbewegung sehr schwierig sei, aus der Geschichte zu lernen. Zwar sei z.B. in der Revolution 1848 die Machtfrage außer acht gelassen und damit deutlich geworden, daß durch Reden allein Probleme – zumal Machtfragen – nicht zu lösen seien. Ungeachtet dessen plädiert er aber im Hinblick auf die Gegenwart für eine pragmatische Politik, für kleine Schritte, d.h. gegen eine Politik des „Alles oder Nichts".[596] Unverkennbar ist das Bemühen politische Positionen und Interpretationen der Geschichte zusammenzubringen, was aber keineswegs immer gelingt.

### *Gewerkschaftliche Orientierung bei Nokia*

Viele der bei den Arbeitnehmern von Hoesch festgestellten Beurteilungsmuster im Hinblick auf die Arbeiterbewegung gelten auch für deren Kolleginnen und Kollegen bei Nokia. In zwei Hinsichten jedoch lassen sich Unterschiede feststellen, die durch die spezifische Arbeitnehmerstruktur (kein Traditionsbetrieb und hoher Frauen-Anteil) mitbedingt zu sein scheinen:

- die Identifikation mit den Gewerkschaften und ihrer Politik sind tendenziell geringer,
- die historische Dimension des Arbeitnehmerbewußtseins, das Denken in den Traditionen der Arbeiterbewegung ist eher noch schwächer ausgebildet.

Auch bei den Arbeitnehmerinnen und Arbeitnehmern von Nokia ist der Arbeitnehmertypus anzutreffen, den wir als „Traditionalisten" bezeichnet haben. Vielleicht am eindrucksvollsten wird er repräsentiert durch die langjährige Betriebsratsvorsitzende Gertrud Michalke, die inzwischen in Rente ist. Sie hat seit den 60er Jahren bis Ende der 80er Jahre Betriebsrats- und Gewerkschaftspolitik nicht

594 Hoesch 14, nicht transkr. Int., Band 1, S. 1/136-140 und 1/153 f.
595 Hoesch 5, S. 56 ff.
596 Hoesch 3, S. 76. Vgl. zu den weiteren angesprochenen Themen S. 74-76.

nur miterlebt, sondern auch mitgestaltet und kann in interessanter Weise über ihre Erfahrungen – über Streiks, Rationalisierungsvereinbarungen, Arbeitszeitverkürzungen, innergewerkschaftliche Diskussionen – erzählen.[597] Gertrud Michalke hat sich im Laufe ihrer Arbeit nicht nur ein Wissen über die Geschichte der Arbeiterbewegung angeeignet, sondern die Traditionen der Arbeiterbewegung auch internalisiert. Sie definiert sich auch heute noch als Gewerkschafterin, die sich vor allem als Protagonistin der Gleichberechtigung der Frauen in der Arbeitswelt und der Selbstbestimmung der Arbeiterklasse versteht. Der Typus, den Gertrud Michalke darstellt – wobei zu beachten ist, daß sie teilweise ein ausgesprochen individuelles Profil aufweist – war wohl immer in dem Unternehmen Graetz/Nokia eher untypisch und ist heute sehr selten. Nur bei einer Minderheit der Befragten ist eine ausgesprochene Bindung an die Gewerkschaften erkennbar.

Anton Neues etwa sieht in den Gewerkschaften nicht nur eine Organisation, die Einkommenssteigerungen, Urlaubszeiten, Arbeitszeitverkürzungen usw. durchsetzt, sondern auch das Arbeitnehmerselbstbewußtsein abstützt:

> „Für mich persönlich ist wohl eins noch [bedeutsam], daß bei manchen Leuten, leider noch nicht viele, sich auch so'n bißchen das Bewußtsein gestärkt hat: Der Chef kann nicht alles mit dir machen, ja. Da gibt es noch irgendwelche Leute, die stehen hinter dir."[598]

Die Zugehörigkeit zur Gewerkschaft ist bei Nokia nicht so selbstverständlich wie im Montanunternehmen Hoesch. Doch auch hier sind die meisten von der Notwendigkeit gewerkschaftlichen Handelns überzeugt. Dabei spielt teilweise eine Rolle, daß schon die Väter in den Gewerkschaften ihre Interessenvertretung gesehen haben.[599] An der konkreten Politik der Gewerkschaften wird – wie bei Hoesch – Kritik geübt, wobei mehrere der Befragten die Ansicht vertreten, daß die Gewerkschaften den ökonomisch-gesellschaftlichen Wandel der letzten Jahrzehnte noch nachvollziehen müßten, was u.a. auf die Forderung nach mehr Beweglichkeit der Gewerkschaften in ihrer Politik hinausläuft. Dabei gehen einige weit über das traditionelle Handeln der Gewerkschaft hinaus, wie z.B. der Meister und ehemalige Betriebsrat Anton Neues:

> „Es geht heute doch nicht mehr nur um mehr Geld, um mehr Freizeit, sondern es geht doch heute vermehrt um Arbeitsbedingungen und um den Erhalt der Arbeitsplätze. Und auch das hab' ich schon, auch damals in meiner Zeit als Betriebsrat, hab' ich immer gesagt: Leute, ihr dürft jetzt nicht nur mit einem Auge gucken, ihr müßt beide Seiten sehen. Was nutzt es uns, wenn wir auf Biegen und Brechen irgendwelche Rechte durchsetzen und es bleibt sonst was auf der Strecke. Wir müssen auch die Seite des Arbeitgebers mal vernünftig beleuchten

597 Nokia 7, S. 8-11, 20-24, 26-34, 36 f., 43-51, 53-60. Vgl. oben Kapitel III, 2 b.
598 Nokia 14, S. 36.
599 Nokia 7, S. 26; Nokia 14, S. 31; bei Nokia 2, S. 8 waren es die Großeltern.

und nicht nur mit negativem Licht. Und das wurde, zumindest 'ne Zeitlang, auf Seminaren der Gewerkschaft leider zu sehr betont: Wir müssen aber doch dagegen sein."[600]

Das Arbeitnehmerbewußtsein weist bei den Nokia-Arbeitnehmern zwar in der Regel keine tiefere Prägung durch die Traditionen der Arbeiterbewegung auf, doch ist es insofern geschichtlich dimensioniert, als bei den Arbeitnehmern ein Bewußtsein dafür besteht, daß der heutige Wohlstand und die Arbeitnehmerpartizipationsrechte Errungenschaften der Arbeiterbewegung sind, die erstritten werden mußten und die in der Gegenwart partiell gefährdet erscheinen. Edith Jonas etwa weiß von den schlechten Lebensverhältnissen der Arbeiterfamilien, den langen Arbeitszeiten, den mangelhaften Sozialleistungen in früheren Zeiten. Um diese Verhältnisse zu verändern, dafür seien schon die Großeltern „auffe Straße gegangen".[601] Oder Friederike Muth begründet durch Hinweise auf frühere Zustände, warum die Bildung der Gewerkschaften nötig gewesen sei.[602] Die Befürchtung, daß das Erreichte wieder verlorengehen könnte, wird von verschiedenen Interviewten geäußert.[603]

Fundierte Kenntnisse über die Geschichte der Arbeiterbewegung sind selten erkennbar, sie sind etwa bei Gertrud Michalke deutlich, die sich für die Geschichte der Herrschenden und der Beherrschten seit Jahren interessiert. Sie neigt zu einem dichotomischen Geschichtsbild, in dem das Volk den Herrschenden gegenübersteht.[604] Ihr Idol ist Rosa Luxemburg, die mutige Revolutionärin, die die Gesellschaft grundlegend verändern wollte.[605]

Ansonsten sind es bei den Befragten überwiegend Persönlichkeiten, die man erlebt hat, mit denen Identifikationen geäußert werden, so etwa mit Willy Brandt und Helmut Schmidt oder auch mit Johannes Rau, dessen Niederlage bei der Bundespräsidentenwahl 1995 gegen Herzog bedauert wird, was u.a. auch durch den Zeitpunkt mitbedingt war, zu dem die Interviews durchgeführt wurden.[606]

600 Nokia 4, S. 33. Vgl. auch Nokia 2, S. 21 f. und 24 f.; Nokia 6, S. 8 f; Nokia 11, S. 37 f.

601 Nokia 3, S. 55. Allerdings seien ihre Eltern „in der Richtung" nicht dabei gewesen (vgl. auch S. 19).

602 Nokia 8, S. 79 f.

603 Nokia 6, S. 8 und Nokia 11, S. 73.

604 Siehe Nokia 7, S. 24, 86 und 90 f. Vgl. Heinrich Popitz/Hans Paul Bahrdt/Ernst August Jüres/Hanno Kesting: Das Gesellschaftsbild des Arbeiters. Soziologische Untersuchungen in der Hüttenindustrie. (Soziologische Forschung und Praxis. 17) Tübingen 1977, hier S. 201 ff.

605 Siehe Nokia 7, S. 34, 77 und 86.

606 So u.a. Nokia 3, S. 58 f. und 57, Nokia 2, S. 43 und Nokia 8, S. 63.

*Parteipolitische Identifikationen in Bochum*

Politisch tendieren eine Reihe von Nokia-Arbeitnehmern zur SPD, die anderen lassen keine Option erkennen, punktuell sind auch Optionen für ganz linke Positionen deutlich. Parteipolitisches Engagement im engeren Sinne, Mitarbeit in der SPD etwa, ist kaum erkennbar. Gertrud Michalke fällt auch hier wieder etwas aus dem Gesamtbild heraus, sie ist schon 1966/67 in die SPD eingetreten. In der gleichen Zeit entwickelte sich ihr gewerkschaftliches Engagement und dieses war für sie fortan zentral, während sie in der SPD lediglich Mitglied war. Sie hat sich bewußt auf die Gewerkschaft konzentriert und offenbar Versuchen, sie für den Rat aufzustellen, eine Absage erteilt. Heute bringt sie einerseits den früheren Parteieintritt mit ihrem damaligen „idealistischen" Politikverständnis in Zusammenhang, das sie in der Folgezeit überwunden hat, ist aber nicht ganz sicher, ob die ausschließliche Konzentration auf die Gewerkschaftsarbeit richtig war: „Ob et richtig war, weiß ich nicht, aber ich habe mich damals so entschieden."[607]

Wird man Gertrud Michalke in mancher Hinsicht als Traditionalistin auffassen können, deren Gewerkschaftsengagement eine Nähe zur politischen Arbeiterbewegung zur Konsequenz hat, so sind andere mit Gewerkschaften und Sozialdemokratie lockerer verbunden. Anton Neues z.B. meint, daß er zwar „von der Gesinnung her SPD" sei, was aber nicht heiße, daß er alles, was die SPD tue, guthieße: „Ich könnte genausogut die CDU wählen, wenn ich glauben könnte, daß das Programm, was sie mir so brühwarm vor die Nase halten, auch wirklich so durchgeführt wird [...] oder zumindest versucht wird, so durchzuführen."[608] Hier ist keine prinzipielle Distanz zur CDU erkennbar.

Insgesamt ist allerdings nicht zu übersehen, daß sich bei den Arbeitnehmerinnen und Arbeitnehmern der Firma Nokia, unter denen wir anders als bei denen von Hoesch kaum Parteimitglieder gefunden haben, sich nach wie vor besondere Erwartungen auf die SPD richten, Erwartungen, die sich freilich mit Zweifeln mischen. Edith Jonas meint:

> „Ich weiß nicht, die SPD kann's vielleicht auch nicht besser machen, zumal dat Dingen eh jetzt so im Mist steckt, die ganze Politik, die ganze, alles, was dazugehört, ist doch alles dermaßen ramponiert. Kann die SPD dat so flott auch nicht wieder aus der Erde stampfen. Also, dat, wird sie nicht machen, machen können, wird einfach gar nicht machbar sein, ne."[609]

Insgesamt ist das parteipolitische Engagement schwächer als bei den Hoesch-Arbeitnehmern. Hier und da gibt es den Hinweis, daß ein Verwandter oder der

607 Nokia 7, S. 27; s. dazu auch S. 25.
608 Nokia 14, S. 41.
609 Nokia 3, S. 48.

Ehemann[610] Mitglied der SPD sei oder sich sonst politisch betätige. Eher ein Einzelfall ist auch Eva Ewerding, die in den 50er Jahren mit einem Verein der KPD als Jugendliche Ferien in der DDR gemacht hat und – trotz vieler Abstriche – immer noch gewisse Sympathien zur ehemaligen DDR und der sie tragenden Partei erkennen läßt.[611]

Resümierend ist zu konstatieren, daß parteipolitisch bei den befragten Nokia-Arbeitnehmern zwar eine Präferenz für die SPD noch festzustellen ist, die immer noch als Partei gilt, die am ehesten die Interessen der Arbeitnehmer vertritt. Die Identifikation mit der SPD, die sich im Ruhrgebiet vielfach bis in die Gegenwart als Arbeitnehmerpartei darstellt, ist jedoch nicht sehr stark ausgeprägt.

Dem Untergang des „realen Sozialismus" wird für die eigene Standortbestimmung überwiegend keine große Rolle beigemessen. Eine interessante Ausnahme stellt Gertrud Michalke dar, für deren politisches Selbstverständnis der Untergang des DDR-Sozialismus ein Problem war. Gertrud Michalke versteht sich als Sozialistin. Zwar hat sie – wie sie sagt – keine intensivere Beziehung zum DDR-Sozialismus gehabt, doch hat ihr der Untergang dieses Systems und die Anschauung der konkreten Realität des Erbes dieses Systems „wehgetan", ein Ausdruck, der eine erhebliche Betroffenheit erkennen läßt. Da sie ihre Ideale nicht aufgeben will, kann das DDR-System aus ihrer Sicht kein Sozialismus gewesen sein:

> „Et war ja im Anfang, et hat mir also weh getan, dat dat so gekommen ist. Weil ich ja auch nicht hier zu un ... , nicht unser System, also, unser Wirtschaftssystem und ganzen Kapitalismus als dat Richtige ansehe. Nur, wat in der DDR gemacht worden ist, sag ich Ihnen, also, dat war'n Name. Dat war kein Sozialismus. Und ich möchte diese Auswüchse, die da waren, nicht nur Auswüchse, sondern wie da praktiziert wurde, wat da unter Sozialismus, realen, verkauft wurde, ja hat im Grunde genommen dem Sozialismus geschadet. Also, ich selber war enttäuscht, als ich dat alle sah. Ich hab gedacht: Das darf doch ... , als ich noch erst geglaubt habe, dat war'n wirklichen sozialistischen Staat, im Anfang. Bis ich dann hinter einiget kam, wie et wirklich gelaufen war. Und dat ich mir gesagt hab: Dat hatte den Ober ..., ist unter Sozialismus, also, realen Sozialismus gelaufen, nur, er war et nich. Et war ja (in manchem) schlimmer, eh, dat war'n Funktionärskapitalismus oder wat man, wie man dat nennen will, 'n Staatskapitalismus."[612]

Anschaulich erzählt Gertrud Michalke von ihren Eindrücken, die sie gewann, als sie in der ehemaligen DDR half, Gewerkschaften aufzubauen.[613]

610 Vgl. Nokia 11, S. 47; Nokia 7, S. 25; Nokia 3, S. 62; Nokia 9, S. 8; Nokia 2, S. 1, 5 und 48.
611 Nokia 9, S. 31-34 und 57 ff.
612 Nokia 7, S. 74. Siehe auch S. 76.
613 Ebd., S. 62-75. Vgl. oben Kapitel III, 2b.

Gertrud Michalke ist mit ihren Erfahrungen und Reflexionen unter den Befragten eine Ausnahmegestalt. Für die meisten war die DDR keine gesellschaftliche Alternative. Positiv wird von einer Reihe von Frauen jedoch gesehen, daß in der DDR Kinderhorte zur Verfügung standen, die in der Bundesrepublik fehlten. Die positive Hervorhebung dieses Aspektes bedeutet freilich nicht, daß die DDR insgesamt in hellem Licht erscheint.[614]

*Resümee*

Aufs Ganze gesehen mag deutlich sein, daß das Geschichtsbewußtsein der Arbeitnehmer im Ruhrgebiet im Hinblick auf die Arbeiterbewegung alles andere als konsistent ist:

1) Es gibt zwar eine Identifikation mit den Gewerkschaften, doch fehlt dieser Identifikation teilweise die historische Dimension; eher selten werden die Gewerkschaften als Protagonisten der Verbesserung der Lebensverhältnisse der Arbeiter seit dem 19. Jahrhundert gesehen. „Die Gewerkschaft" ist gleichsam gegenwärtige Alltagspraxis; sie hat – überpointiert formuliert – nur bedingt Geschichte und damit auch nur bedingt Zukunft.
2) Bei den Arbeitnehmern von Hoesch in Dortmund sind Ansätze zu einem betriebsbezogenen Arbeiterselbstbewußtsein erkennbar, das sich aus verschiedenen Quellen speist:
   - aus dem Bewußtsein mancher Arbeiterfamilien, zu dem das Wissen gehört, daß schon mehrere Generationen in dem Betrieb arbeiten;
   - aus einer Kultur der Kollegialität, die aus gemeinsamer schwerer Arbeit resultiert;
   - aus den Erfahrungen früherer Arbeitskämpfe, etwa des „wilden Streiks" 1969[615] oder des Arbeitskampfes um die Senkung der Arbeitszeit 1978/79.

   Dieses „Geschichtsbewußtsein" konnte nur teilweise an jüngere Kollegen weitergegeben werden.
3) Das politische Traditionsbewußtsein ist fragmentiert. Zwar dominiert die sozialdemokratische Orientierung, doch ist diese Orientierung nicht sehr stark historisch bzw. traditional fundiert, zumal dieses Bewußtsein in Konkurrenz steht zu Traditionen, die – wie die traditionelle Parteienkritik – dazu tendieren, sich negativ auf diese Tradition zu beziehen.

614 Siehe ebd., S. 78; Nokia 9, S. 59; Nokia 11, S. 54; Nokia 2, S. 59; Nokia 14, S. 52. Ganz negative Einstellungen zur DDR u.a. bei Nokia 3, S. 72 und Nokia 6, S. 36 und 38. Vgl. oben Kapitel IV, 3b.

615 Vgl. unten Kapitel IV, 6.

b) Ostdeutsche Probleme mit dem Erbe der Arbeiterbewegung

Die befragten Ostdeutschen in Hennigsdorf und in Frankfurt an der Oder definieren sich – auch die Angestellten bis hin zum Betriebsleiter – ganz überwiegend als „Arbeiter“. Sie haben vielfach ein Selbstverständnis und teilweise auch ein Selbstbewußtsein als Arbeiter, das sich aus verschiedenen Motiven speist: ein gewisser Berufsstolz ist erkennbar, in Hennigsdorf auch das spezifische Selbstbewußtsein der Hennigsdorfer Stahlarbeiter, ein ideologisch mitgeprägtes Verständnis von der Bedeutung der Arbeiter, das in der DDR gepflegt wurde.

Die Meinungen gehen bei befragten Ostdeutschen auseinander, inwieweit gegenwärtig noch eine „Arbeiterklasse“ in Deutschland existiert.[616] Betont wird jedenfalls von einigen, daß es eine Kluft zwischen Ost- und West-Arbeitern gebe.[617] Vielfach wird auch die Auflösung bisheriger Gemeinschaften festgestellt und beklagt: das Vordringen des Individualismus, des „Wolfsgesetzes“, wie einer formuliert[618], bei dem sich der stärkste Wolf durchsetzt (homo homini lupus est). Das alles scheint gegen die Benutzung des Klassenbegriffs in der Gegenwart zu sprechen: das Klassenbewußtsein hat sich aufgelöst oder löst sich auf. Andererseits fühlt man sich eben doch politisch-ökonomisch von der Macht ausgeschlossen und tendiert zu der Annahme, daß es in der gegenwärtigen Gesellschaft objektiv Klassen gebe.

*Gewerkschaftliche Orientierung*

Fragt man nach den politisch-gesellschaftlichen Zugehörigkeiten und Identifikationen, so fällt auf, daß viele der Befragten einen positiven Bezug zu den Gewerkschaften haben. Auch wenn einige Kontinuitäten personeller und struktureller Art zwischen FDGB und DGB registriert werden[619], so ist doch den Befragten klar,

616 Zur Frage, inwieweit es heute eine „Arbeiterklasse“ gibt, siehe Hennigsdorf 1, S. 68; Hennigsdorf 3, S. 77; Hennigsdorf 8, S. 21; Hennigsdorf 10, S. 43; Hennigsdorf 12, S. 68; Hennigsdorf 14, S. 22; Frankfurt/O. 5, S. 44; Frankfurt/O. 9, S. 35 f.; Frankfurt/O. 12, S. 57; Frankfurt/O. 13, S. 27; Frankfurt/O. 14, S. 27. Eher ablehnend Hennigsdorf 5, S. 61 ff.; Hennigsdorf 16, S. 38; Frankfurt/O. 6, S. 36; Frankfurt/O. 7, S. 30 f.

617 Zur Kluft zwischen Ost- und Westarbeitern vgl. Hennigsdorf 3, S. 81; Hennigsdorf 12, S. 50 und 52; Hennigsdorf 16, S. 22 f.; Frankfurt/O. 2, S. 1, 12 und 31; Frankfurt/O. 6, S. 69. Die Auseinandersetzung um den Kalibergbau in Bischofferode spielt dabei eine wesentliche Rolle.

618 Frankfurt/O. 2, S. 25f., 32f. Zur Klage über den Verlust von Zusammenhalt und das Vordringen des Individualismus Hennigsdorf 10, S. 43 ff.; Frankfurt/O. 6, S. 51 f.; Frankfurt/O. 7, S. 23; Frankfurt/O. 10, S. 27; Frankfurt/O. 13, S. 20 f.

619 Zu personellen Kontinuitäten Frankfurt/O. 2, S. 26 und 28; Hennigsdorf 12, S. 63; Hennigsdorf 14, ausf. Protokoll S. 20; zur strukturellen Kontinuität Frankfurt/O. 2, S. 26. Der Prozeß der Transformation der Gewerkschaften bzw. ihre Rolle in der Wende, in der die Gewerkschaften mehr reagiert als agiert haben, wird in den Erzählungen über 1989/90 kaum themati-

daß die Gewerkschaften in der Gesellschaft des vereinigten Deutschland eine grundlegend andere Funktion haben als in der DDR. Wie der Hennigsdorfer Hans Kleinschmidt formuliert, war die Gewerkschaft in der DDR „eine Art Sozialunternehmen“, während sie heute ein „richtiges Kampfmittel für die Arbeitnehmer [...] gegenüber den Arbeitgebern“ bildet.[620] Die Rolle des FDGB als Massenorganisation mit den Hauptfunktionen Mobilisierung und Sozialpolitik auf der einen Seite und die der Interessenorganisation der Arbeitnehmer der Bundesrepublik auf der anderen Seite sind für die Befragten offensichtlich.

Die Notwendigkeit der Gewerkschaften und der Gewerkschaftsarbeit wird anerkannt. Die Gewerkschaften werden als wichtige Organisationen zur Interessenvertretung betrachtet. Zwar sind die Urteile über die konkrete Gewerkschaftspolitik häufig ablehnend – die Gewerkschaft kämpft nach dem Urteil mancher nicht genug, schließt Kompromisse – doch ist damit die prinzipielle Bejahung gewerkschaftlicher Arbeit nicht tangiert, wenn auch das Zutrauen zur gewerkschaftlichen Handlungsfähigkeit und ihrer Durchsetzungskraft inzwischen häufig nicht mehr groß ist. Vor allem erweist die Gewerkschaft sich aus der Sicht der Befragten als unfähig, die Arbeiter gegen die Arbeitslosigkeit zu schützen, eine Anforderung, die aus westlicher Sicht weit überzogen ist und aus der DDR mitgebrachte Maßstäbe erkennen läßt.[621] Von den Gewerkschaften wird eine umfassende kollektive Vertretung der Arbeitnehmer verlangt, wobei die Verteidigung der Arbeitsplätze tendenziell wichtiger zu sein scheint als die Verbesserung der Lebensverhältnisse.[622]

Die Gewerkschaften (in Verbindung mit den Betriebsräten etc.) sind aus der Sicht der ostdeutschen Arbeitnehmer nicht nur deshalb besonders bedeutsam, weil sie in der Arbeitswelt – die DDR war eine „Arbeitsgesellschaft“ und dies prägt auch heute noch die Mentalität der großen Mehrheit[623] – und damit bei existentiellen Fragen ansetzen, sondern auch, weil es sich um eine Einheitsorganisation handelt. Die Aufgabe, zwischen Alternativen zu wählen, stellt der Beitritt zu einer Gewerk-

siert; vgl. dazu Bernd Faulenbach: Die deutsche Vereinigung und die Gewerkschaften. In: Hans O. Hemmer (Hrsg.): Bilanz mit Aussichten. Wiesbaden 1999, S. 167-180.

620 Hennigsdorf 14, ausführl. Protokoll S. 17. Zur Rolle der Gewerkschaften in der DDR vgl. Peter Hübner: Der FDGB im politischen System der DDR und in der Erfahrung der Arbeitnehmer. In: Potsdamer Bulletin für Zeithistorische Studien Nr. 16, Oktober 1999, S. 29-42.

621 Vgl. zur mit Kritik verbundenen Bejahung der Gewerkschaften Hennigsdorf 3, S. 78 und 99; Hennigsdorf 5, S. 63 f.; Hennigsdorf 8, S. 16; Hennigsdorf 10, S. 34 f. und 37 f.; Hennigsdorf 12, S. 43, 59 f. und 66 f.; Hennigsdorf 14, ausf. Protokoll S. 17 ff.; Frankfurt/O. 2, S. 26 f.; Frankfurt/O. 6, S. 58 f.; Frankfurt/O. 12, S. 31 f.; Frankfurt/O. 13, S. 23 f.; Frankfurt/O. 14, S. 23.

622 Vgl. Hennigsdorf 5, S. 64 und Hennigsdorf 10, S. 34.

623 Siehe Martin Kohli: Die DDR als Arbeitsgesellschaft? Arbeit, Lebenslauf und soziale Differenzierung. In: Hartmut Kaelble/Jürgen Kocka/Hartmut Zwahr (Hrsg.): Sozialgeschichte der DDR. Stuttgart 1994, S. 31-61.

schaft nicht; Gewerkschaften erinnern gleichsam an DDR-Organisationsstrukturen. Auf diesem Hintergrund unterscheiden sich für die Befragten die Gewerkschaften tendenziell positiv von den Parteien, auch wenn mancher Befragte generell Schwierigkeiten mit dem Pluralismus, der offenen gesellschaftlichen Auseinandersetzung hat.[624]

*Parteipolitische Optionen*

Die Mehrzahl der Gesprächspartner in Hennigsdorf und Frankfurt/Oder steht eigenem parteipolitischem Engagement ablehnend oder indifferent gegenüber. Zu dieser Mehrheit gehören auch einige frühere SED-Mitglieder, für die nach dem Untergang der SED und des „Sozialismus", an den sie geglaubt haben, Politik keinen Sinn mehr macht. Zu diesem Kreis zählen z.B. Hans Kleinschmidt aus Hennigsdorf und Grete Lieser sowie Berta Klaus aus Frankfurt – sie sind Repräsentanten der älteren Generation, die beim Aufbau des Sozialismus in der Nachkriegsperiode mitgewirkt hat.[625]

Nur wenige der Befragten engagieren sich unmittelbar für die PDS. Sie waren durchweg vor 1989 Mitglieder der SED, Mitträger des Systems der DDR, das sie bejaht haben. Sie lehnen zumindest die Modalitäten der Vereinigung ab und möchten an bestimmten sozialistischen Zielvorstellungen, so vage diese auch sind, festhalten. Mit einer gewissen Sympathie betrachtet eine größere Gruppe die PDS, was sich vermutlich in vielen Fällen als Wahlverhalten zu Gunsten der PDS auswirkt. Kennzeichnend für diese Gruppe ist eine Unzufriedenheit mit dem Wandel der Gesellschaft seit 1989/90 – die Auflösung von Überschaubarkeit, die soziale Unsicherheit usw.

Sehr klein ist die Gruppe engagierter Anhänger der SPD unter den Befragten. Ein Beispiel ist etwa der stellvertretende Betriebsratsvorsitzende im Halbleiterwerk in Frankfurt/Oder, der einige Zeit vor dem Interview in die SPD eingetreten ist.[626] In dem Interview vertritt er eine Ansicht, die er vermutlich auch seinen Kollegen gegenüber artikuliert:

> „... Du kannst eigentlich nur was bewegen auch als Betriebsrat oder Gewerkschafter, wenn Du in der Partei aktiv bist. Wenn Du was bewegen willst, was mitbestimmen willst, kannst Du [das] nur, wenn Du irgendwo Mitglied bist."[627]

624 Vgl. Hennigsdorf 12, S. 62, der sich gegen eine Vermischung von Partei (SPD) und Gewerkschaft (IGM) und für 'neutrale' Gewerkschaften ausspricht. Probleme mit dem 'demokratischen' Pluralismus sind erkennbar bei Hennigsdorf 14, S. 27; Frankfurt/O. 6, S. 75 f.; Frankfurt/O. 12, S. 41 f.

625 Vgl. Hennigsdorf 14, S. 26 f.; Frankfurt/O. 5, S. 55 ff. und 76 f.; Frankfurt/O. 7, S. 40.

626 Vgl. Frankfurt/O. 2, S. 1, 19 f. und 34.

627 Ebd., S. 34.

Für seine Identifikation mit der SPD spielen die Persönlichkeiten des brandenburgischen Ministerpräsidenten Manfred Stolpe und der Sozialministerin Regine Hildebrand eine wichtige Rolle, wobei deren Engagement zur Erhaltung des Werkes von unserem Gesprächspartner besonders hervorgehoben wird.[628]

Manfred Stolpe hat im übrigen offensichtlich Ansehen über den Bereich der SPD-Anhänger bis hin zu den PDS-Sympathisanten, die ihn für „vertrauenswürdig" halten.[629] Für viele Ex-DDR-Bürger ist er eine Identifikationsfigur. Dabei scheint nicht nur sein souveränes landesväterliche Auftreten diese Identifikation zu ermöglichen, sondern eben auch die Tatsache, daß er sich als Mann der Kirche ein Stück weit mit dem SED-System eingelassen hat und deshalb heute attackiert wird. Gerade weil er keine makellose Vergangenheit hat – wie manche ehemalige Bürgerrechtler, die deshalb Außenseiter sind – hat er ein besonderes Ansehen bei vielen Befragten.

Unter den ältesten ostdeutschen Interviewpartnern waren mehrere, die eine kurze sozialdemokratische Vergangenheit (in der Endphase von Weimar oder 1945/46) hatten. Sie stehen heute der PDS durchweg näher als der SPD; zur Rechtfertigung ihres eigenen Verhaltens zu DDR-Zeiten vertreten sie das von der SED geprägte Bild der Geschichte der Sozialdemokratie im Ersten Weltkrieg, in der Weimarer Zeit und 1945/46.[630]

Die SPD wird von einigen unserer Gesprächspartner dicht an die CDU herangerückt. Max Hiller z.B. setzt CDU und SPD geradezu gleich, beide täten nichts gegen die Arbeitslosigkeit. Die Unterschiede sind aus einer Perspektive, die durch Distanz zum Parteiensystem des Westens geprägt ist, offenbar nicht groß und vor allem nicht vergleichbar mit den Unterschieden zwischen der SED auf der einen Seite und den Parteien der alten Bundesrepublik auf der anderen Seite.[631] Werden einerseits die Unterschiede als eher gering zwischen den großen Volksparteien betrachtet, so wird andererseits der Streit als übertrieben betrachtet – die „Streitkultur" des Westens ist manchen offenbar noch fremd geblieben.

628 Ebd., S. 2, 34 f. und 56 ff.

629 Frankfurt/O. 9, S. 65 f.; Frankfurt/O. 10, S. 46; Frankfurt/O. 7, S. 33; Frankfurt/O. 12, S. 49; Frankfurt/O. 14, S. 36 f. Skeptisch dagegen Frankfurt/O. 13, S. 41.

630 Hennigsdorf 3, S. 9, 24, 27 f. Frankfurt/O. 5, S. 5, 19 und 50 f.; Frankfurt/O. 6, S. 18 und 29 f.; Frankfurt/O. 7, S. 4, 25-27, 36 und 42.

631 Siehe Hennigsdorf 3, S. 66 f. Sein jüngster Sohn sei SPD-Ortsvereinsvorsitzender: „Und da haben wir natürlich Diskussionen, nich, ist klar, nich. Er will mich immer überzeugen, nich, ich hab' ihm gesagt: Das brauch ich nich, sag ich, denn wenn ich also SPD wähle, kann ich gleich zur CDU gehen, nich. Das ändert sich überhaupt nischt, sag ich, und keine von den Parteien kann mir sagen, wie sie Arbeitslosigkeit los werden will, ne. Keine Partei sorgt dafür, daß die Arbeitslosen verschwinden." (S. 66).

Offene Anhänger der CDU und Helmut Kohls fanden sich nur in sehr geringer Zahl unter den Befragten.[632] Zumindest bei einem Teil kann aber davon ausgegangen werden, daß sie in der Wende zeitweilig für die CDU und ihre Verbündeten optiert haben.

Insgesamt gesehen mag deutlich sein, daß wir zwar eine klare Option zu Gunsten der Gewerkschaften erkennen können. Dies gilt jedoch nicht in gleicher Weise für die Parteien, die in ihrem Selbstverständnis mit der Arbeiterbewegung verbunden sind. Auf diesem Hintergrund ist das Bild der Geschichte der Arbeiterbewegung näher zu beleuchten.

### *Zur Beurteilung der Geschichte der Arbeiterbewegung*

Die Geschichte der Arbeiterbewegung ist im Bildungssystem der früheren DDR sicherlich in einem ungleich größeren Maße als in Westdeutschland vermittelt worden: in den Schulen, in der FDJ, im Parteijahr etc. Dennoch ist die Geschichte der Arbeiterbewegung nur wenigen der Befragten wirklich geläufig. Immerhin gibt es jedoch bestimmte Komplexe, die als Tradition – jedenfalls partiell – noch erinnert werden, wobei das Verhältnis zu dieser Tradition teilweise zwiespältig ist.

Es sind bestimmte Ereignisse und mehr noch – ähnlich wie in Westdeutschland – Persönlichkeiten, die im historisch-politischen Bewußtsein eine Rolle spielen. Teilweise sind es nicht die historischen Tatbestände, auch nicht deren Reduktion in Traditionen, sondern persönliche Erinnerungen an den Umgang mit diesen Ereignissen und Persönlichkeiten (die Art und Weise, in der man diese selbst kennengelernt hat), die dazu führen, daß sie heute noch eine gewisse Rolle im historisch-politischen Bewußtsein spielen. Zwar wird nicht selten Kritik an dem SED-Traditionsverständnis – teilweise in sehr allgemeiner Form – geübt.[633] Dies heißt jedoch keineswegs, daß die Grenzen und Mängel dieses Verständnisses konkret benannt werden könnten.

Über Marx und Engels wird von einer ganzen Reihe der Befragten gesagt, daß deren Theorie auch heute etwas zu sagen habe. Daß im Kapitalismus alles zur Ware werde, sei eine zentrale Einsicht, wird z.B. von Max Hiller hervorgehoben.[634]

632 Siehe Hennigsdorf 16, S. 39 und Frankfurt/O. 12, S. 48 f.; Frankfurt/O. 14, S. 36.

633 Vgl. Hennigsdorf 1, S. 66; Hennigsdorf 5, S. 57 f.; Hennigsdorf 12, S. 58, 78 und 88; Frankfurt/O. 2, S. 30; Frankfurt/O. 5, S. 43 und 45 f.; Frankfurt/O. 6, S. 34 ff. und 38; Frankfurt/O. 13, S. 29; Frankfurt/O. 14, S. 53 und 71 f.

634 Hennigsdorf 3, S. 104 „... in der Marktwirtschaft ist alles Geld, ist alles 'ne Ware, nich. Da hat der Karl Marx recht gehabt, daß eben doch der der Mensch eine Ware ist, nich, und der verkauft seine Arbeit und kriegt dafür's Geld, Geld ist hier aber der Ausdruck von Preis. [...]Und ich glaube schon, [...] es wird sich also nichts verändern." Siehe auch Hennigsdorf 18, nicht transkribiert. Vgl. Kapitel IV, 7 (unten S. 404 ff.).

Dieter Zange erklärt, daß er jetzt – nach der Wende, in der er sich unmittelbar mit dem Kapitalismus konfrontiert sieht – den „ML" – den Marxismus-Leninismus besser verstehe als in der DDR.[635]

Für manche gehört auch Lenin noch zu den positiven historischen Gestalten. Für sie steht sein historischer Rang nach wie vor außer Zweifel.[636] Joachim Held hebt z.B. seine bedeutende Rolle in der Oktoberrevolution und deren historischen Rang hervor.[637] Für andere steht Lenin bereits für die Deformation der Marxschen Theorie.[638] Häufig wird vor allem Stalin als Verderber der sozialistischen Tradition genannt.[639] Bei der Mehrzahl derjenigen, die Stalin erwähnen, erscheint Stalin mit negativen Konnotationen.

Allerdings gibt es doch einige Ältere, die offen erklären, daß Stalin für sie eine positive Identifikationsfigur gewesen sei. Hans Kleinschmidt hebt hervor, daß Stalin für ihn eine beeindruckende „Großvaterfigur" war. Der XX. Parteitag der KPdSU habe ihn „schockiert". Und im familiären Kontext sei Stalin auch in der Folgezeit nach ein Idol gewesen.[640] Joachim Held, der als ein Repräsentant der HJ/FDJ-Generation betrachtet werden kann, läßt erkennen, daß er noch heute mit der Verurteilung Stalins nicht zurechtkommt.[641]

Eine bedeutsame Rolle spielten im Traditionsverständnis der DDR Karl Liebknecht und Rosa Luxemburg, deren tragischer Tod zugleich als Vermächtnis galt. Dies wirkt unverkennbar nach, was freilich nicht heißt, daß es stets ein klares Bild über diese Gestalten und ihre historische Rolle gibt.[642] Bei Rosa Luxemburg ist zugleich deutlich, daß sie attraktiv auch für Oppositionelle in der DDR war; gerade weil es zu Auseinandersetzungen bei der Rosa-Luxemburg-Demonstration 1988 kam, bei der sich Oppositionelle auf Rosa Luxemburgs Dictum „Freiheit ist immer die Freiheit der Andersdenkenden" beriefen, gewann sie offenbar jenseits ritualisierter Erinnerung Interesse.[643]

635 Hennigsdorf 1, S. 48.

636 Vgl. Hennigsdorf 12, S. 89; Frankfurt/O. 5, S. 76 f.; Frankfurt/O. 6, S. 34 und 90; Frankfurt/O. 13, S. 59 f. Indirekt bei Frankfurt/O. 9, S. 82 f.; Frankfurt/O. 12, S. 70 sowie Frankfurt/O. 14, S. 61.

637 Frankfurt/O. 9, S. 82 f.

638 Vgl. Hennigsdorf 16, S. 46. Möglicherweise auch bei Frankfurt/O. 13, S. 59. Eher gleichgültig zu Lenin stehen Hennigsdorf 5, S. 58 und Frankfurt/O. 14, S. 53.

639 Vgl. vor allem Hennigsdorf 16, S. 46 und Frankfurt/O. 6, S. 34 und 90. Kritisch auch Hennigsdorf 3, S. 36-42, 45 und 117, Frankfurt/O. 13, S. 59.

640 Hennigsdorf 14 ausf. Protokoll S. 29 f.

641 Frankfurt/O. 9, S. 53 f.

642 Siehe Hennigsdorf 1, S. 66; Hennigsdorf 3, S. 107; Hennigsdorf 10, S. 61; Hennigsdorf 12, S. 89; Frankfurt/O. 2, S. 46; Frankfurt/O. 5, S. 77; Frankfurt/O. 6, S. 91 und 93; Frankfurt/O. 7, S. 44; Frankfurt/O. 9, S. 38 f.; Frankfurt/O. 10, S. 52; Frankfurt/O. 13, S. 60 f.; Frankfurt/O. 14, S. 54 und 61.

643 Hennigsdorf 12, S. 89 f.

Wie die Traditionspflege, weil im Nahbereich ansetzend, nachwirkt, zeigt das Beispiel des Hennigsdorfers Anton Blume. Blume hat seinen NVA-Dienst bei der Marine absolviert; die Flottille, auf der er fuhr, umfaßte die Schnellboote Max Reichpietsch und Albin Köbis, benannt nach den revolutionären Matrosen. Die Umbenennung dieser Boote und vor allem seines ehemaligen („Dr. Richard Sorge"), so erklärte Blume, habe ihm „wehgetan"[644] – ein Stück der Tradition, die er akzeptiert hatte und mit der sich für ihn Erinnerungen verbinden, wurde aus seiner Sicht damit destruiert. Ähnliche Feststellungen werden zur Umbenennung von Straßennamen getroffen.[645]

Eine besondere Rolle spielten im SED-Traditionsverständnis die Kommunisten der Weimarer Zeit und die kommunistischen Widerstandskämpfer „gegen den Faschismus". Im Geschichtsbewußtsein der früheren DDR-Bürger – so zeigen unsere Interviews – fließen beide Gruppen zusammen. Zahlreiche auch vergleichsweise wenig bekannte Widerstandskämpfer wurden geehrt.

Herausgehoben wurde vor allem Ernst Thälmann, um den herum ein regelrechter Kult inszeniert wurde.[646] An Thälmann als einen herausragenden Repräsentanten der kommunistischen Arbeiterbewegung erinnern sich bei der Frage nach wichtigen historischen Persönlichkeiten viele der Interview-Partner. Viele scheinen ihn als eine unstreitig bedeutende Figur noch heute zu betrachten. Die Grenzen der Persönlichkeit, die Wittorf-Affaire oder auch das besondere Verhältnis zu Stalin, seine verheerende Politik am Ende der Weimarer Republik, auch die Tatsache, daß die Komintern ihn nach 1933 fallen ließ, dies alles ist den meisten bis heute verborgen geblieben. Wenn Dieter Zange Thälmann als zu DDR-Zeiten „aufgemotzte Figur" bezeichnet, der er die „Kleinen", die im KZ Widerstand geleistet hätten, gegenüberstellt, so ist diese Einschätzung eher die Ausnahme.[647]

Inwieweit eine Popularisierung der kommunistischen Widerstandskämpfer und der Altkommunisten gelang, läßt sich insgesamt schwer sagen. Die Interviewten der älteren und mittleren Generation in Hennigsdorf wissen z.B. etwas

644 Ebd., S. 30.

645 Vgl. ebd.; Frankfurt/O. 2, S. 55; Frankfurt/O. 5, S. 76; Frankfurt/O. 12, S. 70 f.; Frankfurt/O. 14, S. 61 f.

646 Vgl. Annette Leo: „Stimme und Faust der Nation". – Thälmann-Kult contra Antifaschismus. In: Jürgen Danyel (Hrsg.): Die geteilte Vergangenheit. Zum Umgang mit Nationalsozialismus und Widerstand in beiden deutschen Staaten. Berlin 1995, S. 205-211; Thilo Gabelmann: Thälmann ist niemals gefallen? Eine Legende stirbt. Berlin 1996.

647 Hennigsdorf 1, S. 66 f. Gleichgültigkeit nur noch bei Frankfurt/O. 12, S. 65 f. Frankfurt/O. 14, S. 53 f. ist sich nicht sicher, ob sie nicht einen Schauspieler, der einmal Thälmann spielte oder Thälmann selbst gut findet. Eher positive Aussagen über Thälmann aber bei Hennigsdorf 4, S. 25 f. und 73; Hennigsdorf 10, S. 62; Hennigsdorf 12, S. 90 f.; Hennigsdorf 14, ausf. Protokoll S. 5; Frankfurt/O. 2, S. 46; Frankfurt/O. 5, S. 76 und 78; Frankfurt/O. 7, S. 44; Frankfurt/O. 13, S. 60.

mit dem Namen Wilhelm Florin anzufangen, nach dem das Stahlwerk in Hennigsdorf benannt war. Frank Baranowski erinnert sich daran, daß der Sohn Wilhelm Florins, Peter Florin, der in der DDR insbesondere als Außenpolitiker eine Rolle spielte, Verbindung zu dem Werk gehalten habe; dazu Baranowski:

> „Aber, sage ich mal, da hatten die Leute, der Großteil, keinen Anteil, das lief alles so auf anderer Ebene ab. Also, sag ich mal, ... Leitung, Gewerkschaft, Partei und so was alles. Wurde natürlich auch propagiert, aber das spielte nicht die Rolle hier."[648]

Baranowski sieht die Traditionspflege als Teil des politischen Betriebes und glaubt, daß dies für die Masse der Arbeiter nicht wichtig gewesen sei. Wie wichtig diese Traditionspflege war, ist hier nicht zu klären. Jedenfalls glauben Baranowski u.a., das Gewicht dieser Tradition retrospektiv relativieren zu können.

Die Geschichte der Vereinigung von KPD und SPD, die ein komplizierter Prozeß war, bei dem Druck, Zwang und Täuschung eine bedeutsame Rolle spielten, der aber partiell auch dem verbreiteten Wunsch entsprach, den alten Bruderkampf zu überwinden, wird von einigen Älteren ganz in der Tradition der SED-Geschichtssicht erinnert.[649] Für Max Hiller und Elfriede Marsch ist die Vereinigung die Schaffung einer einheitlichen Arbeiterklasse, mit der die alte Spaltung überwunden wurde. Daß damit sozialdemokratische Positionen à la longue ausgeschaltet wurden, wird dabei teils bagatellisiert, teils gerechtfertigt.[650]

Wenn zu dieser Frage SED-Interpretationen nachwirken, so ist das insofern verständlich, als zu fragen ist: Wo hätte diese Interpretation korrigiert werden können? Diejenigen, die Zeitzeugen waren, versuchten retrospektiv ihr früheres Verhalten zu rechtfertigen. Die „Besiegten" von damals aber hatten überwiegend die DDR verlassen. So konnte der Mythos von der einheitlichen Arbeiterklasse, die die Lehren aus der Geschichte gezogen hatte, gedeihen, so daß Ausläufer dieses Mythos noch in den Interviews sichtbar werden.

Werden die SED und „ihr" Staat – die DDR – heute noch in der Tradition der Arbeiterbewegung gesehen? Keine Frage, daß die Sicht der SED diese Interpretation nahelegte und sie ist mit dem Ende der SED-Herrschaft nicht völlig geschwunden. Doch die Beantwortung der Frage nach der „Arbeiterklasse" in der DDR zeigt, daß zwischen SED und Arbeitern rückblickend meist differenziert wird. Grete Lieser etwa, die Bezirksabgeordnete der SED, meint zur „führenden Rolle der Arbeiterklasse" in der DDR:

648 Hennigsdorf 10, S. 47 f. Vgl. auch Hennigsdorf 8, S. 24; Hennigsdorf 14, ausf. Protokoll S. 25.

649 Vgl. Bernd Faulenbach/Heinrich Potthoff (Hrsg.): Sozialdemokraten und Kommunisten nach Nationalsozialismus und Krieg. Zur historischen Einordnung der Zwangsvereinigung. Essen 1998.

650 Frankfurt/O. 6, S. 18; Hennigsdorf 3, S. 28 f.; Frankfurt/O. Max Hiller räumt auf Nachfrage ein, daß die Sozialdemokraten in der SED nach und nach an den Rand gedrängt wurden, was auch im Rückblick problematisch erscheint.

„Ja, also die führende Kraft sollte sie [die Arbeiterklasse] schon haben, aber ich möchte sagen, die hatte sie nicht. Die hatte sie nicht. [Es] wurde nur alles festgelegt und durchgeführt von oben irgendwie. Das [die führende Rolle der Arbeiterklasse] kann man nicht so sehen, das ist Theorie. ... Wenn die führende Rolle der Arbeiterklasse, da müßte es ja wirklich so sein, daß ein Mitspracherecht der Arbeiter ... klar, man konnte überall mitsprechen, ja. Aber auf Versammlungen, wer hat denn da gesprochen von den Arbeitern? Ich möchte sagen, keiner."[651]

Daß die SED und die realen Arbeiter sich deutlich unterschieden, war offensichtlich. Der Anspruch der SED als „Avantgarde" der Arbeiterklasse wird offenbar von niemandem der Befragten mehr geteilt.

Ist auch das Urteil über die SED ganz überwiegend kritisch, so wird doch zumindest eine Persönlichkeit, nämlich Wilhelm Pieck, positiv gesehen, wobei das Väterliche an ihm gerühmt wird.[652] Vereinzelt positive Urteile gibt es auch über Otto Grotewohl. Ulbricht wird zwar Tüchtigkeit attestiert, aber eine Identifikationsfigur ist er – jedenfalls für die Befragten – durchweg nicht.[653]

Insgesamt gesehen hat die SED viel Mühe auf Traditionsbildung verwandt. Traditionen der revolutionären Arbeiterbewegungen gab sie vor fortzuführen.[654] Andere Traditionen versuchte sie sich zu borgen. Eine eigene Tradition hat sie jedoch offenbar nur bedingt ausbilden können, so daß heute nur noch Fragmente einer SED-Traditionsbildung erkennbar sind.

Allerdings ist an dieser Stelle zu fragen: Gibt es so etwas wie eine lokale Arbeiter- oder Arbeiterbewegungstradition in Hennigsdorf? Ansätze einer solchen Tradition sind in den Interviews tatsächlich erkennbar. Elemente dieser Tradition sind

- ein spezifisches Selbstbewußtsein der Stahlarbeiter;
- Erinnerungen an frühere Auseinandersetzungen, insbesondere an den 100-Tage-Streik;[655]
- Erinnerungen an den 17. Juni 1953.[656]

651 Frankfurt/O. 5, S. 43.

652 Siehe Hennigsdorf 3, S. 29; Hennigsdorf 14, ausf. Protokoll S. 5, 26, 30 und 33; Hennigsdorf 16, S. 52; Frankfurt/O. 5, S. 57; Frankfurt/O. 6, S. 90; Frankfurt/O. 7, S. 34 und 43; Frankfurt/O. 10, S. 57; Frankfurt/O. 12, S. 66 und 70; Frankfurt/O. 14, S. 61.

653 Zu Grotewohl siehe Hennigsdorf 3, S. 29; Frankfurt/O. 10, S. 57. Positive bis neutrale Aussagen zu Ulbricht bei Frankfurt/O. 7, S. 34 und 43; Frankfurt/O. 10, S. 57; Frankfurt/O. 12, S. 66. Eher negative Einschätzungen bei Hennigsdorf 3, S. 29 und 117; Hennigsdorf 12, S. 91; Hennigsdorf 14, S. 33; Hennigsdorf 16, S. 21; Frankfurt/O. 5, S. 58 ff.; Frankfurt/O. 6, S. 90 f.

654 Vgl. Eberhard Kuhrt/Henning von Löwis: Griff nach der deutschen Geschichte. Erbeaneignung und Traditionspflege in der DDR. Paderborn/München 1988.

655 Siehe Hennigsdorf 2, S. 51 f.; Hennigsdorf 5, S. 68 f.; Hennigsdorf 8, S. 24; Hennigsdorf 12, S. 71 f.; Hennigsdorf 14, S. 24.

656 Vgl. Kapitel IV, 6 a.

Diese Elemente lassen erkennen, daß sich in dieser Tradition ein gleichsam naturwüchsiges Selbstverständnis, die Erinnerung an frühere Arbeitskämpfe, die von der SED und punktuell wohl auch wieder von der IG-Metall aufgegriffen wurden und eine lange tabuisierte Erfahrung, die keine Öffentlichkeit fand und nicht verarbeitet wurde, die gleichwohl aber nicht wegeskamotiert werden konnte, verbinden.

Wenn die DDR recht eigentlich keine Tradition hat ausbilden können, an der die Menschen heute noch festhalten, so bedeutet dies nicht, daß sie nicht nachwirkt. Sie ist in vielfältigen Orientierungen erkennbar. Bemerkenswerterweise glauben viele der Interviewten aus der Ex-DDR, daß sozialistische Ideen keineswegs endgültig erledigt seien. Praktisch alle – selbst diejenigen, die heute noch das SED-System verteidigen – sehen das Sozialismus-Modell der DDR als gescheitert und erledigt an.[657] Zwar machen einige der SED-Apologeten Gorbatschow heftige Vorwürfe, doch auch sie wollen den DDR-Sozialismus nicht revitalisieren.[658]

Umgekehrt möchten nicht wenige derjenigen, die die DDR sehr kritisch sehen und die verbreitete DDR-Nostalgie nicht pflegen, sozialistische Ideen nicht ein für allemal totsagen.[659] Allerdings sieht keiner Realisierungschancen für sozialistische Ideen in der nahen Zukunft. Ein alter Hennigsdorfer dürfte in diesem Punkt eine von vielen geteilte Einschätzung wiedergeben, wenn er – freilich etwas pathetisch – formuliert: „Sozialismus ist ja auch nicht ein Gedanke, der von Stalin gewesen ist, Sowjetunion oder Honecker oder Ulbricht und der DDR, sondern Sozialismus ist ein Ideal, eine Anschauung, die in der Menschheit steckt, die man nicht vertreiben kann [...] Aber der Gedanke Sozialismus, der ist den Menschen eingegeben. Der beruht ja in den Grundfragen der Brüderlichkeit, der gegenseitigen Hilfe, Unterstützung, der Freiheit."[660]

Die relative Attraktivität sozialistischer Ideen rührt zu einem nicht unwesentlichen Teil aus den Enttäuschungen, die die Wende mit sich gebracht hat, aus den Belastungen, die mit der Umstellung auf eine andere Lebensweise und Kultur verbunden war und ist. Zugleich spielt aber auch die marxistische Geschichtsphiloso-

657 Hennigsdorf 3, S. 105 f. und 117 f.; Hennigsdorf 4, S. 29 und 84 f.; Hennigsdorf 8, S. 40; Hennigsdorf 10, S. 66 f.; Hennigsdorf 14, S. 33; Frankfurt/O. 2, S. 56; Frankfurt/O. 5, S. 76 f.; Frankfurt/O. 6, S. 30 f.; Frankfurt/O. 7, S. 26 f. und 40; Frankfurt/O. 9, S. 28 f., 58, 60 f. und 73 f., s. auch S. 22 ff., 41, 57 und 83; Frankfurt/O. 10, S. 59 f.; Frankfurt/O. 12, S. 73 und 75 ff.

658 Frankfurt/O. 6, S. 79 f.; Frankfurt/O. 7, S. 39; Frankfurt/O. 9, S. 41 und 57 f. Dagegen positive Einschätzungen über Gorbatschow bei Frankfurt/O. 2, S. 40 f.; Frankfurt/O. 5, S. 69; Frankfurt/O. 10, S. 56; Frankfurt/O. 12, S. 56 f.

659 Hennigsdorf 1, S. 48; Hennigsdorf 5, S. 94 f.; Hennigsdorf 12, S. 92 f.; Hennigsdorf 16, S. 45 f.; Frankfurt/O. 13, S. 68 f. – Allerdings gibt es auch Stimmen, die sich gegen einen neuerlichen Versuch wenden, „Sozialismus" zu realisieren, z.B. Frankfurt/O. 14, S. 64 f.

660 Hennigsdorf 3, S. 117 f.

phie – wenn auch in sehr vager vereinfachter Form – noch eine Rolle: sie wirkt nach in der Vorstellung, daß der Geschichtsprozeß über den Kapitalismus hinaustreibt.[661]

c) Die ost- und die westdeutsche Sicht in vergleichender Perspektive

Die Geschichte der Arbeiterbewegung spielt weder bei den ostdeutschen, noch den westdeutschen Arbeitnehmern – sieht man von einer kleinen Minderheit ab – eine große Rolle. Und so weit die Arbeiterbewegung Gewicht hat, ist es weniger die Geschichte der Gewerkschaften als die politische Arbeiterbewegung, die in historischer Dimension gesehen wird, was damit zusammenhängt, daß sich das gewerkschaftliche Handeln weniger als die politische Arbeiterbewegung mit Umbrüchen der neuesten deutschen Geschichte verbindet. Erinnert werden allerdings im Arbeiternehmer-Geschichtsbewußtsein große Streikaktionen.

Vergleicht man die östliche und die westliche Sicht, so sind Begriff und Geschichte der Arbeiterbewegung bei den ostdeutschen Arbeitnehmern eher noch weniger präsent als bei den westdeutschen. Zwar wird im Osten die Bedeutung antifaschistischer Kämpfer – teilweise immer noch in idealisierter Weise – gesehen, doch wird der antifaschistische Kampf nur bedingt mit der Arbeiterbewegung in Beziehung gesetzt. Es scheint, daß mit der SED, die sich als Avantgarde der Arbeiterklasse darstellte, doch vor allem Staatspartei war, auch die Vorstellung der historischen Rolle der Arbeiterbewegung untergegangen ist. Die „Verstaatlichung" der Arbeiterbewegung hatte zur Konsequenz, daß mit der Auflösung des Staates auch die Arbeiterbewegung an ihr Ende kam.[662]

Dies bedeutet freilich nicht, daß sozialistische Ideen bei ostdeutschen Arbeitnehmern gar keine Rolle mehr spielten, im Gegenteil, sie haben zuletzt angesichts der Probleme des Vereinigungsprozesses und konkreter Erfahrungen mit der kapitalistischen Ordnung wieder an Bedeutung gewonnen. Doch wird die Arbeiterbewegung – ungeachtet eines im Osten ungleich positiveren Arbeiterbegriffs als im Westen – kaum mehr als die gesellschaftliche Kraft gesehen, die den historischen Auftrag hat, sozialistische Ideen zu realisieren. In dieser Hinsicht gibt es im übrigen eine Grundübereinstimmung zwischen ostdeutschen und westdeutschen Arbeitnehmern.

661 Vgl. unten Kapitel V, 2b.

662 Vgl. dazu Christoph Kleßmann: Die „verstaatlichte" Arbeiterbewegung. Überlegungen zur Sozialgeschichte der Arbeiterschaft in der DDR. In: Karsten Rudolph/Christl Wickert (Hrsg.): Geschichte als Möglichkeit. Über die Chance von Demokratie. Essen 1995, S. 108-119.

Allerdings werden die Gewerkschaften von Ostdeutschen und Westdeutschen, die im Projekt befragt wurden, vielfach als Organisationen betrachtet, die den Auftrag haben, den Arbeitnehmern ihren gerechten Anteil an der Einkommensentwicklung zu sichern und im übrigen eine Schutzfunktion für die Arbeitnehmer auszuüben. Doch wird ganz überwiegend in den Gewerkschaften keine wirklich gesellschaftsgestaltende Kraft gesehen.

## 6. Lokale Traditionen

### a) Exkurs I: Der 100-Tage-Streik und der 17. Juni 1953 in Hennigsdorf

*Annette Leo*

In dem vor den Toren Berlins gelegenen Hennigsdorf steht an der Veltener Straße auf dem ehemaligen Dorfanger ein Denkmal, das den Arbeitern der Stadt gewidmet ist, die am 17. Juni 1953 auf die Straße gingen. Eine brandenburgische Künstlerin[663] hat das Denkmal geschaffen, sie war Siegerin des Wettbewerbs, den die Stadt Hennigsdorf anläßlich der 40. Wiederkehr des Ereignisses ausgeschrieben hatte. Die kleine Denkmalsanlage beginnt mit zwei Wegen, die von zwei Seiten aufeinander zustreben. An ihrem Scheitelpunkt stehen drei senkrechte Kalksteinstelen dicht nebeneinander und ihnen gegenüber befindet sich eine Metallwand, die auseinandergebrochen ist. Für Rudolf Lampe, ein 67jähriger ehemaliger Arbeiter des Stahlwerkes und damals Teilnehmer des Streiks, der Mitglied der Wettbewerbsjury war, versinnbildlichen die beiden Wege die Demonstrationszüge der Arbeiter des Stahlwerkes und des Lokomotivwerkes, die sich an jenem Tag, ganz ohne Absprache, auf dem Marsch nach Berlin trafen; die Kalksteinstelen dagegen ständen für die Arbeiter selbst. Die auseinandergebrochene Mauer zeige natürlich den Fall der Mauer im November 1989 und den Weg in die Freiheit. Gewiß läßt die sehr schlicht gestaltete Anlage auch andere Deutungen zu[664], doch findet Rudolf Lampe, der Zeitzeuge und Akteur der Ereignisse von vor 40 Jahren offenbar gerade in dieser Interpretation seine Erinnerungsbilder und seine Hoffnungen von damals vergegenständlicht.

Im Oktober 1993 ist die Denkmalsanlage feierlich eingeweiht worden. Während eines Festaktes wurde ein Film vorgeführt, der im Auftrag der Stadt produziert worden war, in dem Hennigsdorfer Arbeiter aus beiden Fabriken von ihren

663 Die Bildhauerin Heidi Wagner-Kerkhof aus der brandenburgischen Gemeinde Hohen-Neuendorf.

664 In Zeitungsartikeln wurden z.B. die drei Stelen als Symbole für Freiheit, Einheit und gerechte Entlohnung bezeichnet.

Erlebnissen an diesem Tag erzählten. Nachdem es fast 35 Jahre lang keine offizielle Erinnerung an die Aktionen der Arbeiter an diesem Tag gegeben hatte – der 17. Juni galt im DDR-Geschichtsbild als konterrevolutionärer oder sogar faschistischer Putsch, der im wesentlichen von außen gelenkt war – änderten sich faktisch von einem Tag auf den anderen die Vorzeichen der Geschichtsbetrachtung. Die Hennigsdorfer Arbeiter konnten ihre bisher weitgehend tabuisierten Erinnerungen in ein allgemein akzeptiertes Geschichts- und Traditionsverständnis integrieren und erfuhren zum ersten Mal in ihrem Leben sogar eine gewisse Anerkennung für ihre Aktionen an jenem Tag.

Unsere Befragungen unter den Stahlarbeitern, die sowohl Zeitgenossen des Jahres 1953 als auch nachgeborene Generationen umfaßte, setzte einige Monate nach der offiziellen „Rehabilitierung“ des 17. Juni in Hennigsdorf ein. Ganz ohne Zweifel sind die Erinnerungen der Betreffenden nicht unbeeinflußt von den Brüchen im offiziellen Geschichtsbild geblieben. Aber ebenso fraglos hatten sich sowohl Erinnerungen als auch Überlieferungen gegen eine autoritär durchgesetzte Geschichtsversion mehr als drei Jahrzehnte, zumindestens in Fragmenten, behaupten können.

Im Herbst 1993 traten die Beschäftigten des Stahlwerkes Hennigsdorf in einen Streik um Lohnerhöhungen. Flugblätter der IG Metall wurden verteilt, auf denen zu lesen war: „Unsere Großväter haben 1929 den 100-Tage-Streik durchgehalten, unsere Väter sind am 17. Juni 1953 auf die Straße gegangen und wir streiken heute ...“ Zwei Ereignisse, die zu DDR-Zeiten eine ganz gegensätzliche Bewertung erfahren hatten, standen hier plötzlich selbstverständlich nebeneinander als Ermutigung zum gemeinsamen Handeln in der Gegenwart, als Teile einer Traditionslinie, in der die gewerkschaftlich bewußtesten Belegschaftsmitglieder des inzwischen vom RIVA-Konzern übernommenen Betriebes auch ihre Aktion einordnen wollten.

## Der 100-Tage-Streik

Der 100-Tage-Streik der Hennigsdorfer Stahlarbeiter von 1929 war zu DDR-Zeiten ein Schwerpunkt der betrieblichen Traditionspflege und der Geschichte der Hennigsdorfer Arbeiterbewegung gewesen. 1959 und 1979, anläßlich der 30. und 50. Wiederkehr des Ereignisses brachte das Werk Erinnerungsplaketten heraus, die an verdiente Kollegen überreicht wurden. Im Traditionskabinett des Werkes nahm der Streik einen großen Raum ein, ebenso in einer vom Stahlwerk herausgegebenen Broschüre[665], in der das Leben des KPD-Funktionärs Wilhelm Florin,

665 Hubert Heinrich/Alfred Daniel: Wilhelm Florin unser Vorbild, hrsg. von der Geschichtskommission der Zentralen Betriebsparteileitung. Hennigsdorf 1986.

dessen Namen das Werk seit 1951 trug, irgendwie mit der Geschichte der Arbeiteraktionen in Hennigsdorf verknüpft wurde, obwohl es eigentlich wenig Verknüpfungspunkte gab. Der Streik hatte sich gegen eine von der Direktion verfügte 30prozentige Senkung der Akkordzuschläge gerichtet und dauerte vom 23. Januar bis zum 30. April 1929 (Auf der Plakette von 1959 dauerte er bis zum 2. Mai, offenbar gab es da Widersprüche in der Überlieferung). Der Leser der Broschüre erfährt nicht viel von Beginn, Verlauf und Ende des Streiks, im Text ging es vor allem um die „politische Führung des Kampfes" durch die Ortsparteileitung der KPD und darum, wie die Stahlarbeiter „die Erfahrungen und Lehren des Metallarbeiters und Betriebsratsvorsitzenden Wilhelm Florin bei den vorangegangenen Streikkämpfen im Ruhrgebiet" genutzt hatten. „Der politische Charakter des Hundert-Tage-Streiks bestand darin, daß er sich gegen wichtige Gruppen der Monopolbourgeoisie (Flick-Konzern und AEG) sowie gegen den ihnen dienenden Staatsapparat richtete. Der Streikkampf endete durch den Verrat der rechten Gewerkschaftsfunktionäre ökonomisch nur mit einem Teilerfolg."[666]

Im Verlaufe unserer Interviews fragten wir fast alle Stahlwerker nach dem 100-Tage-Streik und mußten feststellen, daß weder Informationen über Zeit, Umstände und Ziel des Kampfes noch die oben zitierten propagandistischen Deutungen in ihrem Bewußtsein eine Rolle spielten. Ihnen waren auch keine Erzählungen von Kollegen, Vätern oder Großvätern überliefert worden. Das hatte vor allem damit zu tun, daß selbst die Ältesten unter ihnen erst nach Kriegsende nach Hennigsdorf und ins Stahlwerk gekommen waren. Trotzdem war der Streik als Begriff bekannt. Die Mehrzahl der Gesprächspartner bezog sich spontan auf ein Ereignis, das die Broschüre nicht erwähnt, das aber auf der Plakette von 1959 abgebildet war: Die Rote Fahne, die während des Streiks auf einem der großen Fabrikschornsteine gehißt worden war. Am Fuß dieses Schornsteins, der bis heute noch steht, aber nicht mehr zum Werksgelände gehört, erinnerte jahrzehntelang eine Gedenktafel an das Ereignis; sie wurde 1990 abgerissen. Die rote Fahne auf dem Schornstein war, anders als die trockenen, ideologisch verbrämten Lehrsätze über den 100-Tage-Streik, in der kollektiven Erinnerung der Hennigsdorfer Stahlarbeiter haften geblieben – als etwas Greifbares und Vorstellbares, gleichzeitig aber auch als Legende von einer Heldentat, die bereits begonnen hatte, sich aus ihren historischen Bezügen zu lösen, deren Erzählung mit anderen Geschichten von anderen roten Fahnen auf hohen Türmen aus der Zeit des Kapp-Putsches bzw. des Nationalsozialismus vermischt wurden. In bewußter Anknüpfung an diese Legende hißte Anton Blume, ein 35jähriger Elektriker aus dem Stahlwerk, während des Streikes 1993 die IG-Metall-Fahne auf dem historischen Schornstein. Im Interview berichtete er stolz von dieser Tat, die er – wie es sich gehörte – nachts und heimlich vollbracht

666 Ebd., S. 70.

hatte. Aber auch Anton Blume wußte nicht genau, warum die Arbeiter eigentlich gestreikt hatten, daß es zu dieser Zeit noch keine Gestapo gab und daß man dafür nicht ins Gefängnis gesperrt worden wäre:

> „Also … 100-Tage-Streik, z.B. die Bronzeplatte war doch früher, war doch an diesem Schornstein, war doch 'ne Bronzeplatte dran. Dat ist doch so gewesen, da ist einer hochgeklettert, hat 'ne rote Fahne drangemacht, dann sind sie runtergeklettert, haben dabei die Stufe abgesägt und haben den ganzen Schornstein mit Schmierseife eingeschmiert. Und da ist es natürlich der Gestapo nie gelungen, da die Fahne wieder runterzuholen. Dat war ja nun, die rote Fahne mußte ja wieder runter. Und det ist natürlich … dat ist natürlich, dat ist so 'ne Heldentat, die man so im Bewußtsein hat."[667]

Jochen Seidel, Instandhaltungsmechaniker, Anfang 30, äußerte, es habe ihn nicht interessiert, was im Traditionskabinett des Betriebes über den Streik zu lesen war. Seine Verbundenheit mit diesem Ereignis sei erst durch die eigene Streikaktion 1993 entstanden.[668] Lothar Fuchs, ein 33jähriger Walzwerker, der zu den Protagonisten des 93er Streiks gehört hatte, wehrte zunächst einmal ganz pauschal die Annahme ab, der 100-Tage-Streik von 1929 habe in seinem Bewußtsein und im Bewußtsein seiner Kollegen irgendeine Rolle gespielt:

> „Dat wurde vielleicht am Rande erwähnt, daß sowat in Hennigsdorf ja schon Tradition hat, aber dat war den einzelnen Kollegen egal. Es ging um ihr Geld und deswegen haben die gestreikt, nicht weil Hennigsdorf Tradition hat."[669]

Dann erinnerte er sich, daß während des Streiks ein alter Mann, vielleicht 87 oder 88 Jahre alt, der damals 1929 dabeigewesen war, zu ihnen gekommen war, weil er sich mit ihnen solidarisieren wollte. Ein wenig verloren habe er auf einem Stuhl auf dem Gang gesessen, von den Kollegen habe niemand sich um ihn gekümmert. Deshalb setzte sich Lothar Fuchs, mehr aus Höflichkeit, schließlich mit dem Alten hin und trotz seines anfänglichen Desinteresses habe ihn die Erzählung des Mannes doch berührt:

> „Die haben damals gekämpft um 15 Pfennig am Tag. Um 15 Pfennig, das kannste dir einfach nicht vorstellen, das geht bei dir nicht rin. Also wir streiken noch nicht mal um 15 Pfennig in der Stunde. Du hast zwar immer gesagt: ja, habt ihr gut gemacht, aber nur, um ihm eben ein Lob auszusprechen, daß sie's gemacht haben. Obwohl es dich gar nicht interessiert hat. Das war negativ, fand ich jedenfalls."[670]

Der 65 Jahre alte 100-Tage-Streik, der besetzt war von der DDR-Propaganda, lebt nur noch als blasse Legende im Bewußtsein der Hennigsdorfer Arbeiter.

667 Hennigsdorf 12, S. 78.
668 Hennigsdorf 6, nicht transkribiert.
669 Hennigsdorf 2, S. 50.
670 Ebd., S. 51.

## Der 17. Juni

Anders als mit dem 100-Tage-Streik 1929 sieht es mit dem historisch jüngeren Datum des 17. Juni 1953 aus. Viele Zeitzeugen, die sich erinnern, leben noch, und es gab offenbar all die Jahre hindurch eine wenn auch fragmentarische Überlieferung. Viele unserer jüngeren Gesprächspartner hatten von ihren älteren Kollegen etwas darüber gehört. Oft nur in Andeutungen, mal eine Episode, eine hingeworfene Bemerkung, während der Nachtschicht oder bei einer Brigadefeier. „Unter der Decke“, sagt Hannelore Garz, seien die Geschehnisse gehalten worden, jedoch zur Sprache gekommen, wenn man abends mal zusammensaß.[671] Manche waren auch als Kinder mit den Ereignissen konfrontiert gewesen. Der Vater von Gerhard Ring, der in der Graugießerei Velten, einem Zweigbetrieb des Stahlwerkes arbeitete, wurde nach dem 17. Juni „als Provokateur“ entlassen. Gerhard Ring, der zu diesem Zeitpunkt erst fünf Jahre alt war, erinnert sich noch an die Situation der Angst und Unruhe in der Familie. Später habe er erfahren, daß die Eltern ernsthaft eine Flucht in den Westen erwogen hatten. Erst als das Urteil des Arbeitsgerichts dem Vater die Rückkehr ins Werk ermöglichte, seien diese Pläne fallengelassen worden.[672] Auch Jochen Seidel wußte etwas über den 17. Juni durch seine Mutter, die damals im Stahlwerk in der Küche gearbeitet hatte, ebenso von Eltern seiner Klassenkameraden. Er wuchs auf in dem Bewußtsein, daß dies eine unerwünschte, vielleicht sogar verbotene Erinnerung war: „... die meisten Gespräche“, sagt er, „kamen erst nach dem Mauerfall, weil sie ja Angst hatten, wußte ja nicht jeder, wer wo hingehört.“[673]

### *Das offizielle Geschichtsbild*

Es gehört zu den Widersprüchen des offiziellen DDR-Geschichtsbildes, in dem die Tradition der Arbeiterbewegung eine zentrale Rolle spielte, daß darin die Streiks und Demonstrationen der Arbeiter um den 17. Juni ausgeblendet waren. Die Geschehnisse, die an diesen Tagen beinahe jeder auf den Straßen hatte sehen und erleben können, fanden keinen Eingang in das von der SED geprägte kollektive Gedächtnis. Arbeiter kamen in diesem offiziellen Geschichtsbild hauptsächlich als Opfer von Gewaltakten oder als Verteidiger der Errungenschaften der Republik vor, allenfalls als verführte Ahnungslose. Aus dieser Sicht erscheint das Ereignis im folgenden Zitat als beinahe völlig fremdes, von außen gelenktes Geschehen:

671 Hennigsdorf 8, S. 25.
672 Vgl. oben Kapitel II, 3a.
673 Jochen Seidel, Hennigsdorf 6, nicht transkribiert.

„Unter Ausnutzung der offenen Grenze zu Westberlin provozieren die aggressiven Kräfte der USA, der Bundesrepublik und Westberlins mit Hilfe ihrer Agentenorganisationen einen konterrevolutionären Putschversuch im demokratischen Sektor von Berlin und in einigen Städten der DDR. Ziel des Putsches ist der Sturz der Arbeiter- und Bauern-Macht, die Beseitigung der revolutionären Errungenschaften. Horden von Provokateuren terrorisieren Antifaschisten, von denen einige ihren Verletzungen erliegen, dringen in Büros demokratischer Organisationen und staatlicher Dienststellen, in Warenhäuser und Buchhandlungen ein, legen Brände und richten Verwüstungen an. Der stellvertretende Ministerpräsident Nuschke wird nach Westberlin verschleppt und 2 Tage in Haft gehalten. Die von den Putschisten und ihren Hintermännern ausgegebene Losung zum Generalstreik wird nur von einer Minderheit der Arbeiter befolgt. Von der Mehrheit der Bevölkerung isoliert, werden die Putschisten durch das entschlossene Eingreifen der bewaffneten Organe der DDR und der sowjetischen Truppen geschlagen ...“[674]

In der bereits erwähnten Broschüre über die Geschichte des Stahlwerkes aus dem Jahr 1986 kommt der 17. Juni 1953 nicht vor. Nicht einmal der Anlaß für den Streik, die Normenerhöhung oder der nach dem Aufstand verkündete „Neue Kurs“ der SED werden auch nur erwähnt. In der Chronik des Stahlwerkes wird dagegen das Ereignis geradezu ausführlich behandelt. Der Chronist Max Hiller, der ehemalige Kulturhausleiter des Werkes, der nach seiner Berentung Leiter der SED-Geschichtskommission wurde, schrieb etwa seit Beginn der achtziger Jahre die Geschichte auf. Sie besteht aus mehreren großen roteingebundenen Büchern, die bis 1990 im Zimmer des Betriebsdirektors gestanden hatten und nur der Betriebsleitung und führenden Funktionären zugänglich gewesen waren. Die einzelnen Bände sind in Betriebs-Geschichte, Geschichte der SED-Parteiorganisation, der Gewerkschaftsorganisation, der FDJ, GST usw. unterteilt.[675] Interessant für uns ist vor allem der Band über die Geschichte der Parteiorganisation, in der dem 17. Juni ein ganzes Kapitel gewidmet ist. Max Hiller, der das Geschehen in Hennigsdorf selbst nicht miterlebt hatte, er kam erst 1956 in das Stahlwerk, stützte sich in seiner Darstellung vor allem auf Befragungen von Kollegen, auf Dokumente aus dem Betriebsarchiv, auf Ausgaben von Betriebszeitungen und auf Dokumente der SED-Kreisleitung. In einem Interview erklärte Max Hiller mir, daß die ausführliche Behandlung des 17. Juni in seiner Chronik seine eigene Initiative gewesen sei,

674 Deutsche Geschichte in Daten, hrsg. vom Institut für Geschichte der Deutschen Akademie der Wissenschaften zu Berlin. Berlin 1967, S. 876.

675 Auf weißem Karton war der Text mit Schreibmaschine geschrieben, Fotos und Reproduktionen von Dokumenten waren eingeklebt. Nach der Wende und der Privatisierung des Betriebes wurden die Bände von Ulrich Jainz, dem ehemaligen Verantwortlichen für Öffentlichkeitsarbeit des Werkes, sichergestellt und in das Archiv des neugegründeten „Stadtinformationszentrums Hennigsdorf“ integriert.

weil er gemeint hatte, man käme in Hennigsdorf um dieses Thema nicht herum und daß Parteisekretär und auch Werkleiter erstaunt gewesen seien, „mit welcher Frechheit“ er das gemacht habe.[676]

Aus heutiger Sicht betrachtet ist eigentlich nur die Behandlung des Ereignisses bemerkenswert, die Schilderung selbst bewegt sich im Rahmen der gängigen Version. Beim Vergleich mit allgemeinen, auf Republik-Ebene geschriebenen Darstellungen wird deutlich, daß die tatsächlichen Ereignisse des Tages um so weniger geleugnet werden konnten, je mehr sich der Blick nach unten verengte. Deswegen nehmen kommentierende Vor- und Nachbemerkungen den Hauptteil des Kapitels ein. Sie erfüllen die Aufgabe, den kleinen Ausschnitt aus der Wirklichkeit, den der Verfasser preisgibt, in die offizielle Lesart einzubinden. Die Ursachen für den Ausbruch des Streiks sieht Max Hiller darin, daß nach der Zerschlagung des Faschismus „Hunderttausende faschistische und kleinbürgerliche Elemente mit ihrer klassenfeindlichen Einstellung zur neuen Ordnung in die Betriebe als Arbeiter gingen“, wodurch die Voraussetzungen für die Bildung „feindlicher, illegaler Gruppierungen“[677] in den Betrieben geschaffen worden seien. Mit anderen Worten, die streikenden Arbeiter waren gar keine richtigen Arbeiter. Ein Teil der Schuld wird jedoch auch den politisch Verantwortlichen des Werkes (nicht aber der Regierung oder Partei) zugeschrieben:

> „Dazu kam, daß die politisch-ideologische Arbeit sträflichst vernachlässigt wurde, wie das typisch im Stahl- und Walzwerk zum Ausdruck kam. Anstatt zu erziehen, wurde angewiesen, reglementiert und seelenlos mit den Arbeitern gesprochen.“[678]

Vom Streik selbst ist nur der Beginn in ein paar Sätzen abgehandelt:

> „Als am 17.6. früh 7.05 Uhr in der Blockstraße die Kollegen forderten, die Normenfrage bis 9.00 Uhr zu klären, da sie sonst die Arbeit niederlegen würden, schalteten sich Werkleitung und Parteileitung nicht sofort ein und überließen die Kollegen dem Einfluß einer ganzen Gruppe von Provokateuren. Als den Kollegen mitgeteilt werden sollte, daß eine Versammlung durchgeführt wird, waren die Kollegen bereits auf der Straße. Die ersten Gruppen verließen das Werk, als in der sich entwickelnden Diskussion am Tor festgestellt wurde, daß ein Hauptanlaß die Nichtveröffentlichung der Verordnung der Regierung war. Hier stellte sich heraus, daß die Leitung nicht schnell genug geschaltet und keine konzentrierte Überzeugungsarbeit geleistet hat. Zu spät wurden die Genossen organisiert eingesetzt. Trotzdem, nach und nach konnte erreicht werden, daß die Walzenstraßen einsatzbereit blieben.“[679]

676 Hennigsdorf 3, S. 84.

677 Chronik der Geschichte des VEB Stahl- und Walzwerk Hennigsdorf „Wilhelm Florin“, Bd. 1, Geschichte der SED-Betriebsorganisation.

678 Ebd.

679 Ebd.

Hier bricht der Bericht ab, der Autor folgt den Arbeitern nicht aus dem Werktor heraus auf die Straße, durch Westberlin hindurch. Sein Text fährt fort mit der anschließenden Auswertung der Ereignisse durch die verschiedenen Gremien des Betriebes. Ökonomisch hatten die Arbeiter einen Sieg errungen. Nach der Rücknahme der Normenerhöhung bekamen sie die fehlenden Gelder nachgezahlt. Der Betrieb mußte insgesamt monatlich etwa 250.000 Mark mehr Lohnzahlungen aufbringen. Aber politisch wurden sie reglementiert und gescholten. So wurde der Vorsitzende einer Abteilungsgewerkschaft namens Küppers, der sich „an die Spitze der Provokateure" gestellt hatte, aus dem Betrieb entlassen und aus der Partei ausgeschlossen. Die Parteileitung des Werkes mußte neu gewählt werden. Auf der Delegiertenkonferenz sprach auch die Witwe des Namensgebers des Werkes, Elfriede Florin, die die Arbeiter wieder auf die „richtige" Tradition verpflichten wollte: „Die Störenfriede und Provokateure haben dem Namen 'Wilhelm Florin' keineswegs Ehre gemacht. Die verführten Arbeiter haben noch nichts, auch von ihm nichts gelernt. Ich bin aber überzeugt, daß die BPO[680] jetzt alle Kraft aufbringen wird, die Kumpels ideologisch zu überzeugen, damit dem Namen Wilhelm Florin alle Ehren erweisen."[681] Das Mitglied des SED-Zentralkomitees Gerhard Schürer faßte die Aufgabe der SED-Betriebsorganisation zusammen: „Mehr Härte gegenüber den Provokateuren, mehr Geduld und Beharrlichkeit bei der Überzeugung der Massen."[682]

Die Unterscheidung zwischen den nicht näher bezeichneten „Provokateuren" und den „verführten Massen" sollte für lange Zeit die offizielle Bewertung des 17. Juni prägen. Darin steckt auch die Unterscheidung zwischen der als berechtigt anerkannten Unzufriedenheit der Arbeiter aufgrund der Normenerhöhungen und den als sozialismusfeindlich bezeichneten politischen Forderungen, die im Verlaufe der Aktion erhoben wurden. Der Chronist Max Hiller war deshalb der Meinung, daß der Streik hätte verhindert werden können, wenn den Arbeitern am Tor nur jemand gesagt hätte, daß die Normen inzwischen zurückgenommen worden seien:

> „Und das habe ich also aus den ganzen Unterlagen heraus, aus den Meinungen der Menschen, die ich gefragt habe, die damals mitmarschiert, mitgeloofen sind, mit Holzpantoffeln, nach Berlin rein, wobei ein Großteil kehrtgemacht hat und nicht weitergeloofen ist. Also es war doch eine Angelegenheit, die spontan war, nicht, und die dann nicht mehr aufzuhalten war. Die wollten das dann noch aufhalten, aber es war ja nicht aufzuhalten."[683]

680 BPO = Betriebsparteiorganisation.
681 Chronik der Geschichte des VEB Stahl- und Walzwerk Hennigsdorf „Wilhelm Florin".
682 Ebd.
683 Hennigsdorf 3, S. 94.

Die Lehre aus den Ereignissen des 17. Juni lautete deshalb für die folgenden Jahrzehnte, daß die Machthaber ökonomisch zu Kompromissen bereit waren, aber daß Forderungen nach politischen Veränderungen tabu blieben.

*Die Erzählungen der Akteure*

Drei von unseren Hennigsdorfer Interviewpartnern waren an jenem Tag dabei. Rudolf Lampe, Jahrgang 1928 und Kurt Panitz, Jahrgang 1920, stammen beide aus den früheren deutschen Ostgebieten, waren beide im Zweiten Weltkrieg Soldaten gewesen, hatten nach der Rückkehr aus der Gefangenschaft, nachdem sie von der Vertreibung ihrer Familien erfahren hatten, im Stahlwerk Hennigsdorf eine Arbeit gefunden. Gerd Heine, Jahrgang 1932, war mit seiner Familie aus den Sudeten vertrieben worden. Renate Lautenschläger, die spätere Ehefrau von Gerd Heine, war damals Lehrling im Labor des Stahlwerkes. Sie erlebte die Ereignisse nur am Rande, weil sie, wie sie sagte, an diesem Tag ihre Prüfung ablegte. Lampe, Panitz und Heine hatten sich politisch nicht für den Sozialismus engagiert, aber sie verhielten sich loyal und waren fleißige und gute Facharbeiter. Keiner von ihnen hatte zu den Initiatoren des Streiks gehört, sie waren auch zu jung, als daß sie vor 1933 noch persönliche Erfahrungen mit gewerkschaftlicher Organisation und Arbeitskämpfen hätten sammeln können.

Lampe und Panitz waren für den bereits erwähnten Film über den 17. Juni in Hennigsdorf interviewt worden. Im Film kommen sie im Rahmen eines Gruppengespräches von insgesamt sieben Kollegen aus dem Stahlwerk sowie aus dem Lokomotivwerk nur jeweils mit einigen Sätzen zu Wort. Aus dem Gespräch waren sie unbefriedigt herausgegangen, das teilten sie mir unabhängig voneinander mit. Nach ihrer Auffassung hatten sich vor der Kamera Kollegen in den Vordergrund gedrängt und das große Wort geführt, die damals kaum in Erscheinung getreten waren. Sie selbst hatten sich an dem gegenseitigen Überbieten von Erlebnissen nicht beteiligen wollen und sich deshalb zurückgehalten. Aber zweifellos hatte dieses Gespräch ihre Erinnerungen aktiviert und sie waren nun froh, in unserem Interview ihre Geschichte jenes Tages noch einmal zusammenhängend und geschlossen darstellen zu können.

Zweifellos sind ihre Erzählungen vom Streik und dem Marsch nach Berlin sowohl von der Tabuisierung und Stigmatisierung dieses Ereignisses in der DDR-Zeit als auch von der kollektiven Wiedererinnerung und Neubewertung seit 1990 beeinflußt.

Wie hätten sie wohl ihre Geschichte vor der Zäsur von 1989/90 erzählt? Hätten sie überhaupt erzählt? Eine gewisse Vergleichsebene bieten uns die ausführlichen Interviews, die Dorothee Wierling, Lutz Niethammer und Alexander von Plato 1987/88 mit Arbeitern und Angestellten großer Industriebetriebe in der DDR-

Provinz geführt haben, darunter in einem Stahlwerk in Eisenhüttenstadt und einem Chemiekombinat in Bitterfeld, wo es am 17. Juni 1953 nicht nur zu Streiks und Demonstrationen gekommen war, sondern auch Rathäuser und Parteihäuser gestürmt sowie Gefangene befreit worden waren. Die Interviewer fragten alle Gesprächspartner, was sie am 17. Juni gemacht hätten. Die Reaktionsweisen auf diese Frage teilte Lutz Niethammer in einer Analyse in drei Gruppen ein.[684]

Ein größerer Teil der Befragten habe vorgegeben, an diesem Tag nichts erlebt zu haben oder sogar die Antwort verweigert. Relativ wenige Befragte haben sich, allerdings erst in einem späteren Teil des Interviewgesprächs, wenn sie Vertrauen gefaßt hatten, zur aktiven Teilnahme an den Streiks oder Demonstrationen bekannt. Aufgrund ihres hohen Alters oder anderer Umstände befürchteten sie wohl nicht, daß ihnen Nachteile aus ihren freimütigen Auskünften erwachsen könnten. Eine dritte, zahlenmäßig recht große Gruppe schließlich schien Lutz Niethammer „für das fragmentierte Gedächtnis der DDR-Gesellschaft besonders charakteristisch". Er schreibt in diesem Zusammenhang von den „Choreographien der informierten Nicht-Beteiligtheit".[685] Es handele sich dabei um Menschen, die von den Ereignissen des 17. Juni viel gesehen und gehört hatten, die aber selbst nichts damit zu tun gehabt haben wollen. Eine Frau z.B. aus Eisenhüttenstadt sah die Demonstrationen in der Nähe des Bahnhofs genau. Sie selbst beteiligte sich aber nicht, weil sie auf ihren Zug wartete. Das wohl klassischste Beispiel in diesem Zusammenhang ist das eines Hobby-Imkers, der ausgerechnet an diesem Tag mit dem Fahrrad in der Nachbarstadt war, um bei einem Kollegen ein Bienenvolk abzuholen. In der Stadt war alles auf den Beinen, „aber er", schreibt Niethammer, „mußte eilig quer durchradeln und kann so szenisch glaubhaft machen, daß er alles wissen darf und doch nirgends dabei war."[686] Lutz Niethammer vermutet, daß die Wahrnehmung, zumindestens einiger der Befragten einmal sehr viel komplexer gewesen sein muß, „bevor sich der Beobachter diese eine Perspektive in der Nische seines Gedächtnisses fixiert" habe, in der ihn schon sein räumlicher Standort ungreifbar mache. Dieser „Ausweg ins Passive" entsprach nach Niethammers Auffassung der Ambivalenz der berichteten Ereignisse, denn zwischen Aufbruch und Zusammenbruch der Protestbewegung lagen nur Stunden. Unversehens wurde das gerade noch Erlaubte wieder zum Verbotenen und die beteiligten Menschen mußten ihre Erinnerungen an diesen Moment mit in die Langzeit der Anpassung nehmen.

684 Lutz Niethammer: Was haben Sie am 17. Juni gemacht? Oder die Nische im Gedächtnis. Unveröffentlichtes Manuskript 1993. Hierbei bezieht sich Niethammer nur auf Befragte, die nicht Mitglieder der SED waren. Die Reaktionen von SED-Mitgliedern, die übrigens häufig von sich aus auf das Ereignis zu sprechen kamen, führt er noch einmal gesondert an.

685 Ebd., S. 6.

686 Ebd., S. 7.

Auch in den Erzählungen unserer Interviewpartner im Jahr 1994 sind zweifellos noch Spuren dieser alten Zwänge zu finden. Übereinstimmend bezeichnen sowohl Panitz als auch Lampe die Rundfunknachricht über den Streik der Bauarbeiter in der Berliner Stalin-Allee als den entscheidenden Impuls für den Beginn des Streiks. Vorher hatte es schon Unmut, Unzufriedenheit über die Normenerhöhung gegeben, erst die Aktionen in Berlin gaben das Signal. Kurt Panitz:

> „Da eines Tages frühmorgens hieß es, ich komme ins Stahlwerk rein: Ja, gestern abend haben sie, also gestern haben sie in der Stalin-Allee alle gestreikt und eins ins andere und wir schließen uns alle an hier. Mit einem Mal war alles in Aufruhr im Stahlwerk."[687]

Gerd Heine arbeitete damals noch nicht im Stahlwerk, sondern in einem Tischlereibetrieb in Hennigsdorf. Über die Havelbrücke sahen er und seine Kollegen einen riesigen Zug von Menschen strömen und sie schlossen sich spontan an. „Es war die Explosion", sagt Rudolf Lampe und beschreibt damit wohl sehr genau sein Gefühl, plötzlich die Schwelle des Verbotenen zu überschreiten:

> „Man sagt immer, es war organisiert. Ich kann mich nicht entsinnen, daß das organisiert gewesen ist. Das kam spontan, weil die Kollegen in Berlin und wir wollten solidarisch mit die Kollegen in Berlin ... dasselbe tun, was die Kollegen in Berlin machten. Wir wollten kämpfen, damit wir wieder reell unsere Norm kriegen."[688]

Auch Gerd Heine erinnert sich nur an ökonomische Forderungen der Streikenden und macht gleichzeitig auf den Widerspruch zwischen Anspruch und Wirklichkeit des DDR-Regimes aufmerksam:

> „Die haben uns den Himmel auf Erden versprochen, diese Leute. Und damals hat man ja noch ein bißchen Vertrauen gehabt, aber leben wollten wir ja nun auch."[689]

Kurt Panitz erinnert sich noch an andere Forderungen:

> „Dann ist eingefallen auf einmal, also wir marschieren nach Berlin. Wir wollen nach Berlin und zwar folgendermaßen: wir wollen keine Normerhöhung mehr haben, wir wollen freie Wahlen haben und daß sie praktisch die Rentner bißchen besser versorgen. Das waren die drei Hauptdinge, die gestellt werden sollten: keine Normerhöhungen, freie Wahlen und das Ding."[690]

Sowohl Panitz als auch Lampe ist es sehr wichtig zu betonen, daß sie trotz des Streiks ihre Verantwortung für die Produktion und für die Maschinen nicht vernachlässigten und dafür sorgten, daß durch ihre Aktion kein Schaden entstand. Hier wehren sie sich zweifellos gegen jahrzehntelang unwiderlegt gebliebene Vor-

687 Hennigsdorf 16, S. 20.
688 Hennigsdorf 4, S. 18 f.
689 Hennigsdorf 17, nicht transkribiert.
690 Hennigsdorf 16, S. 20 f.

würfe und Verdächtigungen, die ihre Ehre als pflichtbewußte Facharbeiter verletzten. Ehe sie losgingen, erinnert sich Rudolf Lampe:

> „... wurde ein Gespräch geführt, weil die Öfen nicht so lange kalt werden und hatten wir doch vereinbart, daß ein gewisser Teil die Öfen überwachen und dablieben ...“[691]

Kurt Panitz, der in der Gießerei arbeitete, hatte gerade eine Pfanne abzugießen:

> „... die kann man ja nicht stehenlassen, die Pfanne, das wäre ja ... ginge ja nicht, das friert ja alles ein. Soviel Vernunft muß man schon haben. Und dann habe ich die Pfanne abgegossen und abgelegt und dann – raus aus dem Stahlwerk auf die Straße da, an die Werkstraße hier.“[692]

Der Marsch nach Berlin, der nun folgte, bildet eine Besonderheit, der die Erlebnisse der Hennigsdorfer von denen der vielen anderen Streikenden und Demonstranten in der Provinz unterschied. In Hennigsdorf selbst blieb es ruhig. Die Züge der Arbeiter aus den verschiedenen Großbetrieben trafen sich unabgesprochen auf der Straße und verließen die Stadt in Richtung Westberlin. Zweimal gerieten sie so an diesem Tag in ein Wechselbad der Unterschiede zwischen Ost und West. Auf dem Hinweg war es noch nicht so spürbar wie auf dem Rückweg, wo sie sich vor den sowjetischen Panzern durch ein paar Schritte über den Potsdamer Platz in die andere Welt retten konnten. Doch am Ende der Stadt hinter Heiligensee nahmen die Panzer sie wieder in Empfang.

Die Erzählungen des Marsches der Arbeiter von Hennigsdorf nach Westberlin hinein und bis zum Potsdamer Platz ähneln einander sehr. Entweder haben sie wirklich fast die gleichen Erlebnisse, die gleichen markanten Bilder im Gedächtnis behalten oder das gemeinsame Gespräch für den Film hat die Erinnerungen einander angeglichen. Da ist vom Schlagbaum an der Grenze bei Heiligensee die Rede, den die Demonstranten mit ihren Händen herausrissen und zur Seite warfen, von den Päckchen mit Zigaretten und Schokolade, die sie auf dem Weg durch Westberlin geschenkt bekamen, von den Bildern und Transparenten, die am Walter-Ulbricht-Stadion heruntergerissen wurden. Ihnen gemeinsam ist das Augenblickserlebnis einer Befreiung, einer Entgrenzung, die Lampe mit dem Wort „Explosion“ umschreibt. Heine sagt, er habe das Gefühl gehabt: „Jetzt kann man mal ... jetzt werden wir nicht gezwungen. Nicht so wie zum ersten Mai ...“[693] Panitz spricht davon, „daß man sich da mal Luft holen konnte, da hat sich jeder mal ein bißchen Luft gemacht“.[694]

Wie ambivalent dieses „Luft machen“ sein konnte, wie schnell die Schwelle zur Gewalt in einer großen Männer-Masse, die ihre eigene Dynamik entfaltete, er-

691 Hennigsdorf 4, S. 18.
692 Hennigsdorf 16, S. 20.
693 Hennigsdorf 17, nicht transkribiert.
694 Hennigsdorf 16, S. 38.

reicht wurde, kommt auf unterschiedliche Weise in den Berichten zum Ausdruck. Da muß man bedenken, daß in den Wochen und Monaten nach dem 17. Juni 1953 die DDR-Propaganda vor allem den Vorwurf der Gewalttätigkeit und Zerstörungswut gegenüber den Demonstranten erhob, um die Aktionen insgesamt zu diskreditieren und zu kriminalisieren. Rudolf Lampe distanziert sich in seiner Erzählung entschieden von jeglichen Gewaltakten, die er unterwegs erlebte. Er sei mit „alten Genossen" zusammen marschiert, sagt er. Deren Gesellschaft, die ihn offenbar später vor Sanktionen bewahrte, und die er selbst als „gutes Alibi" bezeichnet, scheint ihm auch 1994 noch eine Art Legitimation für die Redlichkeit seines damaligen Tuns zu sein. Er berichtet von einem FDJler, den die Demonstranten kurz vor Heiligensee in den Straßengraben geworfen hatten, und den er gemeinsam mit seinem Kollegen wieder aufgehoben habe:

> „Als wir vorbeikamen am Walter-Ulbricht-Stadion, da wurde ja alles runtergerissen. Wir hatten immer gesagt, wir werden uns ... ick hatte immer rechts und links geguckt, auch mich nicht dran beteiligt. Und wir haben nur immer gesagt, laßt die Bilder von Ernst Thälmann hängen. Man wollte diese Bilder auch runterreißen und wir haben immer gesagt: Laßt das! Weil ... wir waren ja Arbeiter."[695]

Am Potsdamer Platz hat Rudolf Lampe nach eigener Aussage ein wenig abseits in einer Ruine gelagert und abgewartet, was passieren würde. Erst als er hörte, daß scharf geschossen wurde, machte er sich mit seinen Kollegen auf den Rückweg.

In den Worten von Kurt Panitz ist dagegen deutlicher der Sog dieser Massenbewegung spürbar, von der dieser so pflichtbewußt und besonnen wirkende Mann selbst beim Erzählen noch einmal erfaßt wird. Das Herunterreißen der großen Buchstaben über dem Eingang des Walter-Ulbricht-Stadions will er zunächst neutral, gleichsam als Beobachter, berichten. „Da sind dann welche hin ...", sagt er, um mitten im Satz den Duktus zu ändern und einzuschieben: „Ich war dabei." Während der folgenden Episode, die von einem Mann handelt, den die Demonstranten aus dem Auto holten und gegen seinen Willen mitschleppten, wird Panitz endgültig vom Beobachter zum Akteur. Plötzlich heißt es nicht mehr „sie" sondern „wir" und zum Schluß erzählt er wie im Fieber davon, daß er Steine auf Polizisten geworfen habe:

> „... und in der Friedrichstraße haben dann welche, die von Berlin waren, da stand ein ... ist ein Trabi gewesen, der stand da, wo wir rankamen. Und die haben immer gesagt, der soll da aussteigen und der wollte nicht aussteigen, und dann haben wir dem gesagt: Also gut und schön, wenn er nicht aussteigt, weil die dazugekommen sind, die mußten den wohl gekannt haben, die Berliner hier, ich weiß nicht, wer es war, weiß ich auch nicht, kann ich heute nicht sa-

695 Hennigsdorf 4, S. 25 f.

gen. Bloß der sollte eben aussteigen. Und mit 'nem Mal kamen die ran und haben sie wieder erzählt, er soll aussteigen hier. Naja wieso? Naja, der soll aussteigen, der soll auch mitmachen. Ja und [Pause], der wollt nicht aussteigen. Da haben wir ihm ge ... haben ihm gesagt, wenn du nicht aussteigst, schmeißen wir dir den Trabi um mit dir selber. Waren ja eine ganze Horde, alles Männer. Na, ist er nachher ausgestiegen. So, na haben wir dann gesagt, jetzt kannst du dich doch hier mit einreihen und machst du mit uns mit. Ja, und der muß mit sonst, sonst ... also die müssen ihn wohl gekannt haben, wer das war, weiß ich nicht. Der muß wohl irgendwie Genosse Staats ... irgendwas, weiß ich nicht. So, ja wir sind ja immer weiter ..."[696]

Von diesem Mann (der gewiß nicht in einem Trabi saß, die wurden zu dieser Zeit noch nicht produziert) erzählt offenbar auch Gerd Heine:

„Da haben sie den Nuschke [lacht] nach dem Westen geschoben in seinem Auto. Das war doch der von der CDU, der Ost-CDU da ... der wohnte hier draußen ..."[697]

Es handelte sich um den stellvertretenden Ministerpräsidenten Otto Nuschke, dessen „Verschleppung" auch in dem Stichwort im anfangs zitierten DDR-Nachschlagewerk erwähnt wurde. Daß Kurt Panitz bis heute nicht weiß, oder nicht wissen will, wen er da geholfen hat, aus dem Auto zu zerren, ist ein Indiz dafür, wie tief er diese Erinnerung all die Jahre vergraben hatte. Es ist aber auch ein Zeichen dafür, daß es jahrzehntelang keine Möglichkeit gab, die eigenen fragmentarischen Erinnerungen in einen Gesamtzusammenhang zu stellen, keine Möglichkeit, sich ihrer gemeinsam zu vergewissern.

Als auf dem Potsdamer Platz die sowjetischen Panzer angefahren kamen und auf die Häuserwände zu schießen begannen, zogen sich die Hennigsdorfer Arbeiter nach Westberlin zurück und machten sich auf den Heimweg. Hier beginnen die Erzählungen wieder einander zu gleichen. Sie handeln von der demütigenden Rückkehr nach Hennigsdorf, das inzwischen voll war von sowjetischen Panzern und Geschützen. Rudolf Lampe:

„Als wir wieder hier in Hennigsdorf ankamen und hier an die Havelbrücke kamen, da haben wir gemerkt, was wir für'n Fehler gemacht haben, daß wir nach Berlin gegangen sind. In der Zwischenzeit hatten die hier alles rangeholt, wat ranzuholen war. Die russische Armee war da, denn unsere, diese Polizei ... Die sperrten rechts und links alles ab. Wir mußten in Einzelreihen durchgehen. Wir wurden untersucht, teilweise wurde das, was wir im Westen geschenkt gekriegt haben, wurde wieder weggenommen. An der Brücke wurden wir geteilt ..."[698]

696 Hennigsdorf 16, S. 21.
697 Hennigsdorf 17, nicht transkribiert.
698 Hennigsdorf 4, S. 20.

Kurt Panitz:

> „So, nun und dann haben sie uns alle gleich in Empfang genommen, ins Werk. Im Werk sind wir [an]gekommen, haben sie gleich hier die Namen aufgeschrieben und so, naja. Und da war die Herrlichkeit zu Ende. Noch drei Tage waren wir zu Hause, hat keiner noch gearbeitet. Und dann hieß es, so, also wir sollen uns alle im Werk einfinden, da war doch Ausgangssperre, da durfte keiner raus und rein, abends um achte war doch Ruhe, nicht. Durfte sich keiner auf der Straße zeigen. Nach drei Tagen hieß es dann: alle mal ins Werk. Ein Auto rumgefahren, alle nach dem Stahlwerk hin und der LEW! Naja, und da haben sie halt so eine Versammlung gemacht: Ja, wir sollen arbeiten und die Regierung wird sich schon drum kümmern …“[699]

Die „Herrlichkeit“ war vorbei – und es begann wieder der Alltag der Anpassung. Lampe und Panitz wurden zwar aufgeschrieben, aber es geschah ihnen nichts. Das Streikkomitee, das die Kollegen nach ihrer Rückkehr hatten bilden wollen, wurde von sowjetischen Soldaten auseinandergejagt und Kurt Panitz erinnert sich, daß ein Kollege aus dem Walzwerk, der auf der Versammlung im Speisesaal die Forderungen der Streikenden noch einmal wiederholte, am nächsten Tag verschwunden war. Renate Heine, die an diesem Tag „nicht mitgegangen war“, weil sie Lehrprüfung hatte, war bei dieser Versammlung ebenfalls dabei:

> „… ich weiß bloß, der Saal war voll, naja und da waren eben einige, die auch ihre Meinung gesagt. Das haben wir damals gar nicht so mitgekriegt, daß da auch viele dann nicht wiederge … das hat man ja erst hinterher ist das alles so an die Öffentlichkeit … an die Öffentlichkeit sollte es ja nicht kommen, daß da einige verschwunden … aber man hat es eben doch dann erfahren. Das war schon eine schlimme Stimmung.“[700]

Zurück blieb ein Gefühl der Ohnmacht und des Zwangs zur erneuten Anpassung, das in der Erinnerung den kurzen Moment des Aufbruchs überschattete. Rudolf Lampe bezweifelt im Rückblick selbst den ökonomischen Erfolg der Aktionen:

> „… wir mußten wieder anfangen zu arbeiten, es blieb uns gar nix anderes übrig. Die nächsten Tage, ich hatte wieder Nachtschicht, die Produktion lief wieder an, sehr langsam, die Kollegen ließen sich Zeit. Alle Maschinenhäuser, war alles besetzt mit Polizei. Wir wurden überall kontrolliert, wenn wir an Maschinen rangingen, um nachzusehen, ob die Maschine läuft, kam gleich einer und guckte, ob wir nicht Sabotage machen und so. Jedenfalls ging das sehr lange. Und langsam hat sich das wieder eingekegelt, die Russen wurden wieder abgezogen, die Polizei wurde abgezogen, es ging wieder laufend ‘n Schritt weiter. Nach dem 17. kriegten wir, versprach man uns, eine Nachzahlung von 100 Mark

699 Hennigsdorf 16, S. 22.
700 Hennigsdorf 17, nicht transkribiert.

und die Norm wurde zurückgenommen. Paar Monate später hatte man sich was Neues ausgedacht, wie man die Norm wieder erhöhen konnte ...“[701]

Letztlich konnten die Beteiligten froh sein, daß sie nicht bestraft wurden, natürlich haben sie zunächst gar nichts und später nur wenig darüber erzählt. „Da konnten Sie nicht viel erzählen, denn dann waren Sie ja ein Staatsfeind, der das aufgerührt hatte“[702], meint Kurt Panitz. Solche Einzelheiten wie die Steine auf die Polizisten und der Zwischenfall mit Otto Nuschke waren unerzählbar, weil gefährlich und untolerierbar im Rahmen des offiziellen Geschichtsbildes. Eingekapselt in Schweigen blieben diese Erinnerungsfragmente mehr als 35 Jahre unbearbeitet, auch ungeglättet und ohne einen gesellschaftlichen Kontext, der ihre Bewertung irgendwie beeinflußt hätte.

Die Tabuisierung des 17. Juni 1953 in der offiziellen Erinnerung der DDR hat das Wissen um das Ereignis unter den Arbeitern auch der jüngeren Generationen des Stahlwerkes Hennigsdorf nicht vollständig auslöschen können. Zumindestens fragmentarisch und vage wurden Informationen übermittelt, die einen Rest rebellischen Bewußtseins trotz der Erfahrung der Ohnmacht und Anpassung darstellten. Übermittelt wurden vor allem die Anteile, die im Rahmen des herrschenden Geschichtsbildes noch gerade akzeptabel schienen, während andere Teile der Erinnerung erst nach der Wende 1989/90 wieder erzählbar wurden.

Zu fragen ist, was diese Erfahrung, die bis zum Herbst 1989 einmalig, unwiederholbar blieb, letztlich für die Akteure des Ereignisses bedeutet hat und heute bedeutet. Rudolf Lampe ist der einzige Befragte, der sich auch über den Umgang der Bundesrepublik mit dem Ereignis äußert:

> „Wenn ich mal zurückdenke, wer hat uns denn am 17. Juni geholfen? Von drüben wurde geguckt. Ja. Man hat uns im Stich gelassen dazumal. Wir haben hier die ganzen Jahre ... und die haben die ganzen Jahre den 17. Juni drüben gefeiert, wenn ich mal det so sage. Ja. Das ist das einzige, was mich eigentlich ärgert.“[703]

Er selbst habe sowohl über seine Kriegsgefangenschaft in Polen als auch über den 17. Juni später kaum gesprochen. Den 17. Juni habe er jedoch „leichter genommen“ als das Erlebnis der Gefangenschaft. Über die Propaganda der SED nach dem Aufstand habe er nur lächeln können. Das seien nur Parolen gewesen, die sowieso nicht gestimmt hätten:

> „Ich habe die Partei nie für ernst genommen, aber sie hatte die Macht. Und wir mußten uns eben danach fügen. Leider bin ich auch reingefallen und hab mir auch gefügt ... danach.“[704]

701 Hennigsdorf 4, S. 21.
702 Hennigsdorf 16, S. 53.
703 Hennigsdorf 4, S. 47 f.
704 Ebd., S. 39.

Die ganze Ambivalenz seiner Erfahrung steckt in diesem Satz. Wenn Lampe auch nie mit der Obrigkeit paktieren wollte, so hatte er sich doch anpassen müssen und als fleißiger, zuverlässiger Arbeiter war er gewiß auch stolz auf seine Leistungen im Betrieb. Wenn er nun davon spricht, „reingefallen" zu sein, so bringt er damit wohl das Gefühl zum Ausdruck, alle Mühe und Fleiß seien umsonst gewesen.

Gefügt hat sich auch Renate Heine, die wegen ihrer Prüfung an jenem Tag nicht mitmarschiert war und die nach der Diskussion im Speisesaal später nach den verschwundenen Kollegen nicht hatte fragen wollen. Schließlich seien sie damals froh gewesen, daß sie übernommen wurden, daß sie ihre Arbeit gleich hatten und „da ist man denn doch erstmal still."[705]

Am deutlichsten von allen Befragten verallgemeinert Kurt Panitz sein Fazit von damals bis in die Gegenwart:

> „Der Staat hat ja gemacht, was er wollte und da waren wir ja – Null. Sehen Sie, und wollen wir mal die ganze Sache ehrlich sehen. Heute macht der Staat ja auch, was er will, obwohl soviel verschiedenes dagegen spricht und die Leute hier auch dagegen sind."[706]

Kurt Panitz äußert sich trotzdem zufrieden damit, daß man sich heute an den 17. Juni 1953 erinnere. Es sei schließlich ein großes Ereignis gewesen, „da war doch die ganze DDR in Aufruhr". Auf die Frage, wie ihm das Denkmal selbst gefalle, antwortet er: „Nu ja, es ist so entworfen worden und nun muß es so sein."[707]

In den Äußerungen der Akteure des 17. Juni steht die Erfahrung von Ohnmacht und Resignation im Vordergrund. Das gewandelte kollektive Bewußtsein seit der Wende scheint daran bisher wenig geändert zu haben. Trotzdem gibt es offenkundig in der Gesellschaft Bestrebungen, die Erinnerung an den 17. Juni 1953 in die kämpferische Tradition der Hennigsdorfer Stahlarbeiter zu integrieren, sie zu einem identitätsbildenden Moment zu erheben. Das Denkmal auf dem alten Dorfanger und die Flugblätter anläßlich des Streiks der Stahlarbeiter sind Versuche, die Erinnerung abzustützen und sich auf diese im heutigen Handeln zu beziehen.

### b) Exkurs II: Der Septemberstreik 1969
*Klaus Weberskirch*

Im September 1969 entluden sich in der Bundesrepublik in einer Reihe von spontanen Arbeitsniederlegungen Spannungen, die sich in den vorhergehenden Jahren angesammelt hatten. Die sogenannten 'Septemberstreiks' schienen, wenige Wochen vor der Bundestagswahl 1969, eine politische Signalwirkung zu haben. Hier

705 Hennigsdorf 17, nicht transkribiert.
706 Hennigsdorf 16, S. 23.
707 Ebd., S. 53.

setzten sich augenscheinlich auf der Arbeitnehmerseite jene 'spontanen' Aktionen der Studenten fort, die die Republik schon seit zwei Jahren in Atem hielten. Das Gespenst einer massenhaften sozialen Revolte erschien, viele erschreckend, am Horizont. Ausgangspunkt dieser Streikwelle war die Westfalenhütte der Hoesch AG in Dortmund, deren Arbeitnehmer wir Jahrzehnte später befragten.

### *Zum Verlauf des Streiks auf der Westfalenhütte*

Seit dem Zusammenschluß der Dortmund-Hörder-Hütten-Union (DHHU) mit der Hoesch AG im Oktober 1966 bestand im Gesamtbetrieb eine Lohnproblematik, ausgelöst durch die unterschiedliche Lohngestaltung der nun vereinigten Betriebe. Zunächst wurden die Löhne auf das niedrigere Lohnniveau der DHHU gesenkt, gleichzeitig aber eine Lohnharmonisierungskommission eingerichtet, die bis Ende 1969 eine Neubewertung von knapp 3.000 Arbeitsplätzen durchführen sollte. Bis zum Abschluß dieser Maßnahme wurden von Arbeitgeberseite Lohnerhöhungen abgelehnt. Leidtragende dieser Maßnahme waren in erster Linie die Beschäftigten der Westfalenhütte, die seit dem Herbst 1966 schlechter bezahlt wurden.[708]

Zur gleichen Zeit forderte eine anhaltend gute Konjunkturlage von ihnen aber einen verstärkten Arbeitseinsatz. Durch Überstunden mußten sie ausbleibende Neueinstellungen ausgleichen. Im Sommer 1969 wurden daher erste Rufe nach Lohnerhöhungen und Arbeitserleichterungen bei der Belegschaft laut. Es kam auch zu einzelnen Arbeitsniederlegungen.[709]

Forderungen von Vertrauensleuten und Betriebsrat nach einer allgemeinen Lohnerhöhung, sowie eine Empfehlung der Harmonisierungskommission zu einer Übergangslösung bis zur Beendigung ihrer Arbeit führten schließlich dazu, daß der Vorstand der Hoesch AG sich bereit erklärte, ab dem 1.9.1969 einer vorläufigen Lohnerhöhung um 15 Pfennig in der Stunde zuzustimmen. Die Betriebsräte der einzelnen Standorte stimmten dieser im Prinzip zu, allerdings enthielt sich der Betriebsrat der Westfalenhütte zunächst der Stimme, da er seine Belegschaft zuerst über das Verhandlungsergebnis informieren wollte, denn diese hatte ur-

708 Vgl. Klaus Korff: Die Rolle des Septemberstreiks für die Entwicklung der Arbeiterbewegung. Am Beispiel Dortmunds, Staatsexamensarbeit [1. Teil], Dortmund 1971, S. 23-26. S. auch Institut für Marxistische Studien und Forschungen (IMSF) (Hrsg.): Die Septemberstreiks 1969. Darstellung-Analyse-Dokumente der Streiks in der Stahlindustrie, im Bergbau, in der metallverarbeitenden Industrie und anderen Wirtschaftsbereichen. Köln 1969, S. 55 f. Vgl. auch Michael Schumann: Am Beispiel des Septemberstreiks – Anfang der Rekonstruktionsperiode der Arbeiterklasse?, Frankfurt/M. 1970

709 Vgl. Korff: Die Rolle des Septemberstreiks, S. 40 f. S. auch IMSF (Hrsg.): Die Septemberstreiks 1969, S. 56 f.

sprünglich 20 Pfennig mehr zum 1. August gefordert. Das erste Treffen mit den Vertrauensleuten der Westfalenhütte fand am 2. September 1969 statt.[710]

In den frühen Morgenstunden dieses Tages wurde die Vertrauensleute-Information durchgeführt. Im Anschluß daran gingen diese durch ihre Abteilungen und gegen 9 Uhr standen schon mehrere tausend Arbeiter der Frühschicht vor der Hauptverwaltung, um ihren Unmut über das Arbeitgeberangebot vorzubringen und auf den ursprünglich geforderten 20 Pfennig zu bestehen. Der dort versammelte Hauptausschuß lehnte diese Forderung ab, was die Stimmung unter den Versammelten anheizte. Vereinzelt wurden Rufe nach 30 Pfennig mehr Lohn laut. Als gegen 11 Uhr der Betriebsratsvorsitzende Pfeiffer seinen Kollegen erklärte, daß nun die 20 Pfennig durchgesetzt seien, wurde das Verhandlungsergebnis von den Arbeitern abgelehnt und nun 30 Pfennig ab dem 1.9. gefordert. Nach längeren internen Diskussionen im Betriebsrat stellte sich dieser am Nachmittag hinter die Forderungen der immer noch vor der Hauptverwaltung ausharrenden Arbeiter. Auch die Belegschaften der Werke Phoenix und Union der ehemaligen DHHU schlossen sich der Forderung ihrer Kollegen der Westfalenhütte an. Der Vorstandsvorsitzende der Hoesch AG, Harders, erklärte daraufhin, daß er erst am folgenden Tag zu einer neuen Verhandlungsrunde bereit sei. Daraufhin beschlossen die Belegschaften, die Arbeit bis zu einem Ergebnis weiter ruhen zu lassen.

Am Vormittag des 3. September trafen sich die Betriebsratsvorsitzenden der drei Dortmunder Hoesch-Werke mit der Direktion an einem geheimgehaltenen Ort, um die Verhandlungen fortzuführen. Nach Bekanntwerden dieses Umstandes heizte sich die Lage vorübergehend an. In einem Demonstrationszug mehrerer Tausend Hoesch-Arbeiter aller Werke in die Dortmunder Innenstadt wurden die Forderungen noch einmal bekräftigt.

Um 13.30 Uhr gab der Betriebsratsvorsitzende Pfeiffer dann der Belegschaft bekannt, daß der Vorstand der Hoesch AG allen Forderungen der Arbeiter nachgegeben habe. Daraufhin wurde von den Streikenden die Arbeit wieder aufgenommen.[711]

Die Folge dieses Ausstandes war, in einer Art Kettenreaktion, daß es zunächst in den Stahlbetrieben des Ruhrgebiets, des Saarlandes und Bayerns, später auch bei den metallverarbeitenden Betrieben und den Steinkohlezechen in Nordrhein-Westfalen, dem Saarland sowie in ganz Norddeutschland ebenfalls zu Ausständen kam, bei denen die Forderung nach Lohnerhöhungen im Mittelpunkt stand.[712]

710 Vgl. Korff: Die Rolle des Septemberstreiks, S. 41 f.
711 Siehe ebd., S. 43 ff. S. auch IMSF (Hrsg.): Die Septemberstreiks 1969, S. 57 f.
712 Vgl. IMSF (Hrsg.): Die Septemberstreiks 1969, S. 67-205.

*Erinnerungen und heutige Urteile der Dortmunder Stahlarbeiter*

Knapp 25 Jahre nach diesen Ereignissen führten wir auf der Westfalenhütte unsere Interviews durch. Unser Interesse lag nicht darin, jene in ihrem Ablauf zu rekonstruieren, vielmehr zielte es auf ihre Nachwirkungen im Bewußtsein der Hoesch-Arbeiter und -Arbeiterinnen.[713] Dabei ließen wir uns von folgenden Fragen leiten: Erinnern sich die damals bei Hoesch beschäftigten Arbeiterinnen und Arbeiter noch an jene Tage, an was erinnern sie sich und welche Rolle spielt diese Erinnerung für sie heute? Wurden die Erinnerungen an jüngeren Kolleginnen und Kollegen weitergegeben und falls ja, welche Bedeutung hat dieses Ereignis für diese heute?

Vor allem die damals aktiv Beteiligten, und hier besonders die gewerkschaftlich und politisch Engagierten, erinnern sich an die Septembertage recht genau.[714] Die übrigen Zeitzeugen erwähnen das Ereignis nur am Rande oder übergehen es einfach. Es ist anzunehmen, daß sie das Erlebte entweder verdrängen oder daß es durch andere Ereignisse, Vorfälle oder tagespolitische Probleme in der Erinnerung überlagert oder überformt wird.

An was erinnern sich die Teilnehmer im einzelnen? Hier sind vor allem die Ausgangslage, der Verlauf des Streiks, aber auch seine bundesweite Folgen zu nennen, die ziemlich exakt wiedergegeben werden.

Mit Insiderwissen wartet z.B. der 1968 in den Betriebsrat gewählte August Iskamp auf. Er ist, nach eigenen Angaben, an den Entscheidungsprozessen, die zum Streik führten, und an seinem weiteren Verlauf führend beteiligt gewesen. Mit einer gewissen Abgeklärtheit, so als ob er schon öfter darüber erzählt hat, legt er seinen Kenntnisstand dar:

> „Ja, ich weiß nicht wie weit Du jetzt schon informiert bist, warum dieser Streik entstanden ist. Ich sag jetzt mal … die spontane Arbeitsniederlegung und so. Das hatte sich ja durch den Zusammenschluß mit der Hörder-Hütten-Union

713 Die Erforschung des Septemberstreiks ist eher von politischen bzw. ideologischen Interessen gefärbt: auf der einen Seite Negierung wie in der offiziellen Betriebsgeschichte, vgl. Horst Mönnich: Aufbruch ins Revier. Aufbruch nach Europa. Hoesch 1871-1971. München 1971; auf der anderen Seite unverhohlene Sympathie wie beim IMSF, sowie in der Staatsexamensarbeit von Korff und Krüger: Die Rolle der Septemberstreiks für die Entwicklung der Arbeiterbewegung. Dortmund 1971. Letztere konnten auf betriebsratsinterne Papiere zurückgreifen. Bei Horst Kern/Michael Schumann: Industriearbeit und Arbeiterbewußtsein. Eine empirische Untersuchung über den Einfluß der aktuellen technischen Entwicklung auf die industrielle Arbeit und das Arbeiterbewußtsein, Frankfurt a.M. 1977 erscheint der Streik nur als Marginalie (S. 320, Anmerkung 2).

714 Vgl. vor allem Hoesch 5, S. 33-36; Hoesch 12, S. 32-35; Hoesch 14, nicht transkrib. Int. Band 1, S. 1/379 ff. und 1/504-529; Hoesch 15, S. 43-48, Hoesch 18, S. 39; Hoesch 19, S. 35 und Hoesch 20, S. 25 ff.

so ergeben, daß unterschiedliche Löhne gezahlt wurden, d.h. die Verwaltungen, die Vorstände, die Betriebsleitungen und was da organisatorisch zusammengehörte, ging eigentlich recht schnell über die Bühne, aber die Harmonisierung der Löhne nicht. Und die Forderung um die es ging, ging eigentlich um 5 Pfennig, wo dann aber, als die Leute auf der Straße waren, eskalierte bis zur Forderung von 30 Pfennig. Ich war also einer derjenigen ... einer der Rebellen, die in der Vollversammlung aufgestanden sind und hab' gesagt: Das kann ich nicht mehr mitmachen. Ich werde das meinen Kollegen berichten und die sind nicht mehr gewillt, dafür zu arbeiten. Das war so der erste Punkt. Hab dann auf Stockheide, wo das Breitbandwalzwerk ist, ... die Organisation, sag ich mal, übernommen und der Kollege W., der war damals Sprecher oder Vorsitzender der VK-Leitung, in der hatten wir ja nur Sprecher, hat das so mit der alten Hütte übernommen und dann kam es dann halt zum Streik. Das Gravierendste dabei ist, das hat es vorher in der Geschichte der Arbeiterbewegung und hinterher in der Geschichte der Arbeiterbewegung noch <u>nie</u> wieder gegeben, daß nicht nur die Forderung zu 100% erfüllt wurde, sondern auch noch die Streikzeit bezahlt wurde. [...] Und wie die Bereitschaft war, solche Forderungen mit Hilfe von Arbeitskämpfen durch[zu]setzten, konnte man daran erkennen, daß es ja dann hier in der Republik 'n Flächenbrand gab, andere sind ja nachgezogen. Konjunktur war gut, Löhne hinkten nach. Wir hatten unser eigenes Problem halt durch den Zusammenschluß, der 66 war."[715]

Für Fritz Rösler war es ebenfalls ein ganz besonderes Ereignis, denn es ist sein „bewußt erster und richtiger Arbeitskampf"[716] gewesen. Allerdings hat er in einigen Details eine von Iskamp verschiedene Erinnerung:

„Damals war's also so, der Betriebsrat sollte nachverhandeln über 'ne Lohn ... , ja, die Lohnrunde war gelaufen, es hat wenig gegeben und sollte nachverhandeln über 15 Pfennig. Und da hat die Unternehmensleitung dann gesagt: Nee, da spielen wir nicht mit. Und ich muß auch dann sagen, dann ist auch unserm Arbeitsdirektor, dem Pfeiffer[717] das Dingen aus dem Ruder gelaufen, aus dem einfachen Grund: die Unternehmensleitung schickte 'n Lautsprecherwagen da hin von der Feuerwehr und wollten uns dann befriedigen oder so. Und 'irgendeiner' schrieb auf 'n Blechschild drauf: 15 Pfennig sind 'n Hohn, 30 Pfennig ist der Lohn! Ja? Und die 30 Pfennig kamen 'rum und wir kriegten sogar die drei Schichten[718] bezahlt, die wir im Ausstand war'n und das war dann, ich sag mal,

715 Hoesch 15, S. 43 f. und 47, Betonung durch Hoesch 15.

716 Hoesch 5, S. 34.

717 Pfeiffer war Betriebsratsvorsitzender.

718 Er ist nicht der einzige, der sich an drei Streiktage, respektive drei ausgefallene Schichten erinnert. Eine genaue Analyse dieser kollektiven Fehlerinnerung ist schwierig. Möglicherweise erinnern sich die Befragten an drei ausgefallene Schichten, was stimmen würde, wenn die

weil wir die Vorreiter war'n, das war ja dann diese Arbeitsniederlegung, weil es ging ja ganz durchs ganze Ruhrgebiet, auch bis nach Bremen. Andere haben mehr gekriegt, ich sag das mal, weil bei uns die Einschätzung auch gar nicht so richtig da war, was zu holen war."[719]

Der Meister Paul Spiertz erzählt im Gegensatz zu den Vorhergehenden sehr knapp was er erlebt hat, obwohl er eigentlich wohl mehr erzählen könnte. Danach gefragt, ob er, der „alle Streiks mitbekommen" hat, sich noch an den September 1969 erinnern kann, antwortet er:

„Das ganze fing, glaub ich, an mit einem Sturm auf die Hauptverwaltung, das weiß ich noch. Da war'n wir so ziemlich mit die Ersten, die da nach oben stürmten in die Gemächer des Vorstandes. Ansonsten, ich sag mal, es war, war auch 'ne finanzielle Einbuße. Ist ja nicht so wie jetzt, wenn hier mal irgendwelche Aufmärsche sind, dann wird das meistens als Betriebsversammlung hinterher irgendwie getan, sag ich mal, und dann wird das bezahlt."[720]

An der Verschiedenheit der Erzählungen und Erinnerungen ist zu sehen, daß das jeweilige 'persönliche' Erleben und seine Verarbeitung im Vordergrund stehen. Dabei kann es durchaus auch dazu kommen, daß von anderen Gehörtes, zwischenzeitlich Gelesenes oder auch Gerüchte bzw. nachträgliche Interpretationen in die Erzählungen einfließen. Daher kann es auch, wie zu sehen ist, zu im Detail unterschiedlichen, häufig bruchstückhaften Schilderungen kommen.

Waren detaillierte Schilderungen wie die beiden Wiedergegebenen die Ausnahme, so hat sich vor allem eine Sache ziemlich tief in die Erinnerung aller damals Beteiligten eingegraben: Die Solidarität der Arbeiter der Westfalenhütte. Sie ist wohl auch deshalb so wichtig, weil sie in der Gegenwart als verloren empfunden wird. Dementsprechend wird sie als vorbild- oder beispielhaft dargestellt.

Selbst für Günter Beckers, den ältesten der befragten Dortmunder Stahlarbeiter, der als Weltkriegssoldat und Mann der 'ersten Stunde' ein gewiß nicht ereignisloses Leben geführt hat, ist der Septemberstreik von einer großartigen Bedeutung. Er nennt den Streik als 'das' Beispiel für Solidarität, das er selbst habe erleben dürfen:

„Wissen Sie was Solidarität ist? ... 1969, ja 1969 hat es doch auf dieser Hütte 'n großen Streik gegeben. Da ging es ja nicht um viel, ging es um 10 Pfennig hier. Da ging es um 10 Pfennig, da haben sie *alle* gestreikt, *alle* gestreikt um die-

am Tage fortlaufenden Schichten, also Früh-, Mittag- und Spätschicht gemeint wären. Allerdings sind mindestens vier Schichten ausgefallen, denn während der Frühschicht des zweiten Tages wurde ja auch noch gestreikt. Erst die Mittagsschicht konnte wieder anfahren.

719 Hoesch 5, S. 34.

720 Hoesch 20, S. 25 f. Zur Erstürmung der Verhandlungsräume vgl. IMSF (Hrsg.): Die Septemberstreiks 1969, S. 57.

se 10 Pfennig. Das ist Solidarität. Da haben sie alle zugehalten, alle mitgehalten, und haben alle gestreikt hier. Und wenn eine, ja sagen wir, ein Betrieb oder zwei Betriebe, zwei Betriebe jetzt [sagen]: Wir machen da nicht mit, die wollen später aber auch die 10 Pfennig haben, dann ist das keine Solidarität mehr. Da sind sie aber alle auf die Straße gegangen. Das war ja der sogenannte 'Wilde Streik' hier, war doch 1969 hier. Das ist doch in der ganzen Bundesrepublik rumgegangen. ... Wenn ich etwas tue, aber auch für die andern tue, das nennt man Solidarität."[721]

Anlaß für Beckers Geschichte ist seine Kritik am Solidaritätszuschlag gewesen, die für ihn nichts mit Solidarität zu tun hat. In seinen Augen gibt es heute 'Solidarität' nur noch vereinzelt, denn „im großen und ganzen ist dieses Wort zu sehr gebraucht worden".[722]

Wesentlich ist für ihn hierbei, daß sich eben 'alle' Kollegen daran beteiligt haben und für ihre Forderungen auf die Straße gegangen sind. Für Beckers ist dieser Streik der Inbegriff 'solidarischen Handelns'. Er beschreibt ihn als den Zusammenhalt 'aller', ohne Ausnahme, um etwas für sich selbst und 'andere' zu erreichen. Diese Geschichte setzt er ein, um zu zeigen, daß es diese Art der Solidarität und des Zusammenhalts von Arbeitnehmern, ja der gesamten bundesrepublikanischen Gesellschaft, heutzutage nicht (mehr) gibt. Er setzt das historische Beispiel als Vorbild für die heute lebenden Generationen ein. Die Art und Weise seiner Erzählung weist darauf hin, daß dieser Streik ein wesentliches Erlebnis seines Lebens gewesen ist – allerdings erzählt er nicht, welche Rolle er selbst dabei gespielt hat, außer der, auch 'solidarisch' gewesen zu sein.

Es ist davon auszugehen, daß dieser Streik eine bis in die heutige Zeit reichende Wirkung und Bedeutung für bestimmte Generationen von Hoesch-Arbeitern hat. Er scheint als ein Bezugspunkt für Solidarität zu dienen, vor allem weil von vielen geglaubt wird, daß es diese heute nicht mehr gibt.

Paul Spiertz, im September 1969 mit 21 Jahren schon Vertrauensmann, sucht im Vergleich seiner damaligen Einstellung mit derjenigen seiner heutigen Kollegen eine Begründung für das Verschwinden der Solidarität. Früher habe es in seiner Arbeitsgruppe von bis zu 60 Mann niemanden gegeben, der gesagt hat:

„Nein, ich geh' da nicht mit. Das war von vornherein klar, daß wir da mitmachen. Wenn wir sagen, wir machen das, dann haben wir das auch gemacht, ja. Und heute wird erstmal diskutiert, sag ich ja: Was kostet das dem Einzelnen, oder, wie wird's bezahlt und ... Da krieg' ich schon immer 'n Horror. ... Also, da hab' ich damals nicht drüber nachgedacht, was das vielleicht für Folgen hat.
*Interviewer:* Woran liegt, daß also diese Solidarität jetzt nicht mehr da ist? ...
*Spiertz:* Vielleicht liegt's einfach daran wie ... Es sind ja viele junge Leute hier

721 Hoesch 19, S. 35, Betonung durch Hoesch 19.
722 Ebd., S. 34.

heutzutage. Aber, ich sag mal, es liegt vielleicht daran wie die einzelnen Menschen groß geworden sind. Wir sind damals hier groß geworden [...] das waren bestimmte Gruppen, die haben dann auch zusammengehalten, da konnt' man sich darauf verlassen, ... Ich weiß nicht, woran das heute liegt. Vielleicht haben heute die Menschen auch Angst, daß sie ihre Arbeit verlieren, vielleicht ist das die größte Angst. ... Ich hab' mir vielleicht auch gedacht: Arbeiten kann ich überall, ne. Wenn sie mich hier rausschmeißen, aber selbst da war's ja damals so gewesen, daß manche entlassen wurden und unter Druck der Belegschaft, die hat dann auch die Arbeit niedergelegt, mußten diese Leute wieder eingestellt werden. Vielleicht war das auch so'n bißchen im Hinterkopf, daß man sich gesagt hat: Wenn mir so was passiert, dann werden die Kollegen das auch so machen. Und das werden sie heute hier nicht mehr finden, also da bin ich mir ziemlich sicher."[723]

Spiertz, der zu den Arbeitern gehört, die im September 1969 die Hauptverwaltung gestürmt haben, stellt fest, daß in der heutigen Zeit die von ihm und seinen Kollegen damals eingenommene Haltung, nämlich die der Prinzipientreue und des selbstlosen, aber konsequenten gemeinsamen Handelns, nicht mehr zu finden sei. Sein Fazit: „Also, ich sag mal, so ruhig wie es heute ist, war's früher nicht. Da wurde schnell mal gesagt: So, jetzt marschieren wir mal eben zur Hauptverwaltung."[724] Seit einigen Jahren greife der Egoismus bzw. die Angst, Nachteile zu erfahren, um sich – etwas was es früher nicht gegeben habe, „vielleicht hab ich's auch anders empfunden, ich weiß es nicht."[725] Für Spiertz ist die damalige Aktion ein Symbol, zumindest aber ein Beispiel für bessere, aber vergangene Zeiten. Seine Folgerungen sind:

1. Zusammenhalt, Gemeinsamkeit und Konsequenz bei der Behauptung der Arbeitnehmerinteressen sind für ihn Ausdruck einer vergangenen Zeit, in der sich jeder auf den anderen verlassen konnte, wo die Angst, die Arbeit zu verlieren, noch keine große Rolle spielte, da man sowohl auf Grund seines handwerklichen Könnens sicher sein konnte, auch außerhalb von Hoesch schnell eine neue Arbeit zu erhalten als auch die Gewißheit hatte, daß die Kollegen notfalls für einen selbst kämpfen und einstehen würden.
2. Diese Zeit ist jedoch vorbei, da die heutige Jugend andere Erfahrungen macht als seine Generation – und Solidarität gehört nicht mehr zu den erlebbaren Erfahrungen, was möglicherweise als Folge der Massenarbeitslosigkeit zu sehen ist.

Die konkrete Erinnerung an das damalige Ereignis ist einer 'verarbeiteten' Erinnerung gewichen, die sich auf wenige Punkte konzentriert. Spiertz hat seine Erfah-

723 Hoesch 20, S. 26 f.
724 Ebd., S. 25.
725 Ebd., S. 26.

rungen rational verarbeitet und operationalisiert in dem Sinne, daß er seine damalige Handlungsweise damit erklären, gleichzeitig aber auch eine Trennlinie zur Gegenwart ziehen kann, denn schließlich, obwohl Vertrauensmann, ist seine heutige Position als Meister nicht vergleichbar mit der zu Zeiten seiner größten politischen Aktivitäten.

Karl Schwarzer, obwohl nicht unmittelbar an den Ereignissen beteiligt – er leistete damals seinen Wehrdienst ab – sucht auch nach Gründen, warum die damalige Solidarität heute nicht mehr zu finden ist. Für ihn ist die Aktion zwar ein politisches Signal der Arbeitersolidarität gewesen, aber auch ein Beispiel für die 'bessere gewerkschaftliche Qualität' der Kollegen damals:

> „Das fand ich, weil ich wußt's nun mal, es ging ja durch die Nachrichten, daß hier die Arbeitsniederlegungen stattgefunden hatten und das schlug da [bei der Bundeswehr] durch. Das war doch für mich irgendwie, auch politisch, war das irgendwie Signal gewesen, daß doch irgendwie die Arbeitnehmerschaft, wenn das irgendwo losgeht, daß die sich doch dann stellen kann und zusammenfinden kann und sagen: So, jetzt machen wir auch! Das war doch, ob das 'heute' noch möglich wäre, wag' ich zu bezweifeln in der jetzigen Zeit, ich glaub es bald nicht. Denn das war 'ne Aktion, das war ja kein organisierter Streik der Gewerkschaften, das kam ja aus der Masse raus, also aus dem Unternehmen hervor. Und ich weiß nicht ob das, ob es hier noch mal, hier jetzt bei Hoesch, noch mal so, ob man so was noch mal so durchziehen könnte, wie das 69 war, ich glaub' es nicht. Ich glaube, die Leute sind nicht mehr dazu – die die Qualität haben. Denn, wir hatten's auch gesehen bei diesen ganzen Aktionen, wie wir versucht haben, gegen diesen Zusammenschluß Hoesch/Krupp, was wir da gemacht haben."[726]

Für Schwarzer selbst ist also der Streik auch ein „Signal" gewesen. Ein Signal dafür, daß Arbeiter sich zu einer einheitlichen Aktion zusammenschließen können. Ein Sachverhalt, den er anscheinend zuvor nicht für möglich gehalten hat und heutzutage auch nicht mehr für möglich hält. Außerdem findet er die Spontaneität der Kollegen sowie die von ihm so empfundene Unabhängigkeit von der Gewerkschaft und von Parteien erwähnenswert. Obwohl er selbst in den letzten Jahren auch an größeren Aktionen der Hoesch-Belegschaft teilgenommen hat, meint er die Schlußfolgerung ziehen zu können, daß heute mit den Kolleginnen und Kollegen eine solche Aktion, wie sie 1969 stattfand, nicht mehr durchzuführen ist. In seinen Augen fehlt es an „Qualität" und an der Solidarität der Kollegen, was ihn „wirklich enttäuscht"[727], denn gerade die Solidarität ist ihm sehr wichtig:

> „Ja, unter Solidarität verstehe ich, daß ich mich, wenn ich jetzt erstmal von meiner eigenen Person rede, daß ich mich irgendeiner Gesellschaft oder irgend-

726 Hoesch 18, S. 39.
727 Ebd., S. 41.

einer Forderung anschließe oder Forderungen aufgestellt werden, daß ich mich dieser Forderung anschließe. Und, wenn ich diese Forderung für gut finde, auch voll dahinterstehe und nicht nur sage, ja gut, die machen das und da gehst du vielleicht mal hin, sondern auch mit andern Leute darüber rede und sage, die haben das und das vor und aus diesem und diesem Grunde finde ich das gut und da müssen wir doch was machen. Eventuell auch noch andere Leute versuche [ich] zu finden, die da auch noch mitmachen, um diesen Kreis, wenn irgend'ne Forderung besteht, diesen Kreis noch zu vergrößern, um zu sagen, ja komm, das machen wir. Das versteh' ich unter Solidarität. Also, andern Leute dann auch zu helfen."[728]

Für Schwarzer stellt die Solidarität der Hoesch-Kollegen des Jahres 1969 also ein nicht wieder erreichbares Beispiel für Standhaftigkeit und gegenseitige Hilfe dar. Ist er über das heutige Fehlen dieser Eigenschaften bei den Kollegen nur enttäuscht, so ist z.B. Bernd König angesichts veränderter Erfahrungen in Resignation verfallen: Im Vergleich mit den früheren erfolgreichen 'Kämpfen' haben seine heutigen Kollegen „überhaupt keinen Mumm mehr zu kämpfen, die haben keine Lust. Das is, ich muß auch dazu sagen, das ist auch die politische Lage."[729] König ist nämlich davon überzeugt, daß von der Politik, er meint hier die NRW-Landesregierung, Kohle und Stahl geopfert werden sollen. Das wüßten auch die Kollegen und von daher resignierten sie. Zudem treibe sie die Angst um die Arbeitslosigkeit um. Nicht zuletzt daher haben in seinen Augen die in der Nachkriegszeit aufgewachsenen Generationen einfach keinen „Mumm"[730] mehr zu kämpfen.

Ingo Kastler hatte erst einen knappen Monat vor Beginn des Septemberstreiks seine Arbeit im Werk Union angetreten[731], was wohl dazu beigetragen hat, daß ihm der Ausstand mitsamt seinen Folgen sehr lebhaft in Erinnerung ist:

„Sonst die Union-Zeit, ja ich bin gerade da angefangen, sofort mit einem Knallbonbon August 69: September/Oktober 69 war die erste größere Arbeitsniederlegung, mit der Forderung: Und noch 'n Groschen mehr. Wobei auch ... die Hörder-Hütten-Union relativ, von der Einstellung her, relativ unpolitisch war. ... Die Kumpels hier bei der Westfalenhütte haben die Klamotten hingeschmissen und wollten uns da rausholen und weil mir das ja eigentlich ganz gut gefallen hatte und ich irgendwie so auch schon mal mitgemacht habe, habe ich mich eigentlich auch angeschlossen. War einer der wenigen von Union, die da mitmarschiert sind. Hab' 'n mündlichen Verweis dafür bekommen. ... Ich habe mich, ohne daß ich mich abgemeldet habe, das war aber meine Dämlichkeit, ich hätte mich abmelden müssen, dann hätte ich das immer anführen können, dann hätten sie die zurückziehen müssen. Ich habe mich nicht abgemel-

728 Ebd., S. 43.
729 Hoesch 1, S. 42.
730 Ebd., S. 46.
731 Hoesch 12, S. 29 f.

det, bin einfach mitmarschiert, weil mir das gefiel. Das erinnerte mich so ein bißchen an 'Ho-Ho-Ho Chi Minh' so. Und auf die Frage warum das so ist, haben mir dann die älteren Kollegen gesagt, daß auf der Westfalenhütte alles nur Kommunisten und Linke wären. Das sagte mir erst mal soweit gar nichts, außer eben, daß die doch 'n bißchen was skeptischer sind wie da, wo ich jetzt beschäftigt war. ... Und das war so meine erste Aktion die ich da überhaupt mitgemacht habe. Die Zusammenhänge, so um was es da ging, konnte ich wohl so hintereinander bekommen, aber für mich war es etwas schwer nachzuvollziehen, aus dem einfachen Grunde, weil das Werk Union eigentlich nicht das Werk war, was für irgendwelche Revolutionen so eigentlich von der Belegschaft her geeignet gewesen wäre. Die Angst um den Arbeitsplatz, die war nämlich damals genauso da, wie sie sich bis heute noch nicht geändert hat und die Bereitschaft, da für irgendwelche Forderungen auf die Straße zu gehen, war, bei den Unionern eigentlich nicht so stark gegeben. Mit gewissen Ausnahmen. Das war da, wo ich beschäftigt war, der Bereich Handwerk. Die haben das alles schon wesentlich kritischer gesehen und haben sich ja dann auch dieser Bewegung zum Teil angeschlossen, aktiv angeschlossen. Und nachdem uns dieser Streik dann positiv gelungen war, ging es arbeitsmäßig weiter und dann waren jedes Jahr darauf immer wieder die tariflichen Forderungen, die auch immer wieder mit einer spontanen Arbeitsniederlegung in Verbindung kam."[732]

Der Septemberstreik ist also für den damals 21jährigen ein „Knallbonbon", was als unerwartete, aber freudige Überraschung übersetzt werden kann. Auch für ihn ist Streik „die erste größere Arbeitsniederlegung", die ihm seine allerersten Erfahrungen mit Arbeitskampfmaßnahmen brachten. Als Streikanlaß bezeichnet er Lohnforderungen, die in seinen Augen sehr kämpferisch und herausfordernd gewesen sein müssen, was die von ihm genannte Parole „Und noch 'n Groschen mehr ..." belegt, so als ob die Forderungen immer weiter nach oben geschraubt worden sind. Kastler hat noch unter dem Eindruck seine Hippie- und Mao-Bibel-Phase[733] stehend sich der Streikbewegung angeschlossen, obwohl die Union-Arbeiter sich ursprünglich nicht von den Aktionen auf der Westfalenhütte angesprochen fühlten, vielmehr erst von den Kollegen zum Mitstreiken animiert werden mußten. Ihm machte die Aktion vor allem Spaß.[734] Anscheinend kannte er diese Aktionsform aus der Studentenbewegung. Wichtig ist ihm bei der Darstellung der Ereignisse auf jeden Fall, daß er einer der wenigen gewesen ist, die vom Werk Union an der Aktion teilgenommen haben[735] und außerdem, daß er deswegen einen „mündli-

732 Ebd., S. 32-34.

733 Ebd., S. 9, 18, 41 f.

734 Ob er zu diesem Zeitpunkt noch intensive Kontakte zu seinen linken Jugendfreunden pflegte, wurde im Interview nicht thematisiert.

735 Nach Darstellung des IMSF zogen am zweiten Tag des Streiks etwa 3.400 Unioner zur Westfalenhütte. Vgl. IMSF (Hrsg.): Die Septemberstreiks 1969, S. 58.

chen Verweis“ bekommen hat, weil er es vergessen hat, sich abzumelden. Das heutige CDU-Mitglied Kastler betont, daß dies seine erste Aktion war, die er mitgemacht habe und daß das Werk Union gar nicht „für irgendwelche Revolutionen … von der Belegschaft her geeignet“ gewesen sei, da die Kollegen dort die Sorge um den eigenen Arbeitsplatz umgetrieben habe. Durch Verwendung des Begriffs ‚Revolution‘ deutet Kastler an, daß die Aktion aus der Sicht der Arbeiter des Werkes Union ganz aus dem Rahmen fiel.

Bedeutsam erscheinen ihm die Folgen des Streiks. Nach jenem Septemberstreik sei es fast in jedem Folgejahr anläßlich der Tarifverhandlungen zu Arbeitsniederlegungen gekommen; er betrachtet den Streik als Beginn neuer Handlungsmuster. Als einer von wenigen sieht Kastler den Streik mit anderen Aktionen der 70er Jahre verbunden.[736]

Der ehemalige Betriebsrat Wilhelm Lehmann, nach eigener Aussage am Streik „stark beteiligt“[737], sieht dagegen keineswegs nur eine positive Entwicklung beginnen[738], und seine Betriebsrats- bzw. Funktionärskollegen hätten nicht gemerkt, daß sich die Kollegen selbst zunehmend veränderten. Die Distanz zwischen Belegschaften und Betriebsräten sei im Laufe der Jahre gewachsen. Die jüngeren Kollegen hätten nicht mehr wie er – er sieht sich als Arbeiter ‘alten Schlages’ – in einer Tradition gestanden. Er kennzeichnet diese Entwicklung als „Umbruch“[739], den auch er nicht hat kommen sehen und darüber hinaus auch nicht verstanden hat. Erst nach dem 1978er-Streik habe er die Zeichen des Umbruchs, einer neuen Zeit, erkannt, die ihm als von der traditionellen Arbeiterbewegung geprägten Menschen fremd erscheint.[740]

Die Erinnerung an den Septemberstreik 1969 findet bei einigen Protagonisten eine starke Bedeutungserhöhung, die ihm einen geradezu mythischen Charakter verleiht, letztlich aber auch dazu dienen soll, eigene politische Vorstellungen und Ideen zu untermauern, wobei seine politische Instrumentalisierung offensichtlich ist. Das Hauptthema ist dabei die frühere beispielhafte Solidarität. Sie wird jedoch unterschiedlich interpretiert. Während von ehemaligen Betriebsräten die gute Zusammenarbeit mit der Belegschaft genannt wird, sind es auf der politischen Linken auch die Spontaneität und der ‘Kampf’ der Massen, teilweise auch gegen den Betriebsrat, die betont werden.

736 Hoesch 12, S. 35 f. Hoesch 15 spricht im Zusammenhang mit jenem Erfolg von einem „Siegesrausch“, der die Arbeiter erfaßt habe. Vgl. ebd. S. 47. Zu den weiteren Aktionen (Fusion mit Hoogovens und der Rote-Punkt-Aktion) vgl. Krüger: Die Rolle der Septemberstreiks für die Entwicklung der Arbeiterbewegung. Dortmund 1971, S. 63 f. und 68 ff.

737 Hoesch 16, S. 29.

738 Siehe ebd.

739 Ebd., S. 35.

740 Vgl. ebd.

Exemplarisch für letztgenannte Interpretation sei Fritz Rösler erwähnt, der gleich zu Beginn seiner Erzählung hervorhebt, daß es für ihn „der erste große oder der erste Arbeitskampf"[741] gewesen sei. Er hat recht detaillierte Erinnerungen an die Geschehnisse, bettet sie aber auch in eine historische Interpretation ein, die auf Defizite der deutschen Arbeitergeschichte hinweist:

> „Es liegt vielleicht auch daran, daß eine Vielzahl der Menschen Arbeitergeschichte ... gar nicht mitgekriegt haben, weil's die für mich, ich sag mal, im Prinzip in Deutschland in der Form eigentlich gar nicht gegeben hat. Da war'n andere Länder viel, viel weiter. Wir haben, ich sag mal, kurz Weimar 'n Aufflackern, mit 'ner Gegenrevolution wieder plattgemacht, dann das Dritte Reich und dann direkt nach dem Dritten Reich die Aufbauphase, ich sag mal, den Leuten ging es immer 'n bißchen besser, 'n bißchen besser, ich weiß nicht, ob damals nicht gute Chancen vertan worden sind, um mehr rauszuholen. Der gesellschaftliche Stand der Arbeitnehmer wurde besser im Arbeitskampf. Hat man so gar nicht bedacht. Für mich war nur, ich sag mal, das muß wohl so 58 gewesen sein, ich weiß das nicht mehr so, der große Arbeitskampf in Schleswig-Holstein, als es um die Lohnfortzahlung im Krankheitsfall ging da. ... Das war das erst Mal, dat eigentlich bewußt wurde, daß sich da was tut. ... Aber bewußt, erster und richtiger Arbeitskampf für mich: 69, ging über drei Tage, spontane Arbeitsniederlegung. Und ich sag mal, wenn ich denke, wie Lohnforderungen plötzlich entstehen, wie das Ding gelaufen ist, da dann, an diesem Beispiel kann man eigentlich deutlich machen, was man erreichen kann, wenn man will."[742]

Rösler meint, daß in Deutschland eine Arbeitergeschichte, unter der er wohl eine Geschichte von Kämpfen der Arbeiter versteht, im Grunde nicht existiere. Der Streik um die Lohnfortzahlung im Krankheitsfalle, den er in das Jahr 1958[743] legt, hat ihm erstmals gezeigt „daß sich da [in der Auseinandersetzung zwischen Kapital und Arbeit] was tut", während viele Arbeiter diesen gar nicht so intensiv erlebt hätten. Fritz Rösler hingegen, Sohn eines politisch stark engagierten Vaters, der sich als Gewerkschafter, Vertrauensmann und Sozialdemokrat auf dem jeweiligen 'linken' Flügel verortete, sieht in den Streiks 1956 und 1969 Ereignisse, die die Arbeiterbewegung in Deutschland aus dieser Lethargie geweckt hätten. Wie Rösler an anderer Stelle betont, sind die Arbeiter in der Bundesrepublik durch das „angebliche Wirtschaftswunder"[744] der 50er Jahre im Kopf „korrumpiert" worden. Man habe es damals verstanden, ihnen vorzugaukeln, daß es ihnen im Vergleich zu Arbeitern anderer Länder doch recht gut gehe. Zwischenzeitlich hätten die Unternehmer ihre Gewinne jedoch auf Kosten der Arbeiter machen können. Die Aus-

741 Hoesch 5, S. 33.
742 Ebd., S. 33 f.
743 Dieser Streik fand im Jahre 1956 statt.
744 Hoesch 5, S. 35.

einandersetzungen hätten gleichwohl angesichts der ökonomischen Situation „zwangsläufig" kommen müssen, denn dauerhaft sei der Grundkonflikt, der in wachsenden Arbeitgebergewinnen bei Arbeitsplatzabbau bewußt wurde, nicht zu verdrängen.[745]

Den Septemberstreik bewertet Rösler als den „ersten" von ihm „bewußt" erlebten „richtigen Arbeitskampf", den er als „spontane Arbeitsniederlegung" charakterisiert. Die Bedeutung, die dieser Arbeitskampf für ihn persönlich hat, läßt sich nicht nur an der detaillierten Schilderung ablesen. Vor die Schilderung der Ereignisse setzt er nämlich einen Satz, der sein Motiv für die detaillierte Erinnerung angibt: der Septemberstreik 1969 sei für ihn ein Beispiel, „was man erreichen kann, wenn man will."[746] Für ihn ist es ein Hinweis auf den beispielhaften Charakter der Aktion hinsichtlich des Willens eine Forderung oder auch mehr, durchsetzen zu können. Nicht zufällig ist für Rösler gerade Lenin ein Vorbild darin, wie man eine Sache entschlossen durchsetzt.[747]

Ein wesentliches Moment in den Schilderungen Röslers ist die Spontaneität der Streikenden. Er weist damit darauf hin, daß ein planmäßiges Vorgehen seitens des Betriebsrates vielleicht vorgesehen, diesem dann jedoch „aus dem Ruder gelaufen" sei.

Die Art und Weise, wie er über diese Aktionen spricht, läßt vermuten, daß er eher kritisch zum Gewerkschaftsapparat eingestellt ist und sich über den Druck der Basis freut. Rösler zeigt sich an anderer Stelle nämlich als Verfechter einer der arrivierten Gewerkschafts- und Betriebsratsspitze gegenüber kritischen Basisinitiative, die von 'links' Druck auf jene machen soll.[748]

Es ist davon auszugehen, daß Rösler die Septemberstreiks mit ihren 'spontanen' und einheitlichen Aktionen der Arbeiter, die die Arbeitgeber eingeschüchtert hätten, als Vorbild für gegenwärtige Auseinandersetzungen zwischen Arbeitgebern und Arbeitnehmern sieht. Allerdings, und insofern ist er wohl Realist, hat er Zweifel, ob diese Vorgehensweise mit den heutigen Gewerkschaften zu machen ist. Darüber hinaus ist er auch skeptisch im Hinblick auf die Einigkeit der Kollegen bei der Durchsetzung der Ziele. Hinzu kommt seine Skepsis in bezug auf die Auswirkung der heutigen wirtschaftlichen Krisensituation. Er plädiert, ganz im Sinne seiner Erfahrungen aus dem Septemberstreik, für kämpferische Gewerkschaften, für ein Zurück zu den Wurzeln gewerkschaftlicher Arbeit, die er mit dem Gegen-

745 Vgl. alles Hoesch 5, S. 35 f.

746 Ebd., S. 34.

747 Vgl. Hoesch 5, S. 56. Die autokratische Herrschaft Lenins innerhalb seiner Partei, die im Gegensatz zu der noch zu beschreibenden Basisbegeisterung bei Rösler steht, muß hier vernachlässigt werden.

748 Rösler erwähnt „Nacht- und Nebelaktionen", nach denen man einige Male mehr Geld bekommen habe, die aber nicht tariflich abgesichert worden seien; Hoesch 5, S. 34 f.

satz von Kapital und Arbeit, der früher in jedem Gewerkschaftsseminar den Kollegen und Kolleginnen „eingebleut" worden sei, verbindet.[749] Die Verarbeitung der Erfahrungen von 1969 führt Rösler zur Forderung nach schlagkräftigeren „Arbeitnehmerkampforganisationen", die wirklich für die Arbeiter da seien. Seine Hoffnung ist, daß seine Kollegen aus den Erfahrungen von 1969 lernen, daß man auch in der Gegenwart nur durch Kampf gegen das Kapital erfolgreich sein könne.[750] Der Streik ist für ihn Ausdruck des Kampfes der Arbeiterschaft gegen die Arbeitgeber, ein Klassenkampf, wenn er auch dieses Wort nicht ausdrücklich erwähnt.[751]

Im Gegensatz zu Rösler war für den ehemaligen Betriebsrat August Iskamp der Septemberstreik 1969 Ausdruck der guten Zusammenarbeit von Betriebsrat, Vertrauenskörper und Belegschaft. Er sieht den Betriebsrat nicht als von den Ereignissen überrollt. Seine Erzählung ist durch eine gewisse Routine und Abgeklärtheit gekennzeichnet:

> „So, um auf 69 zurückzukommen: Ja, als dann alles wieder seine Bahnen lief, und ich muß sagen, wir haben die Belegschaft so weit immer informieren können und, ich sag das mal, auch gut im Griff gehabt, weil du halt auch glaubwürdig schildern konntest, wie die Situation war, daß sie dann auch gestanden haben wie 'ne Eins. Die Verhandlungen mit der Betriebsleitung ist eigentlich bei jedem Streik oder bei jeder Arbeitsniederlegung vonnöten, bis heute, ist immer die gewesen: Welche Belegschaften dürfen nicht teilnehmen; denn wir müssen ja 'ne Notbelegschaft haben, die den Betrieb aufrechterhält. Und das haben wir 69 eigentlich praktiziert, daß wir während dieser drei Tage mit den Betriebsleitungen immer in Verbindung standen, wer jetzt die Notbelegschaft macht,
> [...]
> *Interviewer:* War denn dieser Zusammenhalt noch lange zu spüren?
> *Iskamp:* Ja. Ja. Ja. ... wenn es um Spontaneität ging, diese Belegschaft, von der ich spreche, wo ich herkomme, die ich auch am besten kenne, ist die der Westfalenhütte, waren immer hochmotiviert."[752]

Im Mittelpunkt seiner Schilderung und Deutung steht, bei aller auch von ihm erwähnten Spontaneität der Bewegung, der Hinweis auf die Legalität des damaligen Vorgehens, damit zusammenhängend die Verantwortung gegenüber dem Betrieb, insbesondere den Arbeitsplätzen der Kollegen, und vor allem die gute Planung und der 'Gehorsam' der Belegschaft gegenüber seinem Betriebsrat.

Lassen wir die essentiellen Aussagen Iskamps noch einmal Revue passieren: Er kennzeichnet zunächst den Streik als „spontane Arbeitsniederlegung", die aber

749 Vgl. Hoesch 5, S. 36.
750 Hoesch 5, S. 30. Vgl. auch ebd., S. 34 f.
751 Vgl. auch Hoesch 1, S. 42; Hoesch 3, S. 53-55; Hoesch 14, nicht transkr. Int., Bd. 1, S. 1/374-387 und S. 1/504-529; Hoesch 18, S. 39.
752 Hoesch 15, S. 45 f. und 47 f.

aufgrund struktureller Anpassungsprobleme bezüglich des Zusammenschlusses von Hoesch mit der DHHU eine längere Vorgeschichte hatte. Als er auf seine persönliche Rolle während des Ausstandes zu sprechen kommt, ist jedoch von Spontaneität keine Rede mehr. Es gibt vielmehr Vorbereiter und Organisatoren, zu denen er in seinem Arbeitsbereich, der Warmbreitbandstraße, selbst gehörte.

Iskamp beurteilt die historische Bedeutung des Septemberstreiks als einen einzigartigen Erfolg, der vorher und nachher „in der Geschichte der Arbeiterbewegung nie wieder" erreicht worden ist. Es fällt auf, daß er, im Gegensatz zu den 'Linken' Rösler und Mannhard, vor allem die Rolle des Betriebsrates und der Vertrauensleute hervorhebt. Die Belegschaft hat in seiner Erinnerung „wie 'ne Eins" hinter den Verhandlungsführern gestanden. Bei Rösler und Mannhard scheint es dagegen fast so, als ob der Betriebsrat von der Belegschaft getrieben oder sogar gezwungen worden ist. Iskamp sieht zumindest ein Einvernehmen der Belegschaft mit dem Betriebsrat, wenn nicht sogar eine Vorreiterrolle des Betriebsrates. Wie allerdings die 30-Pfennig-Forderung entstanden ist, kann er damit nicht erklären, denn diese ist offensichtlich aus der empörten, anonymen Masse der Kollegen gekommen. Diese zwang dann die Verhandlungsführer, sich der erhöhten Forderung zu beugen. Zum einen widerspricht das dem von ihm geschilderten planvollen Vorgehen, zum anderen beweist es, daß der Betriebsrat eben nicht alles „im Griff" hatte. Außerdem vergißt Iskamp, daß ohne die Unterstützung der vor der Hauptverwaltung stehenden Kollegen das Verhandlungsergebnis möglicherweise nicht so gut gewesen wäre. Die Beziehung von Verhandlungsführern einerseits und Demonstranten andererseits gerät hier aus dem Blick.

Wie sein Betriebsrats-Kollege Beckers[753] erwähnt Iskamp auch das Verantwortungsgefühl der Streikenden, d.h. des vorausschauenden Betriebsrats, gegenüber dem Werk. Die von ihm organisierte Notbelegschaft habe den Betrieb aufrecht gehalten und somit auch die Sicherheit der Arbeitsplätze gewährleistet. Vermutlich hängen Führungsqualitäten und Verantwortungsgefühl für Iskamp mit der Fähigkeit des Betriebsrates zusammen, sowohl die Belegschaft als auch die Verhandlungssituation „im Griff" zu haben. Er zeichnet daher ein von Rösler deutlich verschiedenes Bild des Septemberstreiks. Es ist aus seiner Sicht nämlich kein 'wilder' Streik in dem Sinne, daß die Arbeiter die Sache selbst in die Hand genommen haben. Im Gegenteil, Betriebsrat und Vertrauensleute stützen sich aus seiner Sicht auf die Aktion der Kollegen, um den Forderungen Nachdruck zu verleihen.

Es bleibt festzuhalten, daß hier ein Mann der Gewerkschaft den Streik darstellt. Außerhalb der Organisation entstandene Aktionen stehen im Widerspruch zu seinen Prinzipien. Folglich ist für ihn der Septemberstreik auch kein 'wilder' Streik. Das Verhältnis zwischen Betriebsrat und Belegschaft, von 'Basis und Überbau' vor und nach dem Streik sei immer gut gewesen. Überdies habe sich in dieser Bezie-

753 Hoesch 19, S. 35.

hung immer alles „im Rahmen des Betriebsverfassungsgesetzes"[754] bewegt. Von Eigeninitiative der Kollegen oder gar Diskrepanzen, wie sie gerade von 'Linken' berichtet werden und wie es auch die Darstellungen von Rösler und Mannhard nahelegen, hört man bei ihm nichts.

Die Breitenwirkung des Hoesch-Streiks auf den Rest der Republik, gerade im Hinblick auf die Streikbereitschaft der Kolleginnen und Kollegen angesichts nachhinkender Löhne bei sehr guter Konjunkturlage, spielen in Iskamps Darstellung nur eine Nebenrolle. Der von ihm so genannte „Flächenbrand"[755] nach dem Streik bleibt eine Episode, an der er keinen Anteil hat und dient ihm nur dazu, die Streikbewegung der Hoeschianer zu illustrieren.

Doch nicht nur die Zusammenarbeit der Kollegen der Westfalenhütte, von Betriebsrat und Belegschaft, ist ihm wichtig. Auch die Solidarität, der Zusammenhalt gehört dazu. Er erwähnt in diesem Zusammenhang wie Fritz Rösler[756] den spezifischen Ruf der Westfalenhütte und ihre ironische Benennung als „Stalinhütte":

> „... und spätestens ab dem Zeitpunkt [nach dem Septemberstreik] wurden wir, sag ich mal, als Funktionäre, als Betriebsfunktionäre und auch als Gewerkschaftsfunktionäre hier von Dortmund von der Westfalenhütte dann als 'die Stalinhütte' angesehen. Dieser Ruf ging uns lange voraus und immer dann, wenn wir irgendwas mit unseren Forderungen ... zu dem Zeitpunkt klangen die überzogen, aber als sie durchgesetzt waren, waren sie immer richtig, so daß wir in vielen Dingen auch Vorreiter waren, auch beim Vorstand der IG-Metall."[757]

Iskamp verbindet hier das Motiv der Stärke des Betriebsrates mit einer Avantgarde-Funktion der Betriebsräte und Gewerkschafter der Hoesch AG innerhalb der IG-Metall.[758] Der ironische Name Stalinhütte drückt diesen Zusammenhang aus. Fritz Rösler ist bei seiner Interpretation des Begriffs ‚Stalinhütte' nicht so ganz weit von Iskamp entfernt, aus dessen Sicht der Vertrauenskörper des Betriebes in der ‚Stalinhütte' sehr nah an der Basis gearbeitet hat:

> „... wenn ich früher mal ... zu Seminaren kam und mich dann vorstellte, ich kam von der Westfalenhütte, dann wurde immer gesagt: Sei ruhig, du kommst von der Stalinhütte, bei euch ticken die Uhren ganz anders! Ich sag mal, hier bei uns wurde vieles, vieles geregelt. Man konnte hier als Vertrauensmann mehr regeln, gewerkschaftlicher Vertrauensmann wie 'n freigestelltes Betriebsratsmitglied in andern Buden ..."[759]

754 Hoesch 15, S. 46.
755 Ebd., S. 47, wiederholt auf S. 112.
756 Hoesch 5, S. 34.
757 Hoesch 15, S. 44, Betonung durch Hoesch 15.
758 Vgl. auch Hoesch 3, S. 54 f., der von der Angst der IG-Metall-Führung vor den selbstbewußten Hoesch-Arbeitern spricht.
759 Hoesch 5, S. 34.

Warum gerade der Name „Stalin", von wem auch immer, in den Zusammenhang mit der besonderen Situation auf der Westfalenhütte gebracht worden ist, kann hier nicht geklärt werden. Wichtig ist aber, daß zwei, sich eher als Kontrahenten gegenüberstehende Kollegen den Begriff aufnehmen. Dabei muß festgehalten werden, daß beide Interpretationen sich nicht eigentlich auf Stalin beziehen. „Stalinhütte" bedeutet so viel wie 'Bolschewikenhütte' oder 'Rote Hütte', wobei der Bezug auf Stalin ein Moment der Ironisierung enthält.

In den Erinnerungen und Interpretationen der älteren Hoesch-Arbeiter haben die Septemberstreiks geradezu die Qualität eines Mythos angenommen: Die besondere Wertschätzung scheint vor allem aus dem Gefühl gespeist zu werden, daß unter den Kollegen offenbar immer weniger Solidarität zu spüren ist. Das meinen nicht nur die politisch motivierten, sondern auch viele der 'normalen' Kollegen feststellen zu können. Im Laufe der Zeit hat diese Einstellung der Alten zu einer Entfremdung von den jüngeren Kollegen geführt, da von jenen ein Vorbild, ein Mythos, beschworen wird, der von den nachfolgenden Generationen nicht mehr erreicht werden kann. Hier ist eine Art 'self-fullfilling-prophecy' am Werke: Wenn nämlich alle sagen, daß in früheren Zeiten eine unvergleichliche Solidarität existiert hat, heute dagegen immer weniger davon zu spüren ist – wie soll sich denn dann jene wieder entwickeln können, wenn ihr keine Perspektive gegeben wird? Wenn zudem von vielen der Schluß gezogen wird, daß zu einer Zeit der Vollbeschäftigung Solidarität unter den Kollegen habe herrschen können, in einer Zeit der Massenarbeitslosigkeit, d.h. unter ganz anderen Rahmenbedingungen, Solidarität nur schwer erreichbar ist, erscheint die Situation ziemlich hoffnungslos. Schließlich dürfen auch diejenigen, die klagen, nicht vergessen, daß auch sie ihr Scherflein zu dieser Situation beigetragen haben – sie müssen sich der Frage stellen, was sie gegen diese Entwicklung getan haben.

Die Wirkung des Mythos der Septemberstreiks auf jüngere Beschäftigte ist dementsprechend eher gering. Für viele haben sie im Grunde keine Bedeutung für die Gegenwart. Dennoch gibt es auch bei manchen Jüngeren eine Reaktion auf die Erinnerungen der 'Alten' und ihr Klagen über heutige Zustände: Sie akzeptieren die These, daß die Solidarität früher größer war und ziehen daraus Schlüsse für ihre eigene Position. Michael Kurz z.B., seit wenigen Jahren als Kranfahrer bei Hoesch, berichtet, daß im Kollegenkreis über Streikerfahrungen gesprochen wird:

> „Ja ja, das ist schon klar, ist, ach: 'Haben wir draußen am Tor gestanden bei bitterer Kälte an den Koksöfen', ja, dann liefen die Streiks. Wenn man so hört, was die Älteren erzählen, lief das damals 'n bißchen härter ab. Da war die Solidarität auch, sag'n wir, größer als heute oder die Gemeinschaft wurde mehr zusammengehalten. Denk ich mir. Ich glaub' nicht, daß heute solche großen Streiks überhaupt noch, sag ich mal, modern sind, ob das noch was bringt. Ich mein' heute, glaub' ich, sollte man das mehr am Verhandlungstisch regeln. Das ist ja nicht Sinn der Sache, daß sie da grade auf der Straße marschieren und dann

kommt der Arbeitgeber mit Aussperrungen. Das bringt ja auch alles nichts, da sollte doch mehr verhandelt werden."[760]

Auch Kurz folgert also aus den Erzählungen der Alten, daß Streiks, wie sie in den Erzählungen der älteren Kollegen geschildert werden, heutzutage nicht mehr möglich sind, da es offensichtlich an Solidarität untereinander mangele. Er glaubt, daß derartige Streiks heutzutage nicht mehr „modern", d.h. nicht mehr zeitgemäß seien; die gewählten Vertreter sollten die Probleme „am Verhandlungstisch" für die Kollegen erledigen.[761] Ihm reicht jedenfalls die regelmäßige Information über deren Aktivitäten.[762]

Für die jüngeren Befragten liegen andere Dinge einfach näher als die Erzählungen der älteren Kollegen über die Vergangenheit. So will das Mitglied der Vertrauenskörperleitung Armin Paul sich lieber mit der Zukunft als mit der Vergangenheit beschäftigen.[763] Mit Traditionen kann er – wie er sagt – nichts anfangen.[764]

*Resümee*

Resümierend ist zu konstatieren, daß sich an den Septemberstreik besonders jene, die damals politisch aktiv beteiligt waren, erinnern. Bei den übrigen sind die Ereignisse verdrängt bzw. durch Ereignisse in der Folgezeit überlagert worden. Bei den „Aktivisten" dominieren die jeweils sehr persönlichen Erinnerungen, die in Einzelheiten voneinander ebenso abweichen wie die Interpretationen, wobei sowohl die unterschiedlichen damaligen Positionen als auch die heutigen politischen Standpunkte sich auswirken.

Eine Rolle spielt bis heute das damalige Erlebnis der Solidarität. Auch wenn von den ehemaligen Teilnehmern nur mehr sehr wenige noch im Betrieb verblieben sind, so scheint der Streik doch nicht selten als Referenzpunkt für Diskussionen darüber zu dienen, wie sich Betriebsklima und Zusammenhalt bei Hoesch im Laufe der Jahre verändert haben. Dies besonders angesichts einer von vielen emp-

760 Hoesch 4, S. 68. Die Streikerzählung bezieht sich wohl eher auf den im harten Winter 1978/79 durchgeführten Streik um die Durchsetzung der 35-Stunden-Woche.

761 Ähnlich äußern sich selbst die beiden 'Alten' Josef Maser und Hans Lohberg (letzterer kam allerdings erst zu Beginn der 70er Jahre zu Hoesch). Auch diese beiden erwähnen den Septemberstreik nicht, machen aber deutlich, daß es etliche Streiks gegeben hat. Ihre Folgerung daraus ist, daß diese letztlich keine Erfolge bringen (vgl. Hoesch 9, nicht transkr. Int., Band 2, S. 4/436; vgl. Hoesch 11, nicht transkr. Int., Band 2, S. 3).

762 Was er an anderer Stelle als Motiv für seine eigene Arbeit als Vertrauensmann angibt (Hoesch 4, S. 30).

763 Hoesch 6, nicht transkr. Int., Band 1, S. 1/082 ff.

764 Hoesch 6, nicht transkr. Int., Band 2, S. 3/065 ff., s. auch 2/243 ff. seine pragmatische Einstellung zum Arbeitsplatz bei Hoesch.

fundenen abnehmenden Solidarität unter den Kollegen. So wird das damalige Geschehen zu einem Beispiel, Vorbild oder Symbol im Hinblick auf Solidarität. Der Streik wurde im Laufe der Jahre geradezu zu einem Mythos, dem die ehemaligen Teilnehmer, aber auch durch Erzählungen beeinflußte jüngere Kollegen nachtrauern, was bei manchen zur Resignation geführt hat. Die Berufung auf den Streik ist inhaltlich meist ziemlich vage. Für die meisten Arbeiter ist er nur ein Beleg dafür, daß früher alles besser gewesen sei.

Eine sehr explizite Deutung der Ereignisse gibt es allerdings bei denjenigen, die versuchen, die damaligen Geschehnisse für ihre politisch-ideologische Sicht zu nutzen. Hier werden die historischen Ereignisse politisch instrumentalisiert, ironischerweise mit fast gleichlautenden Argumenten von unterschiedlichen Standpunkten aus, auf der einen Seite zu Gunsten des Betriebsrates, auf der anderen Seite mit dem Ziel der Stärkung der Basisinitiativen. Das gemeinsame Ziel ist: Beeinflussung der Kollegen im Sinne solidarischer Aktionen – sei es mit dem Betriebsrat oder gegen ihn.

Für die jüngeren Kollegen hat die Erinnerung an den Septemberstreik und die damals erlebte Solidarität kaum Bedeutung mehr. Zwar wird die von den Älteren gezogene Quintessenz, daß die früher vorhandene Solidarität heute nicht mehr zu finden sei, akzeptiert, doch daraus die Konsequenz gezogen, daß so etwas heute nicht mehr möglich ist. Darüber hinaus muß auch der geduldigste Zuhörer irgendwann das Interesse verlieren, wenn er durch Art und Inhalt der Darstellung von den alten Aktivisten mehr oder weniger 'gescholten' wird. Schließlich sind die Jüngeren als Adressaten der Erzählung diejenigen, die es nicht schaffen, die legendäre Solidarität und Kampfkraft früherer Tage zu revitalisieren. Daß die Alten die inzwischen veränderten Rahmenbedingungen negieren, muß Unwillen hervorrufen. Arbeitsplatzabbau und Arbeitsverdichtung, auch die veränderte Freizeitkultur, wirken sich aus und schaffen andere Handlungsbedingungen, die zu einer Entfremdung der Generationen führen. Die meisten Jüngeren jedenfalls sind ziemlich gleichgültig gegenüber der Geschichte von 1969; die Erzählungen der Alten interessieren sie auch deshalb nicht, weil ihre Situation eine andere ist.

## 7) Die Rolle historischer Persönlichkeiten

*Annette Leo*

Im Rahmen der Interviews wurden die Gesprächspartner gefragt, ob sie historische und zeithistorische Persönlichkeiten nennen könnten, für die sie sich interessieren, denen sie eine besondere Rolle zuschreiben bzw. die sie bewundern oder ablehnen. Einige wenige Gesprächspartner nannten uns spontan einen oder mehrere Namen von Persönlichkeiten, deren politische Haltung, soziales Engagement oder wissenschaftliche bzw. künstlerische Leistung sie achtenswert fanden, mit deren Leben oder Werk sie irgendwie in Berührung gekommen waren und über die sie etwas wußten. Dabei wurden u.a. Wladimir Iljitsch Lenin, Willy Brandt, Rosa Luxemburg, Berta von Suttner, Albert Schweitzer, John F. Kennedy, Johann Wolfgang von Goethe und Ludwig van Beethoven und auch Nostradamus genannt. Auch Politiker, mit denen einige Gesprächspartner bei irgendeiner Gelegenheit in persönlichen Kontakt gekommen waren (im Osten z.B. erzählte eine Frau von einer Versammlung mit Otto Grotewohl und im Westen sprach ein alter Gewerkschafter von einer Diskussion mit Herbert Wehner) wurden besonders erwähnt – ein Zeichen dafür, daß die Begegnung, der direkte Kontakt dazu angetan war, die betreffende Person aus der Gruppe vieler anderer öffentlich bekannter Persönlichkeiten herauszuheben und eine Art von Sympathie-Beziehung herzustellen.

Die Mehrzahl unserer Gesprächspartner wollte sich jedoch zunächst nicht auf ein Gespräch über Persönlichkeiten einlassen. Als Begründung meinten einige, ihnen falle dazu nichts ein, sie wüßten darüber zuwenig. Sie reagierten verunsichert, weil sie vielleicht den Eindruck hatten, ihr Geschichtswissen würde hier „abgefragt". Andere wiederum lehnten Erörterungen über einzelne Persönlichkeiten als „Personenkult" oder „Heldenverherrlichung" ab. Nach ihrer Auffassung würde damit der Blick auf die eigentlichen Akteure der Geschichte, die vielen kleinen Leute, verstellt. In diesem Sinne nennt der Hoesch-Elektriker Fritz Rösler die historischen Persönlichkeiten „Galionsfiguren", unter deren Kommando „viele, viele, viele rudern" müßten.[765] Sein Kollege Erich Heindling spricht zwar den „großen Männern" ihre besondere Rolle im Geschichtsprozeß nicht ab, beurteilt deren Handlungen aber als moralisch fragwürdig, da sie ihre Ziele stets „mit sehr viel Rücksichtslosigkeit durchgesetzt" und dadurch „Leid und Elend" über die Menschen gebracht hätten.[766]

Ein wenig auf herausragende Persönlichkeiten fixiertes Geschichtsbild, wie es Jörn Rüsen in seinen Untersuchungen zum Geschichtsbewußtsein von Abiturienten konstatiert[767], zeichnet sich auch bei unseren Gesprächspartnern ab. Fast übereinstimmend lautet die Antwort auf die Frage nach den Subjekten der Geschichte in Ost und West: Die Menschen machen die Geschichte. Zur Begründung für ihre Meinung führten Interviewpartner aus der ehemaligen DDR u.a. ihre jüngsten Erfahrungen mit dem historischen Prozeß von Wende und Vereinigung ins Feld. Joachim Held bezeichnet „die Völker" als die geschichtsmächtigen Kräfte und fügt hinzu:

765 Hoesch 5, S. 59.
766 Hoesch 3, S. 80.
767 Vgl. Jörn Rüsen u.a.: Untersuchungen zum Geschichtsbewußtsein von Abiturienten im Ruhrgebiet. In: Bodo von Borries u.a. (Hrsg.): Geschichtsbewußtsein empirisch. Pfaffenweiler 1991, S. 221-344.

„Wir sind doch jetzt auf dem Weg der Einheit, haben wir doch gemacht. Die die Demonstration in Leipzig gemacht haben, die alle, die haben doch Geschichte gemacht ...“[768]

Joachim Held, der als leitender Wirtschaftsfunktionär des Halbleiterwerkes die Wende weder vorausgesehen noch gewollt hat, spricht in diesem Zusammenhang geradezu stolz von einer historischen Leistung des Volkes. Das „wir“ des ersten Satzes nimmt er zwar im zweiten Satz zurück, aber die Demonstranten in Leipzig haben in seinen Augen Geschichte gemacht, eine Geschichte, die ihm zwar nicht genehm ist, die aber letztlich in die deutsche Vereinigung mündete, die auch er nicht ablehnend bewerten will.

Die These von der entscheidenden Rolle des Volkes bzw. der Menschen im Geschichtsprozeß wird von einigen Gesprächspartnern im Verlaufe ihrer Antwort etwas differenzierter betrachtet, wobei widersprüchliche Erfahrungen aus der Gegenwart in Betracht gezogen werden. Christiane Gartz aus Hennigsdorf bezeichnet zunächst „die Menschen selbst“ als die Subjekte der Geschichte und fährt fort:

„... aber dann denk ich manchmal, wenn man das jetzt so hört, niemand will den Krieg, niemand, aber er passiert, er ist da. Also muß es irgendwie von welchen, die das nötige Geld haben oder was, gelenkt und gesteuert werden ...“[769]

Christiane Gartz scheint unsicher in der Beurteilung. Spontan hat sie zwar das gesagt, was alle sagen, oder was sie mal gelernt hat. Aber manche Ereignisse, mit denen sie sich beschäftigt, lassen sich mit dieser Antwort nicht erklären, offenbar gibt es noch andere Kräfte, die im Hintergrund agieren und die zum Beispiel das Zustandekommen von Kriegen beeinflussen. Ihre Haltung bleibt zwiespältig.

Fritz Rösler, der ebenso wie Christiane Gartz von einer Wechselwirkung zwischen dem Volk und führenden Persönlichkeiten ausgeht, sieht eine Einflußnahme eher in die umgekehrte Richtung:

„Aber wenn man die Weltgeschichte sieht, wird die eigentlich von Männern wohl, die man immer oben hinstellt, gemacht, aber die haben von irgendwoher doch Feuer unterm Arsch gekriegt oder Unterstützung gekriegt und die Leute machen eigentlich die Geschichte ...“[770]

Ähnlich wie in seinem schon zitierten Bild von den „Galionsfiguren“ sieht Fritz Rösler die „Männer, die man immer oben hinstellt“, mehr als Aushängeschilder denn als handelnde Subjekte. Angetrieben oder gestützt werden sie in ihren Aktionen, seiner Meinung nach, von den kleinen Leuten, die eigentlich die Geschichte machen.

Insgesamt fanden wir bei unseren Gesprächspartnerinnen und Gesprächspartnern wenig Bereitschaft, sich mit einzelnen historischen oder zeithistori-

768 Frankfurt/O. 9, S. 80.
769 Hennigsdorf 8 b, S. 13.
770 Hoesch 5 d, S. 10.

schen Persönlichkeiten auseinanderzusetzen. Dies lag einerseits offenbar an einem geringen Interesse sowie an einem geringen Wissen über das Leben von Politikern, Feldherren, Königen u.a. Andererseits wurde den Persönlichkeiten aber auch keine besondere Bedeutung im Geschichtsprozeß zugewiesen oder ihre Rolle als moralisch fragwürdig dargestellt. Die Mehrheit unserer Gesprächspartner in Ost und West verwies auf die entscheidende Rolle des Volkes bzw. der Völker in der Geschichte. Nur in wenigen Äußerungen scheint das Bewußtsein einer widerspruchsvollen Wechselbeziehung zwischen Repräsentanten der Macht oder auch Drahtziehern im Hintergrund und der Masse der sogenannten kleinen Leute auf.

In einem zweiten Schritt haben wir gezielt nach bestimmten Persönlichkeiten gefragt und darauf zahlreiche zustimmende oder ablehnende Reaktionen erhalten. Wir zählten eine begrenzte Auswahl von Persönlichkeiten auf, die bestimmte Geschichtsepochen, politische oder religiöse Richtungen usw. verkörpern. Es handelte sich u.a. um Napoleon, Martin Luther, Friedrich II, Bismarck, Wilhelm II, Karl Marx, Friedrich Engels, Wladimir Iljitsch Lenin, Rosa Luxemburg, Klara Zetkin, Karl Liebknecht, Ernst Thälmann, August Bebel, Friedrich Ebert. Auch Personen der jüngsten Geschichte wurden einbezogen: Walter Ulbricht, Erich Honecker, Wilhelm Pieck, Konrad Adenauer, Herbert Wehner, Willy Brandt, Helmut Schmidt, Nikita Chrustschow und Michail Gorbatschow.

Die Reaktion auf unsere Fragen nach den Namen erwies sich als erstaunlich ergiebig. Es stellte sich heraus, daß die geschichtlichen Vorstellungen unserer Gesprächspartner weitaus enger an bestimmte Persönlichkeiten gebunden waren, als man nach der geäußerten Ablehnung bzw. dem Desinteresse gegenüber dem Thema erwarten konnte. Eine spezielle Beschäftigung mit dem Wirken der betreffenden Persönlichkeit bzw. ein mehr als nur fragmentarisches Wissen der Biographien trafen wir zwar nur bei Absolventen von höheren Schulen und Hochschulen sowie bei den politisch und historisch besonders Interessierten an, doch auch die anderen Interviewpartner teilten uns zumindestens ihre Assoziationen zu einer Reihe der genannten Namen mit. In unserer medienorientierten Gesellschaft, in der Ereignisse oder Probleme meist vereinfachend an Personen festgemacht werden, verkörperten die betreffenden Persönlichkeiten für sie eine bestimmte Haltung bzw. eine bestimmte Richtung vergangener oder aktueller Politik. Die entsprechenden Namen waren deshalb vor allem entweder positiv oder negativ besetzt, wurden ablehnend oder zustimmend erwähnt. Offensichtlich ist, daß die Reaktionen unserer Gesprächspartner aus der ehemaligen DDR und der alten Bundesrepublik von den jeweiligen Geschichtsbildern der Gesellschaften beeinflußt waren. Manche, vor allem die zeithistorischen Persönlichkeiten wie Adenauer und Ulbricht, haben geradezu gegensätzliche öffentliche Bewertungen erfahren, ein Mann wie Ernst Thälmann, der in der DDR als wichtige Vorbildfigur galt, ist in der Bundesrepublik fast unbekannt.

In der DDR gab es einen bestimmten Kanon von Vorbildern oder Heldenfiguren, auf deren Tradition sich die Geschichtspropaganda berief. Als deren Gegenbilder fungierten einige recht holzschnittartige Feind-Figuren. Grundinformationen über Leben und Werk der Helden bekamen schon die Kinder in der Schule, beim Pioniernachmittag, später in der Brigadeversammlung, durch Rundfunk, Zeitungen, Film und Fernsehen. Es handelte sich vor allem um Persönlichkeiten aus der deutschen und internationalen Arbeiterbewegung, besonders der kommunistischen Bewegung, um Parteiführer und Staatsmänner der Sowjetunion und der DDR, um Märtyrer des antifaschistischen Widerstandskampfes. Dieser recht starre Kanon wurde im Laufe der Jahrzehnte erweitert, z.B. um die Generäle der Befreiungskriege oder den Reformator Martin Luther. Er wurde auch ein wenig differenzierter, als zum Beispiel aus den Feindbildern Willy Brandt und Herbert Wehner in den siebziger Jahren Entspannungspolitiker wurden. Andere Persönlichkeiten wiederum verloren ihren Glorienschein und wurden quasi über Nacht zu Unpersonen wie Stalin oder Chrustschow.

Es ist zu fragen, ob und inwieweit unsere Interviewpartner der verschiedenen Altersgruppen diesen Kanon von Vorbildfiguren akzeptiert oder verinnerlicht haben und welche Auswirkungen der Bruch des bis dahin bestehenden Geschichtsbildes und die Umwertung vieler Leitfiguren zu Unpersonen nach der Wende 1989/90 in ihren Äußerungen zeigte.

Auch die Gesellschaft der Bundesrepublik besaß und besitzt ihre Symbolfiguren, ihre Väter, auf deren Tradition sie sich beruft, wenn auch die Bilder weder so einheitlich noch so einseitig und unhinterfragt sind wie in der Geschichtspropaganda der DDR. Hier hat es 1989/90 keinen gesellschaftlichen Bruch gegeben, der eine umfassende und plötzliche Umwertung der Rolle von Persönlichkeiten zur Folge gehabt hätte. Die Infragestellung bisheriger Geschichtsbilder erreichte jedoch auch eine Persönlichkeit, wie Herbert Wehner, dessen Rolle während der 30er Jahre in Moskau und dessen Verhältnis zu führenden Politikern der SED nach der Öffnung der Moskauer Archive zu vielfältigen publizistischen Diskussionen führte.

Wir werden im folgenden diese Fragen bezogen auf einige ausgewählte Personen untersuchen. Es handelt sich dabei um Persönlichkeiten, die entweder im Osten oder im Westen bzw. in beiden Gesellschaften einen bestimmten Platz im kollektiven Bewußtsein einnehmen und deren Bewertung im näheren oder weiteren Zusammenhang mit den Veränderungen 1989/90 eine Veränderung erfahren hat.

### *Marx, Engels, Lenin und Stalin*

Karl Marx und Friedrich Engels, die Vordenker des Sozialismus, galten im offiziellen Geschichtsbild der DDR als unbestrittene Autoritäten, als Klassiker. „Die Lehre von Marx ist allmächtig, weil sie wahr ist" – dieser Spruch war an Wänden und auf Transparenten, auch als Motto von Veranstaltungen und Publikationen immer wieder zu lesen. Das „Kommunistische Manifest" war eigentlich für jeden DDR-Bürger – ob in der Schule, der Universität, bei der Armee oder der Brigadeversammlung – wenigstens einmal Pflichtlektüre.

Ihre Autorität haben Marx und Engels offenbar auch nach dem Ende des Sozialismus nicht oder nur teilweise eingebüßt. Unsere Gesprächspartner aus Hennigsdorf und Frankfurt/Oder verbinden mit ihren Namen fast durchweg positive Vorstellungen. Marx und Engels gelten als bedeutende Männer, die kluge Ideen hatten, wenn diese auch nicht richtig verwirklicht oder sogar „verfälscht" wurden. Dabei beziehen sich die einen – ohne daß dies in den Äußerungen explizit unterschieden wird – eher auf die Marx'sche Analyse des Kapitalismus, während die anderen von dem Konzept einer sozialistischen Gesellschaft sprechen. Für den früheren Sozialdemokraten und späteren SED-Funktonär Max Hiller war der Umstand, daß die heutige SPD sich von den marxistischen Ideen entfernt hat, ein entscheidender Grund, nach der Wende an seiner SED/PDS-Mitgliedschaft festzuhalten und nicht der SPD beizutreten. Seiner Meinung nach erweist sich gerade in der gegenwärtigen Situation die Gültigkeit der Lehre von Marx:

> „Da hat der Karl Marx rechtgehabt, daß eben doch der Mensch eine Ware ist, nicht, und der verkauft seine Arbeit, und kriegt dafür 's Geld, Geld ist hier aber Ausdruck von Preis ..."[771]

Hiller legt den Schwerpunkt auf die marxistische Analyse des Kapitalismus, den seine Landsleute aus der ehemaligen DDR nach der Wende kennenlernen mußten, nachdem sie sich zu Hillers großem Verdruß für die D-Mark entschieden hatten. Mit der Marxschen Theorie fühlt sich Hiller auch heute in der Lage, die ökonomischen Zusammenhänge der Gesellschaft erklären. Der vierzig Jahre jüngere Hilmar Loose, der Karl Marx und Friedrich Engels ebenfalls als Autoritäten ansieht, möchte ihre Lehren nicht mehr so „hundertprozentig" auf die heutige Zeit anwenden. Aber „in der Grundtendenz" stimme das eindeutig.[772]

Innerhalb des Spektrums eines genauen bis blassen, aber überwiegend positiven Bildes der Gründerväter der kommunistischen Lehre fallen Äußerungen der beiden Hennigsdorfer Stahlarbeiter Dieter Zange und Anton Blume auf. Anton Blume, der sich selbst als unangepaßten, aber engagierten Sozialisten bezeichnet, hatte zu DDR-Zeiten ein Karl-Marx-Poster an seine Tür gehängt, das für seine Arbeitskollegen, Freunde und Familienmitglieder „eine Provokation" dargestellt habe. Immer wieder sei er aufgefordert worden, das Bild zu entfernen oder man habe ihn gefragt, ob er etwa „Kommunist" sei.[773] Das freiwillige Anbringen eines Marx-

771 Hennigsdorf 3, S. 104.
772 Frankfurt/O. 2, S. 45.
773 Hennigsdorf 12, S. 90.

Posters ging offenbar weit über die bei Arbeitern anzutreffende unbestimmte Freundlichkeit gegenüber den beiden Lehrmeistern des Sozialismus hinaus und löste Irritationen, sogar Ablehnung aus. Im Unterschied zu Anton Blume spricht Dieter Zange, der sich zum DDR-Regime kritisch-distanziert verhielt, von seiner früheren ablehnenden Haltung zur Philosophie von Marx und Engels. Heute dagegen habe er seine Meinung geändert:

> „Dann seh ich die Sache jetzt doch irgendwie schon 'n bißchen anders. Daß irgendwas dran war, daß man vielleicht darüber noch nachdenken sollte und mal vielleicht wieder mal darüber zu träumen. Daß 'ne Möglichkeit entstehen könnte, mal irgendwann wieder was zu verändern."[774]

Die Ideen von Marx und Engels, die früher wohl für Zange Bestandteil der herrschenden Ideologie waren und deshalb abgelehnt wurden, haben in seinen Augen nach dem Ende des Sozialismus einen Bedeutungswandel erfahren und verkörpern nun eine gewisse Hoffnung auf Veränderungen. Man sollte vielleicht wieder mal träumen, sagt Zange und will damit zum Ausdruck bringen, daß ihm nach der Ankunft in der bundesdeutschen Marktwirtschaft so etwas wie eine Utopie fehlt. Trotz des Scheiterns des Sozialismus, der sich auf Marx und Engels berief, hält Zange die Ideen der beiden offenbar für geeignet, die Leerstelle auszufüllen und zum erneuten Anknüpfungspunkt für seine Zukunftsvorstellungen zu werden.

Im Gegensatz zur überwiegend freundlichen Anerkennung für Karl Marx und Friedrich Engels gehen die Meinungen bei Wladimir Iljitsch Lenin, dem Führer der russischen Revolution und Gründer der Sowjetunion auseinander. Im Leitbild-Kanon der DDR stand Lenin auf gleicher Stufe mit den „Klassikern" Marx und Engels. Er galt als derjenige, der es als erster vermocht hatte, die Ideen der beiden Vordenker in die Tat umzusetzen. Wohl auch deshalb wurde seine historische Rolle nur von einigen Gesprächspartnern uneingeschränkt positiv bewertet. Der Zusammenbruch des sozialistischen Systems in der Sowjetunion und Osteuropa sowie die öffentliche Diskussion über dessen Ursachen haben das Ansehen Lenins offenbar mehr beeinträchtigt als das von Marx und Engels. Neben Äußerungen von unreflektiertem Festhalten an der Leitbildrolle des russischen Revolutionsführers, vor allem aus dem Kreis früherer SED- und heutiger PDS-Mitglieder, trafen wir auf verschiedene Abstufungen des Zweifels oder der Distanz. Der frühere Stahlwerker Kurt Panitz, der nach den Erfahrungen seiner langjährigen Kriegsgefangenschaft in der Sowjetunion dem sozialistischen System von Anfang an sehr kritisch gegenübergestanden hat, vertritt die Meinung, daß Lenin bereits der erste Verfälscher der Lehre von Marx und Engels gewesen sei. Stalin habe sie schließlich ganz und gar verfälscht und aus dem Sozialismus eine Diktatur gemacht.[775] Grete Lieser dagegen, früher Ingenieurin im Halbleiterwerk und SED-Funktionärin, die

774 Hennigsdorf 1, S. 48.
775 Hennigsdorf 16, S. 46.

in ihren Äußerungen einen Prozeß des Nachdenkens und der Neubewertung früherer Überzeugungen erkennen läßt, ist sehr unsicher, was sie zu Lenin sagen sollte. Karl Marx sei „erstrangig", daran will sie keinen Zweifel lassen. Aber bei der Erwähnung von Lenin seufzt sie nur und schüttelt den Kopf, offenbar will sie der früher verehrten Person nicht zu nahetreten. Schließlich meint sie ausweichend, sie überlege manchmal, ob sich der Sozialismus überhaupt verwirklichen ließe.[776] Dieses Prädikat „erstrangig", das Grete Lieser Karl Marx zuschreibt, läßt auf die Vorstellung einer hierarchischen Rangordnung unter den Persönlichkeiten der kommunistischen Tradition schließen. Nach Grete Liesers Meinung ist Lenins Position innerhalb dieser Hierarchie nicht mehr sicher. Zu seiner Entlastung will unsere Interviewpartnerin jedoch immerhin gelten lassen, daß er vielleicht einen gesellschaftlichen Zustand anstrebte, der ohnehin nicht zu verwirklichen war.

Im Vergleich zu Lenin erfährt Josef Stalin eine vorwiegend ablehnende Bewertung. Dabei fällt auf, daß diese Ablehnung für die jüngeren Generationen, die nicht mehr in der Verehrung Stalins erzogen worden sind, ganz selbstverständlich ist, ohne daß die Betreffenden Näheres über seine Person zu sagen wissen.[777] Das Bild Stalins wandelte sich in der DDR nach dem XX. Parteitag 1956, quasi von einem Tag zum anderen, von einem Übervater zu einer Unperson, die in den Geschichtsdarstellungen nicht mehr existierte. Ihm wurde alle Schuld der Vergangenheit angelastet und gleichzeitig durfte über ihn nicht gesprochen werden. Erst seit 1989/90 gibt es eine öffentliche Auseinandersetzung mit Stalins Rolle während der großen Säuberungen und während des Zweiten Weltkrieges. Die Älteren unter unseren Gesprächspartnern, die sich bereits in den späten vierziger und fünfziger Jahren mit der sozialistischen Ideologie identifiziert hatten, taten sich schwer mit Aussagen über Stalin. Es macht den Eindruck, als ob das vor 30 Jahren verhängte Tabu immer noch Kraft besitzt. Unter diesem Schweigegebot blieben nicht selten die einstigen Gefühle der Verehrung konserviert. Das wurde am deutlichsten bei Hans Kleinschmidt, der seine Beziehung zu Stalin als „was Persönliches" bezeichnete. Stalin habe seinem Großvater sehr ähnlich gesehen und sei sein „kleines Idol" gewesen. Für ihn und auch für seine Eltern war es offenbar ein Schock, als Stalin aus dem Mausoleum verschwand. Er habe immer Zweifel daran gehabt, ob diese Vorwürfe gegen ihn wirklich stimmten.[778]

Unsere Gesprächspartner in Bochum und Dortmund äußern sich insgesamt weit weniger zu Karl Marx und Friedrich Engels als ihre Kollegen im Osten. Es macht sich zweifellos bemerkbar, daß die beiden Persönlichkeiten in der Schule und in der Öffentlichkeit der Bundesrepublik viel seltener vorkamen als in der DDR. Auch wird den beiden Autoren des „Kommunistischen Manifest" kaum

776 Frankfurt/O. 5, S. 61.
777 Hennigsdorf 1, S. 63, Hennigsdorf 2, S. 55.
778 Hennigsdorf 14, S. 29 f.

eine aktuelle oder gar eine zeitlose Bedeutung zugeschrieben; sie werden in ihrer Zeit gesehen; sie sind historische Persönlichkeiten. Ähnlich wie unsere ostdeutschen Gesprächspartner gehen auch westdeutsche davon aus, daß die Sozialismus-Vorstellungen von Marx und Engels bisher weder in der Sowjetunion noch in der DDR verwirklicht wurden. Die beiden Männer hätten doch etwas anderes gemeint, sagt Hans Lohberg.[779] Friederike Muth, die ihr Wissen hauptsächlich aus einem Buch über die Ehefrau von Karl Marx, Jenny von Westfalen, bezieht, meint, theoretisch sei das alles „toll" gewesen, „aber praktisch doch nicht durchführbar".[780]

Im Vergleich zu Marx und Engels spielen Lenin und Stalin in den Äußerungen der westdeutschen Interviewpartner nur noch eine geringe Rolle. Wenn überhaupt, werden sie distanziert und ablehnend bewertet als diejenigen, die das Volk belogen und in die Irre geführt haben und für Verbrechen verantwortlich sind. Für die recht unpolitische Friederike Muth war Lenin nur insofern von Interesse, als sie seine Leiche im Mausoleum in Moskau besichtigt hatte und sich darüber Gedanken machte, „wie die den da haltbar gehalten haben".[781] Selbst Fritz Rösler, Hoeschianer, der als einziger aus der Gruppe Lenin Anerkennung zollt, weil ihm dessen harte und konsequente Art der Machtübernahme imponiert hat, distanziert sich zugleich von dem, „was hinterher passiert ist".[782] Das sozialistische System in der Sowjetunion ist in den Augen der Bochumer und Dortmunder Gesprächspartner so eindeutig diskreditiert, daß seine Symbolfiguren, Lenin und Stalin, fast ohne Einschränkung abgelehnt werden. Im Gegensatz zu den ostdeutschen Gesprächspartnern machen die westdeutschen Kollegen kaum Unterschiede in der Bewertung der historischen Rolle der beiden sowjetischen Parteiführer.

### *Brandt, Schmidt und Wehner*

Die offizielle Propaganda der DDR stellte bis zum Beginn der siebziger Jahre hinein vor allem Brandt und Wehner als „Kalte Krieger" dar, Brandt, während seiner Zeit als Regierender Bürgermeister von Westberlin galt als „Frontstadtpolitiker", Wehner, der aus der KPD kam, haftete in der DDR das Stigma des „Verräters" an. Im Verlaufe der siebziger Jahre änderte sich jedoch die offizielle Bewertung der führenden Repräsentanten der bundesdeutschen Sozialdemokratie. Die heftige Polemik der SED-Propaganda gegen diese wurde weitgehend eingestellt. Statt dessen wurden sie mehr und mehr als Entspannungspolitiker wahrge-

779 Hoesch 11, nicht transkribiert, 2. Kassette, 2. Seite.
780 Nokia 8, S. 65 f.
781 Ebd., S. 26.
782 Hoesch 5, S. 56.

nommen, mit denen sich die Partei- und Staatsfunktionäre der DDR an einen Tisch setzten und mit denen sie Kompromisse aushandelten, die kleine Erleichterungen für die Menschen im Beziehungsalltag zwischen beiden deutschen Staaten mit sich brachten.

Die Äußerungen unserer Gesprächspartner aus Hennigsdorf und Frankfurt/ Oder zu den drei SPD-Politikern beziehen sich ausschließlich auf dieses jüngere Bild aus den siebziger und achtziger Jahren. Bei den Älteren unter ihnen hat offenbar die spätere freundlichere Bewertung das frühere Feindbild aus der Zeit des Kalten Krieges völlig überlagert oder es ist nie so recht angenommen worden. Willy Brandt und Helmut Schmidt werden vorwiegend im Zusammenhang mit den Ost-West-Verhandlungen der siebziger und achtziger Jahre erwähnt. Den Dreh- und Angelpunkt der Erinnerung bildet dabei das Treffen zwischen Willy Brandt und Willi Stoph in Erfurt im Jahre 1970, auf das sich seinerzeit die Hoffnungen vieler DDR-Bürger auf Reisemöglichkeiten, auf Normalisierung der Beziehungen zwischen Ost und West richteten. Schockierend für die DDR-Führung war damals, daß nicht Willi Stoph sondern unleugbar Willy Brandt der Träger dieser Hoffnungen war, nach dem tausende Menschen auf dem Platz vor seinem Hotel in Erfurt riefen.

Für Hilmar Loose ist Willy Brandt der erste Politiker, der in den Osten kam, um zwischen den beiden deutschen Staaten zu vermitteln.[783] Der etwas ältere Herbert Anker erinnert sich auch noch an die widersprüchliche Situation damals:

> „Ich möchte mal sagen, daß das ein erster Schritt war. War zwar ... olle Willy ist das bestimmt nicht leichtgefallen und genauso unserm Willi, mal aus dem andern Lager da an einen Tisch ... und die Leute haben ja mehr nach Brandt geschrien als nach dem Stoph. Muß für den auch 'n bißchen komisch gewesen sein, aber das war ein Anfang, ein erster Anfang, daß sich zwei Staatsmänner oder Regierungsmänner vom gegenseitigen Lager gesprochen haben. Und wenn sie bloß Guten Tag oder über das Wetter gesprochen haben.“[784]

Zwar endete das Erfurter Treffen letztlich ohne Ergebnis, was damals zu Enttäuschungen führte, aber die Betonung aus heutiger Sicht, von Anker wie auch von anderen Gesprächspartnern, liegt hier auf dem ersten Schritt, auf dem Anfang, der gemacht wurde, damit die starren Fronten endlich in Bewegung gerieten. Dieser Anfang ist in ihrer Erinnerung untrennbar mit dem Namen von Willy Brandt verbunden.

Einer ähnlichen Achtung erfreut sich auch Helmut Schmidt, der zwar seltener als Brandt erwähnt wird, dem aber dafür die späteren Ergebnisse der Ost-West-Verhandlungen, wie Reiseerleichterungen für Rentner u.a. zugute gehalten wer-

783 Frankfurt/O. 2, S. 45.
784 Frankfurt/O. 12, S. 53 f.

den. Helmut Schmidt und Willy Brandt werden aber auch von einigen Gesprächspartnern ohne direkten Bezug auf ihre Ostpolitik als bedeutende Persönlichkeiten oder sympathische Politiker gewürdigt. Frank Baranowski sieht gar eine in den neuen Bundesländern verbreitete Wertschätzung für Brandt:

> „Willy Brandt ist schon eher der Mann, der irgendwie anerkannt und sympathisch ist, der insgesamt mehr anerkannt wird und auch mehr Rückhalt hat, hier in unseren Breiten."[785]

Baranowski vergleicht hier die Beliebtheit Brandts mit der von Konrad Adenauer, nach dem er ebenfalls gefragt worden war. Das „schon eher" klingt ein wenig relativierend, es drückt keine uneingeschränkte Wertschätzung aus. Mit anderen Worten heißt das wohl: wenn überhaupt jemand von den früheren bundesdeutschen Politikern im Osten Achtung genießt, dann ist es Willy Brandt. Baranowskis Kollegen Anton Blume geht diese Anerkennung allerdings zu weit oder sie erscheint ihm zu undifferenziert. Für seine Begriffe ist Willy Brandt schon „zu sehr zum Mythos" geworden.[786]

Der dritte Mann im Bunde, Herbert Wehner, wird nur von einem einzigen Befragten, von Rudolf Lampe, erwähnt. Mag sein, daß Wehner, als „graue Eminenz" der SPD-Politik, in der Wahrnehmung der ehemaligen DDR-Bürger keine große Rolle spielte oder daß er mit seiner widersprüchlichen Biographie sich jeder einfachen positiven oder negativen Beurteilung entzog. Rudolf Lampe bezieht sich in seiner Äußerung auf Veröffentlichungen aus Moskauer Akten, die das bisherige Bild von Wehner in jüngster Zeit in Frage gestellt haben:

> „Auf andere hab ich nicht so Vertrauen, wenn man das heute wieder alles hört. Man muß dran denken, wenn jetzt wieder dieser ... der verstorben ist, dem sie jetzt auch solche Nachteile nachsagen, ja der Wehner. Denn fragt man sich doch immer wieder, was ist richtig und was ist verkehrt. Also, da kommt man nicht mit."[787]

Rudolf Lampe bezieht sich hier auf Ernst Thälmann, den er im Vergleich zu Wehner für eine verläßlichere Vorbildfigur hält. Die „Nachteile", die Herbert Wehner in den letzten Jahren nachgesagt werden, verunsichern Lampe. Sie bringen seine bisher festgefügten Anschauungen über die Vergangenheit ins Wanken, so daß er sich heute fragen muß, was überhaupt richtig und was falsch war. Es ist nicht zu überhören, daß sich Rudolf Lampe von solchen Wendungen überfordert fühlt.

Unsere Gesprächspartner aus Dortmund und Bochum äußerten sich häufiger, ausführlicher und auch differenzierter über die SPD-Troika Brandt, Schmidt und Wehner als ihre Kollegen im Osten. Oft werden die drei in einem Atemzug ge-

785 Hennigsdorf 10, S. 62. Baranowski vergleicht hier die Beliebtheit Willy Brandts mit der von Konrad Adenauer, nach dem er im Interview ebenfalls gefragt worden war.
786 Vgl. Hennigsdorf 12, S. 91.
787 Hennigsdorf 4, S. 70 f.

nannt. In der Vorstellung der Befragten gehören sie als Repräsentanten einer bestimmten Zeit und einer bestimmten Politik unbedingt zusammen. Günter Beckers stellt diese Zusammengehörigkeit und Einigkeit der drei Politiker als besonders wichtigen Aspekt heraus:

„Helmut Schmidt, Willy Brandt und Herbert Wehner, das sind ja die Persönlichkeiten gewesen, ne. Das sind ja die gewesen, die sich, wie sie mal gesagt haben, das hat ja Helmut Schmidt mal gesagt: Wir haben uns ewig in der Wolle gehabt, wir drei. Aber wenn es um die Sache ging, dann waren wir uns einig, ja."[788]

Nach Günter Beckers Meinung hat die SPD heute längst nicht mehr die Qualität und Ausstrahlung wie zur Zeit von Brandt, Wehner und Schmidt. Die Einigkeit, die die drei repräsentiert hätten, gebe es heute nicht mehr, wo alle wie ein „Ameisenhaufen" durcheinanderliefen. Günter Beckers bedauert diesen Verlust zutiefst. Auf diese Weise könne die Partei keine Wahl mehr gewinnen. Besonders hebt er dabei das Fehlen des „Zuchtmeisters" Wehner hervor, der diese Einheit garantiert habe, und vor dem sogar die Journalisten gezittert hätten.

Vor allem die in der SPD engagierten Stahlarbeiter lassen eine enge Beziehung zu „Onkel Herbert" erkennen, der manchmal in der Sympathie noch vor Willy Brandt rangiert. Wehner war in ihren Augen ein Stratege, eine Führungspersönlichkeit, die alles im Griff gehabt habe, der „Bollerkopp", der geradezu die Wahrheit gesagt habe.[789] Offensichtlich kam er ihnen mit seiner proletarischen Direktheit und seiner persönlichen Bescheidenheit näher als der strahlende und intellektuelle Willy Brandt. Irgendeine Irritation aufgrund der jüngsten Offenlegung von Moskauer Akten über Wehners Rolle in der Komintern war von ihnen nicht zu hören. Wilhelm Lehmann führt sogar als Begründung für seine Sympathie und Nähe die Tatsache an, daß Wehner „der letzte Kominterner" gewesen sei und verteidigt ihn gegen den Vorwurf des Opportunismus.[790]

Neben dem strengen, machtbewußten Wehner wird Willy Brandt vorwiegend als moralisch integere, aufrechte und ehrliche Persönlichkeit wahrgenommen. Dabei wird seine Haltung während der Guillaume-Affäre ebenso hervorgehoben wie sein Engagement für die Entspannungspolitik und die deutsche Einheit. Seine Kompetenz als Bundeskanzler wird jedoch bisweilen bezweifelt. Fritz Rösler, der Willy Brandt persönlich erlebt hat, meint, von Wirtschaft habe er zwar nichts verstanden, aber „von seiner Einstellung zur Gesellschaft" sei er „ ein achtenswerter Mensch gewesen".[791]

Helmut Schmidt, als der Dritte im Bunde, wird zwar als Teil der Troika miterwähnt, bekommt aber von den Dortmunder und Bochumer Gesprächspartnern seltener eine eigenständige Bewertung. Ihm werden vor allem Realismus und

788 Hoesch 19, S. 67.
789 Vgl. Hoesch 9, nicht transkribiert; Hoesch 15, S. 71 f. und 87 f.
790 Hoesch 16, S. 75.
791 Hoesch 5, S. 56.

Kompetenz bescheinigt. Auch seine Redegewandtheit und Schlagfertigkeit werden hervorgehoben. Günter Beckers war im Wahljahr 1994 der Meinung:

> „Wenn Helmut Schmidt sich heute zur Verfügung stellen will als Kanzlerkandidat, dann würden wir diese Wahlen mit Pauken und Trompeten gewinnen hier. Da wär ich heute felsenfest von überzeugt."[792]

Willy Brandt, Herbert Wehner und Helmut Schmidt, von denen zwei inzwischen verstorben sind und der dritte schon lange keine Parteifunktion und kein Regierungsamt mehr ausübt, nehmen in der Vorstellung unserer Gesprächspartner eine Art Zwischenstellung zwischen Politikern und zeithistorischen Persönlichkeiten ein. Einerseits prägen sie nicht mehr den politischen Alltag, andererseits sind sie jedoch noch nicht weit genug von der Gegenwart entfernt, um jenseits dieses Alltags eine abgewogene Bewertung zu erfahren. Aber zweifellos verkörpern sie eine Zeit, die vergangen ist, in der die SPD ein anderes Gewicht und eine andere Ausstrahlungskraft besaß und der vor allem die Dortmunder Stahlarbeiter nachtrauern. Mit den drei politischen Persönlichkeiten konnten sie sich deutlicher identifizieren als mit den heutigen sozialdemokratischen Politikern. Willy Brandt, Herbert Wehner und Helmut Schmidt haben alle Voraussetzungen, um im gewerkschaftlichen Milieu des Ruhrgebietes zur Legende zu werden.

### *Adenauer und Erhard*

Die beiden bekanntesten Nachkriegspolitiker der Bundesrepublik Adenauer und Erhard spielen in den Äußerungen unserer ostdeutschen Gesprächspartner nur eine minimale Rolle. Während Ludwig Erhard gar nicht erwähnt wird, kommt Adenauer einige Male, vor allem bei älteren Befragten, vor. Das ausschließlich negative Bild des „Spalters", das die DDR-Propaganda in den fünfziger und sechziger Jahren vom ersten Bundeskanzler entwarf, scheint mit den Jahren verblaßt oder gar verschwunden zu sein.[793] Übriggeblieben ist die Erinnerung an einen Mann, der die letzten deutschen Kriegsgefangenen 1955 nach Hause holte und unter dessen Regierung es im Westen rasch aufwärts gegangen ist.[794] Die bundesdeutsche Geschichte mit ihren Persönlichkeiten scheint kaum im Bewußtsein unserer Interviewpartner in Brandenburg verankert zu sein. Die vereinzelten anerkennenden Äußerungen über Adenauer sind andererseits ein Indiz dafür, daß seine Person als Feindbild aus der Zeit des Kalten Krieges offenbar keine Rolle mehr spielt.

792 Hoesch 19, S. 67.

793 Vgl. dazu jetzt Michael Lemke: Das Adenauer-Bild der SED. In: Arnd Bauerkämper/Martin Sabrow/Bernd Stöver (Hrsg.): Doppelte Zeitgeschichte. Deutsch-deutsche Beziehungen 1945-1990. Bonn 1998, S. 102-112.

794 Vgl. Hennigsdorf 4, S. 73; Hennigsdorf 10, S. 63.

Bei den westdeutschen Gesprächspartnern dagegen gilt Konrad Adenauer unbestritten als eine bedeutende Persönlichkeit der Geschichte der Bundesrepublik. Dies läßt sich bei Vertretern der verschiedenen Generationen feststellen. Die wenigen kritischen Stimmen nehmen Bezug auf den konservativen Muff und den autoritären Stil der Ära Adenauer. So zitiert der Hoesch-Elektriker Fritz Rösler einen arroganten Ausspruch Adenauers anläßlich der Kämpfe um die Montan-Mitbestimmung. Als der damalige DGB-Vorsitzende Böckler mit Streik drohte, soll Adenauer geantwortet haben, mit dem Pöbel unterhalte er sich nicht.[795] Es überwiegen jedoch die anerkennenden Äußerungen, selbst bei dem alten Sozialdemokraten Günter Beckers, der sich als politischen „Gegner" Adenauers bezeichnet: Adenauer gilt als der Mann des Wiederaufbaus, als Politiker mit Weitblick, als der Mann, der die deutsch-französische Versöhnung zustande brachte. Hoch angerechnet wird ihm, daß er 1955 die letzten Kriegsgefangenen aus der Sowjetunion herausholte. Auch sein Antikommunismus und seine Politik der Wiederaufrüstung werden kaum hinterfragt und eher lobend erwähnt.[796]

Während Adenauer bei unseren Gesprächspartnern über Parteigrenzen hinweg als große Persönlichkeit gewürdigt wird, scheint Ludwig Erhards historische Rolle umstrittener zu sein. Während die einen seine wirtschaftspolitische Kompetenz hervorheben und sich geradezu wehmütig an seine Zeit als Wirtschaftsminister und Bundeskanzler erinnern, als in der Staatskasse noch „ein Plus" gewesen sein soll[797], bezeichnet eine andere Gruppe Erhards spätere Stilisierung als „Mann des Wirtschaftswunders" als reichlich übertrieben. Anton Neues:

> „Nur soll man doch heute nicht so tun, daß nur Ludwig Erhard dieses Wirtschaftswunder vollbringen konnte. Das ist Quatsch. Wenn etwas total kaputt ist, dann kann ich's nur noch aufbauen. Viel tiefer hätt's ja nicht mehr gehen können ..."[798]

Anton Neues kommentiert nüchtern einen historischen Vorgang, der inzwischen schon weitgehend zum Mythos geworden ist. Der Aufschwung der Wirtschaft, der schließlich nicht von Erhard allein vollbracht worden sei, scheint ihm nach all den Jahren des Krieges und der Zerstörung eher eine folgerichtige Angelegenheit als ein Wunder. Günter Beckers nennt Erhard gar einen „sogenannten Wirtschaftskapitän", der 1966 „restlos pleite" gewesen sei und das fehlende Geld aus der Rentenversicherung genommen habe.[799] Kai Ahrens schließlich spricht, unter Berufung auf ein Gewerkschaftsseminar, von Erhards Tätigkeit im Reichswirtschaftsministerium während der NS-Zeit, wo der spätere Wirtschaftsminister und Bundes-

795 Hoesch 5, S. 53.

796 Vgl. Hoesch 19, S. 69, Nokia 8, S. 55 und Nokia 15, S. 51 f.

797 Vgl. Hoesch 8, S. 58, Nokia 15, S. 51 f.

798 Nokia 14, S. 60.

799 Hoesch 19, S. 112 f.

kanzler bereits Pläne für die Nachkriegszeit entwickelt habe; für Kai Ahrens ist die Rolle Erhards ein eindrucksvolles Beispiel für den engen Zusammenhang von Kapitalismus und Faschismus.[800]

*Pieck, Ulbricht, Honecker*

Wilhelm Pieck, der erste Präsident der DDR und (zusammen mit Otto Grotewohl) der erste Vorsitzende der SED, ist der DDR-Repräsentant, der mit Abstand die meisten Sympathien unserer Gesprächspartner aus Hennigsdorf und Frankfurt/Oder auf sich vereint. Manche der Älteren hatten Pieck in den vierziger oder fünfziger Jahren noch persönlich auf einer Veranstaltung erlebt. Allerdings sagen sie nur wenig über seine historische Rolle. Einige Befragte erwähnen zwar den berühmten Händedruck zwischen Wilhelm Pieck und Otto Grotewohl im April 1946 anläßlich der Vereinigung von KPD und SPD. Im Vordergrund der Äußerungen über den ersten DDR-Präsidenten aber stehen seine Ausstrahlung und die Gefühle, die die Befragten für ihn empfanden oder bis heute empfinden. „Er hatte so etwas Väterliches“, meint Hans Kleinschmidt; auch für Elfriede Marsch war er eine „richtige Vaterfigur“.[801] Während die jüngeren unter unseren Gesprächspartnern freundliche Anerkennung für den ersten Staatspräsidenten der DDR äußern, kann man bei den Älteren durchaus von Liebe und Verehrung sprechen. In ihren Worten schwingen teilweise noch die Aufbruchsstimmung und Identifikationsbereitschaft der ersten Jahre nach dem Krieg mit. Diese Gefühle sind offenbar eng verbunden mit der Erinnerung an den weißhaarigen alten Mann und sein väterliches Lächeln. Selbst Kurt Panitz, der ansonsten seine Distanz zum SED-System und seinen Repräsentanten betont, findet Wilhelm Pieck von allen DDR-Politikern „noch am sympathischsten“. Zu Piecks Zeit habe es in den Läden noch Bananen und Apfelsinen zu kaufen gegeben, später seien diese Dinge wieder verschwunden.[802] Positive Aspekte der Versorgungslage in der Nachkriegszeit werden mit Pieck in Verbindung gebracht.

Nicht selten wird Wilhelm Pieck im positiven Kontrast zu Walter Ulbricht erwähnt, der vergleichsweise unbeliebt war. Ulbricht wird als Machtpolitiker beschrieben, der den gebrechlichen alten Pieck zur Seite gedrängt habe. Nach Ansicht des früheren Sozialdemokraten Max Hiller, der sich anerkennend über Wilhelm Piecks Rolle bei der Vereinigung von KPD und SPD äußert, trägt Walter Ulbricht die alleinige Verantwortung für die Ausgrenzung und Demütigung von

800 Hoesch 7.
801 Hennigsdorf 14, S. 33, Frankfurt/O. 6, S. 90.
802 Hennigsdorf 16, S. 52.

Sozialdemokraten innerhalb der SED.[803] Abfällige Bemerkungen gibt es auch über den Redestil und den sächsischen Dialekt von Ulbricht.

Selbst im Vergleich zu seinem Nachfolger Erich Honecker schneidet Walter Ulbricht nicht gut ab. Viele unserer Gesprächspartner erzählen, daß sie seinerzeit große Hoffnungen mit der Ablösung von Ulbricht durch Honecker verbanden – Hoffnungen auf einen wirtschaftlichen Wandel, auf mehr „Schwung" und vor allem auf eine Annäherung zwischen Ost und West.[804] Der systemkritische Dieter Zange fand Honecker „lockerer" als Ulbricht. Unter seiner Regierung habe es keine „steif eingeübten Großveranstaltungen" und keinen „Personenkult" mehr gegeben. Honecker habe es, so Zange, noch bis zum 40. Jahrestag der DDR verstanden, die Jugend mitzureißen.

Daß die Erwartungen, die unsere Gesprächspartner in den siebziger Jahren mit der Person Erich Honecker verbanden, letztlich scheiterten, wollte in unseren Gesprächen allerdings kaum jemand so recht thematisieren. Es gab wenig Neigung, sich über den Erich Honecker des Jahres 1989 und danach zu äußern. Der rasche Sturz des Generalsekretärs und die Ereignisse, die folgten – Flucht nach Moskau, Rückkehr, Prozeß und Ausreise nach Chile – hatten bei vielen offenbar ein Wechselbad der widersprüchlichsten Gefühle ausgelöst – Wut, Enttäuschung, Trauer und Mitleid. Das Bild von Erich Honecker kippte in dieser Zeit in die verschiedensten Richtungen – vom realitätsblinden Machthaber über den Hauptschuldigen für die Misere bis zum lächerlich starrsinnigen oder bemitleidenswerten Greis – und bei alledem blieb immer noch ein Rest von Sympathie für den Widerstandskämpfer, der viele Jahre im Zuchthaus gesessen hatte. In dieser Hinsicht ist Erich Honecker weitaus weniger eine historische Persönlichkeit als beispielsweise Willy Brandt. Er ist zu umstritten und noch nicht weit genug von der Gegenwart entfernt, um ein einigermaßen konsistentes Bild zu bieten. Ein Teil unserer Gesprächspartner wollte sich zu Honeckers politischer oder historischer Verantwortung nicht äußern, sondern meinte nur, man solle doch den alten Mann „in Ruhe lassen", Mindestrente oder Arbeitslosengeld seien die beste Bestrafung.[805] Die distanziertesten Äußerungen hörten wir übrigens von ehemaligen SED-Mitgliedern, die heute noch in der PDS aktiv sind und wohl deshalb das meiste Interesse an einer Abgrenzung gegenüber dem gestürzten Generalsekretär haben.

Als einziger Gesprächspartner gab Dieter Zange zu erkennen, daß sich seine Beurteilung Honeckers im Verlaufe der letzten Jahren unter dem Eindruck der gegenwärtigen Politik verändert habe:

803 Hennigsdorf 3, S. 29.
804 Frankfurt/O. 5 a, S. 18, Frankfurt/O. 7, S. 36, Hennigsdorf 14, S. 33, Frankfurt/O. 12, S. 53 u.a.
805 Hennigsdorf 2, S. 77.

„Über diesen ganzen Staat [den bundesdeutschen Staat] kann man sich doch bloß bekugeln. Da sind doch Honecker und seine Truppenteile ganz harmlose Typen gewesen. Die kannst du brav über die Glatze streicheln und zurück in ihren Sessel drücken, die haben doch gar nischt Dummes angestellt, wenn du dat so nehmen willst. Von der einen Sache her ... natürlich haben se schon genug Dummheiten ... Aber was die sich leisten hier, da war das andere doch einfach lächerlich ...“[806]

Die neuen Erfahrungen der letzten Jahre in der Bundesrepublik haben die Maßstäbe der Beurteilung verändert. Zwar weiß man nicht genau, wovon Zange redet, wenn er von „Dummheiten“ spricht. Auf alle Fälle überlagert seine heutige Unzufriedenheit das frühere Bild von Erich Honecker. Der gestürzte Generalsekretär erscheint ihm nun in einem milderen Licht.

In den Äußerungen unserer Gesprächspartner aus Bochum und Dortmund wurden Wilhelm Pieck und Walter Ulbricht vielleicht ein oder zweimal erwähnt, der Name von Walter Ulbricht natürlich im Zusammenhang mit dem Mauerbau. Aber als historische Persönlichkeiten spielten sie in den Gesprächen keine Rolle. Im Vergleich dazu ist die Person Erich Honeckers in den Gesprächen präsenter. Aber auch die westdeutschen Befragten lehnen den ehemaligen Generalsekretär und Staatsratsvorsitzenden weder durchweg ab, noch wollen sie ihn unbedingt gerichtlich verurteilt sehen. Eher scheint er ihnen gleichgültig zu sein oder sie sehen ihn als eine Art historische Kuriosität an, über den Witze erzählt werden und dessen Haus oder Schreibtisch man in Berlin besichtigt hat.[807] Die Auszubildende Heike Bützow ist der ganze Medienrummel um Honecker zuwider:

„Der macht sich da ‘n nettes Leben in Chile und hat so viele Leute auf dem Gewissen, das find’ ich, ist irgendwie blöd. Um den Mann sollte meines Erachtens kein Aufsehen mehr her. Da sollte in der Zeitung stehen, wenn er dann wirklich gestorben ist, daß sich das erledigt hat.“[808]

Nach Meinung von Heike Bützow wird die Person Erich Honeckers durch die große Aufmerksamkeit in der Öffentlichkeit nur aufgewertet. Sie findet es zwar ungerecht, daß der greise Ex-Generalsekretär sich vor Gericht nicht verantworten mußte, aber da das Verfahren nicht fortgesetzt wurde, plädiert sie für Schweigen und Nichtbeachten als angemessene Form des Umgangs.

806 Hennigsdorf 1, S. 57.
807 Vgl. Hoesch 8, S. 64 f., Hoesch 16, S. 56 f.
808 Hoesch 2, S. 45.

*Liebknecht, Luxemburg und Thälmann*

Karl Liebknecht, Rosa Luxemburg und Ernst Thälmann galten in der DDR als Märtyrer, die für die kommunistischen Ideen ihr Leben gelassen hatten. Die Rituale, die ihrer Erinnerung gewidmet waren, bildeten einen wichtigen Bestandteil des Traditionsverständnisses der SED. Seit ihrer Ermordung 1919 fand in Berlin jedes Jahr im Januar eine Gedenkkundgebung für Karl Liebknecht und Rosa Luxemburg auf dem Friedhof der Sozialisten in Berlin-Friedrichsfelde statt. Das Andenken Ernst Thälmanns wurde nicht nur an seinem Geburts- und Todestag gepflegt. Der Kult um ihn durchzog das gesamte offizielle politische Leben der DDR. Er stellte gewissermaßen ein zentrales Moment der Legitimation der führenden Rolle der SED dar.

Karl Liebknecht und Rosa Luxemburg sind für alle unsere Gesprächspartner, unabhängig von der Alterszugehörigkeit ein Begriff. Häufig werden beide Namen lediglich zusammen erwähnt, so wie es in der Traditionspflege jahrzehntelang üblich war. Andere, vor allem Frauen, die Rosa Luxemburg alleine nennen, sehen in dieser eine bedeutende weibliche Politikerin oder bezeichnen sie sogar als Vorbild.[809] Das Bild Rosa Luxemburgs hat, offenbar als Folge der Demonstration von 1988[810], eine zunehmende Autonomie gegenüber dem Karl Liebknechts erlangt, was ihrer Popularität auch nach der Wende von 1989/90 eine neue Dimension verliehen hat, so daß sie heute gleichermaßen in ehemals linientreuen wie in unangepaßten Kreisen verehrt wird. Für Anton Blume wurde Rosa Luxemburg tatsächlich erst interessant, als sie nicht mehr die langweilige Pflicht-Heldin war, „... wo es dann verboten wurde, die erste Rosa-Luxemburg-Demo, wo denn die Zwischenfälle waren, das war natürlich klar ...“[811]

Unser ältester Gesprächspartner, Max Hiller aus Hennigsdorf, ist der einzige, dessen Erinnerungen noch an das Ereignis selbst – an die Ermordung der beiden KPD-Gründer – anknüpfen:

> „... dann erinnere ich mich an den Todestag von Rosa Luxemburg. Als Kind, ich war in Senftenberg zu Hause und da fand zu dieser Zeit eine Demonstration statt, und da wurde mir gesagt: die ist ermordet worden. Ich wußte damals nicht „wer“, aber es war Rosa Luxemburg. Da haben wir 'n Kranz niedergelegt an einem Denkmal, das weiß ich noch wie heute.“[812]

809 Frankfurt/O. 6, S. 91, Frankfurt/O. 7, S. 44 u.a.

810 Im Januar 1988 wurden einige Ausreisewillige und DDR-Oppositionelle im Vorfeld der Gedenkkundgebung für Karl Liebknecht und Rosa Luxemburg verhaftet, weil sie eine Losung mit sich führten, ein Zitat von Rosa Luxemburg, das lautete: „Freiheit ist auch immer Freiheit der Andersdenkenden“. Die Verhaftung und die folgenden Proteste in vielen Städten der DDR machten Rosa Luxemburg aus einer ganz anderen Sicht als bisher populär.

811 Hennigsdorf 12, S. 90.

812 Hennigsdorf 3, S. 107.

Der 1912 geborene Max Hiller hat in seinem Geburtsort Senftenberg vielleicht eine frühe Gedenkkundgebung ein oder zwei Jahre nach dem Tod von Rosa Luxemburg erlebt. Er habe damals mit ihrem Namen nichts anfangen können, aber das Denkmal, der Kranz und auch die Bemerkung „die ist ermordet worden", der feierliche Ernst der Zeremonie, haben sich tief in sein Gedächtnis eingeprägt. Max Hiller spricht nur von Rosa Luxemburg und erwähnt Karl Liebknecht nicht. Offen bleiben muß die Frage, ob Rosa Luxemburg in Hillers Kindheit, der Weimarer Zeit, als die bedeutendere Persönlichkeit galt, oder ob Max Hiller unter dem Eindruck eines neuen Luxemburg-Bildes dieses in seine historische Erinnerung projiziert.

Wesentlich deutlicher als bei Liebknecht und Luxemburg begegnet uns in den Äußerungen über Ernst Thälmann das wiederkehrende Motiv des Märtyrers. Ein gutes Beispiel dafür ist der Hennigsdorfer Stahlarbeiter Rudolf Lampe, der politisch dem DDR-Regime fernstand und der auch biographisch keinerlei Bezug zur Arbeiterbewegung vor 1933 hat:

> „Der war Symbol der Arbeiter. Der wollte ja und ist auch für den Arbeiter gestorben. Ja, also, das wird auch ewig in Erinnerung bleiben, Symbol ..., Ernst Thälmann ..."[813]

Er ist für „den Arbeiter" gestorben, er hat sich „für uns" geopfert. Der Thälmann-Kult folgt hier dem Muster der christlichen Heiligen-Lehre und wird von dem katholisch erzogenen Lampe auch so verstanden und verinnerlicht. Da sich der Märtyrer Thälmann bereits aus jeglichem historischen Bezug gelöst hat, kann sein Stellenwert auch nicht mehr durch veränderte historische Umstände, wie den Zusammenbruch des Sozialismus, infrage gestellt werden. Er wird „ewig in Erinnerung bleiben".

Lampe, ebenso wie einige andere Gesprächspartner, bezeichnet Thälmann als ein „Symbol der Arbeiter". Das Bild, das von Thälmann gezeichnet wurde, hob sich zu DDR-Zeiten tatsächlich positiv von dem Bild ab, das die steifen und unnahbaren Funktionäre der SED boten.[814] Viele Arbeiter, auch der ganz unpolitische Rudolf Lampe, sehen Thälmann deshalb als einen der ihren, als eine Volksfigur an, mit der sie sich identifizieren konnten. Ungeachtet seiner Distanz zur DDR-Obrigkeit betrachtet er Ernst Thälmann als einen Märtyrer, der für die Arbeiter gestorben ist.

Ungeachtet der Überhöhung der Person Thälmanns durch die offizielle Propaganda glauben einige unserer Gesprächspartner in ihm eine nicht verwirklichte Alternative zur Herrschaft der SED sehen zu können. Sie meinen, der Sozialismus hätte vielleicht ein wenig anders ausgesehen, wenn Thälmann nicht umgebracht worden wäre, eine Einschätzung, die Thälmann völlig überschätzt.[815]

813 Hennigsdorf 4, S. 73.
814 Zum Thälmann-Bild in der DDR vgl. die in der Anmerkung 646 genannte Literatur.
815 Frankfurt/O. 12, S. 65, Frankfurt/O. 7, S. 44.

Während der frühere KPD-Vorsitzende Ernst Thälmann unseren Gesprächspartnern aus Dortmund und Bochum kaum ein Begriff ist – nur Eva Ewerding, die als Kind ihre Ferien in einem DDR-Pionierlager verbracht hatte, konnte sich an das Thälmann-Lied erinnern[816] – werden Karl Liebknecht und Rosa Luxemburg vor allem von engagierten Sozialdemokraten genannt. Hier zeigt sich offenbar ein Stück gemeinsamer Tradition der Arbeiterbewegung in Ost und West, das bei den Älteren noch präsent ist. In den Äußerungen spielt die Ermordung der beiden KPD-Gründer eine Rolle. Bezug genommen wird auch auf die zeitlich fast parallele Ausrufung der Republik durch Karl Liebknecht und Phillipp Scheidemann[817], ein Anzeichen dafür, daß unsere Gesprächspartner aus dem Ruhrgebiet über ein facettenreicheres Bild der Geschichte verfügen als ihre Kollegen aus Brandenburg, deren Blickwinkel oft auf die kommunistische Tradition verkürzt ist.

Häufig wird Rosa Luxemburg als eine der wenigen bedeutenden Frauenpersönlichkeiten in der Geschichte, als kämpferische, intelligente Frau bezeichnet. Luxemburg gehört offenbar, neben Willy Brandt, zu den wenigen Persönlichkeiten, auf die man sich im Osten und im Westen beruft. Für Gertrud Michalke, die kämpferische Nokia-Betriebsrätin, ist Rosa Luxemburg eine Frau, an der sie sich orientieren könne. Gertrud Michalke erzählt von der „Entdeckung" Rosa Luxemburgs als Identifikationsfigur in der Frauen- und Gewerkschaftsbewegung der Bundesrepublik der achtziger Jahre. Sie spricht in diesem Zusammenhang von einem „Durchbruch", als anläßlich einer Veranstaltung des Frauenausschusses der IG Metall zum Internationalen Frauentag am 8. März eine Schauspielerin Briefe von Rosa Luxemburg vortrug. Im Gegensatz dazu mußte Gertrud Michalke 1990 in der Ex-DDR erstaunt feststellen, daß sie bei der Erwähnung von Rosa Luxemburg Mißtrauen und Ablehnung erntete:

> „... dat man mich komisch angeguckt hat. Also, wenn ich von Rosa Luxemburg gesprochen hab', hat man gedacht: Jetzt ist da 'ne Doofe gekommen. Da haben die echt gedacht, also ... daß selbst solche Worte einfach, die Begriffe schon im Anfang, anrüchig waren. Was sich jetzt natürlich geändert hat, muß ich sagen. Ob es alles positiv ist, glaub ich auch nicht, also, es hat sich nicht unbedingt positiv geändert, aber, sagen wir mal, man kann es rein begrifflich schon wieder gebrauchen."[818]

Gertrud Michalke half 1990 fast ein Jahr lang in Mecklenburg/Vorpommern gewerkschaftliche Strukturen aufzubauen. Sie bemerkte dort im Gespräch mit ihren ostdeutschen Gewerkschaftskolleginnen und -kollegen einen Bruch mit den bisher propagierten (oder auch verinnerlichten) Werten, den wir bei unseren ca. vier Jahre später stattfindenden Interviews so nicht feststellen konnten. Gertrud Michalke

816 Vgl. Nokia 9, S. 32.
817 Vgl. Hoesch 5, S. 50, Hoesch 16, S. 44 f.
818 Nokia 7, S. 77.

gewann den Eindruck, daß die Leute von Sozialismus oder Rosa Luxemburg nichts mehr hören wollten, daß sie offenbar alles, was mit der kommunistischen Ideologie und Bewegung zusammenhing, als suspekt ansahen. Seitdem habe sich diese Situation jedoch verändert. Gertrud Michalke, die längst wieder in Bochum lebt, hat immer noch Kontakt zu ihren damaligen Mitarbeitern und verfolgt die Entwicklung weiter. Zwar ist sie nicht sicher, ob Rosa Luxemburg nun wieder als Persönlichkeit anerkannt ist, aber ihren Namen könne man immerhin aussprechen, ohne anzuecken.

### *Friedrich II., Bismarck, Kaiser Wilhelm*

Der preußische König Friedrich II., genannt „der Große", lebte zwar in einer anderen historischen Epoche als Reichskanzler Bismarck und die deutschen Kaiser. In unseren Interviews gehören sie alle drei jedoch insofern zusammen, weil sie als Repräsentanten des preußischen Königs- und Kaisertums im DDR-Geschichtsbild zunächst eine durchweg negative Rolle spielten. In bezug auf Friedrich II. wandelte sich zu Beginn der achtziger Jahre das offizielle Geschichtsbild ein wenig. Sein Standbild wurde wieder Unter den Linden aufgestellt und man unternahm einige Anstrengungen, um das Preußentum nicht mehr ausschließlich als „Hort der Reaktion" zu definieren, sondern dessen Tugenden in das eigene Traditionsverständnis zu integrieren. Über Bismarck erschien kurz vor dem Ende der DDR eine erste umfassende Monographie.[819]

Diese neuen Akzente in der Geschichtsdeutung, die in Intellektuellenkreisen Gegenstand von Diskussionen waren, mögen unsere Gesprächspartner aus Hennigsdorf und Frankfurt/Oder weniger beschäftigt haben. Bei ihnen läßt sich fast durchweg eine ablehnende oder uninteressierte Distanz gegenüber König, Kaiser und Bismarck feststellen. Auch wissen sie über diese Personen wesentlich weniger als über die Identifikationsfiguren des SED-Geschichtsbildes. Eine interessante Ausnahme bilden zwei unserer älteren Interviewpartner, die zu erkennen geben, daß sie seit 1990 einen Prozeß des Nachdenkens durchgemacht haben, in dessen Verlauf sie sich von bisherigen politischen Orientierungen lösten und sich einer Vorbildfigur aus ihrer Jugendzeit, Friedrich dem Großen, wieder annäherten. Sie sind heute der Meinung, daß seine Rolle in der DDR einseitig dargestellt wurde und daß er außer den Kriegen noch andere Dinge vollbracht habe, mit denen es sich zu beschäftigen lohne.[820]

Die Mehrzahl der Gesprächspartner haben unsere Frage nach den genannten Persönlichkeiten jedoch mit einer wegwerfenden Handbewegung abgetan, manch-

819 Ernst Engelberg: Bismarck. Urpreuße und Reichsgründer. Berlin 1985; Ders.: Bismarck. Das Reich in der Mitte Europas. Berlin 1990.

820 Vgl. Frankfurt/O. 5, S. 60 und Frankfurt/O. 3, nicht transkribiert.

mal fügten sie noch einige Worte der Begründung hinzu, die sich allerdings vorwiegend auf Bismarck und Kaiser bezogen. So erklärte der 1955 geborene Hilmar Loose, daß er zu diesen Personen keine Beziehung habe. In der Schule sei das kein Thema gewesen.[821] Elfriede Marsch, die in der Schule noch nach einem anderen Lehrplan unterrichtet worden war, gibt gewichtigere Gründe für ihre Ablehnung an:

> „Nee, nee, Blut und Eisen, nee. Bismarck überhaupt nicht, nein, auch kein Kaiser, nee, gar nicht. Möcht ich in meinem Gedächtnis nicht haben, streichen, ja. Der nur das Militär wollte und nichts anderes und Krieg. Ja, mit dieser Geschichte bin ich ja groß geworden, mit Bismarck seiner Geschichte. Wenn Sie's richtig nehmen, das ist ja meine Jugend gewesen. Das war ja meine Jugend, und so haben sich die Lehrer gezeigt, wehe dem ..."[822]

Für die 1920 geborene Elfriede Marsch ist Bismarck natürlich nicht „ihre Jugend" gewesen. Sie will offenbar damit zum Ausdruck bringen, daß ihre Schulzeit noch von dessen Geist geprägt war. Als Tochter eines Sozialdemokraten hat sie wahrscheinlich unter militärbegeisterten und rückwärtsgewandten Lehrern gelitten. Die Erinnerung an autoritären Unterricht ist für sie untrennbar mit dem Begriff „Blut und Eisen" verbunden. Entsprechend ihrer späteren politischen Entwicklung als SED-Mitglied sind Bismarck und Kaiser für sie Symbole für Militarismus und Krieg.

Eine Ausnahme ist der Hennigsdorfer Elektriker Dieter Zange, der Bismarck große Verdienste zuschreibt, weil er überkommene politische Strukturen aufgebrochen habe. Als Beispiele nennt Zange die Einführung der Krankenversicherung und die Vereinigung Deutschlands.[823]

Es ist nicht zu übersehen, daß unsere Gesprächspartner in den neuen Ländern die genannten historischen Persönlichkeiten und die Geschichte, die sie verkörpern, nicht als Teil der eigenen Vergangenheit ansehen, sondern als etwas Entferntes, Fremdes, das nicht zu ihnen gehört.

Unsere Gesprächspartner aus dem Ruhrgebiet haben eine ähnliche Abneigung wie ihre Brandenburger Kollegen, sich mit Herrschaftsgeschichte auseinanderzusetzen. Nach historischen Persönlichkeiten befragt, betonen sie immer wieder, daß sie sich mehr für die Geschichte der „kleinen Leute" interessieren, für die Arbeiter, die Widerstandskämpfer usw. Er möge keine Kaiser und Könige, sagt August Iskamp und nennt als Beispiel „den schwulen Fritz aus Potsdam".[824] In seiner Äußerung vermischen sich offenkundig recht unreflektiert Vorurteile gegen Homosexualität mit einer Identifikation mit der Geschichte der Unterdrückten. Die deutliche Hervorhebung der Geschichte der Arbeiterbewegung, der Volksmassen, auch der Alltagsgeschichte mag ein Ergebnis der Gewerkschaftsschulungen sein.

821 Frankfurt/O. 2, S. 45.
822 Frankfurt/O. 6, S. 91 f.
823 Hennigsdorf 1.
824 Hoesch 15, S. 102.

Im Vergleich zu Friedrich den Großen und den beiden deutschen Kaisern wird Reichskanzler Bismarck recht häufig erwähnt. Die Bochumer und Dortmunder Gesprächspartner haben eine differenziertere Kenntnis von seinem Leben als ihre ostdeutschen Gesprächspartner. Hier ist offenbar die Wirkung eines anderen Schulunterrichts sowie einer anderen politischen Erwachsenenbildung ablesbar. Einige von ihnen wägen die unterschiedlichen Seiten des Bismarckschen Wirkens gegeneinander ab. Von der Einführung der Sozialversicherung ist dabei ebenso die Rede wie vom Sozialistengesetz und vom deutsch-französischen Krieg. Gertrud Michalke spricht von „gemischten Gefühlen" Bismarck gegenüber. Günter Beckers hält ihn für einen schlauen Taktiker, der mit seinen sozialen Maßnahmen nur die Revolution verhindern wollte.[825] Bismarck ist in ihrem Bewußtsein eine widersprüchliche, sperrige Person, die weder zur positiven noch zur negativen Identifikationsfigur taugt.

### *Vergleichende Zusammenfassung*

Unsere Gesprächspartner in Ost und West zeigen insgesamt eine sehr widersprüchliche Haltung zu historischen und zeithistorischen Persönlichkeiten. Während sie ihnen einerseits keine besondere Rolle im Geschichtsprozeß zugestehen wollen, knüpfen sie andererseits die Erinnerung an historische Ereignisse und Prozesse untrennbar an bestimmte Persönlichkeiten, die in ihrem Bewußtsein eine politische Richtung, eine Epoche oder ein Ereignis verkörpern. Zweifellos üben die unterschiedlichen Geschichtsbilder in der DDR und der Bundesrepublik ihren Einfluß auf Wahrnehmung, Bewertung und Einordnung der verschiedenen historischen Persönlichkeiten von Friedrich II. bis Erich Honecker, von Ernst Thälmann bis Ludwig Erhard aus. Die getrennte Wahrnehmung wird besonders deutlich am Beispiel der bundesdeutschen Nachkriegspolitiker Adenauer und Erhard, die von unseren ostdeutschen Gesprächspartnern kaum erwähnt werden, während die DDR-Repräsentanten Pieck und Ulbricht in den Äußerungen der westdeutschen Befragten eigentlich keine Rolle spielen.

Es gibt Hinweise darauf, daß unsere Gesprächspartner aus dem Ruhrgebiet über ein facettenreicheres und widerspruchsvolleres Bild der Geschichte verfügen, als ihre Kollegen aus Brandenburg, deren Blickwinkel oft auf die kommunistische Tradition verkürzt ist.

Die typischen Leit- und Heldengestalten der DDR-Geschichtspropaganda: Marx, Engels und Lenin, Liebknecht und Luxemburg sowie Thälmann, die bei unseren ostdeutschen Gesprächspartnern nach wie vor überwiegend sympathisch-positiv bewertet werden, spielen im Bewußtsein der westdeutschen Kollegen kei-

825 Nokia 7, S. 87, Hoesch 19, S. 65 f.

neswegs alle eine Rolle oder werden anders eingeordnet. Während der frühere KPD-Vorsitzende Ernst Thälmann bei unseren West-Gesprächspartnern weitgehend unbekannt ist, wird Lenin als Begründer des Sowjetsystems eher kritisch gesehen. Karl Marx und Friedrich Engels werden als bedeutende Theoretiker der Arbeiterbewegung gewürdigt. Im Unterschied zu den Aussagen der Brandenburger Arbeitnehmer, die den beiden Philosophen eine nahezu zeitlose Autorität und Vorbildwirkung zuschreiben, sehen die Kollegen aus dem Ruhrgebiet deren Wirken mehr in ihrer Zeit und messen ihnen kaum eine gegenwärtige Bedeutung bei.

Ein Stück gemeinsamer Tradition der Arbeiterbewegung stellt offenbar die Erinnerung an die Ermordung von Karl Liebknecht und Rosa Luxemburg dar. Darüber hinaus scheint Rosa Luxemburg als herausragende Frauenpersönlichkeit in Ost und West gleichermaßen anerkannt. Sie teilt sich diese Position mit Willy Brandt, der als einziger bundesdeutscher Politiker übergreifend gewürdigt wird.

Weitgehend einig sind sich ost- und westdeutsche Befragte in der Ablehnung, sich mit den Biographien von Herrschern (Königen und Kaisern) auseinanderzusetzen. Sie verweisen auf geringe Kenntnisse sowie eine mangelnde Beziehung zu diesen Gestalten, denen sie die sogenannten „kleinen Leute" oder auch die Persönlichkeiten der Arbeiterbewegung vorziehen. Vor allem die Gesprächspartner aus der DDR sehen die Geschichte von Preußentum und Kaiserreich nicht als Teil der eigenen Vergangenheit sondern als etwas Fremdes an. Unterschiede sind in der Bewertung der Rolle Otto von Bismarcks zu konstatieren. Während er von den Kollegen aus Brandenburg vorwiegend als „negative" Person abgelehnt wird, sehen die Befragten aus dem Ruhrgebiet die unterschiedlichen Seiten seines Wirkens als widersprüchliche Einheit.

*

Abschließend läßt sich am Ende der Untersuchung der Inhalte des Geschichtsbewußtseins feststellen:

- Alles in allem wirken die historischen Erinnerungskomplexe bei den Befragten ziemlich diffus. Die historische Bildung ist bei vielen der Befragten wenig fundiert. Generell wird man sagen können, daß die Erinnerung kaum positives gemeinschaftsbildendes Selbstbewußtsein verleiht.
- Auffällig ist eine geringe Tiefendimension des historischen Bewußtseins. Das Geschichtsbewußtsein beschränkt sich im wesentlichen auf die Zeitgeschichte, die Geschichte der heute Lebenden. Die Hauptkomplexe sind das Dritte Reich, die Geschichte der Bundesrepublik und die der DDR, die alle drei in einem Spannungsverhältnis zueinander gesehen werden.
- Die Ära der Zweistaatlichkeit prägt in erheblichem Maße noch das Bewußtsein der hier Befragten. Das Bewußtsein gemeinsamer Geschichte vor dieser Zeit wie auch die Zeit seit 1990 sind demgegenüber eindeutig nachgeordnet. Das

Wissen aber über die Geschichte der beiden deutschen Gesellschaften in der Zeit der Teilung ist wenig fundiert und beruht überwiegend auf punktuellen lebensweltlichen Erfahrungen.

- Die Unterschiede zwischen Ost- und Westdeutschen sind auf der Ebene historischer Erinnerung sowohl hinsichtlich des Wissens als auch der positiven und negativen Traditionen, die eine Rolle spielen, unübersehbar.

Dies läßt die Frage entstehen, inwieweit auch unterschiedliche Kategorien das Geschichtsbewußtsein von Ost- und Westdeutschen strukturieren.

# V) Kategorien des Geschichtsbewußtseins

*Bernd Faulenbach*

Nachdem die Beurteilung wichtiger historischer Sach-Komplexe durch die Arbeitnehmer und Arbeitnehmerinnen in Ost- und Westdeutschland untersucht worden ist, sind das Geschichtsbewußtsein prägenden Kategorien, Wertorientierungen, leitenden Hinsichten und grundlegenden Deutungsmuster zu analysieren.

## 1) Die Frage kollektiver Identitäten: Nation, Region und Gemeinde

Unstreitig ist das Geschichtsbewußtsein vielfach auf soziale Großgruppen bezogen und stellt dabei eine wesentliche Dimension von deren Identität dar, ein Tatbestand, der keineswegs auf die neueste Geschichte beschränkt ist, zumal „Geschichte" von Mythen bis zu einem wissenschaftlich untermauerten Geschichtsbild reichen kann. Im Kontext unserer Untersuchung ist zu fragen, worauf das Geschichtsbewußtsein der Arbeitnehmer bezogen ist. Welche Ebene bildet den Rahmen des Geschichtsbewußtseins? Welcher kollektiven Identität fühlen sich die Arbeitnehmer vorrangig zugehörig? Welche Rolle spielen für sie die verschiedenen Identitäten?

Der Begriff „Identität" wird von uns als Bewußtsein der Zugehörigkeit zu einer Großgruppe gefaßt, die bestimmte Merkmale aufweist und der – wie auch immer geartete – Gemeinsamkeiten zugeschrieben werden, und zwar sowohl von denjenigen, die zu der Großgruppe gehören, als auch denjenigen, die außerhalb der Großgruppe stehen, aber mit ihr zu tun haben, sie dient mithin der Selbst- und der Fremddefinition.

Kollektive Identitäten entstehen und vergehen in historischen Prozessen. Identität erwächst dabei aus Interaktion, Kommunikation und Rollen, sie findet ihren Ausdruck vielfach in bestimmten Symbolen. Eine besondere Bedeutung haben gemeinsame Erfahrungen. Idealiter ist kollektive Identität ein „Amalgam aus Gedächtnisstoff, Gegenwartserfahrung, Zukunftsprojektion".[826]

Als Varianten kollektiver Zugehörigkeit können im Zusammenhang dieser Untersuchung aufgefaßt werden:

- Stadt, Gemeinde, Region,
- die Landesidentität,
- Ostdeutschland (die DDR),
- die alte Bundesrepublik,

826 Werner Weidenfeld: Identität. In: Ders./Karl-Rudolf Korte (Hrsg.): Handwörterbuch zur deutschen Einheit. Frankfurt a.M. 1991, S. 376-383, hier S. 376.

- (das vereinigte) Deutschland,
- Europa (in seinen verschiedenen Ausformungen).

Die Bindung an diese Identitäten in der Gegenwart ist zu bestimmen. Dabei ist zu berücksichtigen, daß die individuelle Identifikation mit kollektiven Identitäten dem Wandel unterworfen ist. Zu bestimmen ist dementsprechend, inwieweit das Identitätsbewußtsein sich durch die Epochenwende 1989/90 im Osten und im Westen verändert hat. Tauchten gar Identitätsprobleme auf?

Es ist zu erwarten, daß das Identitätsbewußtsein in den alten und den neuen Ländern differiert. Zunächst wird deshalb das Identitätsbewußtsein in den neuen, dann in den alten Ländern behandelt, in einem dritten Schritt werden die Orientierungen der Arbeitnehmer in Ost- und Westdeutschland verglichen.

### a) Kollektive Identitäten in Ostdeutschland

Europa spielt als Kategorie, die das Geschichtsbewußtsein und das politische Bewußtsein prägt, in Ostdeutschland anders als in Westdeutschland, wo Europa in bestimmten Schichten teilweise als Ersatzidentität an Stelle der nationalen Identität fungiert, nur eine geringe Rolle. Dies spiegelt sich auch in den Interviews mit den Arbeitnehmern, in denen Europa kaum vorkommt, was auf den allgemeineren Tatbestand hinweist, daß die Menschen der neuen Länder vor 1989 in keinen engeren Kommunikationszusammenhang mit „Europa", insbesondere mit dem seit Jahrzehnten eng verbundenen Westeuropa, getreten sind. Auch die Kommunikation mit den osteuropäischen Gesellschaften war nicht sehr eng; „Internationalismus" war mehr politische Rhetorik als gesellschaftliche Praxis.

Der geringen Rolle von „Europa" im historisch-politischen Bewußtsein der Ostdeutschen entspricht eine gewisse Selbstverständlichkeit, mit der sie sich durchweg als Deutsche definieren. Die meisten befragten Ostdeutschen betrachten sich mehr oder weniger dezidiert als „Deutsche", wobei diese Identität meist nicht im Gegensatz zu anderen Identitäten betrachtet wird. Auch in der Zeit der DDR haben sich die meisten – so erklären sie jedenfalls heute – als „Deutsche" gefühlt, was bei vielen nicht im Widerspruch zu dem Tatbestand stand, daß sie zugleich DDR-Staatsbürger waren.[827] Einige wollen sich – wie sie nachdrücklich betonen – auch zu DDR-Zeiten ausschließlich als Deutsche verstanden haben.[828] Dies mußte nicht unbedingt heißen, daß sie gesamtdeutsch orientiert waren, sondern konnte auch auf die traditionelle ethnische Nationalität bezogen sein. Jedenfalls ist für die Älteren eine emotionale Bindung an die deutsche Nation nicht zu übersehen.

827 Siehe z.B. Hennigsdorf 1, S. 76 und Hennigsdorf 4, S. 75.
828 Hennigsdorf 1, S. 73.

Ein ausgeprägter Nationalstolz wird jedoch unter den Arbeitnehmern in Ostdeutschland eher selten offen ausgesprochen, selbst ein fundiertes inhaltlich ausgefülltes Nationalbewußtsein ist nicht häufig. Ein gewisser Nationalstolz ist etwa bei Dieter Zange deutlich, der in der Endphase der DDR Kontakt zu kirchlichen Gruppen hatte und zu den Mitbegründern der SDP in Hennigsdorf gehörte; er erklärt:

> „Wir haben ja auch in Deutschland nicht nur negative Sachen hervorgebracht, sondern sind eigentlich rein wissenschaftlich und kulturell [...] die führende Nation überhaupt, würde ich sagen. Amerika würde nicht so hervorragend dastehen, wenn sie nicht so viel deutsche Wissenschaftler eingesackt hätten. Und ein Teil der Geschichte Amerikas ist 'n Teil unserer Geschichte, denn wieviel Menschen sind aus Deutschland damals abgezockt worden durch [...] also die Soldatenverkäufe [...]. Und von der Nation her, da bin ich stolz auf Persönlichkeiten wie Goethe, Beethoven und sonst wat, wen man noch alles nennen könnte. Also da fühl ich mich als Deutscher wunderbar. Politisch gesehen haben wir natürlich viel Bockmist gemacht, da können wir nicht gerade stolz sein.“[829]

Das nationale Bewußtsein gründet sich hier vorrangig auf kulturelle, wissenschaftliche und soziale Leistungen. Und auch die Leistungen anderer Völker werden teilweise – wie im traditionellen Nationalbewußtsein – auf die Deutschen zurückgeführt, wobei kurioserweise die Soldatenverkäufe des 18. Jahrhunderts und die Dienstverpflichtung deutscher Wissenschaftler 1945 durch die Alliierten nebeneinander gestellt werden. Dieses kulturgeschichtlich begründete Selbstbewußtsein schließt offensichtlich jedoch – jedenfalls im Beispiel Zange – nicht ein Wissen von den Hypotheken der neueren deutschen Geschichte, insbesondere der NS-Zeit in der Gegenwart aus.

Die Identifikation mit der deutschen Nation hat für nicht wenige die Konsequenz, daß sie sich in Mithaftung sehen für die deutsche Geschichte, für die NS-Zeit, insbesondere aber für unrühmliche Geschehnisse im gegenwärtigen Deutschland (ausländerfeindliche Aktionen usw.);[830] sie verurteilen u.a. deshalb die Mordbrennereien, die in Deutschland 1992/93 und danach verübt wurden. Daneben freilich wird auch eine Haltung sichtbar, die sich dagegen wendet, daß die Deutschen noch heute haftbar gemacht werden für die NS-Verbrechen. Sie wird teilweise begründet mit der These, daß hier der nationale Haftungszusammenhang überdehnt werde (in einer Zeit, in der sich überindividuelles Verantwortungsbewußtsein abschwächt, ist eine derartige These naheliegend), resultiert teilweise aber auch – und dieses Motiv ist in unseren Interviews eher stärker ausgebildet – aus dem Bemühen um nationale Apologetik, indem die Deutschen mit anderen Nationen verglichen werden.[831]

829 Ebd., S. 75.
830 Hennigsdorf 12, S. 97.
831 Vgl. oben IV, 4b.

Eine ganze Reihe von Stimmen macht deutlich, daß sich deutsche Identität nicht zuletzt in der Unterscheidung von anderen Nationen, von den Russen und mehr noch von Polen definiert. Besonders wird dies bei Arbeitnehmerinnen und Arbeitnehmern in Frankfurt/Oder sichtbar, von denen der Gegensatz zu Polen, der aus Alltagsproblemen und ihrer – teilweise durch die SED geförderten – spezifischen Rezeption bei fortbestehenden traditionellen Vorurteilen und zivilisatorischen Unterschieden – mit Stichworten wie „polnische Wirtschaft“, mangelnde Ordnung und Sauberkeit u.a. – resultiert, deutlich artikuliert wird.[832]

Ob es bei den Arbeitnehmern in den neuen Ländern vor 1989 als DDR-Identität, wenn man so will: ein DDR-„Nationalbewußtsein“, gegeben hat, wird eher zurückhaltend beantwortet. Ein Hennigsdorfer meint, daß ihm die DDR positiv als das „Deutschland der kleinen Leute“ erschienen sei.[833] Einige räumen eine Identifikation mit den Erfolgen der DDR-Sportler ein.[834] Auch ist es den DDR-Bürgern nicht entgangen, daß sie im Ausland (im östlichen Ausland) als DDR-Deutsche betrachtet wurden, wobei sie sich offenbar nicht selten zurückgesetzt fühlten, allerdings der Vergleich mit den Westdeutschen wohl auch schon mal zu Gunsten der Ostdeutschen ausfallen konnte, was man angesichts sonstiger Zurücksetzungen und Benachteiligungen gegenüber den Westdeutschen stolz registriert hat.[835] Mit Nachdruck wird jedoch die Vorstellung, daß es eine DDR-Identität gegeben habe, kaum vertreten, auch wenn es bei einer Reihe von Interviewpartnern eine latente Bereitschaft zur DDR-Apologetik gibt.

Anders sieht es mit dem heutigen Bewußtsein, ehemalige DDR-Bürger zu sein, aus: die meisten fühlen sich jetzt als „Ossis“, und zwar mehr als im Jahre 1990, als sie vielfach die ostdeutsche „Identität“ abzulegen suchten.[836] Es scheint, daß ihnen ihre soziale und kulturelle Identität seit 1990 verstärkt bewußt geworden ist. Eine Mehrheit der Befragten geht jedenfalls von beträchtlichen mentalen und sonstigen Unterschieden zwischen „Wessis“ und „Ossis“ aus. So wird z.B. behauptet, mit den „Ossis“ könne man sich ganz anders unterhalten als mit den „Wessis“, wobei das Klischee der arroganten kalten Westdeutschen aufscheint.[837] Viele der befragten Ostdeutschen fühlen sich als „Deutsche zweiter Klasse“, was sowohl das Be-

832 Siehe z.B. Frankfurt/O. 14, S. 39 f.; Hennigsdorf 16, S. 48 f.

833 Hennigsdorf 5, S. 11.

834 Siehe z.B. Hennigsdorf 10, S. 68 – Zur Frage der Identifikation mit der DDR, vgl. auch die These von Helmut Meier, daß die DDR seit den 60er Jahren von einer wachsenden Mehrheit als ihr „Vaterland“ akzeptiert worden sei: Helmut Meier: Geschichtsbewußtsein und historische Identität in der DDR. Versuch einer kritischen Bilanz. Berlin 1996, S. 22 ff.

835 Frankfurt/O. 9, S. 75. Dagegen Zurücksetzung der Ostdeutschen bei: Hennigsdorf 2, S. 71; Frankfurt/O. 10, S. 38.

836 Vgl. auch Elisabeth Noelle-Neumann: Eine Nation zu werden ist schwer. Ostdeutsche Sozialisation und westdeutsche Naivität. In: FAZ 10.8.1994, S. 4.

837 Hennigsdorf 8, S. 33 und 48.

wußtsein eines Rückstandes zum Westen als auch die Annahme schlechter Behandlung durch die „Wessis“ oder Dritte implizieren kann.[838] Besonders stark wird die Unterschiedlichkeit von der mittleren und teilweise auch von der jüngeren Generation der Befragten empfunden, die teilweise versuchten, sich sehr selbstbewußt zu geben.[839]

Wenig ausgeprägt erscheint bislang bei den Arbeitnehmern in Hennigsdorf und Frankfurt/Oder ein Landesbewußtsein. Erst seit 1990 gibt es das Land Brandenburg, dessen Tradition sich erst wieder neu entwickeln muß. Daß Landesidentitäten freilich neu entstehen können, zeigt das Beispiel NRW; eher leichter als in NRW läßt sich in Brandenburg die Landesidentität historisch fundieren. Ansätze eines Brandenburger Landesbewußtseins waren in unseren Interviews bereits erkennbar.[840]

Eine besondere Rolle spielt bei einer größeren Gruppe von Arbeitnehmern aus Ostdeutschland der Tatbestand, daß sie oder ihre Familien aus den Ostgebieten stammt.[841] Einerseits ist dies den Arbeitnehmern durchaus als Verlusterfahrung bewußt, andererseits ist die Erinnerung daran offensichtlich nur privat, nicht aber öffentlich gepflegt worden, so daß man selbst in der Gegenwart diese Erinnerung nicht recht wagt, mit dem übrigen Geschichtsbewußtsein zu verknüpfen. Bei Älteren ist dieses Bewußtsein allerdings zum Teil mit der in den letzten Jahren gewonnenen Anschauung verbunden, daß sich die „Heimat“ inzwischen verändert hat, was sich z.T. mit antipolnischen Ressentiments verknüpft.[842] Selbst in der nächsten und übernächsten Generation, die beide keine persönliche Erinnerung an die alte Heimat haben, ist das Wissen noch präsent, daß die Familien bzw. Teile der Familien aus den Gebieten östlich von Oder und Neiße stammen.

Eine erhebliche Bedeutung haben für viele der interviewten Hennigsdorfer und Frankfurter die Orte, aus denen sie stammen. Insbesondere wenn sie in diesen Orten nicht nur heute wohnen, sondern auch aufgewachsen sind, ist die Bindung an den Heimatort stark ausgeprägt.[843] Eine größere Gruppe von Hennigsdorfern und Frankfurtern gibt sich ausgesprochen bodenständig, diese Menschen haben offenbar in ihrem Leben kaum regionale Mobilität entwickelt.

838 So z.B. Hennigsdorf 2, S. 23 und 41.

839 Von einem neuen Selbstbewußtsein ist inzwischen häufig die Rede. Vgl. Hans-Joachim Misselwitz: Nicht länger mit dem Gesicht nach Westen. Das neue Selbstbewußtsein der Ostdeutschen. Bonn 1996.

840 Siehe z.B. Hennigsdorf 10, S. 68.

841 So z.B. Hennigsdorf 5, S. 17; Hennigsdorf 4, S. 68 ff. und Hennigsdorf 16, S. 1 f.

842 So z.B. Hennigsdorf 4, S. 68 ff. und Hennigsdorf 16, S. 48 f.

843 Siehe z.B. Hennigsdorf 5, S. 13 f., 52 f., 66 und 90.

### b) Kollektive Identitäten in Westdeutschland

Manches spricht dafür, daß die Europa-Orientierung bei den Arbeitnehmern in Westdeutschland weniger ausgeprägt ist als bei den mittleren und den meinungsführenden Schichten. Jedenfalls spielt „Europa“ als kollektive Identität nur bei einer Minderheit der interviewten Arbeitnehmer in Dortmund und Bochum eine Rolle. Immerhin taucht Europa teilweise als Rahmen, innerhalb dessen man seine Identität zu bestimmen versucht, hier und da auf.[844] Ein junger Fernsehtechniker aus Bochum (Kurt Gröne, Jahrgang 1960) meint: „Ich fühl' mich eigentlich mehr als Europäer deutscher Nation.“[845] Insgesamt gesehen freilich ist nicht zu übersehen, daß „Europa“ bei den befragten westdeutschen Arbeitnehmern im allgemeinen nicht – wie in der öffentlichen Meinung und sicherlich auch bei einem Teil der jüngeren Generationen mit akademischen Qualifikationen – als Ersatzidentität fungiert.

Die Mehrheit der Befragten fühlen sich auch in Westdeutschland vorrangig als Deutsche; für sie ist die deutsche Identität selbstverständlich. Ein ausgesprochen entwickeltes Nationalbewußtsein ist dabei freilich ebenso selten wie seine dezidierte Ablehnung. Unverkennbar beschäftigt einige die Frage nach der deutschen Identität im Hinblick auf die in Deutschland lebenden Ausländer bzw. deren Kinder.[846]

Eine Minderheit der Befragten Westdeutschen ist „stolz darauf“, Deutscher oder Deutsche zu sein, was nicht per se mit einer nationalistischen Position verbunden ist.[847] Als Begründung des Nationalstolzes werden Leistungen und Tugenden in Geschichte und Gegenwart gesehen. In einigen Fällen ist das Nationalbewußtsein verknüpft mit einer deutlichen Kontrastierung zu anderen Nationen, so zum Beispiel bei einer Arbeitnehmerin (Edith Jonas, Jahrgang 1940, geboren in Schlesien, Flüchtling) aus Bochum.[848]

Die Zeit des Nationalsozialismus ist für eine ganze Reihe der Befragten ein Tatbestand, der das Nationalbewußtsein beeinträchtigt, bei einigen ist gar ein negativer Nationalismus, der sich in einer affektiven Haltung gegenüber allem, was an Nation, Deutschland usw. erinnert, artikuliert. Diese Einschätzungen spiegeln einen Trend der öffentlichen Meinung, der die Frage nach dem Nationalbewußtsein durch den Nationalismus des Dritten Reiches für diskreditiert oder auch für überholt hält.

844 So bei Hoesch 3, S. 93.
845 Nokia 2, S. 52.
846 Hoesch 4, S. 60 vertritt die Position, daß die Ausländer – wenn sie jahrelang in Deutschland leben – zwar Deutsche werden könnten, dies aber kulturelle Assimilation verlange.
847 Hoesch 15, S. 108.
848 Nokia 3, S. 6 f. und S. 64. Siehe auch Nokia 6, S. 42 und S. 50; Nokia 9, S. 62.

Es wird aber auch die Meinung vertreten, daß die anderen Nationen ein stärkeres Nationalbewußtsein entwickelt hätten als die Deutschen, was sich tendenziell mit dem Willen verbindet, sich in dieser Hinsicht am Vorbild der anderen zu orientieren.[849] Eine durchaus nennenswerte Gruppe vertritt nationale oder auch nationalistische Positionen. So wird wiederholt behauptet, die Deutschen seien immer Opfer, sie müßten stets „bluten", wobei für diese Behauptung die Wiedergutmachung für die Judenverfolgung oder die Aufnahme von Asylbewerbern, die als singulär auf der Welt betrachtet wird, als Belege genannt werden.[850] Die im Kontext der Frage der Gegenwartsbedeutung der NS-Vergangenheit geäußerten Wendungen gegen die Haftung für die NS-Verbrechen und Wiedergutmachungsleistungen resultieren weniger aus der Leugnung der Relevanz des nationalen Zusammenhangs als aus dem Bestreben, das nationale Kollektiv zu verteidigen, wobei der Begriff „Nation" häufig unklar bleibt. Besonders deutlich wird dies bei Till Dirksen, einem jüngeren Hoesch-Arbeiter, der Nation und alte Bundesrepublik identifiziert. Er spricht von „deutschen Opfern für andere" und bezeichnet in diesem Kontext die Wiedervereinigung als „größten Lapsus", eine Aussage, die deutlich macht, daß hier „Deutschland" auf die alte Bundesrepublik eingeschränkt ist und der Nationalbegriff die Ostdeutschen nicht mit umfaßt.[851]

Die deutsche Vereinigung wird gleichwohl – trotz aller konkreten Probleme in der Gegenwart – überwiegend positiv gesehen. Dies gilt auch für einige, die ursprünglich skeptisch waren oder gar Hoffnungen auf den DDR-Sozialismus projiziert hatten.[852] Allerdings gibt es auch Stimmen, die die bundesdeutsche Identität stark betonen und die Wiedervereinigung zumindest zwiespältig beurteilen.[853] Häufiger ist die Tendenz, Deutschland mehr oder weniger mit der alten Bundesrepublik gleichzusetzen; für die meisten Westdeutschen ist das vereinigte Deutschland eindeutig eine vergrößerte Bundesrepublik.

Zu den Interviewten gehören auch einige, deren Position – jedenfalls von ihrem Anspruch her – als antinational zu kennzeichnen ist.[854] Nicht immer, doch teilweise wird diese Position mit dem Hinweis auf historische Erfahrungen, etwa mit dem Mißbrauch der Begriffe Nation und Vaterland im Dritten Reich, begründet. Diese antinationale Haltung verbindet sich manchmal mit einer Betonung der lokalen oder regionalen Identität.

849 So bei Hoesch 15, S. 108.
850 Hoesch 17, S. 46 ff. und 58; Hoesch 15, S. 103.
851 Hoesch 17, S. 58 f.
852 Vgl. oben Kapitel IV, 5.
853 Siehe Hoesch 1, S. 57; Hoesch 2, S. 38; Hoesch 3, S. 87; Hoesch 10, S. 51; Nokia 14, S. 49 und 63.
854 Siehe Hoesch 3, S. 89 ff.; Hoesch 5, S. 71; Hoesch 7, S. 43; Hoesch 10, S. 59 f.; Hoesch 19, S. 73 f.; Nokia 2, S. 52 ff.

Die regionale Zugehörigkeit spielt für viele der westdeutschen Interviewpartner durchaus eine Rolle. Dieses Zugehörigkeitsbewußtsein bezieht sich teilweise auf das Land NRW; das „Wir – in – NRW“, ursprünglich einmal ein Wahlkampfslogan der SPD, wird von einigen betont bis hin zu dem Tatbestand, daß man sich als „Nordrhein-Westfale“ definiert.[855] Andere identifizieren sich mit Westfalen oder mit dem Ruhrgebiet.[856]

Die Beziehung zu Dortmund oder Bochum ist vielen wichtig, allerdings ist diese Identifikation nicht exklusiv, sondern in der Regel mit anderen Identifikationen kompatibel. Die lokale Identifikation ist die Identifikation mit dem „Zuhause“, dem bekannten Umfeld, den Freunden, dem Raum, den man kennt.[857] Die Identifikation mit den Wohnorten ist verständlicherweise dann besonders groß, wenn der Herkunftsort und der Wohnort identisch sind. Ein besonderes Verhältnis zu ihrer ursprünglichen Heimat, die von dem Ruhrgebiet unterschieden wird, haben auch im Westen Personen, die aus Heimatvertriebenenfamilien stammen.[858] Das Herkunftsbewußtsein geht bei dieser Gruppe – wie in Ostdeutschland – über die unmittelbar betroffene Generation hinaus.

In einigen Fällen bezieht sich die Identifikation in besonderer Weise auch auf den Stadtteil, in Dortmund etwa auf den an der Peripherie gelegenen Stadtteil Lanstrop oder auch die legendäre Gegend um den Borsigplatz, aus der die Borussia, der BVB, stammt.[859] Die Stadtteilidentifikation ist allerdings nur eine Identifikation, neben der andere stehen. August Iskamp, Jahrgang 1934 etwa, meint:

> „Ich bin gerne Dortmunder, ich bin gerne Borsig-Platzler, ich bin gerne Westfale, ich fahr auch gerne oder fliege inne Welt herum. Ich kenn auch ‘n bißchen von Deutschland, ja natürlich. Und man erkennt mich als Westfale, aufgrund der Sprache schon, obwohl ich nicht der Jürgen von Manger bin, aber man hat doch den Slang, das ist es.“[860]

855 Vgl. Hoesch 8, S. 63; Hoesch 18, S. 70; Nokia 2, S. 52.

856 Hoesch 1, S. 58 f.; Hoesch 2, S. 49; Hoesch 10, S. 58; Hoesch 15, S. 107; Nokia 16, S. 77 f.

857 Hoesch 1, S. 59 f.; Hoesch 2, S. 51 f.; Hoesch 8, S. 63 f.; Hoesch 15, S. 107; Hoesch 17, S. 56 f.; Hoesch 18, S. 70.

858 Siehe Hoesch 9, nicht transkrib. Int. Band 1; Nokia 3, S. 1-8; Nokia 6, S. 44-46.

859 Hoesch 2, S. 50 f.; Hoesch 5, S. 55; Hoesch 11, nicht transkrib. Int., Band 2, S. 2; Hoesch 19, S. 1 und 71; Nokia 2, S. 52; Nokia 16, S. 75 ff.

860 Hoesch 15, S. 107.

### c) Identitäten und Identifikationen in vergleichender Perspektive

Vergleicht man das kollektive Identitätsbewußtsein bei unseren Gesprächspartnern, so lassen sich im Hinblick auf west- und ostdeutsche Gemeinsamkeiten und Unterschiede folgende Punkte feststellen:

1. Sowohl in West- als auch in Ostdeutschland spielt die lokale Identifikation eine wichtige, aber kaum eine exklusive, andere Identifikationen und Identitäten ausschließende Rolle. Ein großer Teil der Arbeitnehmer hat einen positiven Bezug zu ihrem lokalen Umfeld. Eine Rolle spielt auch das Herkunftsbewußtsein, das insbesondere bei Heimatvertriebenen und ihren Kindern entwickelt ist. Allerdings ist diese lokale Identifikation offenbar nur in geringem Maße mit einem Wissen um die lokale Geschichte verbunden, von der ganz überwiegend nur wenig bekannt ist. Identifikationen führen nicht unbedingt zum historischen Interesse.
   Einige Identifikationen gibt es auch mit den Betrieben. Dies gilt insbesondere bei Betrieben, die über längere Traditionen verfügen und bei denen Generationen von Arbeitnehmern schon gearbeitet haben – was sowohl für Hoesch als auch für Hennigsdorf gilt. Den Interviewten ist bewußt, daß die Familie intergenerationell im Betrieb gearbeitet hat, in diesem spezifischen Sinne handelt es sich um „Familienbetriebe", an die bis zu einem gewissen Grade intergenerationelle Erfahrungen gebunden sind.
2. Ein auf die Region oder gar das jeweilige Bundesland bezogenes Identitätsbewußtsein ist stärker bei den Westdeutschen als bei den Ostdeutschen ausgeprägt. Eine Landesidentität muß sich in Brandenburg erst entwickeln; daß dies unter den Bedingungen der Gegenwart nicht unmöglich ist, zeigt das Beispiel Nordrhein-Westfalen, in dem sich seit 1946 in einem längeren Prozeß, verstärkt seit den ausgehenden 70er Jahren, ein Landesbewußtsein herausgebildet hat. Einige Hinweise, daß der Prozeß der Herausbildung einer Landesidentität auch in Brandenburg bereits im Gange ist, gibt es in den Interviews.[861]
3. Im Hinblick auf die alte Bundesrepublik und die DDR sind die Bedingungen für das nationale Identitätsbewußtsein sehr unterschiedlich. Die Westdeutschen haben sich offensichtlich vor 1989 mehr oder weniger mit den Deutschen gleichgesetzt und sich auch mit der Bundesrepublik mehr oder weniger identifiziert. Das gegenwärtige Deutschland wird von den Westdeutschen als erweiterte Bundesrepublik gesehen. Zwar werden Probleme im Kontext des

861 1995 definierte sich nach einer Untersuchung bereits die Hälfte der Ostdeutschen nach dem jeweiligen Bundesland, ein knappes Drittel sah sich vorrangig als Deutsche, ein Fünftel als Ostdeutsche. S. Ilse Spittmann: Fünf Jahre danach – wieviel Einheit brauchen wir. In: Aus Politik und Zeitgeschichte 1995, B 38, S. 3-8.

Vereinigungsprozesses wahrgenommen, doch hat das vereinigte Deutschland gegenüber der alten Bundesrepublik keine neue Qualität.

Die Ostdeutschen haben sich nach eigenen Aussagen mit der DDR nur teilweise identifiziert, etwa mit den Sporterfolgen auf der internationalen Ebene. Auch sonst scheint es Partialidentifikationen gegeben zu haben. Doch sehen sich die Bürger der neuen Länder heute überwiegend als „Ossis", die in einer anderen Situation als die Westdeutschen leben, teilweise eine andere Mentalität haben und als Deutsche „zweiter Klasse" behandelt werden, eine Einschätzung, die auf Kränkungen im Vereinigungsprozeß und auf Komplexe gegenüber den Westdeutschen hindeutet, die möglicherweise schon vor 1989 ausgebildet waren. Die unmittelbare Konfrontation mit den „Wessis" hat vielfach die ohnehin schwache individuelle Identität vollends brüchig werden lassen[862], vor allem leiden viele Ostdeutsche an mangelnder sozialer Anerkennung.[863] Auf diesem Hintergrund ist die Neigung zur Verteidigung der DDR, von Lothar Fritze als „Partial-Nostalgie" bezeichnet, verständlich.[864] Manches spricht dafür, von einer „nachgeholten Identität" zu sprechen, von der gegenwärtig schwer zu sagen ist, ob sie länger andauern wird oder ausgesprochen transitorischer Natur ist. Das vereinigte Deutschland ist ungeachtet der „nachgeholten Identität" auch für die Ostdeutschen eine Größe, mit der sie sich zumindest abgefunden haben und abstrakt auch identifizieren.

4. Die befragten Arbeitnehmer definieren sich im Osten in ganz hohem Maße und im Westen überwiegend als „Deutsche"; das traditionelle Nationalbewußtsein ist bei den Arbeitnehmern im Osten und Westen verbreitet, dabei im Osten eher stärker als im Westen.[865] Die ehemaligen DDR-Bürger wollen sich häufig schon vor 1989 vorrangig als „Deutsche" gesehen haben, was für die Westdeutschen kein Problem war, weil man hier ohnehin dazu neigte, die Bundesrepublik für Deutschland zu halten.

   Ein Bewußtsein, das stolz auf die deutsche nationale Identität ist, zeigt sich in den Interviews eher stärker im Westen als im Osten. Hier gibt es zugleich aber auch pointierte Fälle der Absagen an jedes Nationalbewußtsein, die im Osten

862 Vgl. Hans-Joachim Maaz: Der Gefühlsstau. Berlin 1990; Ders.: Das gestürzte Volk oder die verunglückte Einheit. Berlin 1991; Ders.: Psychosoziale Aspekte im deutschen Einigungsprozeß. In: Aus Politik und Zeitgeschichte 1991, B 19, S. 3-10.

863 Siehe Detlef Pollack: Das Bedürfnis nach sozialer Anerkennung. Der Wandel der Akzeptanz von Demokratie und Marktwirtschaft in Ostdeutschland. In: Aus Politik und Zeitgeschichte 1997, B 13, S. 3-14.

864 Lothar Fritze: Die Gegenwart des Vergangenen. Über das Weiterleben der DDR nach ihrem Ende. Weimar/Köln/Wien 1997, S. 90-114.

865 Vgl. dazu Martin Greiffenhagen: Politische Legitimität in Deutschland, Gütersloh 1997, S. 73 ff. Greiffenhagen geht davon aus, daß im Osten ein größerer Bevölkerungsanteil als im Westen noch traditionale Identitätsbezüge aufweise.

kaum auftauchen. Im Osten scheint der Tatbestand nachzuwirken, daß in der DDR über die Frage der Nation kaum diskutiert worden ist.

5. Eine europäische Orientierung oder gar Identifikation mit Europa ist im Osten praktisch gar nicht vorhanden, und im Westen nur schwach ausgebildet. Europa ist – anders als für Teile der bürgerlichen Schichten – für die meisten Arbeitnehmer kein positiver Bezugsrahmen.

Insgesamt gesehen ist zu konstatieren, daß von den verschiedenen kollektiven Identitäten bei den Arbeitnehmern die nationale wohl die stärkste ist, eine Identität, die freilich andere Identitäten zuläßt. Die Untersuchung läßt zudem erkennen, daß auch das historische Denken der untersuchten Gruppen sich überwiegend – wie die Beschäftigung mit Geschichte in Schule und Öffentlichkeit – in nationalen Kategorien bewegt, die anderen Identitäten haben im Bewußtsein der Befragten nur bedingt eine Geschichte. Dazu paßt auch die Vorstellung von den Subjekten des geschichtlichen Prozesses.

## 2) Der historische Prozeß, seine Subjekte und die Frage der Zielrichtung

Die vergleichsweise abstrakten Fragen nach dem Charakter des historischen Prozesses, in dem wir als Zeitgenossen stehen, nach den Antriebskräften und Subjekten, und nach der Verlaufsrichtung des historischen Prozesses waren für die Befragten eher schwierige und ungewohnte Fragen – auch wenn versucht wurde, sie verständlich zu stellen. Gleichwohl haben sie – meist auf Nachfrage – durchaus Stellung genommen, teilweise die Fragen implizit beantwortet.

Generell konnten die Befragten – wie die große Mehrheit der heute Lebenden – nur sehr bedingt Aussagen über „die“ Geschichte machen; für viele gibt es zwar Geschichten, doch nicht *die* Geschichte. Nicht zu übersehen ist die Tendenz, persönlich Erlebtes und Erfahrenes eher in die Vergangenheit zu projizieren als Geschichte für die Gegenwart nutzbar zu machen; Geschichte hat für viele nur ein geringes Eigengewicht.

### a) Subjekte der Geschichte

Auf die Frage, wer „Geschichte“ mache, antworten eine ganze Reihe der Befragten – z.B. Fritz Rösler von Hoesch[866], Brigitte Meiers von Nokia[867], Max Hiller aus Hennigsdorf[868] und Renate Bärwald[869] vom Halbleiterwerk in Frankfurt/Oder,

866 Hoesch 5, S. 75.
867 Nokia 11, S. 76 f.
868 Hennigsdorf 3, S. 129.
869 Frankfurt/O. [illegible]4, S. 2[illegible].

daß Menschen die Geschichte machen. „Menschen machen Geschichte nicht aus freien Stücken, aber sie machen sie selbst" – haben Karl Marx, Rosa Luxemburg u.a. festgestellt.[870] Wie diese wollen die Befragten sagen: es sind nicht transzendentale Mächte, die die Geschichte machen, sondern Menschen, die für ihre Geschichte verantwortlich sind. So allgemein diese Sätze sind, so lassen sie eben doch ein säkularisiertes Geschichtsverständnis erkennen. Geschichte wird nicht als Heilsgeschichte, als Resultat des Wirkens Gottes in der Welt aufgefaßt. Eine derartige Position wurde in den Interviews von niemandem vertreten.

Was die Subjekte des historischen Prozesses – über die Aussage hinaus, daß es „die Menschen" sind – betrifft, so äußern sich die Befragten eher unsicher und unterschiedlich, wobei unter den Kollektividentitäten offenbar Staaten und Nationen als die wichtigsten betrachtet werden. So wird die traditionelle Position artikuliert – z.B. von Karl Schwarzer[871] –, daß die Völker die eigentlichen Akteure der Geschichte seien, wobei man nicht so weit geht, Geschichte explizit als Kampf von Staaten und Nationen aufzufassen. Ihre Führer sind – so Schwarzer – eher als Werkzeuge, Repräsentanten ihrer Völker zu betrachten. Fritz Rösler spricht von „Galionsfiguren".[872] Zu dieser Vorstellung gehört auch – die in unserer Gesellschaft keineswegs mehr selbstverständliche – Annahme eines nationalen Kontinuitätszusammenhangs, aus dem Verpflichtungen resultieren.

Das „Volk" wird den Regierenden teilweise entgegengestellt. Elfriede Marsch betont, das Volk mache Geschichte und dabei rekurriert sie auf die Erfahrungen der Wende: „Det Volk entscheidet. Wir haben ja auch entschieden. Die Masse der Menschen hat entschieden: Wir sind ein Volk. Die anderen [gemeint sind die Regierenden] haben sich zu beugen. Das ist doch so. Ja, die Macht übt ja jemand anders aus. Aber die Geschichte macht das Volk."[873]

Derartige Einschätzungen sind weniger aus der Betrachtung der Vergangenheit gewonnen, in der die Rolle des „Volkes" sehr unterschiedlich war, sondern aus der Gegenwart. Sie implizieren einen gewissen Anspruch des Volkes, der offenbar nur in bestimmten Konstellationen wie der Umwälzung im Herbst 1989 einzulösen ist. Daß die aktuellen Entscheidungen kaum beeinflußbar seien, wird gleichzeitig beklagt.[874]

870 Siehe „Die Menschen machen ihre Geschichte nicht aus freien Stücken, aber sie machen sie selbst." Einladung zu einer Geschichte des Volkes in NRW. Hrsg. v. Lutz Niethammer u.a. Berlin/Bonn 1984.

871 Hoesch 18, S. 65 f.

872 Hoesch 5, S. 59.

873 Frankfurt/O. 6, S. 94. – Ähnlich Frankfurt/O. 9, S. 80. – Gleichwohl sehen sich viele der ostdeutschen Gesprächspartner als Objekte des mit der „Wende" beginnenden Prozesses, was auch damit zusammenhängen könnte, daß die Mehrzahl an der „Wende" nur am Rande mitgewirkt hat.

[illegible]

Das marxistische Theorem, nach dem alle Geschichte eine Geschichte von Klassenkämpfen ist, wird recht eigentlich kaum mehr vertreten, auch wenn der Klassenbegriff im Hinblick auf die Arbeiterschaft der Gegenwart bei einer Minderheit in Ost und West noch für brauchbar gehalten wird, wobei freilich meist nicht zwischen „Klasse an sich" und „Klasse für sich" unterschieden wird.[875] Bemerkenswerterweise werden die Klassen selten als historische Subjekte gesehen – auch die Arbeiterklasse, die durch das SED-System, den Arbeiter- und Bauernstaat begrifflich aufgelöst worden ist. Einige der ostdeutschen Interviewpartner sehen ihre marxistischen Anschauungen vom Kapitalismus bestätigt, andere – so Dieter Zange – erklären, daß sie angesichts der Erfahrungen mit dem kapitalistischen System in der Gegenwart jetzt ein tieferes Interesse und Verständnis für Marx und den Marxismus hätten.[876] Auch wird teilweise ein dichotomisches Bild von Herrschenden und Wohlhabenden einerseits und der Mehrheit der Bevölkerung andererseits in die Geschichte hineinprojiziert.[877] Aufs Ganze gesehen wird der Klassenkampf kaum als ein umfassender historischer Erklärungszusammenhang – auch nicht auf einer stark popularisierten Stufe – verwandt.

Mit der abstrakten Frage nach den Antriebskräften in der Geschichte konnten die Befragten im Ruhrgebiet und in Brandenburg meist wenig anfangen. Dennoch wird man sagen können, daß im Geschichtsbewußtsein Ideen, Religion oder kulturelle Faktoren – in Ost- wie Westdeutschland – nur eine geringe Rolle spielen. Von einer idealistischen Geschichts- und Gegenwartssicht waren nahezu alle Interviewten recht weit entfernt.

Der personale Faktor wird bezogen auf die Geschichte widersprüchlich eingeschätzt. Zwar wird die Vorstellung, daß es vorrangig große Persönlichkeiten, große Einzelne seien, die den historischen Prozeß voranbringen (das „Männer-machen-Geschichte"-Axiom) häufig kritisch beurteilt. Doch ist das Bild der Geschichte teilweise durch große historische Persönlichkeiten geprägt, es wird geradezu durch diese strukturiert, was tendenziell stärker für die ostdeutschen als die westdeutschen Befragten gilt.[878] Für die meisten Ostdeutschen ist etwa der Rang von Marx und Engels ganz unstreitig.[879] Unübersehbar gibt es Symbolfiguren und Vorbilder.[880]

Eine eher singuläre Position vertritt der Hoeschianer August Iskamp, der das Geschichtsbewußtsein durch politische Ereignisreihen geprägt sieht. Insbesondere erinnert er daran, daß es die Geschichte immer nur in der nachträglichen Rekon-

875 Vgl. oben Kapitel IV, 5.
876 Hennigsdorf 1, S. 4[illegible]. Bestätigt sieht sich auch Hennigsdorf 3, S. 104. Vgl. Kapitel IV, 7.
877 Siehe z.B. Nokia 7, S. 85 f. und 90 f.
878 Vgl. oben Kapitel IV, 7.
879 Ebd.
880 Siehe oben Kapitel IV, [illegible]

struktion gebe, wenn er sagt: „Für mich machen immer Leute Geschichte, die sie schreiben"[881] bzw. interpretieren. Als Beleg führt er die Ausstellungen im Berliner Zeughaus vor und nach der Wende an. Der Konstruktivismus hat offenbar nicht nur in der Wissenschaft Anhänger.

### b) Die Frage des Geschichtsverlaufs

Inwieweit sehen die Befragten Geschichte als einen historischen Prozeß, der eine Richtung aufweist? Gewiß ist für manche Geschichte vorrangig eine Fallsammlung. Doch sind daneben Vorstellungen über den Geschichtsverlauf erkennbar. Bei nicht wenigen der befragten ostdeutschen Arbeitnehmerinnen und Arbeitnehmer wirkt die marxistische Vorstellung der Geschichte als eines in Stadien aufsteigenden Prozesses nach, eine Vorstellung, die sich demgegenüber nur bei wenigen der befragten Westdeutschen findet.

Dieter Zange geht davon aus, daß in der Geschichte verschiedene Entwicklungsstufen aufeinander folgen, wobei die ablösende Stufe jeweils ein höheres Niveau hat. Dies schließt nicht aus, daß es auch gewisse Wiederholungen gibt.[882] Max Hiller formuliert pointiert, daß sich in der Geschichte nichts wiederhole, und falls es Wiederholungen gäbe, so jedenfalls nur „auf einer höheren Stufe".[883] Für Elfriede Marsch ist Geschichte der Weg „zum Höheren".[884] Joachim Held skizziert das Modell der Abfolge von Gesellschaftsformationen.[885]

In einer vagen, rudimentären Form ist in manchen Antworten noch etwas von der marxistischen Geschichtsphilosophie erkennbar, bei der freilich die dialektische Komponente keine Rolle spielt. Im Sozialisationsprozeß hat diese Philosophie, die in vergröberter Form von einer allgemeinen Fortschrittsphilosophie kaum zu unterscheiden ist, offenbar eine so große Rolle gespielt, daß sie internalisiert wurde und partiell auch die „Wende" überstanden hat.

Allerdings gerät diese Geschichtsphilosophie bei der Konfrontation mit der Gegenwart unübersehbar in Schwierigkeiten. Auf den „realen Sozialismus" ist nicht die kommunistische Gesellschaft, sondern die westliche „kapitalistische" Ordnung gefolgt. Grete Lieser etwa fragt sich, wo der Fortschritt, den sie mit der Entwicklung der Technik verknüpft sieht, wirklich hinführe; müsse das Auto aus ökologischen Gründen – so fragt sie – nicht wieder durch den Pferdewagen ersetzt werden.[886] Und Berta Klaus bekennt, daß sie gegenwärtig die Frage nach dem Ent-

881 Hoesch 15, S. 102.
882 Vgl. Hennigsdorf 1, S. 75 f.
883 Hennigsdorf 3, S. 128.
884 Frankfurt/O. 6, S. 94.
885 Frankfurt/O. 9, S. 74.
886 Frankfurt/O. 5, S. 39. Ganz ähnlich Frankfurt/O. 12, S. 92 ff.: die Geschichte werde immer

wicklungsgang sehr beschäftige. Eigentlich gebe es immer eine Entwicklung, „eine Vorwärtsentwicklung". Doch sei die gegenwärtige keine.[887] Joachim Held schöpft aus dem marxistischen geschichtsphilosophischen Schema die Hoffnung, daß sich in Zukunft doch noch der Sozialismus durchsetzen werde.[888] Unübersehbar fügt sich die Gegenwart nur schwer in ein großes Schema marxistischer Geschichtsphilosophie ein. Der Verlust der geschichtsphilosophischen Perspektive wird als Problem empfunden.[889]

Angesichts der Epochenwende 1989/90 und dem Ende des „realen Sozialismus" sind im Hinblick auf das bislang vorherrschende marxistisch-leninistische geschichtsphilosophische Schema folgende Wege möglich:

- Das Schema selbst wird aufgegeben. Viele tendieren zu seiner Relativierung, wollen es aber nicht ganz aufgeben, zumal kein alternatives Schema angeboten wird und man die Gegenwart historisch verorten möchte.
- Die Gegenwart wird als Fehlentwicklung oder Rückschritt betrachtet. Zu einer solchen Haltung neigt ein Teil der früher „Gläubigen", äußert sich jedoch nur zurückhaltend, weil der sogenannte „reale Sozialismus" allzu offensichtlich vorrangig an eigenen Mängeln gescheitert ist.

Die Einschätzung, daß das neue Entwicklungsstadium gleichsam – wie der Amerikaner Francis Fukuyama gemeint hat[890] – das „Ende der Geschichte" darstellt – vertreten von den ostdeutschen Befragten nur wenige. Zu diesen gehört Renate Bärwald, für die die Marktwirtschaft den Endpunkt der Entwicklung bildet, was für sie nicht ausschließt, daß neue Techniken noch entwickelt werden.[891] Eine ganze Reihe der befragten Arbeiter und Angestellten in der ehemaligen DDR aber meint, daß irgendwann der Sozialismus – ein neuer Sozialismus – sich durchsetzen werde; vielleicht in 100 Jahren, doch irgendwann.[892] Die gegenwärtige ökonomisch-gesellschaftliche Struktur möchte man nicht akzeptieren: Sie weist aus der Sicht der Befragten große Mängel auf (wobei die verbreitete Arbeitslosigkeit, die mangelnde Sicherheit usw. häufige Argumente sind). Zudem widerspricht sie einem bislang Orientierung ermöglichenden geschichtsphilosophischen Schema, das für die Zukunft Hoffnungen begründet und das man nicht einfach aufgeben möchte.

Die westdeutschen befragten Arbeitnehmer verfügen viel seltener als die ostdeutschen über eine orientierende Geschichtsphilosophie und können vielfach mit der Frage nach dem Geschichtsverlauf wenig anfangen oder äußern sich wider-

komplizierter, bis es zum „großen Knall" komme: Bevölkerungsexplosion, Umweltverschmutzung etc.

887 Frankfurt/O. 7, S. 56.

888 Vgl. Frankfurt/O. 9, S. 74, Frankfurt/O. 9b, S. 9.

889 Siehe auch Hennigsdorf 5 b. Vgl. oben Kapitel III, 3 a.

890 Francis Fukuyma: Das Ende der Geschichte. Wo stehen wir? München 1992.

891 Frankfurt/O. 14, S. 75 f.

892 Vgl. oben Kapitel IV, 5.

spruchsvoll. Die meisten sind geschichtsphilosophisch tendenziell Agnostiker, sie leben ohne ein spezifisches Zukunftsbild, das ihren individuellen Erwartungshorizont übersteigt – insofern leben sie vor einem offenen Horizont. Einige wenige vertreten das marxistische Entwicklungsschema, das bei ostdeutschen Kollegen verbreitet ist, oder eine vage allgemeine Fortschrittsphilosophie oder auch ein Mixtum von beiden.

Kurt Gröne von Nokia gehört zu denjenigen, die sich auf die Frage nach dem Geschichtsverlauf einlassen und differenziert äußern. Aus seiner Sicht darf europäische, d.h. mitteleuropäisch- westeuropäische Entwicklung nicht mit der Gesamtentwicklung gleichgesetzt werden. In Mitteleuropa sind – so Gröne – in einem längeren Prozeß die Rechte der Individuen gewachsen, hier gebe es „eine stetige Aufwärtsbewegung, mit einem kleinen Auf und Ab [...] grade während der Nazibarbarei".[893] Dies sei jedoch keineswegs ein globaler Trend. In vielen Teilen der Welt gelte der Wert des Individuums wenig, aus mitteleuropäischer Sicht lebe man hier gleichsam noch im Mittelalter.

Einige differenzieren zwischen gesellschaftlicher und technischer Entwicklung. In gesellschaftlicher Hinsicht einen generellen Aufstieg im historischen Prozeß zu sehen, vermögen nur wenige. Daß die technische Entwicklung in der Neuzeit als eine Entwicklung „zum Höheren" zu begreifen ist, ist für viele klar und sie erwarten auch, daß sie weiter geht. Doch selbst dieser technische Fortschritt wird von manchen im Hinblick auf die Gegenwart zumindest ambivalent gesehen; Brigitte Meiers etwa erinnert an die Arbeitslosigkeit, die aus ihrer Sicht eben auch durch technische Innovationen verursacht wird.[894]

Angesichts des Fehlens einer orientierenden Geschichtsphilosophie stehen zwangsläufig bei Aussagen westdeutscher Arbeitnehmer über den Geschichtsverlauf gegenwärtige Erwägungen und Stimmungen – vielfach ausgesprochen subjektiver Art – im Vordergrund. Fritz Rösler etwa meint, Geschichte verlaufe im Kreise: „Verschiedene Epochen wiederholen sich", in mancher Hinsicht gebe es eine „Spirale im Schlechterwerden [...] bis es irgendwann mal zum Knall kommt."[895] Andere sind zurückhaltender, sehen aber auch Momente der Wiederholung. Nicht wenige gehen aber – ihre eigene Erfahrungswelt verallgemeinernd – von einem Ende der Aufwärtsentwicklung in Deutschland aus, wobei einige den Wendepunkt zur Stagnation bzw. Rückwärtsentwicklung 1989/90 annehmen. Zumindest in der eigenen Erfahrungswelt, was soziale Standards, Sicherheit etc. für breite Schichten angeht, sehen sie eine Abwärtsentwicklung.[896]

893 Nokia 2, S. 54 f.

894 Nokia 11, S. 72 f.

895 Hoesch 5, S. 73. – Die Gefahr , daß sich Phänomene wie der Nationalsozialismus wiederholen könnten, wird von einem Teil der Interviewpartner als real gegeben angesehen; vgl. oben Kapitel IV, 4b.

896 Siehe z.B. Hoesch 18 b.

Keine Frage: die überwiegende Zahl der westdeutschen Gesprächspartner, mit denen über den Geschichtsverlauf gesprochen wurde, kann in der Geschichte keinen sinnvollen Prozeß, keine Entwicklung mit einer intelligiblen Richtung sehen; viele haben eine ausgesprochen präsentistische Weltsicht. Demgegenüber verfügen etliche der ostdeutschen Gesprächspartner noch über ein geschichtsphilosophisches Orientierungsmuster, das freilich im Hinblick auf die Interpretation der Gegenwart den Betrachter vor arge Probleme stellt, so daß auch sie mehr oder weniger ratlos sind.[897]

## 3) Geschichte als Mittel der Orientierung

### a) Die Frage nach der eigenen Position und Rolle

Den eigenen Standort und die eigene Rolle in der Geschichte zu bestimmen, haben die Befragten Schwierigkeiten. Wie oben an einigen Beispielen gezeigt, versuchen sie in der Regel, ihrer Lebensgeschichte irgendwie einen Sinn zu geben bzw. von einem Sinnzentrum her zu interpretieren. Dabei wird die Verknüpfung der Biographie mit der großen Geschichte, mit den politischen Umbrüchen und gesellschaftlichen Prozessen nicht immer reflektiert.[898] Tendenziell sehen die Älteren, die Krieg und andere einschneidende Ereignisse unmittelbar erlebt haben, diese Verknüpfung stärker als die Nachkriegsgenerationen, die ihre Lebensgeschichte vielfach ohne Bezug auf die politische Geschichte oder die Gesellschaftsgeschichte erzählen. Allerdings haben auch die Älteren Mühe, ihre eigenen Erfahrungen und die Interpretationen der Zeitgeschichte zu einem kohärenten Bild zu vereinigen. Angesichts der unterschiedlichen Lebenserfahrungen ist es verständlich, daß die Möglichkeit, außerhalb von Gruppenzusammenhängen selbständig, „autonom“, zu handeln, bei den jüngeren Generationen der Befragten, insbesondere bei den Westdeutschen, höher eingeschätzt wird als bei den Älteren, die sich eher in Schicksalsgemeinschaften eingebunden sehen.

Die generelle Haltung der Befragten schwankt zwischen einem Verständnis, nach dem man Geschichte erleidet und einem Verständnis, das den Mitwirkungsaspekt stärker berücksichtigt. Die Mehrzahl neigt bezogen auf die eigene Person und Gruppe der erstgenannten Einschätzung zu; besonders die älteren Jahrgänge, die die Wirkungsmächtigkeit von Geschichte, etwa durch Krieg an Leib und Leben erfahren haben, sehen sich eher als Opfer, denn als Akteure, was verständlich erscheint.

897 Allerdings gibt es auch Ostdeutsche, die nicht im Banne einer Fortschrittsphilosophie stehen. Vgl. das Porträt von Kurt Panitz (Hennigsdorf 16) oben Kapitel III, 1 a.

898 Vgl. oben Kapitel III.

Allerdings glauben manche doch auch, daß durch kollektives Handeln etwas erreichbar ist. Dies hat – wie manche Ostdeutsche meinen – der Umbruch 1989/90 gezeigt, als das „Volk" „kollektiv" handelte.[899] Auch Streikerfahrungen sind für nicht wenige ein Beweis dafür, daß man kollektiv etwas erreichen kann. Streiks spielen im Arbeitnehmergeschichtsbewußtsein eine nicht geringe Rolle; sie sind individuell erinnerte Kollektiverfahrungen, die Arbeitnehmerselbstbewußtsein tendenziell abstützen und Ohnmachtsgefühlen entgegenwirken.[900]

Die Einschätzung, selbst nur Objekt der Politik zu sein, steigt mit dem Grad des Desinteresses an der Politik oder auch mit der Einschätzung, daß Politik und Gesellschaft nicht durchschaubar seien. Ein Beispiel für eine derartige Haltung repräsentiert etwa Brigitte Meiers (Jahrgang 1954), die die politisch-gesellschaftlichen Bezüge ihrer Lebensgeschichte gleichsam als festen nicht hinterfragbaren Rahmen betrachtet und ihr Desinteresse an Politik u.a. mit dem Satz begründet: „Wir haben doch keinen Draht zu denen", womit sie „die Politiker" meint, die aus ihrer Sicht in einer anderen Welt leben.[901] Die Bürger könnten nur alle Jahre zur Wahl gehen, wobei Frau Meiers – über Parteien und ihre Unterschiede kaum informiert – die Wahl als Lotterie begreift. Bei manchen Gesprächspartnern – im Westen wie im Osten – ist die Tendenz nicht zu übersehen, alles – was über den persönlichen Bereich hinausgeht – sehr klischiert, häufig in einem dichotomischen Modell („die" und „wir"), wahrzunehmen und damit auch die Einwirkungsmöglichkeit falsch einzuschätzen, d.h. nicht selten zu unterschätzen, indem man jede Partizipationschance leugnet. Die Tendenz zur Passivität kann aber auch aus politischer Ratlosigkeit resultieren wie bei einigen ehemaligen SED-Mitgliedern, für die eine Welt zusammengebrochen ist.[902]

Das Gefühl, Objekt von Strukturen und Prozessen zu sein, wird offensichtlich vor allem durch die Erfahrung gestützt, ökonomischen Prozessen ausgeliefert zu sein – die für die Arbeitnehmer u.a. den Verlust des Arbeitsplatzes zur Konsequenz haben können.

### b) Individuelle Erfahrungen und kollektive Deutungsmuster

Nicht zu übersehen ist, daß biographische Erfahrungen und vorherrschende historische Deutungskonzepte bei den Befragten in einem sehr unterschiedlichen Verhältnis stehen. Idealtypisch gesehen lassen sich drei Varianten zum Verhältnis von individuellen Erfahrungen und historischem Deutungskonzept unterscheiden:

899 Siehe oben Kapitel IV, 1 a.
900 Siehe oben Kapitel IV, 6.
901 Nokia 11, S. 47. Vgl. oben Kapitel III, 4 b.
902 Siehe z.B. Frankfurt/O. 7, S. 26 f.

1. Sie stehen unverbunden nebeneinander.
2. Die persönlichen Erfahrungen dominieren über das vorherrschende Geschichtsbild.
3. Das vorherrschende Deutungskonzept überdeckt bzw. unterdrückt die persönlichen oder familiären Erfahrungen.

Vergleichsweise häufig vertreten ist unter den West- und den Ostdeutschen die erstgenannte Variante. Sie haben Deutungskonzepte „gelernt", die keine Beziehung haben zur eigenen Erfahrungswelt. Die Variante, bei der letztlich persönliche Erfahrungen das Geschichtsbewußtsein prägen, ist im Westen häufig anzutreffen; sie wird u.a. gefördert durch den Tatbestand, daß historische Deutungskonzepte schlicht unbekannt sind; die Sozialisationsagenturen und auch die Medien liefern offenbar keine Deutungskonzepte, die ankommen und akzeptiert werden.

Unter den Ostdeutschen ist schließlich auch die dritte Variante nachzuweisen bzw. können wir Nachwirkungen der dritten Variante feststellen. Das weitgehende Fehlen einer öffentlichen und offenen Diskussion vor 1989 hat geradezu zu einer Nichtverarbeitung und partiellen Verdrängung persönlicher Erfahrungen geführt; die persönlichen Erinnerungen bilden gleichsam erratische Blöcke im Bewußtsein. Sowohl im Hinblick auf Flucht und Vertreibung der Familie am Ende des Zweiten Weltkrieges bzw. danach, als auch auf den 17. Juni 1953 ist erkennbar, daß bedeutsame historische Ereignisse unter dem SED-System lange verdrängt worden sind, was indes auf der individuellen und familiären Ebene nicht ohne weiteres möglich war.[903] Hier sind auf Grund eigener, familiärer oder Gruppenerfahrung Ansätze einer Gegengeschichte erkennbar.

Die Diskrepanz zwischen den eigenen Erinnerungen und verbreiteten historischen Interpretationen wird durchaus registriert, eine Diskrepanz, die manche ehemalige Bürger der DDR vor allem auch zwischen eigenen Erfahrungen und Erinnerungen aus der DDR-Zeit und jetzt vorherrschenden Einschätzungen der DDR und des Lebens unter dem SED-System glauben feststellen zu können.

Unverkennbar stehen persönliche Erfahrungen und Erinnerungen und kollektive Interpretationen häufig in einer Spannung zueinander, die freilich keineswegs allen Befragten bewußt war.

### c) Vergangenheit contra Gegenwart, Gegenwart contra Vergangenheit?

Ein wichtiges Mittel der Orientierung ist eine spezifische Form der „Trivialkomparatistik", die von den Befragten zwischen der selbst erlebten Vergangenheit und der Gegenwart durchgeführt wird.[904]

903 Vgl. oben Kapitel III, 1 a; IV, 6 a.

904 Der Begriff „Trivialkomparatistik" bei Peter Hübner: „Wir wollen keine Diktatur mehr ..."

Bei den westdeutschen Arbeitnehmern ist diese Komparatistik weniger ausgeprägt. Versuche, im Gespräch auch bei ihnen Vergleiche zu provozieren, waren nur teilweise erfolgreich, u.a. wohl deshalb, weil es keine klaren Zäsuren in der Geschichte der letzten Jahrzehnte gibt und nur die Älteren – nicht aber die in unseren Interviews vorherrschenden heute noch im Erwerbsleben stehenden Jahrgänge – tiefgreifende Brüche erlebt haben. Deutlich ist jedoch bei den befragten Gruppen in Westdeutschland die Tendenz, die Gegenwart als eine abschüssige Ebene zu betrachten. Die späten 60er und frühen 70er Jahre erscheinen häufig bei den Jahrgängen, die diese Zeit bewußt erlebt haben, gegenüber heute in einem hellen Licht, wohl auch, weil damals das Zeitklima durch Aufbruchs- und Fortschrittsdenken bestimmt, man wohl selbst von diesem erfaßt war, zumal man damals lebensgeschichtlich als Jüngere dafür empfänglich war. Die Perspektive ist eben auch durch die lebensgeschichtliche Kurve mitgeprägt.

Ungleich grundsätzlicher und intensiver betreiben die ostdeutschen Arbeitnehmer „Trivialkomparatistik“, bei der sie die Verhältnisse in der vergangenen DDR und die Gegenwart miteinander vergleichen. Es sind vor allem Probleme der Gegenwart, die den Vergleich mit der Vergangenheit bestimmen: Arbeitslosigkeit, soziale Unsicherheit, Kriminalität, Probleme, die aus Sicht dieser Menschen die Gegenwart verdunkeln; sie werden nicht selten mit anklagendem Ton vorgetragen. Die Probleme der früheren DDR-Gesellschaft sind demgegenüber inzwischen tendenziell in den Hintergrund getreten, etwa Versorgungsprobleme, mangelnde Freizügigkeit, Überwachung und Reglementierung usw. Vielfach wird eine Haltung erkennbar, die in der Klage über die Gegenwart ihren beredten Ausdruck findet. Ihre Kehrseite ist eine Tendenz zur Verklärung der Vergangenheit bzw. bestimmter Aspekte der Vergangenheit. Man kann von einer Partial-Nostalgie oder von „Ostalgie“ sprechen.[905] Die Haltung ist u.a. dadurch geprägt, daß man die Vergangenheit teilweise harmonisiert und idealisiert, zugleich aber nicht nur weiß, daß man nicht in die DDR-Vergangenheit zurück kann, sondern in diese meist auch gar nicht wirklich zurück will. Bestimmt wird sie sowohl durch die defensive Identifikation mit dem gelebten Leben, als auch durch Kritik an Erscheinungen der Gegenwart.

Der Vergleich der Gegenwart mit der Vergangenheit dient mithin der Auseinandersetzung mit der Gegenwart; die Vergangenheit wird geradezu instrumental genutzt, um die Gegenwart zu kritisieren und Frustrationen in der Gegenwart zu

Aspekte des Diktaturenvergleichs am Beispiel der Niederlausitzer Industriearbeiterschaft 1936 bis 1965. In: Jürgen Kocka (Hrsg.): Historische DDR-Forschung. Aufsätze und Studien. Berlin 1993, S. 215-232, hier S. 221.

905 Siehe Lothar Fritze: Die Gegenwart der Vergangenheit, S. 93 ff.; Thomas Abbe: Ostalgie als Selbstermächtigung. Zur produktiven Stabilisierung ostdeutscher Identität. In: Deutschland Archiv 30, 1997, S. 614-619.

kompensieren. Sie ist Mittel der Verteidigung der bzw. Rekonstruktion der eigenen Identität. Keine Frage, daß viele Ostdeutsche glauben, daß sie von den Westdeutschen nicht hinreichend anerkannt und nicht verstanden werden.

Generell ist zu konstatieren, daß die Eigengewichtigkeit der Geschichte für die meisten Befragten nicht groß ist; sie dient gegenwärtigen Zwecken. Dazu paßt, daß hier und da historische Beispiele, Analogien zur Gegenwart herangezogen werden, was freilich angesichts des vielfach geringen historischen Wissens an Grenzen stößt. Bedeutsamer sind eigene Erfahrungen.

### d) „Lernen aus der Geschichte?"

Die schwierige Frage, ob man aus der Geschichte lernen kann, wird von den Gesprächspartnern zwar prinzipiell bejaht, vielfach jedoch zugleich angemerkt, daß offensichtlich konkret nicht gelernt werde.[906] Auch hat man unverkennbar Schwierigkeiten, Aussagen darüber zu machen, was aus der Geschichte zu lernen ist, eine Frage, die wegen ihrer Offenheit und Abstraktheit naturgemäß nur schwer zu beantworten ist.

Der Hinweis auf kriegerische Konflikte im ehemaligen Jugoslawien oder in Osteuropa dient manchen dazu, um pauschal festzustellen, daß aus früheren Kriegen nicht gelernt wurde, wobei offenbar in der Vermeidung der Anwendung kriegerischer Gewalt der Lerneffekt hätte liegen müssen.[907] „Nie wieder Krieg" ist demnach aus der Geschichte zu lernen.

Armin Paul meint, daß aus der Arbeitslosigkeit in der Endphase der Weimarer Republik nicht gelernt worden sei. Lernen aus der Geschichte – Vermeidung von Arbeitslosigkeit und Krise und damit Vermeidung von Diktatur – wäre demnach möglich und nötig. Daß in diesem Fall nicht gelernt wird, scheint Armin Paul auf bestimmte Interessen zurückführen zu können, denen ein neuer Hitler gelegen käme.[908] Der historische Fall wird allzu kurzschlüssig mit der Gegenwart in Beziehung gesetzt.

Aufs Ganze gesehen unterscheidet sich das Geschichtsbewußtsein der Ostdeutschen und der Westdeutschen nicht zuletzt darin, daß das Geschichtsbewußtsein der Westdeutschen seinen relativ stabilen Bezugsrahmen in der Bundesrepublik hat, während den Ostdeutschen ein vergleichbarer fester Bezugsrahmen vielfach noch fehlt.

Sicherlich sind die meisten der Befragten der Ansicht, daß das Dritte Reich und der Krieg gezeigt haben, wohin Nationalismus und Faschismus führen. Manche

906 Siehe z.B. Frankfurt/O. 6, S. 95 und Frankfurt/O. 10, S. 65.
907 Z.B. bei Hoesch 20, S. 54.
908 Hoesch 6.

Repräsentanten der älteren Generation und der HJ/FDJ-Generation begründen ihr politisches Engagement mit der Erfahrung von Nationalsozialismus/Faschismus und vor allem mit der Erfahrung des Krieges; negative Geschichte fordert zu politischem Handeln in der Gegenwart auf, stiftet ex-negativo politischen Sinn.

Vielfach ist jedoch Folgendes nicht zu verkennen: Man akzeptiert, daß aus Nationalsozialismus bzw. Faschismus zu lernen sei. Die Erfahrung läuft auch hier vielfach auf ein schlichtes „nie wieder" hinaus. Doch was eigentlich konkret zu lernen sei, darin gehen die Einschätzungen auseinander bzw. sie bleiben sehr vage und formelhaft, schließen häufig aber eine Wendung gegen den Rechtsradikalismus ein, was freilich keineswegs stets eine Ablehnung aller Positionen dieser Richtung zur Konsequenz hat.

Noch weniger verarbeitet ist die Erfahrung mit dem SED-System, nicht nur im Westen, wo die DDR keine existentielle Erfahrung war, sondern auch im Osten, wo man sich zwar das SED-System nicht wirklich zurückwünscht, auch seine Mängel auf Nachfragen benennen kann, doch offenbar das Leben in der DDR meist nicht als „Hölle" empfunden und dementsprechend tendenziell Mühe hat, die Bedeutung der Erfahrungen mit dem SED-System in politischer Hinsicht zu benennen. Nur wenige in Brandenburg und im Ruhrgebiet wenden sich explizit gegen jeden Totalitarismus.

Zwar kann nur eine Minderheit mit der Frage nach dem Lernen aus der Geschichte umgehen, doch haben sich nicht wenige eine Art persönliche Philosophie zurecht gelegt, in die lebensgeschichtliche Erfahrungen eingegangen sind. Diese reicht von der Vorstellung, daß „die da oben immer am längeren Hebel" (mit der fatalen Konsequenz ausgesprochener Ohnmacht) sitzen bis hin zu der Vorstellung, daß man sich individuell oder kollektiv wehren müsse.

Auffällig ist in vielen Gesprächen ein sehr skeptisches Menschenbild. Dies gilt für Gesprächspartner in den neuen wie den alten Ländern. Dieter Zange z.B. meint, die Menschen seien nun mal egoistisch und materialistisch; schon in den Urgesellschaften hätten Neid und Intrigen begonnen.[909] Seine Auffassung von der Natur des Menschen, führt Zange zu der Einschätzung, daß der Planet keine Zukunft habe.

Der „reale Mensch" mit seinen Unzulänglichkeiten ist es auch, der aus der Sicht mancher – im Osten, doch auch im Westen – den „realen Sozialismus" hat scheitern lassen, was für manche die Möglichkeit gibt, die Idee des Sozialismus von der konkreten Realität zu trennen.[910] Von der optimistischen Einschätzung des Menschen und seiner Perfektibilität, wie sie früher auf der Linken vorherrschte, ist nach dem Zusammenbruch des realen Sozialismus praktisch nichts geblieben – so

909 Hennigsdorf 1, S. 76 f.
910 Vgl. oben Kapitel IV, 5.

jedenfalls muß man das Ergebnis der Interviews zusammenfassen.[911] Das dominierende Bild des Menschen ist nüchtern und skeptisch.

## 4) Werte und Leitbilder

Die Aussagen über Geschichte und Gegenwart haben spezifische Wertorientierungen und Leitbilder bei den Arbeitnehmern in den alten und den neuen Ländern erkennen lassen, die hier noch einmal knapp wiederzugeben sind. Diese prägen auch die Maßstäbe, unter denen die Gesellschaft und die dominante Politik von den Befragten kritisch gesehen werden. Die kritische Sicht sei zunächst thesenhaft zusammengefaßt:

1. Die Arbeitnehmer in den neuen Ländern trennen gar nicht, die in den alten Ländern nur teilweise zwischen dem politischen System auf der einen Seite und der Wirtschaft und den sozialen Verhältnissen auf der anderen Seite. Die Teilautonomie der verschiedenen Teilbereiche in der Bundesrepublik wird nicht bzw. nur partiell gesehen.[912] Aus der Sicht vieler Befragten im Osten ist die Bundesrepublik geradezu eine Plutokratie. Doch auch im Westen ist unter den Arbeitnehmern die Vorstellung verbreitet, in Deutschland regiere letztlich „das Kapital“. In dieser schlichten Interpretation wird eine spezifische Verarbeitung eigener Erfahrungen auf der Basis eines Politikbegriffs deutlich, der Politik vorrangig nach der realen oder vermeintlichen Auswirkung auf die eigene Lage beurteilt, die vorrangig als durch ökonomische Prozesse determiniert betrachtet und teilweise auch erlebt wird.
2. Die ostdeutschen Arbeitnehmer haben Schwierigkeiten mit dem Parteienstaat, dem Parlamentarismus und dem Pluralismus. Bei ihnen ist das Denken gleichsam ganzheitlich, monistisch, ordnungsorientiert – Konflikte werden tendenziell mit Unbehagen gesehen. Sie haben Probleme mit der repräsentativen Demokratie auch deshalb, weil ihnen die Möglichkeit, persönlich etwas zu verändern, gering erscheint und die positive Erfahrung des Herbstes 1989 gerade auf einem Handeln jenseits von Parteien und Apparatur zu beruhen scheint. Bei den Arbeitnehmern im Westen sind Parteienstaat und Parlamentarismus demgegenüber eine Selbstverständlichkeit, die durchweg nicht mehr hinterfragt wird.

911 Die Beurteilung des Menschen und die Möglichkeit, einen Sozialismus zu realisieren, der funktioniert, werden nur ansatzweise zusammengebracht; diejenigen, die an der Idee des Sozialismus festhalten, vermitteln diese meist nicht mit ihrer Anthropologie.

912 Bei den früheren DDR-Bürgern ist dies verständlich, weil sie im SED-System tatsächlich eine solche Trennung nicht sehen konnten; sie übertragen die in der DDR gewonnenen Kategorien auf die neuen Verhältnisse.

3. Die gegenwärtige Wirtschafts- und Gesellschaftsordnung wird im Westen wie im Osten sehr kritisch gesehen, ohne daß damit meist eine konkretere Alternative verbunden wäre. Angesichts der Unsicherheit der eigenen Existenz und des enormen Gefälles in Einkommen und Lebensverhältnissen gilt die Gesellschaft als sozial ungerecht. Die Wertungsmaßstäbe des derzeit verbreiteten Neoliberalismus werden von den Arbeitnehmern im Osten und im Westen überwiegend nicht akzeptiert.
4. Überpointiert läßt sich sagen, daß Arbeitnehmer im Osten und im Westen aus unterschiedlichen Gründen soziale Anerkennung, die ein bedeutsamer Faktor des gesellschaftlichen Lebens ist[913], vermissen. Die ostdeutschen Arbeitnehmer fühlen sich als „Ossis" diskriminiert[914], während zumindest eine Minderheit der befragten Westdeutschen meint, daß sie als Arbeitnehmer in der vielfältig geschichteten deutschen Gesellschaft nicht wirklich anerkannt seien; sie treffen sich mit den Ostdeutschen in der Einschätzung, bei der Mehrheit der Gesellschaft keine bzw. keine hinreichende soziale Anerkennung zu finden. Der traditionelle „Arbeiterstolz", gute Arbeit zu machen, spielt eher im Osten als im Westen eine Rolle.

Der Zusammenhang zwischen Kritik an den gesellschaftlichen Verhältnissen und dahinter stehender Wertorientierung sowie eventuell vorhandenen Zielen sei hier aspektbezogen in den Blick genommen.

### a) Das Ideal der Gleichheit

Viele der Befragten sehen die Gesellschaft des vereinigten Deutschland charakterisiert durch extreme Ungleichheit, insbesondere der Einkommen. Zwar gibt es keine einheitliche Begrifflichkeit zur Kennzeichnung dieser Gesellschaft, auch differieren die Bilder von der Gesellschaft – manche gehen von Klassen aus, haben aber Mühe, den Klassenbegriff zu handhaben, andere von einer mehr geschichteten Gesellschaft mit starken Unterschieden. Nicht selten – im Osten wie im Westen – wird auch ein schlichtes dichotomisches Modell sichtbar. Jürgen Mannhard, ein inzwischen im Ruhestand lebender „Hoeschianer" z.B., wendet sich gegen die Annahme, daß die deutsche Gesellschaft keine Klassen mehr aufwiese, gleichsam „klassenlos" sei. Aus seiner Sicht gibt es heute eine 2-Klassen-Gesellschaft bestehend aus „den Unterdrückten" und denen „da oben" – letzteres eine „Klasse", die hart „mit den Ellenbo-

913 Vgl. Axel Honneth: Kampf und Anerkennung. Zur moralischen Grammatik sozialer Konflikte. Frankfurt a.M. 1994; Charles Taylor: Multikulturalismus und die Politik der Anerkennung. Frankfurt a.M., o.J., S. 13 f.

914 Der soziale Gegensatz wird als Ost-West-Gegensatz aufgefaßt, vertikale in horizontale Probleme umdefiniert.

gen" arbeite; generell werde im heutigen Europa eine Unterschicht durch eine Oberschicht ausgebeutet.[915] Einer derartigen Sicht neigen viele zu.

In der Gesellschaft des vereinigten Deutschland sehen sich die Befragten – in den alten wie den neuen Ländern – überwiegend eher unten angesiedelt. Zwischen den ostdeutschen und den westdeutschen Arbeitnehmern, die befragt wurden, gibt es insofern im Hinblick auf die Haltung zu dieser Gesellschaft tendenziell einen Unterschied, als die ostdeutschen Befragten auf dem Hintergrund ihrer Erfahrungen diese Gesellschaft buchstäblich noch als fragwürdig ansehen, während die Westdeutschen an sie gewöhnt sind, doch sie ebenfalls keineswegs als sozial gerecht empfinden.

Generell wird bei den Arbeitnehmern in den alten und den neuen Bundesländern, bei letztgenannter Gruppe stärker als bei der ersteren, ein egalitäres Gesellschaftsideal deutlich, in dem die Idee sozialer Gerechtigkeit manifest wird. Dieses Ideal wird meist nicht politisch konkret, es fungiert eher als ein allgemeiner politisch-moralischer und politisch-kultureller Maßstab, der übrigens keineswegs eine Leistungsorientierung ausschließt.

Die moralische Komponente im Wertungsmaßstab ist bei den ostdeutschen Arbeitnehmern stärker ausgeprägt als bei den Westdeutschen. Bei den Ostdeutschen ist Ungleichheit geradezu ein moralisches Problem, mit der Konsequenz, daß diejenigen, die sich dem Gleichheitspostulat entziehen, als moralisch zweifelhaft betrachtet werden. Verbunden mit diesem Postulat sind Konformitätserwartungen und –zwänge.[916]

Bezogen auf die Ostdeutschen hat der Soziologe Reinhard Bobach von „plebejischem Universalismus" gesprochen: „Auch unter den Bedingungen der Freiheit sollen alle mehr oder weniger gleich behandelt werden."[917] Die Ergebnisse dieser Untersuchungen bestätigen die These vom „plebejischen Universalismus". Dieser Universalismus läßt die Verhältnisse im vereinigten Deutschland, auch die demokratische Ordnung, als ungerecht erscheinen.

Man kann in dieser Orientierung am Ideal der Gleichheit ein Erbe der DDR und ihres Erziehungssystems sehen. Mochte auch in der DDR eine von der übrigen Bevölkerung unterschiedene, mit dem SED-System eng verbundene „neue

915 Hoesch 14, nicht transkr. Int. Band 1, S. 2/489-513.

916 Wolfgang Engler (Die Ostdeutschen. Berlin 1999, S. 200 ff.) hat die DDR als „arbeiterliche" Gesellschaft bezeichnet. Die Arbeiter hätten zwar nicht politisch wohl aber sozial und kulturell die Gesellschaft der DDR dominiert, man könne von einer „arbeiterlichen Gesellschaft" sprechen. Man wird wohl Abstriche von der These machen müssen, doch der stark egalitäre Grundzug, der sich sozial und kulturell auswirkte, ist schwerlich zu leugnen. Er spiegelt sich noch in den Wertungsmaßstäben der von uns interviewten ostdeutschen Arbeitnehmer.

917 Zitiert nach Lydia Lange: Was kann man schon verändern? Warum so viele Ostdeutsche von der repräsentativen Demokratie enttäuscht sind. In: Die Zeit 1997, Nr. 3, S. 5.

Klasse" entstanden sein, so war die Gesellschaft doch insgesamt egalitär, u.a. auch in dem Sinne, daß die in der DDR sozialisierten Menschen egalitäre Prinzipien internalisierten.[918]

Aus ostdeutscher Sicht bildet auf dem Hintergrund des Ideals sozialer Gerechtigkeit das Gefälle zwischen Ost- und Westdeutschland ein bedeutsames Problem. Die unterschiedlichen Lohnniveaus werden nicht akzeptiert. Generell möchte man nicht „Deutscher zweiter Klasse" sein und ist teilweise geradezu persönlich gekränkt, daß der Wert eigener Arbeit nicht oder nicht hinreichend gewürdigt wird.[919] Die Vorbehalte und Ressentiments gegenüber den „Wessis" überdecken teilweise die sozialen Gegensätze – etwa den klassischen Grundkonflikt zwischen Arbeitgebern (Kapital) und Arbeitnehmern (Arbeit). Anders formuliert: in der Frontstellung ostdeutscher Arbeitnehmer gegen „die Wessis" amalgamieren sich soziale und kulturelle Gegensätze. Eine vergleichbare Frontstellung zeigte sich in den Interviews mit westdeutschen Arbeitnehmern nicht.

### b) Das Ideal der Solidarität

Der Begriff „Solidarität" ist zwar offensichtlich im Osten wie im Westen all zu oft strapaziert worden, so daß das Wort, nicht die Sache, für manche diskreditiert ist, doch klagen Arbeitnehmer hier wie dort über den Verlust von „Solidarität", und zwar in gesamtgesellschaftlicher Hinsicht wie unter den Arbeitnehmern.

Die Hoesch-Arbeitnehmer konstatieren häufig, daß es früher – wobei der Zeitraum, auf den sich die Aussage bezieht, differieren kann – mehr Solidarität gegeben habe. Der Verfall der Solidarität wird dabei vielfach auf den wachsenden Wohlstand, auf die Individualisierung, auf eine Deformation des 'Arbeitgeber-Arbeitnehmer-Verhältnis' zurückgeführt. Der Verfall der Solidarität, der vielfach bedauert wird, hat aus dieser Sicht teilweise seine Parallele im Verfall nachbarschaftlicher Strukturen.

Auch die Arbeitnehmer in Hennigsdorf stellen eine Auflösung kollegialer Verhaltensmuster fest, sehen diese aber wesentlich verursacht durch die seit der Wende eingeführten starken Verdienstunterschiede, das Leistungs- und Konkurrenzprinzip. Einer der Befragten spricht vom jetzt herrschenden „Wolfsprinzip", bei dem der Stärkste sich durchsetzt.[920]

918 Zum Egalitarismus in der DDR vgl. Sigrid Meuschel: Legitimation und Parteiherrschaft in der DDR. Zum Paradox von Stabilität und Revolution in der DDR 1945-1989. Frankfurt a.M. 1992.

919 Vgl. Detlef Pollack: Das Bedürfnis nach sozialer Anerkennung (s. Anmerkung 860); Lothar Fritze: Irritationen im deutsch-deutschen Vereinigungsprozeß. In: Aus Politik und Zeitgeschichte 1995, B 27, S. 3-9.

920 Frankfurt/O. 2, S. 25.

Deutlich wird auch, daß das Arbeitskollektiv im alten System der DDR nicht nur eine arbeitsorganisatorische, sondern auch eine soziale Einheit war, deren Verschwinden eine Veränderung des Verhaltens bewirkte, die manchen problematisch erscheint. Berta Klaus beispielsweise konstatiert: „Es ging alles so anders zu. Die Gemeinschaft war mehr da, ja, muß ich mal sagen, ich seh das so, daß wir uns eigentlich jetzt wieder zurückentwickeln. Jeder nur für sich. Jeder nur auf Seins bedacht, nur auf Profit bedacht, jeder denkt nur an sich."[921]

Solidarität ist aus der Sicht vieler der Befragten nicht nur eine wesentliche Voraussetzung für die Auseinandersetzung im Kampf der Interessen, etwa bei Arbeitskämpfen, er ist für die meisten Selbstzweck. Der Begriff verknüpft auf der Basis relativer Gleichheit die Verpflichtung zu gegenseitiger Unterstützung und impliziert eine Tendenz zur Gemeinschaftsbildung.

### c) „Gemeinschaft" statt „Gesellschaft"?

Legt man Ferdinand Tönnies Unterscheidung von „Gesellschaft" und „Gemeinschaft" zu Grunde[922], so läßt sich die These vertreten: der Wert der Gemeinschaftsbildung spielt für die Arbeitnehmer in den neuen Ländern tendenziell eine größere Rolle als für ihre Kollegen in den alten Ländern. Diese haben zwar teilweise auch ihre sozialen Bezugsgemeinschaften – die Familie, Verwandtschaft, Nachbarschaft – möchten auch mehr Sicherheit, streben jedoch nicht in gleichem Maße generell nach der Überwindung von „Gesellschaft".

Diese Differenz macht sich auch in der Beurteilung des politischen Systems der Bundesrepublik bemerkbar. Für die westdeutschen Arbeitnehmer ist das parlamentarische System ziemlich selbstverständlich und wird kaum hinterfragt. Etliche Gesprächspartner aus Hennigsdorf und Frankfurt an der Oder kritisieren demgegenüber die Auseinandersetzung zwischen den Parteien, die Debatten im Bundestag, die teils als überscharf, teils als Scheinkonflikte gesehen werden.[923] Daß man ungeachtet der Debatten nachher wieder freundlich miteinander verkehre, wird ebenfalls als irritierend empfunden. Aus derartigen Äußerungen läßt sich ein Unbehagen an einer Streitkultur erkennen, die in der DDR im SED-System in keiner Weise gepflegt worden ist. Diesem Unbehagen entspricht eine Sehnsucht nach Harmonie, die bei den Westdeutschen weniger ausgeprägt ist. Die Unter-

921 Frankfurt/O. 7, S. 47. Vgl. Lydia Lange: Was kann man schon verändern? Warum so viele Ostdeutsche von der repräsentativen Demokratie enttäuscht sind. In: Die Zeit 1997, Nr. 3, S. 5.

922 Siehe Ferdinand Tönnies: Gemeinschaft und Gesellschaft. Grundbegriffe der reinen Soziologie. Darmstadt 1972.

923 Vgl. oben Kapitel IV, 2.

drückung von offenen Konflikten in der Gesellschaft der DDR wie auch die Vorstellung von genereller Interessengleichheit wirken offenbar im Verhalten und in den Erwartungen der Ostdeutschen nach.

### d) Sicherheit als Grundbedürfnis

Ein wichtiges Ziel für die Arbeitnehmer im Osten und im Westen stellt die Sicherheit, insbesondere die soziale Sicherheit dar.

Sind die westdeutschen Arbeitnehmer an die relative Unsicherheit in gewisser Weise gewöhnt – obwohl auch sie um Arbeitsplätze bangen und soziale Sicherheit als hohen Wert betrachten –, so sind die Arbeitnehmer in den neuen Ländern in hohem Maße buchstäblich verunsichert. Aus einer Gesellschaft, die – wenn auch auf niedrigem Niveau – soziale Sicherheit bot und Arbeit garantierte, sind sie in eine dynamische Gesellschaft, die derzeit unübersehbar eine schwierige Phase durchläuft, geraten, die zwar gegen die Risiken des Lebens absichert, doch Arbeitslosigkeit als eine quasi „normale" Erscheinung kennt und auch sonst von den Einzelnen erwartet, daß sie ihr Schicksal selbst in die Hand nehmen. Daß in dieser Situation sich so etwas wie Nostalgie breit macht, ist erklärbar. Der Untergang des „vormundschaftlichen Staates" und seines Kontrollapparates erscheint nun mehr als Verlust von Sicherheit, Geborgenheit und Kontinuität.[924]

Von vielen der Befragten in den neuen Ländern wird angesichts der Unsicherheiten – teilweise dezidiert – das Mehr an Freiheit und Wohlstand vergleichsweise gering eingeschätzt. Vieles ist inzwischen selbstverständlich geworden – wie die Reisefreiheit – während die Nachteile und Zumutungen des Wandels doch recht grell beleuchtet und vielfach beklagt werden. Auch werden die neuen Freiheiten häufig als nicht real – weil auf Grund der ökonomischen Lage nicht nutzbar – abqualifiziert.[925]

Allerdings sind die Wertorientierungen der Ostdeutschen nicht ausschließlich als Weiterwirken von Orientierungen aus DDR-Zeiten, sondern auch als Resultat von Erfahrungen im Vereinigungsprozeß zu interpretieren, die das Bedürfnis nach Sicherheit zusätzlich stimuliert haben.

924 Dazu paßt, daß die repressiven Strukturen (samt der Opfer) im retrospektiven Bild der DDR meist unterbelichtet bleiben. Das Leben hinter der Mauer erscheint manchmal geradezu als heile Welt, vgl. oben Kapitel III, 3 a das Portrait von Gerhard Ring.

925 Die neuen politsch-gesellschaftlichen Verhältnisse kommen bei den Befragten meist aus einer spezifischen Alltagsperspektive in den Blick, aus der heraus vor allem die Probleme betont werden; man mag darin eine Fortsetzung bestimmter Verhaltensmuster der Gesellschaft der DDR sehen. Vgl. Mary Fulbrook: Herrschaft, Gehorsam und Verweigerung – die DDR als Diktatur. In: Jürgen Kocka/Martin Sabrow (Hrsg.): Die DDR als Geschichte. Fragen – Hypothesen – Perspektiven. Berlin 1994, S. 77-85.

Keine Frage, daß die Arbeitnehmer im Osten wie im Westen erwarten, daß der Staat soziale Sicherheit realisiert. Dabei liegt der Unterschied zwischen ost- und westdeutschen Arbeitnehmern darin, daß die westdeutschen geringeres Zutrauen in die Möglichkeiten des Staates haben, Arbeitsplätze zu schaffen, während die ostdeutschen darin geradezu eine Pflicht des Staates sehen, diese Aufgabe wahrzunehmen.

### e) Verlust der Utopien?

Die Arbeiterbewegung war im 19. und 20. Jahrhundert von Utopien geleitet – gerade auch da, wo sie ihre Ziele wissenschaftlich zu begründen versuchte. Schon 1985 konstatierte Jürgen Habermas – die westliche Arbeiterbewegung vor Augen – eine Erschöpfung der utopischen Energien der Arbeiterbewegung und brachte sie in Zusammenhang mit dem Aufkommen neuer Probleme, wie der Ökologie-Frage, die durch die Interferenz mit älteren – ungelösten – Problemen aus seiner Sicht zu einer neuen „Unübersichtlichkeit" geführt hatten.[926]

Offentsichtlich ist, daß utopische Elemente in dem heutigen Arbeitnehmerbewußtsein, das unsere Untersuchung erfaßte, kaum mehr vorhanden sind. Man lebt vorrangig in der Gegenwart, wobei persönliche, familiäre oder gruppenbezogene, seltener im weiteren Sinne historische Erfahrungen als wichtig betrachtet werden. Die Zukunft spielt eher im Sinne von Befürchtungen eine Rolle. Der „Zukunftsgewißheitsschwund", den der Philosoph Hermann Lübbe als Kennzeichen unserer Zeit betrachtet[927], ist bei den Arbeitnehmern nicht zu übersehen. Angesichts unmittelbar erfahrener existentieller Unsicherheit bei gleichzeitigem Fehlen einer kollektiven Geschichtssicht mangelt es dem Denken der meisten mehr oder weniger an einer Zukunftsdimension. Dem Fehlen der Zukunftsdimension entspricht die Schwäche der Vergangenheitsdimension.

Ungeachtet dieser Feststellungen ist jedoch zu fragen, inwieweit umfassendere alternative Ordnungskonzepte einer bestehenden Realität noch gedacht werden. Konkret heißt dies: Ist die Idee des Sozialismus aus der Sicht der Interviewpartner ein für allemal erledigt?

Für die meisten der befragten westdeutschen Arbeitnehmer ist dies keine Frage. Der Sozialismus in der Spielart der Sowjetunion und der DDR gilt als gescheitert; ob es einen anderen Sozialismus geben könnte, darüber hat man wenig nachge-

926 Siehe Habermas: Die Neue Unübersichtlichkeit. Kleine Politische Schriften. Bd. V. Frankfurt 1995 f. Vgl. auch Bernd Faulenbach: Erfahrungen des 20. Jahrhunderts und politische Orientierung heute. Essen 1996, insbes. S. 207 ff.

927 Hermann Lübbe: Zeit-Verhältnisse. Zur Kulturphilosophie des Fortschritts. Graz/Köln/Wien 1983, S. 33 ff.

dacht. Immerhin möchte eine kleine Minderheit im Westen die Utopie einer sozialistischen Ordnung nicht aufgeben, so vage diese Idee auch ist. Wilhelm Lehmann von Hoesch betont die Notwendigkeit von Utopien, in denen er offenbar Gegenbilder zur Realität sieht.[928] Sein Kollege Fritz Rösler verteidigt die Utopie eines sozialistischen Staates; der Sozialismus sei in der DDR nicht gescheitert, da er dort nie wirklich eine Chance gehabt habe.[929] Auch Kai Ahrens von Hoesch und Gertrud Michalke von Nokia möchten sich die Hoffnung auf eine ganz andere „sozialistische" Gesellschaft nicht nehmen lassen, obgleich Gertrud Michalke unverkennbar mit dem Untergang und der Hinterlassenschaft des sogenannten „realen Sozialismus" zu kämpfen hat.[930] Es ist der Wunsch nach einem Gegenbild zur gegenwärtigen Gesellschaft, der diese Menschen bewegt, die mehr oder weniger noch in einer „altlinken" Tradition stehen.

Ein ungleich größerer Anteil der ostdeutschen als der westdeutschen Interview-Partner vertritt die Ansicht, daß der Sozialismus nicht ein für allemal gescheitert ist. Frank Baranowski aus Hennigsdorf z.B. meint, zwar sei der Sozialismus als Modell erst einmal gescheitert, doch vielleicht scheitere ja auch die neue Ordnung.[931] Ganz ähnlich äußert sich Hilmar Loose aus Frankfurt/Oder: „Vielleicht wird das jetzige System auch irgendwann wieder gekippt und dann kommt wieder was ganz anderes. Das ist ständige Bewegung."[932] Elfriede Marsch und nicht wenige andere meinen, vorläufig sei der Sozialismus gescheitert, doch werde er vielleicht in 100 Jahren wiederkommen.[933] Viele vertreten die Ansicht, der Sozialismus sei eine gute Sache, die jedoch in der DDR schlecht durchgeführt worden sei[934], eine Differenzierung, die zwischen guter Theorie und schlechter Praxis zu unterscheiden sucht, wobei die beiden Bereiche selten klar konturiert werden.

Wie läßt sich die Verteidigung der sozialistischen Idee bzw. Ideen erklären?

- Unverkennbar ist die Distanz zur neuen Ordnung bei vielen nicht überwunden, was für sie eine Verteidigung der alten zur Konsequenz hat.
- Sie möchten etwas von ihrem früheren „Glauben" bewahren. Es geht letztlich weniger um ein Zukunftsbild, als um die Verteidigung der Vergangenheit bzw. der eigenen früheren Vorstellungen, um eine Verteidigung der eigenen Biographie, die man gegenüber Tendenzen zu einer Entwertung verteidigen möchte. Es geht um Wahrung der Identität.

928 Hoesch 16, S. 96.
929 Hoesch 5, S. 66.
930 Nokia 7, S. 74-77 (vgl. oben Kapitel III, 2 b) und Hoesch 7, S. 39 f.
931 Hennigsdorf 10, S. 67.
932 Frankfurt/O. 2, S. 59.
933 Frankfurt/O. 6, S. 30 f. Vgl. Kapitel IV, 3a.
934 Vgl. auch Allgemeine Bevölkerungsumfrage der Sozialwissenschaften (Albus 1994), Variable 160.

– Allenfalls in dritter Linie wird man einen Rest älteren utopischen Denkens sehen können, das in Rudimenten marxistischer Geschichtsphilosophie seine Abstützung findet.[935]

#### f) Fazit

In den zwischen ostdeutschen und westdeutschen Arbeitnehmern differierenden Wertorientierungen kann man die Folgen zweier unterschiedlicher historischer Prozesse sehen, die man als „Verwestlichung" und „Veröstlichung" bezeichnet hat. Hier ist nicht zu untersuchen, inwieweit wirklich von einer „Veröstlichung" gesprochen werden kann, ob nicht insbesondere im Osten ältere deutsche mentale Prägungen und mit diesen verbundene Wertorientierungen erhalten sind. Umgekehrt kann auch der Prozeß der „Verwestlichung", der nicht zuletzt die Veränderung von bis dahin vorherrschenden mentalen Prägungen meint, nicht näher beleuchtet werden.[936] Doch daß historisch erklärbare Unterschiede zwischen den vorherrschenden Mentalitäten bei den Arbeitnehmern in den alten und neuen Bundesländern vorliegen, gilt es festzuhalten.

### 5) Zur Frage der Kohärenz des geschichtlichen Bewußtseins

Aufs Ganze gesehen ist festzustellen, daß es den meisten der Befragten nicht gelingt, eine einigermaßen konsistente und kohärente Sicht von Geschichte und Gegenwart und der eigenen Rolle darin zu entwickeln. Offensichtlich gibt es heute kaum mehr die Kategorien und Orientierungsrahmen, die geeignet sind, die Vielfalt eigener und fremder Erfahrungen von einem Zentrum her zu organisieren. Gleichwohl lassen sich thesenhaft zugespitzt einige Tendenzen feststellen:

1. Viele der Befragten – insbesondere in Westdeutschland – haben eine vorrangig präsentistische Weltsicht. Zwar wissen sie, daß es ein Gestern und ein Morgen gibt, doch neigen sie dazu, von der Gegenwart her sowohl in die Vergangenheit als auch in die Zukunft fast unmittelbar zu schließen. Die Sicht in den neuen Ländern unterscheidet sich tendenziell insofern, als sie durch die Spannung zwischen einem „Früher" und einem „Heute" geprägt ist. Das „Früher", d.h.

935 Zum Ende utopischen Denkens vgl. Jürgen Habermas: Die neue Unübersichtlichkeit. Frankfurt 1985.

936 Vgl. dazu Bernd Faulenbach: Überwindung des „deutschen Sonderwegs". Zur politischen Kultur der Deutschen seit dem Zweiten Weltkrieg. In: Aus Politik und Zeitgeschichte 1998, B 51, S. 11-23; Konrad Jarausch/Hannes Siegrist (Hrsg.): Amerikanisierung und Sowjetisierung in Deutschland 1945-1970. Frankfurt/M. 1998.

die DDR-Vergangenheit wirkt dabei in einer Weise nach, daß an seine „Historisierung“ noch nicht zu denken ist.

2. Mittelpunkt des eigenen Geschichtsbewußtseins ist vorrangig die eigene Biographie, die partiell auch die Familie, punktuell auch den eigenen Lebensraum, einbezieht. Der Versuch, das eigene Leben zu interpretieren, ihm einen Sinn, ein Leitmotiv zu geben, ist verbreitet, insbesondere bei Älteren. Offensichtlich haben die Älteren teilweise erhebliche Schwierigkeiten, die eigenen Erfahrungen und die gesellschaftlichen Interpretationsangebote in Beziehung zueinander zu setzen, teilweise stehen sie mehr oder weniger unverbunden nebeneinander.
3. Die Fähigkeit, sich in andere hineinzuversetzen, die Fähigkeit zur Empathie, die für die Erfassung historischer Motivstrukturen ebenso bedeutsam ist wie für die Anerkennung abweichender Positionen in der Gegenwart, ist vor allem im Osten unterentwickelt, worin man eine Nachwirkung des Freund-Feind-Denkens des kommunistischen Systems sehen mag. Doch auch im Westen sind in diesem Punkt Defizite sichtbar, die die Frage nach der Einübung von Verständnis für andere auf den verschiedenen Niveaus der Bildungssysteme aufwirft.
4. Kenntnisse über historische Prozesse, Ereignisse und Zusammenhänge sind alles in allem recht rudimentär und haben in aller Regel nur eine geringe historische Tiefendimension. Sie gehen meist kaum über die Geschichte der heute Lebenden hinaus. Dies gilt für Ost- und Westdeutsche. Manches spricht dafür, daß wir es hier nicht mit einem Schichtspezifikum, wohl aber mit einer deutschen Besonderheit zu tun haben.[937] Soweit historisches Wissen vorhanden ist, so ist das der Westdeutschen differenzierter; bei den Ostdeutschen sind Nachwirkungen des SED-Geschichtsbildes mit seinen groben Klischees unübersehbar.
5. Angesichts des weitgehenden Fehlens von geschichtlicher Orientierung und geschichtlicher Bildung neigen viele – insbesondere die Westdeutschen – dazu, aus der eigenen zwangsläufig begrenzten Erfahrungssicht Welt und Geschichte zu deuten, was teilweise die Realität schwerwiegend verzeichnet. Während bei den Ostdeutschen in der Regel prinzipiell an der Vorstellung eines objektiven

937 Vgl. dazu Dan Diner: Ereignis und Erinnerung. Über Variationen des historischen Gedächtnisses. In: Bernd Faulenbach/Helmuth Schütte (Hrsg.): Deutschland, Israel und der Holocaust. Zur Gegenwartsbedeutung der Vergangenheit. Essen 1998, S. 55-70; Christian Meier: Die Nation, die keine sein will. München/Wien 1991, S. 18 ff.; Bernd Faulenbach: Geschichtsbewußtsein und demokratische politische Kultur. Zur gesellschaftlichen Funktion von Geschichte in Deutschland. In: Jahrbuch Arbeit, Bildung, Kultur, 15/16, 1997/98, S. 7-25. Werner Weidenfeld (Hrsg.): Geschichtsbewußtsein der Deutschen. Materialien zur Spurensuche einer Nation. Köln 1987.

Geschichtsbildes festgehalten wird, tendieren die Westdeutschen zu seiner Ersetzung durch reinen Subjektivismus, in dem sich „Eigen-Sinn“ ausdrücken mag, in dem Geschichte jedoch weitgehend verschwindet.[938]

6. Neben der eigenen Biographie spielt die soziale Gruppe der Arbeitnehmer eine gewisse Rolle als Orientierungsmittel, daneben sind es die sozialen Großgruppen der Deutschen, der Westdeutschen und der Ostdeutschen mit denen es – unterschiedlich ausgebildete – Identifikationen gibt. Historische Traditionen der Arbeiterbewegung sind nur bei einer Minderheit der ost- und der westdeutschen Arbeitnehmer noch bedeutsam, doch üben sie selbst bei diesen nur sehr bedingt eine orientierende Funktion für die Gegenwart aus. Bei den ostdeutschen Arbeitnehmern wirken noch bestimmte historisch-politische Denkmuster, die man in einem weiteren Sinne als marxistische bezeichnen mag, nach; ein konsistentes marxistisches Geschichtsbild haben wir jedoch nur noch höchst selten feststellen können.

Insgesamt gesehen wird man sagen können, daß viele der Menschen zwar in der Geschichte, doch ohne Geschichtsbewußtsein in einem entwickelten differenzierten Sinne leben. Der Umgang mit Geschichte ist – soweit mit Geschichte umgegangen wird – vorrangig ein pragmatischer; man sucht nach Analogien zur gegenwärtigen Situation, nach Argumenten in der gegenwärtigen politisch-gesellschaftlichen Diskussion. Sich selbst in Prozessen stehend und durch diese mitgeprägt zu begreifen, ist den meisten fremd; dementsprechend wird Geschichte auch kaum zur Entschlüsselung der Probleme der Gegenwart verwandt.

Legt man Friedrich Nietzsches Varianten der Historie zugrunde, die dem Lebendigen, „als dem Tätigen und Strebenden, dem Bewahrenden und Verehrenden, als dem Leidenden und nach Befreiung Bedürftigen“ entsprechen, so wird man sagen können, daß die antiquarische Variante kaum vertreten, die monumentalische im – wenn auch nur noch rudimentären – Umgang mit bestimmten Traditionen der Arbeiterbewegung und die kritische in der Ablehnung bestimmter nationaler Traditionen zu sehen ist.[939]

938 Zum Begriff „Eigen-Sinn“ vgl. Alf Lüdtke: Eigen-Sinn. Fabrikalltag, Arbeitererfahrungen und Politik vom Kaiserreich zum Faschismus. Hamburg 1993; Oskar Negt/Alexander Kluge: Geschichte und Eigensinn. Frankfurt a.M. 1981.

939 Siehe Friedrich Nietzsche: Vom Nutzen und Nachteil der Historie für das Leben. Basel 1984.

# VI) Schlußbetrachtung: Determinanten des Geschichtsbewußtseins

*Bernd Faulenbach*

Abschließend soll noch einmal versucht werden, resümierend nach Determinanten des Geschichtsbewußtseins bei Arbeitnehmern in den alten und den neuen Ländern zu fragen. Es geht dabei nicht um die Rekonstruktion des sehr komplexen Prozesses der Herausbildung von Geschichtsbewußtsein in Sozialisationsprozessen, sondern um die Frage, von welchen Faktoren die spezifische Ausformung von Geschichtsbewußtsein vorrangig abhängig ist. Angesichts der Methode der Tiefeninterviews verbietet sich dabei der Versuch der Quantifizierung; es geht um eine Gesamtwürdigung der Befunde.

*Die Bedeutung des Geschlechtes*

Die Untersuchung hat bei Männern und Frauen, die in der Berufswelt stehen, keine klaren geschlechtsspezifischen Unterschiede im Geschichtsbewußtsein erkennen lassen. Allenfalls ließe sich sagen, daß in den erzählten Lebensgeschichten der Frauen Ehe und Familie tendenziell einen etwas größeren Raum einnehmen, was auf teilweise differierende Erfahrungsräume und Rollenmuster verweist. Auch ist bei manchen Frauen die Politikdistanz eher noch größer, das Bewußtsein, Objekt von Gesellschaft und Politik zu sein noch entwickelter, doch konstituiert dies nicht ein grundsätzlich abweichendes Geschichtsbewußtsein. Unter den hier untersuchten Fragestellungen determinieren die Geschlechter – mit den damit verbundenen traditionellen Rollenunterschieden – nicht wirklich klare Unterschiede im Geschichtsbewußtsein.

*Die Frage der Qualifikation*

Generell läßt sich sagen, daß mit steigender Schul- und Berufsausbildung – und zwar in Ost- und Westdeutschland – tendenziell das historische Wissen, auch die Diskursfähigkeit über Geschichte zunimmt. Insgesamt gesehen aber sind die Kategorien nicht per se vom Bildungsniveau abhängig, sieht man von der Beobachtung ab, daß alles in allem mit steigendem Schulniveau die Anerkennung von gesellschaftlichem und kulturellem Pluralismus zunimmt.

Dieser Befund trifft im wesentlichen auch auf die befragten Lehrer zu. Unter unseren Interviewpartnern trafen wir auf wenige Ausnahmen, vor allem Geschichtslehrer, die sich mit Geschichtstheorien, Entwicklungsmodellen und Interpretationsvarianten auseinandergesetzt hatten und deren Anschauungen von diesem Wissen mitgeprägt waren. Insgesamt gingen die Interviewpartner dieser Gruppe jedoch, ebenso wie die Befragten aus der Metall- und Elektrobranche, in erster Linie von ihren eigenen biographischen Erfahrungen aus.

### *Die Bedeutung der Betriebs- und Branchenzugehörigkeit*

Das Geschichtsbewußtsein der Arbeitnehmer wird – so weit dazu Aussagen durch den Vergleich zwischen Betrieben der Stahlindustrie und der Elektroindustrie möglich sind – nur sehr bedingt durch die Zugehörigkeit zu den Betrieben einer bestimmten Branche bestimmt. Das Arbeitnehmerbewußtsein könnte dann unterschiedlich geprägt sein, wenn die Arbeitnehmer auf längere Sicht teils in schrumpfenden altindustriellen auf der einen Seite, teils in zukunftsfähigen modernen Industrien tätig werden. Die Arbeitnehmer der Elektroindustrie in Bochum und Frankfurt/O. haben jedoch – in ähnlicher Weise wie die der „alten" Stahlindustrie – Arbeitsplatzreduktionen und Unsicherheiten erlebt.

Allerdings gibt es Ansätze eines kollektiven Gedächtnisses von Arbeitnehmern in Betrieben, die über einen langen Zeitraum existieren und in denen nicht selten verschiedene Generationen einer Familie gearbeitet haben. Hier sind innerfamiliäre Erfahrungen weitergegeben worden. Auch die Traditionspflege – sei es im Osten durch Traditionskabinette, Werkschroniken oder im Westen durch Festschriften, Werkszeitschriften u.a. – haben bei älteren Arbeitnehmern, die befragt wurden, Spuren hinterlassen. Der Erfahrungsraum Betrieb ist in der Erinnerung durchaus präsent und prägt – besonders auch durch Streiks und andere gemeinschaftliche Aktionen – das Geschichtsbewußtsein, teilweise – wie gezeigt – über den Kreis der unmittelbar Beteiligten hinaus.

Zu erwähnen ist schließlich auch, daß bei den Arbeitnehmern der beiden Stahlbetriebe – des ostdeutschen wie des westdeutschen – ein Bewußtsein, das das heutige Arbeitnehmerhandeln in Beziehung zur Arbeiterbewegung zu setzen vermag, ungleich stärker verbreitet ist als in den beiden Betrieben der Elektroindustrie, was sich mit branchenspezifischem Arbeitnehmerverhalten ebenso in Verbindung bringen läßt wie mit der Dauer der Existenz der Betriebe.

### *Regionale Herkunft und Wohnort*

Die regionale Herkunft und der Wohnort prägen mehr indirekt als direkt das Geschichtsbewußtsein. Die Arbeitnehmer in Ost- und Westdeutschland haben zwar vielfach so etwas wie ein Herkunftsbewußtsein, man weiß etwas über den Herkunftsort und bei manchen, die dort lange gelebt haben, gibt es auch ein Heimatbewußtsein. Dieses hat jedoch durchweg nur eine geringe zeitliche Tiefendimension, ihm entspricht nur in einem sehr eingeschränkten Sinne ein durch diese Herkunft bestimmtes Geschichtsbewußtsein.

Allerdings wird die Perspektive, unter der Geschichte in den Blick kommt, sehr deutlich durch den – eben auch regional beeinflußten – Erfahrungsraum mitgeprägt, d.h. durch den Raum, in dem die Menschen gelebt haben und leben. Insofern bestimmt die regionale Lage des Wohnortes über die Erfahrungen das Geschichtsbewußtsein mit, doch ist diese Dimension des Geschichtsbewußtseins bei den Interviewten in Ost und West (wobei dies noch mehr für die neuen als die alten Länder gilt) wenig entwickelt.

### *Die generationelle Zugehörigkeit*

Das Alter ist im Hinblick auf das Geschichtsbewußtsein schon allein insofern bedeutsam, als mit zunehmendem Alter die Lebensgeschichte gegenüber der gesellschaftlich vermittelten Geschichte tendenziell an Gewicht gewinnt. Die Bedeutung dieser Lebensgeschichten für das Geschichtsbewußtsein hat die Untersuchung bestätigt.

Zu den wichtigen Bedingungsfaktoren – wenn man so will – „Determinanten" des Geschichtsbewußtseins ist über das bloße Alter hinaus – so zeigt diese Untersuchung – der generationelle Zusammenhang zu zählen. Das Geburtsjahr läßt die Menschen bestimmte Ereignisse erleben, die prägend wirken; auch die gesellschaftlich-kulturellen Kontexte sind jeweils ähnlich für eine Generation, insbesondere für Alterskohorten, wobei die determinierende Wirkung des generationellen Zusammenhanges z.T. relevanter ist als die sozialen Unterschiede in der Herkunft. Allerdings ist die generationelle Prägung nicht für alle Altersgruppen gleich stark ausgeprägt; bei den älteren Generationen bis hin zur ersten Nachkriegsgeneration ist sie bedeutsamer als bei den jüngsten Alterskohorten, bei denen ein Kristallisationspunkt kollektiver Erfahrungen zu fehlen scheint.

Die ältere Generation, die wir in der Untersuchung nur noch als Rentner erfaßt haben, hat den Krieg und die Nachkriegszeit bewußt erlebt. Die vielfach persönlich einschneidenden existentiellen Erfahrungen des Krieges und der Nachkriegszeit bzw. deren Verarbeitung prägen bis heute das Geschichtsbewußtsein, und zwar bei ost- und bei westdeutschen (ehemaligen) Arbeitnehmern. Die Kategorien und Orientierungen, auch die politischen Positionen – so unterschiedlich sie auch im Einzelnen sind – werden von hierher bestimmt.

Bei der ersten Nachkriegsgeneration ist die Nachkriegserfahrung ebenfalls noch bedeutsam; auch die Erfahrungen der Eltern wirken noch deutlich fort. Bei den folgenden Generationen spielt dieser Erfahrungszusammenhang jedoch nur eine sekundäre Rolle; es gibt bei diesen auch keine vergleichbare unmittelbar prägenden Erfahrungen; dementsprechend spielt die Wirkungsmächtigkeit von Politik nur eine sehr viel geringere Rolle. Lediglich der Umbruch 1989/90 hat für die DDR-Bürger eine analoge Qualität, ist aber nicht generationell gebunden, könnte jedoch auf die Dauer generationell unterschiedlich verarbeitet werden, wofür es schon heute Anhaltspunkte gibt.

Im Hinblick auf die Generationen unterschiedlich ist die Interpretation des Nationalsozialismus, wobei persönliche Erfahrungen oder Erfahrungen der Elterngeneration eine wichtige Rolle spielen. Interessant ist, daß es hier jeweils Gemeinsamkeiten der älteren Westdeutschen und Ostdeutschen und der jungen West- und Ostdeutschen gibt, während die Differenzen bei den mittleren Altersgruppen am stärksten ausgeprägt sind. Im übrigen aber sind die Generationen im Westen schärfer gegeneinander konturiert als im Osten.

*Ost- und West-Prägungen*

Keine Frage, daß das Leben in der DDR und in der Bundesrepublik zu unterschiedlichen Orientierungen im Geschichtsbewußtsein geführt hat. Die differierenden Erfahrungen sind den Menschen sehr bewußt; sie sind ursächlich für den Tatbestand, daß sich ost- und westdeutsche Arbeitnehmer – trotz der gemeinsamen Zugehörigkeit zum vereinigten Deutschland und teilweise gemeinsamer Ohnmachtserfahrungen – partiell als Zugehörige unterschiedlicher Großgruppen – mit jeweils eigenem Wir-Bewußtsein – betrachten; schwächer ist dieses Zugehörigkeitsbewußtsein tendenziell bei Älteren.

Das Geschichtsbewußtsein der ostdeutschen Arbeitnehmer wird gegenwärtig vor allem durch den Umbruch 1989/90 und die dann folgenden Veränderungen in allen gesellschaftlichen und kulturellen Hinsichten bestimmt, deren einschneidender Charakter kaum überschätzt werden kann. Deshalb wird fast immer unterschieden zwischen „früher“ (der DDR) und „heute“ (dem vereinigten Deutschland). Auch bei den Westdeutschen ist 1989/90 ein bedeutendes historisches Ereignis, wird aber durchweg nicht als Zäsur im eigenen Leben gewertet.

Die Arbeitnehmer in den neuen Ländern verteidigen nicht nur häufig ihr gelebtes Leben der DDR[940], sondern bei ihnen sind auch manche Relikte des SED-Geschichtsbildes noch erkennbar. So möchten viele der Befragten an der Vorstellung der Geschichte als eines letztlich sinnvollen, nach oben weisenden Prozesses

940 Offen muß hier bleiben, ob diese Verteidigungshaltung bei der hier untersuchten Gruppe stärker ausgeprägt ist als bei anderen sozialen Gruppen, etwa den früheren Eliten der DDR. Manches spricht aber für die These, daß nicht wenige Vertreter der früheren Macht- und Funktionseliten sich besonders rasch den neuen Verhältnissen angepaßt haben, während viele „kleine Leute“ – vor allem wenn sie Probleme in der Gegenwart haben – noch stärkere Bindungen an das Gewesene pflegen.

festhalten, wobei sie Schwierigkeiten haben, die gegenwärtigen Erfahrungen in diesen Rahmen einzuordnen. Auch sind manche der alten Wissensbestände und Idealfiguren – etwa die Gestalt Ernst Thälmanns – bei den mittleren und älteren Kohorten – noch präsent, ohne freilich eine orientierende Funktion in der Gegenwart zu haben. Allerdings scheinen sich manche Kategorien des SED–Geschichtsbildes, zu dem man sich freilich nur höchst selten dezidiert bekennt, geeignet, die gegenwärtigen Erfahrungen zu interpretieren. Zu diesen Kategorien gehört ein bestimmtes Bild des Kapitalismus.

Das Geschichtsbewußtsein der befragten westdeutschen Arbeitnehmer ist eher noch stärker fragmentiert und noch unterschiedlicher als das der ostdeutschen Arbeitnehmer. Angesichts des weitgehenden Fehlens eines ansatzweise konsensualen überindividuellen Geschichtsbewußtseins ist eine gewisse Tendenz wirksam, gegenwärtige Erfahrungen, nicht zuletzt aus dem persönlichen Bereich, in die Geschichte zu projizieren.

Neben den Unterschieden gibt es auch spezifische Arbeitnehmer-Gemeinsamkeiten bei ost- und westdeutschen Arbeitnehmern, etwa die Einschätzung der Macht des Kapitals in Gegenwart und Geschichte oder auch die Erfahrung, mehr Objekt als Subjekt gesellschaftlicher Prozesse zu sein, womit tendenziell eine dichotomische Sicht verbunden ist. Politische Entfremdung durch Komplexitätserfahrung findet sich im Osten wie im Westen.

### *Zur Frage der weiteren Entwicklung*

Der Historiker tut sich schwer in Aussagen über die Zukunft; er gilt als „rückwärtsgewandter Prophet". Gleichwohl sei die Frage der weiteren Entwicklung abschließend angesprochen.

Wie sich das Geschichtsbewußtsein der Deutschen im allgemeinen und die Arbeitnehmer im besonderen entwickeln wird, hängt offensichtlich nicht zuletzt von der Bewältigung der Gegenwartsprobleme im vereinigten Deutschland ab. Gelingt es, Probleme wie die der Massenarbeitslosigkeit zu lösen oder auch nachhaltig zu kanalisieren, so dürfte dies die normative Anerkennung der gegenwärtigen politisch-gesellschaftlichen Ordnung erleichtern und sie zum Bezugsrahmen des Geschichtsbewußtseins auch im Osten machen.

Meist wird im übrigen angenommen, daß sich die Ostdeutschen den Westdeutschen anpassen werden, allerdings nur in einem längeren Zeitraum. Aus dieser Sicht ist die Entwicklung in den neuen Ländern verzögert, die Menschen holen eine Entwicklung nach.[941] So vertritt Wolfgang Engler in seinem Buch „Die zivili-

941 Vgl. Heiner Meulemann: Werte und Wertewandel. Zur Identität einer geteilten und wieder vereinten Nation. Weinheim/München 1996; Oskar W. Gabriel: Immer mehr Gemein-

satorische Lücke. Versuche über den Staatssozialismus“ die These, daß sich die Verhaltensmuster der Ostdeutschen als den neuen Handlungsbedingungen kontraproduktiv erwiesen; sehr viele Menschen verfügten kaum über hinreichende Fähigkeiten, „um auch nach eingetretenem Strukturbruch kompetent handeln zu können“.[942] Auch im Geschichtsbewußtsein der Arbeitnehmer in den neuen Bundesländern hat in verschiedenen Hinsichten DDR-Realität – durch die Erfahrungen des Lebens in der DDR wie durch die SED-Geschichtspropaganda – ihren Ausdruck gefunden; insofern mag dieses sich weiter auflösen. Engler prognostiziert, daß es „zweier, vielleicht dreier Generationen“ bedürfe, „ehe sich die Lücke zwischen Objektivem und Subjektivem, veränderten Handlungsstrukturen und trägen Handlungsdispositionen ganz schließen kann“.

Allerdings sind kulturelle Phänomene, zu denen auch das Geschichtsbewußtsein gehört, nicht einfach ein Reflex gegenwärtiger sozialer Strukturen, sie besitzen eine Eigengewichtigkeit und müssen deshalb nicht einfach verschwinden, wenn sich die soziale Realität verändert.[943] Sie können sich halten, wobei Umformungen möglich sind, bei denen sich überkommene Vorstellungen mit neuen Orientierungen amalgamieren können. Dies ist im Hinblick auf die Kategorien und Deutungsmuster im Osten um so mehr anzunehmen, als sie auch Parallelen bei manchen Westdeutschen haben.

Hinzu kommt, daß nicht wenige Ostdeutsche – nicht nur Intellektuelle, sondern auch Arbeitnehmer, wie die hier Befragten – ihre Identität zu verteidigen suchen, eine Identität, die erst nach der Wende bewußt geworden ist oder sich partiell sogar erst gebildet hat („nachgeholte Identitätsbildung“). „Ostalgie“ hat man als „verständlichen kompensatorischen Versuch“ bezeichnet, sich nicht als Mängelwesen, sondern als Partner zu rekonstruieren“.[944] Es ist durchaus denkbar, daß sich dieses Kompensationsbedürfnis auf längere Sicht abschwächt oder gar ver-

samkeiten? Politische Kultur im vereinigten Deutschland. In: Ralf Altenhoff/Eckard Jesse: Das wiedervereinigte Deutschland. Zwischenbilanz und Perspektiven. Düsseldorf 1995.

942 Wolfgang Engler: Die zivilisatorische Lücke. Versuche über den Staatssozialismus. Frankfurt 1992, S. 26-61, Zitat S. 48. – Allerdings gibt es neuerdings auch Stimmen, die die Aspekte einer besonderen Aufgeschlossenheit für die Modernisierung sehen wollen, die längerfristig zu ostdeutschen Vorsprüngen führen könnte; siehe z.B. Michael Rutschky: Überholen ohne einzuholen. Über Modernisierungspotentiale in Ostdeutschland. In: Merkur 53, 1999, S. 688-699.

943 Zu einer anderen Einschätzung kommt der kanadische Politologe Laurence McFalls, der Gramcis Theorie der kulturellen Hegemonie mit der Interpretation narrativer Interviews in den Jahren 1990-1998 verbindet, die aus seiner Sicht eine sehr schnelle politisch-kulturelle Transformation in Ostdeutschland erkennen lassen (siehe Wolfgang Bergem/Laurence McFalls: Neue deutsche Gelassenheit. In: Deutschland Archiv 32, 1999, S. 833-836, hier S. 835).

944 Thomas Abbe: Ostalgie als Selbstermächtigung. Zur produktiven Stabilisierung ostdeutscher Identität. In: Deutschland Archiv 30, 1997, S. 614-619, hier S. 618.

schwindet; möglich ist aber auch, daß das DDR-Bewußtsein ein Stück weit stabilisiert und nachwirkt bzw. sich umformt in ein Regionalbewußtsein bzw. sich verbindet mit einem sich ausdifferenzierenden Regionalbewußtsein in Ostdeutschland, hier gleichsam als Grundierung nachwirkt.

Einiges spricht dafür, daß die Kultur, die Subjektivität, das Geschichtsbewußtsein im vereinigten Deutschland eine größere Breite und Vielfalt als die alte Bundesrepublik aufweist und auch bestimmte Phänomene der früheren DDR, wenn auch modifiziert und eventuell kaum als solche identifizierbar, weiterleben werden.[945] Dies gefährdet keineswegs die „deutsche Einheit", ein Begriff, der ohnehin diskussionsbedürftig ist und keineswegs gebietet, eine Einheitlichkeit in jeder – etwa kultureller – Hinsicht anzuzielen.[946]

Bedenklich an den Befunden dieser Untersuchung ist, daß die Arbeitnehmer in Ost und West, dabei im Osten noch weit stärker als im Westen, sich als Objekte von Politik und Ökonomie sehen. Demokratie erfordert aber, daß die Bürger sich als Subjekte begreifen. Es stellt sich die Frage, wie dies erreichbar ist. Zu erörtern ist die Verstärkung der Mitbestimmungsmöglichkeiten und die Förderung der politischen Bildung. Zu diskutieren sind auch die Folgen des neoliberalen Ökonomismus für die demokratische politische Kultur in Deutschland.[947] Diese Fragenkomplexe einlässig zu behandeln, würde ein neues Projekt erfordern. Es kann aber kein Zweifel bestehen, daß die Auseinandersetzung mit diesen Fragenkomplexen dringend geboten erscheint, wenn man sich mit einer schleichenden Erosion der demokratischen politischen Kultur in Deutschland nicht abfinden will. Es geht keineswegs nur um die Bewältigung der Folgen der deutschen Teilung, sondern auch um die Zukunft unserer Demokratie.

945 Vgl. Bernd Faulenbach: Erfahrungen des 20. Jahrhunderts und politische Orientierung heute, S. 67 ff.

946 Vgl. Hans-Joachim Veen: Unsere Einheit – aber wo liegt sie? Eine Bestandsaufnahme im siebten Jahr nach der Wiedervereinigung Deutschlands. In: Aus Politik und Zeitgeschichte 1997, B 40-41, S. 19-28.

947 Vgl. Werner Weidenfeld (Hrsg.): Demokratie am Wendepunkt. Die demokratische Frage als Projekt des 21. Jahrhunderts. Berlin 1996; Bernd Faulenbach: Die Herausforderung des globalen Ökonomismus – Politik und politische Bildung an der Wende zum XXI. Jahrhundert. In: Franz-Josef Jelich/Günter Schneider (Hrsg.): Orientieren und Gestalten in einer Welt der Umbrüche. Beiträge zur politischen und sozialen Bildung von Arbeit und Leben in Nordrhein-Westfalen. Essen 1999, S. 403-408.

# VII) Tabellarische Übersichten der Interviewpartner

## 1) Hoesch

| Betrieb | Name, Vorname[1] | Geb.-jahr | Geb.-ort | Konf. | Fam.status | Kinder |
|---|---|---|---|---|---|---|
| Hoesch 1 | König, Bernd | 1942 | Dortmund | ev. | verh. | 2 |
| Hoesch 2 | Bützow, Heike | 1972 | Dortmund | kath. | led. | – |
| Hoesch 3 | Heindling, Erich | 1943 | Dortmund | – | verh. | 1 |
| Hoesch 4 | Kurz, Michael | 1964 | Dortmund | ev. | verh. | 2 |
| Hoesch 5 | Rösler, Fritz | 1947 | Dortmund | ev. | verh. | 3 |
| Hoesch 6 | Paul, Armin | 1965 | Dortmund | | verh. | 2 |
| Hoesch 7 | Ahrens, Kai | 1959 | Dortmund | – | verh. | 2 |
| Hoesch 8 | Müller, Wilhelm | 1951 | Dortmund | ev. | verh. | 1 |
| Hoesch 9 | Maser, Josef | 1937 | Ostpreussen | ev. | verh. | 1 |
| Hoesch 10 | Stange, Thorsten | 1973 | Lüdinghausen | kath. | led. | – |
| Hoesch 11 | Lohberg, Hans | 1939 | Dortmund | ev. | verh. | 1 |
| Hoesch 12 | Kastler, Ingo | 1946 | Dortmund | kath. | led. | – |
| Hoesch 13 | Eger, Christiane | 1971 | Dortmund | kath. | led. | – |
| Hoesch 14 | Mannhard, Jürgen | 1928 | Dortmund | konf.los frei-geist | verh. | 1 |
| Hoesch 15 | Iskamp, August | 1934 | Dortmund | – | verh. | 2 |
| Hoesch 16 | Lehmann, Wilhelm | 1934 | Dortmund | – | verh. | 1 |
| Hoesch 17 | Dirksen, Till | 1958 | Dortmund | – | verh. | – |
| Hoesch 18 | Schwarzer, Karl | 1948 | Dortmund | kath. | verh. | – |
| Hoesch 19 | Beckers, Günter | 1916 | Dortmund | kath. | verh. | 1 |
| Hoesch 20 | Spiertz, Paul | 1948 | Dortmund | ev. | verh. | 2 |

1 Es handelt sich bei den Namen um Pseudonyme, die von den Autoren gewählt wurden.

| Schulabschluß | erlernte/r Beruf/e | ausgeübter Beruf/Status |
|---|---|---|
| Volksschule 8. Kl. | Elektroinstallateur | Elektriker |
| Fachabitur | | Azubi (Bürokauffrau) |
| Volksschule | Betriebsschlosser | Betriebsfeuerwehr/ Werkschutz |
| Hauptschule | Kachelofenbauer | Kranfahrer |
| Hauptschule/Abitur | Betriebsschlosser | Betriebsschlosser |
| Hauptschule 9. Kl. | Betriebsschlosser | Schlosser/Vorarbeiter |
| Hauptschule 9. Kl. | Betriebsschlosser | Betriebsschlosser |
| Volksschule | Bergmann/Schlosser | Betriebselektriker |
| Hauptschule (in der DDR) | Elektroinstallateur/Elektriker/ Betriebselektriker | Vorruhestand/Sozialplan |
| Realschule | Industriemechaniker | Industriemechaniker |
| Volksschule 8. Kl. | Brauer/Elektriker | Vorruhestand/Sozialplan |
| Volksschule | Elektroinstallateur | Betriebselektriker/ zeitweil. Betriebsrat |
| Fachoberschulreife | Zerspannungsmechanikerin | freigestellte Jugendvertreterin |
| 8. Kl. | Bergmann/Hüttenarbeiter | Rentner |
| 8. Kl. | Hüttenarbeiter/Schmelz-schlosser/Schlosser | Rentner |
| Volksschule | Schlosser | Rentner |
| Hauptschule 9. Kl. | Schmied | Betriebsschlosser |
| Volksschule 8. Kl. | Betriebsschlosser | Betriebsschlosser |
| Volksschule 8. Kl. | Schreiner | Rentner |
| Volksschule | Starkstromelektriker | Betriebselektriker/ Obermeister |

## 2) Nokia

| Betrieb | Name, Vorname[1] | Geb.-jahr | Geb.-ort | Konf. | Fam.status | Kinder |
|---|---|---|---|---|---|---|
| Nokia 1 | Langer, Emmy | 1943 | Witten/Herten | kath. | led. | – |
| Nokia 2 | Gröne, Kurt | 1960 | Dortmund | ev. | verh. | 6 (7) |
| Nokia 3 | Jonas, Edith | 1940 | Schlesien | kath. | gesch. | 2 |
| Nokia 4 | Stiller, Gabi | 1956 | Gelsenkirchen | ev. | led. | 1 |
| Nokia 5 | Lensing, Maria | 1947 | Jugoslawien | | gesch. | 1 |
| Nokia 6 | Kessler, Anne | 1926 | Mecklenburg | ev. | verw. | 2 |
| Nokia 7 | Michalke, Gertrud | 1930 | Bochum | ev. | gesch. | 1 |
| Nokia 8 | Muth, Friederike | 1928 | Gelsenkirchen | konf.los | verw. | 1 (3 Stiefk.) |
| Nokia 9 | Ewerding, Eva | 1943 | Winterberg | konf.los | verh. | – |
| Nokia 10 | Küppers, Herbert | 1970 | Dortmund | ev. | led. | – |
| Nokia 11 | Meiers, Brigitte | 1954 | Bochum | – | verh. | 1 |
| Nokia 12 | Patzak, Johann | 1975 | Polen | kath. | led. | – |
| Nokia 13 | Glass, Brigitte | 1941 | Herne | kath. | verw. | 2 |
| Nokia 14 | Neues, Anton | 1944 | Datteln | ev. | verh. | 2 |
| Nokia 15 | Forell, Franz | 1948 | Recklingh. | neu-apostol. | verh. | 3 |

1 Es handelt sich bei den Namen um Pseudonyme, die von den Autoren gewählt wurden.

## 3) Stahlwerke Hennigsdorf

| Betrieb | Name, Vorname[1] | Geb.-jahr | Geb.-ort | Konf. | Fam.status | Kinder |
|---|---|---|---|---|---|---|
| Hennigsdorf 1 | Zange, Dieter | 1961 | Hennigsdorf | – | gesch. | 1 |
| Hennigsdorf 2 | Fuchs, Lothar | 1960 | Velten | – | led. | – |
| Hennigsdorf 3 | Hiller, Max | 1912 | Senftenberg | – | gesch./verw. | 3 |
| Hennigsdorf 4 | Lampe, Rudolf | 1928 | Neurode/Polen | kath. | verh. | 1 |
| Hennigsdorf 5 | Ring, Gerhard | 1948 | Velten | kath. | verh. | 1 |
| Hennigsdorf 6 | Seidel, Jochen | 1962 | Leegebruch | – | gesch. | 2 |
| Hennigsdorf 7 | Stanislawski, Fab. | 1956 | Bobrek/Polen | kath. | verh. | 3 |
| Hennigsdorf 8 | Grätz, Sonja | 1954 | Meissen | – | verh. | 1 |
| Hennigsdorf 9 | Greese, Petra | 1960 | Velten | – | led. | – |

| Schulabschluß | erlernte/r Beruf/e | ausgeübter Beruf/Status |
|---|---|---|
| Volksschule | Dekorateurin | Vorarbeiterin |
| Fachoberschulreife/ Hauptschule 10. Kl. | Fernsehtechniker | technischer Angestellter |
| 8. Kl. | keiner | Sachbearbeiter |
| Hauptschule | Verkäuferin | Vorarbeiterin |
| 8 Jahre (regulär) | dipl. Schneiderin | Vorarbeiterin |
| Volksschule 8. Kl. | keiner | Rentnerin |
| Obertertia, abgebrochen | Kaufmann | Rentnerin |
| 9. Kl. (wg. Hausw.lehre) | keiner | Rentnerin |
| Hauptschule | Kauffrau | arbeitslos |
| mittlere Reife | Radio- u. Fernsehtechniker | Radio- u. Fernsehtechniker |
| 7. Kl. | Friseurin (ohne Abschluß ) | Packerin |
| mittlere Reife | Azubi (Radio- u. Fernsehtechniker) | |
| Volksschule | Friseurin | Qualitätsprüferin |
| mittlere Reife (Gymnasium) | Fernsehtechniker | Meister |
| Volksschule | Radio- u. Fernsehtechniker | Meister |

| Schulabschluß | erlernte/r Beruf/e | ausgeübter Beruf/Status |
|---|---|---|
| 10. Kl. | Instandhalter | Meister |
| 10. Kl. | Walzendreher | Meister |
| 8. Kl./Studium | Maler | Rentner |
| 8. Kl. | Schlosser | Rentner |
| 10. Kl./Ing.-Stud. | Werkzeugmacher | Ingenieur |
| 10. Kl. | Instandsetzungsmechaniker | |
| Abitur/Ing.-Stud. | | Ingenieur |
| Abitur | E-Facharbeiterin | Sachbearbeiterin |
| 10. Kl. | | Schreibkraft |

| | | | | | | |
|---|---|---|---|---|---|---|
| Hennigsdorf 10 | Baranowski, Fr. | 1943 | Oranienburg | – | verh. | 2 |
| Hennigsdorf 11 | Golz, Werner | 1947 | Ostpreussen | – | verh. | 2 |
| Hennigsdorf 12 | Blume, Anton | 1959 | Beerenklau | – | led. | – |
| Hennigsdorf 13 | Bernd, Hannelore | 1968 | Hennigsdorf | – | verh. | – |
| Hennigsdorf 14 | Kleinschmidt, Hans | 1940 | Stralsund | – | verh. | 2 |
| Hennigsdorf 15 | Krüger, Rita | 1957 | Ketzin | – | led. | – |
| Hennigsdorf 16 | Panitz, Kurt | 1920 | Tarowitz/ Polen | kath. | verh. | 1 |
| Hennigsdorf 17 | Heine, Renate | 1934 | Hennigsdorf | ev. | verh. | – |
| Hennigsdorf 18 | Heine, Gerd | | | | verh. | – |

1 Es handelt sich bei den Namen um Pseudonyme, die von den Autoren gewählt wurden.

## 4) Halbleiterwerk Frankfurt/O.

| Betrieb | Name, Vorname[1] | Geb.-jahr | Geb.-ort | Konf. | Fam.status | Kinder |
|---|---|---|---|---|---|---|
| Frankfurt/O. 1 | Jahrmark, Ilona | 1953 | Frankfurt/O. | kath. | verh. | 2 |
| Frankfurt/O. 2 | Loose, Hilmar | 1953 | Spremberg | – | 2. mal verh. | 2 |
| Frankfurt/O. 3 | Schenk, Hans | 1926 | Polen | – | verh. | – |
| Frankfurt/O. 4 | Schild, Udo | 1949 | Frankfurt/O. | – | verh. | 1 |
| Frankfurt/O. 5 | Lieser, Grete | 1928/29 | Frankfurt/O. | – | verh. | 1 |
| Frankfurt/O. 6 | Marsch, Elfriede | 1920 | Eberswalde | – | verw. | 3 |
| Frankfurt/O. 7 | Klaus, Berta | 1934 | Schönholz | – | verw. | 5 |
| Frankfurt/O. 8 | Jahnke, Sigrun | 1939 | Frankfurt/O. | – | verw. | 1 |
| Frankfurt/O. 9 | Held, Joachim | 1932 | Köln | – | verh. | 2 |
| Frankfurt/O. 10 | Luckner, Irmgard | 1929 | Gusow | ev. | gesch. | 5 |
| Frankfurt/O. 11 | Pasemann, Chr. | 1959 | Frankfurt/O. | – | verh. | 1 |
| Frankfurt/O. 12 | Anker, Herbert | 1940 | Frankfurt/O. | – | verh. | 2 |
| Frankfurt/O. 13 | Gruner, Frank | 1959/58 | Frankfurt/O. | – | verh. | 1 |
| Frankfurt/O. 14 | Bärwald, Renate | 1955 | Frankfurt/O. | – | gesch. | 2 |
| Frankfurt/O. 15 | Lenz, Jeanette | 1964 | Frankfurt/O. | – | gesch. | – |

1 Es handelt sich bei den Namen um Pseudonyme, die von den Autoren gewählt wurden.

| | | |
|---|---|---|
| 10. Kl./Ing.-Stud. | Werkzeugmacher | |
| 8. Kl. | Maschinenschlosser | |
| 10. Kl. | Elektriker | |
| 10. Kl. | Stellwerkerin | |
| 8. Kl./Ing.-Stud. | | |
| 10. Kl. | Kranfahrerin | |
| 8. Kl. | Bergmann | Rentner |
| 8. Kl./Ing.-Stud. | Laborantin | Vorruhestand/Sozialplan |

| Schulabschluß | erlernte/r Beruf/e | ausgeübter Beruf/Status |
|---|---|---|
| Abitur | | Ingenieurin |
| 10. Kl. | Elektromonteur | |
| 10. Kl./Studium | Maschinenschlosser; Buchhalter | Rentner |
| Abitur/Studium | Elektroniker | Bereichsleiter |
| Volksschule/Ing.-stud. | Putzmacherin/Mechanikerin; Ingeneurin | Rentnerin |
| Volksschule | Krankenschwester/Elektro. ltd. Ang. | Rentnerin |
| Volksschule | Elektromeisterin | Vorruhestand/Sozialplan. |
| Volksschule | Buchhalterin | Sachbearbeiterin |
| Abitur/Studium | | leitender Angestellter |
| Volksschule | Verkäuferin/Elektronikerin; | Vorruhestand/Sozialplan |
| 10. Kl./Studium | Kaufmann | |
| 8. Kl. | Kfz.-Schlosser | |
| 10. Kl. | Elektroniker | |
| 10. Kl. | Elektronikerin | |
| 10. Kl. | Elektroniker | |

# VIII) Literaturverzeichnis

## 1. Gedruckte Materialien

Beiträge zur Betriebsgeschichte des VEB Stahl- und Walzwerks „Wilhelm Florin" Hennigsdorf. Unv. MS der Betriebsgeschichtskommission der ZBPO 1982.

Betriebsparteiorganisation (BPO) der SED im Halbleiterwerk Frankfurt/O. (Hrsg.): Menschen, Maschinen, Mikroelektronik. Zur Geschichte des VEB Halbleiterwerks Frankfurt/O. Bd. 1-3. Frankfurt/O. 1963-1981.

Betriebsrat Hoesch: Tätigkeitsbericht des Betriebsrates 1978-1981. Werk Westfalenhütte. o.O., o.J.

Betriebsrat Westfalenhütte/ Gesamtbetriebsrat Hoesch Stahl AG: Wir berichten über unsere Arbeit. Tätigkeitsbericht 1987-1990. o.O., o.J.

Alfred Daniel/Hubert Heinrich: Wilhelm Florin, unser Vorbild. Hrsg. von der Geschichtskommission der Zentralen Betriebsparteileitung des VEB Stahl- und Walzwerks „Wilhelm Florin". Hennigsdorf 1989.

Gesamtbetriebsrat Krupp-Hoesch Stahl AG/Gesamtbetriebsrat Hoesch Stahl AG: Eine Brücke der Solidarität – Nur gemeinsam sind wir stark. Tätigkeitsbericht 1990-1994. o.O., o.J.

„Nokia schließt zwei Werke in Deutschland." In: Frankfurter Allgemeine Zeitung vom 2.4.1996.

Friedhelm Schrooten/Michael Krummacher/Hans Wupper: Neustrukturierung der Arbeit in Bochum. Projekt Stadt im Umbruch. Beispiel Bochum. Arbeitsbericht 2. o.O., o.J.

## 2. Monographien und Sammelbände

*Hannah Arendt:* Elemente und Ursprünge totaler Herrschaft. München, Zürich 1986.

*Ralf Altenhof/Eckhard Jesse (Hrsg.):* Das wiedervereinigte Deutschland. Zwischenbilanz und Perspektiven. Düsseldorf 1995.

*Aleida Assmann/Dietrich Harth (Hrsg.):* Mnemosyne. Formen und Funktionen kultureller Erinnerung. Frankfurt a.M. 1991.

*Jan Assmann:* Das kulturelle Gedächtnis. Schrift, Erinnerung und politische Identität in frühen Hochkulturen. München 1992.

*Jan-Pieter Barbian/Ludger Heid (Hrsg.):* Die Entdeckung des Ruhrgebiets. Das Ruhrgebiet in Nordrhein-Westfalen. Essen 1998.

*Arnd Bauerkämper/Martin Sabrow/Bernd Stöver (Hrsg.):* Doppelte Zeitgeschichte. Deutsch-deutsche Beziehungen 1945-1990. Bonn 1998.

*Ursula Becher/Klaus Bergmann (Hrsg.):* Geschichte – Nutzen oder Nachteil für das Leben? Düsseldorf 1986.

*Heidi Behrens-Cobet/Anka Schaefer:* Geteilte Erfahrungen. Ein deutsch-deutsches Dialogprojekt zur Geschichte nach 1945. Münster 1994.

*Peter Bender:* Episode oder Epoche? Zur Geschichte des geteilten Deutschland. München 1996.

*Klaus Bergmann/Rolf Schörken (Hrsg):* Geschichte im Alltag – Alltag in der Geschichte. Düsseldorf 1982.

*Richard Bessel/Ralph Jessen (Hrsg.):* Die Grenzen der Diktatur. Staat und Gesellschaft in der DDR. Göttingen 1996.

*Klaus von Beyme:* Systemwechsel in Osteuropa. Frankfurt a.M. 1994.

*Bodo von Borries:* Geschichtslernen und Geschichtsbewußtsein. Empirische Erkundungen zum Erwerb und Gebrauch von Historie. Stuttgart 1988.

*Bodo von Borries/Hans-Jürgen Pandel/Jörn Rüsen (Hrsg.):* Geschichtsbewußtsein empirisch. Pfaffenweiler 1991.

*Bodo von Borries:* Kindlich-jugendliche Geschichtsverarbeitung in West- und Ostdeutschland. Ein empirischer Vergleich. Pfaffenweiler 1992.

*Bodo von Borries:* Jugend und Geschichte. Ein europäischer Kulturvergleich aus deutscher Sicht. Unter Mitarbeit von Andreas Körber, Oliver Baeck und Angela Kindervater. Opladen 1999.

*Rainer Bovermann:* Das „rote" Rathaus. Die Sozialdemokratisierung des Ruhrgebiets am Beispiel Dortmund 1945-1964. Essen 1995.

*Rainer Bovermann/Stefan Goch/Heinz-Jürgen Priamus (Hrsg.):* Das Ruhrgebiet – Ein starkes Stück Nordrhein-Westfalen. Politik in der Region 1946-1996. Essen 1996.

*Christopher R. Browning:* Ganz normale Männer. Das Reserve-Polizeibataillon 101 und die „Endlösung" in Polen. Hamburg 1993.

*Werner Conze/M. Rainer Lepsius (Hrsg.):* Sozialgeschichte der Bundesrepublik Deutschland. Beiträge zum Kontinuitätsproblem. Stuttgart 1986.

*Daniela Dahn:* Westwärts und nicht vergessen. Vom Unbehagen an der Einheit. Berlin 1996.

*Jürgen Danyel (Hrsg.):* Die geteilte Vergangenheit. Zum Umgang mit Nationalsozialismus und Widerstand in beiden deutschen Staaten. Berlin 1995.

*Ottfried Dascher/Christian Kleinschmidt (Hrsg.):* Die Eisen- und Stahlindustrie im Dortmunder Raum. Wirtschaftliche Entwicklung, soziale Strukturen und technologischer Wandel im 19. und 20. Jahrhundert. Dortmund 1992.

Deutscher Bundestag (Hrsg.): Materialien der Enquete-Kommission „Aufarbeitung von Geschichte und Folgen der SED-Diktatur in Deutschland". 9 Bde. Baden-Baden 1995.

*Wolfgang Dümcke/Fritz Vilmar (Hrsg.):* Kolonialisierung der DDR. Kritische Analysen und Alternativen des Vereinigungsprozesses. Münster 1996.

*Rainer Eckert/Bernd Faulenbach (Hrsg.):* Halbherziger Revisionismus. Zum postkommunistischen Geschichtsbild. München, Landsberg a.L. 1996.

*Wolfgang Engler:* Die zivilisatorische Lücke. Versuche über den Staatssozialismus. Frankfurt a.M. 1992.

*Wolfgang Engler:* Die ungewollte Moderne. Ost-West-Passagen. Frankfurt a.M. 1995.

*Wolfgang Engler:* Die Ostdeutschen. Kunde von einem verlorenen Land. 2. Aufl. Berlin 1999.

*Bernd Faulenbach:* Erfahrungen des 20. Jahrhunderts und politische Orientierung heute. Essen 1996.

*Bernd Faulenbach/Günther Högl (Hrsg.):* Eine Partei in ihrer Region. Zur Geschichte der SPD im Westlichen Westfalen. Essen 1988.

*Bernd Faulenbach/Martin Stadelmaier (Hrsg.):* Diktatur und Emanzipation. Zur russischen und deutschen Entwicklung 1917-1991. Essen 1993.

*Bernd Faulenbach/Günther Högl/Karsten Rudolph (Hrsg.):* Vom Außenposten zur Hochburg der Sozialdemokratie. Essen 1993.

*Bernd Faulenbach/Heinrich Potthoff (Hrsg.):* Sozialdemokraten und Kommunisten nach Nationalsozialismus und Krieg. Zur historischen Einordnung der Zwangsvereinigung. Essen 1998.

*Bernd Faulenbach/Helmuth Schütte (Hrsg.):* Deutschland, Israel und der Holocaust. Zur Gegenwartsbedeutung der Vergangenheit. Essen 1998.

*Wolfram Fischer-Rosenthal/Peter Alheit (Hrsg.):* Biographien in Deutschland. Soziologische Rekonstruktionen gelebter Gesellschaftsgeschichte. Opladen 1995.

*Helmut Fogt:* Politische Generationen. Opladen 1982.

*Peter Friedemann/Gustav Seebold (Hrsg.):* Struktureller Wandel und kulturelles Leben. Politische Kultur in Bochum 1860-1990. Essen 1992.

*Uwe Friedrich (Hrsg.):* Totalitäre Herrschaft. Totalitäres Erbe. German Studies Review. SH 1994.

*Lothar Fritze:* Die Gegenwart des Vergangenen. Über das Weiterleben der DDR nach ihrem Ende. Weimar/Köln/Wien 1997.

*Francis Fukuyma:* Das Ende der Geschichte. Wo stehen wir? München 1992.

*Thilo Gabelmann:* Thälmann ist niemals gefallen? Eine Legende stirbt. Berlin 1996.

*Thomas Gensicke:* Deutschland im Wandel. Sozialer Wandel und Wertewandel in Deutschland vor und nach der Vereinigung. Speyer 1996.

*Monika Gibas/Rainer Gries/Barbara Jakoby/Doris Müller:* Wiedergeburten. Zur Geschichte der runden Jahrestage der DDR. Leipzig 1999.

*Ralph Giordano:* Die zweite Schuld oder von der Last Deutscher zu sein. Hamburg 1987.

*Daniel J. Goldhagen:* Hitlers willige Vollstrecker. Ganz gewöhnliche Deutsche und der Holocaust. Berlin 1996.

*Volker Gransow/Konrad H. Jarausch (Hrsg.):* Die deutsche Vereinigung. Dokumente zu Bürgerbewegung, Annäherung und Beitritt. Köln 1991.

*Martin Greiffenhagen:* Politische Legitimität in Deutschland. Gütersloh 1997.

*Martin Greiffenhagen/Sylvia Greiffenhagen:* Ein schwieriges Vaterland. Zur politischen Kultur im vereinigten Deutschland. München 1993.

*Jürgen Habermas:* Die Neue Unübersichtlichkeit. Kleine Politische Schriften. Bd. V. Frankfurt a.M. 1995.

*Rolf Henrich:* Der vormundschaftliche Staat. Vom Versagen des real existierenden Sozialismus. Hamburg 1989.

*Ulrich Herbert/Olaf Groehler:* Zweierlei Bewältigung. Vier Beiträge über den Umgang mit der NS-Vergangenheit in den beiden deutschen Staaten. Hamburg 1992.

*Wolfgang Herzberg:* So war es. Lebensgeschichten zwischen 1900 und 1980. Halle/ Leipzig 1985.

*Wolfgang Herzberg:* Ich bin doch wer. Arbeiter und Arbeiterinnen des VEB Berliner Glühlampenwerk erzählen ihr Leben 1900-1980. Protokolle aus der DDR. Darmstadt/Neuwied 1987.

*Eric Hobsbawm:* Das Zeitalter der Extreme. Weltgeschichte des 20. Jahrhunderts. München/Wien 1995.

*Hans Günter Hockerts (Hrsg.):* Das Adenauer-Bild in der DDR. (Rhöndorfer Gespräche. 15) Bonn 1996.

*Siegfried Hoffmann/Werner A. Berger (Hrsg.):* Die Kontroverse. Weizsäckers Parteienkritik in der Diskussion. Frankfurt a.M. 1992.

*Axel Honneth:* Kampf um Anerkennung. Zur moralischen Grammatik sozialer Konflikte. Frankfurt a.M. 1994.

*Peter Hübner:* Konsens, Konflikt und Kompromiß. Soziale Arbeiterinteressen und Sozialpolitik in der SBZ/DDR 1945-1970. Berlin 1995.

Institut für Geschichte der Deutschen Akademie der Wissenschaften zu Berlin (Hrsg.): Deutsche Geschichte in Daten. Berlin/O. 1967.

Institut für Marxistische Studien und Forschungen (IMSF) (Hrsg.): Die Septemberstreiks 1969. Darstellung, Analyse, Dokumente der Streiks in der Stahlindustrie, im Bergbau, in der metallverarbeitenden Industrie und anderen Wirtschaftsbereichen. Köln 1969.

*Wolfgang Jäger:* Die Überwindung der Teilung. Der innerdeutsche Prozeß der Vereinigung 1989/90. Stuttgart 1998.

*Werner Jaide:* Generationen eines Jahrhunderts. Wechsel der Generationen im Jahrhunderttrend. Zur Sozialgeschichte der Jugend in Deutschland 1871-1985. Opladen 1988.

*Christian Jansen/Lutz Niethammer/ Bernd Weisbrod (Hrsg.):* Von der Aufgabe der Freiheit. Politische Verantwortung und bürgerliche Gesellschaft im 19. und 20. Jahrhundert. Festschrift für Hans Mommsen zum 5. November 1995. Berlin 1995.

*Konrad Jarausch:* Die unverhoffte Einheit. 1989-1990. Frankfurt a.M. 1995.
*Konrad Jarausch/Hannes Siegrist (Hrsg.):* Amerikanisierung und Sowjetisierung in Deutschland 1945-1970. Frankfurt/M. 1997.
*Eckhard Jesse (Hrsg.):* Totalitarismus im 20. Jahrhundert. Eine Bilanz der internationalen Forschung. Bonn 1996.
*Hans Joas/Martin Kohli (Hrsg.):* Der Zusammenbruch der DDR. Frankfurt a.M. 1993.
*Hartmut Kaelble/Jürgen Kocka/Hartmut Zwahr (Hrsg.):* Sozialgeschichte der DDR. Stuttgart 1994.
*Dietmar Keller/Hans Modrow/Herbert Wolf (Hrsg.):* Ansichten zur Geschichte der DDR. Bd. V. Bonn/Berlin 1994.
*Horst Kern/Michael Schumann:* Industriearbeit und Arbeiterbewußtsein. Eine empirische Untersuchung über den Einfluß der aktuellen technischen Entwicklung auf die industrielle Arbeit und das Arbeiterbewußtsein. Frankfurt a.M. 1977.
*Manfred Kittel:* Die Legende von der zweiten Schuld. Vergangenheitsbewältigung in der Ära Adenauer. Berlin u.a. 1993.
*Christoph Kleßmann:* Die doppelte Staatsgründung. Deutsche Geschichte 1945-1955. Bonn 1986.
*Christoph Kleßmann/Hans Misselwitz/Günter Wichert (Hrsg.):* Deutsche Vergangenheiten – eine gemeinsame Herausforderung. Der schwierige Umgang mit der doppelten Nachkriegsgeschichte. Berlin 1999.
*Werner Klose:* Stafetten-Wechsel. Fünf Generationen formen unsere Welt. Zürich 1983.
*Jürgen Kocka:* Vereinigungskrise. Zur Geschichte und Gegenwart. Göttingen 1995.
*Jürgen Kocka (Hrsg.):* Historische DDR-Forschung. Aufsätze und Studien. Berlin 1993.
*Jürgen Kocka (Hrsg.):* Sozialgeschichte der DDR. Geschichte und Gesellschaft 19 (1993), H. 1.
*Martin Kohli (Hrsg.):* Soziologie des Lebenslaufs. Darmstadt/Neuwied 1978.
*Klaus Korff:* Die Rolle des Septemberstreiks für die Entwicklung der Arbeiterbewegung. Am Beispiel Dortmunds. Staatsexamensarbeit [1. Teil] Dortmund 1971.
*Reinhard Koselleck:* Vergangene Zukunft. Zur Semantik geschichtlicher Zeiten. Frankfurt a.M. 1979.
*Manfred Krüger:* Die Rolle des Septemberstreiks für die Entwicklung der Arbeiterbewegung. Am Beispiel Dortmunds. Staatsexamensarbeit [2. Teil] Dortmund 1971.
*Eberhard Kuhrt/Henning von Löwis:* Griff nach der deutschen Geschichte. Erbeaneignung und Traditionspflege in der DDR. Paderborn 1988.

Kulturamt Prenzlauer Berg/Aktives Museum Faschismus und Widerstand (Hrsg.): Mythos Antifaschismus. Ein Traditionskabinett wird kommentiert. Berlin 1992.

*Joke van der Leeuw-Roord (Ed.):* The State of History. Education in Europe. Challanges and Implications of the Youth and History-Survey. Hamburg 1998.

*Annette Leo (Hrsg.):* Die wiedergefundene Erinnerung. Verdrängte Geschichte in Osteuropa. Berlin 1992.

*Thomas Lindenberger (Hrsg.):* Herrschaft und Eigen-Sinn in der Diktatur. Studien zur Gesellschaftsgeschichte der DDR. Köln/Weimar/Berlin 1999.

*Hermann Lübbe:* Zeit-Verhältnisse. Zur Kulturphilosophie des Fortschritts. Graz/Köln/Wien 1983.

*Hermann Lübbe:* Politischer Moralismus. Der Triumph der Gesinnung über die Urteilskraft. Berlin 1987.

*Alf Lüdtke:* Eigen-Sinn. Fabrikalltag, Arbeitererfahrungen und Politik vom Kaiserreich zum Faschismus. Hamburg 1993.

*Charles S. Maier:* Das Verschwinden der DDR und der Untergang des Kommunismus. Frankfurt a.M. 1999.

*Hans-Joachim Maaz:* Der Gefühlsstau. Berlin 1990.

*Hans-Joachim Maaz:* Das gestürzte Volk oder die verunglückte Einheit. Berlin 1991.

*Hans-Joachim Maaz:* Der Gefühlsstau. Ein Psychogramm der DDR. München 1992.

*Ulrich Mählert:* Kleine Geschichte der DDR. München 1998.

*Helmut Martens/Gerd Peter (Hrsg.):* Mitbestimmung und Demokratisierung. Stand und Perspektiven der Forschung. Wiesbaden 1989.

*Christian Meier:* Die Nation, die keine sein will. München/Wien 1991.

*Hartmut Meier:* Geschichtsbewußtsein und historische Identität in der DDR. Versuch einer kritischen Bilanz. Berlin 1996.

*Heiner Meulemann:* Werte und Wertewandel. Zur Identität einer geteilten und wieder vereinten Nation. Weinheim/München 1996.

*Sigrid Meuschel:* Legitimation und Parteiherrschaft in der DDR. Zum Paradox von Stabilität und Revolution in der DDR 1945-1989. Frankfurt a.M. 1992.

*Hans J. Misselwitz:* Nicht länger mit dem Gesicht nach Westen. Das neue Selbstbewußtsein der Ostdeutschen. Bonn 1996.

*Reinhard Mohr:* Zaungäste. Die Generation, die nach der Revolte kam. Frankfurt a.M. 1992.

*Hans Mommsen (Hrsg.):* Arbeiterbewegung und industrieller Wandel. Studien zu gewerkschaftlichen Organisationsproblemen im Reich und an der Ruhr. Wuppertal 1980.

*Josef Mooser:* Arbeiterleben in Deutschland 1900-1970. Klassenlage, Kultur, Politik. Frankfurt a.M. 1984.

*Horst Mönnich:* Aufbruch ins Revier. Aufbruch nach Europa. Hoesch 1871-1971. München 1971.

*Oskar Negt/Alexander Kluge:* Geschichte und Eigensinn. Frankfurt a.M. 1981.

*Lutz Niethammer:* Was haben Sie am 17. Juni gemacht? Oder die Nische im Gedächtnis. Unv. MS 1993.

*Lutz Niethammer (Hrsg.):* „Die Jahre weiß man nicht, wo man die heute hinsetzen soll." Faschismuserfahrungen im Ruhrgebiet. Lebensgeschichte und Sozialkultur im Ruhrgebiet 1930 bis 1960. Bd. 1. Berlin/Bonn 1983.

*Lutz Niethammer (Hrsg.):* „Hinterher merkt man, daß es richtig war, daß es schief gegangen ist." Nachkriegserfahrungen im Ruhrgebiet. Lebensgeschichte und Sozialkultur im Ruhrgebiet 1930 bis 1960. Bd. 2. Berlin/Bonn 1983.

*Lutz Niethammer (Hrsg.):* „Die Menschen machen ihre Geschichte nicht aus freien Stücken, aber sie machen sie selbst." Einladung zu einer Geschichte des Volkes in NRW. Berlin/Bonn 1984.

*Lutz Niethammer/Alexander von Plato (Hrsg.):* „Wir kriegen jetzt andere Zeiten." Auf der Suche nach der Erfahrung des Volkes in nachfaschistischen Ländern. Lebensgeschichte und Sozialkultur im Ruhrgebiet 1930 bis 1960. Bd. 3. Berlin/Bonn 1985

*Lutz Niethammer/Alexander von Plato/Dorothee Wierling:* Die volkseigene Erfahrung. Eine Archäologie des Lebens in der Industrieprovinz der DDR. 30 biographische Eröffnungen. Berlin 1991.

*Friedrich Nietzsche:* Vom Nutzen und Nachteil der Historie für das Leben. Basel 1984.

*Elisabeth Noelle-Neumann:* Demoskopische Geschichtsstunde. Vom Wartesaal der Geschichte zur Deutschen Einheit. Zürich/Osnabrück 1991.

*Rolf Oerter:* Moderne Entwicklungspsychologie. 19. Aufl. Donauwörth 1982.

*Karl A. Otto:* Vom Ostermarsch zur APO. Geschichte der außerparlamentarischen Opposition in der Bundesrepublik 1960-1970. Frankfurt a.M. 1977.

*Alexander von Plato/Wolfgang Meinicke:* Die Last des Schweigens. Flüchtlinge, Vertriebene und Umgesiedelte in der SBZ und DDR. Berlin 1991.

*Kristin Platt/Mihran Dabag:* Generation und Gedächtnis. Erinnerungen und kollektive Identitäten. Opladen 1995.

*Heinrich Popitz/Hans Paul Bahrdt/Ernst August Jüres/Hanno Kesting:* Das Gesellschaftsbild des Arbeiters. Soziologische Untersuchungen in der Hüttenindustrie. Tübingen 1977 (Soziale Forschung und Praxis. 17).

*Karsten Rudolph/Christl Wickert (Hrsg.):* Geschichte als Möglichkeit. Über die Chancen von Demokratie. Festschrift für Helga Grebing. Essen 1995.

*Jörn Rüsen:* Historische Vernunft. Grundzüge einer Historik. Bd. I: Die Grundlagen der Geschichtswissenschaft. Göttingen 1984.

*Jörn Rüsen:* Historische Orientierung. Über die Arbeit des Geschichtsbewußtseins, sich in der Zeit zurechtzufinden. Köln/Weimar/Wien 1994.

*Martin Sabrow (Hrsg.):* Verwaltete Vergangenheit. Geschichtskultur und Herrschaftslegitimation in der DDR. Leipzig 1997.

*Helmut Schelsky:* Die skeptische Generation. Eine Soziologie der deutschen Jugend. Neuausgabe Frankfurt a.M., Berlin/Wien 1975, zuerst Köln 1957.

*Axel Schildt/Arnold Sywottek (Hrsg.):* „Modernisierung" im Wiederaufbau. Die westdeutsche Gesellschaft der 50er Jahre. Bonn 1993.

*Gerhard Schneider (Hrsg.):* Geschichtsbewußtsein und historisch-politisches Lernen. Pfaffenweiler 1988.

*Rainer Schulze (Hrsg.):* Industrieregionen im Umbruch. Historische Voraussetzungen und Verlaufsmuster des regionalen Strukturwandels im europäischen Vergleich. Essen 1993

*Michael Schumann u.a.:* Am Beispiel des Septemberstreiks – Anfang der Rekonstruktionsperiode der Arbeiterklasse? Frankfurt/M 1970.

*Hans Süßmuth (Hrsg.):* Geschichts- didaktische Positionen. Bestandsaufnahme und Neuorientierung. Paderborn 1980.

*Charles Taylor:* Multikulturalismus und die Politik der Anerkennung. Frankfurt a.M. o.J.

*Hans-Günther Thiele (Hrsg.):* Die Wehrmachtsausstellung. Dokumentation und Kontroverse. Bonn 1997.

*Ferdinand Tönnies:* Gemeinschaft und Gesellschaft. Grundbegriffe der reinen Soziologie. Darmstadt 1972.

*Siegfried Unseld (Hrsg.):* Politik ohne Projekt? Nachdenken über Deutschland. Frankfurt a.M. 1993.

*Ute Volmergh:* Identität und Arbeitserfahrung. Eine theoretische Konzeption zu einer Sozialpsychologie der Arbeit. Frankfurt a.M. 1978.

*Werner Weidenfeld (Hrsg.):* Geschichtsbewußtsein der Deutschen. Materialien zur Spurensuche einer Nation. Köln 1987.

*Werner Weidenfeld (Hrsg.):* Deutschland. Eine Nation – doppelte Geschichte. Materialien zum deutschen Selbstverständnis. Köln 1993.

*Werner Weidenfeld (Hrsg.):* Demokratie am Wendepunkt. Die demokratische Frage als Projekt des 21. Jahrhunderts. Berlin 1996.

*Werner Weidenfeld/Hartmut Zimmermann (Hrsg.):* Deutschland-Handbuch. Eine doppelte Bilanz. Bonn 1989.

*Werner Weidenfeld/Karl-Rudolf Korte:* Die Deutschen: Profil einer Nation. Stuttgart 1991.

*Werner Weidenfeld/Karl-Rudolf Korte (Hrsg.):* Handwörterbuch zur deutschen Einheit. Frankfurt a.M. 1991.

*Stefan Wolle:* Die heile Welt der Diktatur. Alltag und Herrschaft in der DDR 1971-1989. Berlin 1989.

*Rainer Zoll:* Alltagssolidarität und Individualismus. Zum soziokulturellen Wandel. Frankfurt/M. 1993.

*Rainer Zoll u.a.:* Streik und Arbeiterbewußtsein. Eine sozialwissenschaftliche Untersuchung des Metallerstreiks im Unterwesergebiet. Frankfurt a.M. 1979.

*Hartmut Zwahr:* Ende einer Selbstzerstörung. Leipzig und die Revolution in DDR. Göttingen 1993.

### 3. Aufsätze

*Thomas Abbe:* Ostalgie als Selbstermächtigung. Zur produktiven Stabilisierung ostdeutscher Identität. In: Deutschland Archiv 30, 1997, S. 614-619.

*Jan Assmann:* Die Katastrophe des Vergessens. Das Deuteronomium als Paradigma kultureller Mnemotechnik. In: Aleida Assmann/Dietrich Harth (Hrsg.): Mnemosyne. Formen und Funktionen kultureller Erinnerung. Frankfurt a.M. 1991, S. 337-355.

*Rolf Badstübner:* DDR – zeitgeschichtlich erforschen oder „aufarbeiten"? In: Dietmar Keller/Hans Modrow/Herbert Wolf (Hrsg.): Ansichten zur Geschichte der DDR. Bd. V. Bonn/Berlin 1994, S. 87-108.

*Günter Benser:* Möglichkeiten und Grenzen einer antifaschistisch-demokratischen Erneuerung in Deutschland nach dem Zweiten Weltkrieg. In: Dietmar Keller/Hans Modrow/Herbert Wolf (Hrsg.): Ansichten zur Geschichte der DDR. Bd. V. Bonn/Berlin 1994, S. 137-152.

*Wolfgang Bergem/Laurence McFalls:* Neue deutsche Gelassenheit. In: Deutschland Archiv 32, 1999, S. 833-836.

*Klaus von Beyme:* Der Parteienstaat und die Vertrauenskrise in der Politik. In: Siegfried Unseld (Hrsg.): Politik ohne Projekt? Nachdenken über Deutschland. Frankfurt a.M. 1993, S. 23-42.

*Rainer Bovermann:* Wahlen im Ruhrgebiet in vergleichender Perspektive. In: Rainer Bovermann/Stefan Goch/Heinz-Jürgen Priamus (Hrsg.): Das Ruhrgebiet – Ein starkes Stück Nordrhein-Westfalen. Politik in der Region 1946-1996. Essen 1996, S. 336-364.

*Peter Burke:* Geschichte als soziales Gedächtnis. In: Aleida Assmann/Dietrich Harth (Hrsg.): Mnemosyne. Formen und Funktionen kultureller Erinnerung. Frankfurt a.M. 1991, S. 289-304.

*Wilhelm Dilthey:* Über das Studium der Geschichte der Wissenschaft vom Menschen, der Gesellschaft und dem Staat. In: Ders.: Gesammelte Schriften. Bd. 5: Die geistige Welt. 3. Aufl. Göttingen 1971, S. 31-73.

*Dan Diner:* Ereignis und Erinnerung. Über Variationen des historischen Gedächtnisses. In: Bernd Faulenbach/Helmuth Schütte (Hrsg.): Deutschland, Israel und der Holocaust. Zur Gegenwartsbedeutung der Vergangenheit. Essen 1998, S. 55-70.

*Stefan Doernberg:* Zur Legitimität der beiden deutschen Wege nach 1945. In: Dietmar Keller/Hans Modrow/Herbert Wolf (Hrsg.): Ansichten zur Geschichte der DDR. Bd. V. Bonn/Berlin 1994, S. 123-135.

*Jürgen Doll/Rosemarie Mielke/Michael Mentz:* Formen und Veränderungen wechselseitiger ost-westdeutscher Stereotypisierungen 1990, 1991 und 1992. In: Kölner Zeitschrift für Soziologie und Sozialpsychologie 46, 1994, H. 3, S. 501-514.

*Helmut Dubiel:* Deutsche Vergangenheiten. In: Siegfried Unseld (Hrsg.): Politik ohne Projekt? Nachdenken über Deutschland. Frankfurt a.M. 1993, S. 236-249.

*Bernd Faulenbach:* Montanindustrielle Struktur und politische Kultur im Ruhrgebiet. Zur neueren Diskussion. In: Jahrbuch Arbeit und Technik in NRW 1987, S. 411-422.

*Bernd Faulenbach:* NS-Interpretationen und Zeitklima. Zum Wandel der Aufarbeitung der jüngsten Vergangenheit. In: Aus Politik und Zeitgeschichte 1987, B 22, S. 19-30.

*Bernd Faulenbach:* Die Sozialdemokratisierung des Ruhrgebiets in der Nachkriegszeit: „naturwüchsiger Prozeß" oder „Ergebnis ehrlicher Arbeit"? In: Bernd Faulenbach/Günther Högl (Hrsg.): Eine Partei in ihrer Region. Zur Geschichte der SPD im Westlichen Westfalen. Essen 1988, S. 142-149.

*Bernd Faulenbach:* Mitbestimmung und politische Kultur im Ruhrgebiet. In: Helmut Martens/Gerd Peter (Hrsg.): Mitbestimmung und Demokratisierung. Stand und Perspektiven der Forschung. Wiesbaden 1989, S. 216-228.

*Bernd Faulenbach:* Biographie und Geschichtsbewußtsein. Zu den lebensgeschichtlichen Bedingtheiten historischen Lernens und Möglichkeiten ihrer Erforschung. In: Jahrbuch Arbeit, Bildung, Kultur, 10, 1992, S. 48-60.

*Bernd Faulenbach:* Die Herausbildung eines neuen sozialdemokratischen Milieus nach dem Zweiten Weltkrieg. In: Peter Friedemann/Gustav Seebold (Hrsg.): Struktureller Wandel und kulturelles Leben. Politische Kultur in Bochum 1860-1990. Essen 1992, S. 450-458.

*Bernd Faulenbach:* Deutsche Traditionen der Parteienschelte. In: Vorwärts, Januar 1993, S. 9.

*Bernd Faulenbach:* Probleme des Umgangs mit der Vergangenheit im vereinten Deutschland: Zur Gegenwartsbedeutung der jüngsten Geschichte. In: Werner Weidenfeld (Hrsg.): Deutschland. Eine Nation – doppelte Geschichte. Materialien zum deutschen Selbstverständnis. Köln 1993, S. 175-190.

*Bernd Faulenbach:* Die DDR als antifaschistischer Staat. In: Rainer Eckert/Bernd Faulenbach (Hrsg.): Halbherziger Revisionismus. Zum postkommunistischen Geschichtsbild. München/Landsberg a.L. 1996, S. 47-68.

*Bernd Faulenbach:* „Bewältigung der jüngsten Vergangenheit" als Aufgabe der historisch-politischen Bildung in den beiden deutschen Staaten und im vereinigten Deutschland. In: Jahrbuch Arbeit, Bildung, Kultur, 14, 1996, S. 241-263.

*Bernd Faulenbach:* Merkmale und Entwicklungslinien der politischen Kultur des Ruhrgebietes. In: Rainer Bovermann/Stefan Goch/Heinz-Jürgen Priamus (Hrsg.): Das Ruhrgebiet – Ein starkes Stück Nordrhein-Westfalen. Politik in der Region 1946-1996. Essen 1996, S. 365-377.

*Bernd Faulenbach:* Erinnerung und Politik in der DDR und in der Bundesrepublik. Zur Funktion der Gedenkstätten für die Opfer des Nationalsozialismus. In: Deutschland Archiv 30, 1997, S. 599-606.

*Bernd Faulenbach:* Geschichtsbewußtsein und demokratische politische Kultur. Zur gesellschaftlichen Funktion von Geschichte in Deutschland. In: Jahrbuch Arbeit, Bildung, Kultur, 15/16, 1997/98, S. 7-25.

*Bernd Faulenbach:* Ost-West-Unterschiede als Herausforderung politischer Bildungsarbeit im vereinigten Deutschland. In: Jahrbuch Arbeit, Bildung, Kultur, 15/16, 1997/98, S. 89-101.

*Bernd Faulenbach:* Parteien- und Wahlentwicklung als Spiegel der Veränderung der politischen Kultur im Ruhrgebiet. In: Jan-Pieter Barbian/Ludger Heid (Hrsg.): Die Entdeckung des Ruhrgebiets. Das Ruhrgebiet in Nordrhein-Westfalen. Essen 1998, S. 68-81.

*Bernd Faulenbach:* Überwindung des „deutschen Sonderweges"? Zur politischen Kultur der Deutschen seit dem Zweiten Weltkrieg. In: Aus Politik und Zeitgeschichte 1998, B 51, S. 11-23.

*Bernd Faulenbach:* Die Herausforderung des globalen Ökonomismus – Politik und politische Bildung an der Wende zum XXI. Jahrhundert. In: Franz-Josef Jelich/Günter Schneider (Hrsg.): Orientieren und Gestalten in einer Welt der Umbrüche. Beiträge zur politischen und sozialen Bildung von Arbeit und Leben in Nordrhein-Westfalen. Essen 1999, S. 403-408.

*Bernd Faulenbach:* Die friedliche Revolution in der DDR als Herausforderung der Deutschlandpolitik der Parteien in Bonn. In: Paul Gerhard Klussmann und Frank Hoffmann (Hrsg.): Das Epochenjahr 1989 in Deutschland. Bochum 1999, S. 24-42, hier S. 34 f.

*Bernd Faulenbach:* Die deutsche Vereinigung und die Gewerkschaften in: Hans O. Hemmer (Hrsg.): Bilanz mit Aussichten. Die neue IG Metall an der Schwelle zum 21. Jahrhundert. Opladen/Wiesbaden 1999, S. 167-170.

*Bernd Faulenbach/Annette Leo/Klaus Weberskirch:* Die „Wende" 1989/90 aus der Sicht von Stahlarbeitern in Hennigsdorf und Dortmund. In: Jahrbuch Arbeit, Bildung, Kultur, 12, 1994, S. 167-201.

*Lothar Fritze:* Irritationen im deutsch-deutschen Vereinigungsprozeß. In: Aus Politik und Zeitgeschichte 1995, B 27, S. 3-9.

*Lothar Fritze:* „Ostalgie" – Das Phänomen der rückwirkenden Verklärung der DDR- Wirklichkeit und seine Ursachen. Unv. MS einer Expertise im Auftrag der Enquete- Kommission des Deutschen Bundestages „Überwindung der Folgen der SED-Diktatur im Prozeß der deutschen Einheit".

*Dieter Fuchs/Edeltraud Roller/Bernhard Weßels:* Die Akzeptanz der Demokratie des vereinigten Deutschland. Oder: Wann ist ein Unterschied ein Unterschied? In: Aus Politik und Zeitgeschichte 1997, B 51, S. 3-12.
*Mary Fulbrook:* Herrschaft, Gehorsam und Verweigerung – die DDR als Diktatur. In: Jürgen Kocka/Martin Sabrow (Hrsg.): Die DDR als Geschichte. Fragen – Hypothesen – Perspektiven. Berlin 1994, S. 77-85.
*Oscar W. Gabriel:* Immer mehr Gemeinsamkeiten? Politische Kultur im vereinigten Deutschland. In: Ralf Altenhof/Eckhard Jesse (Hrsg.): Das wiedervereinigte Deutschland. Zwischenbilanz und Perspektiven. Düsseldorf 1995, S. 243-274.
*Winfried Gebhard/Georg Kamphausen:* „Ostalgie". Das Phänomen der rückwirkenden Verklärung der DDR-Wirklichkeit und seine Ursachen. Expertise im Auftrag der Enquete-Kommission des Deutschen Bundestages „Überwindung der Folgen der SED-Diktatur im Prozeß der deutschen Einheit". Unv. MS 1997.
*Martin Gutzeit/Stephan Hilsberg (Hrsg.):* Die SDP/SPD im Herbst 1989. In: Eberhard Kuhrt (Hrsg.): Opposition in der DDR von den 70er Jahren bis zum Zusammenbruch der SED-Herrschaft. Opladen 1999 S. 607-686.
*Hans-Günter Hockerts:* Grundlinien und soziale Folgen der Sozialpolitik in der DDR. In: Hartmut Kaelble/Jürgen Kocka/Hartmut Zwahr (Hrsg.): Sozialgeschichte der DDR. Stuttgart 1994, S. 519-544.
*Michael Hofmann/Dieter Rink:* Die Auflösung der ostdeutschen Arbeitermilieus. Bewältigungsmuster und Handlungsspielräume ostdeutscher Industriearbeiter im Transformationsprozeß. In: Aus Politik und Zeitgeschichte 1993, B 26-27, S. 29-36.
*Peter Hübner:* Balance des Ungleichgewichts. Zum Verhältnis von Arbeiterinteressen und SED-Herrschaft. In: Geschichte und Gesellschaft 19, 1993, S. 15-28.
*Peter Hübner:* „Wir wollen keine Diktatur mehr..." Aspekte des Diktaturenvergleichs am Beispiel der Niederlausitzer Industriearbeiterschaft 1936 bis 1965. In: Jürgen Kocka (Hrsg.): Historische DDR-Forschung. Aufsätze und Studien. Berlin 1993, S. 215-232.
*Peter Hübner:* Die Zukunft war gestern. Soziale und mentale Trends in der DDR-Industriearbeiterschaft. In: Hartmut Kaelble/Jürgen Kocka/Hartmut Zwahr (Hrsg.): Sozialgeschichte der DDR. Stuttgart 1994, S.171-187.
*Peter Hübner:* Arbeiterklasse als Inszenierung? Arbeiter und Gesellschaftspolitik in der SBZ/DDR. In: Richard Bessel/Ralph Jessen (Hrsg.): Die Grenzen der Diktatur. Staat und Gesellschaft in der DDR. Göttingen 1996, S.199-223.
*Peter Hübner:* Der FDGB im politischen System der DDR und der Erfahrung der Arbeitnehmer. In: Potsdamer Bulletin für Zeithistorische Studien. Nr. 16, Oktober 1999, S. 29-42.
*Manfred Jäger:* Die Autobiographie als Erfindung der Wahrheit. Beispiele literarischer Selbstdarstellung nach dem Ende der DDR. In: Aus Politik und Zeitgeschichte 1992, B 41, S. 25-36.

*Karl-Ernst Jeismann:* „Geschichtsbewußtsein". Überlegungen zur zentralen Kategorie eines neuen Ansatzes der Geschichtsdidaktik. In: Hans Süßmuth (Hrsg.): Geschichtsdidaktische Positionen. Bestandsaufnahme und Neuorientierung. Paderborn 1980, S. 189-222.

*Karl-Ernst Jeismann:* Geschichtsbewußtsein als eine zentrale Kategorie der Geschichtsdidaktik. In: Gerhard Schneider (Hrsg.): Geschichtsbewußtsein und historisch-politisches Lernen. Pfaffenweiler 1988, S. 1-24.

*Ralph Jessen:* Die Gesellschaft im Staatssozialismus. Probleme einer Sozialgeschichte der DDR. In: Geschichte und Gesellschaft 21, 1995, S. 96-110.

*Christoph Kleßmann:* Das Problem der doppelten „Vergangenheitsbewältigung". In: Neue Gesellschaft/Frankfurter Hefte, 38. Jg., 1991, H. 12, S. 1099-1105.

*Christoph Kleßmann:* Die „verstaatlichte Arbeiterbewegung". Überlegungen zur Sozialgeschichte der Arbeiterschaft in der DDR. In: Karsten Rudolph/Christl Wickert (Hrsg.): Geschichte als Möglichkeit. Über die Chance von Demokratie. Essen 1995, S. 108-119.

*Jürgen Kocka:* Eine durchherrschte Gesellschaft. In: Hartmut Kaelble/Jürgen Kocka/ Hartmut Zwahr (Hrsg.): Sozialgeschichte der DDR. Stuttgart 1994, S. 547-553.

*Jürgen Kocka:* 1945 nach 1989/90. Zur sich wandelnden Bedeutung des Endes von NS-Diktatur und Krieg. In: Christian Jansen/Lutz Niethammer/Bernd Weisbrod (Hrsg.): Von der Aufgabe der Freiheit. Politische Verantwortung und bürgerliche Gesellschaft im 19. und 20. Jahrhundert. Festschrift für Hans Mommsen zum 5. November 1995. Berlin 1995, S. 599-608.

*Jürgen Kocka:* „Aus heutiger Sicht" oder: Die geteilten Erinnerungen. Zweierlei Geschichtsbewußtsein im vereinigten Deutschland. In: Frankfurter Rundschau vom 22.1.1998, S. 17.

*Jürgen Kocka:* Vereinigungskrise? In: Martin Sabrow (Hrsg.): Grenzen der Vereinigung. Die geteilte Vergangenheit im geteilten Deutschland. = Helmstedter Colloquien H.1. Leipzig 1999, S. 9-24.

*Martin Kohli:* Die DDR als Arbeitsgesellschaft? Arbeit, Lebenslauf und soziale Differenzierung. In: Hartmut Kaelble/Jürgen Kocka/Hartmut Zwahr (Hrsg.): Sozialgeschichte der DDR. Stuttgart 1994, S. 31-61.

*Lydia Lange:* Was kann man schon verändern? Warum so viele Ostdeutsche von der repräsentativen Demokratie enttäuscht sind. In: Die Zeit 1997, Nr. 3, S. 5.

*Annette Leo:* „Stimme und Faust der Nation". – Thälmann-Kult kontra Antifaschismus. In: Jürgen Danyel (Hrsg.): Die geteilte Vergangenheit. Zum Umgang mit Nationalsozialismus und Widerstand in beiden deutschen Staaten. Berlin 1995, S. 205-211.

*Annette Leo:* Zerbrochene Bilder. Ein antifaschistisches Traditionskabinett und die Geschichtsauffassungen der SED/PDS. In: Rainer Eckert/Bernd Faulenbach (Hrsg.): Halbherziger Revisionismus. Zum postkommunistischen Geschichtsbild. München/Landsberg a.L. 1996, S. 263-281.

*Annette Leo:* Haben „wir“ das gemacht? Antifaschistische Erziehung in der DDR und ihre Spuren acht Jahre nach der Wende. In: Jahrbuch Arbeit, Bildung, Kultur, 15/16, 1997/98, S. 65-72.

*Peter Lösche:* Parteienverdrossenheit ohne Ende? Gegen das Lamentieren deutscher Politiker, Journalisten, Politikwissenschaftler und Staatsrechtler. In: Karsten Rudolph/Christl Wickert (Hrsg.): Geschichte als Möglichkeit. Über die Chancen von Demokratie. Festschrift für Helga Grebing. Essen 1995, S. 385-400.

*Felix Philipp Lutz:* Geschichtsbewußtsein und individuelle Wertsysteme. In: Helmut Klages/Heinz-Jürgen Hippler/Willi Herbert (Hrsg.): Werte und Wandel. Ergebnisse und Methoden einer Forschungstradition. Frankfurt/New York 1992, S. 269-287.

*Felix Philipp Lutz:* Vergangenheit als politischer Faktor. Zum Geschichtsbewußtsein in Deutschland. In: BISS public 2, 1992, H. 8, S. 25-34.

*Felix Philipp Lutz:* Verantwortungsbewußtsein und Wohlstandschauvinismus. Die Bedeutung historisch-politischer Einstellungen nach der Einheit. In: Werner Weidenfeld (Hrsg.): Deutschland. Eine Nation – doppelte Geschichte. Materialien zum deutschen Selbstverständnis. Köln 1993, S. 157-173.

*Hans-Joachim Maaz:* Psychosoziale Aspekte im deutschen Einigungsprozeß. In: Aus Politik und Zeitgeschichte 1991, B 19, S. 3-10.

*Karl Mannheim:* Das Problem der Generationen. In: Martin Kohli (Hrsg.): Soziologie des Lebenslaufs. Darmstadt 1978, S. 38-53; zuerst in: Kölner Vierteljahreshefte für Soziologie 7, 1928, S. 157-185 und S. 309-330.

*Sigrid Meuschel:* Überlegungen zu einer Herrschafts- und Gesellschaftsgeschichte der DDR. In: Geschichte und Gesellschaft 19, 1993, S. 5-14.

*Josef Mooser:* Abschied von der „Proletarität“. Sozialstruktur und Lage der Arbeiterschaft in historischer Perspektive. In: Werner Conze/M. Rainer Lepsius (Hrsg.): Sozialgeschichte der Bundesrepublik Deutschland. Beiträge zum Kontinuitätsproblem. Stuttgart 1986, S. 143-186.

*Horst Möller:* Die Weimarer Republik in der zeitgeschichtlichen Perspektive der Bundesrepublik Deutschland. In: Aus Politik und Zeitgeschichte 1987, B 22, S. 3-18.

*Herfried Münkler:* Antifaschismus und antifaschistischer Widerstand als politischer Gründungsmythos der DDR. In: Aus Politik und Zeitgeschichte 1998, B 45, S. 16-29.

*Elisabeth Noelle-Neumann:* Eine Nation zu werden ist schwer. Ostdeutsche Sozialisation und westdeutsche Naivität. In: Frankfurter Allgemeine Zeitung 10.8.1994, S. 4.

*Elisabeth Noelle-Neumann:* Der geteilte Himmel. Geschichtsbewußtsein in West- und Ostdeutschland oder zwei Ansichten deutscher Geschichte. In: Frankfurter Allgemeine Zeitung vom 3.5.1995.

*Dietmar Petzina:* Von der industriellen Führungsregion zum Krisengebiet: Das Ruhrgebiet in historischer Perspektive. In: Rainer Schulze (Hrsg.): Industrieregionen im Umbruch. Historische Voraussetzungen und Verlaufsmuster des regionalen Strukturwandels im europäischen Vergleich. Essen 1993, S. 246-274.

*Detlef Pollack:* Das Bedürfnis nach sozialer Anerkennung. Der Wandel der Akzeptanz von Demokratie und Marktwirtschaft in Ostdeutschland. In: Aus Politik und Zeitgeschichte 1997, B 13, S. 3-14.

*Klaus Remus:* Nationalbewußtsein und Geschichtsbewußtsein. Eine empirische Untersuchung. In: Gerhard Schneider (Hrsg.): Geschichtsbewußtsein und historisch-politisches Lernen. Pfaffenweiler 1988, S. 191-211.

*Joachim Rohlfes:* Geschichtsbewußtsein. Leerformel oder Fundamentalkategorie? In: Ursula Becher/Klaus Bergmann (Hrsg.): Geschichte – Nutzen oder Nachteil für das Leben? Düsseldorf 1986, S. 92-95.

*Jörn Rüsen u.a.:* Untersuchungen zum Geschichtsbewußtsein von Abiturienten im Ruhrgebiet. In: Bodo von Borries u.a. (Hrsg.): Geschichtsbewußtsein empirisch. Pfaffenweiler 1991, S. 221-344.

*Michael Rutschky:* Überholen ohne einzuholen. Über Modernisierungspotentiale in Ostdeutschland. In: Merkur 53, 1999, S. 688-699.

*Rainer Schulze:* „Alles in Bochum"? Stichworte zum sozioökonomischen Wandel seit den fünfziger Jahren. In: Peter Friedemann/Gustav Seebold (Hrsg.): Struktureller Wandel und kulturelles Leben. Politische Kultur in Bochum 1860-1990. Essen 1992, S. 412-438.

*Annette Simon:* Ich und sie. Versuch, mir und anderen meine ostdeutsche Moral zu erklären. In: Kursbuch 111, 1993, S. 25-34.

*Annette Simon:* „Kluge Kinder sterben früh". Die Achtundsechziger in der DDR: Was verbindet, was trennt sie von denen der Bundesrepublik? In: Die Zeit Nr. 24, 6. Juni 1997, S. 42.

*Ilse Spittmann:* Fünf Jahre danach – wieviel Einheit brauchen wir? In: Aus Politik und Zeitgeschichte 1995, B 38, S. 3-8.

*Alan B. Spitzer:* The Historical Problems of Generations. In: The American Historical Review 78, 1973, S. 1353-1385.

*Walter Süss:* Gesellschaftliche Interessen und gesellschaftliche Organisationen in der DDR. In: Werner Weidenfeld/Hartmut Zimmermann (Hrsg.): Deutschland-Handbuch. Eine doppelte Bilanz. Bonn 1989, S. 152-164.

*Hans-Joachim Veen:* Unsere Einheit – aber wo liegt sie? Eine Bestandsaufnahme im siebten Jahr nach der Wiedervereinigung Deutschlands. In: Aus Politik und Zeitgeschichte 1997, B 40-41, S. 19-28.

*Rudolf Vierhaus:* Geschichtsbewußtsein in Deutschland. In: Werner Weidenfeld/ Hartmut Zimmermann (Hrsg.): Deutschland-Handbuch. Eine doppelte Bilanz. Bonn 1989, S. 86-96.

*Werner Weidenfeld:* Identität. In: Werner Weidenfeld/Karl-Rudolf Korte (Hrsg.): Handwörterbuch zur deutschen Einheit. Frankfurt a.M. 1991, S. 376-383.

*Werner Weidenfeld/Felix Philipp Lutz:* Die gespaltene Nation. Das Geschichtsbewußtsein der Deutschen nach der Einheit. In: Aus Politik und Zeitgeschichte 1992, B 31-32, S. 3-22.